増　補

義和団戦争と明治国家

小林一美著

汲古書院

平田副官　由比参謀　旅団副官

原田参謀　立花参謀　貝塚副官　曾我大尉　永田参謀長

独逸将校　福島少将　塚本少将　独逸将校

山口師団長　ワーデルゼー元帥　独逸将官

第五師団長山口素臣中将

臨時派遣隊司令官福島安正少将

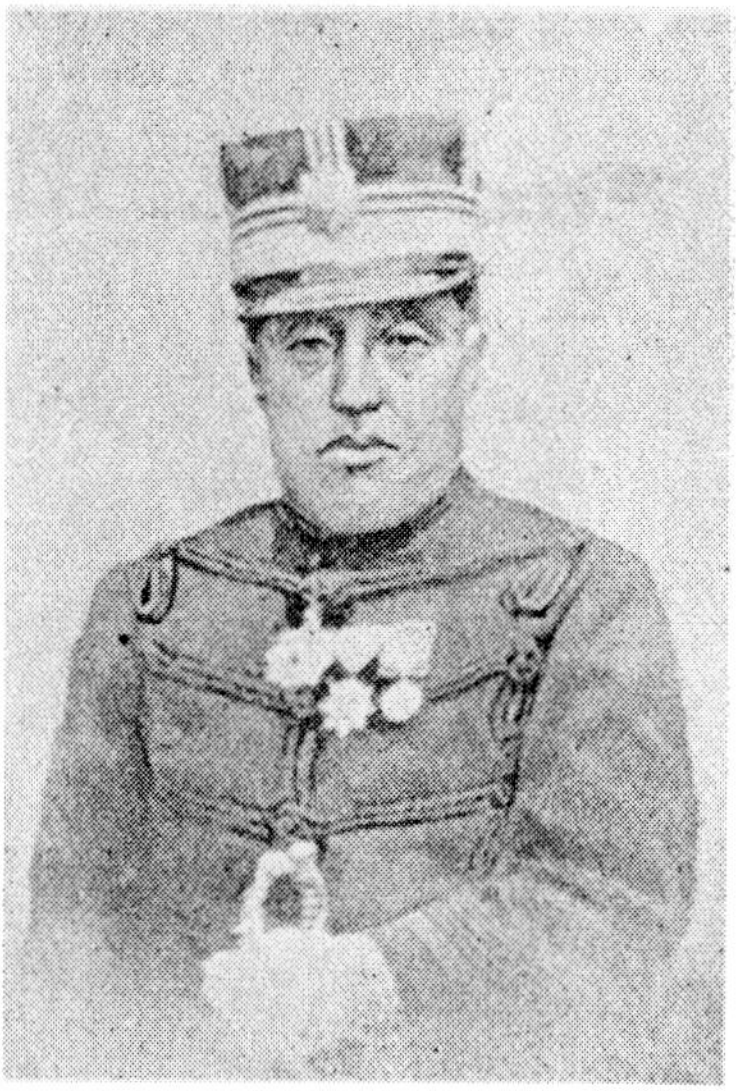

第九旅団長真鍋斌少将

『北清戦史』(明治34年1月，博文館発行）より転載。

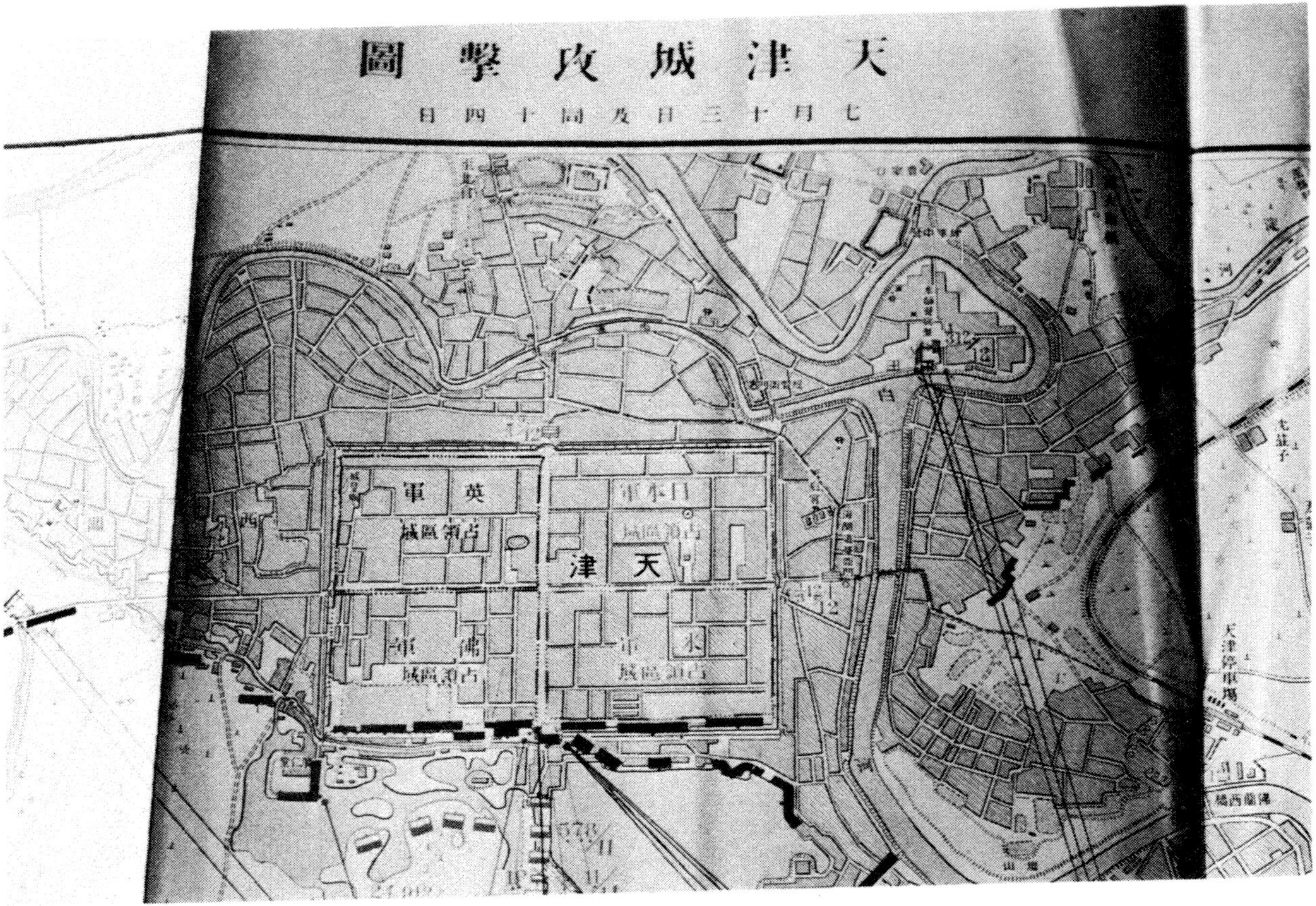

参謀本部編『清国事変戦史』より転載。

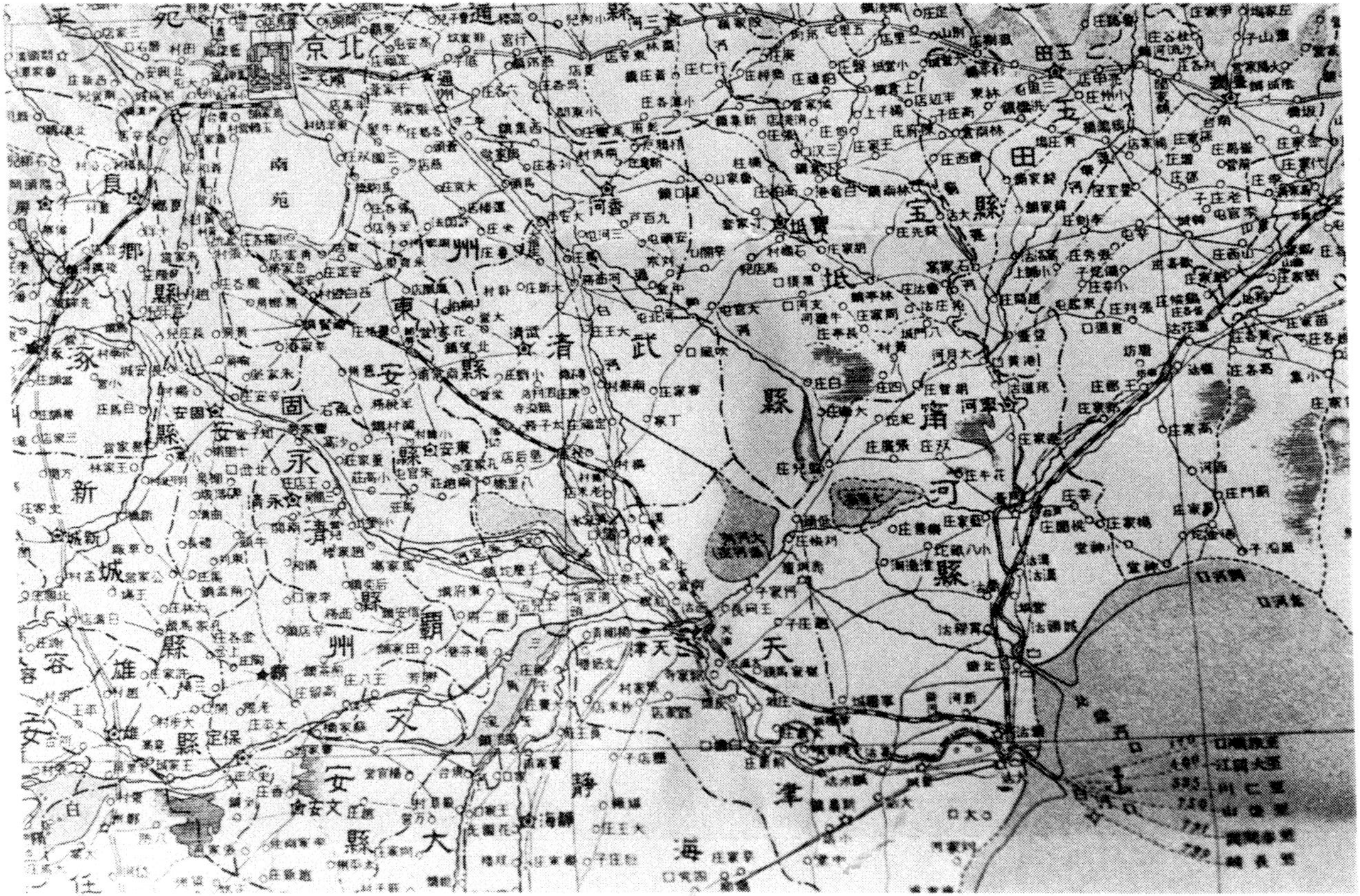

当時の北京・天津地方図。

増補版『義和団戦争と明治国家』

増補版の発刊によせて

一九八六年に『義和団戦争と明治国家』（汲古書院）を出版してから、すでに二〇年以上が経った。この本は出版後、早くも絶版状態になったが、私の大学での講義が「世界史」であったので、研究の範囲が世界史全体に広がり、この義和団研究の書物の増補版を作り、再び世に問うことなど思い浮かばなかった。しかし、すでに齢七〇を超え、これまでの研究論文を数冊の本にまとめて世に問い、人生の総決算をしようと思いたった。その一つの仕事として、旧版に収められていない義和団関係の論稿を加えて、この「増補版」を世に出すことを考えたのである。

ここに増補した五つの論稿は、「義和団精神史の前提としての白蓮教の概観を紹介したもの」、「義和団の結社としての特徴をまとめたもの」、「義和団運動の中に、中国民衆社会や民衆運動の歴史全体に共通する特徴を見ようとしたもの」、それに「中国史学界においては、義和団に愛国主義だけを評価する傾向が濃厚なのに対して、批判的視点を提起したもの」、「明治時代の日本軍人の大陸諜報活動を調べたもの」等々の五つの論考である。それぞれについての、より詳しいコメントは、この文章の終りに改めて書くことにする。

この増補版の大部分を占める、旧版『義和団戦争と明治国家』の内容は、ほぼ二〇年経過しても、まだ再録して出版する価値があるものと思っている。その理由の一つは、一九〇〇年を頂点にした、華北全域にわたる中国人の反帝愛国の運動が、何故、「義和団運動」のような形態と特質をもって発生したかという根本的問題について、その内在的契機、内在的構造を明らかにしたものと考えるからである。

一九世紀の清朝中国は、アヘン戦争、太平天国、捻軍、第二次アヘン戦争、少数民族の反乱、清仏戦争、日清戦争と、次々と戦争・反乱・混乱が続き、未曾有の内憂外患に襲われた。外国の侵入に対して、清朝中国はまず華夷秩序という伝統的権威主義で対峙・対抗したが敗北し、次に、軍事力による戦争でも敗北した。そこで、洋務派の「中体西用」という半近代化＝官営工業化路線が始まった。しかし、これも、東アジア世界の新参者である日本に、一八九五年の日清戦争で惨めに敗北した。このように、中華帝国の伝統的権威・軍事体制は連続して敗れ、次の漢人官僚主導の「近代化路線」も失敗し、中国に残ったのは、中国民衆による抵抗しかなかったのである。

中国人民が一九世紀末の段階で帝国主義に反対しようとした時、彼らが保有していたものは、広大な貧しい農村において農民が伝統として長く保持し、自衛と反逆の砦としてきた白蓮教・義和拳・梅花拳・大刀会に代表される精神的伝統であり、また民間自衛の社会的・宗教組織であり、拳棒の鍛錬で団結する武術結社であった。彼らは先祖伝来の「伝統的な神仏崇拝」、「英雄、義人、超人信仰」などの社会的精神的遺産をもっていた。華北大衆が、明清時代以来、数百年間にわたって育んできた伝統的文化や社会組織、つまり旧来の信仰、風俗、習慣、結社、民俗などの伝統、それだけがキリスト教を先頭にする帝国主義の侵略に対抗する主体となり得た。まさにかかる主体的且つ客観的条件だけが、反帝国主義の起爆剤となり得たのである。義和団運動は、中国の奥地の村々へと侵出してくる外国勢力の象徴であり尖兵であるキリスト教会、そこに入り込む中国人教徒（悪人、税金逃れの地主、物質的利益を求める人、犯罪者などども多数紛れ込んでいた）に抵抗し、反撃できる唯一の組織的・精神的な力として、華北大衆の心を一つに結び、結果として民衆を主体とする反帝国主義の運動に成長することができたのである。もっと具体的に言えば、義和団運動は伝統的な民衆文化を前提にし、それを基礎にして、「劫変到来、降神付体、刀槍不入、扶清滅洋」という精神構造において、「反帝愛国」の役割を初めて果たし得たのであったといえよう。

外国人は、長らく義和団の奇妙な組織と行動を、「迷信、落後的性格」と見なし、また「無知蒙昧、反近代的な行為」として嘲笑してきた。外国人ばかりでなく中国人の中にも民国時代に、義和団を野蛮、迷蒙、無知、破壊、反近代の象徴として断罪する知識人が多くいた。一九四九年に建国された社会主義中国では、党が義和団運動を正義、愛国、勇気、義挙の例としてひたすら絶賛した。その後、鄧小平の対外開放路線に転換したが、そこで再び、義和団を「落後的であり、迷信の徒である」として非難する知識人が出てきた。しかし当面、国家と党が愛国主義の旗を高く掲げている限り、中国において義和団はしばらくは愛国主義の壮挙であるとして賛美され続けるであろう。

私は、こうした「文明か野蛮か、善玉か悪玉か、進歩か落後か、愛国か売国か、美か醜か」、といった二分論による区分けや価値判断に大いに疑問を持つ。歴史学は、歴史的事象を、その内在的且つ外在的な契機、位相、関係性において理解し、歴史の展開過程に位置づけ、時間の中に意味づける仕事である。義和団評価は、時の国家権力や時代の支配的イデオロギーによって支配されたり、押し付けられたり、利用されたりするべきものではない。歴史学とは、意味不明にして理解不可能であり、すでに消滅して、忘却の彼方にある、そうした人間の過去の行為、事跡の中に、意味や理念を、大きくいえば人間全体の行為と文化を発掘し再発見して、人間とは何であったかという問いに答えるものである。

人間は、時間とともにただやみくもに進歩したり、発展したり、聡明になったりするものではない。だから、誤解を恐れずに言えば、義和団は、華北農村や華北農民の、その「迷信性」において、「落後性」において、「民俗文化性」において、つまり、その「歴史的伝統性」において、帝国主義に反撃する「主体」と「条件」を獲得し、運動化することができたのであり、一九世紀末の清国中国人の愛国主義と反帝国主義という歴史的任務を果たすことができたということができる。

歴史は二分論を超えたパラドックスに満ちており、そうした善悪を超えたパラドックスを現代史のいたるところで見ることができる。例えば、欧米近代国家の植民地支配時のアジア、アフリカ、ラテンアメリカにおける数々の乱暴狼藉、自由・民主・博愛の国アメリカによる原爆投下とその正当化、アジアの解放とか大東亜共栄圏の形成というスローガンの下での日本軍の数限りない恐るべき蛮行、階級なき社会を掲げた共産主義諸国家のぞっとする人民弾圧等々。これらは、進歩、発展、人権、自由、平等、解放の旗を高く掲げた近代国家、社会主義国家による不正義、悪行、野蛮、迷蒙、落後性の数々であった。

そのような意味において、義和団を、ただ「迷信、落後、無知、野蛮、反近代」と嗤う近代人は、人類の歴史展開の深い意味、構造に無知蒙昧なのだともいえよう。強力な工業力をもって世界史に登場した近代欧米諸国や日本の近代人が、独善の人となり、排外的愛国主義の虜となって、他の世界の人々にいかなる犠牲、損害、屈辱、不幸をもたらしたのか。また逆に植民地・従属国の人々は、いかなる物質的、精神的世界で自己の文化と尊厳を守ろうとしたのか、想像力を働かせよく考えねばならない。

私は、そうした試みの一つとして、義和団運動を分析してみたのであった。その結論として世に問うた『義和団戦争と明治国家』は、まだ存在意義を持っているものと思うのである。「文明と野蛮」「近代と前近代」「合理と迷蒙」「進歩と落後」「愛国と売国」という、近代国民国家の人々の二元論的視座を撃つ上で、私の義和団論は未だ有効であると思っている。

第二に、旧書は、八ヵ国連合軍の一員となり、天津城、北京城攻略に「大活躍」した日本軍の行動を詳しく紹介した。また、この時「大活躍」した福島安正、柴五郎という二人の情報将校が、「八ヵ国連合軍」とその指揮官たちの中で、日本の国益のためにいかなる役割をいかに演じたのかを明らかにした。こうした過程で、明治軍人の精神史的位相の一端を浮き彫りにしたと思っている。

第三に、明治期日本を代表する知識人であった内村鑑三、幸徳秋水、田岡嶺雲やその他多くのジャーナリストの義和団戦争に関する報道や論評を、初めて詳しく紹介し分析した。その中で、明治言論人の国家権力に屈しない精神の在り方を明らかにしたものと考えている。

第四に、日本軍の動向、掠奪を詳細に報道した『萬朝報』の記事を原文のまま紹介したが、日本軍隊とその他の外国の近代的軍隊が持つ本質的野蛮さの具体的事例を示すものとして、その史料紹介の価値を失っていないと思う。

以上が、旧版全部を、この増補版に再録した理由である。

増補論考五篇に関する説明

第一章、「中国の白蓮教、反逆の秘密宗教結社―「義和団」精神史の前提として―」

（『月刊百科』平凡社、一九八二年十二月、No二四二、特集秘密結社）

コメント

義和団運動は、明清時代に民衆の反逆の思想・結社となった白蓮教の伝統世界を土壌として発生し、発展したものである。白蓮教に関する一般的知識をもつことは、義和団運動を理解する上で大切なことである。そのため、義和団精神史の前提を明示したものとしてここに再録した。

第二章、「義和団―拳術集団の蜂起」

（『世界謎の秘密結社』新人物往来社、一九九三年一月）

コメント

義和団の結社、信仰の特徴を簡潔に紹介したものである。

第三章、「義和団運動、義和団戦争に関する四つの問題」

（愛知大学現代中国学会編『中国21』Vol 一三、特集「義和団百年と現在」所収、二〇〇二年四月、風媒社刊）

コメント

二〇〇〇年秋に済南で行なわれた「義和団運動百周年記念国際学術討論会」で発表した論文である。この論文では、中華人民共和国と清朝中国を区別せず、あたかも同じ国民国家である「中国」として論ずる中国人学者に対して、さらにまた、義和団を愛国者とし、侵略した外国人・外国軍をすべて絶対悪として道徳的に断罪する善悪二元論に立つ傾向のある中国人学者に対して、問題提起をしたものである。この論文では、以下の四つの問題を提起し、私なりの解答を述べた。

（1）中国（正確には「大清帝国」）において、当時何故にキリスト教はあれほどの猛威を振るい得たのか。

（2）清軍、義和団の戦闘能力はどの程度のものであったか。

（3）日本人は何故に、明治の軍人柴五郎、福島安正の敢闘精神、武人魂に郷愁を覚えるのか。

（4）中国近代の大衆ナショナリズムは、何故に、夷狄と内部の敵に対する熱狂的な排外主義の形態で現われるのか。

ここで特に提起した論点は、征服王朝であった「清朝中国」における愛国主義の在り方と、近代国家を樹立しようとした「中華民国」つまり「民国中国」、それに社会主義を目指した時代の「人民中国」との間には、国家構成と国家意識に大きなズレがあるとした点である。つまり、この一九世紀以降の国家制度・国家理念の三段階に及ぶ大転換が、近現代における中国人の「愛国主義」に極度の屈折を与えたのではなかろうか、という問題を提起した。こうした特徴を持つ近代中国の精神史は、「義和団」のような特異な愛国主義の運動を生み出し、また以後もそれに対して絶賛したり、或は罵倒したりする、極端に相反する義和団評価を生み出したのであると考えたのである。

こうして二〇〇〇年に開催された「義和団国際学術討論会」では、漢民族の「国家観と民族観をめぐるトラウマ」の問題を提起したが、会場では義和団の愛国主義精神に水をさす行為として批判された。

近代国民国家における民族英雄は、例外なく、対外進出した侵略の「英雄」でもある。近代における国家像の国家英雄の内外での「非対称」の問題を考える際には、重要な視点である。日本近代国家において、福島安正と柴五郎は明治人には英雄であった。彼らは、義和団戦争によって英雄となった情報将校であり、共に大将にまで出世した人物である。しかし、現在の中国人にとっては侵略者である。彼らを侵略者として断罪するだけでなく、かかる情報将校が近代国家日本でどうして生まれたのかという問題を解明することが大切である。そうした意図を持って報告をしたが、会場では明治の日本軍人を讃美するものと誤解された。

以上のように、本論考は、二〇〇〇年の秋、山東省斉南市で挙行された「義和団運動百周年記念国際学術討論会」で発表して、中国人学者に大きな議論を呼んだ論文であることを明記しておきたい。本論考を読んで読者はいかに感じられるであろうか。

第四章、「義和団研究から中国全体史の研究へ」

（『中国近代史研究入門―現状と課題―』汲古書院、一九九二年）

コメント

一九八〇年、一九九〇年と二度にわたって中国山東省済南市で開催された「義和団運動を記念する国際学術討論会」に参加し、また一九八〇年代後半に数回にわたって義和団誕生の地である魯西（山東省西部）の貧しい農村地帯を調査しながら、実際に中国の農村を見聞した。私のように一九五〇年代、六〇年代に社会主義を理想として考え、中国革命や中国文化大革命に感動した者にとっては、まさに理想像の崩壊を感じた旅でもあった。この時、義和団の中に文化大革命の情況と同じものを見、また文化大革命の中に歴代の大民衆反乱や義和団に流れるものと同質の情況を見ることになった。こうした精神状況の中で書いた論文である。二〇〇〇年に再び義和団誕生の地、魯西農村を見たが、改革開放政策の成果で見違えるように豊かな農村に変わっていて、再び驚嘆した。中国史における繁栄と衰退の関係を研究しなければならないと考えるようになった。文化大革命の時代に「絶対平均主義」革命に突進した中国は、いまや国家官僚資本主義の下に物質的幸福を目指してわれ勝ちにと突進している。この論文では、こうした傾向をもつ中国社会の特徴を指摘し、栄光と崩壊のサイクルを繰り返してきた中国史に貫流する「雪崩型」社会の特質・形態の問題を提起した。本論文は、義和団運動を通じて、中国の国家体制と民衆大反乱の関係、帝国主義・キリスト教と中華帝国構造との関係などを改めて考える必要性を主張したものである。

第五章、「明治期日本参謀本部の対外諜報活動―日清・義和団・日露の三大戦争に向けて―」

（『東アジア世界史探究』汲古書院、一九八六年一二月）

コメント

私は一九八四年、奥崎裕司、相田洋、大島立子、古屋昭弘の諸氏とともに、南開大学、山西大学、河南大学、山東大学の四大学を巡り、講演や座談会などを中心とする学術交流を行った。これを記念して、主に中国の多くの先生方と国内の著名な歴史家から四〇本を超える論文を頂戴し、『東アジア世界史探究』を発刊したのである。この論文は、過去の明治期日本の大陸侵略史を踏まえなければ、真のアジア共同体構築への方向を拓くことはできないと考えて書き、同書に収録したものである。日本近代軍事史と義和団戦争を理解するに必要な論考である。

旧書発刊以後、佐藤公彦『義和団の起源とその運動―中国ナショナリズムの誕生』(研文出版、一九九九年)、斉藤聖二『北清事変と日本軍』(芙蓉書房出版、二〇〇六年)という大著が出て、日本における義和団戦争研究、義和団運動研究の前進に大きな貢献をした。この分野の事実の紹介、発掘、分析において、佐藤・斉藤両氏の著書は日本で最も詳細を極めた専門書である。なお、佐藤公彦『「氷点」事件と歴史教科書論争』(日本僑報社、二〇〇七年)は、現代中国における義和団評価をめぐる政治的・学術的な意見対立の生々しい状況を詳しく紹介している。また愛知大学現代中国学会は、雑読『中国21』(Vol 13、二〇〇二年四月)に特集『義和団百年と現代』を組み、義和団に関する座談会と内外の義和団研究者の数本の論文を発表した。

最後に、増補版の出版にあたって、前回と同じく、汲古書院の坂本健彦氏に大変お世話になった。ここに記して心からの感謝の意を表するものである。また、増補論文は総て、神奈川大学外国語学部中国語学科の大学院を卒業された佐々木恵子さんにパソコン入力をして頂いた。佐々木さんの御好意、御尽力なしに、この増補版を世に出すことは出来なかった。心から感謝する次第である。

二〇〇七年一一月　記

序文

わたくしが義和団について勉強を始めたのは、故里井彦七郎氏の一九七〇年度歴史学研究会大会報告「義和団とその思想」をたまたま依頼されて批判した（本書第二章第一節）ことがきっかけである。このわたくしの批判に対して、氏から「君の批判など実にチャチだ」と研究会の席上お叱りを受けたため、猛然と反抗心が湧き、以後一五年間義和団に付き合うことになったのである。従って、この著書は里井氏により偶然にも運命づけられ、以後必然となった一五年間の研究史の産物だということができる。この間、一九八〇年に山東省済南市で挙行された、義和団運動八〇周年記念学術討論会に初めて出席したことによって、わたくしの義和団研究は大きく変わった。これまでは、日本人として日本近代史の重さを引き受けて中国近代史、アジア近代史を研究するという気迫に欠けていた。この学術討論会には、佐藤公彦氏とわたくしの二人が日本人として参加したのであるが、恥しいことに、この時は義和団運動を鎮圧した日本政府、軍隊の動向、戦闘経過について充分な知識はなく、またこの義和団戦争が日本人に与えた影響についても全く知らなかったのである。それまで、日本近代、現代の侵略の歴史を批判しなければならない、などと一応口では言ってきたのであるが、歴史研究という仕事のなかでは本格的に取り組んではいなかった。中国の大会出席者には、日本人として誠に申し訳ないと感じた。帰国後、突き動かされるような気持で、国会図書館や防衛庁戦史室などにかよい、義和団戦争に関する調査、研究を行った。この間黒羽清隆氏より貴重な蔵書『明治三十三年清国事変戦史』（参謀本部編纂）を長期間にわたり拝借できたことは誠に有難かった。また義和団運動八〇周年記念学術討論会で多くの中国人歴史家と知り合うことができ、彼等の学問的成果（著書、論文）に対して、真剣に批判的に向い合うことこそ礼儀であると感じた。本書のなかできわめて論争的な姿勢を貫いたのは、学問的対話とはそうしたものでなければならないことを、この討論会で学んだからである。

さて、本書の題名を「義和団戦争」としたことについて説明しておきたい。戦争と呼称したのはこの著書が最初である。これまで日本人は「清国事変」、「義和団事件」、「拳匪の乱」などとよび、賠償金なども「団匪賠償金」とよんできた。しかし、一部の人は日本帝国主義批判の意を込めて「義和団鎮圧戦争」とよんでいる。現在は高校世界史教科書などでは、ほとんど「義和団事件」で統一されている。中国では、解放以前は、「庚子拳禍」、「庚子教案」、「拳匪事変」、「拳匪変乱」などとよんでいたが、人民中国成立以後は「義和団運動」で統一している。日本では、日本近代史の啓蒙書、概説書、専門書などほとんどの近代史関係の著書は、「日清、日露」の両大戦とよび、その中間に位置する義和団などは単なる事件にしかすぎず、日本近代史研究者のこれに対する専門著書は、戦後四〇年間一冊も出版されてはいない。全くの小事件の扱いである。逆に中国の近代史研究に於いては、義和団運動は太平天国、辛亥革命と並ぶ三大民衆闘争の一つであり、厖大な著書、論文、史料集が出版され、その評価は現代の政治闘争とも深い関係をもっている。ところが、日露戦争については日本とは逆に研究書、論文などほとんど出版されていないのである。同じ歴史事件や民衆運動でも、日本人にとって、朝鮮人にとって、中国人にとって、それぞれ意味や影響が異なり、また評価が異なって当然であるが、しかしそうしたことを充分承認した上で、なおかつ日、朝、中を中心とする東アジア世界に共通の歴史評価、時期区分、歴史的名称や、共通の歴史概念の産出の試みが必要だと思うのである。歴史事実を東アジア世界史のなかで位置づけることが必要であり、民族主義的な、一国主義的視点は強く反省されねばならない。日本人の多くは、義和団の蜂起などは無知な中国農民の時代錯誤の馬鹿げた運動であって、その鎮圧戦争も、たかだか日本兵二万ほどが出兵し、数百人が死傷したに過ぎないのではないか、と考えている。とても日本人には戦争などとは思えないのだという気持である。このような、日本人の出兵数や死傷者数の多寡といった、日本人としての歴史的経験、歴史的感覚だけで、日本人向けの評価をしてきたことには大きな疑問を感じる。日本人の通称である、「日清、日露」両大戦という評価は、国難に全国民が身命を投げうって戦い、多大な犠牲を払って勝利し独立を守った、という国民的な歴史評価である。このような感覚からすれば、義和団干渉などは、国難のために出兵したのでもなければ、多大な犠牲を払ったものでもなく、戦争などと呼称することはできないということになろう。しかし、義和団干渉戦争は、世界の強国八ヵ国の聯合軍数万人が、これに東北（旧満洲）に侵入したロシア兵一七万を加えると実に二〇万以上の近代的武器をもった列国軍が、中国人民と清朝に襲いかかったのである。殺された中国人は数万人に達したものと想像され、略奪された財宝、財物や賠償金もまた厖大なものであった。清朝は決定的なダメージを受け、またこの戦争を契機に日英同盟、日露戦争の道が確定したのであった。以上の理由により、これを義和団事件とよぶよりは義和団戦争とよぶべきであり、一九〇〇年という東アジア世界史の転換点の意味を把えるのに、この呼称こそふさわしいと思うのである。中国人の通称になっている「義和団運動」という概念は、民衆の自発的、自律的な運動の中から生れてきたという、その出生にのみ視点をあて過ぎて、八ヵ国聯合軍との死闘、ロシアの侵入、日本の台頭という、運動の総決算、つまり戦争へと発展していった全過程を把握するのに適当ではない。義和団運動から義和団戦争へと展開する全過程を義和団運動としてだけよぶのは不適当である。また日本人は、日清戦争―義和団戦争―日露戦争という三つの過程を経て、日本近代の道が世界史的契機と条件のなかで決定されていったことを理解すべきだと思う。また、この三大戦争以後日本人の常識になった、「支那人弱し」という国民意識も、もう一度再検討する必要がある。義和団や清軍は本当に弱すぎたのか、中国人は本当に愛国心が弱かったのか、史料にあたり検討すべきであろう。本書は日本人の記録や証言、新聞記事を長すぎるほど多量に多数引用したが、これは日本人の中国人観＝蔑視観を本格的に検討するために必要なことであり、貴重な証言を多くの日本人と中国人に紹介しなければならないと考えたからである。予想外に勇敢で持続的な戦いを彼ら中国人が行ったことを知るであろう。以上の理由により、いまだ座りは悪いが、敢て「義和団戦争」と銘うった次第である。

次に義和団運動の法則に関して、本書が展開した理論的仮説について触れておきたい。義和団運動は、中国人民の伝統的な信仰世界、「匪」の世界を母胎として誕生したものである。それで、義和団運動の表面的諸現象を見ただけの人々は、これを拳匪の乱とか、馬鹿げた時代錯誤の暴挙とか称してきた。しかし、この運動は一九〇〇年当時の世界史的矛盾、つまり帝国主義の中国侵略、中国の半植民化という状況に対する、中国人民の切実な願いにもとづく戦いであり、中国社会に固有な形態で行った愛国の運動だったのである。かかる明確な状況、明白な目的をもった運動が、単なる封建的迷信によって荷負われていたり、伝統的匪徒によって遂行されたりするはずがない。そこには、まさに当該段階の中国人民にふさわしい明晰な論理と運動法則があったはずである。そうであるからこそ、あのような広大な地域と多数の人々をまき込む全国的な人民運動になりえたのである。わたくしは、この不可思議な、時代錯誤にみえる義和団運動の法則、構造に関する理論的仮説を提出し、この仮説によって、義和団運動を内在的に、法則的に説明しようと試みた。

さらに又、本書では日本軍を中心とした八ヵ国聯合軍の戦闘、抗争、掠奪の実態を明らかにするつもりである。この聯合軍の従軍記者の報道等についてもこれまで知られなかった様々な事実が明らかにされるであろう。終章では、義和団戦争が日本の代表的知識人・言論人であった、田岡嶺雲、堺利彦、幸徳秋水、内村鑑三に与えた思想的影響について明らかにするつもりである。これらを通じて明治国家と明治人の特質が浮びあがるであろう。

本書について若干の解説をしておきたい。本書のうち、既発表部分は次の通りである。第一章第一節「白蓮教反乱から義和団運動へ」(『歴史学の再建に向けて』一九七六年)。第二節「義和団の民衆思想」(『講座中国近現代史』第二輯、東大出版会、一九七七年)。第二章第一節「義和団民衆の世界」(『歴史学研究』No.三六四、一九七一年)。第二節「義和団運動〈評価〉の思想」(『中国研究月報』一九八一年四月号No.三九八)。第三節「義和団の運動法則について」(『辛亥革命研究』創刊号、一九八一年)。第四章第一節「馬蹄銀事件と明治の言論人」(『中国近現代史論集―菊池貴晴先生追悼記念論文集』一九八五年)。本書に収録するにあたって、必要最小限の加筆、訂正、削除を行った。他の全体の七割の章、節は書きおろしたものであるが、既発表論文と統合することになったので、全体の統一性が失われ、読みにくいと思うが、内容・主張は一貫しておりお許しを願いたい。

明治時代の史料は旧漢字、旧仮名、句読点なしといったものが多いが、旧漢字は新漢字に、また適当に句読点をうって引用した。しかし連合軍、連隊などは聯合軍、聯隊とした。旧仮名は必ずしも全部を新仮名にはしなかった。特に史料的価値があり、史料紹介の意味が高いもの、例えば第四章第五節の最後につけた幸徳秋水の評論などは原文のままにした。不統一のところもあるが御理解いただきたい。また原文史料を読み易くするために、「及」を「及ヒ」、「但」を「但シ」等としたところもある。中国の地名で「大沽」「太沽」と二通りの記述があるものは、「大沽」に統一した。

目次

義和団戦争と明治国家

第一章　義和団運動

第一節　白蓮教反乱から義和団運動へ

一、前史——一九世紀以前
二、民衆運動の高揚——一八五〇年代の山東
三、山東、抗糧運動の全省化
四、白蓮教五大旗の反乱から黒旗軍の反乱へ
　第一期——一八六一年春から夏へ
　第二期——一八六一年秋から六三年夏まで
五、大反乱の後
六、半封建・半植民地化過程における二律背反的世界
七、キリスト教民の増大とその歴史的意味
八、義和団運動誕生
　(1)〈洋鬼—反洋鬼〉世界の誕生
　(2)反帝愛国の共同体＝義和団の創出へ
　(3)義和団共同体における人間解放の諸相
　(4)滅洋の絶対性と扶清滅洋

山東省一帯は、一八五〇年代には全省的な抗糧運動が起こり、それは六一年の白蓮教五大旗の反乱、宋景詩の黒旗軍の反乱にまで登りつめ、それから三〇年後には義和団運動の中心的舞台となった地域である。本稿は、一八五、六〇年代の農民反乱を直接の対象にするものであるが、中国近代史に特異な地歩を築いた義和団運動の思想史的前史を掘り起こす目的をもまた持つものである。

一、前史―一九世紀以前―

これまで、山東省及び隣省の河北省・河南省・安徽省などは、民衆反乱が起こる舞台として名高かった。とりわけ、明・清両代を通じて、この一帯には「邪教」として、権力の正当性を問い、民衆独自の世界観の実現をめざした白蓮教系の反乱・騒擾などがしばしば起きた。

明代には、白蓮教反乱としては最大の、しかも唐才児という女性を指導者とする反乱が起こり、その後には、一六二二年、一七七四年、一八一八年、引きつづいて二二年、二三年とそうした類の反乱や計画があった。山東人は大胆を好む、三〇年で小反乱、六〇年で大反乱という俚諺があるそうであるが、小さな事件を含めるとその数はきわめて多かった。山東の隣省では、嘉慶白蓮教の大反乱の中心となった人物や一八一八年に二〇〇名の突撃隊をもって北京の紫禁城に突入した林清・李文成らの徒党が出ている。そして、一八六一年～六三年にかけては、白蓮教最後の反乱とでもいうべき大反乱が、太平天国や回教徒・捻軍らの全国的蜂起に呼応して山東省の西北部一帯に起こった。

白蓮教は、「真空家郷、無生父母（老母）」を真言としていたといわれる。清代には、これに「無主無君」が加わって反封建の色彩を強めたものさえ出てくるようになる。ところで最初にことわっておくが、すべての反乱がこうした三つのテーゼをいつも高くかかげていたわけではない。文字通りの邪教が裾野にあり、その裾野に広がる大河のような邪教の流れが、その河口に「真空家郷、無生父母、無主無君」の世界をおし出しているのである。華北民衆の最も突出した部分は、家・故郷・父母とともに在るという最も本源的な実在感を、現実の生活からは遂に獲得できないがために、ルンペン・プロレタリア的な自由さで観念の世界にまで駆けぬけて、「真空世界に家郷と父母の愛」の信仰を新たに再建せんとしたのであった。「真空家郷、無生父母（老母）、無主無君」なる真言には、無産大衆がその全き窮境を苦悶とニヒリズムの果てに越えた冷徹なある確信の響きがある。故郷の山川とそこにある父母は、人間にとって二つの絶対性を、つまり空間と時間の絶対性を象徴している。家郷は、生い来たった山川に象徴されて人間に空間の絶対性を示す自然史的な感性の母胎であり、父母は、必ず生み且つ死ぬ故にうつろいやすき人間に時間の絶対性を示している。いわば人間の歴史において、絶対だと考えられてきた空間と時間という二つの概念は、始源的な感性においては家郷・父母というイメージによって培われてきた。迫られて他郷に逃亡あるいは脱出せざるをえなかった無産大衆が、失われた家郷を空間的限界をこえてユートピア（超現実）のなかに奪回したものが真空家郷の信仰であり、こうして家郷は空間の絶対性から自由にされた。父母は家郷と対になるものであるが、山川という無限性を示すものと異なって、有限なるものである。時間の絶対性を象徴している父母の死は、無生父母（老母）なる新たな神の信仰によって蘇生される。

人々は、地主に搾られ、生まれた故郷には食べる物も家もなく、他郷に流れ出また流れ来たるような情況におかれていた。腹に一物あるような反逆心の旺盛な分子は、地主の支配圏から自由な共同社会をめざしたことであろう。そうした人々に担われた真空家郷・無生父母・無主無君の信仰、この観念の極北にまでたどりついた思想は、単なる怨みや諦めの境地をはるかに越えた。家郷や父母を失った人々が、農民的な家族主義やたんなる懐古趣味に回帰するのではなく、逆に一歩進んで天空のなかに神の国を発見したのだった。いまこうして自分が住む見知らぬ異郷や赤の他人のなかに、真実の家郷と人々に共通の母神がいるという逆転の思想は、全く頼るもののない惨めな人々の心を春雷のごとき激しさで衝ち、いまだ夢にさえ見たことのない冒険者の世界へといざなったに相違ない。かれらは、現実を喪失しつづけるだけますます観念的になり、狂信者な行動者、熱狂的な革命者の世界にまい上がり、一転して春雷のように現実界に落下した。こうしたあらゆる現実を喪失することを養分として生長した白蓮教的反逆者は、大胆に且つ徹底的に観念のなかにあらゆる物の再建を熱望した。かれらが熱狂的になればなるほど、観念的な普遍者になればなるほど、現実に対しては極端な非現実的な批判者として、政策をもたない革命家としての道を貫かざるをえなかった。この思想の現実的基盤は、流亡のプロレタリア的生活そのものである。白蓮教徒の指導的分子は、貧困と閉鎖的な村落から脱落し、あるいは見切りをつけて、未知の世界に自己存立の証をたずねつづけた。そして、しばしば故郷では振るいえない威力を獲得し、かつその威力を振るい得たのであった。故郷の貧しい村落では、窒息しかねない自分を非日常的な劇的な空間に解放することがまず第一に必要であった。解放の熱望者にとって、他郷・異郷が帯びる意味について、吉本隆明氏は新約聖書マタイ伝のキリストを題材にして次のように指摘している。「マチウ書十三で、『故郷へもどって、かれが教会で説教したところ、それをきいたものはおどろいて言った。かれは、どこで、かかる知慧と奇蹟とにたっしたのか、かれは大工の子ではないか。かれの母は、マリアではないか。ジャック、ジョセフ、シモン、ジュドは、かれの兄弟ではないか。だから、かれは、何処でこれほどまでになったのか。そして、かれは、かれらにとって、さいつの機会となった。しかし、ジェジュは、かれらにいう。予言者は、故郷や家では、軽蔑されるのだと。そして、かれはかれらの不信によって、ここでは、多くの奇蹟はなさなかった。』……そこには、マチウの作者の、にがい実感がこめられている。……人はだれでも、故郷とか家とかでは、ひとつの生理的、心理的な単位にすぎない。そこでは、いつも己れを、血のつながる生物のひとりとしてしか視ることのできない肉親や血族がいる。」（『マチウ書試論』吉本隆明全著作集4）、「……かんがえる対象というものを遠くへ、より抽象的なものへ移すというような思考をとらざるをえない精神というものは、日常的な場面（家族関係に埋没した日常生活―小林）においてはまったくそういう志向性をあらわすことができない、ということであります」（『情況への発言』徳間書店）。惨めな故郷は、その貧しさ等によって、観念的な思考の態度を抑圧し、風化してしまう作用をそなえている。異端はたえず日常によって侵食され、無毒化されてしまう。だから、観念の冒険者は、かかる日常性そのものである家郷と父母とから自己を断ち切らねばならなかった。喪家の犬のごとく各地を流れあるき、あるいはまた権力によって斬首され、中央アジア・雲南・広東・黒龍江一帯へ流刑されてはじめて、「邪教」の道を精神の闇のなかで生み且つ持続することができた。人間は、はじめ父母とともに故郷で暮らすことを夢みるものである。だが現実の貧しさはそれを許さなくなる。一旦よそに出たものを故郷の肉親は、いつまでも帰るよう待つものではない。生活の手段のないところへ、たとえ肉親であろうといまさら帰られたら迷惑である。人間は一旦去った人間をあてにしない生活のリズムをすぐさまつくるものである。欠けたその歯車はいらなくなるのだ。貧しさとは、そのように人間の生活の軌道をたえず変える力をもっている。異端者や反逆者にそのくらいの力学がわからない筈がない。だから、かれらは、新たな共同体の創出を熱望する。白蓮教の真言は、当時の中国の貧しい民衆が、創出した共同性の質と方向を示していた。

ところが、その新たな類としての共同性は、日常的現実を拒否し、観念的となりファナチックになってこそ威力を帯びることができたものであったから、現実に対してはまさに非現実（真空といい無生といい無主無君という位相において）的な批判者としての関係をついに清算しきれなかった。かれらは現実の生活に下降したが、現実に裏切られ続ける。しかもたえずそれをくり返す活力を与えるもの、それがなければ闘争は枯れ萎えてしまうものである。白蓮教にもそうした力を与えるものがあった筈である。それは一つには、自然発生的とさえ見える反清朝・反官・反地主・反金持の民衆運動の持続的な流れであり、もう一つは、かれら幻想家にふさわしいところの共同性が一瞬日常的な感覚のもとに確信される男と女の性的解放の快感であった。この後者のいわばエロス的な共同性世界は、もっとも原始的であると同時に未来の解放の極点にも位置する未知なるものであったから、それはあたかも観念の現実化と錯覚され、あるいはまたどこにもころがっている日常的な性関係であったから、理想を簡単に現実に解体してしまう魔力を持っていたのである。そこは精神のフィヨルドであった。だからすべてを喪失したものが、ここで現実の共同性の喜びをとりもどしえたのではあったが、逆にまた往々肉慾の世界に堕落し、怯懦なるものに変質するものも多かった。それは真偽を分ける紙一重の世界であった。だから、われわれは白蓮教反乱の広大な裾野に敗北した多くの人々の屍を見、腐臭をかぐことができるのである。かかる「邪教」徒たちのアキレス腱を充分承知していた権力者は、かれらを発見するやいなや、いかにかれらが不道徳漢であり、いかがわしい人間であるかを宣伝し、かれらの運動を中傷したのである。国家権力は、一方では家庭を永遠なる幸福の単位として宣伝し、一方では上からの堕落の道も用意しておくのである。

性は現在でも国家と人民の間の攻防戦場におかれている。たとえば西ドイツでは、一九六〇年代の後半、左翼による武力闘争のなかで新たな共同体の創設の試みがあり、「解放された個人というのは全体の中でどうあるべきか」を、闘争のなかだけでなく全体をまるごと出さざるをえない「日常生活の場において」探究し始めたという。それを始めたのは、アナーキスト的な人々であったというが、かれらは、「二十人くらいが大きな一部屋に寝食し性行為も含めて皆の前でやるという、個というものをなくした形で始まった」が、無理があり様々な模索とともに今日に続いている、という（福沢啓臣氏の話。対談「解放された人間・社会と家族」、『情況』一九七五年八月号）。

さて、清代の官僚たちは、白蓮教徒の性的堕落・放縦をあげつらい様々な非難をあびせた。鈴木中正氏の『中国史における革命と宗教』（東大出版会）から若干の例を紹介してみよう。

「邪教の男女は、いりまじってほしいままに淫慾にふけって、このことはもうあたりまえな習慣になっている。」、「男女が裸体でヘソをすり合わせ精気を交流させていた。」、「男女一対で入会させ、夜間多人数を一室に集めて、燈火を与えず暗中互に交配させた。」、「女のつば、鼻中の精気、女の乳、陰中の精気を取り、……」

女性の忍従によって家庭が守られ、そこに生まれる平穏な家族の関係のなかに、永遠不滅の幸福があるなどと説いてきた儒教思想は、国家と地主による恐るべき収奪のなかで、下層貧民の家庭が不断に破壊され続ける現実に何ほどの力もなかった。特に邪教弾圧のながい苛烈な歴史のなかで、家庭は破壊され父を失い母を奪われた教徒のなかから、儒教の説く家庭の単なる原像の型には収まりきれない部分が生まれたことであろう。奪われ失ったものを、ただ取り戻すのではなくて、そこから新たなものに抜け出してしまう冒険もまた行われたに違いない。儒教的な性的禁制を破砕して、性的な生産が家庭にのみ呪縛されていた現実から自己を解放する試みの、思想的な産出が「真空家郷、無生父母」であったと解釈できるからである。性の共同を通じての新たな人民的共同体の創出という、大胆なる冒険に足をすくわれて、淫慾の道へ転落する者も多くいたが、白蓮教徒のなかの、もっとも突出したかかる方向は、多くの脱落者・犠牲者を生みだしつつも、封建的な性差別の構造を掘り崩していった。明代には、すでに述べたように唐才児という女性の指導者が反乱を指導したが、白蓮教的な土壌から女性の解放の動きは次第にめざましくなる。鈴木氏の前掲書から事例を紹介する。

「羅教では老幼男女の別なく入会を認めるのが原則で、婦人特に寡婦は熱心な会員として活動したし、教団における位階の中で、最高位の『空々』以外のすべての位階は女性にも平等に与えられていた。」、「一八六〇年代の華北の白蓮教社についてかなり詳しく記録したルブク神父も、中国社会で一般に女性の地位の甚だ低いのとは違って、宗教結社においては彼女らは大いに活躍し、臆病者を元気づけ、鼓吹し、結社は女性に考慮を払い役割を与えることによってその情熱と虚栄心を刺激するとのべ、妻が先に入会し、夫が後れて入会した場合は、会内では夫は妻に家長としての命令を下すことはできないとも記している。」、「(王倫の反乱について) 彼らの守り本尊はミロク仏ではなく、無生神（または聖）母で、その化身とされた婦人は第一戦に立って勇戦し、神父が降ったから槍炮も近づかないと宣伝した。」、「嘉慶白蓮教乱の斉王氏、天理教乱において、夫李文成の死後夫に代って活動した彼の妻張氏の如き勇敢な女性闘士もあった。」

こうした鈴木氏が紹介した事例以外にも、女性の民衆反乱への参加の例は多い。たとえば、一八六一年に山東西北部に起こった白蓮教徒の反乱において、ある中核的指導者の妹が活躍したし、またこの頃、地主の綿畑へ摘み残しの綿花を求めておしよせる闘いに、白馬にまたがった女性が先頭に立った、という（陳白塵撰述『宋景詩歴史調査記』、以下『調査記』と記す）。一九〇〇年前後、山東から始まった義和団運動においても、女性たちが赤いランプ（紅燈照）という独自の組織をつくって大活躍したことはよく知られている。

女性が権力のイデオロギーの禁制を犯し、清朝や帝国主義に公然と反旗をひるがえしつつあったことは注目に値する。多くの性的堕落者・敗北者をのり越えて、「肉慾を禁じ、みだりに貪らない」平民的禁欲者の道もまた追求されてゆくのである。「女性が共同体的な肉欲の餌食や下婢であるような女性に対する関係」（マルクス）を破壊し、その上に立って中国近現代史における反帝反封建闘争を闘う女性も生まれえたのであろう。毛沢東の「婦人は天の半分を支える」とか、「婦人がいなければ、子供ができない。われわれは皆、婦人が産んでくれたものである。婦人を軽視することは、母親に反対することであり、母親に反対することは親不孝である」（『毛沢東思想万才』東大近代中国史研究会訳）等の認識は、ながい女性の反封建、反帝闘争の戦歴の上に獲得されたものであろう。しかもなお、毛沢東は、婦人の真の解放の後景に、家庭の歴史的克服の未来を予想している。「家庭は原始共産制の後期に産まれたが、将来は消滅するだろう。はじめがあれば、終りがあるのだ。康有為の『大同書』はこの点をみぬいていた。家庭は歴史的に生産単位であり、消費単位であり、次の世代の労働力を生み出す単位であり、児童を教育する単位であった。現在、労働者は家庭を生産単位とはしておらず、合作社における農民も大体において変化をとげ、農民の家庭は一般に非生産単位となり、部分的な副業があるだけとなった。……教育部門の主要な部門も学校にある。要するに、将来の家庭は、生産力の発展に役に立たないものに変ってしまうかもしれない。」(同前掲書。一九五八年三月の講話)

白蓮教を中心とする民衆運動は、女性の解放闘争への参加を生みだし、そしてその参加がまた逆に運動の前進を可能にしたのであるが、そうした運動は、個々の事例においてはすべて敗北しつつも、透徹した眼光と民衆的な矜持の魂を生みだしていた。一八六一年、山東西北部で蜂起した白蓮教徒は、その部門の先達として、一七七一年に斬首されたある人物を、「南方離卦宮頭無首真人郜老爺」として尊崇していたという(前掲『調査記』)。佐原篤介も、『拳事雑記』なる文章において、「南方離宮頭殿真人郜老爺」への信仰があったことを語っている。邪教として斬首された先達を、「無首真人」(首が無くなった真の人)ときっぱりと「総括」したその断固としたふてぶてしい姿勢に、苛烈な歴史を正視しつづけた人民的な感覚と透徹したリアリストの眼を発見することができる。

二、民衆運動の高揚——一八五〇年代の山東——

黙示録の時代。白蓮教的な民衆運動は、一八三〇年代頃までは各地でしばしば見られたが、それ以後ほとんど見られなくなる。時代は大きな曲がりかどに来ていたのである。周知のように、一八三〇年代には、西洋近代がアヘン貿易を中心として中国社会を基底からゆさぶっていた。一八四〇年に、中国はアヘン戦争をもって近代に引き入れられ、戦いでの敗北によって中華帝国はその権威を一挙に失うほどの大衝撃を受けた。中華帝国の大敗北は、政治的世界の諸相に、大きな地殻変動をもたらしたに相違ない。民衆の世界観は、往々にして権力の世界観の転倒として、あるいはそのミニュチュアとしての性格を帯びていたから、同じく大きな変動の波にあらわれ、内的緊張は激化したことであろう。しかし、一八四〇年代は、いわば権力者にとっても、民衆にとっても台風の眼に入ったような情況であったろう。清朝権力の権威の失墜、銀の流出による経済の混乱、民衆の窮乏化等々の状況は、政治的権威のいわば真空状態のようなカオスの時期を生みだした。この混沌のなかから、南方の下層大衆から始まった太平天国の反乱や、辺境に住む回教徒や苗族の反清朝の反乱が起こったのである。これらは、一八五〇年代の全国的な反乱・蜂起・騒擾の革命的情勢にまでせりあがっていった。この全国的な波は、一八五四・五年に山東省一帯をまきこむ。この両年にかけて、太平天国北伐軍は北京・天津の攻略をめざしたが敗北し、山東西北部一帯に後退し一年余にわたって奮戦したが全滅した。この間、北伐軍の救援軍も山東にまで北上したが、両者は合流できず全滅した。清朝権力は、一八五〇年代初頭に、太平天国・捻軍鎮圧のため、華北一帯における軍事警戒体制をつくり、北京防衛のために山東等に巨大な軍を配置するとともに反革命自警団の創設に狂奔した。こうした動きと重なって、山東西北部一帯には、黄河の河道変遷という自然災害がおそいかかった。一八五五年、宋代以降山東半島の南側の徐州を通って南流していた黄河が突如として決壊し、現在の河道に北流してきたのである。このようにして、一八五〇年代の中期に、山東及びその隣省つまり河南・安徽等の交界一帯は、いわば黙示録の時代ともいうべき世界に入ったのである。

太平天国北伐軍が山東民衆に与えた影響は、圧倒的な力をもっていたように思われる。南京を都に定めた太平天国は、一八五三年、李開芳・林鳳祥の二人に一〇万の軍勢を率いさせ、北京攻略の命を下した。北伐軍は、この時から一〇月末までの六ヵ月間に江蘇・安徽・河南・山東・河北の六省を席巻し、北京・天津に迫ったが、清朝権力の中枢である北京占領には失敗してしまった。守勢に立たされた北伐軍は、山東省に撤退し、一八五五年に全滅するまで山東西北部一帯で奮戦した。このときは、「厳冬にあたり、北国の寒気はきびしく、太平天国軍の多くは南方の人で、これにたえられなかった。また、天津を占領できなかったため四万人の食糧を静海・独流とその附近からのみ供給することになったが、これは非常に困難だった。天候や地の利は、すべて太平軍に不利に作用した」(牟安世『太平天国』依田熹家訳)。この間、五四年に七〇〇〇余の北伐軍救援部隊が、本隊の救助に向けられたが、この部隊は、合流することができず、山東省の臨清に達したのみで全滅した。かれらの壮烈なる玉砕戦は、山東西北部の民衆にとって驚くべき事件だったに相違ない。遠い千数百キロメートルの南の彼方からやってきた言葉も通じない農民や鉱山労働者出身の兵士の奮戦は、山東一帯の下層民衆の反清朝・反官の想いをかりたてたことであろう。

この衝撃的事件にすぐ引き続いて起こったのが、黄河の北流であった。太平天国北伐軍が全滅した二ヵ月後の一八五五年七月に、一三二四年から山東半島の南へ流れていた黄河は、開封附近の銅瓦廂において決壊し、山東西北部を北東に貫いて渤海湾にそそいだのである。五四〇〇キロメートルの長河であるこの川は、有史以来しばしば決壊しては氾濫をくり返し、開封を西の支点として北は天津、南は淮陰に及ぶ広大な華北平原を形成した。黄河は、下流の河南・山東に大量の泥沙を堆積して天井川となり、各地で決壊しては、この一帯の人々に多大な恩恵と同時に大損害をあたえてきた。たとえば「国民党治下の一九三三年、黄河は決壊して三省の六七県を淹没させ、被災人口は三六〇万人余にものぼった」(『黄河在前進』水利電力出版社)のであった。※

※ 社会主義中国になってからの黄河について、小島麗逸氏は次のように書いている。
解放以後、黄河・長江とも大きな氾濫は一度もない。これは中国史上かつてなかったことである。黄河は、二年に一度の割で氾濫を繰り返してきた。二五年間も氾濫をなくし美田の流出や人命の損失をなくしたことは、たしかに、大成果である。しかし、逆に華北大平原の肥沃さは氾濫によって養われて来た。そして、氾濫は上流から流れ出る黄土を平原に散布した。それだけ黄河の天井川の悪化程度を遅らせてきた。黄河は毎年一六億トンの土砂を上・中流から運び、硫安換算三〇〇〇万トンの肥料分を流しだすという。大氾濫がなくなったにもかかわらず、一九五六年には日本の米の収穫量に匹敵する一二二〇万トンの

穀物が水害で収穫できなくなった。この水害の大部分が……黄河下流、長江下流、淮河下流である。(「中国——都市化なき社会主義は可能か」岩波『世界』一九七四年一一月)

一八五五年の黄河の北道への還流は、恐らく広大な地域において家をつぶし田畑を流し、多くの人々を呑みこんだことであろう。これは太平天国軍の奮戦にすぐ続く大事件であった。

黄河の濁流によって形成された華北大平原を、黄河と交差して南から北に貫くのが隋の煬帝がつくった大運河である。大運河は、黄河という大自然の猛威を象徴する巨大な力に対峙して、人間が人工の力の極限を示した壮挙であった。この三角形をした大平原の中央一帯は、自然の威力と人間の力とが、ともにその力の極限をめざしてクロスしたところの、いわば黙示録の十字路とも称しうる位置を占めるにいたったのである。山東を中心として、この省と河南・安徽・江蘇などの省との交界一帯に住む人々は、この二つの力が死闘を演じるながいながい歴史への参加者であり、被害者であり、ドラマの目撃者でもあった。恐らく、ミロク仏の下生を信じ、真空家郷・無生父母・無主無君なる世界をかいま見、かかるイメージの天国を幻視せしめた契機は、この黙示録の十字路と呼ぶにふさわしい歴史的・自然的風土の上にのみ発芽したのであろう。中央アジアから流れきたったマニ教やゾロアスター教の影響も、かかる風土の上に初めて着床しえたのであろう。

三、山東——抗糧運動の全省化

抗糧運動(土地国税に反対し、減免を要求する土地所有者の運動)は、一八五四・五年から山東全省に広まった。すでに述べたように、この時期は、太平天国軍の北上、黄河北流の時期に一致している。この時から、一八六〇年にかけて盛りあがった抗糧運動は、横山英氏が明らかにしたように、在地の郷紳層を中心とする地域ぐるみの反官・反税運動として展開した（『中国近代化の経済構造』第四部　清末の農村事情、勁草書房）。在地の郷紳層が、この時期に反官・反税闘争の指導部として登場するには、二つの契機を指摘することができる。前述したような山東省の政治的・経済的・自然史的な激変は全省的・全階層的な危機を醸成し、在地の郷紳すらも反税反官闘争に立ちあがらなければ、既存の権威と経済的利益を保持できなくなっていたということ。もう一つは清朝の指導による反革命の民間武装自警団の編成が進むとともに、逆にその武装をテコとして反清・反官・反税の下層民衆の動きが激化し、郷紳などの在地指導部は、一定程度の反税・反官の立場を明確にしつつ、その運動を自己の指導の範囲内におし込めようとしたこと。この二つの条件に規定されつつ、山東のほぼ全域に抗糧運動は野火のように広まっていった。郷紳＝地主を中心とする在地指導者と、下層大衆との関係は、どのようなものであったか。当該地帯の在地指導層にとって、一八五〇年代の課題は、太平天国・捻軍など外部からの革命勢力の進入を防ぎ、それに呼応せんとする省内下層大衆の反乱への志向性を、抗糧運動の範囲内に導き把えることであった。清朝が強要した民団の編成という方針は、郷土防衛なるスローガンのなかに革命的な動きの一切を吸収せんとするものであった。これが権力を防衛する反革命義勇軍としての役割を果たしうるのは、愛郷というイデオロギーのなかに、その他の矛盾を従属させ、あるいは解消して、在地の全住民を結集しうる限りである。しかし、郷土防衛を叫ぶ清朝は、アヘン戦争やアロー号事件で簡単に降服し、莫大な賠償金を支払い、国土を割譲し、太平天国鎮圧のためには手段を選ばぬ売国反人民権力以外のなにものでもないことを証明しつつあった。かくして、郷土防衛は、反清朝・反官の道を、権力の意志に逆らって進みはじめる。在地指導層は、郷土防衛の道を貫くためには抗糧運動の指導者であらねばならないという革命と反革命の窮境に立たされた。しかも、自警民団が各地に創出され、活動を始めると矛盾は拡大した。というのは、この民団の尨大な経費は、在地の民衆の自弁とされ、民衆の窮乏をより激しくしたからである。無惨ともいえるほどの貧しい民衆生活の上に、なおも尨大なる民団経費の負担がのしかかった。これが直接的には、民団の性格を、権力に対抗するものに逆転させてゆく契機となった。在地の地主層は、愛郷主義を貫くためには、土地税の減免と民団経費の国家負担をあくまで清朝に要求せざるをえない。このこと以外に、民衆を自己の指導権のもとにつなぎとめておくことはできない。こうした情況に迫られて、在地地主層は抗糧運動の先頭に立つ場合が多かったのであるが、かれらの戦略・戦術は、「県城を囲んで税に反対する」「県城に進んで牢獄を破る」「税の削減を請う」「四郷に伝達して、勝手に税を納入することを禁じる」というもので、これ以上でもまた以下でもなかったのであった。これは解放を未来の自力にかけるよりは、官憲の「正義」にかけるものであった。したがって、この運動は、分裂の危機を内包しており、下層大衆は、反官のみで、反清朝でも反地主の戦いにも決して行きつくことのない、不透明な地主支配圏の枠外へとはみだしてゆく。抗糧運動が山東省全域に広まったのは、太平天国軍や捻軍によっておこなわれた清朝打倒、農民権力樹立、少数民族の反乱といった全国的情況によって支えられていたのであるが、山東抗糧運動の指導層は、あくまで運動を一郷村・一府県内にとどめるとともに運動を経済的要求の次元に封じこめておこうとした。下層大衆は、大・中地主層のかかる意図を見抜き、運動の限界を越えはじめた。内部矛盾が高まり激化するにつれて、抗糧運動は一八六〇年の頂点に向けてせりあがっていった。

抗糧運動の時代に終止符がうたれたのは、一八六〇年のことである。その終末は、白蓮教徒による清朝打倒の宣言と塩の密売人、土匪などによるアナーキーな破壊・暴力によってあたえられた。そのすさまじさは、抗糧時代とは全くことなって、既存の秩序を一挙に破壊したのだった。

（山東）東昌府の西南にある莘・冠・館・朝・観・濮の六州県、官吏の存亡を知らず。ただ、観城の知県汝鏡、印綬を懐にして省城に入りて援を乞う。七州、県官なく兵なし。郷民の善なる者、悪なる者を問わずことごとく賊に従う。白蓮教匪、塩の密売人、土匪、長槍会匪、千百群をなし、その数を計るべきなし。

（『山東軍興紀略』一二の上、咸豊一一年三月）

このような下層大衆の激発を前にして、在地地主層は、ついに反革命の側に後退していく。かれらは、この境を越えることができなかった。

しかし、抗糧運動の高揚のなかで、この運動の限界を越えて、清朝打倒の反乱につき進んだ若干の部分がいた。山左（山東）五旗総統大元帥を称した焦桂昌（生員、元民団団長、長槍会首領）、元帥を称した石懐謙・郭興（経歴不詳）、信和団総兵、督招討大元帥、さらに大漢徳主を称した劉徳信（文生）らである。かれらは、共通に新たな権力者であるとし、大漢民族主義の旗をかかげ、儒教的な理想―徳・信・和の世界の実現を唱えた。このことは、反官・反土地税の運動を越えながら、その精神の基底においては、ついに大漢民族主義・儒教イデオロギーを克服できず、伝統的な封建精神に回帰していったことを示している。たとえば、焦桂昌は、長槍会の首領として出した布告において、「大漢」なる漢族民族主義を示す年号をもちい、現状を漢の高祖が天下を統一する直前の情況に比定しつつ次のように布告した。いま捻軍と同盟し、かれらの軍をわが山東に入れる。しかし、山東の人間として、進軍に先んじて布告する。「諸君は、飲食物を用意し、軍隊を歓迎し、ともに正義のため蜂起を支援せよ。われわれは各軍を導いて東南より北に向う。もし、これまでのように命令を守らず、誤りを悟らないならば、大部隊がひとたび至ると善人・悪人の区別なく共に焼きすてられるであろう。そうなってから、遅すぎたといっても駄目である。宜しく前兆を知るべきで、後悔を後に残してはならない。特に命令する。」（『近代史資料』一九六三年第一期、中華書局）。この布告には、漢人の伝統的権力者の臭気が紛々としている。清朝打倒をめざした反乱者の思想も、伝統的権力者の思考からなかなか脱却できなかった。在地の地主層＝名士をも含めて、支配階級は、その反乱分子さえ真に人民的になることは極めて困難であった。この支配層の隘路にたいして、下層大衆は、無産者にふさわしい挑戦を始めたのだった。それが六一年から六三年にかけて、白蓮教徒の蜂起を中心として様々な勢力が戦った反乱であった。

四、白蓮教五大旗の反乱から黒旗軍の反乱へ——一八六一年から六三年——

この無産大衆の反乱は、二期に分けることができる。この時期は、白蓮教徒の指導者が、その組織を軍に編成して蜂起し、最高指導者二人、つまり楊泰と張善継の敗北（前者は戦死、後者は処刑）をもって終了した。第二期は、白蓮教軍のなかの唯一の非教軍部隊であった宋景詩のひきいる黒旗軍が中核となって、六三年までの実に三ヵ年間を英雄的な死闘をもって闘った時期である。

第一期——一八六一年春から夏へ

白蓮教軍は、絶対の中央指導部を持つことはなく、各地方の老教門組織を連合したゆるやかな統一権力を形成していたようである。かれら教徒は、邪教として弾圧され続けたため、各地方村落に潜伏し、日常の生活においては教徒仲間で助けあい、闇のなかで結束を強めていった。しかし、生活は極めてみじめなものであった。かれらの生活が貧しくみじめなものであればあるほど、真空家郷・無生父母（あるいは老母）・無主無君という非現実——反現実への想いは倍加した。日常的な現実においては、貧農・無頼の徒でしかない無力者でありながら、「邪教徒」としての想いの次元にあっては、苛酷な政治的受難の精神史を受けつぎ、真空家郷・無生父母・無主無君という反現実の極北の思想を知ったことのある人々であった。かれらは、惨めな現実と観念のはざまにひきさかれてのたうっていた。しかし、観念が現実にのりうつる情況というものはある。幻想を日常にもちこまなければやまない覚悟の一瞬というものはあろう。そうした情況とか覚悟は、太平天国を中心とする下層大衆の全国的反乱、とりわけ太平天国北伐軍の北京攻撃に規定されながら、直接的には、白蓮教徒の中心的分子一八人、一説には三〇人ほど（『調査記』）による冠県城攻撃、破獄によってきり開かれた。この事件が、山東西北部一帯にあれくるった六一〜六三年にかけての農民蜂起の合図となった。これは待ちに待った民衆運動の新たな段階をもたらした。

閉鎖的な村落に住む貧民は、いつの時代にも日常的な感性のなかに、すべてのものの確証を見ないうちは、起ちあがりえないものである。ながい時間や多くの犠牲をもって民衆に訴えてきた白蓮教徒たちの理想は、日常的な生活のなかでその裏も表も知っている特定の「誰れ彼れ」の行動のなかに、あるいは具体的な「山川草木」のたたずまいのもたらすイメージのなかに、その教えの確かな手ごたえや真実の響きを聴きとって初めて現実の力に転化できる。白蓮教徒の中心的部分は、冠県城を攻撃して牢を破り、多くの仲間や友人を解放することに成功したが、この行動によって、多くの教徒や一般貧民は希望と覚悟の一瞬を与えられたのだった。

かれらは、各地方の教門ごとに編成された五つの方面軍を結成し、蜂起するやたちまち山東西北部の数県を席巻し、ついで北京攻撃の北上を始めた。かれらは、白蓮教の先輩たち、とりわけ一八一八年の林清・李文成らによる紫禁城への突入や太平天国の北伐に見ならって、北京へ向かった。しかし、この作戦は、山東から河北（旧直隷）に省境を越えんとするや清朝官軍の攻撃を受けて敗北した。この北上作戦の敗北は、たちまちかれらに戦略目標を失わせた。連合軍は瓦解し、各地方の教軍ごとに分散しながら後退戦を戦う以外になかった。清朝軍に真っ向から立ち向かったのは四月・五月の二ヵ月の間だけであった。二月県城を攻撃してから、この年の夏までの間に、二人の中心人物が皇帝に即位することを宣言したといわれている。のちにもう一人がやはり皇帝即位を宣言した、という。この三人とは張善継・楊泰・従政の三人である。張善継の先祖は、白蓮教徒で、父は嘉慶年間（一七九六〜一八二〇）に邪教徒として中央アジアに流刑となったが、一八二六年に清朝による回教徒反乱鎮圧に手柄をたてて赦され帰国した。張はその子で、父の受難の歴史を受けつぐ老教門の権威であったという。しかし、生活は「販牛を業」とするいわば馬喰のようなことをしていたという伝説がある。反乱に際しては、人々に推されて聖主となった。かれは、「興漢滅胡」の印綬を持ち、「君帥聖主」の旗幟をつくった。楊泰は、白蓮教徒のなかでは有力な人物で、蜂起に際しては「掃清滅胡」の印をおした布告をだしている。従政は、張の父と同じく中央アジアに流刑となったが許されて帰国し、教門をひきいて蜂起に参加した。のち、砦で全滅したがその直前に皇帝に即位したということである。前二者は、初め大元帥を称し、のち皇帝をめざした。張は母を老皇太となし、自らは黄天聖主と称した。楊は、「自ら帝王の分あるとなし、韓村の周囲の地四十里を囲い込み、皇城の区域とし、高く玉座をつくって宮殿とした。かれはそこに上るごとに帝王用の黄色のガウンを着用し、帝王を称した」（『調査記』）。教軍は蜂起した四、五ヵ月後に大敗北をこうむり、六月には楊が戦死し、七月初旬には張が捕えられて処刑された。

この二人を含めて、教軍の中心人物たちの日常の経済状態は、驚くほど貧しいものであった。かれらの精神的な権威は、一県から数県にまたがって発揮され、多くの教徒や一般民衆に尊敬されていたようであるが、それは経済的な豊かさや贅沢さとは結びつかず、大地主などになるものなどは全く存在していなかった。かれらの生活は、極貧農、ルンペンのそれであった。張は「販牛を業とし」、楊は「糞ひろい用の竹籠」で生計をたて、その他の指導者も、「牛殺し」、「まんじゅう売り」、「四、五〇畝の土地を持つほかに豆腐売り」をしていた。教軍の一旗をひきいた宋景詩（かれ自身は教徒ではなかったという）などは、「貧農出身で、車押し、窯の釜たき、かじや、綿繰り、綿油しぼり、豆腐・

油・酢・ろうの行商、私塩の密売、兵隊稼業、地主金持の用心棒、大道芸人、拳棒教授」など、飯の種になるものならやらないものはなかった、という。こうした生活が、山東西北部の貧しい一般大衆の共通の姿であり、教軍の首領たちも、地主的土地所有とは無縁な貧民=雑業の徒=ルンペンであったに相違ない。白蓮教といっても、日本の仏教やキリスト教とは異なって、権力に容認されたことはなく、また、尨大な教門体制を確立したこともなく、教義の大系をつくりあげたこともなかった。だから、かれらの権威は、何ら経済的な豊かさや政治的なものではなく、また教義の緻密さによるものでもなかった。かれらの権威は、農民の感性のなかに磨かれ蓄積されたものである。したがって、古来からしばしば見られた土豪や官僚などによる権力志向=皇帝への道と、現象的には同じような経過をたどりながらも、張・楊・従らによる皇帝宣言は、その本質においては大きな違いがあったように思われるのである。土豪・豪族・官僚などは、先祖代々科挙に合格するか、あるいは動乱期には権力者への階梯を登りつめようとしてきた。そうした上昇転化の延長線上に皇帝もまたあったのである。これらの支配層の志向とは決定的に異なった、いわば下降しきって、その地の涯にすけて見える皇帝化という道が、別にもう一つあるように思うのである。馬喰と糞籠売りとが、皇帝になるという、一見冗談でしかないような童話的な事象のなかに、民衆観念のなかの王権のもつ不思議な意味があるのではないか。※

※　長野県の古い農民の間には、「博打・馬喰・野鉄砲（猟師）」という俚諺があり、この三者をまっとうな農民ではないと見ていたという。中国の農民も同じであろう。また糞籠とは、道に落ちている牛馬の糞を肥料にするために拾う籠のことである。

竹内実氏は、白蓮教軍の中心的指導者のなかから、皇帝を自称する人物が多く出たことを批判して次のようにいっている。

宗教結社の形式をもって、革命勢力が組織されているため、政権と神権が未分化である支配者の権力のありかたが、そのまま革命勢力の権力のあり方となっている。これは、政治とは帝王にほかならないという、支配者の政治観を受けいれることにもなり、革命勢力の指導者が、帝王を名乗ることを防ぎにくくした。（NHKブックス『中国の思想』）

一九五〇年代の中国の調査団も、「白蓮教軍の仲間割れをもたらした」（『調査記』）と批判している。ところで、われわれはそうした限界の指摘にはほとんど興味はない。われわれは、この貧しい惨めな生活をしていた教徒が、皇帝即位の宣言とその即位の儀式をおこない、また多くの下層大衆がそれを支持したことのもつ意味に注目するのである。一般貧民が、自分たちの仲間を皇帝に選び、選ばれた人間は、かれらの上に君臨するという支配と被支配の関係だけではない、それにおおわれた深い世界が底にあるように感じられる。教首を皇帝におしあげることと、処刑された教首を「無首真人」として尊敬しつづける心には、一脈あい通ずる気持があったろう。皇帝のなかに無首の義民を見、自分たちの罪を一心に背負ってもう一歩も後退できない地点に身をおかされた仲間を感じる、そうした共同の意志を媒介として、皇帝―人民の関係がなりたつのである。しかしながら、政治的世界は、このような共同の意志を、禁制のなかに吸収する。逆に無産大衆の気持では、みじめな日常性を呪縛している禁制が無に帰す非日常の世界をそこに感じる。孤立し無に近いところに埋没している無産大衆の政治への参加は、清朝権力の真只中に、演劇的舞台――馬喰の張と糞籠売りの楊とが、薄汚ない黄色のガウンを身にまとい、ちゃちな家屋を宮殿と称し、なれない仕種で皇帝のポーズをとる、まさに演劇的世界を創出し、そこで自己の観念を現実の政治的世界に解放する以外になかった。そこには、単なる政治的マキャベリズムとして、皇帝即位をめざす土豪や藩王の反乱とは大きな相違があったと思う。民衆は、皇帝の張と楊の背後に無首の真人の像を見ていたのだ。

山口昌男氏は、「王権の象徴性」（『人類学的思考』せりか書房）なる論稿において、次のような点を指摘している。氏は、まずギリシア悲劇の主人公エディプスと、トマス・ハーディーの小説『キャスターブリッジの町長』の主人公へンチャードの王権にむけての階梯が、共に大罪を犯しうる能力の所産に始まることを述べながら、こういう。

王権は非日常的な意識の媒体として働く。

『文化』の外延を破ることによって、王は『自然』なる状態に身を置き換え、そのような状態において初めて帯びる事のできる力を自己のものとする。王権はそれ故、常にその基底に反倫理性を持つ。

王権にまつわる罪の状況は、日常生活において堆積される生活への脅威を王権に転移させることを可能にする。歳月は個人の能力を風化する作用を持つ。王権を担う者は、大罪をその出発点において背負い、住民の祓いを一身に引き受けることにより、それを権威に転化してゆくという位置におかれる。

山口氏のこれらの指摘は、王権樹立の際における民衆のドラマの位相を鋭く示している。白蓮教軍の指導者――一般人民の関係のなかにも、そうした世界を見ることができるように思う。たとえば、教軍の指導者は犯罪人かあるいはその子孫であった。既にのべたように張善継の父は、中央アジアに流刑となり、従政は自身同じ中央アジアに流刑。郜四なる指導者は、その祖先郜生才が処刑され（→無首真人）、宋景詩の師は、太平天国北伐軍に参加し（→行方不明）、張善継の弟子も謀反のかどで逮捕されている。教軍の指導者の大部分が冠県城を攻撃し、牢破りをしている。その他の人々も、塩の密売、税や小作料の滞納、地主の綿田への押し入り、殺人などに大なり小なり関係しないものはなかったに相違ない。こうした情況のなかで、中央アジアへの流刑の経歴を持つ者とか、教首として斬首されたものの子孫とかは、住民の祓いを一身に背負ったものとして、あるいは大罪を犯しえたものとして民衆の尊敬を受けたことであろう。しかも、民衆の尊敬を現実の力に転化させるには、藁をもつかみたいほどの貧しい民衆の上に聳えている権威の象徴に、身をもって一撃を与え、しかも成功することが必要であった。二月一九日の冠県城攻撃がそれである。

かかる大罪を犯した指導者は、大元帥を称し、皇帝を宣するが、民衆にたいして、いつの日にか無首の真人となり、わが身を犠牲の小羊として捧げるという黙契をもまた与えたのである。山口氏は、「王権・王制は、本来非常に惨めな人民の日常生活空間を解放して、王権の使命と栄光に参加させて、非日常的・儀式的空間を人民に与える」と述べているが、大罪を犯し流刑にあい、馬喰や糞籠売りでほそぼそと生きる絶対的な窮乏下にある下層大衆は、そのなかから王権をつくりだし、その使命と栄光に参加しようとした、のであろう。竹内実氏のように、これら王権への志向を、既成権力のミュニュチュアとして断罪するだけでは、民衆の個人崇拝や英雄主義の構造を明らかにすることはできないと思われる。ムッソリーニ、ヒットラー、天皇等にたいする熱狂的な個人崇拝も、たんなる支配層のデマゴギーによって生まれたものではなく、惨めな人民の日常的生活を変革せんとする願い――栄光への参加の願いを、民族共同体の構想と民族排外主義に接ぎ木したとき初めて成功したのだった。しかもその接ぎ木の役割は、特定の個人の感性を通してのみ可能であり、接ぎ木となった特定の個人は、栄光と犠牲の統一者としてイメージされてのみ威力を発揮できる。張善継・楊泰・従政らによる皇帝自称は、こうした民衆に与えられた「役割」を演じきろうとした道の上に生まれたのである。

白蓮教軍の戦略的構想は、張の自供によると次のようなものであった（『宋景詩檔案史料』中華書局）。教軍は、太平天国軍及び捻軍と連合し、太平軍は運河に沿う東路を、捻軍は山西省から西路を、教軍自身はその中間の中路をとって北京を衝くこと。しかし、この連合計画は実現せず、教軍は独自に北上をおこなった。すでに述べたように、教軍はその途次において敗北し、故郷へ撤退したのであるが、四月の北上に際して二つの宣言を発している。要約すると次のような内容である。

われわれは、天に順って義をあげ、山河を整え、暴を除き良を安んずるものである。古の帝王は、仁義をもって天下を治め、天下の民は平和の楽しさを享受した。士農工商は、おのおのその業を守ってきた。古の帝王の天下を治めるものは、民に忠信孝悌の大切さを教えた。これは、古今不変の人間の道理である。しかるに、満人は同族だけを高官につけ、万事を金の世に変え、仏教を奉ってわが白蓮教を邪教として弾圧し、われわれの先人を苦しめ害した。その残忍なることは、言うに耐えないものである。いまの満人の朝廷には、仁義忠信の理も、孝悌廉恥の心もない。人々を苦しめ害したので、われわれは生活の目処もたたない。わが教首は耐えていたが、いまや民百姓の怨声は野に満ち、南京には乱が起こり、河南もまた騒然となっている。わが教首は、仁義の軍を起こし、民百姓を水火の苦しみから救わんと決意した。われわれが殺すのは、皆な貪官汚吏の輩であって、汝ら民百姓ではない。驚きあわてて逃げかくれしてはならない。

国は民を元とし、民は食を至上とする。われわれが義を起こしてより、よく雨ふり豊作である。今や麦の収穫の時が来ている。しかし、恐らくは無知の輩がでて、どさくさにまぎれて群をなし、他人の麦を盗むであろう。これらの者は、目に法規なく憎むべきものである。今後、各村では郷長を選出し、一郷鎮圧の人となせ。もし、搶奪等の事があれば、すみやかに捕えて本営に送れ。斬首して決して赦すことはない。本営も巡見して治安維持に当たる。　辛酉（咸豊一一）年四月　掃清立明（印）

なかなか堂々としたものである。清朝権力と真向から対決するにふさわしい格調と目くばりをもっている。この反乱の指導部には、極めて冷徹な政治的リアリストの眼を持っていたものがいたことがわかる。日本の百姓一揆の指導者には、このように政治的人間になりきった人物をほとんど見ることはできない。日本の百姓一揆の指導者の大部分が、ナイーブな情のこまやかさを通して最後にはわが村、わが家、わが家族や子孫という私的な情況に沈んでゆくのにたいして、中国農民一揆は、からからにかわききった政治的世界にかけ登ってゆくように見える。

第二期――一八六一年秋から六三年夏まで

白蓮教軍の敗北ののち、三ヵ年の戦いを持続したのは、その一旗を構成していた黒旗軍であった。敗北した教軍の残存部隊は、あるものは、民衆の渦のなかに潜伏し、あるものは官軍と戦いつつ黄河方面へ活路を求めて撤退していった。宋景詩は、七月初旬に清軍司令官勝保に投降を申し出、この年の一二月二六日まで、和戦両用の作戦を続けた。この投降は、権力を混乱させ味方の逃亡を助けるための偽装投降であるという『調査記』の説が正しいと思うが、ここではふれない。この年の秋、情況は反乱軍に決定的に不利となり、宋景詩は一二月二六日、部下の兵二〇〇〇を率いて投降し、官軍の一翼をになって黄河を渡り、捻軍鎮圧作戦に従うことに同意した。宋景詩の率いる黒旗軍は、官軍に編成されたとはいえ、黒旗軍自体は解体せず、しかも南下の途中すきあらば清軍を離脱して山東に帰ろうとしたが遂にはたさず、六二年二月に出兵してから、六三年二月に故郷に帰るまで清軍陣営を離れることはできなかった。黒旗軍の留守中の山東西北部には、在地に潜伏した元教軍兵士数万がいたが、大規模な反乱を持続的に闘うことはできなかった。教軍の反乱がおこった六一年の前半に、在地の郷紳＝地主階級は、抗糧運動の指導者や同調者であったことなどは全く忘れ、完全な反革命分子に転落した。かれらは村ごとに反革命の殺し屋部隊を創設し、教軍の反乱などに参加した将兵の家族等に対して残酷な白色テロをやり始めた。故郷を留守にしていた宋景詩は、弟など一部の将兵を帰郷させ、官軍将校宋景詩を看板にして地主層の反革命に圧力を加えつつ、反革命の民団から馬匹などを徴発した。さらに、黒旗軍の留守家族や教軍兵士の家族を保護し、かれらの生命と財産を守った。六二年夏、清軍司令官勝保は、宋景詩の黒旗軍を率いて駐屯地の河南省から、当時陝西省で反乱中の回教徒の討伐に出動した。六二年一二月、故郷の山東省西北部では、潜伏中の教軍の残存兵や無産大衆が再度大蜂起をおこない二、三万に増大していた。清軍は打撃を受け、イギリス人克乃が天津で創設した洋式銃部隊五〇〇名なども投入して再度死闘をくり返した。恐らく、こうした故郷の情報を遂一得ていたのであろう、六三年一月二三日、黒旗軍は突然に官軍の陣営から脱走し、二〇〇〇ほどの騎兵をもって黄河を渡り、山西省の太行山脈の西側の道を疾風枯葉をまく勢いで北上した。一月二四日から二月一〇日に南宮に達するまでの一八日間に、騎馬でおよそ七、八〇〇キロを厳寒のなかに疾駆した。故郷で戦闘中であった蜂起軍は、奮戦しつつも六三年の三月から四月にかけて敗北した。宋景詩の黒旗軍は、三月から六月にかけて地主の反革命民団と戦闘をおこない、白色テロにたいする復讐を開始した。西北一帯の反革命の砦は柳林であり、これが中心となって各地の反革命民団を煽動していたので、黒旗軍は柳林民団の頭目楊鳴謙を始め、悪名高い殺し屋を多数殺した。地主にたいする嵐のような闘いに続いて、官軍との戦闘が始まった。七月二一日に、官軍との大規模な交戦があり、一〇月に将兵の大部分が陣没し、宋景詩らの一部が黄河一帯の沼沢地に逃亡して途方不明になるまで、文字通りの人民的な戦争を英雄的に戦った。

宋景詩は、この間教軍の張や楊のように皇帝をめざすことはなく、あくまで仲間のなかの第一人者といった地位を守り通した。これは、清朝官軍に編成されながらも、独自の集団であることを守り通すためには、戦士の共同体といった民主主義を守りきることが必要であったこと、しかも、それを可能ならしめる条件があったことが重要である。それは簡単にいえば、友情といったものであった。宋景詩のひきいる黒旗軍の将兵を結ぶ人的結合の原理は、白蓮教ではなく、仁兄弟・師兄弟・義兄弟・盟兄弟などから生まれた友情であったと、民間伝説では語られている。こうした契機で結ばれる無産大衆の間の関係が、抗糧運動や地主綿田へのおし入り闘争、塩の密売、抗租、反官反地主の運動のなかで階級意識にうらうちされた同志的友情に成長したのであろう。しかも、白蓮教五大旗の反乱とは異なって、黒旗軍の闘いは北京を衝いて天下のあり方を正すといった立派すぎるほどの気負いもなく、反乱参加者の家族に対する清朝と地主による復讐から、わが郷土、わが故郷、わが同志の家族を守らざるをえない戦いであった。

五、大反乱の後

山東西北部の農民子弟兵の英雄的な闘いはこれをもって終了した。この戦いによって山東一帯は荒廃し、そのうえ地主階級は、反乱参加者が出た家から財産を没収した。これ以後も、南西方面から捻軍が山東に侵入したが、かれらは山東人民と連帯することが出来ず無差別の破壊と虐殺をくり返すだけであった。山東西北部の民衆は、若干所有していた財産を賊産として没収された。官は、没収したその土地を反革命の地主に与えるか、あるいはまた法外な税を課す条件で農民に再分配した。生きのこった反乱参加者は他省に逃亡するか、あるいは在地で屈辱的な生を生きた。宋景詩に関しては、逃亡後、捻軍に参加して清軍のモンゴル系将軍であった殺し屋のサンゴリンチンを敗死せしめた曹州大戦に参加したが、一八七一年逮捕処刑された（官文書）とも、モンゴルの包頭に逃亡して生き、義和団の乱には一時山東に帰郷した（『調査記』中の民間伝説）ともいわれている。

　一八六三年から六六年にかけて、清軍将兵は、復讐のため常軌を逸して血迷っていた。六三年、鄒県の白蓮池に集合し、しばしば捻軍や長槍会と呼応して反清運動を起こしていた人々一万人ほどが、清軍に攻撃され家族ともども皆殺しにされた。ここでは、全部で三万有余が虐殺されたという記録もある。一八六六年、山東の肥城、長清両県交界の山で、陽明左派王心斎の学統を継ぐといわれる張積中とかれをしたって捻軍などの乱を避けるため集まっていた知識人や民衆など数千人が清軍によって皆殺しにされた。これ以外にも小さな虐殺はいくらもあった。ところで、張積中の生涯は、太平天国を中心とする全国的な武装反乱のなかで、権力と人民蜂起から挾撃され放浪の涯に自爆した知識人たちの情況をよく示している。積中は江蘇のある名門の家に生まれた。兄は山東臨清知州、親戚には一八六三年山西巡撫になった高級官僚もいた。かれは、道光年間、揚州において王心斎の学統を継ぎ、儒仏道三教の合一をとき性命の学を講じていた周太谷（星恒）の門人となり、高弟となる。両江総督の王百齢は、周の教えに反権力の色彩があり危険であるとし、周親子を捕え獄死させた。一八五三年、山東臨清の知州であった彼の兄が太平天国北伐軍と戦い一家全滅した。同年積中の友人銭江が、同じ積中の友人であった雷以誠（太平天国鎮圧のための財源を確保しようとし国内流通貨物税を始めたことで有名な官僚）によって反逆者として弾劾され処刑された。太平天国軍が長江下流に迫ると多くの金持や知識人が山東へ家族ともども逃亡したが、積中も山東に移った。一八六一年から翌年にかけて山東に侵入した捻軍や、山東西北部の黒旗軍に代表される諸反乱のなかで、積中は黄崖山に登れば難に合わずと説いたため、白骨塁々たる有様だった山東各地から民衆や知識人が山頂に集まったという。山は武装され、一生涯官途につくことを拒否したかれの学問が講ぜられた。かれは神秘的な学問をとき、態度も不可思議な点が多かったといわれている。弟子のなかには師太谷の娘ともいわれる女性など二人がおり、夜全山に燈りがともされ、舞もおこなわれ、清朝の官僚は謀反ではないかと疑った。時の山東巡撫は、積中に反逆の計画があるという一情報を得ると、積中に官署へ出頭を命じたが、積中はこれを拒否したため総攻撃がおこなわれた。積中は、数千の民衆が虐殺されるなかで自殺した。これは権力の復讐の狂乱のなかで犠牲となった多くの迷える人々の死を代表している。

荒れはてた山東では、これ以後三〇年ほど大きな闘いは起こらなかった。地主階級は、再び人民の蜂起が起きることを防止せんとして武訓などの儒教的な民間教育家をもちあげて、イデオロギー的攻勢をつよめ、また民衆の反封建の動きを外国にそらすために、排外的な仇教運動をおしすすめようとした。民衆は、英雄的な闘いの想い出を多くの芝居にしたり、英雄的な民間伝説をつくりつつ、半植民地的な社会に引きこまれてゆく。

一八四〇年のアヘン戦争、一八五六年のアロー号事件、一八六〇年の北京条約の締結と、中国は続けざまに外国資本主義国に敗北した。広大な地域が外国に奪われ、また莫大な賠償金が課せられた。それらはすべて民衆の背にふりかかった。このような直接的な武力を伴った侵略が、中国の経済構造を根底から変えるような質的変動をもたらすにいたったのは、一八七〇年代のことである。中国農民経済で重要な位置を占めるにいたっていた旧来の綿作・綿工業の構造は破壊され始め、市場の再編成、土着紡紗業の衰退、新たな綿業地の台頭と、まさに近代資本主義と対決せざるをえない世界史的一環にくみこまれる状況が進行していく。中国民衆は、一九世紀中葉の大反乱以後の持続をこれまでとは異質な世界で再建するための模索の時代に入っていった。

六、半封建・半植民地化過程における二律背反的世界

アヘン戦争、アロー号事件、英仏聯合軍の北京占領と、清朝は西洋に連敗をかさねた。ついで、一八五一年の太平天国の反乱を契機として、捻軍・黒旗軍・少数民族が反乱に起ちあがり、清朝は全くの窮地に追いつめられた。この全国的革命情勢は、およそ二〇年続き、一八七三年頃に終わった。この間に、西洋列強は、清朝に迫って天津条約・北京条約を締結させた。しかも、太平天国の圧殺に加担して清朝に貸しをつくったのである。かれらは、南京条約で開港させた五港に、教会を設立する権利を獲得し、一八五八年には開港場外へ布教する権利、中国人の信仰の自由、中国官吏による神父保護義務などをも認めさせた。一八六〇年には、教会による土地借入・家屋建築等の権利も手中にした。

こうした急速な外国勢力の中国への進出と中国の半植民地化は、太平天国期までの革命と反革命の関係のあり方に大きな変化をもたらした。つまり、何が革命的であり、何が反革命的であるか。何が愛国的であり、何が売国的であ

るか、極めて見きわめ難い情況が到来した。革命が売国に通じ、反革命が愛国的であるような矛盾と逆転が起こってきたのであった。中国の政治諸勢力は、一九世紀後半に、いかなる難関にとらえられていったか、以下簡単なスケッチを試みておきたい。

半封建・半植民地化は、アヘン戦争の敗北に始まる。排外の清朝が、当の敵の助けによって太平天国を鎮圧し、反清革命の太平天国が西洋との対等を主張した。半植民地化の深化のなかで、権力も人民も媚外的方向と排外的方向にそれぞれ分極化してゆくのであって、以前のように、革命側と反革命側という単一な構図では政治的情勢をおしはかることが難しくなった。清朝の媚外と排外の間の動揺は、国内的には「媚外―内―近代化派」の洋務運動と「排外―内―愛清」の守旧派の攘夷主義の運動へと国権の分極化をもたらした。この過程で、媚外があたかも合理的な判断であり、現実的な富強であるかのような、あるいは排外こそがあたかも合理的な判断であり、真の愛国主義であるかのような局面が生まれてくる。前者は、中国の国際政治における劣位を認め、外国の技術を導入することを主張する現実主義の道であり、しかも満洲族の支配を前提とし、その限度内で一定度の西洋的近代化をめざさんとするものであったから、民族矛盾を受けとめる精神的共同性を保持できなくなっていった。これに対して、「排外―内―愛清」の保守頑固派は、専制主義の本流の道にある人々であったにもかかわらず、排外の限りにおける愛国、というよりも排外の故に一定の愛国的役割を果たしえたのであった。洋務運動は、下層大衆につらなる精神のほそい糸さえも持つことはできず、反人民の道から逃れることはできない。西洋の技術しか評価しえない洋務派が、化石化した中華精神しかもち合わせていない保守頑固派をいただいて支配の一翼をになうというのが、太平天国敗北後の清朝の支配構造であった。洋務派は、清が西洋に敗北すればするほど、西洋を高く評価せざるをえず、なしくずし的に西洋列強の買弁の位置にのめりこんでゆく。それに比例して、中華精神・大清意識・攘夷主義の魂を喪失していった。清朝中央の保守頑固派は、たび重なる列強への敗北のなかで現実には譲歩につぐ譲歩を迫られながら、半植民地化になしくずし的に後退していったが、後退してゆく度合だけ、中華精神・大清意識の純化に向かう部分を生んだ。かれらの観念のなかにある清朝は、現実の清から遊離して共同の幻想性としてますます観念化し、空中高く浮かびあがる。観念の清が現実の清から遊離すればするほど、中華精神・大清意識は、観念の化石となった。この化石化した精神を自己の国家精神とすることさえできなくなった洋務派漢人大官僚は、反革命の買弁官僚軍事集団へ、更に地方割拠主義者に変質していった。この過程は、国家論の次元でいえば、次のようにまとめることができる。共同の幻想性としてあらわれる清朝国家は、中華精神への復古を政治のリアリズムを喪失することを代償として純化する。従って、国家は中華帝国なる観念の化石に退化して無力化するのに対して、暴力機関としての清朝国家は、精神なき売国的漢人大官僚の世俗的合理主義にもとづく軍事集団と軍閥割拠主義に解体していったと。一九世紀後半は、清朝が狂信的な観念論者と国体にたいする忠誠心なき儒教官僚の私的拡張主義という両極端に分解し、解体してゆく時代であった、ということができる。そして、この過程は、満人対漢人という種族的対立の不協和音をバック・ミュージックとしながら進展した。

こうした清朝崩壊のなかで、一八六〇〜七〇年代の仇教運動の位置を確認しておきたい。この時期の仇教運動のイニシアチブをとったのは、地方の官紳層であった。かれら在地の保守頑固派は、政治勢力の形成においても、国家イデオロギー形成においても、未来をさし示す力は何一つ持たず、反革命の白色テロの中心であった。かれらは、儒教的秩序のなかに民衆を再び編成しなおそうとする。キリスト教民は、そうした官紳層の支配圏から離脱し、これに教会とともに敵対するものであった。地方官紳層の仇教運動は、多くの一般民衆を使って、かれらの分身である教民に敵対させ、民衆を儒教道徳と中華帝国のなかに封じこめようとしたものにほかならない。しかしながら、彼らのおかれていた状況は、いやおうなしに半植民地化に適合した買弁官僚資本主義に引きつけられる。更に加うるに清朝の西洋列強への連敗は、かれらの誇りをなしくずし的に解体し、客観的には、かれらの想いとは逆の売国＝媚外の道に投げこまれてゆくのである。かかる精神と肉体との乖離にみまわれた地方の官紳層は、売国的な洋務運動の片棒をかつぎながら、排外的攘夷主義・中華帝国主義者であらねばならないという矛盾の前に、自己崩壊を遂げざるをえなかった。かれらは、一八八〇年代にいたって、もはや仇教愛国運動の主導者の位置からも逃亡せざるをえなかった。こうして、中華帝国主義をその草の根で支えていた地方官紳層の仇教思想が、いかに脆弱で欺瞞的なものであるかが暴露された以上、清朝中央の動揺性・投機性は増大し、救いの幻想が、ある時には光緒帝にある時には西太后に、ある時には親王の誰かにとりつき、全体として北京中央貴族はいつパニックに襲われても不思議ではないような情況におかれることになる。清朝中央の権力闘争もこうしたパニック前夜のような情況のなかで激化し、国運は権力をにぎった特定の権力者個人の性向に左右される度合が高まる。清朝中央の動揺性・投機性は、権力闘争として展開しつつ、日清戦争の敗北を転換点として激化した。そのなかで、全体として清朝中央の自解作用は頂点にまで登りつめたのであった。光緒帝を中心とする変法派の百日天下、かれらの敗北と光緒帝の幽閉、康有為・梁啓超の国外逃亡、西太后の権力掌握、義和団大衆の北京占領、光緒帝暗殺計画、とつづく清朝の自爆に近づいてゆく。

七、キリスト教民の増大とその歴史的意味

太平天国を頂点とする全国的な革命情勢が峠をこし、清朝反革命が勝利してゆく一八六〇〜七〇年代において、キリスト教民の増大と、この教民及びキリスト教会・宣教師にたいする攻撃（仇教運動）は何を意味していたのであろ

うか。

革命が清朝権力によって無惨に圧殺されてゆくとき、革命を持続せんとする部分、展望を失い新生面を切りひらかんとする部分、洋務運動に代表する買弁官僚資本主義の進展によって発生してくる半プロ層、その他の不満分子が、下層社会のあらゆるところで蠢いていた。かれらの中から、キリスト教会（↓外国勢力）の権威のなかに、反清朝・反儒教・反官・反地主の新たな救いを見い出した部分が発生してくる。キリスト教への入教者が続出してゆくのは、教会が西洋列強の中国侵略の先兵としての役割をになって信者獲得に狂奔した歴史的事実を充分承知した上で、なおかつ、中国の下層大衆が清朝封建権力に対峙する途をもとめた結果であると言わざるをえない。

「太平天国の敗北後、その残党は姓名を変えて民間に潜入した。そのうちの一人は、南京陥落後、温州へ逃亡して天主教に入り、その保護のもとにビラをばらまいて反清を宣し、仲間と資金とを集め蜂起をはかったが、捕えられて処刑された」、「（一八七〇年代？）四川省では、地方官は教民を治めることができない。一般人と教民の争いがあれば、地方官は多く教民をかばう。甚だしい場合には、教民が税糧の納入を拒否し、官に反抗する等の事件を起こしても、ひとたびキリスト教会の口ききがあれば、たちどころに釈放されるか、あるいは告発した一般人が逆に罪におとされるのである」、「同治年間（一八六二〜七四）の末、河北のある村の長老が、村内のマニ教徒六家を淫邪な連中だとして弾劾し、知県に笞打つよう告発した。かれらマニ教徒は怨み、天主教に入教して報復を誓った」、「山東のある県では、一八七三年、教民が文廟修理費の割当の一部を拒否したため、一般民衆もそれに追随し、修理も中断した。（これは抗捐闘争であるばかりでなく、天主教あるを知って孔聖あるを知らざる反儒教の行為である、と村の権力者は怒った）」、「山西省のある教民集団は、父の代から開墾した土地を地主から借り、小作人になっていたが、とつぜん地主から小作料をあげるのを認めるか、それとも小作地を返すか選ぶよう要求され、一八六一年、問題は教会にもちこまれた。神父はこれに応じて、フランス公使を通して総督らにまで強力な交渉をした結果、教民たちは小作料のすえ置きと永代小作権を獲得した」、「ある地方の教民二〇余家は、堤防修理の公事の動員を拒否し、しかも村の賽会演戯等の費用も拒否した。かれらは、教民に対する優遇を約束した一八六一年の聖旨を背おって、騎馬で県知事の役所に乗りつけ、どなりちらしたうえ、その聖旨にひざまずくよう命じた。この教民の堤防修理のための強制動員反対闘争は、一般の農民に波及して工事は全く中断した」、「広東省のある県では、貧農が団結して巨大地主や官憲に反抗したが弾圧された。人々は教民になった。なぜなら、かれらの税糧拒否を教会がとりあげこれを支持したからである」、「刑罰を逃れようとしてキリスト教に入るものがいる。税糧を避けようとして入るものがいる。官憲に反抗するために入るものがいる。教民とはつまり叛民のことである」。

ここにいくつか紹介した史実によって明らかなように、下層大衆のキリスト教への入教は、革命情勢の退潮期における反官・反地主・反儒教を人民大衆が願った結果であった。中国のキリスト教徒のうち、新教徒は一九世紀末で五万程度でいうにたりないが、旧教徒は、一九〇一年に七二万に達していたという。旧教徒の増加には、二つの山があり、一つは、一八六〇、七〇年代で、この時期までに四〇万に達した。それ以後は義和団の時期まで五〇万代の横ばい状態で、義和団の敗北後また急増した。急増は、一八七三年の大反乱のほぼ終了の時期頃に特にめだっている。あきらかにキリスト教民は、革命の敗北と地主反革命の報復の渦中にあって、救いを新たな権威（ヤソ教会、天主教会）にもとめたということができる。

しかし、この下層大衆の入教は、かれらのおもわくとは異なって中国の半植民地化への加担者の方向に流されていった。かれらの入教がもった社会的・政治的意味は次のようにまとめることができよう。

入教の途は、革命の持続を自らの力と組織と思想によってになうのではなく、全く外的力に依存して救われんとするものである。封建勢力に勝る威力を持つというだけで、教会と神父が友好的なものと見なされる。教会の慈善事業は、貧者や孤児・女性などの無力者・被差別者を救う事業をおこなったが、教会関係者のこの「無私」のヒューマニズムは、純粋であればあるほど中国下層大衆の民族防衛の警戒心を解体した。入教者にとっては、入教しない一般民衆があたかも封建勢力に屈服あるいは媚びる最大の敵であるかのように見えた。一般民衆には、村の公事や芝居、寺社の行事への参加を拒否し、共同体を裏切る洋鬼の手先として教民が見えてくる。こうして、革命の敗北過程で、反封建・反権力の姿勢を保持し、新たな権威への救いを求める入教という道が、売国者、民族の裏切り者の道に転轍され、ついに人民大衆が二つに分裂して殺しあう不幸な事態が進んでゆくのである。

太平天国を中心とする全国的な革命の高揚をになった人民大衆のなかから、その敗北過程において、反官・反地主・反儒教の志を持続し、あるいは封建権力の報復=白色テロから逃れようとして、天主教に入教してゆく者も生まれた。われわれはかれらを「不法な教民」「外国に媚びる教民」「虎の威をかる邪教徒」として非難することはできない。しかしながら、事態は教民の思惑をはるかに越えた次元で、予想外の方向に進んだのだった。入教はアダムとイブのように禁断の木の実を食べることになった。これは太平天国を闘った民衆の伝統的な共同精神にたいする裏切り行為となっていかざるをえなかった。

八、義和団運動誕生

(1) 〈洋鬼―反洋鬼〉世界の誕生

教会の郷村内への進出と中国下層貧民の入教は、一八八〇年代以前、守旧派官紳のアレルギーを引きおこしたが、その次元にとどまりえない民衆内部の矛盾にまで発展した。内部から生まれるこの異教徒の増大は、民衆の生活の基底であり、母胎であり、小宇宙であった自然村の内部にクサビをうちこみ、この小共同体とも称すべき世界に分裂と抗争の危機を次第に醸成していった。

一八六一年、清朝皇帝は、西洋列強の圧迫にたえかねて、キリスト教民は村の伝統的行事であり慣行であった賽会・演戯等の費用を負担しなくてもよいと認めるにいたった。こうしてキリスト教への入教者は、村の諸神・祖先神と種々の民間信仰の裏切り者、村祭に参加しない異端者となってゆくのである。これは村落共同体員としての連帯の紐を内部からたち切ることであった。太平天国を中心とする全国的な革命情勢が退潮に向かい、地主による白色反革命の嵐がまきおこっていた時期における「堤防修理の労働奉仕を拒否」し、「文廟修理の割当費の納入を拒否」し、「廟祭の寄付を拒否」することは、既成秩序の回復に反対する革命的な行動の持続であった。しかし、こうした行動は、次第に、反人民的な意味をおびるにいたった。一八八六年、山東冠県のある村でキリスト教民が玉皇廟を破壊して教会を建てる事件がおこった。村民は怒り報復としてこの教会をこわした。こうして両者は対立抗争を続けながら、九八年の大規模な仇教運動に高まっていったのである。一八八六年、四川省の大足県において、霊官廟の祭の日に反キリスト教事件がおこった。この両者の争いは八七年・九〇年と続いた。一八九七年、山東臨清において、あるキリスト教民が土地一片をキリスト教会に寄付した。ところが、この土地の上には廟があり、教会はこれをこわして教堂をつくろうと計画した。こうして両者は争うにいたり、教民三人が殺される事件に発展した。一八九八年、河北省のある村では、村民と教民が迎神賽会と礼拝所をたがいに破壊しあった。この年、同省の昌平県下のある教民は、村の正月の「演戯敬神に際し、キリスト教の教規にふれることを畏れ、費用の負担を拒否した」。一八九九年、山東のある廟のない村で、両者の争いがおこり、教民は村に廟のないことを軽蔑した。かれらは「無廟の村」と嘲笑したため、これに怒った村民は、初めて関帝廟と土地神をまつる寺廟をつくって対抗した。

村落における廟祭、奉納芝居等の共同体的行事はどのような意味を持っていたのであろうか。山本斌『中国の民間伝説』（一九七五年）は、華北村民の共同の苦しみ、楽しみを生々と紹介している。村の共同体的行事に関する部分を引用する。

「村の老人たちは、口をそろえて、清末の光緒二〇（一八九四）年以前の村は平和そのものであった、という。農民は廟——沙井村の場合は観音廟——を中心として寄り合い、廟は集会・祭礼の場であり、憩いの場でもあった。……また麦秋（春の収穫期）や大秋（秋の収穫期）のあと、村の廟会（縁日）で芝居をよんでも、その費用はしれたもので、寺廟の土地の小作料で十分まかなうことができた」。華北村落民に祀られていた寺廟の神々は、日照りの際の雨乞いや病気・不幸の際の村人の救いのよりどころであり、また霊験のあった際のお礼の対象であった。そうした共同の精神的紐帯で結ばれていた人々の結集の有様は、次のようなものであった。「当時も自治組織体としての集団がなかったわけではない。その集団は、廟を中心に存在し、会・会裡・上供会とよび、これを運営する幹部を香頭、会頭、会首といった。このような集団の原型は、名称は多少異なってはいても、中国のどこでも解放（一九四九年）までは残っていたはずだ。このような会は、外来者には、ただわけもなく飲食、談笑するだけのものに見える。しかし、それに参加することが、内部の人的結合をより強固にし、うるさくつきまとう外部からの圧力につねに備えることにもなるのであった。とくに村での重要なできごとが格式ばって取り上げられるようなことはなかったが、洞察のするどい農民たちは、この集まりにおける談笑の間に村のいまおかれている立場を確かめ、家と村を守る体制をいつもとっていたものであった」。

西洋列強のアヘン戦争以後の中国への侵略は、一八八〇年代を境に中国農村の経済構造にも急激な変化をもたらすにいたった。華北大衆の経済生活の激変は、かれらの外国人一般に対する憎しみを増大させたが、いまだ自らを反帝闘争の主体に高めるには、精神的な契機がなく、それこそが求められていた。その役割を果たしたものこそ、キリスト教会の農村への進出とキリスト教民の増大、それによって起こる外国の神と中国下層大衆の神々の闘争であった。華北大衆は、教会と玉皇廟の相互の破壊闘争によって、はじめて外国に洋鬼という顔を、国内の教民及び外国と連なる買弁に二毛子（裏切り者）という顔を「発見」したのであった。キリスト教の華北農村への進出は、経済的侵略とは異なる反帝闘争の引き金の役割を果たした。山本氏が紹介したような村人のもっとも原始的にして且つ本源的な共同体的結合への教民の反逆は、華北村落民の多数に魂の底から湧きおこる危機意識と報復の狂気を与えた。義和団運動の出発となった仇教闘争は、キリスト教民の多くが地主や無頼漢や不法の徒であって、かれらが教会と外国人の権威を笠にきて納税拒否や裁判への干渉をおこなったためにおこった、と中国の研究者は強調するが、キリスト教民の圧倒的多数が下層農民・無産大衆であったことは明白であって、問題の本質はかれら教民の横暴一般によってではなく、民衆の共同体精神への裏切り、敵対と神々をめぐる闘争からひらかれたということである。

一八九五年の日清戦争の敗北、一八九八年から翌年にかけての列強による中国再分割競争、こうした民族的危機への華北大衆の対応は、まずキリスト教に対する反撃という宗教問題から始まる。従って、まず華北下層大衆の民衆精神史を歴史の底辺で持続しつづけた邪教徒（白蓮教徒に代表される）・英雄好漢・秘密結社員の仇教闘争から、最初の反撃が開始されたのは当然のことであった。一八九五、六年から、教会や中国人教民に対する闘争がはじまったが、その主体は、大刀会・梅花拳・義和拳・金鐘罩・鉄布衫・無影鞭等々と称される下層農民、半プロ層を中心的組織員とする宗教的武術者集団であった。華北下層大衆の心のなかにまでしのびよってきた帝国主義＝キリスト教への反撃は、歴史の底辺でのみ生きつづけた民衆精神を代表する伝統的邪教勢力がまずになわなければならなかった。かれらの動きは、一八九五年頃から指摘され始めたが、翌九六年になると、教会・教民を襲撃し、官憲とたたかい、さらに商業資本の出先をおそいはじめた。この動きは、山東の南部（五省交界一帯）つまり古来民衆反乱や匪の巣屈として名高かったところに起こった。ここでの反キリスト教運動は、伝統的な秘密結社の組織形態や運動形態をこえることはできなかった。しかしながら、伝統的な反逆者＝邪教徒の故郷にふさわしく、ドイツ系キリスト教会の進出に対して、いちはやく反撃し、義和団運動の起爆材としての役割を見事に果たしたのち、一八九七年夏、官憲の弾圧の前に敗北した。本来、伝統的邪教に流れるはずの人々は、この時期大刀会をつくりだし、かれらの主動によって、山東南部一帯においてまず活動をはじめ、九七年一一月、ドイツ系教会宣教師二人を殺害した。この事件の指導者の一人は、以前白蓮教徒であったが、大刀会に入り（あるいは大刀会をつくり）反キリスト教闘争を闘った、という。このドイツ人宣教師殺害事件に関する想い出を語った一老人は、この事件を起こした人々について、「大刀会に属する人も、各地を流れ歩く侠客もいて、頭は一人にとどまらなかった」と語っている。この例によっても、反キリスト教闘争の先駆者たちは、伝統的邪教徒＝秘密結社員＝半プロ層であったことは明らかであろう。いわゆる「邪教徒」が、下層大衆をひきいて闘いうるのは、何故であろうか。それは、キリスト教の神の威力に対抗しうる威力を、ただいわゆる「邪教」だけがひきうけると人々に信じられたからである。「昨年、海岸線一帯が不穏であった（日清戦争のこと―小林）ため、民間の人々は、邪教の金鐘罩を信じれば、鉄砲・大砲を避けることができると伝え聞き、ぞくぞくと集まった。こうして信徒はどこにでも居るようになった。愚かな者は、この邪教によって、身家を防衛できると信じた」。

さて、これら山東南部に始まった革命的な反キリスト教運動の先端的蜂起は、黄河をこえて山東西北部の冠県における反キリスト教運動に引き継がれることになる。この冠県をはじめとして山東西北部一帯から河北省境にかけての諸地域こそが、一八九九年頃からの義和団反帝愛国運動の「本史」の幕を切って落とす舞台となるのであるが、これにふれる前に、義和団運動の前史の頂点ともいうべき山東半島東部の反ドイツの人民闘争の高揚にふれておかねばならない。

一八九七年におけるドイツ人宣教師二名の殺害事件を契機として、かかる事件の発生を待望していたドイツ帝国主義者は、ただちにこれを口実として山東半島の膠州湾を占領した。これに呼応して、ロシアは旅順と大連を占領し、イギリスは威海衛を占領した。ドイツは、山東におけるキリスト教会の保護、膠済鉄道の敷設、鉱山利権の優先権を清朝に要求し、翌年三月にこれを実現した。「新教派宣教師たちは、このドイツ皇帝の行動を是認し、山東省のアメリカ伝導団のH・D・ポーター博士は、一八九八年五月三〇日の書翰で、その賛意を表明し、これによって山東の全宣教師の立場は、大いに改善された、とのべた」(N・G・スタイガー)という。ドイツの侵略は、山東半島における七州県に及ぶ全住民の間断なき反侵略・国土防衛の闘争をよび起こした。九八年から、翌年にかけて数十回におよぶ蜂起・衝突事件が起こり、それぞれ数千から二万余にのぼる人々の結集をみた、といわれている。この間に、山東半島東部一帯の人々は、三、四〇〇名の犠牲をはらってドイツ兵二〇余名を殺した。これに対してドイツは、またまた清朝に賠償金を要求する。清朝は屈服する。こうしたことのくり返しのなかで、地方官は敗北主義の虜となって教会や教民にへりくだる。キリスト教民が、外国の威力と教会の権威に頼って公然と地方官に敵対するようになるのは当然のなりゆきだった。教民と一般民衆の裁判沙汰が起こったとき、「県署に出頭した平民はひざまずくのに教民は立っている。村にいるときは平民には差徭があるが、教民にはない。平民には、その他に貨物の国内関税、臨時の税、酬神と芝居の費用の負担があるのに教民には全くない。」ということになる。教民は「甚だしい場合には、官にも反抗し、人を欺いたが、官・民とも如何ともなしえない」、「キリスト教関係の事件を担当するとき官僚は、多くは洋人を畏れて中立公平の立場を取ることができない。だから平民は、教民に欺かれ辱しめられても訴えるところがない」。ある山東巡撫は、九六年八月の上奏文のなかで、民衆がもう地方官など頼りにするわけにはゆかない、実力で反撃するだけだと決意する様子を次のように報告している。

キリスト教が中国へ伝入してから、入教する者がでてきたが、かれらはおおむね無業の遊民である。かれらはキリスト教をもって護符となし金儲けのために訴訟をうけおって裁判沙汰を起こし、村人をあなどりふみにじった。また、あるいは教会を犯罪者の恰好な逃げ場所となした。宣教師もかれらを腹心の徒とし、手足とたのんだ。およそ、一般民衆とキリスト教民の間の訴訟が知県のところへもちこまれると、宣教師は必ず口をはさみ、はなはだしくは手をかえ品をかえておどした。地方官は争いを起こして処罰されることを畏れていつも教会と妥協し適当にごまかしてしまう。白、黒は公平な判断によって決せられるのではないのである。それで一般民衆は、恨みを呑み声を忍んで我慢するが、教民はいよいよ威丈高となる。こうして久しくなると、民衆の屈蔑の気持はつもり重なって耐えられなくなる。そこで彼らはもう恃むに足りない、ただ私闘によってのみ怨みをはらそうと考える。こうして、人を集め争いを求め教会を焼く事件が起こったのである。

実際、官憲は外国を恐れ民衆を弾圧するのが一般的であった。「日照県知県呂丙元が管内の仇教闘争弾圧にある村へ出かけたところ、『乱民は知県の出動を恐れないばかりか、知県が洋人から賄賂を貰っているのだ』と放言し、轎からおりさせ、自分は、けっして賄賂を貰っていないと誓わせた上、わざと知県の面前で教会の多い村を掠奪した」、「他の町でも、官兵が出動して教民の闘争を鎮圧にくると『市井の議論、紛紛たり』『これ官兵に非ず、すなわち教民張点祥の雇うところの者なり』と口々に噂する状態であった」。ある山東巡撫は、一八九九年七月の上奏文で、「山東省の民と教民とは従来から仲が悪かったが、その原因をたずねてみるに、もとより教民の強横によるものであるが、また多く地方官の処理が公平でなかったことにもよるのである。近ごろ聞くところによると、山東省の官は、夷を畏れること虎のごとくであるという」と書いている。

このように、清朝地方官憲は、外国人・教会・中国人教民を恐れ、決定的段階においては反帝闘争の弾圧者にすぎないことが暴露されてゆく過程で、大刀会等の秘密結社の指導をこえた新たな闘争の形態の創出が課題となってゆく。伝統的秘密結社＝邪教徒の指導性・革命性・機動性・武力闘争性と土着村落農民の共同体志向・反郷紳地主性・郷土防衛志向との結合と統一のなかで生まれてくる反帝愛国の組織と運動が、義和団運動の本史をきりひらき、前記の課題をになうものとして登場した。

華北大衆は、この時期、身家防衛の必要にせまられ、各地で秘密結社や民間の人々の中に流れていた武術鍛錬の伝統の復活を熱狂的に求め始めた。この大衆的希求が、大刀会等の英雄的登場をもたらした。そして、この大衆的希求は、つぎに義民会とか義和とか称される新たな郷団結成へと進展した。特にそうした動きは、一八九八年頃から山東省の西北部から河北省境一帯の反キリスト教運動のなかで顕著になった。「山東・河北交界の各州県の人民は、多く武術を練り、郷団を創立して義和を名のったが、ついで梅花拳と改めた。近ごろまた前の義和の名をもちいた。これが遠近に喧伝され、人々は義和をもって義民と見なし、ついにこれを〃新たにつくられた会〃であると見なした」とある山東巡撫は証言している。ここには、梅花拳に象徴される武装集団化の動きのなかで、この梅花拳をして民団そのものとする伝統的パターンを拒否して、義和（正義と平和）をめざす素朴な大衆の創造的出発の途を見ることができる。この新たな会は、地主階級の反革命自警団、太平天国圧殺の目的のため一九世紀中頃から権力によって上から編成されて簇生してくる自警団とは全くことなる民衆自身の組織であった。この方向のなかに、義和団運動の本史の道がひらけてくる。一八九九年、ある御史は、「近ごろ聞くところによると、連荘会（村々を連合した会）は、ついにだんだんと広がり、これらは、江蘇・安徽・河南・河北の諸省にも見られるにいたった。これは人民の義憤によるもので、多くの人々が心を同じくしていることを示している」と上奏した。また他の御史は、「平常な心をもって論ずれば、罪はキリスト教民にあって一般平民にはない。それを知らない者は咎を義和団等の集団に帰し、これを匪賊の類と見なすのである。しかし、村民が村々を連合し、会を結成するのは決して他意があるのではなく、各人が身家を防衛するためである」と上奏した。これらの記述は、民衆の反帝闘争が、大刀会等の半プロ層を中心とした秘密結社の起爆剤的蜂起に鼓舞され、闘争の精神をあたえられながらも、それらの契機を村落内の下層大衆を主体とする新たな組織に高め反帝愛国の人民運動の創出に向かいつつあったことを示している。この華北人民の組織は、村落共同体の内実に原型と原イメージをもちながら、村落の範囲をはるかにこえて、民族の自覚に迫らんとして生まれてきた大衆の課題をになうものであった。華北大衆は、この方向に反撃の拠点と未来をたくしたからこそ、大刀会・梅花拳等秘密結社・邪教徒に固有であった様々な弱点—半プロ的一揆性・流賊主義・カリスマ性・陰謀性・近親憎悪的志向・上昇転化志向・セクト主義を否定しながら、かれらの人民的英雄主義と武装主義・革命的風格をうけつぎ、反帝愛国の民衆共同体運動に向かいえたのであった。

(2)　反帝愛国の共同体＝義和団の創出へ——被差別者・被抑圧者の解放運動——

長い民衆の歴史のなかで、村人の心を結んできた民間の神々・英雄・義人・伝説上の超能力者、それらに対する村人の信仰や祭祀や奉納芝居は、政治権力の作用する局面とはまた異なった次元で生きつづけてきた。それらは村人の共同的生活の象徴であり、王朝の交替や地方官・郷紳等の支配権の強弱や歴史的変遷には直接影響をうけない持続性と普遍性をもっていた。キリスト教はこうした精神的共同世界に対して正面から挑戦したのだった。ただの教民の横暴が問題ではない。帝国主義の侵略が、華北大衆の共同の精神的紐帯の内部分裂（教民の内部発生）をも呼びおこしたのだった。それは、華北民衆の精神の奥深いところにまで入って、民衆諸神に対決を迫ったのである。帝国主義は片手に強力な武器をもち片手に新たな神をもって、民衆の西洋への転向を強制したのである。この強大な敵に対して華北下層大衆は、同じく片手に民間諸信仰の復活と片手に伝統的武術の発掘とをもって対決しなければならなかった。人々が信仰している諸神の降臨と不死身の武術・呪法の付体を可能にしなければならない。村人にとっての共同性は、村にある寺廟に象徴されている。従って、かれら村人の共同精神は村の寺廟を核とする村落という小宇宙に収斂して、郷土防衛に向かう方向性をもっていた。村人が村の神々や民衆諸神にとりつかれ、熱狂することは、皇帝―地方官―郷神地主―村人と貫く政治権力を幻想的に越え、あるいはそうした政治権力に民衆信仰の世界を対峙させることではあったが、村の狭小なる世界をこえて民族の課題に迫り、現実の反帝愛国の民衆運動に拡大転化することはできない。土着農民である村人だけでは、そうした次元に自己変革をとげてゆくことはできない。村の寺廟とその神々の防衛＝守護の次元から、他郷に自己を解放し、中国民族そのものに自己を止揚することが必要であった。この課題は、〈村落に新たな民衆精神を核とする共同体をつくり郷里を防衛する運動〉と〈村落をこえて反清闘争をめざす伝統的秘密結社＝邪教徒＝半プロ層の民族運動〉との革命的合体、統一的運動だけが担うことができる。この運動は、村人からみれば、これまで反清の邪教徒として村から追放されていった半プロ革命家を村に「とりこむ」ことであり、そうして村内の既成秩序を解体することであったが、逆に半プロ革命家からみれば、邪教の闇の世界から公然と白昼の世界に転じ、奪われた村を「奪還する」ことであった。これが、大刀会・梅花拳等の秘密結社が、村々の下層農民の共同体と結びつき新たな「義和団」組織をつくりだすことの意味であった。こうして、華北の各村落に住む下層大衆は、半プロ革命家を拳師・老師・大師兄等々として村々に招き入れ、同時にこれらの「師」を媒介として、村をこえて華北全域に拡大する経路を発見したのである。それはまず外部から招かれた大師兄、老師、拳師による迎神のための「設壇」に始まる。この設壇という儀式によって生みだされる共同体は、各村の「祠堂、寺庵等の公共の場所や大きな屋敷の内」、特に「大多数は廟堂」に設けられた壇を中心にするものであるが、これは単なる自然村の復活ではなく、村人の共同性の革命的再編ともいうべきものであった。普通、村を代表する人は、香頭・会頭・会首などと呼ばれていたが、「香頭を出す家は、だいたい決まっていた。農民なりに識見・人格・知識・才能のある者がなっていた。ある程度の土地・資産をもつ者がなっていた。宗教上の信仰と祭礼に通じている必要はなかった。香頭同士の関係は、たぶんに民主主義的なものであったが、土地をもたない貧民や新入村者に対しては閉鎖的であり、その意味では一種の寡頭政治が行われていた」。こうした権力にも財産家にも対抗する実力をもたない自然村＝小宇宙を人民的なるものに変革しなければならず、それが可能なのは、他郷からくる民衆的権威者＝術者だけであった。「黄県のある村の会主は、義和団をつくろうとして、人を招遠県のある村に派して大師兄等四人を招いて壇を設けようとした」、「定興県倉巨村の義和団の指導者は、新城県の一拳師とわらじをはいた和尚を迎えて武術の道場をたて拳術を公然と練習した」、「淶水県の北汝河村は、定興県の倉巨村から拳師を招き道場を設けて術を練習した」、「淶水県のある村では、四月の初め、拳師を迎接して道場を立て、仇を報ぜんとはかった」、「一九〇〇年、大刀会の勢力が平度州に進入した時、昌楽の義和団首領は平度城の東部一帯にきて設壇を助けた」、「淶水県で、拳を学ぶ者は、頭目を大師兄、二師兄、三師兄と称し、庶務担当者は、大先生、二先生、三先生と称した。かれら師は皆な山東から来た。姓名をかくし、行動は神秘的であった」。現代中国の研究者は、設壇の方法を次のように区分している。㈠老団（権威ある義和団）の人が来て設壇する。㈡当地の人が大衆をひきいてまず設壇してから、老団に公認してもらう。㈢老団とは関係なく勝手に設壇する。このうち大部分は㈠㈡の場合で、㈢はほとんどない。老団から師として来る人は、「往々外部から来たもので、比較的武芸が達者で、威信があり、大衆から愛され擁護される者、たとえば張徳成、劉十九等の類の人である。人々はかれらを老師とよんだ」。

では老団の指導者は、どのような生活をしている人々であったか。かれらは、本来なら秘密結社に入りやすい半プロ層かその予備軍で、反清反官の伝統的な反権力の気分を濃厚に持ち、反キリスト教反外国の先駆的蜂起者であった。そのほか、民衆の中で一定の権威を持っていた托鉢僧・道士なども多かった。有名な指導者朱紅燈は、一八九八年山東泗水県から水害のため長清県に流出し、この地で民間医者として生活していたが、義和団運動に参加し、明室の末流と称した。本明和尚は、幼年から僧としてくらし、やはり明の復興を目的としていた。張徳成は船頭をやっていたが京津鉄道開通で失業同然となった。のち、太平天国の洪秀全を自任し、天下第一壇を開く。曹福田は、兵隊あがりの男で太平天国の楊秀清を自認。義和団の著名な指導者たちは、村に土着している農民ではなく、各地を自由に往来しなければ生きてゆけない半プロ層であった。かれらは、無業無産の半プロ層にふさわしく、清朝に反対する秘密結社的志向を濃厚にもっていたが、ついに一人として新天子を自称したり、新王朝の樹立を宣したり、公然と清朝の打倒を叫んだものは現われなかった。義和団の大多数の指導者は、老師・大師兄・拳師とよばれ、コンミューンのなかの第一人者以上に出られず個人的権威をうちたてることはできなかった。義和団員は、互いに仲間になると、「老いも若きも皆〝師兄〟とよんだ」、「老弱、祖孫、父子となく、みな師兄とよんだ」、「その党の者は、互いに〝師兄〟をもってよび、その頭目については〝大師兄〟とよんだ」のである。そして、この大師兄たちは、個人名や官名を名のることは全くなく、互に大師兄・二師兄・三師兄と呼び合い、唐僧・関平・楊娘娘・天官・真武・黄天覇・菩薩等といった民衆の信仰の対象となっていた神々や憧れの英雄・義人を名乗ることが多かったのである。さらにまた注目すべきは、義和団員は組織のなかにピラミッド型のミニ権力をうちたてることはなく、従ってまた指導者同士の最高権力をめざす権力闘争も発生しなかったことである。義和団の組織は、普通自然村を単位にしており、大きな闘争は、そうした義和団の横への連合運動としておこなわれたのであった。

以上見てきたように、義和団という組織は㈠官僚化する質をもたず、㈡指導者の個人的権威・権力志向を否定し、㈢指導者を仲間のなかの第一人者の位置にとどめ、㈣しかもかれらの権威は、民衆諸神の「付体」による以外に根拠をもたない。㈤そして、ここでは反清復明、真命天子出現といった伝統的思想は、扶清滅洋に転換してしまう。㈥地主・金持・官僚・家父長等の権威者に対する闘争を、目的意識的に生みだして闘争の路線とすることがない。

では、何故に義和団の組織は、このような特異な磁場たりえたのであろうか。何故に、こうしたコンミューン的質を獲得しえたのであろうか。それは次のような事情によるものと思われる。

華北大衆の心が徹底的な滅洋の狂気をわが物としたことから総てが始まった。日清戦争と以後の中国再分割の危機、とりわけドイツ・イギリス・ロシアの華北への進出は、華北大衆に終末的といえるほどの危機感をもたらした。しかし、中央から地方にいたるすべての既成権力の体制に、もはや反帝闘争を戦い抜く気力もなければ武力もないことが明白になった以上、洋鬼の全面進入からわが郷土を防衛するのは、われわれ大衆以外になく、好むと好まざるとに係わりなく、われわれが自力でやり抜かなければならない、とする絶対命題が生まれてくる。この絶対命題を自己に課した華北大衆の前に、一八九五、六年頃から先駆的蜂起をつづけ果敢に反キリスト教闘争を闘う大刀会等の威信が前にたてられてくる。既成権力が外国勢力に対して無力であるばかりでなく、これに拝跪して中国民衆を抑圧しているとき、大刀会等の輝かしい蜂起は、大衆の心のなかに鋭い光を投げかけた。第一に、大刀会等の権威の前に、洋鬼にたいして無力である既成権力は、一挙に精神的力を失った。従って、第二に村人は、この輝かしい勇気と威力を示した大刀会等の人々を村々にまねき入れ彼らを師とし、かれらと共に洋鬼に対抗しなければならなくなる。第三に、上記の目的を実現する方策として、洋鬼に勝つ武力の創出と勝利の確信・信仰を生みださなければならない。

こうして展開してくる課題を引きうけるものこそ、村落共同体の革命的再建＝反帝の戦士の共同体の創出であり、この新しい共同体は、村人の信仰の対象であった諸神・義人・英雄の「降神付体」によって、その精神的力を持ちえたのであった。この精神的力を現実化する任務をになうものこそ、老師・大師兄・拳師等の村々への登場あるいは介入である。村の中に「師」として招き入れられた大師兄らは、諸神降臨のための壇を設け、神々の武術と超能力が村人自身のものとなるための鍛錬の導師となるのである。この過程で重大なことは、絶対者は神々であって、大師兄でもなければ大衆でもないことである。権威と命令と超能力は諸神から発するのである。大師兄や大衆は、この神々から発する「力」を下界において受けとめ、滅洋のために働く道具になるのである。個々の人間は、神のなかに自己解体をとげるという幻想化過程のなかでのみ、滅洋の使命と勝利の確信をわがものとすることができた。反清的志向をもっていた大師兄等半プロ層は、一旦村々の中心である鎮守の森に迎えられ、ここで白昼公然と設壇と降神付体の儀式を主催し武術の教授をおこない始めたとき、大衆の絶対命題＝滅洋の運動、滅洋の共同体の組織化の方向のなかに把えられ、反清的志向は大転換を迫られることとなった。反清復明の伝統から扶清滅洋へである。大師兄らは、滅洋の共同体の第一人者、外国の神（キリスト）に対抗する民間諸神の代理人、諸神の憑依者にすぎなくなる。滅洋の絶対命題は、絶対の思想・信仰を生まなければやまないものである。こうして生みだされた絶対の思想・信仰は、観念のなかだけで確立され、純粋化される以外にないのである。

絶対となった観念の前においては、世俗的世界での様々な関係——たとえば皇帝と一般人民、官と民、地主と小作人、金持と貧乏人、家父長と女・子供等々といった現実界の関係は急速に色あせる。それらは滅洋の絶対性の前で、観念的に乗りこえられ、神秘性のヴェールがはがされてしまうのである。義和団運動は、太平天国革命などとは全く異なって、反満・反皇帝・反官・反地主・反金持をスローガンとして主題にはかかげなかった。といって多く論者がいうように封建権力と闘う思想を欠如していたのではなかった。扶清滅洋は反帝の思想のみで清朝を擁護するスローガンであったろうか、そうではない。皇帝・満人貴族・官僚・金持等々は、既成の権威を保障されるどころか、滅洋の絶対命題の前に一挙に「無」に解消されてしまうのである。義和団大衆ほど皇帝・大官僚をののしり、北京城内に土足で入りこみ、権力者を攻撃し、既成権威を地におとした運動はなかった。そのふてぶてしさ、傍若無人さは、古今未曾有の出来ごとであって、これまでの民衆運動にはかつて一度として見られなかった大衆的熱狂主義を示したのだった。にもかかわらず既成権力総打倒のスローガンをかかげず、扶清というのか。清朝は、民衆の観念のなかで二つに分裂していたのである。一つは、清朝が代表してきた中国全体の共同の象徴としての清であって、これは個々の清朝権力者─皇帝・北京高官・地方官・金持とは分離して、共同幻想として空中に浮かんだ。もう一つの清は、この下界に肉体をもつ皇帝・北京高官・地方官・郷紳地主等の現実の権力者集団としての清朝である。扶清の清は、民族の利害を代表する共同の幻想としての清であって、個々の権力者は、あえて闘争の対象にかかげるに値しないがためにこそ、徹底的に世俗的俗物に堕とされ、日常的局面で打倒されたのである。「皇帝と慶親王と李鴻章の首をもらいたい」、「京官の殺すべからざるものはただの十八人、残りはすべて殺すべし」、「すっぽんの袁世凱を殺してわれらは飯をくう」。

一九〇〇年夏に北京に登場した義和団は、各所で京官を襲いかれらを殺し家を焼いた。滅洋の絶対思想は、その絶対性によって、必ず内部における、洋鬼のスパイ・手先の摘発運動として展開するものである。民族の防衛が絶対の命題になるということは、民族の内部にまで外国勢力の分派勢力が生みだされ、民族が分裂と抗争の危機にあるということである。そうした危機感の深化なしに滅洋と民族共同体の構想は日程に登らないからである。

(3) 義和団共同体における人間解放の諸相

義和団は戦士の共同体であった。しかし、この戦士は古代ローマやギリシアの戦士のようなエリートの特権として戦士であるというのとは全くことなっていた。外国人の近代兵器の圧倒的威力を前にして、無力な華北の大衆が幻想のなかから生みだした希望と奇蹟の「戦士」であった。「昨年、海岸一帯は不穏であった。一般民衆は、この金鐘罩なる邪教を信ずれば、大砲を避けることができると思った」。まず自己の肉体と家郷を守ることが出来る武力がほしい。「士農工商から各種の働く人々にいたるすべてが、この拳を学ぼうとした」。そうした心からの願望の極限において、「某仙が自分の身体につくか、あるいは某神が身体につくかする」のである。こうしてみな武術の達人となる。義和団は、神や義人や英雄に祈ればかれらの力、あるいはかれら自身が降神付体し、「それによって、いかなる敵の武器(刀・槍)もわが体に入ることはできない。傷つけることさえもできない」という絶対的確信に到達した。義和団に入ることを希望する人は、禁欲し鍛錬をやり抜き上法(術が身につくこと)すれば、死の恐怖を恐れることはなく、勝利の確信をわがものにしえるのである。こうした不死身と超能力の約束は、伝統的邪教徒の宣伝と戦闘集団形成の際に過去に見られたことであったが、外国軍の侵入という絶体絶命の時期に、あらためて発掘され大衆のなかに広まったのである。これは中国の民衆の歴史において、かれらの生命が文字通り鴻毛より軽かったことを示している。白骨と隣りあって生きる中国民衆にとって、なんとかして死なないようにと願う気持が、絶対奇蹟の信仰の伝統を生んだのであろう。

清朝の官僚・読書人の大多数は、義和団の武術など心から信じていたものはなかった。義和団に関する数多くの記録を残した官僚・読書人はいたるところで「迷信」を嘲笑している。朱紅燈は生前「槍砲・刀斧を避ける妖術」を宣伝していたのに首が落ちた。ある知県は義和団員をつかまえてたずねた。「聞くところによると汝等は刀にも傷つかないということだが、本当か」。拳匪は「はい」と答えた。「それでは刀で切りつけてもよいか」「よい」。知府は手下に命じて刀で切らせたところすぐ頭は落ちてしまった。義和団の術はよく槍砲を避けることができるといっているが、北京の外国公使館を攻めたとき、洋兵の放った銃でたちどころに数人が殺された。昨年も拳匪四〇余名が殺され神壇が壊されたがかれらはそれを防ぐことができない。洋兵の死ぬものはごく少ないのに、匪徒の死骸はいっぱいだ。かれらは平日、妖言で衆を惑わし、銃砲を避ける術があるなどといってきたが、どこにそんな力があるか。数万の匪徒が四〇〇余の洋兵が守る大使館を攻撃し、二〇余日もたつのにまだ破ることができない。以上紹介したような嘲笑は、ほとんどの記録に見られる。民衆の気持は、どうしても神術が身につかねばならない、諸神の付体がおこらなければならない、という極限にまで高まっていたのである。

丸山照雄氏は、日蓮が龍の口で首を切られようとしたとき、刀が三つに折れたという民衆の伝説について次のように述べている。「法華経の中に刀が折れるという記述がある。ただそれを模写しただけの伝説かもしれない。しかし、抑圧された大衆の観念というものは、絶対奇蹟を要求する宗教的心情というものがある。抑えがたいものとして、それがあるからこそ、三つに刀が折れたんだと。大衆が折ったのであって、日蓮が折ったんではない。……これは絶対に三つに折れなきゃならんということですよ」（対談「無明からの出発」、『情況』一九七五年一二月号）。

義和団大衆は、なにがなんでも鉄砲や大砲、軍艦に勝たねばならなかったのである。神々の復活と超能力の出現によって、生と死の境界線上に生みだされたこの戦士の共同体「義和団」においては、非日常的世界の出現、既成の権威―被差別の構造の転倒、人間性の幻想的解放（観念の革命的純化をテコとした人間性の解放）がなされたのだった。ここでは、滅洋の絶対命題に献身し、自己を犠牲にしうる限りにおいて、人は全き平等であり、全人格が認められたのであった。政治的・社会的・経済的な課題を解決する目的で団結する人間の共同体ではなく、非日常の危機―洋鬼との死闘という戦時に生まれた共同の運命という観念をバネとする共同体であった。

華北の村々によそから老師・拳師がまねかれ壇を建てると、まず一〇歳代の子供達が集まり武術や秘術の訓練に熱狂した。「拳風が蔓延してすでにわが村におよんできた。近隣の少年は皆な拳技を練習した。父兄もはばむことが出来ない。かれらはみな紅巾をもって頭をつつみ、刀をとって義和団の作法をおこなう。郷をあげて狂うがごとくである」。少年義和団の活躍は、いたるところで見られた。義和団コンミューンは、まずティーン・エイジャーの子供達を解放する。八、九歳の小学校二、三年程度の子供が入っていた例や「戦いにのぞんでは童子が先鋒となり、壮年者は真中に、老師・師兄等の指導者は、その後に陣どって督戦した」という例が紹介されている。パリ・コンミューンや三里塚の闘争でも子供や婦人・老人が活躍したが、コンミューン型運動とはそうした質を持つものであろう。義和団でも、女性―とりわけ家父長的支配下に束縛されていた未婚の乙女や娼婦、やもめ女など平常の社会では日陰の存在であった人々が運動の前面に踊り出てきた。さらには、乞食までが義和団兵士の食糧問題を解決する不思議な術をもつものと解されるにいたったのである。女性については、すでに太平天国の際の活躍が知られている。リンドレイは、「柔弱な中国人ばかりでなく、女たちまでも―妻や娘が共通の希望と熱情とにかりたてられ、夫や父の傍で戦っている―みんな、宗教上、政治上の偉大な目的に励まされて、その達成のために多年苦しみ、戦ってきた―一つに団結しているのを見るのは、中国の歴史上、空前のことである」（邦訳『太平天国』）。義和団では、女性だけの紅燈照（赤いランプ）とよばれる組織をつくった。彼らの多くは、「一二歳から一八歳までの処女で、紅色の着物と靴をはき、片手に紅い布、片手に小さなランプを持っている」、「美しく着飾った一五、六才の良き少女である」、「女童は紅燈照を習う」、「術を用いる一〇歳ばかりの女の子がいる」、「紅燈照は若い女子が多い。ズボン、靴、靴下、アクセサリーどれ一つとっても紅色でないものはない」、「彼女ら二、三〇人は、毎日自宅で食事を終えた後に師である一老婦人のところへ行ってつかえる」。ところによっては藍燈照・青燈照とよばれる壮年女性の組織があったというが、彼女らはみな結婚していない女やもめたちだったということである。ところで男性たちは女性の裸身と穢物を見るとこれには負けてしまう。術がきかなくなると一般に信じられていた。しかし女性たちは忌むものが何もない、という。彼女らの術の主なるものは、「日本へ行き、割譲された土地と二億円の賠償金をとりかえすことができた」、「大砲を使用不能にし、外国船を海上に焼き、城楼の強固な石室も焼くことが出来る」。ある大師兄は、「すでに紅燈照を各国に派し、その出兵をはばんだ。……租界を一掃することもむずかしくはない」と語った。ある紅燈照に入っていた一七、八歳の少女が、「某夜より行方不明となり、数ヵ月して帰ってきて云った。『わたしはロシアへ行き、法術をもってその都を焼きはらってきた』と」。年端もゆかない少女は、親の説教もふりはらって、「これは公の事だ、干渉を許さない」といい、どうすることもできなかった。女性のなかで特に有名なのは天津の黄蓮聖母である。彼女は三〇余歳の巫女で、三仙姑という娘と一緒に河中の塩船の中に住んでいた。彼女は、銃の傷もなおし死者も蘇らせることができた。人々の尊敬をうけ往き来の際には、二、三〇人の男子が「黄蓮聖母保護団」と書いた大旗と洋銃を持ってつき従った。彼女については船戸の娘説、やりてばばあ説、土娼説がある。土娼説をとる史料が圧倒的に多い。「一土娼である。匪党が奉って神とし、大船に乗せ」遥か遠くから跪いて拝した。「聖母は官房に行くとき、正門から入り、大官と対等の礼をおこない、互いに〝汝〟とよびあった。兵器も食糧も自由に指さし求めた」。またある人は、袖をもって口をおおう仕草をみて、土娼であると書いている。この姉妹のことと思われる記録に、「首仙姑二人―侯家後（天津の色町）の姑女二人を捕えた」、かの女らは二〇余歳である、という記録もある。

華北大衆は、彼女らのなかに、滅洋の神術という絶対奇蹟をもとめた。大衆は、上記の紹介にみられるように勝利の確信を彼女らのなかに見たのである。「桑園の人が夜さわいで言った。天上に紅燈照がほんとうに現われた。これは生神様が地上に降下されるのだ。洋鬼はどうして滅びないことがあろうか」、「ある人が言った。紅燈照を見せよう。かれは空の黒い雲をさして、この中に無数の紅衣の女子がいる、これは紅燈照だと。しかし、わたしには見えなかった」。以上の二人の証言のなかに、華北大衆の望むものが何であり、またそれがいかに強いものであったか、明示されている。

乞食女の集団を沙鍋照といった。里井彦七郎氏はこれについて次のように紹介している。「義和団の組織の一つに「沙鍋照」というのがあった。そのメンバーは、『練成後（つまり一定の宗教的・肉体的な鍛錬を修めた後）は、その空の鍋はいくら食べても食べ尽くせない食物を炊くことができる』と信ぜられ、『一箇の銅釜で飯を炊くと、二升炊きのその釜からは、数千人数万人の飯が炊け、いくら取ってもすぐ釜は一杯になり、取り尽くすことはなかった。沙鍋照の炊く豊かな食糧を食べて一般の団員は拳術を練ること三日、帝国主義との戦いに出かけて行くのだ』とも信ぜられていた」。

これまで見てきたように、義和団の反洋鬼の「共同体」にあっては、肉親・他人・老幼の区別なく共に〝師兄〟と呼びあい、貧窮の時には身売りして家をたすける道具にすぎなかった娘たちが家郷防衛の戦士となり、夜の色町にしか住めなかった土娼が、白昼洋銃を持つ男子をしたがえて聖女になり、自分一人の身すぎ世すぎのためにすぎなかった乞食的行為が、愛国の輜重兵の行為へと一八〇度意味転換させられる。義和団は、日常的な抑圧と差別の構造を解体して、下層大衆を深く広くたちあがらせたのであった。義和団は、その一つ一つの組織が神威にもとづく宇宙であって、下界の清をだきかかえて洋鬼を滅ぼすに充分な深く且つ高い「権威」の回復の希望に支えられていた。

(4) 滅洋の絶対性と扶清滅洋

義和団は滅洋を目的とする反帝民族共同体の運動であり、この滅洋という絶対の命題は、かれらの価値判断を二極に分裂させたのであった。かれらは、自らは天将天兵の正義の世界、平等の同志的共同体、超能力の運命共同体の一員にまいあがり、幻想の絶対的超越者となったが、このわが世界を観念的に純化すればするほど味方内部においてはもっとも人間的な道徳性・人民的倫理性を実現したのに対し、逆に、敵に対しては徹底的な容赦ない虐殺者になるのである。義和団運動の前には、中間的立場・現実主義的立場・是是非非主義の立場は存在できなかった。敵でなければ味方であり、味方の中にいる中間的立場は、すなわち敵のスパイ、手先と判断される。

義和団はどの程度の人数を殺したのか。詳しいことはわからないが、楊森富編『中国基督教史』によると、ヤソ教牧師一八八人、中国人ヤソ教徒五〇〇〇人、天主教主教五人、神父四八人、中国人天主教徒一万八〇〇〇人、合計二万三〇〇〇人に達したという。この多数の犠牲者は、義和団のみによって行われたのではなく、多くは一九〇〇年夏の清朝の対外宣戦布告以後の清軍によって行われたのではないかと思われるが、研究不足で明言できない。キリスト教徒は早くから洋銃で武装したり砦を築いていたので簡単に殺されるとは思えないし、一九〇〇年五月までは外国人はほとんど殺されていないので、これらの宣教師・教民がすべて義和団の犠牲者とは信じられない。ところで、虐殺の目撃者達は次のように記している。「わたしは、天津を出て河にそって見たところ、たいへん多くの死体が浮いていた。ある者は頭が無く、ある者は四肢が完全ではなかった。女性の死体はしばしば乳房の先が切りとられ、陰部も傷つけられていた。男・女・子供、すさまじい光景で、正視に耐えない状況だった」、「教民の男女三人の屍体がさらけだされていた。肢体が完全ではなく無惨で視るに忍びなかった」、「御河の中を流れる屍体の四肢は完全ではなく、みな拳匪が殺害したものである。某日、頭の無い女の屍体があった。その女は、なお子供の死骸をだいており、流れにそって下ってきた。これを見るに悲惨に耐えなかった」。市古宙三氏は、義和団の殺傷・掠奪・インチキを非難して次のようにいう。義和団は、中国人のキリスト教徒を二毛子、西洋人に使役されるものを三毛子、以下十毛子にいたるまで区別したというが、「二毛子か否かを判別することはなかなかむずかしい」のに、いいかげんな判別法でレッテルはりをして、罪のない人間を殺傷したと。

責任感・使命感が観念的に純化されればされるほど、それを現実界で実際に行うときには、観念と現実はしばしば驚くほど隔絶したものになるのである。市古氏には、ただ現象しか見えない。滅洋が絶対的使命になればなるほど、洋鬼とその手先にたいする無慈悲さこそ美徳となる。滅洋が観念的に純化されればされるほど、決断と即決こそが、絶対的劣者には勝利への約束となる。観念の絶対性の前に、手段や世俗的世界は従属してしまう。そうして、恐らく市古氏のいうような義和団の無慈悲さや誤爆は多数おこったであろう。義和団運動の犠牲者となったキリスト教徒や宣教師のうち、大多数は中国人教民であった。われわれは、ここで義和団にたいして市古氏のような非難をする前に次のことを知らねばならない。華北大衆は封建権力と帝国主義というこの二重の巨大な敵に挟撃されればされるほど、まず最初にわが内なる裏切り者（外国と洋鬼の神に身を売った同じ仲間）こそ許せなくなったということ。そしてかれら無力者・被抑圧者たちは、わが内なる仲間（自己の分身）を限りなく傷つけ、限りなく犠牲に供すことを通じてはじめて、帝国主義や清朝権力者への反撃にたちあがれたということ、以上である。華北大衆は自らの血潮にまみれて反帝闘争をやり抜いたということである。そうした「人民」の世界を理解して、なおかつ義和団大衆の虐殺・誤爆は、清朝権力者や帝国主義者がいたるところでおこなってきた虐殺・誤爆にくらべて極めて少なかったといわざるをえない。抑圧され差別されてきた下層大衆の防御的反撃・反乱・革命などというものは、権力者や権力者になりあがろうとする野心家がおこなう無慈悲さに比べればいうにたりないものであった。心やさしい民衆の運動が、いやらしい権力者の無慈悲さに転化するのは、権力を手中に入れた瞬間か、権力に利用され始めたときか、あるいは権力をめざす官僚主義が運動のなかに形成された瞬間であった。義和団運動にあっても、二万三〇〇〇にのぼるといわれる教民・宣教師の虐殺の大部分は、権力が義和団を利用してみようとふみきった一九〇〇年五、六月以降のことであった。敵に対して無慈悲であるほど美徳でありえるという観念をテコとした運動は、仲間に対しては限りなく人民的道徳律の体現者になることをさまたげなかった。というより、絶対的悪と絶対的善の二元的世界を同時に開くのである。

「官兵は漫として規律がなく良民を虐殺した。拳匪は、もっぱら仇教の説を持つだけで、郷里をさわがせなかったので、百姓はみな官兵を恐れ匪を愛した。それで匪の勢いはたいへん盛んとなった」、「各村々は、均しく拳法道場を開き、滅洋を宣言した。符を焼き神を下界に招くなどは邪術に近いが、しかし、町で売買をするときは常に同じで決して騒ぎをおこさない。聞くところによると、拳民たちの食べるものはわずかに粟、雑穀で、肉や酒は口にせず、戒を厳しく守っているということである」、「義和団員は二〇歳以下一二、三歳までのものが多く、途中でかれらに会っても秋毫も犯すことはない」、「鋭利の武器はもたないが、自ら旅費を持ち食物は粟の飯、トウモロコシのパンにすぎない。名をもとめず利をはからず、全くわが身をかえりみず命を戦場におく。約さずして同じく万衆一心である」、「近ごろ各州県の義和団民を見ると、粗食で着物も日常のものである。かれらはなお朴実で労に耐える気風がある」、「義和団がきてから人々は道に遺をひろうようなことがなくなった。古武士の風格がある」。

義和団の武器にたいする思想も、神拳と近代兵器という相対立する二元的世界論によって構成されていた。前者は、無敵の幻想上の武力であって、「降神付体、刀槍不入」なる信仰によって支えられていたが、後者（近代兵器）に対する絶対的劣位の自覚の上になりたつ信仰であった。だから、神拳とか天将天兵といいながらも、この幻想は、極限にまで純化されえない二元的世界を持ちつづけたのである。義和団大衆は、自己の勝利を神々の降臨付体によって語ったのであるが、しかしその神術が無条件に絶対的であるとは考えなかった。義和団大衆は、女性の裸身と穢物（たとえば女性の経血の付いた布など）を見せられると、たちまちその神通力をうしなって敗北するのである。また、「刀槍不入、槍砲不傷」なる信仰も、自らの内に邪心（戦時での掠奪心）や怠け心（武術鍛錬のいいかげんさや未熟さ）があるときききめはなく死ぬのである。これらの例は、義和団関係の記録を残した官僚・読書人による義和団嘲笑の根拠としていたるところで指摘されたことであるが、逆にわれわれはかかる義和団大衆の心性に、かれらの素朴な大衆的感性を見いだすのである。いかなる近代兵器にも勝る神術の持主が、女性の裸身には全く歯がたたずに逃げ帰らざるをえないことを「自覚」しているのである。また敗北の原因をわが内なる邪心や怠け心に発見するのである。義和団の超能力や神拳に対する信仰は、近代兵器に対して肉体の極限をかけて迫り抜いたはてに生みだされたものであったから、逆に近代的火器が手に入れば何らの躊躇なしにそれを奪い使用する精神を保持しえたのである。

里井彦七郎氏は、「帝国主義の軍需産業を背景にした列強の優秀な鉄砲に義和団が直接対決するプロセスにおいて、その土俗的、宗教的信仰（とりわけ、鉄砲を避けうるという信仰）のもつ限界性は明らかにされる。だが義和団は、自らの闘いを通じて、その限界の打破を模索しはじめている——帝国主義との闘いのさなか、彼らは、近代的な武器の入手に努めはじめたのである」などと述べているが、義和団の神拳に対する絶対的信仰が、いかに現実界における武器の劣位の自覚によってこそ生みだされ支えられているか、そうしたリアルな眼によってこそ初めて創出される絶対的信仰であるかを全く理解していないのである。華北大衆は近代的兵器を手に入れ、それを自由に使いうる機会さえあれば、使用するのに何らの躊躇もなかった。

ここでその総てを例示することはできないが、華北大衆が清軍・外国軍に対して伝来の火器か西洋式火器を使用した例は、一八九八年に二例、九九年に六例、一九〇〇年に一一例をこれまでに見い出している。しかし、義和団が火器を使用したといっても、かれらの全武力のなかで占める割合はほとんど零に等しいものであった。問題は、初め神拳に対する絶対的信頼を持っていたが、外国軍と直接交戦する後の段階になると土俗的・宗教的信仰（神拳・降神付体、刀槍不入）の限界を自覚しはじめ、西洋銃を奪い使用しはじめるといった精神構造を義和団は持っていたのではなく、神拳・降神付体、天将天兵信仰は、観念における武装化の問題であって、現実界における武力の圧倒的劣位の自覚を前提条件にはじめて樹立されるため、大脳には神拳を手には火器をという二元構造を取りえたということである。もちろん火器などなかなか手には入らなかったが。無力の現実が、無限の幻想を生みだし、ここに生まれた無敵の神拳信仰は現実界に在るすべての武器（西洋兵器）を単なる道具に解体する。

こうした武器思想に見られる義和団の二元的思考構造の極北の位置にあるのが「扶清滅洋」の思想であった。義和団は、清を助けて洋を滅ぼすをスローガンにしながら、清朝皇帝・北京高官・地方高官をはげしく罵倒し、頭を斬り取りたい、殺したい、などと公然と語った。義和団は天津・北京城内にまで入りこんで現実には清の行政機関をほとんど無視するほどの反権力闘争をしながら、天上の高みから清を助けてやるというのである。この矛盾を解く鍵は、かれら義和団の「国家」論にある。

義和団大衆は、わが国土に侵入した洋鬼がすでに皇帝まで屈服させ、いままさにわが社稷は滅亡の危機にあると感じた。皇帝まで外国の手先になるというこの驚きと怒りは、この世の支配者である清国家を、かれらの観念のなかで完全に空洞化してしまい、そしてこの空洞を「天将天兵による〝替天行道〟」という国粋主義のスローガンとこのスローガンをになう義民たる自己で埋めてしまう。清は、天子を失い単なる共同の幻想性を象徴するものにすぎない。そしてこの共同の幻想性たる清の真の天子に、天将天兵たる義和団大衆が即位するのである。光緒帝は天子ではなく洋鬼の手先となった下界の人間にすぎず、清という共同の容器はただちに真の天将天兵によって扶けられねばならないというわけである。しかし、ここで何故に「真命天子出現、復明、滅満興漢」という旧来の民衆思想が復活しなかったのであろうかと問わねばならない。それは、義和団の国家・天子に関するイメージが、自然村落に原型を持つ共同体幻想のなかに解体され、しかもその共同体が民間の神々の復活再生によって生気をふきこまれていたためであろう。この自然村落に原型をとった小共同体精神が、これまで心の裏という陰の世界に封じこめられていたのに、清という大共同体を包含する白昼の政治世界に逆転した。夜と昼が、非日常と日常が逆転し、真昼間、鳴りものいりの祭のなかで、村の聖なる公共の場で運命の共同体幻想が現実をおおいつくした。フォークロアーが、いかなる自覚的なフィルターも通さずに政治的世界におどり出たのであった。

民衆の思想は、時の権力・政治・文化から徹底的に疎外される立場におかれた下層大衆が、その疎外の故に、国・天子・赤子・義・忠といった支配のイデオロギーに対抗して、生活者としての感覚・感性の歴史的経験をどこまでも深化することを通して「真実」に迫ってゆくものである。義和団大衆は、生活者としての感覚・感性を一つの世界にまで、つまり玉皇大帝・土地神・家庭神、その他諸々の神々の世界にまで高めていた。政治的・経済的・文化的には全く閉鎖的状況におかれているかに見えた自然村のなかに、人間のすべてを支配する神や人間の裕福を常時調査して玉皇大帝に報告する神、農業に必要な水を司る神、様々な歴史的教訓を示す神々等がつめこまれていたのである。このみじめな貧しい村人たちが、その精神的世界を風船のようにふくらませる契機（滅洋の絶対的使命の確信）さえ与えられるなら、驚くべきことに清を抱擁することさえでき、天界にまで達することができたのであった。義和団大衆は滅洋の絶対性を前にして、現実の清朝権力者を解体したが共同幻想としての清を容認し、清朝権力にとってかわって自ら民衆共同体をになう兵士＝英雄の一員に飛翔していったのである。

本稿は主に次の史料集や研究書によっている。


『宋景詩歴史調査記』（宋景詩歴史調査組、陳白塵撰述、人民出版社、一九五七年）。

『捻軍』（中国近代史資料叢刊Ⅲ、中国史学会主編、神州国光社、一九五三年）。

『宋景詩檔案史料』（国家檔案局明清檔案館編、中華書局、一九五九年）。

『山東近代史資料』（中国史学会済南分会編、山東人民出版社、一九五七年）。

『義和団（四巻）』（中国新史学研究会、神州国光社、一九五一年）。

『義和団檔案史料（上、下）』（国家檔案局明清檔案館編、中華書局、一九五九年）。

『庚子記事』（中国科学院歴史研究所第三所編、科学出版社、一九五九年）。

『山東近代史資料（三巻）』（山東省歴史学会編、山東人民出版社、一九六一年）。

『近代史資料』一九六三年第三期（中国科学院近代史研究所、中華書局）。

『義和団運動』（金家瑞著、上海人民出版社、一九五七年）。

『義和団運動六十周年紀念論文集』（中国科学院山東分院歴史研究所編、中華書局、一九六一年）。

『義和団研究』（載玄之著、中国学術著作奨助委員会、一九六三年）。

『義和団故事』（中国民間文芸研究会編、人民文学出版社、一九六〇年）。

『義和団』（G・N・スタイガー著、藤岡喜久男訳、桃源社、一九六七年）。

『近代中国における民衆運動とその思想』（里井彦七郎著、東大出版会、一九七二年）。

『近代中国の政治と社会』（市古宙三著、東大出版会、一九七一年）。

『中国の民間伝承』（山本斌著、太平出版社、一九七六年）。

第二節　義和団の民衆思想

一、視　角

富国強兵＝独立の道、西欧化＝近代化と信じてきた日本人にとって、それに落第した中国の近代、とりわけ民衆の義和団運動などは愚かしい反文明・反近代の愚挙であり、日本の近代に敵対する「団匪」であって、日本の近代の正しさを照らし出すマイナスの価値以外のものではなかった。日本の学者たちは、義和団運動を次のように片付ける。「清朝が反動化すると、民間の排外運動がうながされ、教会や鉄道を破壊した。義和団は新建設の意欲を欠き、単なる反動として終わった」、「暴徒はキリスト教と外国人の排斥を唱えつつ教会や鉄道を破壊したり、宣教師やキリスト教徒を殺害した」、「窮民や無頼の徒が多く集まってたちまち大勢力となり、キリスト教会や付属の病院・学校を焼き、宣教師や信徒を殺し、鉄道や電信をこわした」、「清はこの結果、……これまでよりもいっそう強く列強の干渉を受けることになった」（以上、戦後日本の高校世界史教科書の叙述）。

戦後日本の義和団研究者の関心についてふれるなら、義和団はいかなる性格の組織なのか、白蓮教の一派なのか、会党か、愛国の義兵か否か、団練か、あるいはそれらの複合か、といった義和団出自論、この運動は官から編成され利用されたものか、下から盛り上がったものか、運動の主導は清朝か秘密結社か、といったイニシアチブ論、この運動の思想には反外国以外に反清反封建の側面があったのか、それらの性格は中国の独立にとってプラスだったのかマイナスだったのかを測る功過論に終わるのが常であった。こうした研究水準を克服して義和団の運動とその思想に鋭い分析を加え、総合的把握を試みたのは里井彦七郎氏であり、義和団運動の深い理解の必要性を説き続けてきたのは野原四郎氏である。しかしながら、里井氏の一連の研究について述べるならば、かれは、運動の合法則的発展、歴史の法則的発展、事物の低次なるものから高次なるものへの発展、実践による未熟な後れた思想の段階的克服、反帝・反封建闘争における統一戦線の必然的な形成、等々といった唯物史観の公式、あるいはすでに自己のなかにできあがっている方法によって義和団を解釈するにとどまった、ということができる。この既知なるもの、公式・方法論にあてはまらないものは、克服されるべき落後的思想であり、清朝権力者の影響を受けた大清意識・中華意識・攘夷思想であり、あるいは迷信・呪術である。「落後的なもの、非合理なもの、迷信的なもの、支配階級のイデオロギーに深く影響されている部分」は、せいぜいその段階の義和団大衆の仲間意識・連帯感を高める作用を果たすにすぎず、運動の段階的進歩のなかで実践によって克服されるべき運命をのがれることはできない。義和団大衆の諸思想・諸信仰は、歴史発展の合法則性の前に拝跪する。

本稿は、既知なる公式やできあがっている方法や進歩・発展の信仰によって、義和団民衆の思想を裁断するのではなく、これまで華北大衆の迷妄の証左であり、単なる克服の対象としてしか評価されなかった無意味なるもの、落伍的なるもの、非合理的なるもの、迷信的なるもの、混沌的なるものの真の意味を発見しようとするものである。義和団運動は、「洋鬼」（外国人）に対抗しうる「神拳」（神から与えられた正義の拳術）を生みだし、絶対奇蹟の虜となることによって、反帝愛国の闘争にいたったのであるが、この特異な姿態のなかに、落伍的側面が現われるのではなくて、かれらの反帝愛国における思考の宇宙論的構造、神話的全体性、身振りや儀式や祭や夢（幻想）や色彩（紅・青・藍・白・黒等々）や神話や劇やそうしたものすべてを含む全体の有意味性が現われるのである。歴史の合法則的発展の道具としての有意味性ではなく、華北大衆のフォークロアが、自分と中国と世界を引き受けるその仕方のなかに有意味性を押し出しているのである。そこには、日本近代史が失ったもの、経験しえなかったもの、あるいは日本的近代に対峙するもの、さらに言えば、これまでの歴史学ではとらえられない人間そのものの原像、文化の原像とでもいえるものが現われてくるはずである。

二、義和団の形成——大刀会から義和団へ——

日清戦争敗北の翌年、つまり一八九六年八月に山東巡撫李秉衡は、次のように上奏した。「昨年、海岸線一帯が不穏であった。そのため人々は、大刀会つまり邪教の金鐘罩を信ずれば、鉄砲・大砲を避けることができると伝え聞き、ぞくぞくと集まった。それでこの信者はどこにでも居るようになった。愚かな者は、この邪教によって身家を防衛できると信じた」(1)。山東省一帯およびその周辺の江蘇・安徽・河南・河北の交界一帯は、古来民間の邪教や武術鍛錬の伝統で名高かったが、日清戦争という民族的危機のなかで再び激しく胎動を開始した。一八九四年（日清戦争勃発の年）頃から山東南部から江蘇北部にかけて大刀会と称される武装集団の動きが激しくなり、かれらによって九六年夏、義和団運動への先駆的役割を果たした反キリスト教（仇教）運動が行われた。これは山東西北部において指導者の劉士端が犠牲となる翌年夏まで続いた。[2] 義和団運動は、大刀会・金鐘罩・鉄布衫・無影鞭（必ずしも別個の組織ではない）などとよばれる秘密結社によってまず先駆的に切りひらかれた。清代二百数十年を貫く「反清復明」（清に反し明を復す）、「替天行道」（天に替わって道を行う）、「真命《ほんとうの》天子、降誕」、「降神付体」（神を降して体に付す）なる革命思想の持主たちは、一八九六年ころに、「清に反し明を復す。洋鬼子《がいこくのおに》を駆逐す。（反清復明、駆逐洋鬼子）」なるスローガンを、まず山東冠県で提起したのであった。[3] 洋鬼に屈服した清朝よりも、純粋な替天行道・真命天子主義者は、その伝統的「革命」思想に基づく故に、観念的な中華主義者たりえるのであって、かれらが〝滅洋鬼子〟の狼煙を先駆的に山東西北部――この伝統的反逆の徒の巣窟であげえたのは当然である。[4] この反清を叫ぶ観念の中華主義者・大漢族民族主義者は、世俗化しきった清朝権力層にかわって異教徒（キリスト教徒）に滅洋をつきつけえたのであるが、この課題を総体として担うには、組織の上でも運動の上でも、あまりにも伝統的な秘密結社そのものでありすぎた。たとえば、九六年の夏、山東南部の曹県・単県を中心舞台として仇教闘争を戦った大刀会は、山東・江蘇にまたがる拠点を流れあるく農民が母体であった。かれらは、主に曹・単・碭山・豊県・亳州・虞城等の諸県から析出した半プロで構成され、各地で互いに群をつくり、それぞれ呼応しながら活動したが、いまだ闘争の拠点と主体を華北農村の真只中にうちたてることはできなかった。かれらは、反革命の地主武装集団や清朝官憲と対立しながら、キリスト教民を襲い、あるいは塩店・京貨店・雑貨店を掠奪したにとどまった。[5] しかし、一八九〇年代後半の民族的危機を救うには、こうした大刀会等と称される遊侠の徒は、匪の巣窟から抜けだして、まず広大な華北村落に回帰して大衆と連帯しなければならない。

かれらはまだその方途を発見することはできなかった。だが、ここでは、九六年から翌年の夏にかけてのこの先駆的蜂起は、山東全省への、そこの人々すべてへの警鐘と連帯の狼煙であり挨拶であって、かかる役割を充分に果たしたことを確認すればたりる。その頃、山東西部奥地、太平天国期における白蓮教・黒旗軍の反乱舞台であった冠県一帯の地において、遊侠の徒が村落の外から教会・教民を襲撃してまた去るといった形態とは異なる仇教闘争が起こっていた。

この仇教闘争は、一八八六年にフランス人神父および中国人教民が冠県梨園屯の玉皇廟を壊し、教会を設立したことに始まる。これ以来、村民と教民とは互いに教会と寺廟を破壊しあった。この村落内部における分裂・抗争によって、村民間の緊張は高まり、九六年前後から九八年にかけて、同じ矛盾を内包した周辺の郷村をまきこむ「教案」(キリスト教反対事件)となって激発した。この冠県一帯から、河北省境にかけての仇教闘争の特徴は、伝統的な秘密結社の外部からの主導で行われるのではなく、村落農民が運動の中核となり、監生・文生等から村落の支配権を奪い、この村々の連合、たとえば連荘結会[6]や冠県十八団[7]の形成などを通して、仇教闘争を戦う新たな義和拳・梅花拳等々と号称される組織をめざしたというところにある。玉皇廟など村落共同体の象徴を破壊するキリスト教の信徒、この内なる裏切り者にたいする憎しみは、冠県のみではなく山東奥地から河北省境にいたる広大な郷村にとくに拡大していった。

義和団運動への思想の飛躍は、山東南部の大刀会に象徴される秘密結社=伝統的異端と、冠県等に見られる土着村落農民の郷里防衛運動、つまり位相を異にした周辺(異端)と中心(正統)とが、反キリスト教=反洋鬼という一点において背理的相互変革、両者触発のベクトル、あるいは統一的連動運動として、新たに創出された。この義和団運動創出の契機となった情況は、独英両国による青島・威海衛の占領、それに続くドイツによる膠州—済南鉄道の敷設事業の開始、および山東半島部におけるドイツ兵の蛮行であった。外国勢力の侵略にたいして山東半島の諸城・莒州・

日照等諸県の全住民は激しく抵抗した。この事件は、山東奥地、とくに大運河以西の民衆のなかに、運命共同体的な危機感と連帯感を生みだした。この地域が経済的後進地帯であるにもかかわらず、古来宗教的・政治的な緊張にみちあふれてきた——そうした意味では精神の極北を示す「先進」地帯であったことと関係しよう。実際、ここにおいて、九八年から九九年の平原闘争にいたる間に、のちの義和団運動を終始貫く「扶清滅洋」（清を扶けて洋《がいこく》を滅ぼす）の路線、運動・組織形態、運動における信仰、儀式の意味付け、コンミューン的人間関係の創出、等々が刻印されたのである。

　山東巡撫張汝梅は、一八九八年六月の上奏文において、山東・河北交界一帯において、民間武術を学ぶものが日一日と多くなり、市のたつところに集まり、武術を競い、「私会」をたてたと述べ、この私会について「（冠県では）人民多く拳勇を習い、郷団を創立し、義和を名としたが、ついで梅花拳と改め、更に近年では元の義和の名称に復した。遠近のものは噂にだまされて、この義和を義民とみなし、ついにこれを新しい会《そしき》であるといった」[8]と報告している。当時この一帯では、民衆は地主の指導下にある反革命の村落自警団＝官団を否定して、下層貧農を中核とする民衆の新しい組織創出をめざし、「義和」「梅花拳」なる新会＝新団形成の萌芽段階に達していたし、冠県仇教闘争は、十八団と称される村落連合を中心とする基軸的組織をついにつくりだしていたのであったが、いまだ農民と反逆の遊侠の徒とを結合する「義和拳」組織を完成するにはいたらなかった。[9]華北農村に増大するキリスト教徒、このわが共同体内の裏切り者、つまりわが神々を冒瀆し、祖先墳墓の地をけがし、迎神賽会・芝居奉納等の共同の行事から脱退し敵対する邪教徒を絶滅すること、これこそが華北大衆にとって、反帝愛国闘争にいたりうる直接的契機であった。洋鬼とその神々の進出による民族的危機は、まず村落内部の邪教徒との戦いとして始まる。

　しかしながら、華北民衆は、郷村内における正統と異端という構図にとどまる限りは、郷土防衛・身家安全・秩序維持を叫ぶ郷紳地主層の暴力による支配圏と儒教道徳によるイデオロギー圏を破ることはできない。下層大衆が、単に民間武術集団を形成して、地主自警団に対抗するにとどまらず、天子―官僚―郷紳地主―村落民と貫徹する専制権力の体系に対して、民衆自身の主体をおし立てる玉皇大帝―民間諸神・英雄・義人神の降臨とその付体（身体にのりうつる）という想像力とそれによる民衆威信の満面開花が必要であった。民衆は、民俗誌のなかに封じこめられていた人民的価値や憧れの超能力を肉体のなかにとりもどし、村落内の地主的権威を無力にすると同時に、一八九八年頃から洋式銃で武装し始めた教会と教民、西洋の軍隊・武器への肉体的恐怖感を克服せんとしていた。しかし、華北村民は、かれらだけではこの方向をおし進めることはできない。わが村内の平安にのみ向かう農民的な定住者に固有な視野を破ることはできない。村内のキリスト教排撃の水準を越えて、「洋鬼」と戦いつつ村々から世界に開いてゆく、反帝愛国の全国的運動の高揚に向かうためには、半封建・半植民地化の深化と買弁官僚資本主義の発達および封建的貧窮分解のなかで放出されてくるルンプロ層・半プロ層（失業した運輸労働者、破産した土着綿工業者、土地を失い郷里を脱出した農民、解雇された兵士等）――この流亡の徒を華北村落民の運動のなかに導き入れることが必要だった。そのことによって逆にまた、村落民は、土着者特有の郷里防衛へと収斂する道から、流亡者の住む他郷の世界へと自らをつれだしてゆくことが必要だった。この難関の解決は、初期仇教運動の先駆者たる半プロ層＝遊侠の徒を主体とする大刀会などの秘密結社員およびその予備軍の村落への回帰と、かれらによる設壇、降神付体の儀式、滅洋のアジテーションが果たしたのである。村民は、村の寺廟内に閉じこめられていた神々を復活させ、付体し、華北民衆に共通の精神的土壌を掘りおこしたのであるが、その主宰者こそ異郷に析出された流亡の徒であった。村人は、かれらを拳師・老師・大師兄等々として村中に招き入れ、郷神地主の伝統的規制力に対峙した。のちに村人は、かれら半プロ・ルンプロの遊侠の徒に導かれて、他郷へ、さらに天津・北京へと自己を開いてゆく径路を獲得した。村々は、下層大衆の共同

体的義和団組織の性格をおび、この共同体的組織の増殖運動として、反帝愛国の全国的運動が拡大してゆくのである。(10)

　自然村に進出した（あるいは招聘された）、他郷の大刀会員等は、秘密結社の伝統的思想であった反清思想や、ともすれば明裔・真命天子といったミニ権力者志向を、村落内にストレートにもちこむことはできない。なぜなら、村人は、われらが神々・英雄・義人を付体し、超能力＝神術をわがものにすること、そして不死の戦士に変身することだけを望んでいたからであった。現実の人間は、諸神の憑依者、代理人以上のものではありえず、他郷からきた権威ある大師兄・拳師であっても例外ではなかった。すべてが、反洋鬼・反キリスト教の戦士の共同体の一員たる位置にひきつけられた。

　義和団指導者は、まず各地の玉皇廟、麻姑堂、大王廟、天斉廟、龍王廟、財神廟、関帝廟、弥勒寺院、龍宮城その他諸々の寺廟の前で諸神、諸英雄、諸義人降臨のための壇を設け（設壇）、拳廠（神術・武術の鍛錬場）をつくった。蘇生して民衆の身体と精神に付くのは次のような神々であった（『義和団』、『山東近代史』、『六〇周年紀念』——注を参照のこと）。

洪鈞老師、驪山老母（梨山老母）、龍王三太子、馬朝師、継朝師、天光老師、日光老師、月光老師、長棍老師、短棍老師、張飛、関羽、唐僧三蔵、孫悟空、猪八戒、沙悟浄、黄蓮聖母、張恒侯、趙順平侯、西方聖母阿弥陀仏、楊香武、祁寯藻、李君主、封砲王、樊梨花、劉金定、李太白、伽藍大仙、関平、楊娘娘、南極老寿星、菩薩、趙雲（趙子龍）、真武、黄天化、白袍、黄天覇、三老爺、万長、二壺油、岳飛、姜子牙、楊戩（楊二郎・灌口二郎）、孫臏、楊六郎、宋江、武松、托塔天王、哪吒、諸葛亮、王平、馬謖、姜維、黄三太、済顚、達摩老師、周倉、文武聖人、王禅老師、金刀聖母、黄飛虎、馬孟起、黄漢升、尉遅敬徳、秦叔宝、楊継業、李存孝、常遇春、胡大海、西楚覇王、梅山七弟兄、九天玄女、年羹尭、山西祁相国（文端）、玉皇大帝

これらの神々は、古代の英雄、伝説上の人物、民間信仰の神、義人あるいは『三国志』『水滸伝』『封神演義』『西遊記』『七俠五義』『緑牡丹』等の小説、物語に登場し、芝居や講談で人々の心の奥深いところで敬愛された伝説中の神々であった。これらの神々は、一九〇〇年夏の義和団運動の頂点に向けて続々と蘇生したのであるが、こうした現象は、古今未曽有のできごとであって、過去のいかなる民衆運動においても全く例を見ないものであった。義和団大衆は、帝国主義を、邪教であり強力な火器を有する「洋鬼」の世界と感じ、これに対抗しうる民衆的精神と諸能力を復活し、自己を活性化する。神々の化身たちの民族共同体創出の使命とその運動、つまり滅洋の使命とその使命を担いうる技と力と正義を神々から授けられる、そうした人々だけの同志的共同体が生まれた。民衆精神史の新たな組みかえを民族的ポテンシャルをかけて実現する。伝統的「邪教徒」「秘密結社員」、つまりこれまで反清復明、替天行道を叫んできた白蓮教や会党におけるような指導者のカリスマ性や権威主義は、その威力を消失し、共同体員内の第一人者以上にはなりえない磁場におかれることになる。指導者はあくまでも諸神の代理人か霊媒者か戦術上の指導者・アジテーターにとどまる。神の威力が人に付くのであって、ある特定の個人が明の王家の血をひいていたとか、ある天子の生まれかわりだとかの理由によって、個人の権威・威信をすべてのものの前にたてることはできない。先に羅列した数十にも上る神々は、それぞれ独自の出自と固有の力・業とを持っており、権威の体系(高下、支配・被支配)に組みこまれてはいなかったから、それらの神々がのり移った人々の間にもまた上下、高低の差別はなかった。義和団運動の全過程のなかで、太平天国におけるようなカリスマ的絶対者や軍事官僚機構が生まれえなかった秘密はここにある。指導的役割を演じた著名な大師兄・拳師は、反清的気分は保持しつづけたが、遂に一人として皇帝(天子)・大元帥・王と名のることはできなかった。かれらは自己の個人的権威の樹立を犠牲にすることによって、華北の村落内大衆(土着者)を獲得しえたということもできる。郷紳地主から見れば、どこの馬の骨ともわからない半プロ遊民か、邪教徒じみた秘密結社員じみた連中が、老師・拳師・大師兄等として、白昼公然と村の聖域である鎮守の森や寺廟に迎えられたことは驚くべき異常なできごとであった。この未曽有の変事、非日常の奇行を、なにか偉大な有意義なものに逆転するためには神秘的儀式、狂信的な武術鍛錬、熱狂、紅・青・藍などの色彩の横溢など、根本からのトリックが必要だった。その核になるのが、いたるところで始まった〝拳師・老師を招いて壇を立て、諸神を降臨させる〟という行事であった。この儀式こそが華北村落農民と伝統的反逆の徒＝半プロ層とを結ぶ、別言すれば土着者と流亡者とを、昼と夜とを結ぶ触媒の役割を果たした。この儀式の中心的テーマであった「降神付体、刀槍不入」（神を降して体に付せば、刀も槍も身体に入らず）などは、ただそれだけを取り出してみれば中世的迷妄への回帰に見えるのであるが、この道をとおって民衆精神史の根元へ退歩したからこそ、帝国主義が精神とするキリスト教をわが内なる総体をかけて迎え撃ち、ついに反帝愛国の次元に導いたのである。民衆精神史への自己揚棄という観念的な道を純化しぬくなかで、政治的配慮や平衡感覚・国力比較論・利害得失論の次元を一挙に越えて、あるいは一挙に喪失するという代価を支払って、帝国主義の世界分割競争にその特異な姿態とともに一矢を報いることができたのであった。

三、義和団における民衆解放

村に神壇が設けられるとまず子供たちが集まってきた。よそからやってきた見知らぬ人は、寺廟の神壇で降神付体の呪術や神術・神拳を教える。かれらは服装も言動も尋常ではない。紅い頭巾や帯を着け、紅い房のついた槍・大刀をふりまわす。神に祈る言葉も神秘的で文字通りの「異言異服」である(11)。キリスト教や外国人の恐ろしさを語るが、それに打ち勝つ術を教えるという。偉い官僚などに対しても公然と非難して畏れる様子もない。ここでは、あの孤立して閉鎖的な、無残で惨めな日常が一変するのである。「入団する者、童子もっとも多し」、「手に長矛をもちい或いは竹をもちう。年長なる者は二〇歳、最も幼い者はただの一二、三歳である」、「あらゆる習拳者は皆な子供であって、一日一日と多くなった。子供に続いて青年男子や少女・婦人が集まってきた」、「拳風が蔓延してすでにわが村に及んできた。近隣の少年は皆な拳技を練習した。父兄も阻むことはできない。かれらは皆な紅巾をもって頭をつつみ、刀をとって義和団の作法をおこなう。郷をあげて狂うがごとくである」[12]。地方官や村の顔役でも手がつけられない。狂気のごとく「降神付体」の儀式と武芸に励んでいるうちに、神が身体にのり移って、刀槍にも鉄砲にも傷つかない超能力が生まれる。こうして不死身になるのである。このときかれは義和団となる。「入団したものは、老弱・祖孫・父子の区別なく、皆な師兄と呼びあった」[13]。「その徒党は、互いに師兄と呼び、巨頭を大師兄と呼んだ」[14]。義和団には絶対の権力者はいない。だから義和団の伝単《ビラ》や布告には、個人名や組織上の権威によって発せられたものは全くない。自然村に原像をもつ共同体と諸神の下命によってのみ組織は運動をあたえられる。

「外州県の各村庄の義和団は、昼夜をわかたず列をなしてきた」[15]。北京に入城する義和団の各グループの旗には、「某県某村の義和団、天に替わって道を行い、清を保ち洋を滅ぼす」[16]とか、「義和団の大黄旗には、軍営の大旗のごとく〝天に替わって道を行い、清を保ち洋を滅ぼす。天子の命を受けた乾字義和神拳〟と書いて、傍に小文字で〝某府某県某村〟とつけ加えてあった」[17]。もちろん義和団は単なる村の延長ではなく、既成の村の秩序を破るものであったが、このなかで村ごと運動に起ちあがらせる質をもっていたのである。なかには、清朝に官許され村の地主が主導して全村をとりまとめた義和団もあったが。

各義和団には、大師兄・拳師がいたが、より細かく、「壇主、香頭、大師兄、学事がいた」[18]、「大師兄、二師兄、三師兄、大先生、二先生、三先生がいた」[19]、「総辦、統領、打探、巡営、前敵、催陣、分編哨隊」という軍事編成もあったという。これらは皆な共同体のなかの第一人者・第二人者・第三人者という位置、あるいは戦闘の際の指揮系統・職務分担であって、身分的な上下の関係、官僚的な権威の体制ではなかった。これらの平等性は、コンミューン的運動の質を示している。ここでは、少年、少女、婦人、とりわけやもめ女・娼婦・乞食等の日常的世界における被抑圧者・被差別者をもまた解放し、反帝愛国の最前線に立たせたのであった。女性は紅燈照（赤いランタン）と呼ばれる組織をつくった。紅燈照に参加する女性の大多数は、「一八歳以下、一二歳以上の処女で、紅色の着物と靴をはき、片手に紅い布、片手に小さな紅いランタンを持っている」[20]。かの女らは、「美しく着飾った一五、六歳の良き少女である」[21]、「幼女で紅燈照の術を練習し訓練する者がいる」[22]、「術を用いる一〇歳ばかりの女の子がいる」[23]、「紅燈照は、若い女子が多い。ズボン、靴、靴下、アクセサリー、どれ一つとして紅色でないものはない。かの女らは、二、三〇人が毎日自宅で食事を終えた後に師である一老婦のところへ行って仕える」[24]。上記のように、紅燈照は、一〇歳代の少女を中心としたものであったが、ところによっては藍燈照（藍色のランタン）とか、青燈照（青色のランタン）とよばれる婦人たちの組織もあった[25]。これら女性の組織には巫女に似た老婦人や仙女とよばれる若い女性（少女あるいは二〇歳以上という例が報告されている）が中心になっていたようであるが、なかでも有名なのは天津で民衆から尊敬されていた黄蓮聖母の場合である。かの女については、船戸の娘説、娼婦説の二つがあるが、天津の色町であった侯家後の船上娼婦であると記す史料が圧倒的に多い[26]。単に記録を残した官僚・知識人の義和団を卑しめるデマだとは思えない。義和団で活躍する女性は平穏な日常生活を送っている家庭人などではなく、飢饉や租税の納入、高利貸への返済の際における「娘身売り」、あるいは「童養媳」の予備軍だった少女たち、村中から好奇の目でみられかつからかいの対象だったやもめ女、それに娼婦たちであった。これら日影の女性たちが白昼公然と聖女、仙女、聖母になる。娼婦が超人的術を身につけた聖母となって、轎にのり屈強な男二、三〇人が銃を持って天津の大通りを護衛して大官の役所に乗りこみ堂々とふるまう。秩序の決定的な組みかえ、儒教的秩序のもとで凍てついていた人間の活性化が、この道化じみた演《ドラ》劇《マ》をテコとして可能となった。

紅燈照に属す女性の神術は、外国の義和団鎮圧軍の侵略が迫り危機が深まるのに対応してますます威力をまし、銃による傷を癒し、死者を蘇らせ、遠くから教会の建物や海上の敵艦に火を放ち、さらに空を飛んでロシアの帝都を攻撃してこれを焼き、あるいは日本へ飛んで土地や金を取り返すことさえできるにいたったのである。民族的危機の切迫感は、家から戸外へ女を導き出す。しかし、それは既成秩序、儒教道徳との間に大きな緊張をよびおこした。まず「女」であることをやめねばならない。「女性は市場《いちば》に行かず、戸外に出ず、オンドルの上で座したままでいる。髪に櫛を入れず顔を洗わない。纏足もしない。更に男女とも紅色のズボンをはき、菜食だけにする」。そうして七日間忍耐して、その無秩序と緊張感と禁欲とをバネとして、「女は髪をとかさずして洋人の首をチョン切る。纏足をせずして洋人を殺し尽くすのだ。面白いな、ハハハ……」[27]という戦闘を前にした祭のなかで日常的世界での負の要素が爆発的に解放されるのである。「洋鬼」の侵入により、絶体絶命の淵にたたされたわれらが全体を、優位に逆転しなければならず、そのためには、われらが全体のその根元からの組みかえ、入れかえがなされなければならなかった。

紅燈照とその神術は、華北大衆が民族滅亡の危機を乗り越えんとして、絶対奇蹟を熱望し生みだしたものである。かれらは、絶対奇蹟による救いの願望によって、絶望感から自己を解放し、ついに勝利の確信にさえ到達したのだった。「ある人が、夜騒いでいった。天上に紅燈照がほんとうに現われたぞ。これは生神様（活神仏）が地上に降下されるのだ。洋鬼はどうして滅びないことがあろうか」[28]、「ある（義和神拳を信じている）人がいった。紅燈照を見せよう。かれは空の黒雲を指して、あの中に無数の紅衣の女子がいる、あれが紅燈照だ、といった。しかしわたくしには見えなかった」[29]。

義和団コンミューンは、乞食（的行為）をもまた英雄戦士の仕事に意味転換したのだった。沙鍋照なる乞食集団の活躍である。「術を会得した後は、かれらの空の鍋はいくら食べても尽きない食物を炊くことができる」[30]。「一箇の銅釜で飯を炊くと、二升炊きのその釜から、数千人分の数万人分の飯が炊け、いくら取ってもすぐ釜は一杯となり、取り尽くすことはできない。沙鍋照の炊く豊かな食物をたべて一般の団員は拳術を練ること三日、洋鬼との戦いに出かけてゆくのだ」[31]。「沙鍋照なるものは、義和神団に食糧をもてなす。人は沙鍋《どなべ》をもち、拳民の戦闘の際には、柴を刈り、米をとぎ、飯を炊いて饗応した。沙鍋は大きな鉢のようなもので、かれらは、百人で食べても尽きない、といった。この団は、みな乞食である」[32]。かれらがすべて本物の乞食であったとも思えないが、乞食的行為が愛国的行為という意味によみかえられている。義和団大衆が天津など大都市で活躍するにつれて、食糧問題が重大な課題となった。貧しい義和団大衆は、都市では喜捨に頼らざるをえなかった。都市へ流入した義和団員は、乞食に等しかった。もちろん精神は愛国の戦士であったが。かれらが乞食となり、乞食が義和団になり、両者合体し、乞食的行為が喜捨を求める愛国的行為の意味を持つにいたった。かれらを支える人民の海は、義和団の食糧を確保せんとする意志を生みだし、乞食が沙鍋照に変わるという信仰を獲得した。

義和団コンミューン運動とも称すべきこの運動においては、日常生活では抑圧され窒息し凍結されていた「人間性」が、非日常の祭のような熱狂主義とともに荒々しくよみがえった。「拳匪のいわゆる〝上法〟（術を会得したこと）をなしとげた者には、眼を閉じてゆっくり歩いて行く者がいる。横見をせずきちんと前に歩いて行く者がいる。数人で一人をかかえて行く者がいる。一人を二人でかかえて、ゆらゆら酒に酔ったように歩いている者がいる。大刀を持って乱舞し、人々避けんとしても及ばず傷つく者がいる。数人が刀槍を持ち列をつくって行く者がいる。馬に乗って人を率いて行く者がいる。負傷し、あるいは死んで肩にかつがれて帰ってくる者がいる。さらに、小さな棍棒の先に血のついた物をさげ、これは洋鬼の心肝だという者がいる。あるものは来、ある者は行くが、何のためか分らない。騒ぎ入り乱れて平生の状態ではない」[33]。

この混沌と熱狂の世界は、初期仇教運動の指導者、反清反官の徒が、闇と流亡の世界から白昼公然と大師兄・老師・拳師として村々に登場し、降神付体の導師、神術の教師となって既成村落秩序を全面的に解体することから始まった。洋鬼の侵入の前に、絶体絶命の運命の共同性にもとづくコンミューン的状況が生みだされた。ここには反清復明とか太平天国革命の継承とかを夢みる活動家は多数いたが、かれらもこの反帝コンミューンの一共同体員たる位置に引きつけられ、専制権力者＝官僚主義者に上昇することはできない。といってまたかれらは、単なる共同体内の全き無名者になることも許されはしなかった。明の皇帝の子孫であるとか、元末の反乱者韓林児であるとか、太平天国の洪秀全・楊秀清であるとか、自任し宣伝することも必要だった。封建的な家庭や村、専制権力の手先であった官僚・郷紳・地主の支配下に呻吟していた下層大衆がこの構図を破って「洋鬼」と戦い世界の主人公になるのであるから、指導者たちには、民衆反乱の英雄たちの語り口と風格が必要だったからである。義和団コンミューンは、こうした指導者と大衆の関係のなかに、大師兄の権力者への上昇転化は許さないが、反官・反権力の風格と志向は要求するという磁場をつくりだしていたのである。この二律背反にも似た磁場において、義和団運動は、村落と異郷を、下層農民と半プロ層を、正統と異端を、差別者と被差別者を、支配者と被支配者とを区別する、高低・上下に系列化するところの、これまでの世界解釈を解体し、それらの多くを逆転した。そうして、華北全域に爆発してゆく内的力を獲得したのである。

四、「扶清滅洋」の提起――その思想の形成過程――

華北大衆が国家や民族の問題を自覚するにいたったのは、一八九五年の日清戦争の敗北を契機としてであり、これが民族的危機感としてうち固められたのは、九八年から九九年にかけての独英露仏の中国再分割と清の屈服、および光緒帝一派による日露欧米諸国の近代を模倣する「改宗」によってであった。こうした切迫した民族的危機に対抗する路線として、「扶清滅洋」なるスローガンが提起されてくるのである。このスローガンが一般的となる時間的推移と思想形成過程とを断片的史料からおしはかると次のような過程をたどっている。

一八九六年　山東冠県の指導者趙三多らが「反清、駆逐洋鬼子」なるスローガンを提起する。(34)

一八九七年五・六月　山東省のある義和団は、「洋布を用いず、マッチを用いず、神拳を一心に練習すれば、刀剣を避け槍砲を避けることができる。大清を興し洋教を滅ぼす」と宣言する。(35)

一八九七年夏　北京近郊で津蘆鉄道の敷設工事中に発見した碑文に「天下をランプが照らす。大清は大清のもの。誰が主人か」と刻まれてあった。(36)

一八九八年三月　四川省大足県のことであるが、「順清滅洋」のスローガンが提起される。(37)

一八九八年九月　山東省冠県の義和団指導者は、九六年当時の「反清、駆逐洋鬼子」なるスローガンを放棄して、「助清滅洋」を提起する。(38)

一八九八年一〇月頃　河北省西南部趙家廠（大名府近く）にいたヤソ会系宣教師P・レミ・イゾレ師の日記（一〇月二五日付）に、「義和団のその黒く縁どられた黄色の団旗には、〃扶清滅洋〃と書いてあった」と記されている。(39)

翌年、つまり九九年の秋・冬の間に、「扶清滅洋」のスローガンは、山東西北部一帯に一般化した。上記の断片的な史料から、「扶清滅洋」のスローガンが確立する思想的発展の過程を鮮やかに析出することは不可能であるが、次のような一つのアウト・ラインを描くことは許されるように思う。日清戦争の大敗北と華北における列強の侵略は、それに対する民族の思想をスローガンとして提起するほどに高めたということ。しかも、その思想の原初は、「反清復明」という伝統的反乱集団の、あるいは秘密結社の思想を保持し、かつ同時に「洋鬼子を滅ぼす」という思想であるか、「大清に返せ」「大清を興す」といった清朝擁護とだきあわせになっている「滅洋」かであった。「順清滅洋」にあっても、清に順《したが》って洋を滅ぼすといって、清を主体にし、これに忠誠を誓って滅洋をやるというものである。これらは、いまだ義和団大衆の独自の主体性をかけたスローガンにまで高まってはいない。九九年の平原一帯の闘争の高揚期に一般化した、「天将天兵」や「神兵」による「扶清滅洋」に到達して、はじめて義和団は、自己を主体とする独自のスローガンを創出したということができる。(40) 実地調査によっても、平原・夏津・武城・臨清・茌平・肥城・高唐・徳州等の地区での闘争のなかで、「扶清滅洋」「興清滅洋」「保清滅洋」等のスローガンが確立されたということである。(41)

華北大衆の民族の危機感は、列強の中国侵略によって起こったのであるが、それに拍車をかけたのは、清はその皇帝さえもが外国に屈服し国を売ったという衝撃であった。光緒帝・康有為・梁啓超らの変法維新運動は、西洋の開明的君主やロシアのピョートル大帝、日本の明治天皇らの近代的改革に範をとり、外国の技術だけでなくその法や政治諸制度、文化等まで中国に移植しようとするものであった。康有為などは、中国を西洋文化一色で染めあげようとしていた宣教師リチャード・テモシーや日本の朝鮮・清侵略の立役者だった伊藤博文などに新政への助力を願ったのである。列強の中国再分割競争の真最中に行われた光緒帝一派の変法運動は、売国の変節行為であると大衆には感じられた。変法運動失敗後の、康・梁二人の外国への亡命は、かれらが中国の土地と資源と財物をねらう外国＝洋鬼の手先である証左と、大衆には思われた。

一九〇〇年五月、山東禹城の近くの村人たちは、路上の雑談のなかで、「光緒帝は国を売った」、「康有為は六ヵ国の聖人に封じられた」、「康有為は六ヵ国の兵隊をつれてくる」等々と語り合っていたという。(42) 義和団大衆は、一九〇〇年の運動の高揚期には、ついに光緒帝・親王・李鴻章らの首を取れ、とさえいうにいたった。「諸夷のことごとくを滅ぼしても褒美を得ようとは思わない。一龍二虎の首がほしい」、「一龍とは皇帝、二虎とは慶親王奕劻、大学士李鴻章のことである」。(43) また、義和団は、「一龍二虎三百羊」ともいい、この「三百羊」（京官をさす）のうち、「殺すべからざる者はただの一八人、残りは皆な殺すべし」ともいっていた。(44) こうした感情は大衆の間には一般的だったようである。「わが江山を返せ、わが権利を返せ。刀の山、火の海でも神は敢然として行く。皇帝が外国に屈服しても何で恐れよう。洋人を殺さずんば誓ってやまず」(45) という義和団歌謡もある。義和団運動のなかから多くの民話が生まれたが、人民中国成立後蒐集した民話集にも皇帝の売国行為と外国への屈服を怒り、愛国的熱情を吐露するものが多く見られる。(46)「洋毛子《がいこくじん》は物は何でも奪い、人は見境なく殺す。鉄砲や大砲をもっていて、かの皇帝でさえ腰をぬかしたそうだ」、「皇帝のやつめ、おれたちを息の根をとまるほどしめつけて、それでも足りずに、洋毛子までもおっぱなして中国人をおさえつけやがる。こうなっては洋毛子を片付けるのがさきだ」、「皇帝は外国人とちょっと戦ったが、手もなくひねられ、それ以来大勢の洋毛子がどっとばかり中国に乗りこんできた。連中は悪事の仕放題、皇帝はただ小さくなっているばかりだ」、「フン、犬畜生めが、天子が聞いてあきれらア！……やつらの片棒かついでやがる。……まっさきにあの犬皇帝を血祭りにあげてやる」、「皇帝は動転してそのまま何時間ものもいえず、すんでのところであの世行きになるところだった」。義和団に滅洋を迫られた知県などは、「外国人といくさをして、皇帝が負けてしまわれた。それで外国に借金をしたために返さなければならないのです」、「洋人が中国に入ってきても、皇帝陛下でさえ手出しができないのだ。おまえのような平民が、しかも小娘ふぜいが、よくもそんな訴えなど起こしたな」などと皇帝をひきあいにして逃げるのである。

伝統的社会では、大衆にとって清朝とはその皇帝によって象徴されるものであった。しかるに、この皇帝が外国に屈服し、国を売る外国の手先になったのである。こうみてくると、かれらにとっての「扶清」「助清」の清とは、皇帝なしの〈清〉、つまりわが江山、わが社稷に等しいものだったのであろうと考えられる。

これまでの「扶清滅洋」の解釈は、次の三つの説にまとめることができる。①運動を合法化して、より多くの大衆を反帝闘争に引きつけるため、という戦術論。②義和団は、清に忠誠をつくす反外国闘争の運動であり、清朝と封建勢力に反対する反封建の思想を欠如していた。③「扶清」の部分には、支配階級の攘夷主義の思想が流れこんでいた。義和団は、民衆の滅洋と清朝を擁護する扶清の思想との折衷の次元にとどまった。こうした諸説に対しては、里井彦七郎氏が鋭い批判を加えているので、ここでは検討を省略する。(47) では、この氏の解釈はどのようなものであったか。

一八九八年四川省大足県で提起された「順清滅洋」は、「反教会＝反帝闘争＝反封建＝反買弁闘争＝反洋務派闘争の戦線を拡大強化する（今日の表現にしたがえば）反帝・反買弁＝反洋務派民族戦線拡大のための統一戦線の原則(48)」であり、華北一帯で、一八九八年から九九年にかけて確立した「扶清滅洋」は、「かかる情勢（帝国主義による分割支配の強行と鉱工業・鉄道・商業投資の本格化、買弁的官僚資本の強大化、半原蓄過程の華北における急速なる進行、支配階級内部における洋務派勢力と守旧派勢力の分裂―小林）と階級配置に適合し、帝国主義と買弁勢力に対して民衆と民族主義勢力とを結集する、まさしく合法則的な反帝統一行動に外ならなかったと思われる(49)」。「（義和団の）指導者が誘い出されても、すなわち、義和団内部もしくは統一行動陣営内部に苛烈な階級矛盾が貫徹していたにもかかわらず、義和団は『扶清滅洋』の旗を、統一行動の論理と行動を提起してやまなかった。『扶清滅洋』――それは階級闘争抜きの民族主義的論理ではなくして、内部に階級的な思想闘争を内在化させながら、帝国主義および帝国主義を中国国内に導入せんとする買弁的諸階級との民族的な闘い、階級的な闘いを推し進める、より高度な民族的・階級的論理として存在し、かつそのものとして働いたのである」(50)。里井氏によれば、「扶清滅洋」は、反帝・反買弁の民族統一戦線の行動原則、当時における民族的・階級的矛盾に対応する合法則的なスローガン、統一行動を要求する論理であるということになる。反帝・反買弁・反洋務の民族統一戦線というものを、「国内支配階級による義和団の弾圧、たとえば朱紅燈、本明和尚ら指導者の処刑にもめげず綱領を守り抜き、反帝に同調するすべての勢力を結集し、その限りで同盟しうる諸勢力以外の国内買弁勢力、封建勢力には断固として打撃をあたえ、歴史発展の法則に合致した論理と行動を提起した綱領」とするなら、義和団の「扶清滅洋」のスローガンは、決してそのような反帝民族統一戦線の綱領ではなかった。扶清滅洋スローガンによって、結果として、清朝による真っ向からの弾圧をかわし、支配階級を守旧派と洋務派に分裂させ、守旧派を反帝闘争に引きこむと同時に洋務派に打撃をあたえ、怯懦な官僚・郷紳層を威嚇しえたとしても、そうした客観的な影響は、義和団大衆が目的意識的に追求した結果では全くなかったのである。かれらは、そうした政治的効果の予測の姿勢とは無縁に、「洋鬼」絶滅という絶対的使命を一身に引き受け、その使命の重さに迫られて、自己を「天将天兵」に一挙に飛翔させたのだった。「天将天兵」が、天に替わって洋鬼を一掃するのだ、とする幻想の純化のなかで、滅洋に反対し日和るすべての権力者への仮借ない攻撃が可能になったのである。義和団は、内外の知識人が嘲笑した民俗・民衆精神を復活させ、降神付体の儀式に没入し、神拳によって「洋鬼」に突撃しただけであった。統一行動とか、統一戦線とかの認識とは無縁な次元で、華北大衆だけに理解しうる滅洋の道を「不死身」信仰で支えつつまっしぐらに進んだだけであった。すべてを世俗的合理主義（儒教的合理主義）の次元で解釈し、それ故にアヘン戦争以来敗北し続けた清朝官僚主義のもとにあって、計算を度外視した愛国と反洋鬼の熱狂主義こそが、民衆を窒息状態から解放したのであった。

それにしても、「扶清」、「助清」の〈清〉とはいささか分かりにくい。皇帝は洋鬼の手下であり、売国奴であって、かれとその手下の政府高官は大部分殺すべきだとする義和団にとって、〈清〉とはどのようなものであったか。アヘン戦争以後の清朝のうち続く敗北、半封建・半植民地化過程のなかで、清朝が代表する中華帝国の神秘性と権威の体系は、一挙に世俗化してしまったのであった。清朝がこれまで一元的に全人民の利害を代表するとする幻想の共同性と権力者たちの特殊利害を代表する暴力装置とは、二元的分裂をとげ、大衆の頭脳のなかではそれぞれが死んだ。清朝の暴力装置としての側面は、西洋諸国および日本の軍隊の前に連敗を喫し、国土と資源と財物と人民を守るには全くの無力であることが暴露された。だからこそ華北大衆が「天に替わって道を行う天将天兵」になるのである。滅洋の神拳と超人的力を創出しなければならないのである。この天将天兵は、天に存在の根拠をもつのであるから、俗界の清朝官兵と同じ次元で関係をもつことはない。官兵が義和団をいくら弾圧しようと、これと全面的に対決する「次元」が存在しなかったのである。清朝の天子がこれまで代行してきた共同の幻想性は、下層大衆が天の諸神の憑依者・代理人となることによって越えられ、清朝権力は総体として皇帝と大官のない民族の共同性を象徴する〈清〉に換骨奪胎されたのであった。つまり、わが江山、わが社稷（土地と穀物の神、のち国の意となる）を象徴する〈清〉である。この〈清〉と専制国家である清朝との間にある差異を理論的に分析する力は、もちろん義和団大衆にはなかった。義和団大衆は、この差異を天と神信仰によって観念の中では越えてしまっていたが、現実界では解決することはできなかった。義和団運動は、この〈清〉と清、観念と現実との間にある矛盾と緊張を押し出し、かつ飲みこんでゆく反復運動をしつつ、その緊張関係をエネルギーの源泉とするのであった。運動の激化のなかで、清朝権力者（皇帝・高官）

を罵倒し徹底的に攻撃しても、断固として「扶清」の道を守り、また明裔（明室の子孫）、太平天国の洪秀全、楊秀清を自任しても、ついに天子・大元帥を自称せず、あるいはそれらの地位に押しあげられる指導者を一人として生みださなかった、そうした逆説的関係にみちあふれた運動に生成してゆく。平原一帯で活躍した朱紅燈、本明和尚は、明裔を自任し、あるいは前者は王郎を後者は韓林児を自任していた、ともいう。天津・静海一帯の指導者張徳成、曹福田は、それぞれ太平天国の洪秀全・楊秀清を自任し、張徳成は、独流鎮に壇を設けて天下第一段と称し、「万国来朝」と豪語していた、という。また李来中という指導者は、反清の呉三桂をもって自任し、先に述べた朱紅燈は「反清滅洋」をねらっていたともいわれているが、ついにかれらは公然と反清をかかげる新天子・元帥になることはできなかった。「扶清滅洋」の大衆の総路線のなかにのみこまれてしまうのである。しかし、にもかかわらず、清朝権力者の大部分に対して傍若無人の態度をとり、皇帝を罵倒し大官を殺傷し続けたのである。義和団大衆は、（扶）「清」のなかに、わが江山、わが社稷、わが人民をイメージしていたのである。これに対して、権力者たちは、（扶）「清朝」を期待していたにすぎなかった。

五、一九〇〇年、激動の夏——滅洋をめぐる二つの道の闘争——

華北大衆は、一八九九年秋の平原闘争の高揚を引きついで、翌年の春、保定・天津へと進出し、この両都市から鉄道破壊を続けながら北京に迫った。農民や半プロやルンプロたちは、農村から都市へ進出し、鉄道破壊闘争という反帝・反洋務派の最前線に立ち、ついに清朝の政治的中心地北京に防衛戦線を構築するにいたった。義和団が天津—北京一帯に集結したのは、一八六〇年の英仏聯合軍の北京占領を想起したばかりでなく、日本を含む八ヵ国聯合軍のこの一帯への侵略がさし迫っていたからである。この民族的危機の激化のなかで、義和団は一九〇〇年夏の滅洋の熱狂主義に身をまかせるにいたった。これは全く民族防衛の闘争であった。それ以前には、ほとんど外国人を「殺す」ことはなかったにもかかわらず、日本を含む帝国主義国は、圧倒的な武力で義和団鎮圧軍の上陸を敢行したからである。つまり、「福音伝導教会の若いイギリス人牧師、ブルック氏の不幸な死は、先にも一寸触れた通り、一八九九年一二月三〇日のことで、拳民の手にかかって殺されたものとしては、山東での唯一の例であり、中国全体でも一九〇〇年五月三一日以前における唯一の例であった[51]」にもかかわらず、一八九九年一二月に英国公使は冬期間天津に海兵隊を常駐させた。挑発はかれらの得意である。一九〇〇年三月英独伊の軍艦は、大沽への示威遊弋を行い、五月二九日には、英米仏伊日露の三三七人の部隊が鉄道で北京に入り、六月二日には独墺両公使館の追加部隊七五名が、さらに同月一〇日シーモア中将率いる、大砲・機関銃で武装した外国軍二千百余名が鉄道で天津から北京に向かった。ここでかれらは義和団の猛反撃を受け引き返す。一七日には大沽砲台を占領。この欧米、日露の近代兵器で武装した軍隊の進出を前に、これに対抗する精神的・物質的な主体の断固たる確立が必要だった。ここから、天将天兵・神拳・超能力信仰・熱狂的英雄主義への全面的拝跪による主体の全面的拡充が引きだされ、満面開花したのである。それでもかれらの実力からしてまだ不充分であった。だから、一九〇〇年五、六月から、大清意識・排外的攘夷主義といった本来「権力」の思想であったものさえ総動員することになったのである。この事実は、里井氏が主張したようなこの時期にもまだ思想の非合理性・落後性・支配層の精神の尾が残存していたとか、それは実践のなかで克服されていきつつある、というような次元の問題ではなかった。徒手空拳に近く、清軍や近代兵器で武装した教会と戦うたびに厖大な死傷者を出してきたかれら義和団大衆が、もしかりに民衆自身の精神・民俗・神話・身振り・交通形態を非合理なもの、支配層のもの、落後的なものなどと「反省」し放棄したなら、かれらはおそらく戦わずして逃亡していたであろう。帝国主義を「洋鬼」（文字通りの碧眼の鬼）と感じ、未曽有の敵と認識し、これを絶滅すべき使命を天より与えられたと確信したかれらは、自らの内に超越的な神の威力と正義の確信をはじめてうち立てた。女性たちの組織する紅燈照の超能力伝説――外国軍艦や大砲を破壊し、さらに空を飛んでロシア、日本を攻撃できる――、あるいは鉄砲による傷を癒し、死者を蘇生しうるという信仰も生みだされたのだった。外国人を一掃し、外国に媚をうる一切の人間を殺す決意をかため、庚子の年における天地の逆転、優劣の入れかえという「諸神の約束」(52)に向かって驀進することなしに、軍艦・機関車・大砲・機関銃・小銃の前に突進することは不可能であった。また大清意識・中華主義などといわれている思想・意識は、本来下層大衆のものではなく、専制権力の人民抑圧のイデオロギーであったことは明白であるが、皇帝から地方官・郷紳にいたるまで、かれらは絶対の誇りであったはずのこの大清意識・中華主義をついに投げ捨てるにいたった。義和団大衆は、権力によって放棄された大清意識・中華意識・攘夷主義さえも拾いあげ、あるいは権力者の手中から奪い取って、逆に攻撃の武器にしたのであった。かれらは、民族的誇りを呼びおこすすべての精神・思想・宗教・呪術・儀式を発掘し総動員して、天津・北京間で外国軍に決戦をいどんだのであるが、このことのなかに、非合理性や落後性などを見るべきではない。それらすべてが、かれらの真剣さと一途さを示す証左であったとすべきであろう。

義和団大衆が提起した「扶清滅洋」の「扶清」の〈清〉が清朝権力とイコールでなかったことは前述したが、実際かれらの「滅洋鬼」の観念に抵触する者にはそれが誰であろうと容赦ない攻撃が加えられたのである。「一龍二虎の頭をよこせ」、「京官の殺すべからざる者はただの一八人、残りは皆殺すべし」、「すっぽんの袁（世凱）を殺してわれらは飯をくう」などと前代未聞の暴言をはきちらし、同時に北京城内において都統の慶恒を殺し、検討（史官）の洪汝源、編修（史官）の杜本崇、主事（六部の事務官）の楊芾を負傷させ、貝子（貴族）の溥倫、大学士の徐桐、閣学（内閣学士）の贻殺、尚書の陳学芬等を襲撃し、さらに巡撫・大学士・侍郎・提督クラスの高官多数を歩道で誰何し、ある者はスパイとみなし、ある者は北京からの脱出（敵前逃亡）とみなして襲うという事件が頻発したことを見れば[53]、清朝の権力者の大多数を否定していたことは明白である。〈清〉と清という二つの清を内包する「扶清」滅洋のなかには、必然的に二つの対立する路線が生まれてくる。一つは、清朝守旧派に連なる「扶清滅洋、奉旨義和団」の路線であり、一つは下層大衆から湧きおこる「扶清滅洋、替天行道、天将天兵、神拳義和団」の路線であった。

義和団のスローガン「扶清滅洋」の周辺を詳細に検討すると、このメーン・スローガンにいくつかのサブ・スローガンが付属している例が多い[54]。下層大衆の運動の方向を示すものと考えられるのは、一八九八年、山東済南・泰安の「天将天兵、扶清滅洋」、一九〇〇年春から夏にかけて天津に「扶清滅洋、神伝義和団」、雄県に「替天行道、扶清滅洋」、天津に「替天行道、扶清滅洋、替天行道、出力於国家而安於社稷、佑民於農夫……」、同じく北京に「替天行道、保清滅洋、欽命乾字義和神拳」等々の例に見ることができる。権力が上から清朝擁護に編成する方向としては、一八九九年夏、高唐・茌平間に「山東巡撫部院『保清滅洋』」、一九〇〇年春、天津に「奉旨義和団」、恵山・塩山県境に「輔清滅洋、効力朝廷」、天津・北京間に「保甲義和団練」などの例がある。両路線の折衷・混雑の例としては、一九〇〇年夏、北京に「奉旨団練、替天行道、助清滅洋」、「奉旨義和団練、義和神拳、助清滅洋、替天行道」などがあげられよう。「替天行道」は、本来反清の秘密結社や民衆反乱が自己の蜂起を正当化し、その権威のよりどころを「天の道」に求めんとする民衆思想に根ざすものである。「天将天兵」、「義和神拳」、「神伝義和団」は、義和団の権威は、清朝の皇帝から与えられたものではなく、より高い天と神とから与えられたと主張するものであった。官から命をうけ、許可されたことをもって自己を正当化する「奉旨団練」、「奉旨義和団」、「奉旨義和団練」とは、その姿勢において決定的に異なるものであった。義和団大衆の運動の主潮流は、清をただ守るというのではなく、天と神の御名によって、天と神の代理人として、清を〈清〉につくりかえる道であった。皇帝・大官を追いだして、清にかわって自らが〈清〉になる道であった、ともいえよう。この大衆の絶対の使命観とその圧力に迫られて、清朝守旧派は、対外宣戦布告に押し流されてゆくのであって、清朝守旧派が義和団を利用してゆくのではなかった。義和団は、洋鬼絶滅のこの一点を目的とし、これを下層大衆の民族防衛の共同体運動として自己展開をとげたのであるから、反封建闘争を戦いえなかったのではなく、逆に事実上の反清朝・反官闘争を戦うことができたのである。「洋鬼」絶滅という目的の絶対性は、買弁的洋務派はもちろん、皇帝をはじめとして義和団に敵対したり滅洋を日和る大官をも必然的に許すべからざる売国奴と断罪させたのであった。義和団は、北京・天津さえも外国軍に脅かされるという危機の真只中におり、この危機に対するに、自己の権力組織体系の樹立をもってするのではなく、権力を民衆の共同体的組織のなかに深く沈める道をとった。義和団運動は政治を支配する権力樹立運動ではなく、そうした世俗的世界を飛びこえて江山と社稷のなかに自己を解体し、個人を共同体のなかに溶解しきる運動として発展した。したがって、「扶清」とは、民族の共同性を象徴するわが江山、わが社稷を「洋鬼」の前にたてるということであった。義和団大衆は、この特殊な観念構造と運動形態を明確な新たな概念にまで高めたり、〈清〉以外の国家を提起することは、もちろんできなかった。かれらは、現実の清をわが社稷、わが江山の世界のなかに抱きかかえてしまうことになった。現実の清と象徴化された〈清〉の間に、ズレがあったからこそ、義和団大衆は、一方では明裔、韓林児、呉三桂、洪秀全、楊秀清など反逆の徒にひかれる指導者（というより仲間の第一人者）をつつみこみ、一方では天将天兵、替天行道、神伝義和団というサブ・スローガンを提起して、清朝の単なる道具となる道から自己を明確に区別しようとしたのである。

義和団の潮流が決して単なる清朝擁護でないことを知っていた清朝権力は、北京に入城する義和団を官に登録させ、官許・公認した義和団組織には「奉旨」という文字を使用させた。権力の公認を得られない義和団ももちろんあり、それらは黒団、あるいは偽義和団とした。ある権力者は、「真正義和団と偽義和団があり、副都統の慶恒一家惨殺は偽義和団の仕業である」と非難した。[55]「黒団、偽義和団」と義和団大衆の北京進出と事実上の権力攻撃に恐怖した清朝中央は、これを威嚇し牽制するため、八ヵ国聯合軍の北京侵入を目前にして、白蓮教徒・天理教徒の反逆事件なるものをでっちあげ、七月一五日から八月五日の間に永定門付近に住む無辜の民百名以上を無差別に逮捕し、審問もせず即座に公開斬首したのである。北京の民衆と北京に入城した義和団大衆を恐怖でふるえあがらせ、清朝権力の恐ろしさを示したのである。この事件は、提督衙門と刑部が背後で指揮し、一部義和団（官団であろう）をそそのかして行った大冤罪事件であった。この事件が公然と明らかになった七月二〇日、義和団同士の内部闘争が起こった。「義和団の乾字と坎字という二つのグループが、提督府で戦闘をまじえた。原因は白蓮教徒を逮捕したグループに、他のグループがそれを見せるよう要求したが拒否されたために起こった[56]」という。

清朝は六月に列強に宣戦布告したが、その準備も決意もなかった。清朝中央は、義和団の熱狂主義と絶対の確信に追いつめられ、「滅洋」の御輿に乗りこむ西太后派を生みだした。かれらは、パニックにおそわれ「扶清滅洋」に清朝威信の回復という幻想を見る以外になすすべをしらなかった。

六、結　語

義和団大衆の反帝愛国の思想は、キリスト教と列強の侵略とに対抗する主体の形成を、民衆的伝統精神の総体を発掘し、それによる世界の意味解釈の組みかえを行い、この一見中世的迷妄への後退に見える観念過程をくぐり抜けることによって行った。そしてはじめて反帝愛国の前面に舞い上がった、ということができる。この運動は、一方では郷土防衛の共同体運動として展開し、もう一方では半植民地化過程の急進展のなかで、外国に拝跪する清朝を打倒しようとする半プロ層による伝統的秘密結社の「替天行道、反清滅洋」へと流れる運動として、それぞれ別々の二元的運動として始まった。義和団運動は、この民衆運動の二元的契機のまさに〝婚姻〟あるいは〝連動〟運動として統一され展開した。かくして、義和団の組織は、次のような世界をはらむことになる。植民地化という共同の運命の前に立たされた民衆の共同の精神的紐帯（民間諸神の村々での復活）の満面開花と、これまでは故郷を失って異郷における流亡者の共同体＝反清秘密結社をしか知らなかった半プロ層を結びつけた。これまでは反清秘密結社に向かう以外になかった半プロ層は、反洋鬼の武術指導者（拳師）として、あるいは村々を結びつける指導者（大師兄・老師）として、あるいは民衆諸神の降臨儀式を司る巫術者として白昼公然と村々の「聖域」に登場することとなった。かれらによる設壇・設廠なる聖なる儀式は新たな世界を拓き、儒教倫理から村落大衆を解放し、これまで差別されていた弱年者（少年・少女）・婦人・やもめ女・娼婦・乞食・旅芸人・民間知識人（和尚・道士）等々の人間復権を実現し、非日常の祭の世界を創出した。抑圧されていた日常性は顚倒することとなった。こうして、義和団の神拳や紅燈照の魔術に象徴される超越者の集団、洋鬼にうちかつ天将天兵に化身し、上から清朝の皇帝・官僚を睥睨する権威を持つ戦闘的共同体が生まれたのである。こうした主体形成の特質によって、郷土と身家の防衛に収斂せんとする志向と、北京に舞い上がって内外の売国奴を一掃せんとして膨張してゆく志向と、この二つの相反する動力を統一あるいは融合する義和団運動が生まれたのである。したがって義和団運動は、統一司令部、統一軍に一元化することはなく、華北の点と面の全域で生長する細胞の増殖運動の観を呈したのである。また、民衆の観念の共同性を純化するこの運動にあっては、個人的権威をうちたてることはできない。光緒帝も高官も、あるいは義和団内部の指導者すらも、個人崇拝の対象にはなれなかった。義和団ほど土足のまま北京城内に入りこみ、個々の権力者を公然と非難攻撃した民衆運動はこれまでになかった。「扶清」にもかかわらず古今の奇観であった。これはあらゆる個々の現実的人間を、民族の共同体「観念」のなかに溶解し尽していたから可能であった。

これまでの民衆反乱に流れ続けた反清復明の思想は、ついに滅洋の民族共同体をめざす運動のなかに奪胎され、清は邪教（キリスト教）と洋鬼に対抗するわが江山・社稷という民族の共同体のなかに抱きかかえられた。「扶清滅洋」は、反封建闘争を欠如する思想でもなければ、また民族統一戦線の形成を配慮した思想でもなく、清朝に半ば汚染された思想などではさらさらなく、唯一絶対の敵＝洋鬼の絶滅に向けて、民族の主体的契機（大清意識・中華意識・攘夷主義さえを含めて）の総体を動員しつくした思想であった。すべてを滅洋に投入する孤絶の姿勢と運動によって、清朝の敗北主義者と買弁的洋務派勢力に対して、非妥協的な攻撃を加えることができ、またそれらを二毛子（洋鬼のスパイ）であると位置づけることができた。つまり、義和団の扶清滅洋とは、かれらの運動が新国家樹立の構想を持たない、というより民族共同体運動として拡大したため、共同の幻想性としての〈清〉を擁護して、すべてを滅洋に没入させるスローガンであった。義和団は、清朝の権力装置を擁護したのでも、権力者の本質を批判する思想を欠如していたのでもない。かれらは、封建勢力が洋鬼の近代的武力の前に全く不甲斐なく無力であるという無念さのなかから、はじめて天将天兵、神拳、超能力、呪術、義人英雄伝説を自己の威信・威力・武力として生みだし、天に替わって道を行い、神を招いて身体に付す信仰と、日常性を切断し異化してしまう儀式を創出するにいたったのである。

義和団大衆は、こうした独自の組織と思想と運動を純化することによって、帝国主義に一矢を報い、清朝中央を反帝闘争に追いこみ、これを実質的に瓦解させ、辛亥の共和革命とそれに続く反帝愛国の道を自らの屍をもって掃き清めたということができる。

注

本稿および注において、中国新史学研究会主編、中国近代史資料叢刊『義和団』（神州国光社、一九五一年）は、『義和団』、国家檔案局明清檔案館編『義和団檔案史料』（中華書局、一九五九年）は、『檔案』、山東省歴史学会編『山東近代史資料』（第三分冊、山東人民出版社、一九六一年）は、『山東近代史』、中国科学院歴史研究所第三所編輯『庚子記事』（科学出版社、一九五九年）は、『庚子記事』、中国科学院山東分院歴史研究所編『義和団運動六十周年紀念論文集』（中華書局、一九六一年）は、『六十周年紀念』とそれぞれ略記する。

（1）山東巡撫李秉衡摺、光緒二二年六月二四日（『檔案』上冊、四頁）。
（2）山東師範学院歴史系山東通史編写組「山東義和団反帝愛国運動」（『六十周年紀念』九六頁）。
（3）同上書、九八頁。
（4）山東巡撫張汝梅摺、光緒二四年五月一二日（『檔案』上冊、二一六頁）。
（5）山東巡撫李秉衡摺、光緒二二年六月二二日（『檔案』上冊、三頁）。
（6）御史黄桂鋆摺、光緒二五年一一月二五日（『檔案』上冊、四五頁）。
（7）戴玄之『義和団研究』（台湾商務印書館、一九六三年）一五〜一六頁。
（8）山東巡撫張汝梅電・摺、光緒二四年四月三日、五月一二日（『檔案』上冊、一四頁）。
（9）戴玄之前掲書、一六頁。
（10）『義和団』一巻、四四四頁。同四巻、二一七頁・三三五頁・三七二頁・三八〇頁。『山東近代史』三三五頁。『六十周年紀念』二五八〜六〇頁。
（11）『義和団』二巻、六一頁。
（12）少年たちの活躍を示す史料。『義和団』一巻、二三八頁・二四〇頁・二四一頁・二五〇頁・四六〇頁、同二巻、一四五頁・一六二頁、同四巻、三三八頁。『山東近代史』二四七頁。『庚子記事』一二頁。
（13）『義和団』一巻、九〇頁。
（14）『山東近代史』三〇四〜五頁。

(15) 『庚子記事』一四頁。
(16) 同上書、一六頁。
(17) 『義和団』四巻、四二七頁。
(18) 同上書、一巻、四二七頁。
(19) 同上書、一巻、四四四頁。
(20) 同上書、一巻、三四六頁。
(21) 同上書、一巻、一八頁。
(22) 同上書、一巻、一〇九頁。
(23) 同上書、一巻、二四四頁。
(24) 同上書、一巻、四八八頁。
(25) 同上書、二巻、九頁。
(26) 黄蓮聖母に関する史料。『義和団』一巻、一八七頁・二七二頁・四八七頁、同二巻、一四一頁・一四二頁・一四六頁。
(27) 『義和団』二巻、一四七頁。
(28) 同上書、一巻、四一三頁。
(29) 同上書、一巻、四八八頁。
(30) 同上書、一巻、四七〇頁。
(31) 同上書、二巻、一四一頁。
(32) 『山東近代史』一八七頁。
(33) 『義和団』一巻、四七〇頁。
(34) 『六十周年紀念』九八頁。
(35) 中国科学院近代史研究所『近代史資料』一九五七年第一期、一三〜一四頁。
(36) 同右、『六十周年紀念』九八頁。

(37)『四川大学学報』一九五六年第一期。里井彦七郎『近代中国における民衆運動とその思想』（東京大学出版会、一九七二年）一九一〜九二頁。

(38)『六十周年紀念』九八頁。

(39) G・N・スタイガー著、藤岡喜久男訳『義和団』（桃源社、一九六七年）、一一五頁。

(40) 光緒二五（一八九九）年冬、済南・泰安に「天将天兵、扶清滅洋」（『義和団』四巻、一四八頁）、同じころ平原闘争の敗北過程で、神兵を自称する義和団による「扶清滅洋」（『義和団』四巻、四四三頁）の提起。

(41)『六十周年紀念』七七頁。

(42)『義和団』一巻、四〇九頁。

(43) 同上書、一巻、一二頁。

(44) 同上書、一巻、二六一頁。

(45)『六十周年紀念』一一三頁。

(46) 張士杰『義和団民話集』（平凡社版、牧田英二・加藤千代訳）。

(47) 里井前掲書、第三章「義和団運動」参照。

(48) 同上書、一九二〜九三頁。

(49) 同上書、二二九〜三〇頁。

(50) 同上書、二三二頁。

(51) G・N・スタイガー前掲書、一四三頁。

(52)『義和団』一巻、三五四頁・四一二頁、同二巻、五六頁・一八七頁、同四巻、一四八頁（関公聖帝君降壇日）・一四九頁（掲帖1・2）、一八一頁（掲帖6）。

(53) 同上書、一巻、三一一〜一二頁。

(54) 義和団のスローガンに関する史料。『義和団』一巻、九〇頁・一一七頁・一六一頁・二四一頁・二五〇頁・三〇三頁・三三九頁・三四五頁・三六一頁・三九一頁・四〇九頁、同二巻、七頁・一五一頁、同四巻、一四八頁・一六五頁・四二七頁・四四三頁。

(55) 同上書、四巻、一三三頁。

(56) 『庚子記事』一五七頁。

日本人の代表的研究としては、村松祐次『義和団の研究』(巌南堂、一九七六年)、市古宙三『近代中国の政治と社会』(東京大学出版会、一九七一年)、里井彦七郎『近代中国における民衆運動とその思想』(東京大学出版会、一九七二年)、野原四郎「義和団運動の評価をめぐって」(『専修史学』四、一九七二年)等の研究書、論文がある。

第二章　義和団運動の理論的検討

第一節　義和団民衆の世界

――里井報告「義和団とその思想」によせて――

一、

昨今、歴史学研究がイデオロギー戦線で果たすべき重要な役割と任務を忘れてしまったかに見えるわが東洋史学界において、里井彦七郎氏の問題意識の鋭さ、真向から人民闘争の研究に挑む姿勢・気魄は、学ぶに値する第一のものといわねばならない。氏は、「義和団運動」（岩波世界史講座二二、近代九）を書き、一九七〇年度歴研大会では「義和団とその思想」を報告され、〈近代極東史上最大のスキャンダル、執念深い中華的迷妄、盲目的排外主義、文明破壊主義〉などというレッテルのただ中に貶められていた義和団の全面的な名誉回復に努められている。

氏は歴研の報告のなかで、義和団運動の思想を一期から四期までに区分し、それぞれの段階ごとに義和団の運動・思想が発展していくとし、以下の如き整理を行った。

第一期。個々の教会、個々の在地権力に反対する認識、感性的認識の初歩段階。宗教思想。超人的能力への確信。その二面性。運動の基礎づくりにおける思想の役割。

第二期。トータルな仇教認識。トータルな清朝権力への認識――「扶清滅洋」の複雑な内容と性質。皇権主義の深い浸透と〈一龍二虎〉認識。主要矛盾の認識とその意義。義和団の特徴的反帝反封建思想の形成。その限界と合法則性。↓義和団運動の飛躍的拡大へ。

第三期。反帝認識の拡大――仇教思想からの飛躍＝反鉄道・反洋行・反不平等条約。反租界認識と中華思想・皇権思想の根強い残存。玉皇帝思想。「好官」への幻想。支配階級の支配的思想の浸透と克服の途。その限界。

第四期。「扶清滅洋」から「剿清滅洋」への転換。

これが、大会で配布された資料における各段階における義和団の反帝反封建思想の実態とその役割、の全文である。里井氏はこのレジメを見れば明らかなように、義和団運動の各段階の思想の特質を明らかにして、ついでこの第一期から第四期まで各段階ごとに思想が発展を遂げていることを明らかにした。氏の関心は、第一期から二期へ、更に三期・四期へと運動と思想が密接な関係をもって「発展している」ことを実証することにあり、ここに氏の最高の目的があった、といわねばならない。

しかしながら、各段階の思想の差異と特質にあまりに拘泥しすぎたためか、各期の思想をややもすれば、類型的に把える傾向に落ちいり、総体としての氏が明らかにした義和団運動の思想が、いかなる精神的風土のなかから、いかなる精神的契機を媒体として、反キリスト教運動から反帝闘争に必然化するかを中国近代史の全過程のなかで位置づけるには不充分であったと言い得るであろう。義和団運動の思想を明らかにする方法論的手続きとして、華北民衆の「信仰・情念」世界、「人的結合」を真正面からたどりながら、華北民衆における革命的精神とその伝統・特質を明らかにすることが必要であり、それなしに義和団運動の全体像と思想的意義を構築することはできない。

なぜこうした方法論的手続きが欠如したのか、その原因を究明することから始めよう。義和団運動の革命的意義を全面的に明らかにしようとする里井氏と、それに反対して「落後性」にこだわりつづける倉橋正直氏（「義和団運動」歴研一九七〇年五月、第三六〇号）に共通する点は、帝国主義の侵略＝中国再分割の危機がまず前提とされ、ついでストレートにそれと中国人民との「矛盾」の形成が語られる点にある。例えば里井氏の論理をみるに、「多数列強による帝国主義支配の開始。……五省交界地帯における民族矛盾、階級矛盾の集中」（第一期）「帝国主義侵略の本格化と分割支配の全国的強行、……華中における買弁官僚ブルジョア勢力（洋務派）の一層の伸張とその華北への経済的進出、……帝国主義収奪、国家権力の収奪の強化、……義和団運動の拡大」（第二期）（大会レジメ）という具合に、まず外的契機を中心とした「客観状勢」の特徴が語られ、特に経済的な矛盾の華北への集中と、農民など人民大衆の窮乏化、収奪強化→矛盾の結節点→民乱の昂揚→思想の発展という同じ思考のパターンが各期ごとにくり返されるのである。「義和団運動」（『岩波世界史講座』）の一章に、「義和団はなぜ華北におこったか」という部分があるが、ここにも、華北民衆の革命的伝統、特色ある心情世界、武・義による人的結合の世界への言及は一語も発見できず、すべて帝国主義の侵略と半原蓄過程の進行である。また倉橋氏は「この時、民衆が封建的階級矛盾よりも、帝国主義との民族矛盾により強く苦しみ、帝国主義勢力を主要な敵としたことに現われているように、民族矛盾が主要矛盾に転化した」、「一八九六年の大刀会の指導する仇教闘争の時には、帝国主義の侵略の影響は、まだ相対的に少ない、という客観的条件の下で、『仇教闘争の階級配置』は基本的に形成されず、その為、仇教闘争は大規模に発展できなかった」（前掲歴研論文）と述べている。

倉橋氏が明確に述べているところの「階級矛盾よりも民族矛盾により多く苦しむ」とか、仇教闘争が大規模に発展できなかった一八九五、六年段階のその原因を、「帝国主義の侵略の影響が、まだ相対的に少ない」という客観的条件に求めるとか、苦しみをもたらすものの「量」の多寡によって矛盾の形成を一面的に論証しようという論理は、極めて単純であるといわねばならない。階級敵に主要な鉾先を向けるか、或いはまた民族の敵に主要な鉾先を向けるか、更にまた闘って矛盾化させるか、闘わずして無矛盾にするかどうかという主体の側の問題は、単に客観的な条件によって一義的に決定されるものではなく、当面の客観的条件をいかに主体的に解釈するか、いかに主体の内在的論理のなかに位置づけるか、というまさにその主体の評価・主体の力量いかんによってこそ決定されるのである。里井氏の「帝国主義侵略は一八九五、六年ごろは相対的に微弱で、九七、八年ごろは相対的に強化される。このことが、一八九五、六年段階の義和拳が、反帝闘争の全面的な展開を準備するにいたらなかった」原因（『岩波世界史講座』）という論理に対しても、氏の義和団研究の突出的位置を充分に評価しながら、倉橋氏に対する批判と同質の批判を行わざるをえない。なぜなれば一八九七、八年段階で帝国主義の侵略が強化されても、反帝闘争の全面的展開が必ずしも準備されないかもしれないからである。誤解を恐れずいえば、帝国主義の侵略が「相対的に微弱」なうちに、中国人民が武装蜂起してそれを粉砕し、一歩も自国を侵させなくとも、それは中国人民の主体的条件の問題であるからである。なにも、世界帝国主義の確立段階とかいうものに、おつきあいする必要はないのだから。里井氏・倉橋氏に対して、事実評価の点でクレームをつけているのでは決してない。まさに思想研究の方法論の論理的手続きを批判しているのである。

二、

後進地域華北に、何故に反帝闘争が野火のように拡大するのか。何故に華北の民衆こそが、真っ向から帝国主義に対決する闘いをいどむことができたのか。このまさに「義和団の思想」の問題は、華北人民の精神的・物理的な革命的伝統とその特質の解明という作業を媒介せずに論ずることはできないのである。民衆の革命的なボルト（電圧）と、その主観的構造こそがこの際明らかにされねばならない。これを媒体として帝国主義の侵略が主要矛盾化される過程を解明するということが本節の主題である。

義和団運動を、華北民衆の世界観、主観的な内在的論理より解明しようとするならば、義和団前史を問題として華北民衆に数百年にわたって培われた精神史から始めなければならない。

「白蓮教は三十年で小反乱、六十年で大反乱」(『山東農民伝承』)といわれるように、元末白蓮教は、大反乱以降、華北民衆の反乱の中心的なものとなり、山東省西部一帯でも乾隆年間の白蓮教王倫の反乱、道光初年の白蓮教馬進忠の反乱と民衆反乱の中核的宗教・組織であった。アヘン戦争後では一八六一〜六三年まで闘われた黒旗軍・白蓮教徒の大反乱もこの地を舞台にするものであった。このように義和団運動発生の山東省西部は、白蓮教的世界観が民衆の精神を数百年にわたって占領する、といった精神的風土にあった。小島晋治氏は、「農民戦争における宗教」(『中国文化叢書』⑥宗教)のなかで、白蓮教が提起する理想郷の問題をだし、「このような『少しの差別もなく』、五穀豊穣の理想郷が、貧苦・饑餓・差別に悩む大衆、とくに社会的・経済的危機の下におかれたとき、民衆に訴える力は大きなものがあったであろう。……そして明清時代の大小の白蓮教の挙兵が、広範な農民の参加の下にたたかわれた理由の一つは、そこにあろう」とのべておられる。「弥勒下生」「明王出世」(真命天子)、「理想郷の出現」「平等主義の全面的展開」という世界観・価値観を、明確且つ広範に提起したこの宗教の役割は極めて高く評価されなくてはならない。

ところで小島晋治氏は、白蓮教・マニ教などの教義自体に革命性をみることには疑問を提出し、「利用する主体如何」にこそかかっている、とするが、教義に平等主義があったのか、利用する主体如何によるのかという、わけ方(発想)自身に固定的な思考様式を感じる。氏は支配者・権力者でも自分を弥勒の下生したものと称す場合が多かった例(南朝斉の宰相蕭子良、唐朝の則天武后)をあげて「利用する主体如何」論を正統づけるが、まさに権力者と人民との闘争は、両者の正統イデオロギーの争奪戦として行われるのであって、宗教イデオロギーを自己の権威イデオロギーにしようとして、権力者と民衆とが闘うなかで、与件であったその宗教イデオロギーは変質、発展をとげてゆく。そしてより高次のものが生まれ、こんどはそれをめぐって、階級闘争がくりひろげられる。宗教イデオロギー（「教典」の字づらに限られない）と主体（権力者と民衆）とはこうした弁証法的関係にあるのであって、利用者が誰であるか、あるいは体制からしめだされて異端と位置づけられたかどうかを判定基準にして、教義における革命性の有無を論じても、あまり意味がないように思われる。

ところで、問題はこうした一般論にとどまらないのである。いま私は支配階級と人民とがイデオロギー闘争を行うなかで、それを媒介にしてイデオロギー自体が、低次のものから高次のものへと、あたかも自然生長的に発展して行くかのように論じた。しかし、この発展は、与件を否定的に揚棄しようとする主体の実践運動が徹底的に行われる場合にのみ可能であり、そして可能となった場合には、与件イデオロギーは否定されるのである。つまり白蓮教が提起した超自然の力と世界観に対する信仰とが、宋元以降の中国の民衆のなかに、宗教というにはあまりに低次ではあるが、しかし自己の肉体の延長上に、あるいは生活感情の範囲内に、まさに自力によって超自然の具体的世界を切りひらかせるのである。その結果、元末以降華北民衆の心のなかに「明王（真命天子）」と「孫悟空」とが矛盾をもちながら同居しはじめるのである。かくして、われわれは民衆が独自に切り開いた世界いわゆる「迷信」と称される世界を問題にする段階に達した。

三、

倉橋論文の「迷信」評価は次の文章に典型的にのべられている。「義和団の代表的な迷信は、神がかりになることによって、マジック・パワーを得、その結果、刀や鉄砲にも傷つけられないというものである。これらの迷信は、明らかに、義和団運動の落後性を示すと思われるが、里井氏はかえって『迷信的な形式で仲間意識の昂揚を計る』と評価している。しかし迷信は本当の団結には結びつかない。戦いの中で、これらの迷信が無効であることが知られてくる。その時、義和団員は頼るべきものがなくなる。」と書いている。

「迷信は本当の団結には結びつかない」などという近代主義的な発想（里井氏の「迷信的な形式で仲間意識の昂揚を計る」という考えもここにとどまる限りでは「迷信」も単なる戦術上の一道具としか把えていない点において、形は倉橋氏と全く逆であるように見えながら、実は同じ発想に落ちいる危険をもっている）にとどまる倉橋氏は、当時の民衆の心の世界にわけ入って、いわゆる迷信なるものがどのような性格を持ち、それがどのような民衆の願いの中から生まれてきたか、そして民衆蜂起の際いかなる決定的契機になるのか、という民衆思想史の根源的地平に全く迫ろうとしないのである。倉橋氏に指摘されるまでもなく、当時の清朝の大官僚江西監察御史鄭炳麟がこの点を明確に述べているのである。「義和団は恃むに足らない」とし、その理由を、「義和団は専ら神符の力に仮りて人心を煽惑す。豈に一、二の久しく練する者、能く槍砲刀矛の属を避けるなからんや。然れども必ず神の皆その体に附するを俟ちて悍然として顧みず、若し神のその体を去るや、則ち瞑然として覚る罔し。軍情は瞬息に万変す。此れその深く恃むべからざる者の四なり」（『義和団』I、神州国光社、二九六〜二九七頁）とのべ、清朝は決して義和団と結んではならない、としているのである。義和団は迷信だから闘えないという当時の官僚・知識人は無数に存在していた。そして彼らは義和団民衆を初発からみすてていたのである。

迷信ではあるが、その迷信を自己の内在的論理として全的に肉体化し、それだけを他のすべてを測る基準にすること、そしてその価値観に一切をかけること、かくして近代合理主義では計算できない「拳」による「大砲」への闘いが、唯一義和団のみにて決行されたのである。

義和団発生段階の華北の農民が村の廟に祭り、そこに結集して日常的な喜怒哀楽の支えとし、他の民衆との連帯感をつくるシンボルは、万能の神仙玉皇大帝、忠義の豪傑関羽・侠客黄三太・黄天覇・義賊楊香武その他唐僧三蔵・孫悟空・沙悟浄・猪八戒などであったといわれる。これらの多くは、『三国志』・『西遊記』・『水滸伝』・『封神演義』・『施公案』など、宋元以降の庶民文化の発達のなかで形をととのえてきた野史・小説のたぐいの流布のなかで典型化されてきたものであった。

義和団にいたるまで華北の民衆をおさえつけていた封建的武力、アヘン戦争以降の外国近代兵器に対抗するには、彼らの内なる武力とそれに対する絶対的信仰いがいにはない。しかし、内なる武力が、何故に「符を吃し、咒を唸ずれば、刀槍も入らず」、「神を降し、体に附せば刀槍も入らず」という観念的魔術を必要とするのか。それは「内なる武力」が、大砲といった近代的兵器に対抗できないことをおぼろげに自覚するなかで――自覚したときには敗北するのであるが、だからその醒めた自覚を拒否する精神的飛躍をいわゆる迷信によって一挙に達成し、拡大再生産するのである。かくして、宋元以降、中国民衆が精神的支柱としてきた上記の諸々の神の神通力・正義を、「義和拳」というう一つのシンボルに結晶せしめて、自己の肉体の延長線上に、拳法・棒術・槍・大刀・小刀を――近代的兵器に、主観的に対抗できるものとして、まさに創出し獲得しえたのである。

しかし、人は主観の上における革命的飛躍を無媒介に行うことはできない。では何を媒介にして華北民衆にだけこうした観念上の飛躍ができたのか、次に問わなければならない。

それを華北における民衆の革命的伝統とその発展・継承にさぐってみよう。

四、

義和団運動がおこる三〇年ほど前に、山東省西部の五省交界地方とよばれる地方におこった黒旗軍の闘いをみるなかで、いかなる伝統がこの地域にあったか、あるいはそれがいかにして革命的伝統として継承されたかを検討してみたい。里井氏は義和団運動における前期プロ・半プロ層の役割を高く評価する勝れた観点を提出したが、彼らはいかなる契機によって革命的な役割を演じることができたであろうか。この点に関して黒旗軍の指導者宋景詩は、いくつかの重要な示唆をあたえてくれる。宋景詩に関しては『宋景詩歴史調査記』(人民出版社)がある。この書によると、宋景詩は山東省の貧しい大多数の農民と同じように、少しばかりの土地を耕すだけでは喰えず、様々な副業に従事した。例えば、推車・焼窰・打鉄・軋綿花・打綿油・小販・豆腐売り・蠟売り・私塩販売・博労・兵隊稼業などである。こうした宋景詩的前期プロに属す人々を結ぶものとして、「武芸」「武術」があった。当時の農村には武術の練成場があり、武術に練達した者は芸を鬻いで生活していた。宋景詩の武術の師に孫汝敬なる人物があった。彼は宋景詩をふくめ五〇数人の弟子をもち、長槍・拳棒に勝れていた。一八五四年太平天国北伐軍黄生才部隊の北上の際に、孫汝敬は弟子二、三〇人をつれてこれに参加。北伐軍敗北するや弟子は在地にのこし自らは敗走する太平天国北伐軍に随行し行方不明となる。孫汝敬から圧倒的影響をうけた宋景詩は、長槍・水滸拳・飛錘・飛鏢に長じ、「宋景詩、一処に到るたびに必ず芸を鬻ぎ徒に授くるを以て事となす」(王韜「瓮牖余談」)といわれるように多くの人々を結集していった。彼はこの武術と地主集団・官憲との闘争による実績をもとでとして黒旗軍を創立し、在地の白蓮教軍とともに立ちあがり太平天国・捻軍に呼応する壮烈な闘いを一八六一～六三年まで英雄的に戦うのである。この宋景詩の例からわかるように、当時の山東省などの前期プロは、武術と仁義とを媒介とした組織、あるいは人的連なり等を通して運動を起こしえたのである。それ以外の白蓮教の教団組織、秘密結社なども入り込んでおり、こうした華北の歴史風土を義和団運動の前提として確認しておかねばならない。

ところで、こうした農村の武装的集団の存在が、民衆の反帝・反封建闘争に直接結びつくのでは決してない。民衆の反封建闘争の支柱になるような武装的集団と封建勢力に雇われ、かかえこまれるような武装的集団へと、闘争のなかで明確に分離してゆくのである。例えば、黒旗軍の副首領となった楊殿乙は、常日頃盟兄弟の間柄にあった楊鳴謙が、地主と貧農との対立の発生とともに地主側に立つやいなや、これと絶交して貧民の側につくといったように、盟兄弟というような封建社会の義兄弟的価値が階級闘争のなかではっきりと克服される極面を切り開いたという事実に象徴的である。そして、民衆の側についた人々は、傭兵化した部分とは異なって、いくつかの注目すべき精神的遺産を民衆に残すのである。

『宋景詩歴史調査記』附録三「趙老同と宋景詩」に、黒旗軍の敗北の後、山東省から内モンゴルの包頭鎮に流れ来て、当地の民衆に長槍などの武術を教えた宋景詩の仮りの身である疑いの濃い「趙老同」なる人物が紹介されている。彼は弟子に三ヵ条の戒律①武芸を官家の子弟に伝授してはならない。②官兵営伍の教官となってはならない。③官僚、富豪の用心棒になってはならない、を与えたという。ところでこの趙老同が、宋景詩と同一人物でなくても別に問題はない。太平天国・捻軍・黒旗軍の大反乱が同時におこったこの一九世紀後半期の民衆の闘争の内部から、なかんずく武術を鬻いでのちの生活を送っていた人々のなかから武を学ぶ人民の規律三ヵ条が生みだされていったという事実にかかわりはなく、これは高く評価されるべきことであろう。黒旗軍以後、宋景詩などを頌える歌謡戯曲も数多く残され、黒旗軍の故郷山東西部一帯では盛んに歌い且つ演じられた、といわれる。官憲や地主との闘争を赤裸々に演じた「血水河」なる戯曲は上演を禁止されるという弾圧さえうけた（前掲『調査記』附録二）。山東西部は、水滸伝の梁山泊以来の民衆闘争の故郷として、義和団まで特異な伝統を構築しつづけていたのである。

五、

つぎに当地域の民衆が、このような革命的伝統を継承するなかで、仇教闘争から反帝闘争へと自己を主体的に投げ込んでいった、その過程について若干の考察をおこなっておきたい。

歴研大会の里井報告をめぐる討論のなかで、遠山茂樹氏は義和団には反封建の側面が欠落しており、このことは帝国主義確立期の世界体制のなかで半植民地国家に転落させられた中国の人民闘争の特質ではないか、という主旨のことを述べられた。これに対して里井氏は、決して反封建闘争が欠落しているとは思わない。反封建闘争を通すなかでしか反帝闘争へ連なる道はないし、中国は特異な国ではない、という主旨の反論を行った。里井氏がのべたように、反封建的な行為が義和団運動のなかに終始一貫事実として満ち満ちている。義和団民衆は各地で富戸から銭物を奪い、質屋の銀銭衣物を奪い、店舗を掠奪し焼き払い、穀物問屋の襲撃を行い、更にまたこれら支配層を代表する権力機関にある人物「一龍（皇帝）、二虎（慶親王・礼親王）、或は一虎（慶親王）、三百羊（京官）」に対する正しい認識をもち「京官の殺す勿かるべき者は只の一八人、余りは皆殺すべし」（前掲『義和団』I二六一頁）というにいたったのである。このような反封建闘争によって彼ら民衆は、既制の秩序を解体し、広大な地域に全くのアナーキーな状況を現出したのである。こうした反封建的な行為と認識の深化を高く評価した上で、にもかかわらず「扶清滅洋」というスローガンを全面的に掲げるのは何故か。考えるに義和団民衆にとって、まず外国勢力や二毛子（売国奴）は、経済的な搾取者としてかれら民衆を苦難のドン底におとしいれた、という客観的な事実に基づきながらも、そのことから一義的に反帝闘争が提起されるのではなく、帝国主義による中国再分割という政治的・経済的な客観的条件を、まずそれを内包して中国人に迫りくるキリスト教という、華北民衆にとっては全く異質の自己に敵対する世界観の侵入というふうに把える。つまり自己の内在的な世界観・価値観で、帝国主義の侵略を把えたからこそ、義和拳的主体精神は総力をあげてキリスト教徒に、更に帝国主義に根底から闘いをいどむまでに発展できたのである。階級矛盾よりも、民族矛盾により多く苦しめられている、という認識がまずあって、従って主要矛盾（外国）と徹底的に対決するために国内の諸勢力を幅広く結集する必要が戦術として考えだされ、ついでその必要にかなう「扶清滅洋」というスローガンが論理的必然として提出されたという、逆立ちした過程をたどったのでは決してない。まさに華北民衆の白蓮教的・民間信仰的・祖先崇拝的世界観の存在という主体自身の特質が決定的な媒体となって、反帝闘争としての義和団運動が華北方面に集中的に展開されたと考えるべきであろう。伝統的世界観が決定的に分解・分断・分化をとげつつあった華中・華南に比較して、いまだ華北には一円的、共通的な伝統世界の革命的な砦が存在していたといいうるであろう。義和団運動はこうした契機によっておこったものであるからこそ、それは南方の自覚的な革命・改革諸派とことなって帝国主義と徹底した闘いを遂行しえたのであるが、逆にまた、運動の徹底的鎮圧をへるなかでしか「掃清」認識に到達できなかったのである。

六、

さいごに、英雄伝説の誕生と継承の問題から、一九世紀後半を一つの時代として把握する試みを仮説的に提出し、太平天国から義和団までの時期を同じ水脈の流れとして把えていった中国民衆の心の世界を紹介しておきたい。ここに義和団英雄の一人李来中に関する説話がある。

李来中は南人である。曽て洪秀全の部下忠王李秀成の麾下に属した。秀成が敗れたので来中は涕泣呼号していった。「誓って必ず報復します」と。秀成はこれを慰めていった。「汝はたのもしい男である。自殺するのはいけない。(闘いは)今日で終りである。一、二人の力では支えることはできない。汝が行けば徒らに死ぬだけである。余、満清の気運をみるに数十年を越えることはできない。もし汝に果たして志があるならば、当に自重し後の計をたてるべきである」。来中は李秀成の命をうけて遂に山東白蓮教に投じ、三〇年間息をころしていた。毓賢が山東巡撫となり義和団を奨励したので、来中はいつわってこれに投じ「扶清滅洋」の説をもってした。こうして勢いは盛んとなった。八ヵ国連合軍、天津を破るに及び南人の来中を知るものあって、ひそかに来中に問うた。「今八ヵ国はまさに兵を連ね北京を攻めている。もし兵を比較すれば彼の我に勝つことは百倍に当たる。滅洋というも、洋人がどうして滅びようか。扶清というも清をどうして扶けることができようか。丁度、みずから国を滅ぼすようなものである」。来中は答えた。「余、どうしてかくなることを知らないことがあろうか。ただ余は仇を清に報ぜんと三〇年間蓄志してきた。今、幸いに機会をつかんだ。どうしてこの好機を失わんや。余の辛苦して此に来たる所以は、報仇を求めるためだけである。勝敗の計るところに非ず」と」(清季野史、『山東近代史資料』

（三）一八八頁）。

これは義和団敗北後つくられた伝説の一つである。李来中の原籍は陝西省であり、これらの話も事実ではあるまい。しかし太平天国での敗北をあじわった中国民衆の仇を報じたいという怨みの気持と清朝打倒への熱望とが義和団蜂起へと連なったのだという中国民衆の解釈と、太平天国以来の英雄の連帯の気持が義和団運動にまで流れたのだという素朴な民衆の心が、この一つのエピソードにこめられている。更にまた「扶清」という義和団のスローガンは決して暴虐な清朝を扶けるためではなかった、義和団の真の敵は清朝であったのであり、またもともと闘争は勝敗を計って行われることはありえない、という義和団総括がこの話に窺えるのである。しかしこれは義和団後、明確に清朝打倒が方向づけられる段階に形成された民衆伝説にとどまらないのである。

義和団英雄の一人張徳成は、「秀全を以て自居す。その意は清を覆えさんと欲するなり」（『義和団』巻四、五一〇頁）と清朝打倒をねらっていたというし、また黒旗軍の宋景詩が一九〇一年義和団敗北後に郷里に飄然と帰ってきたが、とき既に遅く、なすところなく立ち去った。自分は宋景詩を目撃したという山東農民の証言（一九五二年、調査時）もあり、太平天国からの民衆の怨みの情が、いまだ生々しく義和団運動へ流れていたように思われるのである。この三〇年の間にこの情念を燃やしつづけたものに、例えば一八七四年浙江省天台県の抗糧闘争を指導した武生某の如き人物があった。彼は天台農民に檄していう。

私は初め捻匪に参加した。……しかし捻匪は大いにほしいままに民衆を害したので、それ故にこれを捕え官兵に投じ剿賊に尽力した。官は必ず刑法を守り田賦を軽減すると考えたためである。しかし予想に反し、兵禍は既に弭んだのにもかかわらず、官は更にその私を行い税賦を増徴した。民の生計はどうしてこの苦しみにたえられようか。この故に「救民」の旗を樹てた。凡そ義気の旗を懐き、義気を懐くの人は力をあわせ、この義旗のもと

に投じ協心して歴困を扶救するを期せんと願う。（申報、同治甲戌一一月二〇日）

無数のこうした人物に——洪秀全をゆめみていた少年孫文のような人物に継承されながら、太平天国北伐軍黄生才——武生某—孫汝敬—宋景詩—張老同・張徳成・李来中とつらなる人物の水脈が、義和団まで流れた。

このように太平天国・捻軍・黒旗軍の時期から義和団までは、いまだ革命を自覚しない人民大衆の武装蜂起が、中国の反封建反帝国主義闘争をもっとも鋭く闘い、一つの時期を画した段階であったということができる。しかしこの段階も義和団運動で終わり、これ以後は、革命を自覚した民族民主主義者の指導の段階へ移った。そして義和団などの闘争は孫文などによって、〝国勢についていえば中国は分割されるが、しかし中国に太平天国・義和団の『民気』がある以上、民気についていえば中国は分割されないし、中国は分割することはできないのである〟（雑誌「江蘇」一九〇三年）という主旨のより次元の高い革命的総括をうけて、発展的に継承されていったのである。

それでは華北の民衆自身は運動の過程でどう変わるか。黒旗軍も義和拳も、白蓮教的・民間宗教的・祖先崇拝的世界とそれに基づく人的結合の真只中から生まれたにもかかわらず純粋な宗教教団軍のイニシアチブを、実践のなかで乗りこえてゆくように思われることである。例えば黒旗軍は最初は白蓮教五大旗の一つを構成する非白蓮教部隊という少数派異質部分であったというし、義和団も白蓮教組織の色合のこい諸派から物理的な力だけにすべてを単純化してイニシアチブを奪い増大しているのである。つまり階級闘争・民族闘争を闘うなかで、運動の初発の契機であったところの宗教的色彩を拡大再生産するのではなく、逆に乗り越えて具体的な闘争を経て政治的次元へ自己の主体を高めつつあるのであり、そうした方向を志向する勢力だけが、運動全体を主動することができたのであった。こうした過程をくり返しながら、徐々に前近代的思想を主体的に克服しつづけるのであろう。

第二節　義和団運動「評価」の思想

――義和団運動八〇周年記念「義和団運動史学術討論会」に初めて訪中して想う――

一、

昨年（一九八〇）一一月、私は中国史の勉強を大学で始めてから二三年目に初めて中国に行った。私と中国との係わりについて若干述べさせていただきたい。祖父は明治時代に長野の師範で漢文なども学び、そのため孫の教育にも中国の古典に出てくる話が日常ふんだんに登場した。忍耐を説くのに韓信の股くぐりの話をもってするというように。中国の古典文化に対する念が比較的厚かったわが家にも、昭和に入ると中国侵略の波が襲ってくる。母方の叔父二人は長野県に広がった農村ファシズム運動に影響され、満洲（今の東北）に富士見分村をつくる運動に参加し、一人は敗戦直後住民に襲撃され猟銃で撃たれ即死した。この長兄を尊敬していた母は、満洲入植の話になると、兄は気が狂ったと評している。私の従兄弟七人は、母に連れられ朝鮮を通って命からがら逃げ帰った。生きて帰れたのは林彪麾下の軍に助けられたからだという。父方の叔父は日中戦争に従軍し華北を中心に四年間も転戦した。馬五〇〇頭を率いる輜重兵で、各村々を襲っては食糧を掠奪し、まず馬に喰わせ残りを兵が食べ、家を燃やして暖をとった、という。もう一人の叔父は一時朝鮮鉄道に入り肺病になって帰ってきた。私の父はといえば昭和一九年に台湾に出征し、一発も銃を撃たず敗北後一年で帰ったがマラリヤで死ぬところだった、と語っている。こうみてくると、明治時代には信州の草深い山村においてさえ、中国の文化や知識が日常生活に深く入っていたのに、日本近代における富国強兵策とアジア侵略の波にのみ込まれていったそれ以後の変化のすさまじさを見ることができよう。しかし、念の為、祖父は満洲開拓が他民族の土地を奪う泥棒行為であり、そんなものが長つづきしないことは「支那」の歴史を見ればわかることだ、と最後まで批判していた。又父は台湾に行って見たところ「台湾人」の識者の多くが日本人の知的水準をはるかに越えており、敗戦後はその一人（京都帝大卒）の書庫に自由に出入りすることを許され、読書の指導も受けたという。台湾の人々は、農協の組合長以上にはほとんどなれず、頭の悪い日本人が主なる官僚、役人を独占して威張っていたという。私は父から「台湾人」の優秀さの話はきいたが、民族的差別の言葉をきいたことはない。この祖父と父のことは、特にわがために記しておきたい。

私は大学で中国史の勉強を始めたが、中国は一族の原罪のためにそう気やすく行ける土地ではなかった。よほど立派な研究でもしないと何か行くのが申し訳ないというか、恐ろしいというか、そんな気分から抜け切れず、まあ日本で適当にお国（中国）の歴史をいじくりまわさせていただきます、決して又行って御迷惑をおかけすることはしませんから、この趣味的な中国研究とか称するものをお赦し下さい、といった気分を深く残したまま過ごしてきたのであった。長野県に帰って高校教師になる約束を父としていたし、又、中国の方々と現実的関係をもつことなど全く考えなかったから中国語の会話などやらなかった。だから中国人の研究者とその業績は、私には単なる観念の上の記号としての「人物」であり、「仕事」にしか過ぎなかった。

昨年とつぜん山東省済南で義和団八〇周年を記念する国際的な学術討論会に、故野原四郎・小島晋治両氏の代理として出席しないかと、中国研究所歴史研究会の並木頼寿氏から云われたとき、私はこれまで何かもやもやとした中国に対する気持を、日中戦争後の三五年間という時間の経過に甘えて、ふっきりたいと思った。しかし一方、私は文化大革命に期待し、かかる大運動をやりつつある中国の文革派の試みを、今後の人類の未来を輝かす人類史的壮挙と信じてきたので、最近の文革否定を不愉快に思っていた。最近の中国には理想主義がなくなり、天皇や帝国主義に対する思想的けじめがないのではないか、とも思い、又一方、義和団研究についていえば、王致中氏などが義和団を断罪して大騒ぎしている今の中国の討論会など行っても不愉快になるだけだろうとも思い、複雑な心境のまま、こうしたことを総てひっくるめて何はともあれ飛行機にとび乗ってしまったのである。

二、

ちょっと見た奴ほど文明批評をするといわれるが、その例にもれず私も中国を論じさせていただくことにする。中国の都会は、といっても北京・済南・済寧・南京・蘇州・上海と二〇日ほどで駆け抜けただけだから、「中国の都市は」などと語り出すのは口はばったいのであるが、農民に占領された都市といった感じである。北京駅は、広大な華北・東北・内モンゴルに向かう陸の港であり、昭和二〇年代の上野駅といった感じである。壮大な建築物である北京駅も夜はうす暗くそのなかを「農民的風態」の大旅行者の列が右往左往していた。北京から初めて各都市を見るたびに、そして都市の無秩序・無規律・混沌を見るたびに、私の頭にはすぐ農民と結びついて感じられる。済寧市内で人々が同行の白人をめずらしがって数百人も集まり、二時間ほども立ったまま見ている。人々の群は広い太白楼の前の広場をはみだして道路にまで溢れ自動車は立往生。警笛は鳴り続けているが人々はそんなことに全く無頓着で、早く白人が出てこないかなといった感じで待ちつづけている。それを見ると、ああかれらは農民的時間で生きているのだなと思う。又、北京駅正面の大衆食堂のその混雑ぶりと汚さ、子供や大人の物もらいを見ると、すぐにああ農村が大変なのだな、農民が困っているのだなというように、非都会的なもの（？）をすぐ農民や農村に結びつけて解釈したくなるのであった。自由市場が各都市で復活し、農民が南京豆やかぼちゃの種、向日葵の実など一、二キロ地面に山盛りにして売っている。豚を殺して道路の端につるして売っている。大衆には自転車しかないから、かれらはこの近くに住んでいる農民なのだな、広大な農村の中の人が特に多いところが要するに都市とか町というのだなと又々想像してしまう。こうして、非都会的なもの、無秩序なもの、無規律なもの、混沌たるものは、すべて農民、農村に結びつけて解釈したくなるのであった。私が生まれた信州の小さな部落の方が、東京よりはるかに秩序があり、整然としているにもかかわらず、東京に一七年間住んだ私には都会＝秩序・規律・整然・合理といったイメージが出来あがっているのであろう。日本では都市が農村を分解し、支配し、隷属させてしまい、都会の住民が市民となり、都民となり、百姓を馬鹿にして高度成長を実現し、そして皆な都民とか町民とかになってしまった。だが、中国では農村が都会を包囲し占領し、全住民が百姓になってしまったから、中国の都市は都会になれず、住民は市民になれず、工業化は失敗し、経済は停滞してしまったのではないか、といった論理がすぐ頭に浮かんでくるのはどうしてか。帰国後、北京駅前の食堂にいた五、六人の子供の物もらいと、私達の御飯を平然とかっぱらう男の話をある人にしたところ、「あなたの話を日本人が聴けば、中国はダメだ、社会主義でなくて日本はよかった、と云うだろう。だが、あなたが社会主義に未来を見ているとするなら、そうした現実をどう位置づけるか」という主旨の質問を受けた。私が見てきたような都会の非合理性・無秩序・混沌の原因を農民と農村に見るならば、それらは「農民固有の限界」「小農意識の残存」「農民の本来的な視野の狭隘性」によるものとかいう話になり、農民を近代化の障害物、批判の対象にするといった論理の射程の上で話は進んで行くことになるだろう。特に政治権力が一元的に社会・経済を指導し、社会権力とか経済権力とかいうものを政治権力から一応独立した固有の領域と見ない専制的政治権力は、社会・経済問題を根本から変革することはできず、逆に混乱と混沌を増幅してしまう危険がきわめて大きいように思う。政治革命は社会革命ではない。政治革命を行った権力だけが社会革命も出来ると考える理論に従えば、社会経済の分野で極左と極右のジグザグをくり返すだけのように思う。政治権力が一元的な支配を農民と農村に対して行いながら、その政治は農村と農民による土台（下部構造）の単なる反映として「経済還元＝土台還元主義」的に規定され、政治権力は政治責任から逃れてしまう。こうしてある場合には農民を絶讃し、今度は農民を都会・工業・科学技術の発展の障害物と否定してしまう。こうした悪循環は、政治権力自体の自己反省と政治革命・政治概念の理論的な再検討による以外にたち切る道はない。私も後進性の原因、無規律・非合理の原因を農村や農民のなかにすぐさがしてしまう考えを反省しなければならないと感じる。

これまで中国の歴史のなかで、貧しい農民たちはいつでも被支配者であり、被収奪者であり、被差別者であり、それ以外のものではなく三千年もくらしてきたのであった。農民はいつの世にも自己の政治権力を打ち立て長期間全国民、全民族を導いたといったはなばなしいことはしなかった。政治権力に対して、絶えまない抵抗・一揆・反乱・不服従をし続けることを通じて、自己の社会と経済を構成してきたのである。かれらは本来的に社会経済的存在であって、政治的存在とはその存在のあり方からして縁遠いのであろう。守田志郎氏流に云えば、農業が続く限り小農と部落は存在し続け、非政治的村落共同体は永遠である、といったことになるだろう。例え社会主義であろうと、政治権力が一方的にかかる農民・農村を意のままに従わせるといった考えは、農業の本来的なあり方に反しており、農民が政治権力の一方的命令・方策に全面的に服従して日夜倦むことがない、などということは不可能だと考えるべきであろう。恐らく毛沢東さんをはじめ文革派であろうと、今日の近代化派であろうと、同じく思いどおりにならないと嘆いた相手は、農民と農村だったろうと思う。

三、

農民について一般論を長々と述べたのは、最近の義和団評価がこの農民論・農村観と深く結びついて騒々しく行われているからにほかならない。

まずその点に入るまえに、文革以後の政治的動向と深く結びついた義和団評価の変遷をおさえておこう。今日の義和団評価論の盛行は、文革批判・四人組非難と深く係わっておこった。今から一〇数年前に、毛沢東さんによって文革が始められた時、戚本禹氏は「愛国主義か、それとも売国主義か——反動映画〈清宮秘史〉を評す」(『紅旗』一九六七年第五期)を書き、公然と劉少奇氏を批判した。そのなかで、「祖国の大地を震撼させた義和団運動は、中国近代史上の偉大な反帝・反封建の革命的大衆運動である」と断定し、義和団の洋貨排斥、滅洋を絶讃し、さらに義和団運動に見られた青少年たちの一斉蜂起や女性たち(紅燈照・青燈照ら)の勇敢さ、自己犠牲の精神をほめ讃えた。かれは、この文章のなかで、これまで義和団のスローガンといわれてきた「扶清滅洋」は、真正義和団のものではなく「洋人を殺せ、贓官を殺せ」というのが真の路線だったと断定した。戚本禹の義和団評価は、徹底的な反帝闘争に向かって中国人民が全面的に蜂起し、反帝・反修正主義闘争を、〃義和団がやったようにやれ〃と煽動する意味をもっていた。義和団大衆の運動に文革のスタイルの模範を見ていたということができる。紅衛兵は義和団運動の紅燈照であり、外国公使館襲撃や、地名の変更、洋貨排斥など義和団的スタイルの現象が以後文革のなかで続発したのであった。義和団を非難したりくさしたりするものは、劉少奇の徒、修正主義者、二毛子(スパイ)と見なされたのである。以後義和団運動は聖域となり、戚本禹的評価以外は全く許されなくなっていった。

「毛沢東の死」、「鄧小平の復活」、「四人組の逮捕・裁判」というドラスティックに進行する政治の変化とともに、文化大革命の否定が課題となり、義和団の再評価もそうした政治的動向とともに要請されてくる。今日の義和団再評価が異常な熱気をはらんで百家争鳴のように盛んに行われているのは、以上のような経過があってのことである。

戚本禹的評価に真向から反対し、特に義和団の欠点・弱点・限界・迷信・排外・殺人等の諸点をならべたて義和団の後進性・封建性を主張し、「聖域」破壊に先頭を切ったのは陝西省社会科学院の王致中氏である。かれはこの二、三年の一連の論文で、義和団は「深く迷信と封建的迷妄にとらわれていた」、「盲目的排外をやり文明破壊をやった」、「反封建・反清朝の認識はなかった」、「清朝にだまされ利用された奉旨造反である」、「組線・政治綱領なく、統一的指導部なく、農民による自然発生的な分散的運動だった」、「帝国主義の中国分割の企てを粉砕したというのは過大評価で、中国分割の試みが一時的に停滞したのは列強内部の矛盾・対立によるものだ」等々と主張した。これに対して多くの反論が出て、義和団の全面否定は正しくない、義和団には多くの誤りや限界や失敗はあったが、基本的には反帝愛国の偉大な民族運動だった、というような様々な意見が続出した。

四、

こうした論争のなかで、一九八〇年一一月一四日から二〇日まで、義和団八〇周年記念学術討論会が開かれた。山東省済南市で、山東大学・山東省社会科学研究所・山東師範大・吉林省社会科学院・天津社会科学研究所の主催により、アメリカ・カナダ・オーストラリア・日本の外国人一〇名を含む約二一〇人ほどの規模。提出論文一一〇篇（うち外国人五篇）、発表者は全体会議、分科会あわせて百数十人に達したと思われる。

日本からは、中国研究所の派遣ということで佐藤公彦氏と私の二人で、北京に一泊し急行列車で義和団運動で有名な場所を通りながら済南駅に夜ついた。北京で山東大学に電報をしておいたので、夜おそくではあったが、山東大学の先生方や事務長さんなどが大学のマイクロバス――このバスには大会の期間中と金郷県・単県旅行に乗せていただいた。神技に近い運転を一〇日間ほどやっていただいた運転手さんにはほんとうに感謝しています。――で出迎えられ、山東大学留学生会館の一角に一一月二〇日まで泊めていただいた。歴城県洪家楼にあるこの宿舎には各国の留学生（日本語を教えていた森さん、中国語を学びに来ていた伊藤さんなどもいた）がいたが、討論会に来ていた外国人にも全員一室が与えられ、会場までは毎日、バスでかよった。オレゴン大学のエシェリック氏、ウィスコンシン大学のブックス氏、カリフォルニア大学の黄宗智氏、オーストラリアの某大学のフィンチャー氏、トロント大学のエンリコット氏などと一緒だったが、私の会話が駄目で研究の深い話ができず誠に残念であった。かれらは自国と日本・中国の間を自由に往来し、農村に入り、中国の学者や農民と直接話をしたり調査したりしてダイナミックに研究しているのを知った。私は常に小さな家からほとんど出ず寝ころんで空想にふけるだけであるから、全く異質な研究のスタイルを見せてもらったのである。

討論会は、済南市内の山東省政治協商会議委員会という看板のかかっている建物の大講堂で開かれた。第一日目、講堂にはすでに三〇〇人ほどが座っていたが、後で聞くと最初だけ山東大学の歴史系の学生も出席していたのだという。我々は最前列に通訳を引きうけられた山東大学の任明先生、吉林省社会科学院の董果良先生（ロシア語も出来、義和団資料叢編『一九〇〇―一九〇一年俄国在華軍事行動資料』斉魯書社というロシア語史料の訳本もある）等々とすわり、中国社会科学院副所長の黎澍氏の演説を拝聴した。かれは、解放後の政治と学問の関係をふり返り、百家争鳴の頃からの毛沢東の文化政策を暗に批判し、ついで文化大革命の時期の言論統制、知識人弾圧を徹底的に断罪し、今日の江青一派の没落を喜び、思想が解放された今日、封建的な考え方や文化の遅れや解放以前の水準に停滞している歴史研究の水準をうち破らなければならない、とした。今は外国に学べ、外国の言葉を学べ。西洋の文化を学ぶには「西学の精華を取って、そのカスを棄てる。そして洋を中用となす」というのではまだ駄目である。「西学を体となし、中学を用となす」というところまでいって正確な認識ができるのである。すべてを現代化するという大方向のなかで、歴史学も現代化され、現代化に寄与できるのである、といった主旨を展開され、つぎに義和団にふれて、義和団は反帝であるが、かれらの滅洋の思想は誤っている。「洋」は滅ぼすことはできない。われわれ学術界の主要任務は、「西学を体となし、中学を用となす」原則をどのように明確にするかを研究し、まじめに中西文化の結合を実現し、社会主義の新文化をつくりだすことだ。これが黎澍氏のだいたいの演説内容である。学術討論会が開かれる前に、こんな偉い人の演説で結論が出されてしまったのにはほんとうに驚いた。

こうして始まった学術討論会には次のような課題があったように思われた。

(1)　現代化、四人組・文革批判という政治的社会的経済的課題を、義和団学術「評価」の面でどう受けとめるか。

(2)　「実事求是、科学的分析」という学術方針をどう義和団研究のなかでうちたてるか。

(3)　「思想解放、民主的討論」という政策を具体的な歴史研究・討論のなかでいかに実現するか。これを成功させて若い多くの研究者を教育する。

これは党の文教政策から発する一つの方向であるが、一方歴史専門家たちの大学・研究所復帰によって必然的に生起するであろう実証主義的立場にもとづく純学術主義の道というようなものが、自然発生的に生まれるであろう。それは政治権力と一定の矛盾・緊張をはらむものになるであろう。そんなにおいも大会期間中にかいだように思う。

日本で見ることができた権威ある学術雑誌等を見ていたときには、王致中氏に代表される義和団断罪論がかなり目についたが、実際に中国各地から集まった多くの研究者の意見発表・提出論文に接してみると、かなり多様な考え方や主張があり、王致中氏に批判的な評価の方が量的には多いように感じた。多様の議論を羅列してその量的感じを書いてみると次のようになる。「義和団は偉大な反帝愛国運動であるが、反封建・反清朝の性格は弱いか、あるいは欠如している（多数）」、「反帝が中心であるが、反封建の色彩もあり、又結果として反封建の役割を果たした（少数）」、「義和団には組織はなく、素朴な農民を中心とした自然発生的な運動である（多数）」、「義和団には組織はなく、素朴な農民を中心にした分散的な運動である（多数）」、「義和団は失敗したが、帝国主義の中国分割を阻止、あるいは大きな打撃をあたえた（多数）」、「分割の企てを阻止したとは誇大な評価だ。帝国主義の内部対立、矛盾によって一時的には失敗したというべきだ（少数）」、「たしかに義和団は失敗したが、その理想・勇気・教訓はのちの歴史に大きな影響を残した（多数）」、「扶清滅洋の清とは清朝のことで、封建権力・封建階級の本質を見抜けなかった（多数）」、「清とは中国全体をさす（少数）」、「扶清滅洋は、反帝に主力をそそぐため戦術的に提起したものだ（少数）」、「義和団の落後性、政治綱領の欠如、視野の狭さは否定できない（多数）」、「分散的で統一指導部なく、組織なく、迷信や封建的イデオロギーにも深く染まっていた（多数）」。政治と学問の関係について、「歴史を政治の道具にして政治が学問をひきまわすのには反対。文革憎しから、義和団まで否定しその落後性のみを主張するのには反対」、「義和団をくさして、その分だけ資産階級の運動をもちあげるという傾向に疑問をもつ」、「わが国では〝忽ち左、忽ち右〟という揺れが大きすぎる。これはよくない」といった意見も出された。多くの中国の先生方の発言・態度には、「実事求是、深入探索、辨別史料真偽、自由討論」なる理念に心から賛成し、文革以後かなり自由に自分の考えを発表できるようになったことを喜んでいるように感じた。

以上見てきたように、王致中氏に代表される評価は必ずしも大会の多数を占めてはいず、むしろ少数ではないかとさえ私には感じられた。きびしく王致中的評価を批判する人々も多かったのである。

しかし、「義和団は自然発生的な農民を中心とする運動であり、組織なく統一指導部なく、迷信や宗教思想に染まっており、武器も原始的で、盲目的排外に流れやすく、清朝を中心とする封建階級に対する認識はきわめて弱かった」といった論点は、大多数の中国研究者に共通の評価である。しかも、こうした義和団の落後的側面・限界・弱点・欠点は、みな一様に農民階級とその小農経営の分散性、農村の閉鎖性によるものとされるのである。その代表的な事例を提出論文からいくつか紹介してみよう。「運動を指導するには、正確な理論と思想指導が必要である。義和団は自発的な農民運動で、歴史的限界と階級的限界によって、正確な思想と理論を武器として持つことができなかった。（義和団を指導したのは）封建蒙昧主義による落後的宗法思想であったから、西太后を主とする清政府のごまかしと利用を見抜けえず騙され、外国に売り渡され失敗したのだ。義和団には政権を樹立する観念がなく、又政権をめざす組織もなかった。これが義和団を早く失敗させた原因である。義和団の分散性、不統一性と思想における封建迷信性、武器の落後性などは義和団の重要な弱点である。義和団のこれらの弱点は農民階級の限界によって作り出されたものである。当時、先進的階級と先進的思想の指導がなかったので、落後的な闘争の形式と方法で闘争を行うより以外になかった」（周術発論文要旨）。「義和団は〈滅洋〉をやろうとし、又〈扶清〉をやろうとしたが、この互いに相矛盾する闘争は、かれらの小生産者という位置が農民の政治的視野を制限し、かれらに自己の歴史的使命を自覚的に認識せしめる方法がなかったことを表現している。義和団の盲目的排外主義は、又農民が生きている小生産者的経済と資本主義経済の対抗を反映している。小生産者という経済的位置が、かれらの超自然の神力を崇拝することを決定した。広大な中国農民は、小生産者であり、新しい生産関係を代表するものではない。先進階級の指導のない自然発生的な農民運動は、組織上の純潔性を保持するのに無力である」（馬洪林論文）。「農民階級は、つまりは私有制を基礎とする階級で、小農経済の拘束を受け、濃厚な私有財産の観念をもち、遠大な理想をもてなかった」（呉永濤論文）。「農民大衆は、新しい生産関係の代表者ではないので、自己の経済的基礎を越えた新事物を出すことは不可能である」（張九洲論文）。程嘯氏は、義和団の弱点、たとえば排外主義一般の指摘では不充分で、「重要な問題は、排外主義の歴史的原因を説明することだ」といって、(1)小生産者という階級とその階級的な思想の限界(2)革命的ブルジョアジーの指導なく孤立していた(3)封建頑固派の運動への介入と利用（例えば、封建勢力は農民に排外的熱狂主義を注入し煽動した）(4)侵略者の罪悪行為と封建官僚主義の残虐と、それに小生産者の狭隘な排外心理とがからみ合い合体して、徹底的な排外的民族主義に発展した、等々と分析している。又、義和団に組織がなかったことについて、程氏は(1)義和団は「八卦に分かれて徒党を収める」という秘密結社の分散主義を踏襲した(2)封建当局の上からの政策「剿撫兼施、利用煽動」にのせられた(3)先進分子の参加がない(4)小農経済の散慢性の表現である、などと主張している。最後に、程氏は、「中国という小生産者がはなはだ大きな比重を占め、封建的な伝統的観念の影響がたいへん深い国家では、人民大衆に〈真主（皇帝）〉に頼らず〈民主〉に頼り、〈神天〉を信じず〈科学〉を信じ、民主と科学の結晶、マルクス・レーニン主義と社会主義の道を信じるのだと、反復宣伝することは、依然として大きなわれわれの任務である」とその政治的啓蒙者の任務を語っている。

もちろん、王致中的義和団論難に反対する人々は、義和団の死（失敗）は「泰山より重しだ」とし、今の義和団非難は「生産を高め、外国と交流し、外国の先進技術を学び、文化と科学を高めるという政治目的のために行われている」と批判し、むしろ義和団の殺人や破壊主義やその他の誤りは「当時の社会的歴史的条件と農民階級の限界性」や、毛沢東の理論・思想など全く知らなかった為であると弁護する者（商松石論文）、あるいは、「義和団は奉旨義和団ではない。資産階級の闘争の評価を高めるために義和団の評価を低める」傾向に断固として反対する林克光論文も、義和団の封建迷信と盲目排外を讃美した戚本禹を批判している。劉恩格論文は、「義和団の排外を盲目的だとし、封建蒙昧主義だとすれば、必然的に義和団の全面否定、農民階級の全面否定に帰結するのだ。ちょうどこれまで農民の一切を肯定したように。義和団の全面排外という側面は、ただ反帝闘争の副産物なのである。ブルジョア階級に公正な歴史評価を与えるのみならず、又農民にも客観的評価をあたえなければならない。もし、ブルジョア階級に有利で、農民に苛酷なことを求め、農民の歴史地位とその作用をいやしめるならば、これも又実事求是の態度ではない」と論じている。こうした王致中的評価に反対する人々の評価も、農民階級の歴史的限界論、小農経営の分散性の反映論、ブルジョア革命派やプロレタリアートの指導の欠如論に対して、理論的に反論を展開しているのではない。むしろそれ故に義和団の失敗や誤りや欠点はゆるされるべきだと弁護している人さえいるのである。

五、

私はこのような義和団評価論に疑問を感じざるをえない。みんな外在的な現象論的な評価にとどまっている。小農経営の孤立分散的性格などというものは、古今東西どこの小農経営にもあてはまるものであり、前近代のあらゆる農民に前提されているものだし、迷信性や宗教的色彩などというものも、アジア・アフリカのあらゆる反帝闘争に大なり小なり普遍的にみられるものである。又、プロレタリアートやブルジョア階級がおらずその支援がなかった段階……などという論理は、まだ共産主義が実現されなかった段階（例えば社会主義の段階）では誤りも不可避……といった有害で無益な外在的な論理以外ではない。こうした立場や論理は義和団大衆と主体的に切りむすぶ土俵をもたないのである。外在的で古今東西いつの時代にもどの地域でも見られた一般的現象論でもって、特殊中国の、しかも一九世紀末に起こった一回限りの義和団運動を評価するなどということは不可能なことである。民衆の政治的運動や意識を理解するに、経済過程還元論、つまり上部構造を単なる土台の反映として把える反映論で処理し、史的唯物論の時代区分論・階級論を歴史研究を導く「導きの糸」として考えるのではなく、研究の結論、研究の目的のように絶対化し、生きた歴史を死んだ歴史の断片に分解しているのではないかとさえ私には思えるのである。中国の学者たちの一番の矛盾は、土台（下部構造）と時代区分論に、経済と社会構成体論に、歴史の究極的規定性と評価の基準をおくと称しているのに、実際の研究では義和団を社会経済史の問題として分析、追求した論文が全くといっていいほど無かったという点に最も象徴的に表現されている。一〇〇篇を越える提出論文のうち、本格的に社会経済史的アプローチを試みたのは、山東大学の孔令仁報告とオレゴン大学のエシェリック氏の「義和団運動の社会的成因」だけだったと云ってよい。

農民論と小農経済論、時代論や階級論をふりかざして義和団評価論に争鳴する人々が、実際の義和団農民の状態、国内市場の有様、地主佃戸制の発展度、自然災害が及ぼした経済的生活の変化、村落構造論などに本格的にとりくまないのは間違っているのではないか。だから私は華々しく行われている義和団の「評価」の基準・理論・論理の多くは、きわめて観念的なもの、外在的なもの、死んだ「史的唯物論の公式の断片」を適当したものでしかないと、いわざるを得ない。

社会経済史的分析・研究がほとんどやられず、農村社会論・村落共同体論も無いとすれば、何によって義和団を知ろうとするだろうか。不可思議な中世的な迷妄そのものの再来のような形態で登場してくる義和団を、明清以来の邪教、とりわけ白蓮教や秘密結社の系譜論から説明する以外にない。かくして、義和団の本質を知ろうとして、「源流論」が盛行することとなる。非常に優秀で実証的な努力を重ねる先生方が、明清檔案館を訪ね、史料蒐集をやり、義和団は白蓮教か、義和拳か、大刀会か、神拳か、これらのどれか、或いはどの組み合わせが真正義和団の系譜に結びつけられるのかという研究や議論をやる。史料の蒐集や分析、推論の水準はきわめて高く、日本の研究の水準をはるかに越えており、なかなか面白いし、義和団研究には絶対に欠かせない作業である。しかし、源流論があれほど真剣に行われ、討論会でも学術専門性の花形の分野として最大の関心をよんだのは、大会出席の頃には意味がわからなかったが——当時は考証的伝統のしからしむるところなどと感じただけだった——今にして思えば、評価を史的唯物論の断片ですませてしまい社会経済史をやらない以上、源流論・系譜論のなかに義和団の「出生の秘密」をさがしだすしかアプローチの方法がない、その結果としてこの分野が最大の学問的関心と情熱を集めるのだと、思うようになった。

私は空想力をあえてふくらませ、無理矢理推論につぐ推論を重ねた結果、中国の知識人一般は生産力の発展や工業化、あるいは都市化、科学技術の導入にとって、農村や村落や農民の存在は障害になっている、それらは否定すべき克服すべき現実であり存在であると考えているからではないか。近代資本主義がつくりだした近代文明にとって、農村と農民は非合理性・非科学性・封鎖性・無規律性等々以外ではなかったが、社会主義国の知識人もそうした否定的対象として、克服すべき限界性として農民と農村を感じるのではないか。従って、一九世紀の農村・農民の状況分析などいまさらしてもといった気持に陥っているからではないか。私の空想は誤りで、いまは「文革の一〇年」の損害をとりもどそうとしてあせりすぎた結果なのかもしれないが、私にはどうもそのように感じられた。

六、

このような文章を読者が読むと、中国の学者の水準は低く、雑な論理をふりまわし、討論会はあまり意味がなかったように感じる人がいるかもしれない。しかし、学術討論会にはいまだ私が自分の関心・問題意識としてとり込めない分野の報告や研究や議論もきわめて多く、討論会では発表の種類と量が厖大で、ただ圧倒されるだけであった。私の関心にひっかかった一側面だけを整理し批判を加えただけであるから誤解しないでいただきたいと思う。学術討論会には一一〇本もの論文が集まったが、わが日本の中国近代史の分野では義和団研究に、残念ながらたいした論文がこのところ出ていないのである。太平天国・抗租抗糧・義和団・辛亥革命にとりくむ本格的な著書・研究など近年あまり出ていないのである。全く残念なことであり、若い人々の奮起を期待したいと思う。中国各地をはじめ世界中を飛びあるいて中国研究を精力的に始めているアメリカ・カナダあたりの青年学徒に、そのうちはるかに追い抜かれ、いま日本の中国研究を学びにきているアメリカ・カナダあたりの留学生の立場と逆に、アメリカの中国研究を学びに行くことになるかもしれない。

これまで私にとってただ論文集や雑誌の上だけで見てきた中国の方々の名前など抽象的な記号でしかなかったことはすでに記した。しかし、はじめて中国の討論会に参加してそれが具体的な人間となり、その論文が肉声となったのである。ということは中国の先生方と私の関係の仕方の次元が変わったということであろう。何か恐ろしいような気がしないでもない。しかし、大変な御親切を受けたお返しというわけでもないが、私も「日中友好」を実践しなければならず、その第一歩として無理に勇気をふるい起こし、感じたことをうそいつわりなく卒直に述べることにした。この文章に書いた批判は、私の日中友好のための試みと理解していただきたいと思う。中国の先生方は気を悪くされるかもしれないが、御無礼の段はおゆるし願いたい。

最後に、ではお前は何を討論会で報告したのか、それを云わないと片手落ちだという批判に答えるために、結論だけを書いておきたいと思う。

義和団運動とは、村民による民衆諸神に守護された「愛国のための村落信仰共同体」（＝郷土防衛の反帝運動）の創出運動と、大刀会・義和拳を中心とするアウトサイダーたちになわれてきた反権力の秘密結社の「反清・反洋鬼子」との運動が、合体統一して、自己の限界を揚棄し、新しい思想と運動をもった反帝愛国の運動体の展開過程のことである。自然村落内の下層農民は、外部から民衆的威力をおびたアウトサイダー（それは初期の大刀会・義和拳・梅花拳・神拳の闘争のなかで生みだされた）を拳師・大師兄として村落の聖地にまねき入れ、村内の地主的権威と封建秩序・封建的イデオロギーを無力化することによって、村を民族防衛の砦＝小宇宙に改変する。そこでは、儒教ではなく民衆諸神が復活再生し、民衆の信ずるすべての威力が活力をおびる。そうした村落信仰共同体の創出と、増殖運動によって民族的危機に対抗した運動を義和団運動と呼ぶのである、と主張した。

第三節　義和団の運動法則について

——中国学者の義和団限界論「組織なく指導部なし」を評す——

一、

義和団八十周年を記念する国際会議「義和団運動史学術討論会」が、昨年（一九八〇）一一月中旬に山東省済南市で挙行され、日本からは佐藤公彦氏と私が中国研究所より派遣された。主催は山東大学・山東省社会科学院など二、三の大学、省社会科学院で、出席者は日・米・加・豪の一〇人の外国人を含む二〇〇人強にのぼり、提出論文は一一〇篇、大会期間中の発表者は百数十人にのぼる大会議で、一週間みっちり連続して行われ一一月二〇日に成功裏に終了した。比較的詳しい参加記、感想・問題点の論評は、『中国月報』（中国研究所）（本書第二節）に掲載するので、ここでは省略する。

この学術討論会で中国人研究者の過半数は義和団の「評価」について語った。評価とは、この二、三年陝西省社会科学院の王致中氏が最先端をきって展開した論点、(1)義和団の落後的で封建迷妄に汚染されている側面、(2)旇統排外主義（盲目的な排外主義）、無差別的破壊・殺人の側面、(3)組織なく統一的指導部なき孤立分散主義、(4)封建勢力に反対する階級闘争の性格が欠如していること、(5)義和団が帝国主義の中国分割を粉砕し阻止したという評価は誇大で誤りであること、等々の義和団批判論（弱点・落後性・盲目性も認めよ）をめぐるものであった。文革時代・四人組時代にただ一方的に絶讃された義和団は、今日、多くの人々によって、「義和団には組織がなく、統一指導部なく、政治綱領がなく、封建的迷妄にとらわれて視野は狭く、階級的認識は弱い。そのため盲目的な排外、破壊をやり、ついには清朝に騙され、利用され、最後には外国に売られ失敗に終わらざるをえなかった。こうした義和団の弱点・限界は、主体となった農民の孤立分散的な存在状況と、小農経営の閉鎖性・動揺性・脆弱性の反映であり、又封建的イデオロギーに彼らが強く拘束されていたことに因るものである」といった王致中的評価が展開された。文革時代の単なる絶讃論と言論思想統制に反対し、義和団について自由に語ることを主張する王致中氏に賛成する人々のなかにも、義和団とその主体となった農民の落後性のみを強調し、義和団論難としか見えない評価に反対する人々は多い。例えば、義和団の鉄道・電柱破壊も、外国軍の北京輸送を阻止するという目的のためである。プロレタリアートや革命的ブルジョアジーの支援と指導がなく孤立して農民だけが戦った義和団を、今日の基準で批判するのは酷である。義和団の排外は、反帝闘争の副産物であり、その主要な原因は帝国主義の侵略と教会、教民の横暴にある。義和団の排外熱狂は清朝頑固派を中心とする封建勢力の利用・煽動によるものである。義和団が帝国主義の中国分割の企てを阻止したことは間違いない。外国の科学技術を学べという今日の政策にもとづいて、資産階級をもちあげ農民をけなし、義和団も非難するという政治主義に反対する。義和団は輝かしい反帝愛国（ある人は反帝反封建の性格があったともいう）の民族運動であった。等々と主張し、王致中的評価に反論を加えた。しかし、私の感じでは、どちらも義和団には組織がなく統一指導部なく政治綱領もない、あるいはそうした方面が極めて弱いことは認め、その原因を封建的な農村社会の閉鎖性・封建的迷妄性や小農経営の孤立分散性・動揺性に認めている点においてはそう大きな違いはない。反王致中派であっても、こうした点について反論を加えた論文は皆無だからである。

どうしてこうした評価しか出来ないのであろうか。多くの中国学者の評価の論理は、経済過程還元主義、土台の単なる反映として上部構造をみる反映論から出ていない。古今東西どこでも、又いつでも通用する小農経済についての一般的性格、経済原論的原理論をもって、あるいは封建農村社会についての外在的な一般論をもって、義和団という特殊具体的運動を「評価」してしまう。個別具体的な歴史事象の実証的研究から、その固有の運動法則や特質の構造を発見するのではなく、逆にもっとも初歩的な単純な一般現象論、経済原論をもって、外在的に運動の本質を「評価」して甲論乙駁するだけである。恐らくマルクス・エンゲルスの唯物史観が研究の導きの糸ではなくて教条となり、唯物史観のばらばらな断片が、歴史を断罪したり標本化したりする公式、イデオロギーに転化しているからではないであろうか。

むしろ、教条となりイデオロギーに転化した唯物史観の「断片」崇拝主義から自己を解放し、次のように問題を立て直すべきであろうと思う。後進的農村の孤立分散化しており、又封建的な閉鎖性のなかで封建的迷妄にとらわれていた農民たちが、一九世紀後半という半封建・半植民地化のなかでいかに格闘しつつ自己の境遇を変革し、あのような徹底的な反帝愛国の大運動を創出することができたのか。かれらは一八世紀以前とは全く異なった運動形態と思想形態を創出することなしに、あれほどの民族運動を展開することは不可能であろう。とするならば、それはどのような構造と特質をもっていたのであろうか。乱雑で無組織・無秩序で迷信に満ち溢れ、狂信的ですらある義和団の諸現象は、いかなる運動・思想の「構造」のなかから生まれてくるのか。「評価」論は一応棚上げにし、今はかかる問題設定から出発し、義和団大衆の運動・精神・思想の発展法則の「秘密」を明らかにしなければならないと思う。

補論

胡縄氏は、義和団運動に現われた「神話物語や流行小説の主人公（洪鈞老祖・驪山老母・関羽・張飛・黄三太・孫行者等々）への信仰は、かれらの組織上の分散性を示す」もので、「迷信にとらわれていた文化落後・文化閉塞の農村」の実態を証明するものだと主張した（「義和団的興起和失敗」、『近代史研究』一九七九年第一期）。私の問題意識からすれば、こうした論理は通用しなくなる。

孤立分散的で、落後的な農民、閉鎖的な農村で苦しんでいた小農経営を営む農民は、その弱点と限界の故にこそ、帝国主義から固有の文化と郷土と生活を守るにあたって、既成の組織や特定の指導者・指導部に頼らず、統一組織にも向かわない「独自の道」「特異な運動形態」をつくっていったのではないか。このいわば第三の道、第三の形態（支配階級の指導・命令や上からの組織にも頼らず、又被支配階級の白蓮教的反乱にみられた組織・指導形態とも異なるという意味で、第三の道・形態と称すべきである）の創出過程に、神話物語や流行小説や民衆信仰の主人公・英雄・義人たちが蘇生し満面開花することが必要だったのではないか、というように問題は組みたてられる。問題意識と論理を逆転しなければならない。なぜならば、「迷妄、迷信」と断罪される諸現象は、一九世紀末に農民を主体とする下層大衆が独自に展開した反帝愛国の義和団運動にだけ特に満面開花したのであって、アヘン戦争以前の農民反乱・白蓮教反乱にも、更には二〇世紀の農民運動にもほとんど例をみないほどの特異な現象だからである。そうした義和団にだけとりわけ顕著な現象を、古今東西どこでもいつでも見られた小農民の一般的性格や封建体制下の農民の迷信・迷妄の指摘一般で解明することは不可能だからである。

二、

中国の学者の多くは、義和団の基層組織が自然村落であったことは認めている。たとえば、李宗一氏は「義和団員は、広大な農村の一村、一鎮の拳場に分散している」、「(その拳場は)自然村落を単位にしている」(「山東義和団主力向直隷転進説質疑」、『近代史研究』第一期)と云う。しかし、李宗一氏は、この事実をもって、「だから山東義和団が大挙して天津・北京に遠征したということはありえない!」証拠とするだけである。義和団が村から村へ、又村から鎮へと増殖することはみな認めているが、この村落の義和団「運動」における意味を適確に把えた人はいないのである。村落論が欠落してしまう原因は、中国学者たちが、無数にある自然村に義和団大衆が分散化し、そこを基層単位にしたから、組織も生まれず、統一指導部も持てず、政治綱領・政策も生み且つ実施することが出来なかったのだ、というように義和団のマイナスの条件、孤立分散主義の規定要因と判断しているからではないだろうか。とすれば、運動論のなかに村落論が入らないのは当然である。むしろ運動発展の阻止要因なのだから。

しかし、義和団は、村々によそから拳師・大師兄がやって来て、「設壇」「設廠」を行い、民衆諸神を降誕させ、地主や郷紳ではなく降神付体した下層村民が村の主人となり、村を諸神に頼る反帝・反キリスト教の信仰共同体に位置転換する、そういう形態をとって全華北大平原に増殖発展してゆくのである。神拳の朱紅燈が活躍した茌平県では、一八九九年「茌平県には八百六十余庄あり、(その内)習拳する場所は八百余ヵ所もある」と記録にあるほど各村々に拡大していった。このように、義和団運動では、伝統的な白蓮教や秘密結社のように村落の外のアウトサイダー、喰み出し者の社会に組織や権威をうちたてて行くという運動方向をとらない。村落内の地主権力・儒教秩序からとびだしていった人々が〈村落―外―結社〉をつくって、政治的世界に向かって行く、というのがこれまで一般の宗教結社・武術秘密結社の運動ベクトルである。これとは逆に、これまで村落―外に向かって遠く去ってしまう民衆の威力者を村の聖地に招き入れ、拳師・師兄として奉り、村の地主権力・封建秩序を無力化し、キリスト教の神を村から追いだし、帝国主義の侵略から郷土を守るという運動形態・精神形成をとったのが義和団であった。この設壇によってつくられる村落共同体は、信仰・宗教という観念の革命によって創出されたもので、「設壇請神」「降神付体」「聚衆練武」「呑符念呪」「刀槍不入」などによってつくられる義和団大衆の実践と信仰・儀式以外に内部を結ぶ紐帯は存在しないのである。

義和団運動に、一元的な指導体制や組織や唯一の指導者・カリスマが生まれないのは当然といわねばならない。こうした運動とベクトルをもって発展してゆく運動に対して、組織なく指導部なく、政治綱領がないとか、分散性と孤立性・閉鎖性などを指摘して、これこそ落後的な側面であり、小農経営の分散性と動揺性の反映などと「評価」することがいかに馬鹿げた外在的なむなしいことであるか、云わずとも明らかである。民間諸神を付体してその威力に頼り、拳棒をふりまわすだけの武力でどうして帝国主義の武力に勝てようか、などといって武力における落後性など指摘して満足しているわけにはいかないのである。このような論理は、義和団は帝国主義の大砲と戦艦に対抗するためにまずダイナマイトと溶鉱炉を華北農村につくるべきだった、などと御説教する論理と同一土俵にある。帝国主義の侵略によって、政治国家の国家意志が無力化し、支配階級が分裂動揺をくり返している状況、民族全体がそのアイデンティティーを否定されようとしている時期に、落後的な農村と分散的な小農経済のもとであえいでいる農民・アウトサイダー・喰み出し者たちにとって、もっとも自己の置かれた環境と民族的危機に対処するに有効で且つ唯一の抵抗のスタイル・運動構造は、様々な毀誉褒貶をあびるまさにこの特異な義和団運動以外にありえなかった。他共同体（帝国主義とキリスト教）の全面侵略に対抗するには、自国内の共同体運動をもって反撃する以外になく、華北大平原の農民にとっては、白蓮教や秘密結社の威力者を村々の内部に招き入れ、もっとも本源的な共同体である村を信仰共同体に変革すること以外には道はなかったし、又現実性もなかったのである。

三、

では次に、こうした民族防衛の共同体再建運動がどのように形成されてくるのか。それを源流論から解明しようとする中国学者の試みを批判しておきたい。

中国の学者たちは、「源流論」としてそれを行う。たとえば、陳貴宗氏は「義和拳の義和と民団の団とが合体して義和団となった。こう理解して義和団に合法的側面と非合法的側面という矛盾があることを解決できる」(学術討論会論文「関于義和団的組織問題」)といい、李世瑜氏は「義和拳が白蓮教と接触して義和団となった。義和団は八卦によって編成されている」(参加論文「義和団源流再探」)といい、程歗氏は「白蓮教、それと深い関係にあった義和拳(それはあるときは梅花拳・紅拳会とも名のった)が中心となり、白蓮教的伝統の儀式・信仰をとりこみつつその延長線上に義和団が形成される」(参加論文「乾・嘉朝義和拳浅探」「義和団思想評述」)と述べ、孫石月氏は「清朝中期の白蓮教(八卦教を含む)・拳棒の秘密結社であった義和拳、大刀会、神拳は、反清復明であった。それらが一九世紀後半に分裂して、白蓮教はキリスト教に入り、拳棒の秘密結社(大刀会、義和拳、神拳)は、反キリスト教の義和団となった」(参加論文「宗教和義和団運動」)といい、張守常氏は「冠県の梨園屯の闘争のなかで、義和門からきた義和拳と、郷団からきた義和団とが合体し、又白蓮教が多年民間で培ってきた各支派が組織的にも信仰の面でも基礎となり、それらが結びついて真正義和団に発展する」(参加論文「梨園屯教案和義和団運動」)となし、路遙氏は「白蓮教の伝統のなかで、金鐘罩(大刀会)・神拳・義和拳が総合されて義和団が生まれたが、とりわけ神拳が中心的・直接的基礎となった」と主張した。その他白蓮教の影響はないとする人、山東巡撫毓賢が上から民団に組織したとする人、清朝中期の義和拳とは関係がないとする人、いろいろの説がある。各流派・各組織・各結社などを比較対照して、義和団現象に一番似ているものを母とか祖先とみなしてゆく、「親（源流、系譜）さがし」的方法は、必要欠くべからざる方法で、明清時代の民衆反乱の持続性と伝統を近代の民衆反乱の只中に発見する重要な作業であると思う。しかしながら、こうした問題意識と作業では、義和団の現象にもっとも近い親、祖先、親類をかなり近くまで推定はできるが、義和団運動の運動法則を理論的につかみ出すことはできないと思う。現象の比較論では、よく似ているものの系譜はたどれても、又親らしいものを選び出せても、結局その子供（義和団）の本質、その固有の生長過程を内面から理解できないのではないか。現象比較論でやった人々の諸説は、よく似てはいるが又似ていないところもあって、最後まで甲論乙駁を続けるほかはないであろう。様々な現象の数だけ源流説はでてくるものと考えられる。中国で最も優秀な実証史家たちが精力的にやっている源流論は、かなり義和団誕生期の系譜的発展過程に近づいているであろう。しかし、どうしても、義和団の運動法則を理論的に把握し切れない。そこで、封建勢力の利用や煽動、組織化といった要素が導入されたり、あるいは又、農民の落後性や小農経営の分散性や、地主勢力の介入などの諸契機がくみこまれたり、先進的な側面と落後的な側面、反帝的性質と封建蒙昧性、など互いにあい矛盾する側面をいっぱいもったものの混合物、統一物であるといった話に終わってしまうのである。

四、

義和団運動は、当然のこととはいえ、源流論と同時に社会経済史的研究・分析がなければ解明できないであろう。山東省がドイツ帝国主義を先頭とする帝国主義の分割競争の焦点となり、又キリスト教勢力の最も野蛮な侵入地点となったというような外的条件のほかに、それを迎え撃つ立場におかれた民衆をとりまく社会的経済的条件として次のような諸点が注目されねばならないだろう。

(1)山東農村は全国でも第一の自作農・自小作農の比率の多い地帯であった。(2)山東省の西南部は、明清時代以来の白蓮教反乱の舞台であり、伝統的な反権力闘争をたたかうアウトサイダー・喰みだしものの活力はいまだ衰退してはいなかった。(3)一八五五年の黄河河道の変遷、一八九八年の黄河下流域の大氾濫は、山東省黄河流域の人々に郷村を運命共同体と感じさせる最大の契機となった。(4)一九世紀に入り、山東中部以西(特に大運河の以西)は、棉作地帯となり、商品生産地帯となって行った。このことは交通の発達と単作地帯における経済的動揺の激化をもたらした。(5)太平天国に呼応して起こった魯西白蓮教反乱の興起と失敗、それに引きつづいておこったキリスト教会の魯西、魯南への進出は、山東農村地帯における精神的土壌に分裂・対抗・矛盾を激化させ、山東西部は精神的緊張・矛盾の結節点となった(例えば白蓮教徒が大量にキリスト教会に逃げこみ、教会を反封建闘争の砦としたような事例がそれを端的に示している)。

以上の五つの特質は、義和団運動が生まれ、生長し、その独特の性格を形成してゆく上で決定的な条件となったであろうが、いまだこまかい地域的分析も行われておらず、総合的・有機的連関のもとに且つ実証的な事実の連鎖のもとに明らかにすることはできていない。社会経済史的研究・分析は、義和団運動の土台であり、重要ではあるが義和団評価にとっては一見間接的な要素のごとく思われがちであり、はなばなしい論点になりにくいのであるが、これまでの研究に決定的に欠如している分野である。オレゴン大学のエシェリック氏は、討論会に「義和団運動の社会的成因」なる論文を提出し、山東各地の農村社会の特質(生産力・生産関係・階級関係)を知るために二つの地図を作成した。「山東省各県、因受災蠲免税年数一八六八―一八九五」「山東省各県田地出租百分比」の二つである。この二つの地図によって、各県ごとの社会経済的状況をグローバルに把握すると同時に、エシェリック氏は大刀会が起こった単県・曹県を中心とした山東西南部における封建地主制の発展地帯と、のちその大刀会の影響をうけて神拳が活躍し、真正義和団が誕生した山東北部の地主的土地所有制が弱い（「資本制的農業に近似した地帯」という言葉でエシェリック氏は表現している）地帯を対照的に把え、義和団運動の展開過程にそれらを内在的要素としてくりこもうとするのである。これは、私の考えである「村落共同体の再生とそれを基層単位にして発展してゆく義和団運動」という説にとって、きわめて重要な連関的仕事であり、こうした研究・分析は本格的にやらなければならないと思っている。又、カリフォルニア大学の黄宗智氏も、華北農村の商品生産の発展度、雇農労働のあり方、地主佃戸制の発達度、農産物の商品化率を分析し、そうした社会経済の問題として義和団運動を考察する発表を行った。両氏ともまだ理論的にも実証的にも充分展開できていないが、きわめてユニークな発表であり（中国の学者は「評価」論には熱中するが社会経済的分析はほとんどやらない）今後うけつぐ必要があると思う。

義和団運動は、反帝・反植民地闘争をたたかう信仰共同体（その増殖・重層化によって清朝という容器に充満し、実質的に国家の実態となる）運動である。異民族の全面侵入や帝国主義の植民地的侵略のような政治・軍事・経済・文化を総体として包括する有機的全体の侵略は、敵対的共同体の侵略であり、これから自己を防衛するために、義和団は村落を基層とする信仰共同体の再建の道を取って戦った。そうした特異な形態・ベクトルを持っていたが故に、この共同体の渦巻のなかに総ての人間をまきこむ。従って、カリスマ・絶対的指導者の誕生は否定され、又信仰共同体は、自己の共同体信仰の純化を運動エネルギーにするから、共同体の磁場からはずれている者＝異端者つまり教民や洋貨・洋語を使うものを全面否定する。ここから、盲目的排外の観を呈する徹底的な異端狩りが出てくる。封建勢力であろうと、この信仰共同体の増殖運動の渦巻に乗る限り、自己の共同体世界内に容認される。義和団運動とは、ゆがめられ、変形され、化石化されたアジア的共同体＝自然村落が、十九世紀末という完全植民地下の危機を前にして、民俗信仰をテコに反帝愛国の砦=小宇宙として再生し、もっとも始源的な形態において、又もっとも土俗的な姿態において、華北下層大衆が徹底的な反帝愛国という世界史的任務を引きうけた運動ということができる。

帝国主義が仮にキリスト教なしで、政治的(軍事的)経済的侵略だけできたならば、義和団運動のような特異な形態では反帝闘争は起こらなかったであろう。山東省にはキリスト教が帝国主義と一体となって侵入し、教会は山東農村の各村々で玉皇大帝を初めとする民俗神を破壊追放して信仰・精神の矛盾を激化させた。このことが、村落を異教から奪回して民族防衛の信仰共同体に再建するという義和団運動の端初を形成し、伝統的邪教・秘密結社と村内下層農民との結合・合体という運動主体を生みだしたのである。

第四節　中国歴史家の義和団運動論に関する批判的検討

本節で批判的検討の主な対象にするのは、以下の三冊の論文集に収録されている若干の論文である。

(1)『義和団運動史論文選』（義和団運動史研究会編、中華書局出版、一九八四年）。本文中では『論文選』と略記する。
(2)『義和団運動史研究論叢』（山東大学歴史系、徐緒典編、一九八二年）。以下『論叢』と略記する。
(3)『義和団運動史討論文集』（斉魯書社編輯部編、斉魯書社、一九八二年）。以下『論文集』と略記する。

一、中国歴史家の「義和団＝落後的農民」論

義和団運動のきわだった特徴について、中国の学者たちは次のように指摘している。

栄孟源氏は論文「義和団反帝運動」において、「山東、直隷両省と北京、天津及び全国各地の義和団は皆壇を単位とし、各壇はそれぞれ自立し、決して統一の組織、統一の行動計画、統一の指揮がなく、ただ全面反帝のスローガンのもとに各自戦った」(『論文選』三三頁)とした。陳振江氏は論文「義和団問題的辨析」において、「義和団は基本的には〃それぞれ村落で拳棒を練習し、まじえるに神怪をもってする〃、身家を自衛する武術の団体である。この組織は往々〃一村あれば村々皆效尤《まねる》す〃のである。且つまた各壇・団はだいたい村社の基礎の上に建てられたもので、それらは最後まで統一の隊伍を形成しなかった。義和団は都市に流入したのちも依然としてこの特徴を失わず、だいたい一街一巷を単位とし、それぞれ分かれて一壇あるいは数壇を建てた」(『論文選』四九頁)と書いている。廖一中氏は論文「論義和団運動的特点」(『論文集』一六二頁)において、「各地の義和団はたいてい村鎮を単位とし、数十人あるいは三〇〇人から五〇〇人を一集団となし、それぞれ一家を構えていた。かれらの間の関係は早期には〃亮拳〃〃拝団〃〃伝帖相約〃などの簡単な連係方式があったが、運動の高潮期に入ると、この種の方式も多く見られなかった。各団・壇の間には時には闘争が、また甚だしい場合には殺し合いもあった。どのような支派でも、団・壇の成立と解散、団民の加入と脱退は均《ひと》しく自由であり拘束されることはなかった」と言っている。林樹恵氏は論文「試論義和団的幾個問題」(『論文集』一八三頁)において、「義和団は郷団に起源をもち、村鎮を単位にしていたので、拳民の間の信仰は一致できず、また団と団の間の信仰は更に一致できなかった」と主張した。

以上、中国学者が明確に指摘しているように、義和団運動の拡大・発展の構造は、村々に拳師=大師兄=教師が入り、設壇の儀式を主催し、この壇に民衆信仰の対象だった諸神を「降神付体」させる、そうして諸神がのり移った義和拳民が超能力を獲得し、「刀槍不入」の信念のもとに村壇の前に誕生を誓う、そうした共通の内容をもっていた。恐らくこうした運動構造を否定する義和団研究史家はいないであろう。しかしながら、これほど明白な「事実」を運動理論として徹底的に解明しようという歴史家は、中国にも日本にも一人もいないのである。ここでは中国の歴史家の解釈、把え方を批判的に検討する。

中国の歴史家は、村々に「設壇、降神付体、刀槍不入」という、三つの過程を経て生まれる義和団の増殖運動を、全体として義和団運動の欠点・弱点・限界・遅れ・後進性・落後性を示すものと「評価」する。この「評価」は不磨の法典とされているから、義和団運動の発展の法則・理論として把握されることがない。例えば、廖一中氏は述べる。「このような大規模な戦いにもかかわらず統一組織の指導がないという特徴は、農民反乱の歴史のなかで遠くは陳勝・呉広の反乱から、近くは太平天国と白蓮教以後に起こされた反乱を含むまで、いつの時代にもほとんど他に無かった。この義和団運動の特徴は、組織について言えば、歴代の農民反乱のなかで最も落後したものの典型であることを表わしている」(『論文集』一六二頁)。廖一中氏は、義和団組織のかかる分散性は、一時に人は集まりやすいがたちまち砂のごとく崩れ去り、各個撃破されて短期間に敗北した原因となった、と主張した。栄孟源氏は言う。「(義和団は自分勝手に戦ったから)作戦計画がなく強力な戦闘を行うことができなかった。甚だしくは、一〇〇〇人、一〇〇人が各自戦ったが、数人の外国兵や少ない二毛子(外国人の手先)にさえも勝てなかった。それで、清政府は義和団を利用し、団練大臣がのり出して奉旨義和団を組織し、直ちに各壇を支配して指導権を握り、真正義和団に肆に陰謀詭計を加え、外国軍に売り渡して屠殺することができた。こうして、帝国主義侵略軍は義和団を各個撃破することができたのである」(『論文選』三三三頁)。陳振江氏は主張する。「義和団は、組織上の極端な分散性、信仰上の多神性とその迷信性・神秘性などの特徴によって、団民の政治的視野を大きく阻害し、複雑な社会矛盾のなかで封建支配階級との関係を処理できなくさせた」(『論文選』四九頁)。以上見てきたように、中国の有力史家は、各壇の分散性の故に運動は統一されず、また統一指導を行う指導者も生まれず、敗北せざるを得なかった、という「評価」で共通している。

中国学者のこのような「評価」は、実は義和団員の出身階級＝農民層の落後性・分散性・後進性・迷信性という階級規定論から来るのである。農民が聞いたら激怒するであろうと思われるほど、農民階級はマイナスの価値で規定される。そうした事例をいくつか紹介してみたい。

李侃氏は「関于義和団運動評価問題」において、「義和団は濃厚な封建的な迷信の色彩をもっていたが、これは農民小生産者の保守性と落後性を表現している。……義和団は一面で中国人民の帝国主義に対する強烈な仇恨と反帝愛国の正義性を示し、また一面で農民小生産者の保守性・落後性を示している」(『論文選』三六頁)と述べている。王致中氏は「封建蒙昧主義与義和団運動」のなかで、次のように威丈高に義和団民衆を攻撃する。「小生産者の経済地位、文化方面の愚昧と相互間の連係欠如は、かれらを世界の大勢に全く無知にさせ、自己の闘争目標に対しても必ずしも明白にはさせなかった」(『選集』八四頁)と。李海文氏は「論義和団的紀律」において、「しかし、農民は決して先進的な階級ではない。農民階級の限界性は、この運動に政治上・組織上多くの欠陥を発生させた。これらの欠陥は各隊伍の紀律に影響を与えざるをえなかった」(『論文選』二三九頁)ときめつけた。李吉奎氏は「応当如何看待義和団的宗教迷信」において、「長期に停滞していた中国封建社会、とりわけ北方農村は経済は落後的で、統治階級の残酷な搾取を受けており、農民というこの小生産階級は不可避的に落後的で狭隘な性質を与えられていた」(『論文集』二三三頁)と書いた。楊樺氏は「義和団運動的前奏和先駆」なる論文の最後に「義和団運動は帝国主義の中国分割の夢をうち砕いたが、同時にまた旧式な農民運動の悲壮な滅亡の一幕を演出した」(『論叢』六二頁)と書いて締めくくっている。陸景琪氏は、「朱紅燈領導的義和拳闘争中幾個問題」なる論文において、「義和団の神秘主義という宗教的色彩は、まさに農民階級小生産者の分散性、経済の落後的位置、政治上の階級抑圧などにより決定されたものである」、「義和団運動はわが国北方の商品経済がやや落後し、比較的閉塞した農村に発生した。義和団の首領は一般には文化知識を欠いており、封建宗法という魔神にがんじがらめにされていた。それで義和団はある種の秘密結社の神秘主義的色彩を受けついだのである。これは農民階級の愚昧さ、落後的な階級的限界を反映したものである。まさにレーニンが指摘したごとく、〝宗教的偏見の最も深い根源は貧困と無知である〟」（『論叢』七六・七七頁）と、今日でも農民が聞くと奮然として怒るだろう階級的限界論を展開している。上記の義和団学者は、王致中氏を除いて、皆義和団の偉大な戦いを一方では認めながら、一方では上記のような断罪を義和団大衆＝農民階級にあたえているのである。

中国マルクス主義歴史学の特徴は、杓子定規な階級規定論と単純な進化＝進歩主義と精神論のこの三つの混合である。農民は小生産者であり孤立分散化しており、プロレタリア階級のような全体的・理論的・組織的な戦いを、本来戦うことはできない。従ってその戦いは必然的に敗北せざるをえず、プロレタリア階級の誕生と指導という歴史段階に至って初めて克服される運命にある。プロレタリア階級とその指導党が登場すれば、歴史は進み、人民は勝利するものだ。では封建時代の農民階級の戦いの意義はどこにあるか。それは不撓不屈の精神、戦い続けた意志にある。このように、三者は結びつけられていく。このような面白おかしくないマルクス主義の教条化に奮然と怒った毛沢東は、プロレタリア党の再生のために農民階級の破壊性と戦いの精神を呼び起こし、プロレタリア党の実質に「貧農、下層中農」とその共同体（人民公社）を設定し、忠誠を誓う農民出身の下級兵士雷峰と貧農の革命的砦「大寨」を神聖なるものに読み変えた。まさにそれは殿御乱心であった。

では殿御乱心はどうして起こったのか。プロレタリア党の国家権力の掌握だけで、これまでの歴史的問題が総て解決できるものではないことを知ったからである。プロレタリア党の特権化・官僚化が、プロレタリア革命の勝利とともに始まるから、プロレタリア権力は農民的反逆の挑戦を受けざるを得ないのである。毛沢東が夢みた「貧農下層中農」概念と実態としての農民の間には大きな隔たりがあったようだが、少なくとも毛沢東は社会主義から共産主義への中国型移行に際して、農村共同体の革命的再建と農民的革命の伝統が必要だと考えたのである。少なくとも、中国共産党というプロレタリア党が勝利したから、農民と農民的革命はもはや時代遅れになった、農民は小生産者的落後そのもので歴史の進歩に敵対するものだ、というような農民否定に、毛沢東は反対を唱えたのである。それで毛沢東とその信徒「四人組」は、プロレタリア文化大革命を起こし、義和団大衆運動をモデルの一つとして絶讃した。しかし、プロレタリア文化大革命のなかで天にまでもちあげられた義和団大衆、紅燈照は、プロレタリア文化大革命の敗北の後、王致中氏に全面否定され、徹底的に攻撃された。王致中氏のような全面否定に反対する義和団学者は、その功績を讃えながら、一方では農民階級の限界、農民精神の落後性・後進性を指摘するという、文革以前のマルクス主義歴史学の解釈にもどったのである。さて、文革以後のマルクス主義歴史学のなかの進化論とも言うべき、歴史の進歩信仰について論評を加えておきたい。

中国の学者は、古代から封建へ、封建から現代へと時間が経過するに従い、奴隷から農奴へ、農奴からプロレタリア階級へと歴史の主人は交替し、歴史の時代的限界は克服されて行くというように考える。その限りでは何ら問題はないが、問題は「時間」で進歩を考えるか、それとも「地層」で時間の進歩を把え返すかということである。「時間」で考えるだけでは、過去はまさに「過ぎ去りし」ものにすぎず、過去は限界に満ちたもの、落後的なもの、後進的なものにすぎない。それは否定され克服され「無くなる」ことにのみ存在理由がある。義和団の農民大衆は、プロレタリアの理論家に判決文をもらうことだけに存在理由があるということになる。こうして、今日義和団研究は極めて盛んではあるが、義和団大衆はなんとも悲しい存在になった。

「時間」を「地層」で把え返すということは、すでにマルクスが考えたことである。人間の歴史は、原始の上に古代奴隷制が、その上に封建農奴制が、そして近代資本主義、社会主義と新しい「地層」が次々に積み重なって行く、あたかも大地を構成する「地層」のように「時間」は積み重なる、そうマルクスは考えてみた。歴史をすぎ行く「時間」だけで考えれば、過去はもう手にすることが出来ない、しかし「地層」ならば大地を掘れば出てくるのである。その上に人々は住み続けるのである。中国マルクス主義には、このような「地層」の観点が弱い。にもかかわらず、中国のような「地層」が累々とまた壮大に積み重なっている歴史をもつ国は世界にもまれなのである。中国マルクス主義は、その「地層」に敢然と挑むにはまだひよわである（中国のマルクス主義歴史家に、では日本マルクス主義はどうか？と反問されれば、日本マルクス主義歴史学は、独占資本主義を破壊する理論とエネルギーを残念ながら手にしたことがない、と告白せざるを得ないのであるが）。中国マルクス主義歴史学のこのひよわさは、歴史の地層のあまりに重苦しい壮大な重量と重層性に疲れはて、重圧となった歴史の呪縛から自由になりたいと望む中国マルクス主義者の願望から来ていると、私は理解したい。

それにしても中国学者の農民に対する評価――後進性・視野の狭隘性・落後性・孤立分散性・迷信性等々の指摘はいささか度が過ぎており、農民蔑視だとさえ思えるほどである。農民を歴史的に見る場合、「農民はいつでも農民階級であったのではない」という視点が必要である。農民が農民階級として成立するためには、農民としての家産の形成が必要であり、農民がその家産を子孫に伝えうる生産力の実現と家門形成の歴史的段階が想定され、実証されなければならない。そのような歴史的段階の到来なしに農民は階級として誕生できないし、階級意識も形成することはできないのである。中国の学者が農民という場合、ただ前近代では農業が基本的で主要な産業だったということと、多くの人々が農業をしていたということの二つのことをもって、農民だとしているにすぎない。中国、とりわけ文明による自然破壊、異民族の侵入と征服、黄河河道の変遷と繰り返される氾濫、専制権力の収奪と強制移住、旱害・蝗害等々が次々と襲った華北では、農民が安定的な農民階級となるには多くの困難があった。農民であり手工業者であり行商人であり職人であり武装集団員であり無頼でもあるといった、複合的存在として実際人々は存在していたのである。華北の人々を単に農村に住む農民であるといった単純な概念で把えることはできない。かれらの驚くべき行動性・戦闘能力・豊富な才能・諸結社（宗教的・社会的）への加入率の高さ、そうした特質・性格はただ農民だという規定だけでは理解しきることはできない。農民であり非農民である、といった矛盾的存在の形成こそが、中国「農民」の歴史性なのである。中国の学者にはそうした中国農民の存在態様に関する歴史的特質を追求する視点と理論を求めたい。

二、中国歴史家の義和団源流論

中国の義和団研究者がその歴史家としての能力・知識・関心を総動員して格闘し、私のような外国人には太刀打ちできない成果をあげているのは、「義和団源流論」の分野である。義和団源流論とは、義和団をその系譜から理解しようとして、義和拳・義和教門の系譜、それらと深い関係にあった白蓮教、その支派の八卦教や諸拳会（梅花拳・紅拳・八卦拳・神拳・異伙拳・二狼拳・大紅拳等々）、諸会（大刀会・順刀会・紅磚会・紅拳会・曳刀会等々）の歴史、関係を過去にさかのぼって検討し義和団の先祖を捜す試みである。そうした方面の代表的研究には、『義和団運動史研究論叢』（山東大学歴史系徐緒典主編、一九八二年）に収録されているものに、王永昌「試論清代山東教門与拳会的特点」、楊様「義和団運動的前奏和先駆――一八九六年曹単大刀会闘争――」、陸景琪「朱紅燈領導的義和拳闘争中幾個問題」がある。『義和団運動史論文選』（義和団運動史研究会編、中華書局、一九八四年）に収録されているものに、陳湛若「義和団前史」、李世瑜「義和団源流試探」、方詩銘「義和拳（団）与白蓮教是両個〃勢同仇火〃的組織」、陳貴宗「義和拳、民団、義和団」、陸景琪「山東義和拳的興起、性質与特点」、程嘯「民間宗教和義和団掲帳」がある。また『義和団運動史討論文集』(斉魯書社編輯部編、斉魯書社、一九八二年)に収録されているものに、金沖及「義和拳和白蓮教的関係」、程歗「乾、嘉朝義和拳浅探——義和団源流論証側記——」、路遙「論義和団的組織源流」、徐緒典「義和団源流芻議」がある。上記の論文の要旨を逐次紹介し検討する。

王永昌論文

清代の六〇余の秘密結社を調べてみると、宗教的な性格を強く持っている白蓮教系の八卦教・清水教・一柱香等の宗教的秘密結社と宗教性のあまり無い義和拳・大刀会・梅花拳などの民間武術団体との二つに区別することができる。前者は弥勒仏転世、劫変の思想をもち、直接に封建統治階級を攻撃した。後者は政治変革の階級闘争の色彩はなく、大多数は自衛身家を目的としていたが、ごく少数の優秀な部分が拳術を学んだのち「邪教」に参加し、また一部のものは地主階級の番犬に傭われ、人民を抑圧する地主武装集団の中核分子となった。華北人民は武術を習い縁日などに集まり演武をすることを楽しむ風習が強かった。宗教結社、とりわけ有名な教門の首領は世襲が多く、多くの弾圧を受け犠牲者を出したが、不撓不屈の精神で権力に抵抗を続けたので、広大な人民大衆の尊敬を受け続けた。

道光三(一八二三)年、離卦教の教首李芳春は直隷(今の河北省)の清河・巨鹿一帯で布教したとき、愚鈍な人には布教が難しかったので『封神演義』などの小説に出てくる人名をあだ名として付け、前生にかかる来歴があるので劫難には合わない、と宣伝した。各種の拳会は迷信の色彩が無いか、あるいはごく少なかったが、かれらは『三国演義』『水滸伝』等の小説中の技量の優れた人物を崇拝していた。宗教結社(教門)は反封建・反王朝の核心ともいうべき位置におり、拳会は自衛身家を目的とし何らの謀叛の伝統もなかったが、宗教結社の反乱の際には教門をとりまく外囲として両者は結びついた。

以上が王永昌論文の要旨である。王永昌氏が指摘しているように、義和団以前に「民衆諸神への化身」「不入劫数」（劫難に会わず）という民間信仰があって、これが義和団運動の際に華北全域に復活再生したのである。

楊樺論文

魯南地方は孔子崇拝の聖地曲阜があったため、一九世紀西欧キリスト教が最も浸透しにくい地方であった。ローマ教皇は一八八五年、ドイツ神父ヨーハン・バプテスト・フォン・アンツァー（中国名は安治泰）にこの地の教務を取りしきることを認めたため、一八九〇年にドイツは、ドイツ宣教師に対する保護権をフランスから獲得した。遅れて中国にやってきた軍事的封建的帝国主義としてのドイツは、宣教師とともに魯南一帯への侵略を野蛮に行い、民族矛盾の立役者となった。

義和団運動の先駆は魯南に属す曹州の大刀会である。この曹州は四省交界に位置し、国家権力の支配は比較的弱く、歴史上しばしば農民起義が起こり、反抗精神と闘争の伝統があった。ドイツの魯南教区がめざましく拡大するとともに教民の数も増加し、一般民衆と教民との紛争が激化した。一八九六年六月、江蘇省碭山県に民・教の争いが起こった。曹州大刀会の首領劉士端等は民衆を率いて駆けつけ、教会と官署を攻撃した。これ以後、巨野・冠県・茌平・臨清・平原に大刀会・義和拳・梅花拳などが中心となる反教会・反教民の闘いが燃え広がった。大刀会の闘いから義和拳、義和団運動へと発展していき、大刀会の闘いは発展的に解消していった。

日清戦争での敗北ののち、中国民衆は帝国主義侵略軍の近代的武器の威力を知ったので、大刀会・義和拳などに錬達すると、洋式銃弾を避けることができるという信仰が広がった。この時大刀会は「一口の宝剣、乾坤を震わす、天に替わって道を行い天下を安んず」、「尽く教会を破壊せずんば散ぜず」、「洋人を滅ぼし贓官を殺す」等のスローガンを提出した。これはのちの「扶清滅洋」スローガンの前身である。曹州大刀会の闘いは、一八九八年一〇月の冠県の趙三多の「助清滅洋」のスローガンに発展し、更に一八九九年一〇月に平原における朱紅燈の「興清滅洋」のスローガンに受け継がれた。そして遂に一九〇〇年四月、直隷宛平県の斉家司馬蘭村の「扶清滅洋、替天行道」のスローガンが完成した。この「替天行道」のスローガンは曹州大刀会の義和団運動への寄与である。義和団運動の発展のなかで、より鮮明な反帝愛国のスローガン「洋人を誅殺し、教匪を剪除し、以て国家を保つ」、「中華を扶保して外洋を逐去す」等が提出されて行く。

義和団運動には、半封建・半植民地下で塗炭の苦しみを受けるに至った貧苦の人民、政治的・社会的・経済的・文化的に矛盾の集中するところとなった諸階層――たとえば、貧苦の農民、失業した船戸、縴夫などの旧式運輸労働者、洋貨の流入によって脅威を受ける手工業者、キリスト教の流入によって追いつめられた道士・僧侶・儒生、日清戦争敗北後に解散させられた散兵游勇、既得利益と旧来の権威を喪失させられた中小官吏など様々な人々が加わった。義和団運動は、民間武術団体の形式をとって、帝国主義の侵略に多くの人々が参加した反帝愛国の運動であった。以上が概要である。この論文には義和団運動の弱点・欠点・限界なども指摘されているが省略する。

楊樺論文のなかで注目すべきは、宗教迷信に関する論評である。楊氏は次のように言う。中国農民は一九世紀末に侵入してきた帝国主義という新しい敵に対して、過去の経験、現存のスローガンでは対抗できなくなっていた。しかし、だからといって農民は落後した過去に属する階級であるから、新しい科学的な戦略方針を提出することはできない。ただ彼らの唯一の精神信仰、唯一の思想武器庫、つまり宗教に教えを請う以外になかった。しかし、この強大な敵に対して、一つの宗教とか一つの迷信だけでは立ち向えなかった。そこで、自然神、人間がつくりだした神、道教神、仏教神、神話神等々を崇拝の対象とした。また各種各用の英雄人物、つまり三国志の豪傑、西遊記の仙人、梁山好漢を守護神とした。更に各種各様の巫術の作法、喝符・念咒・焼香・卜銭・請神などを用いた。宗教迷信を総動員しなければ、最先進的武器（洋銃・洋砲）をもつ帝国主義と力があまりに隔絶していたため戦うことができなかったのである。農民が宗教迷信を用いなければ戦えない、蜂起できない、闘争を組織できない、そして闘争の終局では農民は必然的に敗北するという全過程を、一九世紀末という時代が決定したのである。

楊樺氏は、義和団の「設壇、設廠」「降神付体、刀槍不入」に象徴される「宗教迷信」を、ただ迷信だ、落後だ、蒙昧だといって王致中氏のように非難するのではない。帝国主義の武力とのあまりの隔絶をうめようとする、当時の中国民衆の苦闘のなかで理解しようとする。楊樺氏の目は当時の中国民衆の上に暖かくそそがれている。しかし、最後は、宗教迷信は必然的に敗北するのだ、といった義和団運動を研究するまでもなく自明な結論を引きだす。私は楊樺氏とは異なって、近代兵器（洋銃・洋砲）との火力の格差が直接に「宗教迷信」を呼び起こしたとは考えない。当面必要なものだから拡大再生産するといった機能論的解釈に賛成しない。もしそうなら、近代兵器の威力をはるかによく知っていた天津・上海・広東・北京で「宗教迷信」的反撃が起こるべきであろう。そうではなく、最も近代的兵器を知らなかった山東奥地の貧しい農民のなかから義和団運動は起こったのである。だから機能論では十分ではない。私は、帝国主義が奇蹟と万能の唯一神キリストの顔を伴って魯西南に侵入し、中国民衆の精神的アイディンティティーと村落社会の秩序・信仰を破壊しようとした、このことから、民衆の身体の神聖化（降神付体）と村落共同体の再建の運動が起こったのだと考える。外国（夷狄）の神キリストとの対決という契機なしに、また村落共同体の再建という運動なしに、義和団運動は決して起こりえなかった。楊樺氏は、義和団は宗教迷信に依存したからすぐ敗北したというが、義和団運動は一八九八年から一九〇一年まで、三、四年間も持続的に戦われ、その時間的長さは世界の反帝民族運動のなかで傑出しているのである。

陸景琪論文

1、朱紅燈に関する論文

一八九九年一〇月一一日、朱紅燈は平原県杠子李庄における官兵との戦闘の際、「天下義和拳興清滅洋」の旗をはじめて樹てた。朱紅燈のこの時の戦いと、続いて行った森羅殿の戦いが山東・直隷を震憾させ、義和団運動の本格的発展をおし推めたのである。

朱紅燈の義和拳は組織の上でも宗教の上でも白蓮教（とりわけ八卦教）の影響を強く受けていた。朱は一八九九年の秋に平原に拳場をつくる時、「明年は劫年なり、玉皇大帝は諸神に命じて下降せしむ」と宣伝し、白蓮教の劫変の思想を強く受けていたことを示した。しかし、一九世紀末は帝国主義と中国との矛盾が主要なものとなったので、朱紅燈の義和拳は、その鉾先を外国に向け、「扶清滅洋」をスローガンとし、清朝打倒をめざす白蓮教とは異なったものとなった。

白蓮教徒は一九世紀の後半、三つに分裂した。一つは、「真空家郷、無生父母」の思想を保持し清朝に反抗を続けた部分、一つは自己保身のためキリスト教会に頼り、キリスト教に改宗した部分、一つは反帝闘争をやる義和拳に加入して、教会や外国勢力を攻撃してゆく部分、以上の三つである。朱紅燈はこの最後の白蓮教の一派を吸収し、勢力を拡大していった。

さて、陸景琪氏は、朱紅燈は白蓮教の伝統的教義「反清復明」の思想を完全に投げ棄てたのではないとし、朱紅燈が「明裔」を称したり、「朱逢明」を名乗ったりしたこと、また「本明」を名乗った和尚がいたことなどを指摘している。このように朱紅燈らの中には、「反清復明」の白蓮教の伝統が継承されていたが、帝国主義と中国民族の間の矛盾が主要なものとなり、「復明」スローガンは時代に合わない古くさいものとなり、「扶清滅洋」スローガンに転化していったのだ、と説明している。「反清復明」が「扶清滅洋」に転化する原因を、主要矛盾の変化という大状況の指摘だけで説明する陸景琪氏の論理は充分とはいえない。この大状況の変化がもたらす、華北農村の構造変化、闘争主体の再編成、民衆組織の革命的改編を、理論的・実証的に明らかにするのでなければ、主要矛盾の転換が外在的契機にとどまり、闘争主体はこの外在的契機に対する機能的対応でしかありえなくなる。

朱紅燈の義和拳には「画符念咒、降神付体、刀槍不入」という神秘主義的宗教色彩があった。これらは清朝中期以来の秘密結社の伝統を継承するものである。朱紅燈の義和拳は伝統的白蓮教教義・神術のなかから再生復活した。この信仰・儀式は、義和団運動の基本的モチーフを形成した。以上のように、朱紅燈の義和拳信仰・宗教儀式のもつ決定的役割を明らかにしながら、陸景琪氏は（このような迷信と狂信が）「戦闘のなかで本来避けることができた不必要な犠牲を義和団に生じさせ、多大な血の代価を支払わせた」、「義和団の首領は一般に文化知識が乏しく、封建宗法の神権から厳重に拘束されていたので、秘密結社の神秘主義的宗教色彩を踏襲した。これは農民階級の愚昧、落後の階級的限界を反映していた」などと批判的に評価している。陸氏だけではなく一般に中国の歴史家は、よくこうした評価をするが、こうした評価は歴史の進化論的な進歩史観にもとづく表面的・外在的・政治的な評価である。このように見るなら、歴史はすべて進化し、発展するもので、過去に溯れば溯るほど歴史は低次なもの、愚劣なもの、落後的なもの、蒙昧なもの、未熟なものということになる。このような発展史観からは、未開社会の研究、文化人類学的視点、中世の発見、社会史的関心、農民理解などへの興味は全く生まれない。ただプロレタリア階級の登場とプロレタリア党の登場だけが、歴史の困難をすべて解決するという、現代では既に不充分であることが明らかになった神話をただ拡声器的にくり返す役割を果たすだけに終わる、と私には思える。

陸氏が明らかにした朱紅燈の義和神拳とその信仰・儀式が、なに故に一九世紀末の中国華北民衆の反帝闘争の基本的運動法則となったのか、それが解明されなければならない研究課題なのである。

2、山東義和拳の興起・性質・特質についての論文

陸景琪氏のこの論文は、まず一七六七年から一八九五年の間の白蓮教関係の起義を検討し、山東義和拳の歴史的系譜を明らかにする。そして、義和拳の組織には義気和合の意味があり、農民大衆の素朴な平等思想・互助思想の反映がある。拳場に加入するには師を拝して叩頭し、南に向かって誓いをたて、「入教免劫」の信仰を受け入れる等の手続きと儀式があった。義和拳には拳会と教門を結合する性格があり、これには「真空家郷、儒門弟子、五聖（無生老母」の秘密宗教の色彩があった。また義和拳は教門の羽翼たる武術結社となった、という。

ついで、一八九六年から一九〇〇年の間の山東義和拳の性質と特色を検討する。

①冠県の閻書勤、趙三多の義和拳闘争

義和団の反帝闘争は山東冠県一八村に起こった。ここでは一八六七年から二八年間にわたって、一般民衆とキリスト教民の玉皇廟とキリスト教会の壊し合いの戦いが続いていた。閻と趙とは、一八九八年一〇月三日に「助清滅洋」のスローガンを樹て本格的な反帝闘争を始めた。冠県一八村の義和拳は紅拳・梅花拳の基礎の上に発展し生まれたものである。この義和拳は最も早く「助清滅洋」のスローガンを提出したが、「焼香、念咒、喝符」などの儀式・信仰がなく、宗教・迷信の色彩が比較的薄かった。

②朱紅燈の義和拳闘争

冠県の閻書勤・趙三多の義和拳には宗教・神秘主義の色彩が薄かったのに対し、朱紅燈の義和拳（はじめは神拳と称

していた）は、「画符念咒、降神付体、刀槍不入」の儀式と信仰があり、楊戩・孫臏・馬武・張飛・孫悟空などを神とし降神付体させた。また、八卦教の影響を強く受け、組織もそれをまね、劫変の思想をも継承した。

以上の陸氏の考察は義和団運動形成過程について重要な問題を提起している。大刀会、冠県義和拳、平原義和拳という三つの段階をたどり、朱紅燈の平原義和神拳にいたって、「画符念咒、降神付体、刀槍不入」という義和団運動の基本的性格が誕生した、ということである。大刀会は民衆の武装結社による教会・教民に対する本格的攻撃の道を拓き、冠県義和団はキリスト教の侵入に対抗して玉皇廟を村に再建し、村落を反帝の砦にし、また民衆諸神の復活による村落共同体を砦にした民衆精神の再生、民族的アイディンティティーの確立をはかり、「助清滅洋」のスローガンを提出する段階を切り開いた。そして、朱紅燈の義和神拳にいたって、義和団運動の基本性格が完成した。このような三段階的発展を大刀会、義和拳、義和神拳のそれぞれが証明しているのである。陸氏のこの論文は、義和団運動の段階的把握に大きな貢献をした。しかし、陸氏は、朱紅燈の義和神拳こそが義和団運動の性格・特質を生みだし完成させたといいながら、すぐ続いて先の論文と同じ結論、つまり「画符念咒、降神付体、刀槍不入」は、農民小生産者の愚昧・落後の表現であり、限界だったと断罪するのである。私は逆にこの信仰と儀式こそが、義和団運動を全国的な反帝愛国の闘争に高揚させたのだと考えるのである。この場合、上記の信仰・儀式が華北の「自然村落」共同体の革命的再生という重大な運動路線と固く結合して行く、いやこの再生の精神的な決定的契機であった、という私の理論を展開しなければならないが、後に詳しく行いたい。

陸氏のこの論文は、朱紅燈の義和神拳の決定的位置を明らかにし、これが大刀会・冠県義和拳とは異なって、白蓮教の伝統を信仰・儀式・組織等の面で受けつぐ、変革的力を持っていたことを発見しながら、白蓮教が換骨脱胎されてゆく際に、決定的に重要な契機となる、自然村落共同体の革命的再生・再建・蘇生の契機を全く視野に入れない。

ここに重大な欠点があると評することができる。ただ陸氏は、階級矛盾から民族矛盾に主要矛盾が変化したとしか言わない。運動形成の理論と運動発展の構造的把握の視点が弱い。だから、「降神付体、刀槍不入」をただ落後的なもの、限界・迷信としか評価できず、運動の敗北の原因とするだけに終わるのである。

陳湛若論文

陳氏によると、義和団は、もとは義和拳と称し、白蓮教から分かれた八卦教の支流である。とりわけ八卦教の中の一つ離卦教に属していた。陳氏は、清朝中期の義和拳が起こした三つの事件と義和団運動高潮時の儀式・信仰の特徴を考察して、上記のように、義和拳は八卦教のなかの離卦に属すと主張する。陳氏によると、義和拳の「念咒学拳」、「降神付体」の信仰と儀式は、白蓮教の迷信の遺産を受け継いだものであるが、「降神付体」という形式はまだ乾隆年間には出現していなかった。また神拳という神的威力をもつ義和拳が歴史の上に多く登場するのは、乾隆三〇（一七六五）年の浙江省鄞県の神拳、乾隆四二（一七七七）年の河南省商邱県の神拳会、乾隆四三（一七七八）年の山東省冠県の義和拳を嚆矢とする。こう見てくると神拳＝義和拳は乾隆時代の初めに生まれたのであろう。以上のように推定した陳氏は、次にどのような社会的背景のなかから生まれたかを考察し、ついで義和団と一七七四年に起こった王倫の清水教（白蓮教に属す）との類似に着目する。両者は、「学習拳棒、習拳誦咒、神霊付体、英雄諸神崇拝、不避槍砲、不畏槍砲、神女崇拝（女性の活躍・威力発揮）」などきわめて共通の特色をもっている。こうして、陳氏は、王倫が義和拳徒であったと推測する。陳氏は義和拳（→義和団）の源流を、一七七四年の王倫清水教に発見しえると考えた。

この陳氏の「義和団源流考」のなかに、中国で盛んな源流論の典型的な性格を我々は発見できるのである。形態・性格の類似なものを過去の伝統のなかに捜して、その根源を発見できたと考えるのは、考証ずきの中国学者の得意とするところである。しかし、こうした親捜しは、遂に親の発見以上に出ることができない。親子はよく似ているが、親は決して子になることはできず、子も親に変身することは不可能である。義和団運動は、確かに白蓮教反乱の伝統（世界観・形態・儀式・信仰・運動）のなかから生まれたものであり、この親なくして子（義和拳→義和団）は決して生まれなかった。しかし、義和団は義和団固有の運動法則を発見して、はじめて自己の主体を確立したのであって、親捜しは親の発見それ以上でもそれ以下でもなく、子の生涯の運動・運命の代理の役を演ずることはできない。多くの中国学者の義和団源流論の決定的な弱点は、親捜しに熱中して、義和団運動形成の固有の論理と発展法則の解明を忘れてしまうことにある。だから、多くの中国学者は親子の違いを、親は家の中の泥棒（清朝）を敵としてきたが、しかし、子は外からやってきた恐るべき新しい泥棒（帝国主義）を敵にしなければならなくなった、つまり主要矛盾が変化したので、敵が変わり、闘いのあり方も変わらざるをえなかったのだ、というように説明するだけである。これでは「反清復明」と「扶清滅洋」という二つのスローガンの相違を、ただ文字づらから解釈したにすぎない。義和団運動という固有の運動の、その主体形成の内在的論理と段階的発展過程をこそ明らかにしなければならない。

李世瑜論文

義和団はもとは義和拳、あるいは義和門とよばれており、義和拳・義和門の来歴を知ることは義和団理解に重要である。こうして李世瑜氏は義和拳の源流にさかのぼり、義和拳＝梅花拳という説をたてる。康熙年間に武探花となった楊丙が梅花拳の初代、二代は斉大壮、楊四海の代、三代は唐恒楽、王倫などの世代、四代目は馮克善、そして一八九六年に山東冠県で反教会闘争をおこなった趙三多は第五代にあたる。この趙三多は梅花拳を義和拳と名を変えた。この義和拳＝梅花拳は、嘉慶年間にその宗教的活動を強め、「供奉神像、習念経巻、持誦咒語、焼香磕頭、坐功運気」

などの宗教要素を強く持つにいたった。この義和拳は白蓮教系の各派と結合し、その組織・宗教を吸収した。義和団は玉皇大帝・関聖帝君・観音・済公・達摩・托塔天王・南極仙翁を崇拝し、自らを神兵となし、敵を妖魔・鬼子と称し、その決戦の日の到来を「大劫臨頭」と宣伝した。これらの特徴は、白蓮教の教義・信仰そのままであり、義和団がいかに白蓮教と深く関係していたかを示している。しかし、国家と民族の危機を救わんとして広大な人民大衆の層が参加するに至り、義和拳の宗教作用は最低限度にまで低下した。義和団反帝運動は、王倫清水教の反乱、嘉慶白蓮教の反乱、林清・李文成の天理教の反乱など、清朝中期以来の白蓮教反乱の新しい時代における継承であった。

以上が李氏の主張の大要である。李氏は清代の宗教結社・秘密結社研究の第一人者であり、きわめて豊富な知識をもっている。しかしながら、義和団運動を源流論で解明しようという試みの限界を、この李氏の論文も示している。つまり、義和拳・梅花拳・清水教・天理教・白蓮教・諸拳会などの関係は、所詮系譜論の論理を越えることができず、総て人的関係図で語る以外にないからである。義和拳＝梅花拳というのが李氏の仮説の中心であるが、源流論は人と人の系譜論としてしか展開されえないので、最後は不明・不詳の壁につきあたる。また、これは李氏ばかりではないが、義和団源流論者が、義和拳・大刀会等の拳会、白蓮教諸派等の固有の性格、固有の存在領域を確定せずに、「義和拳」という名称があれば同じ系譜のものとして関係づけて行くやり方に疑問を感じる。無数にあった諸秘密結社が一〇〇年以上も自己の流派と固有の性格を守り通すといったことがあったであろうか。各派ともそれほど厳密な流儀・流派・教義・武技の系統を確立していたとも思えない。かなり大雑把で融通無碍な関係が、各結社・会派にあったように思われるのである。たしかに「邪教」とされた白蓮教の名門には血統が重大な役割を持っていたが、どちらかというと拳棒結社は出入りが自由で、あまり厳密な組織伝統を形成したように思われない。拳会の名称だけ同じなら同じ系統に属す、同じ系譜に属すというように考えるのは、厳密ではない。同じ義和拳という名称を名乗っても、人も思想も武技もまるで違うということがあったのではないか。

方詩銘論文

義和団の前身の義和拳は、白蓮教と深い関係をもっていた、とりわけ白蓮教の支派八卦教のなかの離卦から出たとか、離卦と深い関係があった、というのが中国学者の一般的結論になっている。しかし、方詩銘氏はこの常識に真向から反対し、義和拳と白蓮教は互いに相い入れない仇敵であったと主張する。証拠として、彼は一八一三年に山東省金郷県で八卦教の蜂起があったとき、金郷県令呉堦は義和拳の徒を官憲のもとにだきこんで、これを使って八卦教徒を殺した例と、山東のある地方で義和拳という党派を人々がつくって、教匪に抵抗した例の二つをあげている。更に義和団文献を検討して、義和団の信仰は仏教である、そこには白蓮教の「真空家郷、無生父母」の信仰は全くない、北京義和団は白蓮教徒（実は濡れ衣であったが）を憎み多数殺した、等々の説明を行っている。これらごく少数の「義和拳」の反白蓮教の事例だけで、方詩銘氏が主張するような「義和拳は白蓮教の敵であった」と言えるだろうか。地主や地方官憲が、義和拳という拳棒の結社をつくって反革命の武装勢力として利用したり、ある拳棒の徒が勝手に義和拳を名乗っていたところ白蓮教徒と争いを生じたり、あるいは又伝統的な義和拳の一派が独立して、無節操の単なる武装勢力に変質したり、そうしたいくつもの可能性が考えられる。義和拳を名乗る組織が白蓮教と敵対したからといって、「義和拳と白蓮教は仇敵の関係」にあったと断定することはできない。方詩銘氏の主張は論理的つめが甘いため、実証が実証たりえない水準にとどまっている。義和拳云々という史料がでてくれば、皆同じ義和拳として一律に論ずるので、現象の数だけ義和拳定義が生まれるのである。こうして、義和団と白蓮教の深い関係を主張する論者とそれに真向から反対する方詩銘氏のような論者が生まれるのである。方詩銘氏はそうした自己の論証と論理の弱点、あいまいさを知っていたのか、この論文のなかで、義和拳と白蓮教は組織上は全く異なっている別のものであったが、一九世紀の反帝闘争のなかで互いに浸透し合い、影響し合い、学びあった、などと論文の主旨と全く矛盾することを一方で主張することになった。現象の数だけ評価が生まれ、それぞれの評価（性格規定）が矛盾し合う、源流論の典型的な弱点をこの論文は示していると思う。

陳貴宗論文

陳氏は、これまでの義和団評価を二つの主張にまとめる。一つは、義和団は白蓮教に源をもつ八卦教の一派であり、民間に流行していた拳術結社と白蓮教を信奉する人民大衆を基礎として発展したものである、という説。もう一つはこれに反対して、義和団は白蓮教と関係がない、当時北方の民団であったものを、清朝が官辦の団練に改変したものである、という説である。陳氏は義和拳・民団・義和団のそれぞれの性格と関係を明らかにしようと試みる。彼によると、義和拳は反封建闘争の伝統をもつ農民を主体とし、都市と農村の手工業者・運輸労働者・行商人・貧民・僧尼道士を基本的参加者とする結社で、梅花拳・大紅拳・神拳・紅拳と近いもので、共に反清活動をやってきた。一九世紀の末に滅洋の闘争に入ったが、反清活動を完全に放棄はしなかった。義和拳内の分子は比較的雑多で、白蓮教・八卦教の分子も入っていた。また権力者と妥協することも富人が参与することも時にはあった。義和拳は壇（あるいは炉・廠）を単位とし、入壇には儀式が、組織には八卦の支派があった。多神教を信奉し宗教を連帯の中帯とした。また均糧のスローガンを持っていた。のち、義和拳民は義和団と改称したり、義和団に続々参加した。また一部のものは、反帝反封建を行い、清朝から「拳匪、刀匪、杆匪」とされ弾圧を受けた。

次に民団について。民団は歴史上封建勢力が自己の権力と財産を維持し、農民反乱を鎮圧するためにつくるものである。しかし、民団は封建勢力に反抗し農民の利益を守るものに変質することも多く、一九世紀後半、民族矛盾が空前に高まったとき、一部の人々は「自ら団練をつくり、借りて以て自家を捍衛し、キリスト教民の欺侮に抵抗し」、外国の侵略に反対し、自ら進んで壇を設け拳を練し義和団と改称した。また逆に一部の民団は、義和拳・義和団に反対し、袁世凱の手下になって義和団員を殺したものも多数あった。

では義和団とはなにか。陳氏は主張する。義和団は拳会、民団（＝郷団）のどちらとも似ているが、そのどちらとも全く同じというわけではない。義和団は義和拳などの農民結社と地主民団の一部との暫定的な結合と見なすことができる。しかし、それには合体と離反の複雑な過程があった。義和団という名称は一八九八年に生まれたことは間違いないが、しかし咸豊、道光年間の「義和団」という名称の組織の継続ではなかった。義和団は、民族危機が絶頂に達したという特殊な歴史条件のもとに、義和拳と民団という、この本来性質の異なった組織が広泛に結合して出来た新しい型の反帝愛国の団体なのである。だからこそ官側のある人々は、これを邪教として弾圧を主張し、逆にある他の人々は、良民で身家を自衛するもので謀反をたくらむことはないと弁護した。一九〇〇年の夏に入り、清朝が義和団を義民と認めてから、官僚や地方官憲・地主が主導する多くの「官団」も形成され、政府や地方官僚・地主の命令を受けつけない「私団」と混合した。こうして、多くの不純物を含んだまま、一九〇〇年夏の頂点を迎えたが、天津・北京陥落以後は、一部の真正義和団だけが残り、抵抗を続けたに過ぎなかった。

以上陳氏の「義和拳と民団という相反する性格の民衆組織が広泛に結合して質的変化をとげ新しい義和団組織になる」という、かなり特異な説を紹介してきた。この説は陳氏固有の独特の学説であるが、あい矛盾するものの弁証法的合体と新事物への止揚という運動理論で、この混沌とした義和団運動を把えようとした独創的な学説である。しかし、まだ反封建の「義和拳」と地主的武装・自衛組織「民団＝郷団」の〝広泛な結合〟といった、現象論の段階にとどまっていることに限界がある。しかも義和拳と民団という相反するものがどうして結合しなければならないのか、というよりも、結合しなければならない必然性が運動論として出てこないことが決定的な弱さである。

私は陳氏の説に賛成するものではないが、陳氏の問題提起を次のように受けとめたい。義和拳（団）の誕生は、帝国主義とその神に対抗する、人民の武装化が必要であったことを示し、民団の革命化は、キリスト教会と教民に占領されつつある村落の自衛化・砦化を人民が要求していることを示している。しかし、陳氏がいうように、義和拳と民団がそのまま合体するのではない。民団が革命化するためには、村落内のヘゲモニーを下層貧農が掌握し、地主・郷紳・無頼漢を追放しその権力を無力化しなければならない。ただ民団がそのまま革命化し、反帝反教会化することはありえない。白蓮教の革命的伝統をひく義和拳（団）と、一般には地主権力の側に立ってきた民団という、相反する二つの組織が革命的融合を遂げるためには、義和神拳（梅花拳・紅拳・大刀会・神拳など）の中から、拳師・大師兄・老師と呼ばれる人民的指導者が、外部から村にやってきて、玉皇大帝・関帝廟等の聖地の場に、壇を設け、拳場をつくり、降神付体の儀式（生命を吹き込む儀式）を行うことが必要であった。ここで村の主導権は地主から貧農に移る。義和拳師は村々に神の力を吹きこみ、また次の村へと移動してゆく。逆に、村民は民団にみられるように、村落自衛へと凝縮して行かない。このように義和団運動は、義和拳と民団に象徴される、二つの異なったベクトルをもつものの統一であり、その統一のなかに生まれる矛盾によって相い反する力が作用し、その作用によって、運動増大（義和団の村々への増殖）のエネルギーがあたえられているのである。陳氏の説を私の理論（義和団運動の法則論）によみ替えれば以上のような説明になる。

程嘯論文

この論文は義和団掲帖（義和団の宣伝・宣言を掲げたビラ）を分析して、義和団の宗教・思想を分析研究したものであり、義和団運動の特色である(1)刼の観念、(2)多神教と降神付体の風習、(3)真主信仰等を分析、研究した。そのなかで、義和団の宗教思想の中心にある〃刼〃の内容は、白蓮教の深い影響のなかから生み出され、再生されたものとした。多神崇拝と降神付体の風習は、白蓮教系諸派のなかに見られ、時には関帝・楊業・秦琼・金剛・掲諦・哪吒・孫悟空が崇拝された。また、白蓮教は神々の「臨凡」をよく宣伝する歴史をもっていた。「降神付体」の信仰は、多くの民間教門や巫師方術のなかにも色濃く流れていたし、武術集団のなかでも神秘主義的色彩をもつ義和拳と神拳には、「学拳誦咒、聖母降身、刀槍不入」（乾隆時代の義和拳）、「以符水伝教、有神付体、自能舞弄拳棒、治病治瘡」（乾隆時代の神拳）などの超能力信仰があった。このような信仰は他の諸教門・秘密結社にも大なり小なり存在するか、あるいは伝播し一般化していた。日清戦争後、山東におこった義和拳・神拳会・大刀会・紅拳会は反侵略の共同目標のもとに融合していったが、一八九九年後半期、魯西北と直隷・魯交界に活躍した朱紅燈の神拳こそがその融合を完成し、義和団運動の骨格を完成したのである。

義和団運動形成過程において朱紅燈の神拳のもつ革命的な位置、決定的役割をこれほど明確に述べた人は、この程嘯氏以外にいない。ではいかなる理由で程氏はこのように断定するのか。理由は、(1)神拳は乾隆時代から「仏法護衛、刀槍不入」の信仰をもち、組織はゆるやかであった。日清戦争以後、多くの貧農と遊民がこの神拳の中核となり、各地を転々として流動的に戦う組織となったこと。(2)神拳は他の拳会のように規則にもとづいて武術を練習するのではなく、自ら拳を誇り自ら神授したので、婦女子も皆拳を学び、下層人民大衆の切迫した民族危機に追いつめられた人々をすばやく吸収しえた。(3)神拳は神術をもっていたばかりか、人民大衆によく訴えるスローガン、人民によくわかる説話形式で語った。以上が程氏の主張である。私は程氏が強調する神拳の決定的役割を認めるものである。しかし、程氏とは違って、神拳の決定的役割は、「設壇（設廠）、降神付体、刀槍不入信仰、扶清滅洋、大師兄＝弟子関係」という義和団運動の中核的運動様式を一つのセットとして確立し、これを反帝愛国の路線に結集しえたことであると考える。上記の特質＝様式のそれぞれはすでに、清朝中期以来の白蓮教・八卦教や諸拳会・諸秘密結社のなかで生みだされ広められたものであるが、一つのセットとして純化し、人民大衆の反帝闘争の運動のなかにもちこみ、それがその後の義和団運動の中心的形態・様式・構造となったという意味で、朱紅燈の義和神拳の決定的意味を、私は主張したいと思う。

さいごに程氏は義和団の真主思想を論じ、白蓮教は無生老母・弥勒・弥陀等の降臨を信じたのに、義和団は釈迦・玉皇大帝・明主・聖君・真龍・牛八などを信仰するだけだから、両者の間には質的な相違がある、と主張する。氏は、義和団は白蓮教の真主降臨、反清復明、劫変の思想を受け継いでいるのだとし、白蓮教の「弥勒仏、無生老母」にだけ真主を限定しなかったのは、華北の実に多くの「会、社、団、門」がこの反帝の流れに合流し、白蓮教だけの狭い宗教観を越えた全人民・全大衆の全体がかけられていたからだ、とした。そして、義和団はこれまでの民間宗教の遺産の全体、その経験・教義・宗教の総体を復活・再建して反帝闘争を戦ったのだ、と主張する。つづけて、歴史工作者の仕事は、義和団の迷信を簡単に暴露したり問責することではなく、歴史をもって迷信を説明することだと強調した。こう言うだけあって、程氏の義和団の宗教・思想・儀式に関する分析・解釈は深く、思考は柔軟であり、主張は説得力をもっている。

金沖及論文

この論文の目的は、義和団と白蓮教はいくらかの関係があったが、両者は決して同じものではないことを主張することである。義和拳は「拳」であり、白蓮教は「教」である。前者は練拳団体で身体を鍛錬し身家を防衛する、大衆的な公然組織であるのに対し、後者は謀反をたくらみ秘密活動をおこない、入会にも厳密な手続きが必要な革命的宗教組織なのである。金氏は義和団を白蓮教の後身と見なすことに反対して、この論文を書いたのであるが、このような二者択一的に狭い関心で問題を提出しても、面白い結論が出るとは思えない。それで、金氏の論証過程は省略する。

ついで氏は、冠県梨園屯の趙三多の梅花拳の闘争（A）、曹州大刀会の闘争（B）、朱紅燈の茌平・高唐・平原の闘争（C）、以上の義和団運動形成に重要な役割を演じた三大闘争の特色を整理している。

A 趙三多は梅花拳であるが、梅花拳には起義の歴史なし。趙が梅花拳衆を率いて教会を攻撃することに反対する老拳師がいた、それで趙三多は梅花拳を義和拳と改めた。この趙三多の義和拳には宗教行事も迷信要素も無かった。趙三多は最も早く「助清滅洋」のスローガンを出した。「助清」としたのは、こうした方が国家の弾圧を受けないとある獣医が教えたからである。趙には白蓮教との関係全くなし。

B 地主・富農が中心の連庄会的組織。大刀会は土匪・流賊から地主の財産を守る目的をもっていた。大刀会は「練刀」が目的であり、大刀会を創った劉士端が招いた師は白蓮教徒で「敬神付体」の術をやったが、曹州大刀会が白蓮教に変質することはなかった。大刀会は初めは土匪に対決したがのち教会と争うようになった。

C 朱紅燈の義和拳は神拳といった。「興清滅洋」のスローガンを提出。拳師伝授の儀式を始めた。平原の森羅殿の戦いで有名となる。

金氏は各闘争の特徴を以上のようにまとめて、Cの「興清滅洋」はAからCに伝わり、「練拳、迷信手段、拳師伝徒」はBからCに伝わったと推定している。これでは、Cの朱紅燈の神拳の独自の位置・役割が理解できない。金氏とは異なって、冠県梨園屯闘争の閻書勤の「神助義和拳」と白蓮教との深い関係を主張するもの、Bの劉士端が招いた白蓮教徒の師の宗教宣伝の役割を高く評価するもの、Cの神拳の独創的作用を強調して、ABとCとの間に決定的相違をおくもの、等々様々の説をとくものが多い。しかし、金氏のこの論文では、こうした多様の解釈・学説を自説で完全に克服できない。A、B、Cを比較して、似ているところと似ていないところを区分して、関係図表をすぐ作るようなやり方には問題がある。

程歗論文

この論文は副題を「義和団源流論証側記」となし、数ある源流論文のなかでも系譜論・人脈論の考証において本格的な源流論文である。結論だけを紹介すると、義和拳はすでにその初めの乾隆時代から一般の民間拳社とは性格を異にしていた。義和拳は「邪教」がその外郭に組織した拳会＝拳教として存在し活動していた。これは八卦教（清水教を含む）を崇拝する武術結社とみなすことができ、信仰・行動において、八卦教と密接な関係をもっていた。また義和拳と義和教門とは、宗旨が異なり、活動方式も違い、反抗性も差があり、両者は全く別々の組織であった。ついで程氏は拳会から義和団の形成にいたる過程を次のように素描する。義和団源流論の「白眉」ともいうべき、この部分は全文翻訳する。

乾隆、嘉慶両代の農民戦争のなかで、八卦教と民間諸拳会は多様な形式と様々な連係をうちたてた。いくつかの拳会（あるいは拳種）は八卦教から利用され吸収された（例えば梅花拳・六趟拳）。ある拳会は漸次宗教的色彩をもつ組織に改造された（例えば一部の紅拳会）。八卦教の民間拳会の吸収・改造の結果、他と異なった義和拳が生まれた。義和拳は拳術としては民間の諸拳術が融合し、神秘化したもので、梅花拳が義和拳の武術の淵源であった。義和拳は拳会としては教門の武術集団に属すもので、紅拳会・虎尾鞭などはこれと同じ類のものであった。先に述べた教門と拳会の間の重層的な結合関係は、多くの複雑な宗支を生みだしたが、しかし一方ではそれが統一に向かう秘密結社を進化発展させた。これらは北中国の多くの地区に分布し、互いに立ちあがっては、封建末期の腐敗した政治に反抗した。これは中国農民戦争史上きわめて特色ある運動形式であった。

清朝前期のこの種の教門と拳会の関係を考察することは、それらが後に組合わさり変化する様子を理解する助けとなる。宗教化した武術結社は、道光期以後だいたい二つの発展の方向があった。

一つは、教門の拳会が民間の拳会に変わる方向である。乾隆、嘉慶の両期の教門に対する残酷な弾圧を経て、相当の数の拳会が秘密宗教から離脱し、公開・半公開の社団を形成した。たとえば、道光期に山東の曹州・兗州の各地において「拝盟」の儀式をもつ紅磚会が生まれた。それらは宗教のベールを脱いだが、依然として「好勇闘狠」（暴力を好み）、「滋擾閭閻」（郷村を騒がす）をなし、支配者から「匪会」（非合法組織）とみなされたが、しかしいわゆる「邪教」とは異なっていた。また、ある紅拳会は郷団（自警団）を組織した。太平天国と宋景詩が反乱を起こしたとき、山東館陶県のある紅拳会は「護城勇」（地主・金持の用心棒）となり、農民運動とは違った異分子となった。山東学術界が義和団源流を調査した、その年、少なからざる事情に通じていた人々が、紅拳は白蓮教の組織ではないと言ったが、これは紅拳会の後の複雑な変化と関係がある。一部の義和拳にも変化が発生した。それらは宗教的色彩をもつ活動方式を変え、すでに「邪教」と同義語になっている拳名を改めた。一八九八年に張汝梅が総督署に宛てた公式文書のなかで、直隷・山東（魯）交界一帯の拳会の変遷の歴史に言及し、「蓋し梅花拳、本名義和拳なるものは、直隷・

山東交界の各州県の辺鄙のところにある。人々は強く武を好み、平生多く拳技を習っており、それぞれ身家を防衛し、互いに見張りをたてて助け合っている。この拳技を習い伝えるものは既に多く、遠方にまで伝播し、河南・山西・江蘇等の省にも転伝し互いに気脈を通じあっている。毎年春二、三月には、（拳民が）演武の競技をやり『亮拳』と名づけている。郷間ではこれを梅花拳と見なしている」と書いている。これにより、冠県・威県一帯の義和拳は、すでに従来密接な関係のあった梅花拳と合体して一つの拳会になっていたことがわかる。この梅花拳会は「各保身家、守望相助」のスローガンをかかげて公然と活動し、「声気広通」（気脈を広く通じあう）し、伝播している地区はすでに乾隆、嘉慶期のそれを超えていた。

さて第二の方向は、ひき続いて八卦教に従属し、「念咒学拳、一如前法」（咒文をとなえて拳を学び、一切前の法のごとし）と、その性格を変えない道であった。それらは流伝過程のなかで、その他の民間結社、例えば神拳会・金鐘罩等としだいに融合し、その神秘主義の色彩もいよいよ濃厚になった。道光中期、山東曹州府の李芳春の離卦教、山西趙城県曹順の先天教が、つまりこの典型的な例である。李・曹の両教門は、ともに嘉慶年間の清河県の著名な離卦教教首劉恭から伝えられた。しかし、この二つの教門の活動内容には、以前の八卦教が明らかに持っていなかった新しい性質がつけ加わっていた。離卦の総教首李芳春は、「文・教二門を倡立し」、文教で気（精神）を練り、武教で拳を練し、「并せて小説の封神演義のなかの人物の名で教門の人々を呼んだ。例えば、教中の人々を哪吒・姜子牙・土行孫等の「転世」（生まれ変わり）であり、「前生にすでに来歴があるので劫数（終末の日の劫難）から救われる」と言った。先天教首の曹順も、「教中の人には、均しく前世に来歴がある——例えば海瑞・徐庶・魏延等の転世である」などとでたらめを言い、拳棒を伝え、「法術があるのでよく火器を避けることができる、槍打（武器の攻撃）はこわくない」と宣伝した。歴史上あるいは小説上の人物の「転世」だという説教を考えてみると、こうしたやり方は神拳に始まるものである。乾隆三〇年（一七六五）、浙江勤県の神拳会の首領が自分を「李元覇の転世とし、秦琼がひそかに拳棒で助けてくれる」、「自分には仏教の守りがあり」、「多くの敵を防ぐ」と宣伝した。道光年間になって、神拳はすでに直隷・河南等の省に入り、いま一歩進めて「祖師」、「神道」を付体させ「神言を創作」し、拳棒を演習する、という風習を生みだした。神拳のこの活動方式は、八卦教の拳会に影響をあたえた。李芳春等の組織は、八卦教の信仰と神拳の風習がしだいに融合しきたったことを示している。

さて、八卦教の武術結社が神拳と金鐘罩を吸収したのは、近代化された武器に抵抗しようとする試みと関係がある。嘉慶年間、義和拳にはすでに「鉄盔（鉄のカブト）、鉄甲（鉄の鎧）、鉄連衣（鉄かたびら）」という咒語があり、金鐘罩の法術を学ぶ教門拳師が現われてきた。近代的火器がしだいに広がるにつれ、教門のなかに呼吸をととのえることを練習する風習がしだいに盛んとなった。日清戦争前後に、熱河の金丹道と魯西南の坎門大刀会は、反教会・反圧迫の闘争をおこなうために、濃厚な迷信の形式をとって金鐘罩の術を一般会衆に推し広めた。そうして、「教に入り術を習えば、よく刀兵の劫難を避けることができ、槍砲でも身体を傷つけることはできない」と宣伝した。蜂起するものは八卦をしるしとなし、「剣を取りて術をおこない、あたかも狂気のようであった」、「神仏の札を飲み、拝磚、排刀の咒法をおこなった」。これらの組織は思想・活動の面において、上から承けて下に伝えるという、清代前期の宗教化された武術結社のやり方の歴史の延長線上にあった。また、それは将に起こらんとしていた義和団の若干の特徴をすでにそなえていた。こうして、金丹道と大刀会の蜂起は、八卦教の反封建闘争から義和団の反侵略運動に到る二つの歴史の結節点となった。

最後に義和拳について論じよう。道光期以後、八卦教はいぜんとして「咒語と拳棒を伝授する」風習を持ち発展させていた。同時に、義和拳は名を「梅花拳会」と変え、下層社会にひき続いて伝わっていた。この八卦教と義和拳は、義和拳が新しい歴史条件のもとで再び頭角をあらわす準備をしていた。一八九八年、威県の梅花拳の首領趙洛珠（趙三多）は、冠県で紅拳を学んだ閻書勤等と連合して、反洋教の蜂起をおこない、かれらの組織名を再び義和拳と改めた。この蜂起が義和団運動の発端になったのである。

義和拳は反侵略闘争のなかで、大衆に呼びかけ組織を大きくするために、すばやく再び教門と結びついた。しかし、八卦教は道光以後に多くの新しい成分を吸収していたので、義和拳が八卦教によって着飾った宗教的言葉と服装には巨大な変化が生じた。一八九九年一〇月、朱紅燈が平原・茌平一帯で、大々的に「天下義和拳」の旗をかかげた時、この義和拳と八卦教との結合はすでに基本的に完成した。朱紅燈は一方では先に述べた李芳春のような離門信仰と神拳の風習を継承し、また一方で金丹道・大刀会があまねく受け継いできた金鐘罩の術を吸収した。ここに至って、「諸神下降、解災救劫、符咒、付体、習拳、扶乩、刀槍不入」等の儀式と風習が渾然一体となった。ここにのち各義和団がみな広く信奉する神秘主義的活動方式が形成されたのである（『義和団運動史討論文集』五七〜六〇頁。訳文中のカッコ内は訳者の注釈である）。

以上ながながと程氏の論文の一部を詳しく紹介してきた。この論文は、いわゆる源流論の分野と方法とで義和団形成過程を探究してきた諸論稿のなかで最も詳しく、本格的なものであるばかりか、教門史・拳会史の分野から義和団運動形成過程に徹底的に迫った第一級の仕事である。恐らく、白蓮教系の諸教門間の関係、教門と諸拳会の関係、諸拳会どうしの関係、影響等は、実際は、程氏が論証したよりはるかに複雑・多様・重層化したものであろうと思うが、程氏の源流論を貫く分析と全体的把握は事態の推移を正しく見ているように思う。きわめて説得力をもっていると感じた。ただ、源流論というものは、ある人物を理解するのに、その遺伝子の系譜を先祖数代にさかのぼって研究するようなもので、八卦教や義和神拳を民衆運動の形式とせざるをえない運動の、全構造と運動の主体的契機の追及が欠落してしまうという感を、ここでもぬぐい去ることができないのである。

朱紅燈の義和神拳が完成した「天下義和団」、「興清滅洋」、「諸神下降、解災救劫、符咒、付体、習拳、扶乱、刀槍不入」の儀式・信仰・スローガンが、どうして義和団運動の基本的運動形式になるのか。現象としてそうだったのだ、というところまで程氏源流論は迫っているが、まだ内在的理解に達していない。当時の中国、とりわけ華北の人民大衆の直面している課題は、キリスト教の村々への侵入に対抗する民衆諸神・民族英雄の復活・蘇生、村落共同体の革命的再建、個々人の超能力の獲得、帝国主義の撃退等々であった。しかし、それを国家権力が、政治や外交、戦争等で行うことは、アヘン戦争以来の敗北の連続によって不可能なことが歴史的に証明されていた。義和団運動があれだけ燃えあがり広く深く闘い続けられた原因は、八卦教や義和拳が培い、広めた革命的伝統が、中国民衆（中国「常民」）の「民俗」の反乱となりえたからである。いま中国「常民」の「民俗」の反乱という概念を使ったが、中国の学者は民間信仰・風俗・習慣・習俗・民間儀式・神話・民話・俚諺など、民衆の日常的生活に根ざしたものを、小生産者農民の落後性・蒙昧性を示すもの、あるいはマルクス主義によって克服されるべき宗教・迷信のたぐいといって切りすてる傾向をもつ。私はこれに異論を提出しようと思ったからである。階級意識とか民族意識とかは、「民俗」にまで深く根を下さねば有効ではなく、あるいはまた「民俗」によってたやすく解体・変質されてしまうものなのである。帝国主義が武力と神を一体として侵入してきたとき、華北の辺境の人民大衆は白蓮教と義和拳とが培ってきた革命的伝統・遺産を「民俗」の反乱という深さにおいてうけとめ、自然村落を「設壇、設廠、降神付体、練拳」等によって祭の世界に変革し、「常民」が非日常の冒険の世界に英雄、神として旅立つことが出来るというモチーフをつくりえたが、それ故に、義和団運動はあれほどの速さと広さに拡大・増殖できたのであった。

路遥論文

この論文は上に紹介した程氏の源流論に劣らない優れたものである。路氏によると、一八九六年の曹県・単県で活躍した大刀会の反キリスト教の闘争が山東義和団の先駆であり、趙三多・閻書勤の冠県での闘争と朱紅燈の長清・茌平・平原での闘争（神拳）の二つは、義和団運動を形成した二大中心・二大組織であるという。程氏とは異なって、路氏は大刀会は白蓮教の宗教思想・儀式と深く結びついており、金鍾罩の術（喝符念咒、排刀、排磚、運練気功、刀槍不入）をもっていた、と強調する。冠県義和拳（梅花拳）には白蓮教の思想や儀式の色彩は全くない。神拳の朱紅燈は白蓮教の名号である天龍を号称し、八卦教の離卦の特徴・形式を受け入れ、反清復明の思想を受け継いだ。朱の神拳は、一八九九年以前は「降神付体、画符念咒」の信仰があったが、「排刀、排磚、運気気功」の信仰・儀式はなかった。これらは、一八九九年に曹州大刀会＝金鍾罩から受け入れたものである。

次にさかのぼって義和団の最初の先祖（源）について。乾隆、嘉慶時期の農民闘争が紅拳・神拳・金鍾罩（大刀会）・義和拳の拳会組織と八卦教の各教門組織との結合によっておこなわれたと同じように、義和団運動もこの両者の結合によって生まれ推し進められたと考える路遥氏は、乾隆、嘉慶時代の義和拳・梅花拳・八卦拳・紅拳（紅磚会）・鉄布衫・金鍾罩・順刀会・虎尾鞭等の拳会と、収元・八卦・大乗・清水・清茶門等の邪会との関係を分析し、両者のそれぞれが合体し、融合し、連合し、分裂し、乗り変わる等々の紆余曲折を経ながら、深い関係を結び、一九世紀末の義和団運動を形成していく過程を明らかにした。

私は、義和団運動がたちまち華北を中心とする広大な中国に広がったのは、村民、非村民を問わず人民大衆一人ひとりが、降神付体して、民族と人民の英雄・義人・神人に「変身」しえたためだと考える。そのためには、元代から清朝中期まで農民反乱の宗教であった白蓮教＝「真空家郷、無生老母、真主降臨（ミロク仏降誕）」の一神教的狭さが克服されることが必要だった、というよりも白蓮教の「世俗化」が必要だったと考える。血の犠牲をはらい、復讐に燃える執念を、人民的権威に転化させている白蓮教系邪教の名門は、その秘密主義の暗さの故に、真昼間、太陽のもとに華北人民を世界変革の祭に動員することはできない。路遙氏や程歗氏が明らかにしたような拳会と白蓮教との強い連帯だけでは、義和団運動は起こらなかったと思う。両者が結びつくことは必要条件であるが、十分条件ではない。強く結び合うなかで、白蓮教からの逸脱、拳会からの脱線が起こらねばならない。より詳しく言えば邪教白蓮教の「世俗化」「大衆化」と結社拳会員の「神聖化」が必要であり、なおかつこの両者が結びつき、新しい地平とベクトルを生みだす「磁場」＝共同体（＝自然村落の革命的蘇生）が絶対に必要だった。

路遙論文の一節に「八卦教は弥勒仏を信奉することから、信仰の対象を玉皇大帝、関武聖帝さらに『封神演義』『三国演義』中の神怪、忠勇人物に拡大したが、これはおよそ道光年間に直隷の清河・巨鹿一帯に始まったのである」とあるが、これこそ真正白蓮教信仰の「世俗化」ということである。唯一神教から、民間信仰の神々・義人・英雄までが変革の神に変えられたのである。これは一面からいえば白蓮教の堕落であるが、人民全体からみれば、民衆信仰が白蓮教の変革のお墨付をいただいたということでもある。では、拳棒の徒の「神聖化」とはどういうことか。拳術・棒術を単なる武器の一種として学ぶことから、身体の神術化＝超能力化そのものとして学ぶことであり、そのためには「降神付体」の信仰・儀式を武術結社が獲得することが必要であった。しかも、その過程で、単に大刀会や義和拳会が、「会＝結社」としてそれを獲得するにとどまらず、様々な神・英雄・義人・超人を、華北の人民大衆一人ひとりが「付体」できねばならないのである。つまり、伝統的結社が解体され、意志するものは誰でもたやすく「降神付体」できるという、伝統的結社の解体＝揚棄が必要なのである。この揚棄の「磁場」こそ、外部から大師兄・拳師・教師が村々にやってきて鎮守の森、神社の広場等に「設壇、設廠」を行い、「降神付体」の儀式をおこない、村人が武術の鍛練ののち「上法」（神術の獲得）に成功し、村が「義和団の共同体」に変貌するという、一連の信仰・儀式・鍛錬によって誕生する新世界なのである。

中国の学者は、義和団を農民階級主体の闘争と一般的には規定するが、私は農民階級と非農民階級、別の言葉でいえば村人と浮浪人との合作と考える。路氏は、この論文のなかで、山東義和団の拳首たちを「貧苦の農民、傭工、赤貧の無産者、農業日傭い、黄河の船引、渡船の船頭、水くみ人夫、馬子、大工、傘なおし、水事の使用人、焼餅売り、饅頭売り、筆墨売り、竹籠売り、アヘン売り、煙草売り、染物屋の小僧、かじ屋、宿屋、首になった徴税人、臨時の兵隊、塾の先生」であったといっている。各村々を走りまわって、設壇・設廠し、降神付体の儀式を主催して不死身の拳術を教えて、自然村を反帝・反キリスト教の「砦＝神聖なる共同体」に変革してあるくのは、どうみてもまっとうな農民＝村民ではない。また路氏は、白蓮教系の宗教・儀式・信仰を伝授してあるく「和尚、道士」がいかに多かったかをあげて、義和団運動における白蓮教系「邪教」の道士・和尚の役割、影響の大きさを主張するが、私の理論からいえば、これまで白蓮教や「邪教」系拳棒の活動分子として、村落外で非農民的世界で大きな権威をもっていたものたちが、農民＝村人のところに大師兄・拳師・教師としてやってきて、農民＝村人と革命的合体をとげた例証である、ということになる。一九世紀中葉以前、人民の闘争は「抗租、抗糧」に代表される農民の闘争と、非農民＝村落外人を主体とする白蓮教系反乱に代表される宗教的人民闘争とに、闘争は分裂していた。たとえば「抗租、抗糧」（小作料と土地税に反対する）を基本的、最終的目標に掲げて戦い抜いた白蓮教反乱などほとんどなかったことを考えれば、よく理解できると思う。だが義和団は、白蓮教徒・拳棒結社員・村民という三者が合体統一して、全民族・全人民の反帝愛国の砦を全中国に無数につくらねばならず、この三者は合体統一することによって、それぞれが自己の性格と存在領域を変革＝揚棄したのであった。ただ、白蓮教と拳棒の徒が革命的に統一合体したのではない。もっと複雑で重層的で自己変革的な立体的構造と磁場がつくられたのであった。

義和団は「郷団」の発展したものとある学者は主張し、また現象的にそのように見える場合が多いのは、義和団運動の「磁場」が自然村落の革命的共同体への転化によって生まれたことから来ているのである。決して村の自警団が義和団になったのではない。路氏は、義和団は団練＝郷団（村を自衛する地主・金持が指導する自警団）ではないと主張しているが同感である。路氏の考証によると、恩県・平原一帯に「拳場」が設立されるのは、一八九八年四、五月からで、この時はまだ義和団という名称はおもてには出ていなかった。義和拳の名が世間に喧伝されるようになったのは、一八九八年一〇月一一日の平原の杠子李庄での官兵との戦い、すぐ続く一八日の森羅殿の戦いによってであった。杠子李庄の戦いのとき、この村の拳民が高唐の琉璃寺から朱紅燈の神拳の隊伍を招いた。やってきた朱紅燈は、「天下義和拳興清滅洋」というスローガンを大きく掲げた。この平原の戦いのなかで義和拳が世に広まったが、同時に「義和団」という呼称も生まれてくるのである。路氏は、この「団」という呼称は、山東巡撫毓賢が義和拳民を招撫し利用するために、官許の印として授与したという説に反対し、民衆が自発的に義和「団」というようになったと主張する。その証拠として、当時の報道などに義和「団」とか「扶清滅洋」などと彼らが言うのはお上と世間の目をごまかし、自分の「匪徒」としての本質を隠すものだという記事があること、山東大学歴史系の先生方（路遙氏を含む）が、義和団に関する聴き取り調査に農村に入ったとき、森羅殿の戦いを実際に見た多くの老人たちは、「義和拳をまた義和団ともよぶが、それは森羅殿の戦いの時に義和団とよんだのだ。どうして義和団とよんだかって？　それは各地の義和拳が五〇〇人くらいここに集まったが、それぞれ一団一団と集団になっていたからだ」といい、またある老人は「各村々にはみな（拳民が設壇、練拳する）場所がつくられ、そこで人々は一致して起ちあがったのだ。人々はみなこの場所（拳場）にいたので団とよばれたのだ」と、またある者は「義和拳にはそれぞれの集団があり、一つの拳場を一つの団とかぞえた。一つの拳場には一人の大師兄と一人の二師兄がいた。団のなかでは互いに師兄、師弟と呼びあった。一つの団は一つの拳場でもあり、人数は二四人だった」と証言したこと、等々を論拠としてあげている。これらの証言は、路氏がいうように義和拳が義和団とよばれるようになったのは自発的なものであって、山東巡撫毓賢が義和拳を団練につくり変えたものではないことを示している。しかしわれわれは、史料・証言の奥深くに、義和拳から義和団への運動上・組織上の質的変化を読み取るべきである。つまり、秘密結社としての神拳・大刀会・義和拳は、「設壇、設神、降神付体、練拳」によって、村を単位とする反キリスト教・反外国の革命的な「神聖共同体」に換骨脱胎されたのであり、その為に、人を紐帯とする拳会から自然村落を単位とする共同体に質的変化を遂げ、またそこでは運動のベクトルが決定的に変化したのだ、こうして義和団運動の運動法則が確立されたのだ、と私には思われる。運動は、神の威力を付体された人々が村を単位としてつくる、義和「団」の増殖運動として広まって行く。老人たちの証言が示すように、義和拳は村が単位で、この団には一人の大師兄、一人の二師兄がおり団員は互いに師兄、師弟と呼びあう平等の共同体「団」に生まれ変わった。もちろん、この神聖共同体＝「団」は、他と全く独立して勝手な動きをなすのではない。団と団との間には、また密接な関係があり、連帯的な共同行動をとることが多かった。団と団との間に指導と同盟の関係があったが、それぞれが基本的には自立していたので、全義和団を統括し、全義和団に軍事命令を下しうるような指導者＝独裁者は決して生まれることはできなかった。義和団運動は二つの相異なるベクトルをもった人々の、階層の、その内部に矛盾と緊張を秘めた運動であった。一つは、各村々にキリスト教会やその支所が出来、これまで村の鎮守の森だった場所を占領し、玉皇廟や関帝廟など村人の精神のよりしろを破壊して行くという、半植民地化の情況に対抗して、村をキリスト教と教民から解放することが必要だった。この課題は、村に住む農民たちによる自然村の革命的再生によって果たされる。キリスト教会と教民を村から追放することが可能となる。

しかし、このような村の自衛化だけでは運動は村に凝縮してしまう。運動は華北全域の数十万の村々に広がり、増殖し、拡大しなければならない。村の自衛に凝縮してゆくのと全く逆に、村から外へ出て行く力もまた、同時になければならないのだ。そうした方向で、村から村へ、村から町へ出て行く人々がなければならない。それが、仏教、道教や白蓮教系諸宗派の和尚・道士などに代表される非農民的分子、具体的にいえば朱紅燈・本明和尚・曹福田・張徳成・王成徳（王徳成）などであった。義和団誕生の儀式を主宰し、これを各村々に増殖させ、結びつける力は、村の農民ではなく、民衆のなかに権威をもつ、村落外の人々のなしえる業であった。オリンピックの聖火のように、聖なる火はリレーによって伝わって行く。路氏は、山東の平原・高唐一帯に、俗に「有根」、「没有根」という言葉があったことを指摘し、これについて次のように説明する。「有根」とは、朱紅燈の神拳＝義和拳の拳師が「設壇、設廠、降神付体、練拳」の儀式を主宰して誕生した義和団をさし、各村々で人々が勝手につくった団を「私団」、「没有根」（根なし）とよんで区別したのだという。そして、「没有根」の団は、神羅殿の戦いには参加しなかったということである。つまり、団と団とは「根」（権威ある拳師・大師兄が外部からやってきて創立したため、根を他の義和団の村々にも張っている）によって、結ばれていたのである。義和団運動は、二つの異なった方向とエネルギーをもった、内部に矛盾と緊張をはらんだ力の合成であり、この矛盾と緊張が運動にエネルギーを与える心臓だったのである。このような運動に、「組織なく、指導者なく、統一指導部なし」などと非難の言葉をあたえるのは、馬は空を飛ぶ能力がなく、鳥に比較して大きな欠陥を持っていたなどと批判するのと同じである。馬は鳥とは違って、山野を疾駆し馬蹄で雪をかきわけ氷を割り、下の草を食べることができるのである。義和団は上記の如き運動法則を生みだしたからこそ、反キリスト教・反外国の反帝闘争を戦い抜けたのである。中国の多くの学者に限界・弱点・落後的側面などとマイナスに評価される特徴こそが、実は反帝闘争を可能にさせた力と契機なのである。

路遙氏の論文は、程歗氏・陸景琪氏の論文とともに源流論の白眉であり、私の理論的仮説に多くの実証的材料をあたえてくれた。

徐緒典論文

この論文は、義和団源流論のなかでも白蓮教徒とキリスト教の関係を論じた特異なものである。白蓮教系「邪教徒」が多くキリスト教会に入ったことは、徐氏のこの論文以外に、ダヴィト・D・バック「Christians, White Lotus and the Boxers in Shandong, A new view of Their Interconnections」(のち美国威斯康星大学、包徳威「山東的基督教、白蓮教与義和団三者関係的一箇新解釈」、『義和団運動史討論文集』に中国文に訳されて収録された)、ジョセフ・W・エシェリック「宣教師、中国人教民と義和団」(『史潮』新一一号、一九八二年、歴史学会編)などの論文にも紹介されている。この三氏によって白蓮教系「邪教徒」、秘密結社員が教会に多く加入していったとされる事例を簡単に紹介する。

(1) アメリカの宣教師が同治一二(一八七三)年、山東即墨の山村に布教にいったとき、数百人の金丹教徒が洗礼を受け、ヤソ教会に加入した。

(2) 山東、直隷の各村々に信徒をもっていた紅陽教徒は、ヤソ教会の働きかけに応じて一八七七年に楽陵県の一二の村から四九人の入信者をだした。

(3) 一八九〇年、上海で開かれたヤソ教会議で、ある宣教師は「山東のかなりの教徒は秘密宗教のなかからやってきた」と報告した。

(4) 山東沂水県の白蓮教徒は蜂起して県城を攻め失敗した。この事件には一〇〇〇余人の白蓮教徒が関係しており、官側の弾圧を恐れて聖言会の実力者ヨーハン・バプテスト・アンツァーのところに救助を求めにやってきた。アンツァーはそれを受け入れ入教させた。アンツァーはまた蒙陰県に布教に行き、一人の有力な白蓮教徒を、新しく成立した天主教地区の責任者としたので、天主教の発展は迅速におこなわれた。

(5) 魯南の単県の教区は秘密宗教の教徒が天主教に帰依したため成立したが、同じ単県の別の教区は土匪の被害を受けた村人が、災難を神父から救われ洗礼を受けて成立したのであった。

(6) 巨野・汶上等の各県の白蓮教徒が天主教に入教した。嘉祥県のある白蓮教徒は官憲の迫害を受けた時、天主教に入った。

以上は、上記三氏がキリスト教と白蓮教の深い関係を強調する際に共に引用する典拠である。この六つの例はキリスト教会側の史料であるが、徐緒典氏は、直隷総督劉長祐が、同治二年に宋景詩の白蓮教軍にいた教徒一人がキリスト教の中に逃げ込んだことを記した史料を一つ紹介している。

白蓮教徒が一八六〇、七〇年代に大量にキリスト教会に逃げ込んだのは、太平天国とそれに呼応した華北の白蓮教徒が六〇年代に敗北し、引き続いて清朝側の官僚・軍隊・地主が人民に復讐し始めたことと大きな関係があった。「白蓮教の信徒のあるものは義和団に参加し、また少なからざる教徒がキリスト教に参加した。この参加は以前の信仰を放棄して参加したのである。……もともと同一の組織に属した人々が異なった新組織（義和団とキリスト教—小林）に参加し、敵対的局面に立ったのである」（徐緒典）。

白蓮教には「反清復明」といった種族革命のスローガンはあったが、しかしどちらかといえば「真命天子、真空家郷、無生老母」といった普遍的宗教革命の理念、終末（刧難の日）＝救済の時、といった千年王国的理念の宗教＝「変革の世界観」であった。こうした信仰をもつ多くの白蓮教徒やそのシンパが、清朝反革命の復讐の嵐から逃れてキリスト教会に入るのは理解できる。このようにして、キリスト教に入教するのは単に教会に入って自己の個人的利益をはかる悪人、裏切り者、無頼漢だけではなく、もっとも勇敢に清朝・地主・官憲と戦った経歴のあるものも多かったのである。ところで、白蓮教徒もキリスト教に入ったという新事実の発見は、われわれに「民・教（一般民と中国人キリスト教徒）対立」が、中国内でいかに恐るべき矛盾の展開となっていったかを理解させてくれる。

中国にやってきたキリスト教、とりわけドイツ聖言会は、列強の中国分割の時期に際会し、帝国主義の力を利用して有利に布教を広めることができた。中国の白蓮教や反官勢力から見れば、帝国主義と結びついたキリスト教は、反官・反封建闘争の強力な後ろ楯になりえた。帝国主義列強は、キリスト教神父・牧師及び中国人教民の生命・安全を保障するという口実で、自由に侵略の歩を進めることができる。こういう三つの条件に規定されて、キリスト教は中国の民族矛盾と階級矛盾を左右する決定的「武器」に転化したのである。こうして階級闘争の英雄だった白蓮教のかなりの部分が、キリスト教会に入って階級闘争の持続を夢み、また同じ白蓮教徒とそのシンパが義和団に入って民族闘争の勝利を夢みた。つまり、ここで階級矛盾と民族矛盾が交差し、入れ変わり、逆転した。階級闘争を持続せんとすれば民族の裏切り者になり、民族闘争に狂奔すれば階級闘争の裏切り者になるという、二律背反の状況が、一九世紀末の中国人民の難関となった。白蓮教的世界の人民が、キリスト教と義和団に二分され、不倶戴天の敵どうしになったことに、この難関の大きさが示されている。

白蓮教は、ほんらい垂直志向、上下運動のベクトルをもっていた。ミロク仏の降誕、真命天子や無生老母神の下降により、虐げられていた人民が現王朝・現天子を打倒して、聖なる玉座につくというのであるから、白蓮教は天―地、上―下、聖―賤、王―人民という垂直関係で世界と自分を解釈する。これはキリスト教、イスラム教のような一神教的世界観と同じ構造をもっている。白蓮教徒のかなりの部分が、前記三者が証明したように、キリスト教会に入りやすかったことはよく理解できることである。しかし、白蓮教徒が義和団に入る、あるいは白蓮教が義和団に転化するとき、どのような構造的変化をとげなければならないか、ここに究明しなければならない大問題がある。民族矛盾というものは水平矛盾である。というのは、国家と国家、民族と民族とは、水平面に横に並んで存在し、本来上下の支配・隷属の関係にはないことを前提とし、また建前にもしている。それぞれが自立し、自己完結し、一つの全体である。こうした国家と国家、民族と民族が死闘を演じようとするときには、闘争のベクトルは水平方向に向かわざるをえないのである。白蓮教徒がキリスト教会に逃げこめば、神が変わるか、キリスト=真命天子・ミロク仏・無生老母神と解釈すればそれですむ。そしていつの間にやら自覚もしない内に民族の裏切り者になっている。しかし、垂直的世界観の白蓮教徒が、水平的世界のベクトルに自己変革をとげなければ義和団には入れないのである。「反清復明」は、いやおうなしに「扶清滅洋」(この場合の清は祖国、中華民族の象徴である)にベクトルを修正せざるをえないのである。もちろん、太平天国のように、自前の王国を樹立し、清朝皇帝打倒、外国とは対等という路線をとる道もある。しかし、一九世紀末期は清朝は滅亡の瀬戸際にあり、その上、国家・民族の「細胞」である自然村落に、外国人とその神=キリストが玉皇廟・関帝廟・娘娘廟などを破壊して侵入してきていたのである。外国=夷狄の神が急速に中国をつくる「細胞」=自然村落に入り、民衆の宗教・習俗・習慣・生活を全面否定するという形態で民族の危機が訪れたのである。キリスト教なしで、ただ外国の軍隊が清朝を恫喝し、租界を獲得したり利権を手に入れたりしただけでは、また、そうした形態で中国の植民地化が進むだけだったならば、中国人民の反帝闘争は起こったに違いないけれど、決して義和団運動のような特異な信仰・儀式・形態をもつ反帝闘争は起こらなかったと思う。帝国主義の神は、直接華北の広大な村々、中国の「細胞」を破壊したのであり、これに民衆はすぐ対抗しなければならなかったのだ。

義和団は白蓮教や白蓮教的世界と深く結びついて誕生したことは、大多数の中国学者が認めている。しかし、義和団は白蓮教と異なって、無生老母神を棄て、反清復明をすて、民衆諸神すべてを容認し、扶清滅洋をかかげたのである。どうしてこうした変化が義和団に起こったのか。中国の学者は「白蓮教の八字真言（真空家郷、無生老母―小林）は確かに乾隆時期の白蓮教起義の政治信条である。しかし、義和団運動をとりまく歴史条件はすでに重大な変化をきたしていた。八字真言はすでに新しい闘争形態に適応できなかった。だからこの時その他の信条にとり替えたのだ。義和団の信奉する神霊の変化は、新しい歴史条件に応じて生まれたのである」（路遙氏前掲論文）といった、目的と機能の変化で、白蓮教の変質と義和団運動の独自性を語るのが一般的である。私は別にこれに反対はしないが、もっと運動の形成過程、内在的論理に即して深く考察しなければならないと思っている。

白蓮教徒やそのシンパが、大師兄・拳師・教師として村々に入り、設壇・設廠・降神付体・練拳を主催して、自然村を民衆の神々に満たされた小王国・小宇宙に変革して、キリスト教王国に対抗し始めた時、ベクトルは垂直運動から水平運動に変革されたのだ。それは、歴史条件が違ったので、上から、外部から村にやってくる連中が意識的に目的と機能を変えたのだといった、外在的・表面的なものではない。キリスト教を村々から追いだし、無数の自然村が聖なる信仰共同体に自己変革を遂げる時に、白蓮教的信仰・世界観はまさに村人と人民大衆によって「変革させられた」のである。白蓮教の世俗化・大衆化・自己否定によって、白蓮教は義和団に換骨奪胎されたのである。無生老母、弥勒仏は玉皇大帝から孫悟空・猪八戒にいたる民衆諸神によって交替された。理想の王国である「真空家郷」は、義和団の守護する清＝「信仰と武装」の王国に脱胎したのである。

こうして中国人民大衆の闘争は、キリスト教と民衆諸宗教、キリスト教化した白蓮教と義和団化した白蓮教の闘争というように、党派の内部闘争という性格を帯びたのである。同根から生まれた「内ゲバ」的争いは、しばしば狂気の争いにまで生長する。裏切った共同体員との闘争は、人間の暗い情念の世界、憎悪の闇の世界に根ざすものであるから、人々ははてしない狂気の世界にのめりこんでいった。義和団は外国神父、キリスト教民から中国人シンパ（二毛子)、はては外国商品を売る商人、外国製の器具・機械まで「洋」と名のつくもの、「洋」と関係あるものをすべて絶対否定し、攻撃し、破壊の対象にして行く。キリスト教民からみれば義和団は階級闘争の裏切り者であり、義和団員からみればキリスト教民は民族の裏切り者となる。輝かしい反封建・反清の階級闘争を戦った白蓮教と、この白蓮教と深く結びついた拳棒の秘密結社員が仇敵どうしにならざるをえなかったという中国内部の状況が、義和団運動の特異な形態と思想を決定的に規定したのであった。

三、「扶清滅洋」スローガンの検討

義和団が反帝闘争であることは誰でも認めることで問題はないが、反封建であるかどうかについては否定的論者が多い。はじめに私の考えを述べ、あとでその論理と証拠をだしたいと思う。

義和団は反帝・反封建の闘争であった。しかし、ここでの「反封建」闘争のあり方は、乾隆、嘉慶時代の白蓮教系農民反乱や太平天国のような階級闘争型の反封建(貧民→地主・富人、人民権力→王朝権力、人民の王→既成王朝の天子という方向性と目標をもった反封建闘争)とは全く方向・構造を異にした反封建闘争であった。それは民族闘争を戦う方法・構造をもって反封建を闘うという特異な形態をとっているのである。義和団運動は、これまで何度も強調したように、自然村を反キリスト教の信仰共同体に変革することによって反帝闘争を行う運動であり、従って反封建は、このような独立した小宇宙に化した義和団信仰=武装共同体が全中国の村々を飲みつくし、全中国に増殖し充満することによって、清朝という国家を文字通り「換骨奪胎」してしまう、という運動構造をとらざるを得ないのである。清朝の皇帝、北京や地方の政府高官、地方官憲を直接殺したり、統一軍隊を形成して、北京遠征をおこなって政治革命をまずやるというような、反封建闘争は義和団には不可能であった。義和団は遠征するのではなく、中央に結集するのでもない。義和団運動は全体に「充満」するのである。それは村を単位とした信仰＝武装共同体の渦巻き増殖し充満する、まさに共同体運動として形成されたのであるから、地主・官僚・権力者さえもこの共同体のなかに巻き込み、同化しようとするのである。こうした運動のはてに、「清」は義和団の細胞に満たされた清＝中国（祖国・社稷）に変質するのである。

これまでの多くの学者には理論的仮説を提起して、矛盾に満ちた義和団諸現象を説明してみる、といった方法・観点がない。ただ義和団には反清復明のスローガンが有ったか無かったか、義和団は権力者や地主を攻撃したかしなかったか、義和団は反封建の綱領、土地問題の解決を要求したかしなかったか、このように見て行く。そうすると或ところには有り、或るところには無い。ある時には明確に、ある時には曖昧である。当時の清朝権力者さえも義和団は何者なるか判らず、ある者は「匪徒」とし、ある者は「忠臣」とした。同じように、現代の義和団学者も様々に意見を異にしている。まさに私を含めて群盲象をなでる状態であった。私は、義和団運動を〈キリスト教＋帝国主義〉の侵略に対抗する〈信仰＝武装共同体の増殖運動〉と理論的に把握し、概念化したとき、はじめて義和団の反封建闘争・反清闘争が相手を打倒するのではなく、まさに飲み尽くす構造をもち、かかる方法でしか反封建・反清朝闘争を戦いえないものであることを知ったのである。また、この運動の質の故に、清朝権力者も、国家共同体論をもちだして義和団運動に相乗りし、官許義和団をつくって体制維持を考え、義和団もそれを認めてしまう弱さを持つことを理解したのである。

残念ながらこれまで人類は、というより人民は「反封建闘争」（＝階級闘争）と「反帝国主義闘争」（＝民族闘争）を同じ理論・思想・組織で、同時に且つ同一土俵で行うことはできなかった。太平天国のように階級闘争から始まり、この課題が成功しないうちに民族闘争をも引き受けたとき、たちまち宗教的な専制王朝に変質し、地主階級と取り引きをするものに転落した。またカンボジアのポルポト勢力のように民族解放闘争に勝利し、そのイデオロギーと組織のままで階級闘争に突入したとき驚くべき虐殺を内部で行ったのであった。民族闘争を戦う理論と組織は「共同体」信仰と「共同体」の全武装化であり、敵は完全に領域外に排除しなければならない。しかし、階級闘争の理論と組織は、共同体間戦争のような徹底的な観念的極限状態をとり得ない。なぜならば、同一民族内においては宗教・信仰・言語・文字・風俗・習慣・神話・儀礼という文化において同一世界に属し、さらに政治的・経済的・社会的格差・差別は相対的なものであって、民族共同体間闘争のように敵・味方を明確且つ簡単に区分できないからである。しかも階級闘争は、勝利した度合に応じて自己は上昇化し、富裕化し、特権化し、完全に勝利しないうちに自己が逆に革命の対象に転化してしまうという決定的な内部矛盾をかかえているからである。このことは、民族間=共同体間闘争(戦争)は狂信化しやすいが、階級闘争は世俗化・形骸化しやすい、と言い替えることもできる。このように民族闘争と階級闘争は運動の構造・形態・イデオロギーがきわめて異なっているのであるから、義和団のように信仰共同体の増殖型をとって生まれたような運動は、そのまま同じベクトル・比重で清朝と封建階級を攻撃するのはなかなか難しかった。中国共産党は民族解放闘争と階級闘争をうまく整合的に行ったが、これなどは歴史上あまり例を見ない成功した例である。しかしこれとても権力の硬直化・個人崇拝などの難関から自由ではなかった。

さて、以上にのべたような特異な形態をとった義和団運動の反封建闘争に於ける弱点はどこにあるか。義和団は国家内においては、同調者を取り込み、飲み込んで行くのであるから、しばしば反人民的な階級、官僚・地主・野心家・無頼漢・デマゴーグなどが内部に入り込みやすいという点、清朝権力者が懐柔・利用しやすいという点、盲目的な排外運動に流れやすいという点、ニセ義和団が生まれやすい点などが指摘できよう。これは義和団の多くが無知な落後的な小生産農民で視野の狭隘性・蒙昧性を克服できなかったというような、前近代農民運動にはいつでもどこでも発見できるような一般的弱点によって説明されるものではない。そうではなくて、義和団運動形成過程の特殊性と運動法則の固有の論理によって生まれた弱点なのである。真正義和団（のちには清朝権力者が組織し指導した官製義和団が多く生まれた）は、その基礎細胞たる「信仰＝武装共同体」が一つの宇宙として存在していたから、皇帝・大官であろうと、義和団の上位にある支配者・主人とは考えなかった。むしろこの宇宙としての「信仰＝武装共同体」が抱きかかえるものと感じた。こうして、義和団は中国の山河・文明・社稷を代表し、その器である清を「助」・「扶」・「興」してやる位置を占めるに至ったのである。こうして義和団は中国の山河の上に舞いあがり、天空に浮かんだ。実際、義和団の魔術を代表した「紅燈照」という女性の組織は、ロシアや日本の首都を空から攻撃し、また海上に浮かぶ外国軍艦に放火する能力があると信じられるに至ったのである。こうして、義和団は清朝の皇帝・官僚を恐れるどころか救助の対象に変えたのである。これが義和団運動に固有な反封建のあり方なのである。真正義和団は自己の運動の論理・信仰に反対しない限りすべての権力者を容認したが、それに反対するものは誰であろうと恐れはしなかった。観念の上ですでに清朝権力者を超越していたので、清朝を抱きかかえることが出来たが、しかしその分だけ政治的リアリズムを失った。そのため、清朝権力とその政治的行動に対する分析は弱くならざるを得なかった。反キリスト教、反帝国主義の義和団運動は、信仰共同体の増殖運動という形態をとったから、この運動法則に敵対するものは、皇帝であろうと北京高官であろうと恐れることなく攻撃を加えた。その限りで反封建・反権力の闘争を戦ったのである。しかし、この運動は清朝権力に対抗する人民側の権力者・武装権力組織を生み出す構造を全くもっていなかったから、清朝を打倒し官僚・地主支配を転覆させる方向性を持たなかった。義和団運動の反封建とは以上のような構造と特質をもっていたのである。義和団は反封建の性質をもっていたかいなかったか、というように二元論的に問題を出し、「有った。無かった」という論争をいくら繰り返しても決着はつかない。

四、義和団の神秘主義、儀式、迷信についての検討
——無力で哀れな自己を解き放つ魔術——

政治現象は演劇性に満ちている。良し悪しは別にして戦後最大の政治家田中角栄の威力は闇の世界に根ざしており俗称「闇将軍」といわれたが、この俗称自体が政治の隠された本質を物語っている。表（私邸の庭）に現われる田中角栄は、背広にネクタイを付け洋装（近代を象徴）をしながら、昔の日本を象徴する下駄ばき（前近代を象徴）である。この姿で毎朝錦鯉にエサをやり、同時に新潟の選挙民や新聞記者、傘下の政治家などに顔見せを行うのである。あるいは又、片手で洋酒のオールドパーをつぎながら、片手で扇子をはばたかせる。日本人はこの田中角栄のパフォーマンスの中に、西洋と東洋、都市と農村、近代と前近代という一般には異質なもの、対立するものと考えられている二つの世界を貫通させる演劇性を感じる。不可能と思われる事を可視の世界に「実現」させる演技こそ政治に不可解な威力を授ける。昼は国民に愛される政治家となり、夜は料亭の闇に消えて陰謀家となる、この明暗の大きさこそが政治に特有な世界である。闇の世界は魔力・恐怖・不安・不可視・不可解・陰謀・神秘など総じて否定的価値をつけられる。しかし、それだからこそ闇の世界は人間の想像力をかきたて、最も魅力に富んだ世界ともなる。毛沢東のように、二ヵ月も三ヵ月も国民の前から姿を消し、生死さえもわからない闇そのものと化し、そして、ある日とつぜん天安門の壮大な壁上に姿を現わし、また揚子江を泳ぐというように、私生活を全く消し去って明暗二元で自己を徹底的に抽象化しカリスマ化した政治の天才もあった。政治現象一般がこのような演劇性を強く帯びているのであるが、その政治現象のもっとも純化された世界が、戦争・反乱・革命なのである。日常生活では全く不可能としか思えなかったも

の、本来起こりえないと思える非日常の出来事が、とつぜん始まってくる。この時、魔力が闇の世界から解きはなたれ、日常の生活・リズム・秩序・道徳・常識が威力を喪失するのである。戦争・反乱・革命は、人間の闇の世界、暗部から巨大なエネルギーを与えられ、ここでは日常が演劇そのものと化す。人間は本来ありえなかった「姿」、不可能と思われていた「役」を演じ始める。これは未知の驚きであり、喜びであり、恐怖であり、充実であり、緊迫感あふれた世界である。

さて、人間がこのような非日常の世界を現実の世界に呼びおこすとき、何が契機となるだろうか。昼と闇を通底せしめる儀式、明と暗とを逆転せしめる儀式、日常の秩序・リズム・倫理道徳を無に解体する「神」招魂の儀式、無力なものに超能力を授与する宣告、超能力と武運を約束する神前の自己鍛錬、偉大なる神の予言、勝利の予告そうしたものどもが、戦争・反乱・革命には凝縮されて出現する。

義和団運動・義和団戦争にもそうした現象が満ち溢れていた。「設壇、設廠、降神付体、刀槍不入」等々がそれである。こうした義和団運動に特有な信仰・儀式に対して、これをどのように評価すべきか大問題になっている。これを激しく攻撃したのは、陝西社会科学院の王致中氏である。かれは一九八〇年「封建蒙昧主義与義和団運動」という論文(のち『義和団運動史論文選』に収録)を書き次のように論じた。義和団は冥界の神仙上帝に頼って帝国主義と戦った。神・仙が身体に乗り移ったので武芸に精通し、鉄砲・大砲・刀・槍も身体を傷つけることはできない、などとデタラメを言った。義和団の守護神は道教神・仏教神・小説戯曲の人物で神にまつられたものとか、武芸に秀でたものなどであった。中国農民は教育の機会を奪われていたので、宗教や通俗の小説戯曲しか接触できなかったのだ。義和団員は一〇代の子供が多かったが、それは彼らが迷信・神咒を信じやすかったためである。義和団の規律は初めは厳正であったが、それは封建迷信と死亡の恐怖に基づいていた。義和団運動のなかで女性の組織であった紅燈照の封建迷信は特に濃厚であった。かの女らは大空を飛ぶことができる、法術で大砲を破壊し海上の船を撃沈し城楼を焼きうつことができる、などということを本気で信じた。紅燈照の首領の黄蓮聖母は神通力があり、銃による傷に手をやってすぐ治すことができるなどと嘘をいった。王致中氏はその他数多くの義和団・紅燈照の「封建迷信、謡言《でま》」の例をあげ、このたぐいの迷信がもたらす蒙昧作用は、義和団に重大な血の代価を支払わせた、義和団の狂信は近代軍事科学技術の前で敗れた、当然初期の勇敢な精神を持続できなかった、義和団は法術が破れれば裸体の婦人が敵陣にいたので効果がなかったとか、法術をかけた人が信心が足りないなどのいいわけをした、などと主張し、その原因は封建社会の小生産者農民の視野の狭隘さ、落後性、またそこから生まれる盲目的排外主義にあるとした。

この王致中氏の論文は孫祚民氏をはじめとする多くの義和団学者の批判・反論をあびた。孫祚民「関于義和団運動評価的幾個問題」なる論文のなかで、王致中氏は義和団運動をほぼ全面的に否定したが、たしかに封建迷信・盲目排外の弱点はあったにしろ、中国人民の正義の反撃であった基本路線は評価しなければならないとした。また中国共産党の指導によって覚醒した人民を基準にして、一九世紀末期の農民を非難してはならないと強調した。しかし、孫氏をはじめ中国の大多数の学者は、義和団の迷信・宗教儀式・神秘主義は当時の人民大衆の意識の低さ、限界、落後性を示しており、政治意識の未熟の証拠だと評している。この点において王致中氏とその反対者は共通しているのである。王致中氏がこれほど義和団を非難した原因は、実は四人組批判が目的であった。プロレタリア文化大革命と四人組専制の時代に、義和団的熱狂が讃美され、紅衛兵は義和団・紅燈照に比定され、これを批判することは許されなかった。義和団は「聖域」となった。王致中氏は、義和団を批判して実はプロ文革と四人組体制を批判しているのである。このこと自体が中国における歴史研究の「政治」性を物語っている。歴史研究は政治主張であるから、政治の闇の世界を攻撃しようとするのである。海瑞を論じて彭徳懐の名誉回復を企て、秦の始皇帝をもちあげて毛沢東の権威を高め、武則天を評価して実は江青の女帝化をねらい、義和団を讃美して紅衛兵をもちあげ、逆に義和団を非難して四人組を告発するというのが、中国の政治のパフォーマンス（演劇的自己表現）なのである。義和団の政治的迷妄・無知を告発した王致中氏も、実に政治的達者というべきである。ここでは歴史学術論文が政治の儀礼行為・規範・予言・信仰告白等の「記号」の役割を果たしている。真の目的は論文文章には一字も出てこず、闇の世界に一〇〇パーセント隠されている故に、政治現象なのである。学術論文さえ、儀礼・儀式・演劇・信仰の役を演ずるのであるから、政治現象の極北に位置する義和団運動、しかも「迷妄」段階にいたとされる義和団大衆が、政治の世界に突入、越境するためには、壮大な「演劇的舞台」が創りだされねばならなかった。義和団の反帝愛国運動は、演劇的舞台でおこなわれた。たとえば王致中氏は嘲笑をこめて次のような義和団の行為を紹介している。「にわかに拳衆は一団となって現われた。人数はおよそ三、四〇〇〇人以上。先行するもの八人は自分らを八仙と称した。すでに高官閣下のところに着くと、歩みを止めて順序正しく、一人ひとり名のって来訪を通じた。甲は我は漢鍾離大仙である、乙が継いで我は張果老大仙である、と叫んだ。他のものも順次名を通じ、あたかも舞台の演技のごとくであった」（「庚子西狩叢談」、『義和団（近代史資料叢刊）』）、「（ある大師兄は表を歩くにもことごとく舞台であるく仕草をまねた。お互いに話をするにも）、その様はすべて劇場の科白を装ってやった」（支碧湖「続義和拳源流考」、同上書）と。これ以外にも義和団員は自分に「降神付体」した神・英雄・義人・超人を演じ、それになりきって行為していることを紹介した史料はきわめて多い。義和団が戦うことは、ハレの時、祝祭の日に参加することであった。

これらの事例を前近代・封建社会の迷信・迷妄・蒙昧・落後にすぎない、などと全否定するならば、アフリカや南米・セイロン・ジャワなどの少数民族や原始生活をしている人々の儀礼・祭・習俗・信仰などを研究することは、全く無意味になるであろう。むしろここには近代文明や近代科学が隠蔽し、切りすててしまい、あるいは見失ってしまった人間文化の根源が露呈していることもあるのである。このような観点が文化人類学を生みだした。すべてが時間と共に進歩し発展し高度になって行くと信仰する歴史学者に、見えなくなったことが、文化人類学者によって発見されることもあるのである。政治現象においても文化人類学的観点は重要な学問的貢献をした。何故に平和憲法・民主憲法をいただいた戦後日本政治に、「闇将軍」が巨大な圧倒的な威力を発揮しえたか、民主主義の本家であるアメリカ大統領の権力は何故あれほど巨大なのか、プロレタリア革命を勝利に導いたプロレタリア民主主義の国中国になに故プロレタリア文化大革命のような「革命」が熱狂の嵐となって始まったのか、また何故に皇帝にも等しい権威・尊厳を毛沢東は持ちえたのか、独裁者はすべて神秘の衣をまとい私生活をほとんど人民に見せようとしないのはどうしてか、戦争当時国は敵・味方とも例外なく真実を国民に知らせないのはどうしてか、このような不可解な「政治現象」は、歴史の進化・進歩・発展などという単純な発展史観では分析できないのである。

義和団は迷信にしかすぎないように見える「設壇、設廠、降神付体、刀槍不入」という、今日のわれわれから見れば全く荒唐無稽な信仰・儀式・儀礼によって、非日常の反帝闘争の世界を自らの前に拓くことができたのである。こうして、演劇的舞台の上に、義和団運動は進行して行くのである。

五、一九世紀末中国におけるキリスト教の位置

これまで私は「キリスト教、帝国主義の侵入」というように、キリスト教と帝国主義を並列して書いてきた。では両者はどのような関係にあったか。一方は宗教であり、一方は歴史的段階の政治勢力である。

義和団運動とキリスト教との関係については、この数年優れた研究論文が多く出ている。徐緒典「教会、教民和民

教衝突――山東義和団運動爆発原因初探」（『義和団運動史論文選』）、ダヴィッ・バック（包徳威）「山東的基督教、白蓮教与義和団三者関係的一個新解釈」（『義和団運動史討論文集』）、ジョセフ・エシェリック「宣教師、中国人教民と義和団――キリスト教の衣をまとった帝国主義――」（歴史学会誌『史潮』新一一号）、佐藤公彦「初期義和団運動の諸相――教会活動と大刀会――」（同上書）等である。以上の論文によって中国に侵入したキリスト教の実態が詳しくわかるようになった。以上の論文が明らかにしたキリスト教の実態を紹介しながら、キリスト教の理論的検討をおこないたい。

義和団運動は「終始、外国のキリスト教会と中国人信徒に反対することを主要な形態としていた。それはまず第一に帝国主義の軍事的・経済的勢力が巨大であった山東半島沿海各地に始まったのではなく、帝国主義勢力がまだ大規模に侵入していなかった魯西南と魯西北地区に始まった」（徐緒典）。「義和団の乱の社会的・経済的前提条件のすべてを無視することはできない。これらがなければ、動乱は決して起きなかったであろうから。しかし、同時に、これらは義和団運動の根源を十分に説明するものではないことに留意する必要がある。なぜなら、この運動参加者の目から見て最も重要な要因が、ここでは触れられていないからである。つまり、それはキリスト教徒たちの非行である。右に述べたすべての要因は、客観的には重要であるが、主観的には、中国農民は外国の宗教に反抗するために立ち上がったのである。運動の初期の段階では外国製品が没収されることもなく、焼かれることもなかった。電話線を切断されることもなく、寸断されるはずの鉄道路線もその地域にはなかった。現代の資料ならびに山東大学が一九六〇年初期に、昔の義和拳地域で行った調査のいずれも、一つのことを完全に明らかにしている。それは、山東農民を動かしたものは外国製品（洋物）でもなく、進んだ技術でもなかったということである。彼らの怒りを招いたのは、外国人宣教師たちと中国人教民たちだったのだ。彼らの活動こそ、我々が注意の目を向けなければならない対象である」

（ジョセフ・エシェリック）、「宣教師の存在を、根本的には政治的現象として理解したときに初めて、中国人の改宗パターンと教会会衆の強力な力とを理解できるようになる」（同上）、以上引用した徐緒典、エシェリック両氏の指摘は義和団運動の本質を理解する上に極めて重要な方法論的観点を提起している。中国におけるキリスト教会、とりわけ義和団運動が発生した山東省の西南・西北地方のカトリック系教会が、いかに巨大な政治的・経済的・社会的・文化的な権力をふるったか、前記四氏の研究を踏まえて見ておくことにする。

外国との次から次へと起こる紛争に敗れ続けた清朝は、列強の要求を数多く受け入れたが、その中に神父・牧師に政治的特権を認めることも含まれていた。一九世紀末には、宣教師の住居、教会は清国の官吏や警察の力の及ばない治外法権の場となり、宣教師は上は総督、巡撫から下は知県と同等の政治的地位を持った。山東省の約半分以上を布教区としてここに君臨し、義和団運動発生の最大の原因をつくった、聖言会主教ヨーハン・バプテスト・フォン・アンツァー（中国名安治泰）は、一八九三年に三品頂戴の品位を清朝から受け、二年後には二品頂戴となり総督と同格となった。かれらは土地を買収し、中国人教民の裁判沙汰には必ず干渉して清国官憲から大幅の譲歩を勝ち取った。山東の総督、巡撫以下知県（県知事）にいたるまで、地方官のほとんど総てが神父・牧師を恐れた。教会・教民と中国人との争いが発生するたびに彼ら宣教師が乗りだす。司教は県または省レベルで清国官憲に圧力を加え、それでも教会・教民に有利に事件が解決できないときは北京の公使に告げ、公使は総理衙門に問題を持ち込む。こうして、大事件の場合は清国が賠償金を支払い、地方官や教民とトラブルを起こした民間人は処罰されたのである。宣教師を恐れること虎の如し、というのが清国の官僚たちの態度となった。中国人キリスト教徒は宣教師の権力を背景にして、紛争解決の手打ちに初めは相手（中国人当事者）に「敷き物」を、ついで「御馳走」を、最後にその代金として現金を要求するようになった。村内の争いを解決し融和を保つための宴会の儀礼が、単なる罰金となり、キリスト教徒優位を確認させ、支配と被支配の関係を公然化する儀式になった。このようにキリスト教側の政治的権力が村々にまで貫徹するようになると、純粋な信仰よりも利権や私的利益をはかろうとする悪劣な地主・富農・ルンペン・無頼漢が続々と教会に行くようになった。言うまでもなく彼らの入教の動機は信仰ではなく、宣教師の持つ政治権力に頼って私利を図ることにあった。

キリスト教は中国の各地方に入りこみ、いたるところに教会・会所を建設した。一九〇〇年以前に、カトリック教（天主教）は直隷を北境・東南境・西南境の三大教区に分けた。大小の教会・会所は北境教区に八八六ヵ所、東南境区に七〇三ヵ所、西南境区には七〇一ヵ所、計二二九〇ヵ所に達していた。山東省は三教区に分かれ、北境（済南に総堂）・南境（兗州に総堂）・東境（烟台に総堂）の三教区の大小の教会・会所は計一一五九ヵ所に達した。欧米列強は競って中国奥地に入りこみ、フランスは茌平県の大張庄に、ドイツは曹州府に大教会を建てたが、これら以外の地、禹城県の韓庄、恩県の龐庄、平陽県の白雲峪、武城県の十二里庄等の各教会には、連発銃・大砲を持った武装組織があった。ヤソ教は山東に総堂二八ヵ所を持ち、七つの教区を置いた。楽陵県の朱家寨のイギリス教会、濰県郊外のアメリカ教会は最も大きなものであった。義和団が始まった魯西南はドイツの聖言会の活動地区であり、この聖言会の活動は最も侵略的であったといわれている。

日清戦争敗北以前にはキリスト教と帝国主義の中国への干渉はまだ比較的ゆるやかだったが、一八九八年、九九年という帝国主義列強の中国再分割競争を契機に、キリスト教の攻勢は実に露骨になった。キリスト教民の数も急激に増加し、争いは日常茶飯事となった。こうして、一八九八年から義和団運動が始まったのである。

キリスト教という一神教が村々に入りこみ、教会・会所を建設して他の民間信仰を否定し、村人の諸神を排除して行く、こうしたキリスト教の侵入の仕方が、村々を中国民衆諸神が宿る村落信仰共同体に再建して反キリスト教闘争を展開させる直接的契機となった。キリスト教は政治権力であり、キリスト教民の増大は一つの政治現象であったが、これに対抗する中国大衆は、キリスト教を政治権力と見なすと同時に、これを民衆精神・伝統文化を否定する文化的敵対者と見なした。もしキリスト教が政治権力・政治現象としてのみ立ち現われたなら、他の反侵略、反キリスト教運動は起こったに違いないが、決して「義和団」運動は起こらなかったと思われる。キリスト教は中国の民衆・村人と神々をめぐる、従って信仰・風俗・習慣・儀礼等々を含む文化全体をめぐる闘争を呼び起こしたのである。義和団が設壇・設廠し、降神付体させ練拳に狂奔したのは、キリスト教が民衆の精神、精神的伝統、文化状況の敵対者と見なされたからである。義和団運動発祥の地、冠県梨園屯の闘争は、キリスト教が村の玉皇廟を破壊してその礎石の上に教会を建てたことから始まった。村人は教会を壊して玉皇廟を再建しようとした。こうして、神々をめぐる争いは一八六七年に始まり二八年間続いた。一八九五年、閻書勤を中心とする冠県一八村の人々は武力で教会を攻撃しようとした。ついで一八九七年四月には三〇〇〇余人を結集した。これが冠県の閻書勤・趙三多を指導者とする義和拳運動の始まりであった。民が降神付体を祈り、超能力と奇蹟を信じ、自前の武力創出を願ったのは、キリスト教が奇蹟を宣伝し、中国人の神々を無力ときめつけ、そして独自に武装していたからである。教民が村々に生まれると村は自国の神と異境の神とに分裂した。村人のなかに異端・裏切り者が発生し、村の聖域を犯し、村人の信仰を否定した。そこで、村人は民衆の導師として白蓮教系諸教派の僧侶・道士や拳術の先生を村の聖域に招き入れた。村に入った導師・拳師は民衆諸神の再臨の儀式を主催し、村を伝統的な人民の精神世界の砦に改編した。村は魂をもった武装信仰共同体になったのである。それは一つの宇宙を獲得した細胞となった。外界から村にやってきた導師や拳師・達者は、大師兄・二師兄を村義和団の指導者としてつくると、次の村に移って行く。このようにして、村落防衛共同体の増殖運動が全国に広まって行くのである。こうした形態の民族防衛＝解放闘争は、帝国主義の尖兵としてのキリスト教が、教会・会所を各村落ごとに創設して全中国を侵略してゆくという、植民地化の特殊な形態に対抗して形成されたものである。

これまで徐緒典・エシェリック、佐藤公彦の三氏や多くの義和団研究者はキリスト教会の悪・不法・不公正・暴力的体質について論じ、かつ多くの証拠となる史実を明らかにしてきた。とりわけドイツ聖言会のアンツァー（安治泰）の強引な侵略者的活動が暴露された。しかしながら、論証された史実を全部認めた上で、当時の中国におけるキリスト教の野蛮さは、単にキリスト教の本来的性格だときめつけてすますことはできないと思うのである。中国に来たキリスト者だけ特別に野蛮で侵略的だったとは思えないのである。キリスト教を素直に受け入れ、たいした抵抗もなしに植民地に転落した国々も世界には多くあったのである。のち、南米のインディオは白人以上に敬虔なキリスト教徒になった。私は、一九世紀中国における階級闘争と反帝民族闘争の高揚、帝国主義列強の中国分割競争、そうした階級矛盾・民族矛盾、さらにそのうえに、被支配階級内部の階級闘争をめぐる分裂と抗争、民族解放勢力内部の民族闘争をめぐる分裂と抗争、そうした中国をめぐる内外の抗争・矛盾・分裂・敵対が、中国に来たキリスト教を逆に規定し返す側面を忘れてはならないと思う。キリスト教は人道主義のイデオロギーを中国で剝ぎ取られ、むきだしの帝国主義の道具たる役割を演じなければ中国に侵入できなくなった。キリスト教を政治的に利用しようとして入教する中国人の要求・圧力に屈し、政治に狂奔する欧米宣教師が多数生まれた、という一面も考慮に入れなければならない。別にキリスト教会を弁護しようという意図が私にあるわけではない。キリスト教の仮面を剝ぎ、むきだしの政治勢力に逆規定する、中国人の階級的民族的力を重視しなければならないと言いたいのである。中国の人民大衆の階級内部における分裂・抗争のなかに、キリスト教はくり込まれる。キリスト教は中国人教民を守るために村落内部にまで教会・会所を設立し、もはや逃れられないほど中国人民の胸の奥深く引きずり込まれたのである。これがキリスト教の侵略のいま一つの側面であった。このように考えないと、多くの白蓮教徒や秘密結社員のキリスト教への改宗・入教と、驚くべき速さで進むキリスト教の村々への浸透を理解することはできない。同じ東洋の一国日本では、明治時代キリスト教は農民や手工業者・行商人・無産者に全くといっていいほど影響力を持てなかった。キリスト教に入るのは都会の知識層・ブルジョア子弟と地方都市の一部の有識者に限られていた。これは当時日本では村人や労働者大衆の階級闘争あるいは階級闘争の敗北による人民内部の分裂・抗争が、中国に比較すれば極めて弱く、明治天皇制国家の支配力・民族結集力が圧倒的な力をもっていたからである。日本ではキリスト教は「政治現象になる」歴史的条件がなかった。日本ではキリスト教はその人道主義だけがその「本質」として受け入れられたのである。内村鑑三・木下尚江・新渡部稲造が日本の代表的キリスト教徒たりえた所以である。しかし、一九世紀中国では、キリスト教徒となった名を知られた官僚・資産家・知識人は全くといってよいほど存在しない。のちに孫文にみられるように、中国キリスト教者は中国解放闘争と結びついたが。キリスト教は日本では封建主義からの解放を願う知識人の夢となり、中国では専制主義からの解放を願う反権力運動の剣となった。こうして剣となった中国のキリスト教は、次の段階でより複雑な矛盾と抗争を準備した。中国の広大な農村に入り、ついに無数の華北村落にまで浸透したキリスト教は、片手に剣を持って教民を守り、片手に聖書をもって大多数の村落住民の神々を追放した。このような構造をもってキリスト教が各村落内に登場したとき、「身家を保衛し、村庄を保守し、守望あい助く」民間自衛の伝統と、白蓮教が形成してきた組織、戦闘精神及び白蓮教等「邪教」と密接な関係をもってきた、人民の革命勢力=拳術結社とが共に結合し、融合する条件が完備したのであった。こうして、村の外から、「邪教系」の和尚・道士・占師と拳棒の教師が続々と村の聖域に入ってきたのである。村人は唯一神教の神キリストに対抗し、中国を外侮から守るため民衆神・民族神を総動員して戦った。村民・秘密結社員・非定住者が連合し、清=中国（社稷）を抱きかかえようとしたのであった。

義和団運動を理解しようとするとき、主体を農民概念だけで把握することはできない。農民とは子孫に農業家産を代々継承させ、農家としての家門を維持するものを言うのであって、基本的には定住の村人をその実態とする。とするならば、農民は村人として村から夷狄を追放すれば、そして自然村が伝統的な信仰共同体に変革されればそれで勝利したのである。「設壇、設廠、降神付体、練拳」を完成し、神の化身となった村の下層大衆は、地主・富農から村の主導権を奪い取った。これで村人＝農民の運動は完結する。しかし義和団運動は下層村落民の武装した信仰共同体の「増殖」運動なのである。では「増殖」して、清国内に充満して行く力はどこから生まれるのか。それは、非村落民・非農民的民衆の流動運動がもたらすのである。まさに募伯贅氏が論文「義和団運動」(『歴史教学』一九五八年第五期)において「義和団の中核分子は農民であるが、しかしこの運動に参加したのは農民ばかりではない。中国封建社会が瓦解してゆく過程で破産していったすべての圧迫されていた貧窮人民、たとえば鍛冶家・船人夫・傭工等雇用労働者、手工業者、行商人、下層知識分子である塾教師、さらにまた大量の無職游民、たとえば、土棍(ごろつき)・無頼漢・散兵・游勇・塩梟・馬賊・乞丐・賭徒(ばくちうち)・侠客・前科者・囚人・売笑婦がいた。これらの人以外に世俗の人ではない和尚・道士・喇嘛が参加していったのである」と指摘しているように、非村落定住者が活躍したのである。かれらの役割は村を外部から変革し、義和団を全国に増殖することであった。四六時中農業生産にはげむ村人＝農民は、自らの力で世界変革・精神変革・村落変革の信仰儀式の主催者になることはできなかった。他所からきた占者＝術者が「設壇、設廠、降神付体、練拳」の儀式を主催し、そして又他の村々めざして去るのである。このようにして、義和団運動はキリスト教と対抗して形成され発展していったのである。

最後に私がこれまで展開してきた義和団運動の誕生過程と運動法則を示す「義和団運動誕生図」を付記しておきたい。義和団運動はどのように形成されたか、またそれはどのような運動構造をもっていたか、を時期を追って四つの図表にまとめてみた。簡単に説明する。

Aは自然村を表わし、Bは自然村から析出された人々、行商・旅芸人・僧侶道士・流亡労働者・出稼ぎ人などアウトサイダー、喰みだし者たちがつくる世界を象徴的に示す。

図1 白蓮教とアウトサイダーの関係図（19世紀中期以前）

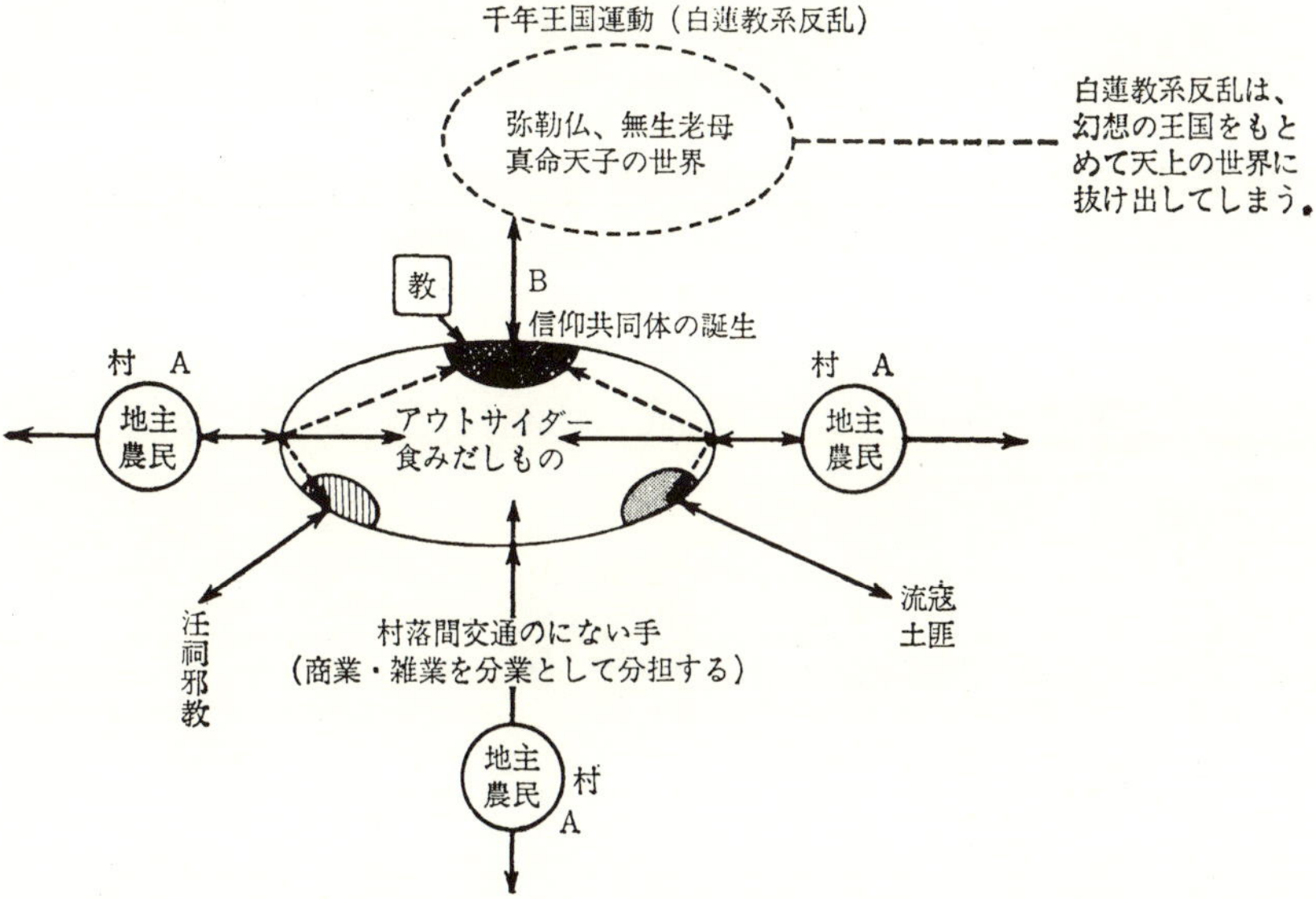

図1.

アヘン戦争以前の外国やキリスト教がまだ侵入してこなかった伝統的な専制主義の時代に、農民反乱の中心となった白蓮教の存在態様を示す。A（自然村落）は基本的には地主―貧農という階級支配下にある。反乱は貧農のなかから村落外に析出された半プロ層が中核となって起こす。Bの世界のなかに「弥勒仏、無生老母、真空家郷、真命天子」の降誕により一挙に理想の王国の実現を夢みる信仰共同体が形成され、天上の世界に向けて一斉に旅だつ。これが白蓮教系諸反乱から太平天国までに共通する反乱のパターンである。天子・天国転倒型の伝統的形態図である。

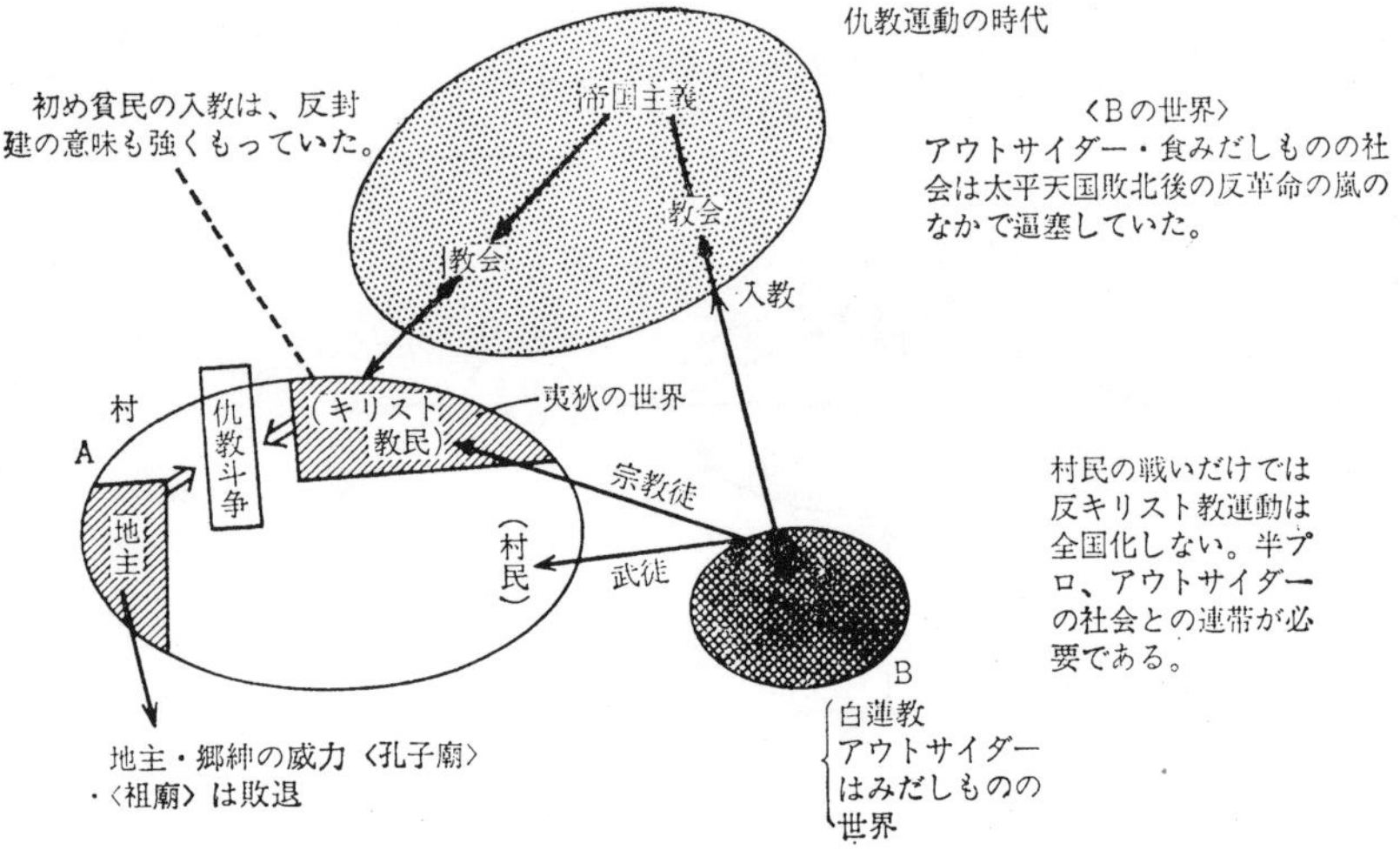
仇教運動の時代
初め貧民の入教は、反封建の意味も強くもっていた。
帝国主義
教会
教会
入教
〈Bの世界〉
アウトサイダー・食みだしものの社会は太平天国敗北後の反革命の嵐のなかで逼塞していた。
村
A
仇教斗争
（キリスト教民）
夷狄の世界
宗教徒
（村民）
武徒
地主
村民の戦いだけでは反キリスト教運動は全国化しない。半プロ、アウトサイダーの社会との連帯が必要である。
B
白蓮教
アウトサイダー
はみだしものの
世界
地主・郷紳の威力〈孔子廟〉・〈祖廟〉は敗退
図2　キリスト教と華北村落との関係図（1860年代—1895年）

図2．

太平天国や各地の諸反乱の敗北（一八六五年）から、日清戦争頃までの教会、帝国主義、村落（地主・農民）、白蓮教徒等の関係図である。この時代A（自然村）では地主郷紳層の反革命勢力が力を回復し、仇教闘争でも主役を演じていた。太平天国以前に回帰しようとする復古の嵐が華北農村にあれ狂っていた。B（アウトサイダー・喰みだし者の世界）は、地主郷紳・官憲の白色テロルに脅かされて生気を失っていた。白蓮教徒とそのシンパのなかには、反封建のため、あるいは官憲の弾圧を逃れてキリスト教へ逃亡するものが多く出た。またその一部と拳棒の徒は反キリスト教闘争に加入し、反封建勢力が二つに分裂していった。地主郷紳主導の仇教闘争は教会と列国の圧力の前にほとんど敗北したので、A内の地主たちの権威は地に堕ち、官憲は外国人を恐れ屈従し、日清戦争の大敗北で地主・官憲の自信は完全に失われた。

図3　義和団誕生の図（1896—1900年）

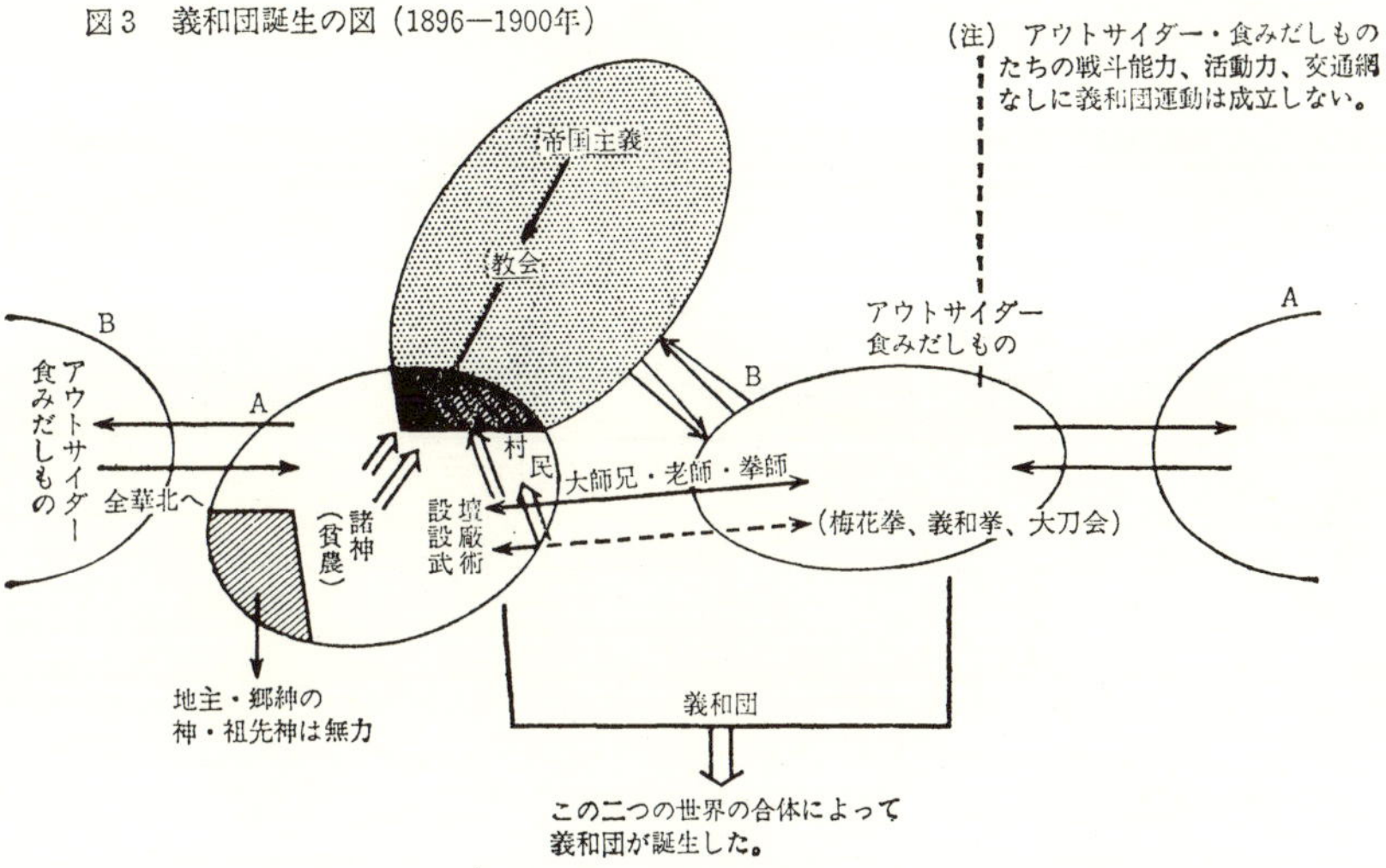

図3．
日清戦争の敗北ののち、帝国主義と教会は以前にもまして広大な農村に侵入を強化した。失業者・放浪者・半プロ層は激増したため、Bの世界は生気を回復し、またAの世界でも貧農の活動は高まった。義和拳・大刀会とAの貧農とが革命的合体をとげた。人民は民間の諸神・義人・超人・偉人・英雄がのりうつって、神々の憑依者と変じた。一八九八年から、中国の人民=神々の反撃が一段と高揚していった。

図4　義和団運動図（1900年）

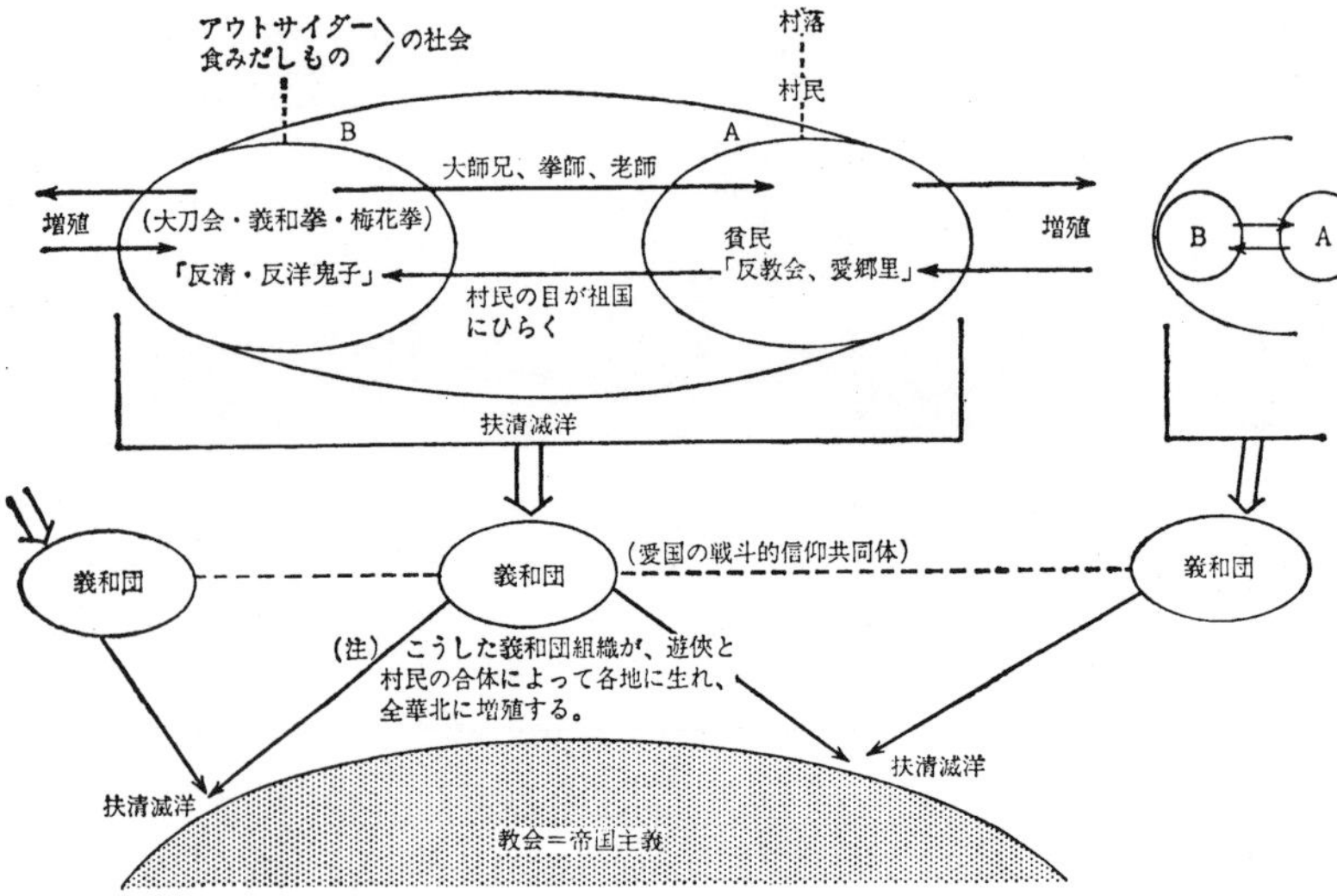

図4.
一九〇〇年、全国化した義和団運動の発展法則を示す図。AとBは矛盾を持ち、また階層を異にしながら革命的融合を遂げ、義和団という反帝愛国の特異な信仰共同体運動が発展する。この信仰共同体はキリスト教＝帝国主義列強と対決するため共同体の増殖運動という形態をとり、清朝という旧国家を自己の懐に抱きかかえ、清朝国家を実質的に「代行」する。それは幻想に満ちた救国運動ではあったが、貧しい華北を中心とした広大な中国人民の心を把え得た。

第三章　義和団戦争と明治政府、軍隊

第一節　義和団戦争前夜、日本の政治・軍事状況

一、義和団戦争派兵前夜の日本の軍事力
二、日本政府の義和団戦争への出兵決定
三、日本の侵略基地広島軍区での大動員
四、臨時派遣隊司令官福島安正

一、義和団戦争派兵前夜の日本の軍事力

日本政府は明治三三年（一九〇〇）六月一五日の閣議において、第五師団・第一一師団の混成支隊による臨時派遣隊の編成を決定し、同一九日から二一日にかけて、宇品港・丸亀より大沽に向けて派遣した。ついで六月二六日、第五師団に対して本格的な大動員令を下し、第五師団長の山口素臣中将麾下の野戦部隊・野戦電信隊・兵站諸部隊計六四七一名が七月六日より宇品港を出発した。以後も第五師団の出兵は続き、日本の最高派兵数は二万二〇五名、馬匹五二二〇頭に達したのであった。

このようなとつぜんの大兵力の派遣を、六月一五日の派兵決定閣議以後わずか一、二ヵ月間で行うほどの軍事力を

日本はすでに達成していた。日清戦争以後の日本の軍事体制強化の状況を見ておきたい。日清戦争と三国干渉を契機に、これまでの仮想敵国は清国から東アジアに急進出してくるロシアにしぼられてゆく。ロシアとの親善を主張する伊藤博文などの意見はあったが、国内の若干の意見の相違をおし流して、三国干渉の中心国で、東清鉄道を満洲に敷設して遼東半島を南下し旅順・大連を勢力下に入れ、朝鮮を脅かすにいたったロシアこそ、日本の権益に対する最大の敵ということになった。山県有朋は、日清戦争以前の一八九三年の「軍備意見書」において、すでに「蓋し東洋の禍機は今後十年を出でずして破裂するものと想像せざるべからず、其時に及んで我邦の敵手たるべきものは支那にあらず朝鮮にあらずして則ち英仏露の諸国なり(1)」と予想していたが、この予想どおりとなった。

日本は日清戦争によって邦貨に換算すると三億四四〇五万円余という巨額な賠償金を奪った。この額は清朝の庫平銀でいうと二億三〇〇〇万両であり、この金額がいかに巨額なものであったかは、一八九一年の清朝の歳入が八九六八万余両であったことを見ればわかる。この賠償金の内、

七八九五万円余が臨時軍事費の補塡に、五四〇三万余が陸軍拡張費に、一億二五二六万円余が海軍拡張費に投入されたほか、五〇〇〇万円が次の戦争の戦費ファンドとして備蓄された。日清戦争前の一八八六年から一八九三年までの八年間の陸軍省歳出経常費のうち、軍事費は最低一〇九四万円から最高一一六九万円以下の間に落着いており、年平均一一三八万円余となる。ところが、日清戦後の一八九六年から一九〇三年までの八年間の軍事費の平均年額は三一七八万円余と激増したのであった。他方、海軍は……日清戦前から一部着手して戦後に竣工した艦艇をふくめ、日露戦前に竣工した艦艇の建造費に急拠購入した軍艦の購入費をくわえると、二億三六八一万円余にたっする(2)。

陸軍の軍備拡張は、一八九八年の陸軍常備軍隊配備表の改正によって、着手された。それは、山県案の一師団

直接軍事費総額と予算総額に対する比率

(単位千円)	一般会計と臨時軍事費の合計(A)	直接軍事費(B)	$\frac{B}{A}\times 100$	注
1893	84,582	22,832	27.0	
94	185,299	128,427	69.2	日清戦争
95	178,631	117,047	65.5	
96	168,848	73,408	43.5	陸拡10ヵ年計画
97	223,848	110,543	49.2	海拡第一次計画
98	219,758	112,428	51.5	〃 第二次計画
99	254,166	114,308	45.0	
1900	292,750	133,174	45.5	義和団戦争出兵
01	266,857	102,249	38.4	
02	289,227	85,763	29.6	日英同盟
03	315,969	150,415	47.6	
04	822,218	672,960	81.8	日露戦争
05	887,937	730,580	82.3	
06	696,751	378,728	54.3	

	民間工場		陸軍工場		海軍工場	
	職工数	馬力数	職工数	馬力数	職工数	馬力数
明治22 (1889)	220,138	20,565	2,543	563	4,031	769
指数	100	100	100	100	100	100
26 (1893)	285,478	30,556	4,382	1,125	5,750	1,080
	130	149	172	200	134	140
29 (1896)	434,832	64,429	7,663	2,738	9,830	1,596
	198	313	301	478	229	208
36 (1903)	483,839	102,797	27,129	7,548	26,464	12,295
	220	500	1,069	1,341	615	1599
40 (1907)	643,292	302,153	34,489	28,690	45,072	38,540
	292	1,469	1,356	5,096	1,048	5,012
大正1 (1912)	863,447	838,791	33,444	39,930	43,082	89,426
	392	4,079	1,315	7,092	1,002	11,629

兵力倍増計画とは違って、師団の規模はそのままにし、三分の二師団にしかすぎなかった近衛師団を他の野戦師団なみの編制とし、さらに新しく六師団、および騎兵旅団二、野戦砲兵旅団二の新設として実現された。師旅団の新設拡張は、早くも一八九九年末には、屯田制を野戦師団に改編中の北海道の第七師団、新設の騎兵および野戦砲兵各二個旅団の所属聯隊を除いてほぼ全計画を完成するにいたった(3)。

という。こうして、日清戦争終結時の一八九五年当時七個師団あった陸軍は、一九〇三年には一三個師団に達し、海軍も日清戦争開始時に五万トンあったものが、日露開戦時には三二万八〇〇〇トンに達していた。日清戦争から日露戦争にいたる間の日本の軍事支出額は驚異的額に達した。これを井上清氏の計算数値で示すと前頁の表のようになる(4)。これは大蔵省編『昭和財政史』Ⅳ「臨時軍事費」より作成したもので、直接軍事費とは、陸海軍省費と臨時軍事費その他の名称の直接戦争費および徴兵費の合計である。

これを見ると、この約一〇年余の日本の軍備増強と戦争時の異常な軍事支出の様子がわかる。小山弘健氏は『日本軍事工業の史的展開』において、

明治二〇年代を転期として開始された近代的産業構成の形成、資本主義的生産機構の確立過程は、日清・日露の二つの戦争をつうじていちおう達成される。資本主義は必然的に、天皇制権力の軍事力の独占と中国や近隣の民族を収だつする便宜性の独占とに依存する軍事的資本主義の性格を刻印づけた。天皇制の軍事的封建的帝国主義の体制と、早熟的に独占資本主義段階への成立を志向する資本主義的帝国主義との結合による、独自の二重の帝国主義体制がうちだされたのである(5)。

と、この時期を総括し、民間工業に比較して軍事工業の圧倒的高率の伸びを前掲のように示した。この表について、小山弘健氏は、「一般工業のそれに先行、優位する軍事工業の発展テンポの急調性、技術的構成の高地化、したがっ

てまたその蓄積程度、蓄積速度の優越性などが明白である。ここにおいて、一般工業の蓄積ないし拡大再生産にとって、軍事工業の蓄積ないし拡大再生産が基礎的な前提を形成するという、あきらかな軍事的転倒的関係がつくられる。いわば、軍事優位のさかだちした部門構造が、日本資本主義の基本的特質となっている」(6)と説明している。

日清以後、賠償金を基にして金貨本位制に移行し、その為外資輸入が可能となった。また台湾・朝鮮を市場にすることが出来たこともあり、日本資本主義は産業革命を迎えることが出来たのである。しかしその為、一八九五、九六年は大好況となったが、翌年は不況となり、金融逼迫・株式低落・事業不振と経済は不況に落ちいり、一九〇一年には恐慌を迎えたのである。日本にも資本主義の矛盾、不況、恐慌が襲ってきたのである。また一方、産業資本主義革命が当然もたらす、失業・労働運動・社会主義運動がこの時に始まった。以上が日清戦争から義和団戦争にかけての五年間の日本資本主義の動向である。

二、日本政府の義和団戦争への出兵決定

義和団運動に対する日本政府の干渉戦争は、首相山県有朋、外相青木周蔵、陸軍大臣桂太郎、参謀総長大山巌、参謀次長寺内正毅らによって発動され指導されたものであった。この日本政府の出兵決定がどのような判断と態度によって行われたかについては、すでに山口一之氏の「義和団事変と日本の反応――陸軍部隊派遣の動機」、中塚明「義和団鎮圧戦争と日本帝国主義」の二つの研究論文(7)があるので、これらを基にして必要最少限度の説明を加えておきたい。

義和団戦争の際の駐清公使は西徳二郎である。彼は一八九八年の伊藤内閣の総辞職の際外相を辞任し野に在ったが、

次の山県内閣に懇請され駐清特命全権公使として一八九九年一一月に北京に赴任した。西は一九〇〇年の春まで義和団が清朝や列国を脅かすような大勢力になるとは全く予想していなかった。五月二八日発生した義和団による長辛店・蘆溝橋・豊台停車場の襲撃とフランス人技師負傷事件、五月二二日に直隷総督裕禄の命を受けて義和団鎮圧に出動した副将楊副同とその部下七五名が逆に義和団に殺害された事件、この五月の一連の事件は、日本政府の注目するところとなった。これまで列国との共同行動をとることを命じていた青木外相は、今度は積極的に列国との行動に遅れないよう指示した。(8) 日本政府の態度は、次の山県首相・桂陸相の態度に集約されている。山県は、

此の事変は、結局少数の兵を以て、容易に戡定することが出来ぬ。又た此兵は、日本より出さゞるを得ざるべきも、此際、我国は外交政策上、務めて積極的に自ら大兵を出すことを避け、列国をして援助を我国に乞はしむるを以て得策とする。(9)

という方針である。桂太郎については、

当時、世上往々此機に乗して、急に大兵を清国に出し、外交上大いに為す有らんと欲する論者尠からす。政府部内の一部に於ても、青木外相の如き、亦此の意見を有したりしか如し。首相亦、公（桂太郎）をして万一の準備をなさしめたりき。……公以為らく、今次の匪徒は京畿に起り、殊に排外思想を懐き、宮中、府中、倶に之に関係するもの尠からすと云へは、結局重大事件として列国聯合して兵力を用いさるを得さるに至らん。然れとも、我国の此間に処する、最も慎重を要せさる可からす。数箇国を以て聯合軍を組織す。数箇国を以て聯合軍を組織するは、世界の歴史上、罕に覩る所にして、日本此の聯合に加はると言ふことは、開国以来之を始めとす。欧洲列国と我国とは、人種同しからす。殊に治外法権すら、今纔かに撤去し得たるのみ。今日は東邦の覇権を掌握するの端緒なり。若し此の劈頭に於て外交上の措置、一歩を誤らは、多年の苦辛も、一朝にして水泡に帰せさるを

得す。故に初めは先つ、務めて海軍を以て之に応せしめ、陸軍は之を出さゝるを得策とすと。……彼等（列国）をして我国に援助を乞はしむるを得策となしたり。……以為らく、今回の事変は、帝国か他列国と聯合運動を為すの始めにして、将来文明の伍伴に入るや否やの試験時期なり。[10]

と徳富蘇峰が紹介している通りであった。

日本が慎重に、慎重にと考え、大兵を出すことに反対であったのは、初め日本軍の参加を欧州列国軍の多くが歓迎しておらず、とりわけロシアのニコライ二世は、いち早く旅順口に駐屯している四〇〇〇の兵を北京に送って、「日本あるいはその他の国家が軍隊を派遣することを防ぐと同時に、我々の極東における威信を高める」[11]ことをねらっていた。イギリスは、当時中国の全貿易量の七割を掌握していたので、他のすべての国々の中国への干渉を嫌っていたのであるが、三国干渉以後、ロシアの中国への進出があまりにも急速なことに極めて危機意識を高めていた。しかも、イギリスの主導でおこなった北京公使館の救出作戦、つまりシーモア派遣隊の進撃が義和団の抵抗によって進捗しないという重大な局面にたちいたったからである。ここでイギリスは日本を表舞台に引き出して、ロシアを牽制し、同時に北京公使館区域の奪回をイギリスのイニシアチブで成功させることに決定したのである。イギリスは当時、南アフリカでブーア戦争を戦っており、大軍を極東に派遣する力がなかったが[12]、逆にロシアは陸続きにシベリアから大軍を出動させることができたのである。[13]

日本政府は、義和団運動に対する列国の出兵・干渉を、東アジアにおける角逐・競争とみていた。この戦争に対しては、日本の権益を確保すること、公使館を救援することを当面の目的としたが、しかし、それも列国間の態度と諸関係によって決定されるものであること、従って、軍事よりも外交に留意することで意見は一致していた。日本の究極の目的は、日本の国際的地位、列国間への仲間入りにあった。しかし、のちに詳しく見るように、八月北京占領以後、台湾総督児玉源太郎主導の厦門占領計画がもちあがるのであるが、日本が直接出兵に踏み切るのは、イギリスの要請とロシア軍の大軍派兵、列国艦隊の急速な大沽沖集結後であった。六月一一日、ロシア兵一七四六名、馬四二七頭、大砲二四門が大沽に上陸した。この日、山県首相は、青木外相・桂陸相等と謀り、列国に対し日本出兵の照会を発した。この時、「日本政府は、比較的大きな部隊をすぐ派遣して北京公使館の人々を救援する準備をした。もし女王陛下の政府がこの行動に同意するならば行動に移るが、もしそうでなければ日本政府は軍隊を派遣するつもりはない」(14)とイギリスに伝えた。六月一五日、山県首相は閣議を開き、臨時派遣軍を出すことを決定し、陸軍少将福島安正を司令官に任命した。そして「(ロシア兵四〇〇〇大沽上陸ノ)報ニ接スル等事態全然容易ナラザルニ至リシヲ以テ(六月)一八日午後、茲ニ臨時派遣隊ノ全部ヲ派遣スルノ議決シ、大山参謀長ハ其編成要領書ヲ桂陸軍大臣ニ移シタリ」(15)と事態は急展開していった。

三、日本の侵略基地広島軍区での大動員

第二次世界大戦以後、「ノーモア・ヒロシマ」の合言葉で、世界反核運動の中心となったヒロシマは、明治時代から第二次大戦にいたるまで、大日本帝国陸海軍の侵略の中心であり基地であった。日清戦争・義和団戦争・日露戦争という明治三大大戦には、広島の第五師団を先頭に宇品港から続々と日本軍がアジア大陸に出撃していった。日清戦争には、この広島に大本営が置かれ、天皇と政府がこの地に移った。第五師団は、先頭を切って朝鮮半島に渡った。一九〇〇年の義和団戦争には、第五師団が日本軍の九〇パーセント以上を占め、ほとんど独力でこの干渉戦を戦った。日露戦争には、第五師団は第二軍に所属してロシアと戦った。

一九〇〇年の義和団戦争の際、最初に送られた臨時派遣隊は、第五師団と第一一師団の混成支隊によって編成され、第一一師団長の乃木希典は、六月二一日、陸相桂太郎に歩兵第一二聯隊第三大隊（隊長杉浦幸治）の派遣を回答している。(16) 広島では、当初動員令が下されたが、一般民衆はあまりの突然のことで何が始まったのか知らなかったという。当時、広島騎兵第五聯隊に属し、二〇歳で軍曹だった藤村俊太郎は、当時を回想して「当時、お膝元の広島でさえ、支那派兵問題については、はなはだ関心うすく、一般市民はほとんど何も知らなかった(17)」といっている。しかし、しだいに国民の関心も高まり、高田郡吉田警察署長は、

召集の命令を受けたる者総員三百四十名にして、其中二百八十二名は自宅より出発して応召の途に就き、四十二名は出稼先より応召したる筈なり、不応召員十六名あり其内疾病八名所在不明七名犯罪の為入監中の者一名なり……地方人民に於ては応召員が国家の為め奮て出軍する其行を盛んにせんため盛大なる送別会を催し、猶篤志家に在ては自村の応召員一同を招待して之を饗応し或は酒肴料を贈りたる者もあり、又各村とも多人数一二里乃至四五里も見送り、中には旗幟を飜へしつつ盛んに見送りたるものもあり、要するに人民一般大に優待の実を表はしたるの模様なりし、軍用旅舎に於ても亦相当に優待し遺憾なかりき。(18)

と報告している。一般に地方の憲兵や警察は、陸軍省や参謀本部には、経過きわめて良好・厳正なりと報告するのが常で、内情は、とりわけ徴兵・出兵問題は軍部も頭がいたい難題だったのである。とくに、義和団出兵は、国民的利害にはほとんど関係なく、日本の国益が犯されたのでもなかったから、国民は終始冷静だった。広島の第五師団出征兵士は、仕方なしに動員命令に従ったのであった。第五師団に総動員がかかったとき、動員に応じなかった、あるいは応ずることのできなかったものが多数いたことは次の表をみればわかる。

この三つの表は、陸軍省『明治三十三年清国事件書類編冊』臨密（防衛庁研修所戦史室蔵）の統計表であるが、かなり

第五師団七月一日調第一動員令応否取調表（六月二六日動員令、憲兵司令官山内長人の陸軍大臣桂太郎宛報告）

	応召者	不応者
第五師団司令部		
師団司令部	四五	五
兵站監部	一四	二
兵站司令部	一六	一
旅団		
旅団司令部	三	二
留守旅団司令部	一	一
歩兵第一一聯隊		
第一一聯隊	一、二三一	七六
補充大隊	一、〇一七	一〇六
衛生隊	一一二	三
騎兵第五聯隊		
騎兵第五聯隊	四七	四
補充中隊	一〇	二
補充馬廠	八	八
砲兵第五聯隊		
砲兵第五聯隊	一三六	七
補充中隊	一九	二
弾薬大隊	八一	一五
工兵第五大隊		
工兵第五大隊	九一	三
架橋隊	二四	七
野戦電信隊	三一	四
工兵補充中隊	四五	二
輜重兵第五大隊		
輜重兵第五大隊	三六七	四二
補充中隊	三八	七
輜重監視隊	二六	六
糧食隊	三六	三
予備馬廠	二一	二一
軍医部		
野戦病院	一四	一
衛生予備員	一四	四
衛生予備廠	二	二
患者輸送部	三	三
歩兵第四一聯隊		
歩兵第四一聯隊	三	三
補充大隊	五	五
兵器支廠		
兵站部	二〇	一
合計	三、四八〇	三四八

浜田、山口、呉、忠海分隊管内応召者不参加者総人員表
（七月一三日、憲兵司令官山内長人の陸軍大臣桂太郎への報告）

	召集人員	応召人員	不参人員
浜田分隊	二、五二八	二、二九六	二三二
山口分隊	二、四〇八	二、二八七	一二一
呉分隊	三二四	二七七	四七
忠海分隊	三〇六	二八五	二一
合計	五、五六六	五、一四五	四二一

第五憲兵隊長の第五師団甲号第一三動員令結果表（七月二一日）

	召集人員	応召人員	不参人員
広島分隊			
広島	二三九	一八三	五六
尾道	二九一	二六六	二五
浜田分隊	三七四	三四三	三一
山口分隊	二三九	二二二	一七
呉　分隊	七七	六六	一一
合計	一、二二〇	一、〇八〇	一四〇

の不参加者があったことがわかる。これら不参加者の理由は明らかではないが、意図的な不参加者も多く含まれていたものと想像される。

日本の徴兵制は、明治五年（一八七五）に実質的に始まるが、国民は徴兵逃れを多く行ったので、明治政府は一八八九年に国民皆兵・必任義務徴兵制を法的に整備した。それでも徴兵を逃れようとする傾向は依然として続いた。『広島県史』近代1、六〇三頁の「第五軍管、第五師団の徴兵猶予、先入兵不参人員」表を見ると、「失踪または逃亡」者は明治一七年（一八八四）八二〇人、その翌年度からは六一二人、一一九〇人、六二四人となっている。また同県史、近代1、六〇四頁の「第五軍管、第五師団の徴兵猶予、延期人員」表を見ると、多くの生活困窮者と逃亡失踪者がいたことがわかる。日清戦争という国民的熱狂戦争においても逃亡失踪者は減少するどころか逆に増加したのであった。この日清戦争から五年の後起こった義和団出兵に際しても、不参者のなかには多くの逃亡者がいたに相違ない。日清戦争時の明治二七年（一八九四）、二八年（一八九五）の二回の調査による、「（第五師団の）陸海軍応召者留守家族生活調」（『広島県史』近代1、六三一頁）の表を見ると、「貧乏且依ルヘキ親族朋友等ナク困窮ヲ極メルモノノ戸数」七八二戸、「貧乏ニシテ親族朋友ノ扶持ニ依リ生活スルモノノ戸数」六二六戸、「生活上困難ヲ感スルトモ他ノ扶持等ヲ仰クニ至ラサルモノノ戸数」一三七一戸、「生活上差支ナキモノノ戸数」一一三二戸、合計四九一〇戸とある。兵士にとられても生活に困らないものは、実に四三パーセントに過ぎず、「困窮ヲ極メル」者は、全体の一六パ

「第五軍管・第五師団の徴兵猶予・延期人員」表より作成（右欄は二〇歳壮丁、左欄は二〇歳以上壮丁）

	明治二二年（一八八九）	二三年（一八九〇）	二四年（一八九一）	二五年（一八九二）	二六年（一八九三）	二七年（一八九四）	二八年（一八九五）
家族自活しあたわざる者	三四六	二五三 二二九	二六五 四三一	一八八 三三六	一二九 二三六	九四 一五四	八六 一五〇
逃亡失踪	八八五 三、五一三	九〇六 二、六六七	一、〇六七 三、二一七	九八七 三、八九四	一、一五〇 四、五八四	一、二六〇 五、三三九	一、〇二五 六、九九〇

ーセントとなっている。このような国民の苦難と引きかえに、日清戦争・義和団戦争・日露戦争が遂行され、日本は軍事的・封建的帝国主義国家に転化していったのである。義和団戦争時の詳しい生活困窮家族数・逃亡失踪兵士数の統計表をまだ発見できないが、日清戦争時とそう違ってはいなかったものと思う。

四、臨時派遣隊司令官福島安正

日本の臨時派遣隊約三〇〇〇余を率いて、義和団戦争の天王山ともいうべき天津城攻撃を列国軍の先頭に立って戦いこれを陥落させ、のち第五師団長山口素臣に司令官の地位を替わったが、日本派遣軍の代表として列国軍将軍会議に出席し、列国軍司令官も一目も二目も置かざるを得なかった人物、それが福島安正である。福島に関する資料は、かれがその人生のほとんどを情報高級将校として過ごしたため少ないが、福島について若干の紹介をしておきたい。(19)

彼は、一八五二年、松本藩の下級武士の子に生まれ、一三歳の時に藩命で江戸に留学したが一旦帰藩し、一七歳の時再び江戸に出て開成校で英語を学んだ。しかし、廃藩置県で藩の支給金が停止され、以後苦学して大学南校で勉学を続けた。明治七年、台湾出兵の際に陸軍省は、英語のできる人物を募集し、福島がこれに応募したのが情報将校としての彼の一生を決定した。一八七六年、西郷従道に従ってアメリカ視察に同行、帰国後山県有朋の幕下に入り、のちこの陸軍最大の実力者山県の渉外・情報秘書として約四〇年間勤めた。そして遂に義和団戦争の日本軍司令官、日露戦争には参謀本部第二部（情報）部長となり、ついには大将にまで出世した。

福島の生涯は、帝国主義の最盛期の時代に、日本陸軍をいかに早く、いかに無駄なく最優秀の戦略・戦術の能力を持つ軍隊に仕立てるかということに捧げられた。彼の情報将校としての哲学は、明治二四年（一八九一）一月一日付で参謀総長有栖川宮熾仁親王に提出した「単騎シベリア旅行申請書」に集約されている。この申請書は、旅行経路、旅行目的、世界情勢、極東情勢、日本の急務、一〇年の長期防衛計画の必要性、自分の過去の体験・能力等に亙って論じられている。この福島の単騎シベリア横断計画は、命をかけた一大冒険であったから、ここには福島の全精神がこめられている。福島はいう「今、眼ヲ机上ノ地球儀ニ注ギ、熟々天下ノ全局ヲ一望スルニ偏隅ノ欧州ハ全球ノ大勢ヲ号令シ、且ツ国家ヲ経営スルノ余力ヲ以テ頻リニ凌弱ノ気焔ヲ逞クシ、亜弗利加二千九百八十二万粁ノ大陸既ニ分奪シテ幾モ余ス所ナク、又亜細亜四千五百二十四万粁ノ大陸中、既ニ欧州三強国（英仏露）ノ分領スル所トナルモノ大約三分ノ二ニシテ、今日僅ニ残リノ地面ニ独立スルモノハ日本、支那、朝鮮、安南、暹羅、亜富汗、波斯、土耳古ノ八国アルノミ」。極東の情勢はどうか。アジアの多くの国々はすぐにも滅亡するの淵に立っているが、「独リ支那、土耳古ノ両国ノミ亜細亜大陸ノ東西ニ自立スト雖モ積弊救フニ術ナク、外面ノ進歩ハ却テ内部ノ困弊ヲ来シ到底欧洲日進ノ風潮ニ伴フコト能ハズ……支那亦亜細亜ノ辺東ニ位シ欧州諸国ト交通ノ利便尚ホ不完全ナルガ為メ暫、太平ノ夢ヲ結ブヲ得ルノミ。万一強国対峙ノ間ニ実力ノ軽重ヲ生ズルコトアラバ馬爾母拉《マルモヲ》海ハ既ニ土耳古ノ有ニアラザルベク、又西比利亜、東京《トンキン》、緬甸ノ鉄道竣工シ亜欧両陸交通ノ利便完全ナルニ至ラバ朝鮮ハ既ニ独立ヲ失ヒ、伊犁、新疆、満洲、安南ノ要衝並ニ海南、澎湖、台湾ノ諸島ハ復タ支那ノ有ニアラザルベシ」。だから、日本の急務は、「嗚呼、本邦独リ亜細亜絶東ノ島嶼ニ屹立スト雖モ風浪ハ既ニ恃ム所ニアラザルヲ以テ、斯ノ如キ虎狼ノ球上ニ在リテ豈能ク独リ太平ヲ保ツヲ得ンヤ。非常ノ震動ヲ被ルコト将ニ十年ヲ出ザラントス。故ニ今ヨリ十年ノ規画ヲ為シ断然トシテ待ツアルヲ恃ミ、奮然トシテ時機ニ投ズルノ雄略コソ実ニ国家ノ急務ナラン。抑々我帝国ノ如キ亜細亜絶東ノ島嶼ニ位スト雖モ面積、人口、富源、形勝皆以テ天下ノ強国ニ列シ地機ニ応ジテ国威ヲ伸張スルニ足ルモノナリ。何ゾ黙シテ欧州ノ形勢ニ制セラレルヲ為サン」と決意する。「嗚呼、国家盛衰ノ分ルル所ハ実ニ十年ノ規画其宜シキヲ得ルト得ザルトニ在リ。嗚呼、彼ヲ察シ是ヲ思ヘバ臣子ノ丹心、軍人ノ本分、一日モ安眠スルコト能ハズ。是レ安正不肖ヲ顧ミズ自ラ奮テ規画ノ参考ニ供スルヲ得ベキ要務ヲ研究セント欲スル所以ノ根源ニシテ、又要務ノ主眼ハ隣邦ノ時事実力ヲ詳ニシ、且ツ亜欧ノ関係、大勢ノ東漸ヲ熟察シ、十年後ノ天下ハ如何ナル天下ニシテ如何ナル勢力以テ圧迫シ来ルヤヲ想定スルニアリ」。福島によれば、一八九〇年代の一〇年間こそ、日本と東アジアの運命が決せられる決定的な時期なのである。福島がこの文を書いた年の二年後、福島の親分で日本の最高権力者であった山県有朋は「軍備意見書」（一八九三年一〇月）を書き、その中で「蓋し東洋の禍機は今後十年を出でずして破裂するものと想像せざるべからず、其時に及んで我邦の敵手たるべきものは支那にあらず朝鮮にあらずして則ち英仏露の諸国なり」[20]と断定していたことはすでに紹介した。一八九三年の六月二九日に、福島はベルリン・ペテルスブルグ・モスクワ・ウラル山脈・シベリア・ウラジオストック間約一万四〇〇〇キロメートルを四八八日間をかけて単独踏査することに成功し横浜に到着しているから、かれはすぐ山県有朋に世界情勢と今後の世界の推移を語ったに相違ない。これが山県の「軍備意見書」や「建軍十年計画」の作成過程に大きな影響を及ぼしたことであろう。ところで、福島の「シベリア単騎申請書」の最後に、これまでの自己の経験と自負心が述べられている。

抑々此要務ノ研究タルヤ実ニ非常ノ重任ニシテ敢テ之ガ懇願ヲナスハ頗、惶懼ニ堪ヘズト雖モ回顧スレバ明治二年、大学南校ニ入リテ以来、殊ニ地学（万国地理のこと―小林）ヲ研究シ、同七年台湾ノ役起ルニ及ンデ身ヲ軍籍ニ委ネ、爾来十八年間、命ヲ奉ジテ海外ニ在ルコト七回、前後十二年ニ及ブ。此間、亜米利加、支那、蒙古、朝鮮、緬甸、印度、及ビ欧州諸国ヲ巡歴シテ時事兵勢ノ概要ヲ知リ、身体頗ル強健ニシテ常ニ寒暑ノ両極ニ堪ヘ、且僅ニ修メシ支、英、独、仏ノ言語（数日ヲ期シテ又露西亜語ノ便利ヲ得ルニ至ラン）ハ目的ノ視察ヲ助ルニ足ラン。故ニ目的ノ全成ハ敢テ不肖ノ能クスル所ニアラズト雖モ要務ノ幾分ハ必ズ之ヲ研究シ誓テ参考ノ一助ニ供スルヲ得ン」(21)。

日本の明治軍人を美化するつもりはさらさらないが、一八九〇年代の世界の政治情勢をグローバルに且つ正確に把握した上で、これに対する方策を具体的に展開し、自己の情報活動の国家的意義を切迫感をもって語った福島の「能力」は、日本資本主義形成期の日本的頭脳の質を示している。当時、山県有朋・川上操六・福島安正らにとっては、世界的規模で列強の活動の情報を集約し、日本の軍事戦略計画・軍備拡充計画をいかに早く作成しうるか、これが最大の課題であった。

次に福島と清国との係わりについて見ておこう。福島は日本で清国語を学び、明治一二年(一八七九)、清国に潜入した。芝罘・大沽・天津・北京・蒙古方面を単独で五ヵ月間にわたって偵察して歩いた。帰国後、参謀本部長山県有朋の命令で清国軍事情報を『隣邦兵備略』として提出した。かれは明治一五年(一八八二)に再び清国に潜入し、山東省一帯をまわって北京に入り、ここで北京駐在公使館付武官となった。清国には一年八ヵ月間の長期にわたって滞在し、情報活動に専念した。この間、清朝中央の兵部衙門にくい込み、ここに公けに一室を与えられ、一一人の清国官吏を手足の如く使って、清国軍事の実態調査を行い、全六五巻に及ぶ『清国兵制類集』を完成し、その他厖大な量の報告書とともに山県に提出した。当時清国内には各地に日本の尉官クラスの情報将校が潜伏し調査活動をしていた。こうして、福島は清国軍事情報に関するエキスパートとなった。では、彼の清国国勢についての見解はどのようなものであったか。

清国には公然たる賄賂が流行しており……例えば軍備の改編や新装置のための多くの国家予算が必要となるや、政府はその財源を官吏や兵士たちの給料を天引きしてこれに充てるといった拙劣な方法をとっている。そして、減俸された彼等はこれまた当然のこととして適宜自活自給の道を作り出していく。その結果が上は王侯より下は一卒に至るまで手当たり次第、官品の横領と横流しを巧みに行い、贈収賄はやらないものがないといった有様である。従って、このような軍隊に規律と士気を求めても、それは全然できるはずがない。……日本として、清国は共に手を取り合ってやって行ける国ではない。(22)

福島は、早晩清国は西欧・ロシア等に分割されるか蚕食されるであろう、と明治一〇年代に分析した。恐らく、山県有朋・川上操六ら日本軍部の中枢は、この頃ほぼ福島と同じ見解に達したであろうと想像される。日清戦争以後は、日本の仮想敵国はロシアとされ、清国は単なる領土そのものと見なされただけである。明治二五年(一八九二)二月一一日から翌年の六月一二日ウラジオストック着にいたる福島の単騎シベリア偵察横断等の大旅行・大冒険の経験は、一九〇〇年(明治三三)の日本派遣軍司令官に福島が任命される決定的「業績」となった。福島は英中仏独露の五ヵ国語に通じ、ユーラシア大陸のほぼ全域を単独で調査して歩いた明治期最高の情報将校で、八ヵ国聯合軍司令官会議に出席しても欧米露の司令官の誰にも見劣りしなかった。ここで彼は日本軍の外交官としての役割を背負ったのである。その成果は、義和団戦争終了後、彼が編纂委員長としてまとめた参謀本部編『明治三十三年清国事変戦史』(全六巻、付表一巻、付図一巻)という厖大な戦史に集約されている。

陸軍大臣桂太郎は、福島安正少将を臨時派遣軍の司令官に任命し、「子は列国に保険料を支払ハんが為めに赴くなり。宜く往て戦死すべし。子が小枝隊を率ゐて敗滅するとも将来日本に対して偉大の功たるを失ハざるべし」(23)と命じた。日本を列国に認めさせるために、列国の困難を救うために、福島が奮戦して死ぬことが必要だというのである。桂の考えは「今此の同盟に加ハるに就てハ、十分なる決心と十分なる注意を以てせざるべからず」であるが、「此を以て将来東洋の覇権を掌握すべき端緒」となし、「是非列国の同盟にハ加ハらざるべからず」ということであった。

福島は六月一九日、船中に臨時派遣隊の将校を集めて次のような司令官としての訓示を与えた。

我国ノ軍隊カ列国ノ軍隊ト間シテ動作スルハ実ニ開闢以来今日ヲ以テ始メトス。夫レ軍隊ノ上下一致シテ任務ヲ遂行スルノ必要ナルハ論ヲ待タサル所ナリ。又諸子カ明カニ其任務ヲ断行スルコトヲ疑ハス。然レトモ今回ハ全然我軍隊ノ価値ヲ世界ニ表彰スルノ時ニシテ又我派遣隊ハ我全軍ヲ代表スルモノナリ。安正諸子ト共ニ奪《ママ》力砕身以テ事ニ当リ軍紀風紀ヲ厳守シ艱難困苦欠乏ニ耐ヘ、外国軍及ヒ外国人ニ畏敬ヲ受クルコトヲ勉メ、若シ止ムヲ得ス戦闘スルニ当リテハ、果敢奮闘以テ好模範ヲ各国ノ軍隊ニ示シ、我武威ヲ宣揚シ、陛下ニ対シ奉リ今回派遣ノ大任ヲ全フセンコトヲ期ス。

続いて六点にわたる注意を与えたが、その中で、

我国固有ノ精神ヲ以テ直前奮闘、決シテ外国兵ノ後トナラサルヲ要ス。苟クモ兵器ヲ取リ戦フノ力ナキ傷者、病者、婦女子等ヲ射殺スルハ国際法ノ厳ニ禁止スル所ナリ。若シ之ヲ犯スハ野蛮ノ所業ニシテ大ニ国威ニ関シ開明国軍隊タルノ価値ヲ失フヲ以テ、諸子深ク此ニ留心シテ挙動ノ野蛮的風ニ流レサランコトヲ切望ス。(24)

彼は、世界列国将兵に日本人の勇敢さ、規律の厳正さを示し、日本の国際的地位を飛躍的に高めるため〝奮闘セヨ〟と訓示し、日清戦争の際の日本軍の旅順虐殺の轍を踏まないよう注意したのである。

福島は、大沽に向かう船中で次の歌をつくって自己の心情を吐露し、兵士の士気を高めたという。当時の第一線の将校の心情を知るためにも恰好な材料なので紹介しておきたい。

明治三十三年のとし、夏の初めの月の夜に
雲黒西に現はれて、事やありなん支那の空
忽ち告る戦報は、支那の北部の義和団匪

初め義民と称しつゝ、尊王攘夷の旗を樹て
耶蘇教堂を焼払ひ、外国人を打ち殺し
猛りくるうて北京の、城門近く寄せ来たる
支那の政府の頑固党、却つて之れを愉快とし
鎮撫の策を取らぬ故、兇焔益々はびこりて
義民は変じて賊となり、乱暴狼藉極まれり
此処に至りて列国の、軍艦大沽に集りて
水兵俄かに上陸し、公使の護衛居留地の
保護の怠りなかりけり、左れど清廷手を出さず
京津連絡断絶し、公使居留地人民の
危険は日々に迫り行く、何如で猶予は有べきぞ
列国ますます兵を増し、変に応ずる準備せり
我第一の陸兵は、実に臨時の派遣隊
名誉を荷ひ歓声の、中に宇品を解纜し
渤海さして進み行く、今や彼の地を見渡せば
英国フランス独逸国、露西亜イタリー墺太利
アメリカ加へて七ヶ国、孰れ劣らぬ大丈夫が
精鋭競う大晴場、其の数タトヒ少にせよ

我陸軍の代表者、我国固有の精兵を
世界に示す時なるぞ、名誉極まる責重し
共に戦地に在る時は、国に欧亜の別あれど
同じ国守る兄弟よ、礼儀は武士の花なるぞ
謹み譲り耐へ忍び、些々たることを争うて
嘲り醸すこと勿れ、大事を誤ること勿れ
共に戦地に在る時は、只一筋に国のため
此処ぞ命の捨て処、此処ぞ名誉の揚げ処
勇進奮闘第一と、敵の陣地を踏み破り
神州男子の功を、五大洲中に輝かせ
天皇陛下の御威徳を、天地に響かせ奉れ

これは『風俗画報』に紹介されたものである。内容は実に通俗的なものであるが、福島少将の心情を正直に表現したものである。これを読めば、この戦争の目的は「義和団匪」を鎮圧し、真に東アジア、清国に正義を打ちたてるなどというものではなかったことがわかる。英仏独露伊米墺の七ヵ国が「精鋭競う大晴場」、この大晴場でたとえ兵数少なりとも、「わが陸軍の代表者」として、「我国固有の精兵を、世界に示す時なるぞ、名誉極まる責重し」、これこそが日本派遣軍の最高の任務であったことは明白である。そのため、日本軍人は、「神州男子の功を、五大洲中に輝かせ、天皇陛下の御威徳を、天地に響かせ」なければならないのである。福島はすでに見てきたように、明治一〇年代に清国は必ず列強に滅ぼされると確信していたので、この時清国内部の矛盾・正邪などには何の関心もなかったであろう。問題は列強に日本の市民権を認知させることであり、先頭に立って大手柄を立て列強に恩を売り、日本人の武威を示すことにあった。日本軍は列国兵に決して遅れをとってはならないのである。

このような好戦的で、政治的リアリズムに徹した、福島に代表されるような戦闘者が、どうして明治近代に登場し、国内で勝利を収めていったのか、この点についてふれておかねばならない。

明治維新で勝利し、近代日本国家を創ったのは、薩摩・長州の戦闘集団であった。本来、日本は、戦国時代から江戸時代にかけて武士階級という戦闘集団が支配階級となった国であり、軍事的専門家が権力を形成したという点で、文官優位の中国・朝鮮などの東アジア諸国の歴史と大きく異なっている。江戸時代の二百数十年間は戦争はなかったけれども、この狭い中国の一、二省くらいしか国土のない島国に二百数十の半独立国が互いに争い、監視し、競争し合ってくらしてきた。徳川将軍家はそうしたものの頭領であり、中国の専制皇帝とは存在のあり様を異にしていたのである。二百数十の半独立国は、独自の城塞を持ち、自前の家臣団と領域を持つ半独立国であった。領主のもとに生活する農工商も、国といえば藩のことであり、つまり薩摩であり、長州であったのである。このような社会構造は長い江戸時代に全く変化することはなかった。武士は絶えず武力をみがき、のちには実戦経験がなかったので戦闘能力は低下したが、その分だけ武士道といった精神力を高め、この日本に階級支配を貫徹させてきた。しかし、幕末維新期の大動乱のなかで、各有力藩は戦国時代の野性を回復し、特に下級武士集団が内乱の先頭に立って藩を独立国に高め、近代的日本統一国家の形成をはかったのである。伊藤博文・西郷隆盛・大久保利通・木戸孝允・山県有朋など明治の元勲といわれる人々は、この維新の動乱・戦争に勝利した近代の武士であった。武士は敵を求め、スパイを放ち、謀略や暗殺をして勝利することを職業とするものであり、明治国家の好戦性・情報収集力・謀略性は、幕末維新の戦争で、その能力に磨きをかけ、勝利を手中に収めた武士的政治家集団の出自と経験によるものである。ところが、中国や朝鮮には一九世紀、国の運命が決せられるこの決定的時期に、日本のような戦闘集団は生まれることはなかったのである。近代日本の国家権力を掌握した権力者は、戦国時代の大名や江戸時代の藩主のように、各自情報収集に熱中していったが、以前の国内諸藩と違い対象は朝鮮・中国・ロシアから更に全世界に広げられた。その様子を若干紹介しておく。

西郷隆盛は、明治五年（一八七二）八月に最も信頼する部下の北村重頼中佐・別府晋介大尉の二名を朝鮮に潜入させ、兵備状況の劣悪さを報告によって知った。これと同時に、満洲と華北方面に池上四郎中佐・武市熊吉少佐等三名を送り込み、営口・奉天・牛荘・北京などを踏査させた。この四人は、薩摩と土佐の出身者であり、長州人は除外し、西郷が他に全く秘密にやったものであった。一方、大久保利通は、西郷より早く、明治三年（一八七〇）、西徳二郎をロシアの首都ペテルスブルクに送りこみ、大学に入学させた。西徳二郎は薩摩出身で福島安正より五歳年長であった。東京の大学南校で外国語を勉強していたとき、大久保に認められ、彼の密命を帯びてロシアに渡った。ペテルスブルグ大学を卒業した後もロシアにとどまりロシアを研究した。以後日本外務省に所属し、ロシア・フランスに住み、明治一一年（一八七八）に駐ロシア臨時代理大使となった。二年の後、中央アジア・シベリア・外蒙・清国を経て明治一四年に、一二年ぶりに日本に帰った。この西徳二郎こそ、義和団戦争の際、北京で包囲された日本公使であり、これを「救出」にいった福島安正とは、「単騎シベリア横断」の際以来の旧友だった。つまり義和団戦争の際の二人の日本人立役者は、ともに明治元勲の「情報《スパイ》」専門家あがりであったのである。[26] 福島の情報将校としての猛烈な活動、秘密保持ぶりについて、息子の四郎は次のように回想している。

父が明治二十六年（一八九三）六月、単騎シベリア横断を終えて東京に帰ったとき、私は六歳でしたので少し記憶が残っております。父がシベリアから連れて来た三頭の乗馬を、当時牛込区矢来町にあった自宅に繋いでいた光景が今でも印象的です。父が大正八年亡くなりました時、私は三十二歳の大尉で近衛歩兵第三聯隊に勤務しておりましたが、従来から父は家族を初め知人に対しても一切、情報の仕事について語らないので、父がどんな働きをしたかということは、その後、みな他人から教わって知っている程度であり、父の秘密保全に徹底していたことは厳重そのものでした。私ども兄弟は男五人と妹一人の合計六人ですが、子供たちの生年月日の約十ヵ月前に父が東京の自宅にいたことだけは確実ですが、それ以外の大部分は外国勤務だったという笑えない事実が実際でして、父の陸軍在職四十年間のうち家庭生活十三年だけであったといいますから、一番苦労したのは永いこと留守役をさせられた母だったと思っています。(27)

まさに戦国武将に仕えた甲賀者・伊賀者のごとくに、直属上官の命は絶対であり、(28)また国家と天皇への忠誠心に裏うちされて、福島のような人物が軍の中枢に数多く形成されたのである。川上操六は、日清戦争後、次はロシアとの対決だとしてヨーロッパ・シベリア・満洲の地に田村怡与造・伊地知幸介・伊藤圭一・大迫尚道・宇都宮太郎・明石元次郎・山梨半造・田中義一・広瀬武夫らの第一級の将校を送り情報の収集にあたらせた。これらの将校は、直属の部下を民間人に変装させ、あるいはこの地に流れてきた日本人売笑婦・行商人・僧侶・浪人を組織して、各地の情報を集めたのである。情報将校石光真清は、ロシア軍将校の家に下働きとして潜入し、シベリア方面のロシア軍の動向をさぐり、また陸軍参謀本部の大尉花田仲之介は、ウラジオストックの僧侶清水松月に化け、同僚の田村怡与造にまで自己の任務を隠し、本当の僧侶をよそおって彼を激怒させたという。(29)石光真清は一八九九年、つまり義和団戦争が起こる前年、参謀本部次長田村怡与造大佐の直接の命令で、ウラジオストックへ、更にブラゴヴェヒチェンスク市へ入り、義和団戦争の一九〇〇年七月一六日の、ロシア・コサック騎兵による同市在留清国人三〇〇〇人の大虐殺と、それに続く一七万のロシア軍の満洲侵入を目撃した。[30] この虐殺はいち早く日本に伝えられ、「アムール川の虐殺」[31] として、ロシア軍の野蛮さを示す合言葉となった。福島が臨時派遣隊をひきいて中国大陸に渡って行った時、すでに多くの日本軍将校がシベリアに入っており、ロシア軍に関する情報を集めつつあった。

日本の近代的軍隊の中枢部将校のなかに、近代的な階級制度以外に封建的主従関係が色濃く流れこみ、これが情報収集組織として外国に活動の舞台を移し、外国に独自の機関を置くようになると、情報から謀略へ、更に出先機関の暴走へと進んで行く。[32]

福島は義和団戦争の最中、従軍した約四〇人の新聞記者に強固な報道統制を行い、記者の原稿を検閲し、田岡嶺雲等から糾弾を受けたが、外国軍の機嫌を損ねないため細心の注意をはらったためばかりでなく、軍情報の秘密保持の責務という、情報将校の本能的警戒心のなせる業だったと思う。以上見てきたように、明治国家はきわめて軍事的国家として形成されてきたのである。

このような日本近代の歴史を背負って、福島安正は、六月下旬、部下三〇〇〇余を率いて大沽に上陸せんとしていた。[32]

次章では、この戦争の始まりを福島の派遣隊が大沽に上陸する以前に溯って概観する。

注

（1）大江志乃夫『日露戦争の軍事史的研究』（岩波書店、一九七六年）九頁。
（2）同上書、八～九頁。
（3）同上書、一〇～一一頁。
（4）井上清「軍部の形成」（京大人文研『人文学報』第二八号、一九六九年三月）。

(5) 小山弘健『日本軍事工業の史的分析』(御茶の水書房、一九七二年)一二八頁。
(6) 同上書、一二九頁。
(7) 山口一之「義和団事変と日本の反応」(日本国際政治学会編『日本外交史の諸課題』Ⅲ、有斐閣、一九六七年一〇月、所収)。中塚明「義和団鎮圧戦争と日本帝国主義」(『日本史研究』七五号、一九六四年)。
(8) 青木外相は、一九〇〇年四月二七日西公使に「這般ノ事件ニ就キ列国公使ニ於テ前回ノ如ク連合ノ挙措ニ出ツルアラハ、閣下モ亦之ト共同シテ動作セラレンコトヲ切望ス」(『日本外交文書』第三三巻上、三二〇頁)、五月三日には「本邦人ト欧米人トハ宗教ヲ同シクセサルモ、義和団其他ノ土匪ニシテ社会ノ秩序ヲ紊乱シ、居留外国人ニ危害ヲ加フルノ虞アルトキハ、閣下ハ欧米諸国ノ代表者ト同一轍ノ措置ヲ御採用相成候様致度此段及訓令候」(『日本外交文書』第三三巻上、三二二頁)、淶水事件発生を知ったのちの五月二五日には、「I hope you will continue to watch development of the affair and lose no opportunity of taking prompt action in concert with representatives of the powers.」(『日本外交文書』第三三巻上、三二四〜三二五頁)と訓令を発している。
(9) 徳富蘇峰編述『公爵山県有朋伝』(下)(原書房、昭和四四年)四〇九頁。
(10) 同上、『公爵桂太郎伝』、八九三頁。青木周蔵外相だけはのち、山県・桂と違って大兵を出し、ロシアの討伐まで主張したが、それは義和団出兵時のことではない。当時、青木外相の秘書であった小松緑は、その回想録『明治外交秘話』(昭和二年。のち原書房から再出版、一五一頁)において、一九〇〇年九月の初めに、青木外相は首相の山県に何の相談もなく、明治天皇に上奏文を提出し、「満洲のみならず、朝鮮をも併呑せんとするロシア」を軍事力をもって撃退することを具申し、「これがために巨億の財貨を費すも、百万の生霊を擲つも、豈に過大の犠牲と謂うべけんや」と述べたという。小松によれば、この青木外相の強硬論をとく上奏文を全く知らず、天皇から逆に知らされるという失態によって、山県は天皇に辞職願いを提出したという。一九〇〇年九月の山県辞表提出の原因が青木にあったという小松の回想は真実であったものと思うが、一九〇〇年六月の出兵当時は、山県・桂・青木はほぼ同じ意見であったろう。
(11) 『紅檔』(一九二六年、第一四巻)一三頁。呉士英「論義和団時期沙俄同英国的在華争闘」(山東大学歴史系『義和団運動史研究論叢』所収による)。

(12)『日本外交文書』巻三三、第三二九号文書・第三四三号文書には、六月初め青木外相と在英松井臨時代理公使との間の「英国の態度」如何に関するやりとりがある。松井公使はイギリスに大軍派遣の余力なしという確信を青木に伝えている。

(13) 義和団干渉戦争をおこなった列国の動向について中国には多くの論文が出ている。呉士英「論義和団時期沙俄同英国的在華争闘」、劉志文「略論義和団時期英国対華政策」、蔣一兵「試論一九〇〇年前後日本的対華政策」（以上は、山東大学歴史系の『義和団運動史研究論叢』徐緒典主編に収録）。胡浜「義和団運動時期帝国主義列強在華的矛盾和闘争」、李徳征「義和団時期帝国主義在聯合侵華中的矛盾和闘争」（以上は、斉魯書社編輯部編『義和団運動史討論文集』、斉魯書社、一九八二年に収録）などが主なものである。

(14)『ブルー・ブック』（『英国藍皮書有関義和団運動資料選訳』三九頁）英国駐日大使より、ソールスベリ侯爵宛の電報。一九〇〇年六月一三日、東京発。

(15) 日本参謀本部編『明治三三年清国事変戦史』巻二、一七頁。

(16) 陸軍省『明治三十三年、清国事変類編冊』臨密。六月冊。

(17) 藤村俊太郎『ある老兵の手記』（人物往来社、昭和四二年）一頁。

(18)『広島県警察史』（『広島県史』、近代1、昭和五五年）六四二頁。

(19) 福島安正についての紹介は、島貫重節『福島安正と単騎シベリア横断』（上、下、原書房）、太田阿山編『福島将軍遺績』（東亜協力会）、島貫重節『秘録・日露戦争』（上、下、原書房）、『対支回顧録』（下）の「福島安正男」の項、大江志乃夫『日露戦争の軍事史的研究』（岩波書店）、大江志乃夫『日本の参謀本部』（中公新書七六五）等に依った。

(20)『山県有朋意見書』（原書房、明治百年史叢書）二二〇～二二一頁。

(21) 以上の福島安正の「上申書」は、島貫重節『福島安正と単騎シベリア横断』上、一八〇～一八二頁による。

(22) 同上書、巻上、九〇～九一頁。

(23)『桂太郎自伝』（桂太郎自伝稿本、国会図書館、憲政資料室）

(24)「第六《ママ》師団日報」（防衛庁研修所図書館『清国事情』M33の1、第九三号文書）。これは第五師団に残された日報に記録されている福島の訓示であるが、「明治三十三年臨時派遣隊陣中日記」（第一号文書）にある記録は若干異なっている。これには、

「……無政府間ニ在ル吾公使領事人民ヲ保護スルノ必要ヲ知ルナリ。之レ今回出兵ノ主意眼点ニシテ、列国兵ト共同シ大陸上ニ駆馳スルハ空前ノ快事、無限ノ光栄ト謂ハサルヲ得サランヤ。任重ク道遠シトハ之レ此謂ナリ。無限ノ光栄ハ非常ノ責任之ニ伴フハ□ノ免レサル所ナリ。日清役後一躍シテ強国ノ列ニ入リ、東洋ノ牛耳ヲ握ルニ至リタル吾大日本ハ、二十世紀ニ於ケル欧人注視ノ焼《ママ》点ナリ。由是観之吾人ノ一言一行、皆祖国ノ栄辱ニ関ス。……他軍ノ畏敬ヲ得ルヲ勉ムルヲ要ス。然レトモ已ムヲ得ス干戈ニ見ルニ至リテハ勇闘奮戦吾邦固有ノ大和魂ヲ発揮スヘシ」（『参謀本部雑』M33の9）とある。同じ訓示に二つの若干異なった記録があるのは、二人の将校が別々にメモを取ったためであろう。

(25)『風俗画報』臨時増刊第二一五号（明治三三年九月五日発行）四～五頁。

(26)以上の記述は、島貫重節『福島安正と単騎シベリア横断』（上）四六・五八・二三二頁に依った。

(27)島貫重節の前掲書「あいさつ」。

(28)『日本侵華之間諜史』（華中図書公司、中華民国二七年）を書いた鍾鶴鳴は、日本の情報活動の始まりを、徳川家康が豢養していた三〇〇名以上の「伊賀組」、「甲賀組」だとしている。

(29)石光真清『曠野の花』（中公文庫）。大浜徹也『明治の墓標』（秀英出版、昭和四五年）。

(30)石光真清『曠野の花』（中公文庫）。

(31)「アムールの流血や」の歌は、一九〇一年、第一高等学校の第一一回記念祭歌としてつくられたもの（詩塩田環、曲栗林宇一）で、㈠アムール河の流血や、氷りて恨結びけむ、二〇世紀の東洋は、怪雲空にはびこりつ ㈡コサック兵の剣戟や、怒りて光散らしけむ、二〇世紀の東洋は、荒浪海に立ちさわぐ ㈢満清既に力尽き、末は魯縞も穿ち得て、仰ぐは独り日東の、名も香んばしき秋津洲 ㈣・㈤略 ㈥世紀新に来たれども、北京の空は山嵐、さらば兜の緒をしめて、自治の本領あらはさむ。という歌であった。義和団戦争後の二〇世紀の東アジアは、「コサック兵の剣戟」の音とともに始まった、というのが日本の国民感覚になっていた。

(32)日本軍隊の情報＝謀略的性格の形成過程については、大江志乃夫『日本の参謀本部』（中公新書、昭和六〇年）が適確な説明をしている。また義和団戦争以後の福島安正についても同書に紹介がある。

第二節　日本軍、列国軍戦史

一、緒　戦

(1) 大沽砲台戦

一九〇〇年の四、五月頃、直隷に波及してきた義和団運動は、次の二つの戦いの勝利によって質的発展を遂げた。一つは、淶水県において清軍の将校楊福同を殺し、かれの率いる歩兵・騎兵合わせて七〇余人を殺し「全軍覆没し、兵多く傷を負って逃走す」といわれる勝利を収めたことである。淶水県は北京と保定の中間にあり、キリスト教の重要拠点で、多くの神父と無頼に近い教徒の巣窟であった。五月二七日には、淶水の隣の涿州の拳民が蜂起して県城を占拠した。以後、ここには周辺の諸県の拳民も集まり、一万あるいは二万人にも達した。こうして、拳民と教徒は衝突し、楊福同の率いる清軍が拳民弾圧にかけつけた。義和団はこの軍隊に潰滅的な打撃を与えたが、この一戦こそ義和団が官軍と戦ってでも「扶清滅洋」の道を行くことを内外に示したものであった。第二は、義和団の鉄道攻撃の開始である。五月二七日、数百人の義和団が蘆保線の涿州—琉璃河間の約五キロほどの鉄道を襲い、電柱を斬り倒し電線を切断した。五月二八日には、数千人が琉璃河—蘆溝橋間の鉄道を襲い、二九日には豊台の停車場を焼き払った。この三日間で涿州・高碑店・琉璃河・長辛店・蘆溝橋・豊台の諸駅が焼かれた。この頃には、義和団は公然と鎮圧に来た清朝官兵に反撃し、多くの兵士らを殺傷するまでになっていた。直隷提督で総統武衛前軍の聶士成は、清廷の命令を受けて義和団鎮圧に出動し、各地で義和団と戦闘を交え、六月五日には聶士成自ら楊村に出動し、翌六月六日、数千人の義和団と衝突するに至った。聶士成は四つの村を襲って義和団員四八〇人を殺した。以後、義和団は聶士成の武衛前軍を仇敵と見なすこととなった。

列国公使は五月末、清朝政府に対し、義和団の鎮圧と外国人の生命財産の保全を要求し、自衛の手段をとった。日本は臨時派遣隊を送る以前に砲艦愛宕を大沽に派し、また天津にいた将校二人、兵卒二四人は天津から列国の将兵四四三人とともに北京公使館救援に向かった。このように日本の行動も実にすばやかった。すでに四月九日、外相青木周蔵は、在清日本公使西徳二郎に対し、「若シ這般ノ事件ニ就キ、列国公使ニ於テ前回ノ如ク連合ノ挙措ニ出ツルアラハ、閣下モ亦之ト共同シテ動作セラレンコトヲ切望ス(1)」とか、五月三日には「本邦人ト欧米人トハ宗教ヲ同シクセサルモ、義和団其他ノ土匪ニシテ社会ノ秩序ヲ紊乱シ居留外国人ニ危害ヲ加フルノ虞アルトキハ、閣下ハ欧米諸国ノ代表者ト同一轍ノ措置ヲ御採用相成様致度此段及訓令候(2)」と訓令している。青木外相は、清国に対する列国の共同干渉に日本が遅れを取ることを極度に恐れていた。日本は続々と各種艦船を送り、六月に笠置が大沽に入り、一二日には豊橋が水兵三〇〇人を乗せて佐世保から大沽に向かい、須磨の水兵七一人が清国に上陸した。一四日に、日本海軍の旗艦が吉野に決定し、同艦は鎮遠・鎮中とともに大沽に向かった。列強の軍艦も続々集結してきた。「此事変発生ノ頃、大沽付近ニ在リシ軍艦ハ我愛宕艦ノ外、清国艦船八艘アリシノミナリシカ、変乱漸ク重大ニ赴クノ報四方ニ伝播スルヤ、清国近海ニ在ル列国ノ軍艦ハ皆大沽ニ急航シタル為メ、五月二十七日ニハ二十二艘ノ軍艦大沽沖ニ集マリ、未曽有ノ壮観ヲ呈スル(3)」にいたったのである。日本は二七日までに秋津洲（二等巡洋艦）・笠置（同）・吉野（同）・高砂（同）・須磨（三等巡洋艦）・常磐（甲装巡洋艦）・愛宕（二等砲艦）・鎮中（三等砲艦）・鎮遠（同）、その他水雷艇五隻の総計一四隻を大沽に派遣し、列強の仲間に入り清朝を恫喝した。六月末には英艦八隻、露艦九隻、仏艦五隻、独艦五隻、米艦一隻、伊艦二隻、墺艦一隻の総計四五隻の艦艇が日本艦以外にも集結し、壮観を極めた。排水量一万トン以上の軍艦は、露が三隻、英が三隻で、日本は甲装巡洋艦が一番巨大で九八五五トンあり、それ以上の排水量をもつ軍艦は当時の日本には無かった。

さて、六月四日、天津の郊外にまで押し寄せてきた義和団は、外人居留地を焼き払うと宣言した。同日、一時通じていた天津—北京間の鉄道は、再び黄村停車場及びその付近において義和団に破壊されたため北京公使館一帯は全く孤立した。六月六日、天津にいた列国兵は義和団の攻撃に対する防備をほどこした。六月一〇日、イギリス東洋艦隊司令長官シーモア中将の指揮のもとに約二〇〇〇の兵が列車で北京に向かった。一三日にはロシアのコサック兵等二〇〇〇が天津に入った。こうした列国兵の侵入に対し、義和団も天津市に入って対抗しようとした。六月一五日、大沽に碇泊中の各国指揮官は一堂に会し、「清国政府を敵とみなし自衛のため大沽砲台を暫時占領する」ことを決定し、直隷総督と大沽砲台司令官に通知した。

大沽砲台は、首都北京の海防の拠点であり、一八五〇年と一八五六年の二回にかけて外国軍に破られた経緯があった。しかも日清戦争の時には日本軍の北京占領さえ現実のものとなったので、清朝はアームストロング社などから最新鋭の大砲などを買い、一九〇〇年のこの時は西北砲台・北砲台・南砲台・新砲台の合計四つの砲台を持ち、備砲は実に一七七門に達していた。守備の兵力は、直隷総督裕禄の指揮に属す羅栄光(カシュガル提督、天津鎮総兵)が司令官であり、守備兵は「歩、砲兵ヲ混シテ大約三千人(大沽、淮軍右翼前営五〇〇、同前左営五〇〇、同左営五〇〇、石頭縫—西北砲台ヲ云フ—、淮軍右翼後左営五〇〇、同後営五〇〇、螺蛳頭、淮軍右翼右営五〇〇、合計三〇〇〇)」という大部隊であった。この砲台に対する攻撃は次のような段階を経て行われた。日本参謀本部編『明治三十三年清国事変戦史』(以下同書を『戦史』と略称する)によると、六月一五日の在大沽列国艦隊司令官会議の決定により、ロシアの将校が使節として午後七時三〇分に大沽砲台に行き、翌一七日午前二時迄に砲台を明け渡すよう最後通牒をつきつけた。羅栄光は「総督ノ命ヲ得サレハ明渡スヲ得ス、然レトモ其答ヲ得ハ直ニ通知ス」と答えた。列国軍約九〇〇(独一二〇、露一八五、英二五〇、墺伊各約二〇、日三〇〇)は白河を溯り、砲台の背後をつくよう配置した。一六日の列国砲艦長会議では、一七日午前三時を期して砲撃を開始するよう決しその準備をしていたところ、「十七日午前零時五十分砲台ヨリ突然電燈ヲ以テ列国砲艦ヲ照シ、次テ激烈ニ砲火ヲ開始セリ」（『戦史』）と、まず清軍の方から先に砲撃した。これが日本における戦史の正式発表である。しかし、『中国近代軍事史』（遼寧人民出版社、一九八三年）など中国側の学者は、①ロシアの将校が最後通牒をもってきたのは七時半ではなく九時過ぎだったこと、②羅栄光の報告では夜一一時に列国軍が砲撃を始めたこと、③列国軍は初めから武力を行使する準備をしていたことなどをあげ、列国軍の挑発が先にあったと想定している。この砲台陥落後、従軍記者として大沽砲台内に宿泊した田岡嶺雲は、「砲台先づ戦を開けるか、列国先づ砲撃を始めしか、兎にも角にも戦は既に開かれたる也」(5)と微妙な文章を報道文のなかに書き入れている。田岡は日本軍の正式の発表に疑問をもっていたことは明らかである。

さて戦闘経過は次のようなものであった。列国の五隻の軍艦が白河から河口に下りながら、大沽の四塁に分かれていた砲台を背後から砲撃した。日本軍の正式の発表によると、戦闘は一七日午前零時五〇分に始まり、三時半頃に清軍の反撃は弱まり、砲台内では弾薬が次々に爆発し火の海となり、四時一五分頃には清兵の射撃全く衰弱したという。全部の砲台が陥落したのは午前六時であった。約五時間の戦いであった。では清軍敗北の原因はどこにあったか。前掲の『中国近代軍事史』は次のように分析している。①列国軍の勢力がはるかに巨大で、よく準備ができていた。②清軍は海軍の支援がなかった。③対外屈従思想によって抵抗能力が衰えていた。④砲台等の防禦工事が不充分であった。⑤守備兵がたてこもる場所がなかった、の五点をあげている。列国軍の武力・火力の方が圧倒的に高かったので、たしかに勝負は時間の問題だった。大沽守備隊三〇〇〇が勝てる可能性はほとんど無かった。しかし、日本参謀本部によれば五時間の戦闘、『中国近代軍事史』によれば一〇時間の戦闘が、どのようなものであったか見よう。まず、勝てるのは当然のことであり、問題は列国軍のなかでどれほど大きな手柄をたてることができるか、それだけを考えていた日本軍の論評を聞こう。

日本参謀本部の『戦史』(巻二、九七〜九八頁)によれば、大沽砲台戦によって、列国軍側の砲艦乗組員の死傷一一九人(死者二五、傷者九四)、陸戦隊の死傷一九人(死者一四、傷者五)合計一三八人に達した。日本軍は、将校の死一、下士以下の死三、傷五の合計九人であった。三〇〇〇人が守備する清国最大・最新の巨大砲台が、数時間で陥落し、しかも列国軍の死傷一三八人というのは形容し難い惨めな敗北といわねばならない。このような惨敗はどうして起ったのか。日本の軍隊は次のように原因を述べている。四つの砲塁をもつ大沽砲台は、先に記したように合計一七七門の砲をもっていた。

此砲ノ内、河ノ内方ニ対シ使用シ得ヘキモノ六十三門、海正面ニ対シ使用シ得ヘキモノ百十八門(此合計数ノ備砲数ト合セサルハ一砲ニシテ両方向ニ射撃シ得ルモノアレハナリ)アリ。然レトモ、後ニ検スル所ニ依レハ清兵ノ実際砲艦ニ対シ使用シタルモノハ、左ノ三十三門ニ過キサリシカ如シ。

大口径速射砲	四門
中口径(同)	十五門
中口径砲	一門
小加農	十一門
施条口装砲	二門
計	三十三門

といい、その弱点を次のように鋭く見ている。「其防禦殊ニ陸正面ニ対スル防禦工事ノ不完全ナルノミナラス、清兵ハ兵器ノ使用ニ熟セス。且不注意ナル為メ火薬ヲ露天ニ置キ、自ラ敵火ノ危害ヲ大ナラシムル等ハ此戦闘ニ於テ現ハ

レシ所ナリ」[6]と。つまり、近代兵器は買ったが全く使用する能力がないため、自ら自滅しているのだ、と言っている。

（午前）三時半頃ニ至レハ、清兵ノ射撃漸次沈黙シ、砲台内ニハ処々ニ火薬ノ爆裂起レリ。是レ、清兵ハ海正面ノ火薬ヲ後方ニ運搬シ、露天ニ置キタルニ原因セシカ如シ。午前四時十五分頃ニ至リ、清兵ノ射撃全ク衰弱セリ[7]。此戦闘ニ於テ清兵ハ能ク発射セシモ、其倉庫若クハ弾薬ノ掩蔽部ノ欠乏セシコトハ致死ノ運命ヲ与ヘ、処々ニ於ケル自己ノ弾薬ノ爆裂ハ遂ニ抵抗シ得サルニ至ラシメタリ。敵ノ死屍七八百ハ砲台内ニ横ハレリト言フ[8]。

以上のように日本参謀本部は、砲台陥落の原因を近代的兵器の組織的運用、清軍守備隊の技術的取扱いにおける能力の欠如に見ている。参謀本部は清国守備隊は「此戦闘ニ於テ清兵ハ能ク発射シタ」ことを認めており、彼らの戦意を認めてはいる。しかし、先に見たように、百数十門の砲のうち、実際には三三門しか使用できなかったのであり、いくら戦意が高揚していたとしても、簡単に敗北するのは当然であった。

日本軍は軍艦豊橋で最初臨時に送った陸戦隊約三三〇人と野砲二門で参戦し、列国兵約九〇〇人のうち三分の一を占める兵力であった。参謀本部『戦史』はいう。「先頭ニ在ル列国兵皆逡巡セリ。是ニ於テ、我陸戦隊ハ此機ヲ失ハス列国ノ散兵線ヲ通過シ先頭ニ立チ、驀然砲台ニ突入セリ。此時海軍中佐服部雄吉之ニ戦死セリ」[9]と。日本軍はこの服部と海軍陸戦隊の水兵三人を失った。この時、日本軍は英・独・露の各国兵につぐ最後尾から出発したのであるが、途中で四〇〇メートル前方にいた先頭の英軍を追い抜いて、白石大尉が大沽砲台一番乗りを果たしたのであった。欧米列国軍に侮りを受けず、日本人の勇敢さを列国に示すことを使命にされた、明治の時代の将校の典型が服部とこの白石の事蹟のなかに示されている。『風俗画報』臨時増刊号「支那戦争図会」は次のように報じている。

中佐が自ら衆に先んじて先登の功を日本兵の上に与へたるは、最も名誉ある挙動といふべし。今回の戦争は聯合軍の共同運動にして、我が海軍兵も初めて世界の檜舞台に立ちたるものなれば、勇壮なる挙動を示して他国兵に後れざらんことは、国民一般の望む所なりしが、服部中佐は能く此輿望を満たし、為めに名誉ある戦死を遂げたるは、我が戦史に一大光輝を発つものなりというべし。(10)

明治国家の国威発揚の責めは重かったというべきであろう。

服部中佐、文久三年京都の薩摩藩邸に生まる。海軍大学校卒業、日清戦争に従軍、秋津洲艦の砲術長として豊島の海戦、黄海の役、威海衛湾の戦闘等に参加、金鵄勲章功五級、勲六等瑞宝章を受け、海軍兵学校教官となる。砲術に長じた将校として有名であった。義和団戦争で戦死した日本将兵のなかでは最も階級の高い将校であった。

大沽砲台一番乗りとして名を馳せた白石大尉についても紹介しておこう。「大沽砲台攻撃の際日本兵の隊伍は最後と定められしも、外国兵の展開したると同時に、英、独、露三国の兵を躍り越えて、敵の砲台に突貫し、日本の国旗を劈頭第一に掲揚し、我国の最大名誉を博したる海軍大尉」(11)と称讃された。彼は、海軍兵学校卒業と同時に日清戦争に従軍し威海衛の戦いに加わった経歴をもつ。義和団戦争に従軍した将校はほとんど全部が日清戦争に従軍した経験をもっており、服部・白石も例外ではなかった。

四ヵ国聯合軍の大沽砲台攻撃は、清朝・義和団の外国人に対する攻撃から同胞を守るためというよりは、列国軍の中国分割競争のその競い合いによって行われたと言えよう。

(2) 義和団・清軍の八ヵ国聯合軍への反撃

一九〇〇年六月一〇日、イギリスの海軍中将シーモアを隊長とする列国兵約二〇〇〇人は天津より北京に向けて出発した。彼らは、一一日、落岱付近で義和団に襲撃され、一四日には郎房付近で約三〇〇人の義和団に襲撃された。

義和団は約七〇人の死者を出して敗退した。同日、落岱に残留せしめた守備隊が約一〇〇〇人の義和団に包囲されたというニュースがシーモア中将にとどいた。シーモアは英露仏の四五〇人の兵とともに落岱に急行し、約二〇分の戦闘ののち約三〇〇人の義和団を殺した。以後一七日まで列車は落岱、郎房間に停車していた。以上は日本参謀本部編の『戦史』によったものである。このシーモア隊に参加していたイギリス将校クライブ・ビッグハムは、この時の戦闘について次のように記している。

かれら（義和団）は横に並んで攻撃してくる。各種の火器を一斉に発射し、またかなりの遮蔽物を利用する。射撃技術はたいへん悪く、また適当な指揮者と組織がないようだった。しかし、かれらの訓練上の欠点は勇気によって補われていた。かれらは優勢の敵の前で勇敢さを示し、たえず我々を心服させた。中国人は決して今まで我々が信じていたような弱兵ではなかった[12]

続けてクライブは、のち清軍とも戦ってみたが、清軍の方が勇気がなく、優勢な敵とは戦わず、また肉弾戦をやらない、と証言している。

大沽砲台に対する攻撃が行われた六月一七日までは、義和団が列国軍を攻撃する主力であり、清朝官軍は戦場に出ていなかった。大沽砲台が列国軍によって占領された翌日、董福祥・聶士成麾下の清軍の反撃が初めて開始された。

（一八日未明郎房付近において）董福祥ノ兵約三千人来襲ス。乃チ、日・露・英・独兵直チニ之ト応戦シ、激戦約一時二十分ノ後之ヲ撃退セリ。列国軍ノ死者八、傷者四十七名アリ。敵ノ死者ハ夜ニ入リタルタメ詳ナラズ。聯合軍ハ鹵獲セシ敵旗中奉旨ト記スルモノ有ルヲ認メ、始メテ清国政府ノ官兵ヲシテ義和団ヲ援助セシムルヲ知レリ。[13]

以後連日にわたって、聶士成の兵なども加わり反撃を続けたので、シーモア隊は二五日に天津に逃げ帰った。こうして、死者六二人、負傷者二二八人を出して失敗し、北京に辿りつくことはできなかった。日本のシーモア隊への参加者は五一人で、死者二人、負傷者三人の損害であった。

大沽砲台が陥落した六月一七日以前、義和団を除いて、北京の国家中枢にいた諸勢力は、外国軍と本格的に戦う意見の一致をみていなかった。たとえば、当時勇将として名高かった聶士成は、前述したように朝廷の鉄道保護の命令を守り、鉄道を破壊し続ける義和団を攻撃し、六月六日には四五〇人あまりも殺した。しかし、聶の個人的考えは、シーモア隊の北京入城阻止にあり、武力でそれを阻止しようとしたが、直隷総督裕禄は許可を与えなかったという。(14) 直隷総督が外国軍への攻撃を躊躇したからには、聶も単独で武力反撃は不可能であった。こうした状況を一挙に変えたのは、六月一七日早朝の大沽砲台の陥落である。シーモア隊に従軍したイギリスの一将校は次のように書いている。

我々が出発した一週間後の六月一七日、この日曜日の朝、列国軍は天津を救援するために大沽砲台を占領した。義和団は天津租界を包囲し、その翌日には租界を砲撃した。これらの情況について、(当時は)当然我々は全く知らなかった。しかし、北京の朝廷ではきっと時を移さずこの消息を聞いたであろう。それで、一八日の午後、廊坊を守備していたドイツの大佐猶士敦（原名不詳—小林）と列国兵士は董福祥麾下の清軍の攻撃を受けた。(15)

またある記録はいう。

六月一九日、中国人ははじめて天津の外国租界を砲撃した。ここには列国軍の小さな部隊がいただけだった。中国人は四方から数千人も集まり、天津租界はすべて封鎖され、義和団は前面に、清軍はその背後にいて全力で砲撃を行った。清軍は小守備隊を圧倒し、義和団が突撃して大屠殺を行えるようにと望んだ。(16)

大沽砲台が占領された数時間の後、六月一七日に清軍は租界への砲撃を開始し、塘沽を通る鉄道を破壊し、電信線を切断した。それで、列国艦隊の司令官たちと北京、天津との連絡はできなくなった。[17]

以上で明らかなように、清朝官軍の外国侵略軍への本格的な反撃は、大沽砲台が列国軍に攻撃占領されたことによって開始された。大沽砲台陥落の六月一七日以前に、義和団の鉄道攻撃、義和団のシーモア隊への攻撃、天津にいたロシア兵千数百人の中国人虐殺等々の事件は起こっていたが、全面戦争の開始は列国軍の大沽砲台占領によって初めて開始されたのである。大沽陥落によって清朝中央も本格的な反撃の決意を固めざるをえなかった。この大沽砲台陥落の六月一七日、天津に於いて、義和団約二五〇〇人が外人居留地を攻撃、同日清軍は水師営砲台から外人居留地を三時間余にわたって砲撃。一八日、清兵は水師営砲台と天津城内より外人居留地を砲撃し居留地に迫った。二〇日から二三日の間、天津停車場をめぐってロシア兵と清兵・義和団との攻防戦が続いた。連日、各地で列国軍と義和団・清軍との激戦が続いたが、二六日には塘沽から軍糧城まで鉄道が開通した。二七日、列国軍は東機器局を攻撃してこれを占領して武衛軍の数百人を殺した。同日、新城付近の火薬庫爆発し、白河航路開通。「天津居留地内ニ在リテハ独逸兵二十七、二十八ノ両日ヲ以テ復讐的ニ清民ノ家屋ヲ焼キ炎燄天ニ漲レリ」[18]という状況となり、いよいよ天津の大戦争の幕がきって落とされた。

(3)　大沽、天津間の戦闘

福島司令官の率いる日本の臨時派遣隊約三三〇〇は、大沽砲台陥落後つぎつぎここに上陸し、六月二九日から天津に向かった。大沽、天津間はすでに大沽を陥落させた列国軍が進軍した後であり、戦闘らしいものもないまま進軍した。戦闘はなかったが、兵士は水不足と酷暑に悩み惨憺たる有様だったという。天津へは白河を溯って行くのであるが、下流は塩分が強くて飲めず、また天津付近は「死体白河ニ充満シ伝染病発生」の心配があり、「将校以下一日ノ飲用水ハ約四合」を必要としたので、「実ニ一大難事タリシナリ」と、日本参謀本部の『戦史』は書いている。福島司令官は、六月二九日に塘沽停車場を列車で出発し、この日の午後に軍糧城にほど近い停車場で下車し、日本軍一大隊と共に天津に向かった。

> 時ニ炎熱灼クカ如ク、殊ニ兵卒ハ絨衣ヲ著セシヲ以テ一層其熱度ヲ感シタリ、又携行セシ昼食ハ腐敗シテ食スヘカラス。沿道樹蔭ナク、殊ニ列国軍ノ過キシ所悉ク民家ヲ焼キ人民ヲ殺シ、恰モ荒野ニ等シキヲ以テ、一滴ノ水タモ得ル能ハス。兵卒ノ困憊極度ニ達シ続々途上ニ落後者ヲ生シタリ。然レトモ漸ク天津ニ近クニ従ヒ、天津市街居留地付近遠近ノ村落兵火ニ罹ルヲ望ミ、屢々大砲ノ響ヲ聞キ志気大ニ昂ルト将校ノ督励トニ因リ、五時頃大直沽ノ東端ニ達シ隊伍ノ整頓ヲ行ヘリ。当時大直沽付近一帯ハ兵燹尚ホ未タ熄マス伏屍途ニ横ハレリ。此辺露軍ノ幕営地ニ接スルヲ以テ、露将ハ特ニ嚮導ヲ出シ、我兵ヲ導テ大直沽北端ヲ迂回シ、六時露西亜橋ニ達セシメ且輜重車ヲ出シ我病兵ヲ輸送スル等頗ル慇篤ヲ極メタリ。[19]

これが上記『戦史』の記述である。ここには「列国軍ノ過キシ所悉ク民家ヲ焼キ人民ヲ殺シ、恰モ荒野ニ等シキ」と帝国主義列国の蛮行が一般的指摘として記されている。また、ロシア兵については、日本軍への親切が強調されている。しかし、この『戦史』の編纂委員長こそ、臨時派遣隊隊長福島安正少将であり、実は彼が自分で書き、現在防衛庁研修所図書館に所蔵されている「福嶋少将報告綴」(明治三十三年自六月十八日至七月廿二日)なる記録には次のように書かれている。福島司令官の参謀総長大山巌宛の報告(六月三〇日付)に「露兵到ル処虐殺ヲ逞フシ、昨夜ハ白河南岸砲台ノ下ニアリシ支那船ヲ奪ヒ暴殺セシ多数ノ死体ト共ニ之ヲ焼タリ。聞ク処ニ依レハ至ル所、我帝国軍隊ノ到着ヲ待ツト」、また参謀次長寺内正毅宛ノ私信(六月二六日付、親展)に「露兵ノ乱暴狼藉ノ予テモ聞キ居リシニ、思ヒシヨリ劇シク、車行ノ二日目ヨリ停車スレハ少間ヲ得テ沿道村落ニ浸《ママ》(侵)入シ、軍用外ノモノモ之ヲ取テ破壊スルカ小ナルモノハ持テ来ル、……支那人ヲ虐殺スル有様モ明ラカナリ。汽車行ノ英兵モ余リ規律厳ナラス。村落ヲ荒スコト少ナカラサリシ。我日本兵ノ規律ニ至テハ整然タルコト古武士ノ喰ハストモ高楊子トノ慨アリテ感腹《ママ》（服）ノ外ナカリシ」、また同じ寺内次長宛の私信（六月三〇日付）に「目下露兵ノ盛ンニ支那人虐殺ノ時ニ当リ、我人夫ノ服装頗ル区々、支那人ト誤殺セラレシヲ恐ル。然ルニ目下ノ上陸地ハ全ク他国兵ト関係ナキ故、幸（ニ）危険ナキヲ得……」と報告。いかにロシア兵をはじめ列国兵が殺人掠奪をほしいままに行っていたか、その恐るべき実態を知ることができる。列国軍の蛮行のため住民はほとんど逃亡し、「四面の光景寂寞として村里寥落又一士民の影を認むるなく、時に焼失せる民家の彼方此方《あちこち》には死屍の横たはりて野犬の腹を肥すのみ、蕭颯たる風物転《うた》た行客の心を痛ましむ」[20]惨憺たる有様だった。以上が日本臨時派遣隊が大沽、天津間で見た戦場の状況であり、こうした中で日本軍先遣隊は六月二三日に大沽に上陸し、六月二八日に天津に到着した。

当時の天津の状況を見ておきたい。

六月二六日「セーモア中将ノ率キル列国軍ハ西沽付近ニ於テ救援軍ニ救ハレ、二十六日天津ニ帰ル」

「二十七日払暁ヨリ列国軍ハ東機器局ヲ攻撃シ、六時間戦闘ノ後遂ニ之ヲ占領セリ。此地ニ在リシ武衛軍ノ一部ハ四方ニ散乱シ、其数百名ハ斃レタリ」

「二十七日ヨリ白河航路モ亦開通ス」

「天津居留地内ニ在リテハ、独逸兵二十七、二十八ノ両日ヲ以テ、復讐的ニ清民ノ家屋ヲ焼キ炎燄天ニ漲レリ」

「目下列国ハ益々増兵シテ北京ノ急ヲ救ハントス。又居留地ノ列国軍ハ益々増兵シテ、北京ノ急ヲ救ハントス。又居留地ノ列国軍ハ、セーモア中将ト共ニ北進シタルモノヲ合シテ約七千人ノ兵力ヲ有スルモ、未タ天津城付近ノ敵ヲ撃攘スルコト能ハス。純然タル専守防禦ヲ事トシ、日々敵ノ銃砲弾ノ惨毒ヲ受クルノミニシテ、只援軍殊ニ日本軍ノ到ルヲ待テリ。二十五日、白石海軍大尉及選抜下士卒七名ハ天津ニ到着シ、不日天津ニ前進セントスルノ報ニ接スルヤ、天津ノ人心頓ニ振ヒ、其着津ノ一日モ速ナランコトヲ渇望セリ。而シテ二十九日朝山下海軍中尉ノ率ヒル陸戦隊着津シ、其午後福島少将、歩兵一大隊ト共ニ着津セリ」(21)

こうして、舞台は天津に移った。(セーモア中将はシーモア中将に同じ―小林)

注

(1)『日本外交文書』第三三巻別冊一、「北清事変」(上)、二九六号、三二〇頁。

(2)同上書、二九九号、三二二頁。

(3)日本参謀本部編『明治三十三年清国事変戦史』巻二、八三頁。(以下『戦史』と略す)。

(4)同上書、巻二、九四頁。

(5)「戦袍余塵」(『田岡嶺雲全集』巻五、法政大学出版会、一九六九年)三三頁。

(6)『明治三十三年清国事変戦史』巻二、九三〜九五頁。

(7)同上書、九三〜九五頁。

(8)同上書、九九頁。

(9)同上書、九六頁。

(10)「支那戦争図会」三八頁。

(11)「支那戦争図会」四一頁。田岡嶺雲「戦袍余塵」(『田岡嶺雲全集』巻五、三四頁)に「白石大尉を見る」という記事があり、次のように言う。「年三十許り、短身黎面疎鬚あり、精悍の気眉宇に溢る」と。

(12)璧閣銜『在華一年記』(Clive Bigham の著書の華訳)、『八国聯軍在天津』(斉魯書社)二三二頁。

(13)『戦史』巻二、一一三～一一四頁。
(14)『義和団』（中国近代史資料叢刊）第一冊、二五七頁。
(15)前掲「在華一年記」（『八国聯軍在天津』）二三四頁。
(16)Frederick, Brown『From Tientsin to Peking with the allied forces』（「津京随軍記」『八国聯軍在天津』二五三頁の抄訳による）。
(17)O. D. Rusmussen『Tientsin–An illustrated outline History』（華訳「天津—挿図本史綱」、『八国聯軍在天津』）三一五頁）。
(18)『戦史』巻二、八六～八九頁。
(19)『戦史』巻二、一一七～一一八頁。
(20)『北清戦史』上巻（明治三四年二月、博文堂刊）、一一四～一一五頁。
(21)『戦史』巻二、八七～八九頁。

二、天津戦争

(1) 戦い始まる

天津は北京から約一二〇キロの距離にあり、また大沽海口から約六〇キロの奥、白河の中流に位置している。当時の人口は約六〇万で上海に次ぐ北の貿易・軍事の中心であった。北京を守るため政治的・軍事的に重要な地であり、また冬期以外は白河を溯ってかなり大型の船も天津に入ることができたので、北の開口場としても発展した。当時外人居留地はフランス・イギリス・ドイツ・日本のものがあり、その面積は六〇万坪にのぼり、紫竹林と称されていた。

ここは北洋海軍の拠点であり、李鴻章が築いた軍事施設が集中していた。天津の発展を年表ふうに説明しておく。一八七〇年に機器局（兵器・弾薬工場）を設立。一八七九年に大沽砲台を築く。天津に電燈がともる。一八八〇年に水師学堂を置く。一八八一年に天津、上海間に電線通ず。一八八五年に武備学堂（将校養成の士官学校）を設立。一八八六年に北洋水師（海軍）を創設。天津は中国北方の経済・軍事に於ける最も近代化の進んだ大都会として発展した。

さて、この天津の外人居留地が義和団・清軍の本格的な攻撃を受けるに至ったのは、先に記した如く六月一七日のことであった。この日から翌七月一四日まで列国軍が全く予想もしなかった激戦が続くのである。この天津戦役は、二つに区分することができる。一つは、六月一七日～七月八日の間の外国租界の攻防戦（天津停車場の戦闘を含む）と、七月九日～一四日までの天津城攻防戦である。

日本臨時派遣隊司令官福島安正が、兵三三〇〇余を率いて天津に到着したのは、六月二九日のことであり、翌三〇日に福島はイギリス東洋艦隊司令長官シーモア中将（かれは六月二六日、北京公使館救援のための北京進軍に失敗して天津に逃げ帰っていた）、ロシア軍指揮官ステッセル少将、イギリス軍指揮官ドワード少将を訪問し、列国軍指揮官会議を開き作戦を練った。六月末の天津市内の兵力は、露軍約四〇〇〇、英軍一六〇〇、仏軍六〇〇、独軍七〇〇、その他四〇〇、それに日本軍約三七〇〇である。以下主に日本参謀本部編『戦史』、『風俗画報』の特集「支那戦争図会」、『北清戦史』（博文堂）を史料として、戦闘の過程を概観したい。

六月一七日から二三日までは、日・英・露・米・独・仏・墺八ヵ国の兵士二七〇〇余が外国人居留地を防衛していた。この時期の戦況については、菅文三大尉（のち戦死）と宮田主計の手記がある。(1)

六月一五日。十一時過ぎ一〇〇〇余の義和団篝火を手に刀鎗をさげて停車場に突進してくる。四時間交戦して六〇名を殺し撃退す。義和団は発砲するものなし。

六月一七日。午前四時過ぎ、義和団約一五〇〇、紅巾をかぶり紅帯をつけ刀を振りまはして来る。一斉射撃で数名を殺し撃退す。清兵砲撃す。

六月一八日。菅大尉、頭を射たれて死す。

六月二〇日。小ぜり合い、居留地に砲撃絶えず。

六月二三日。ロシア兵一六〇〇、コサック騎兵五〇、アメリカ軍一二五、イタリア軍二〇、イギリス軍七〇〇が大沽より天津に到着。

六月二五日。列国軍約二〇〇〇がシーモア隊救出のため天津を出発す。

六月二六日。シーモア隊、天津に逃げ帰る。死者四〇、傷者七〇を出す。

六月二七日。英、独、露の兵約二〇〇〇が機器局を攻撃し正午に占領す。


このような戦況ののち、六月二九日馬玉崑の軍が天津に駆けつけ、三〇日に日本臨時派遣隊主力が天津市に入り、いよいよ本格的な戦闘が開始された。直隷総督裕禄、武衛前軍を率いる聶士成（七〇〇〇余）、武衛左軍を率いる宋慶、馬玉崑（歩兵五〇〇〇、騎兵一五〇〇）、それに大沽砲台より退却して天津に来た羅栄光の諸軍は、紫竹林の外国租界を三方面から包囲攻撃する作戦に出てきた。列国軍は白河左岸の天津停車場（老龍頭車站）で清兵・義和団を迎えうち、この地が最前線・激戦地となった。停車場の守備に当たっていたロシア軍は、損害がきわめて大きかったので、日・英・仏の三国兵が交替するよう要求し、七月四日以降は、日本軍一四〇余人が主力となり、英仏兵各一〇〇人とともにこの天津停車場を守ることとなった。

(2) 天津停車場の攻防戦

第一一師団から派遣された杉浦幸治少佐以下の日本軍守備隊一四〇人は、七月三日から馬玉崑麾下の攻撃にさらされた。水師営の砲台からの外国租界への砲撃も激しくなった。四日の午前中まで続いた天津停車場の戦闘で、日本軍は前面に出て戦ったため太田大尉他一名が戦死し、負傷者は二二名に及んだ。

是日における敵の前進行動は頗る奇とすべきものあり。蓋し敵は生死を意とせざる義和団匪を先陣たらしめ、官兵は之に続いて運動したるものにして、清兵の意外に猛烈なるが如き奇象を呈するは、全く団匪の力に頼るものと覚しく、逍《さすが》に狡猾なる軍略と謂う可し。而して此戦闘に於て我兵には五名の負傷者を生じたり。内二名は重傷なりし。英仏軍にも大尉を首《はじ》め四、五名の負傷者ありたり。(2)

と義和団・清兵は勇敢であったが、その原因は「生死を意とせざる団匪」が先頭に立ち、清兵がその「団匪の力に頼って」猛烈に戦うことにあったという。日本軍もそれを認め次のようにいっている。

此夜、敵ハ我正面ニ駐止シ敢テ退却セス、頑固ノ攻撃ヲ試ミタリ。我正面ニ前進シ来リシ敵ノ兵力ノミニテモ五百名ニ達ス。蓋シ全線ノ敵ハ二千名ヲ下ラサリシナラン。其服装区々一定セス。中ニハ武器ヲ携帯セサル者モ有リキ。(3)

この日本参謀本部編の『戦史』の記録によって、この勇敢に戦った人々は義和団が主力となって前線に出ていたと推測されるのである。『戦史』は「此敵ハ馬玉崑ノ率キル兵ノ大部ニ義和団の混シタルモノナラン(4)」としているが、実は義和団が最前線に立って戦ったものと思われる。

七月五日。清軍は停車場を攻撃し、日本軍などと約三時間の銃撃戦を行った。

七月六日。清軍はこれまでの砲三門を六門にふやして砲撃を続けた。列国軍は天津城とその付近に向けて初めて大砲撃を行った。この日の清国軍の攻撃はすさまじかった。

　敵は突然仏国の防禦線に迫り来たれり。其の兵数は左岸即ち塩山（塩堤）の方面よりせしもの約二千あり。又右岸の道路に沿うて来たれるもの、四旒の旗を推立てたれば、約千乃至千五百に及ぶべきか。（略）此時、敵は非常の突進を試み、我守備線に肉薄せること約百歩に過ぎざりし。次で敵は屢々我守備隊に向ひ、頻に攻撃を試みるより（略）（我が）守備兵は勇猛に之を逆撃して退却せしめたり。但し、敵は遠く退却したりといふにはあらず。旧に仍て我より四五百メートルの地に在て、頑強なる抵抗を試み、以て七日朝に至れり。(5)

七月七日。この日は両軍とも疲労し、一休止となった。

七月八日。「午前零時三十分、約四百名ノ敵兵停車場ノ前哨線ニ攻撃シ来リ、我守備隊ハ射撃ヲ以テ之ヲ撃退セリ」(6)。

七月九日。「競馬場付近戦闘ノ日、敵戦中二人馬車輛ヲ運動スル景況アリテ喧騒甚シカリシモ、十日早朝ニ至リ異状ヲ見ス。甚タ静粛ナリキ」(7)。

七月一一日。「午前二時頃停車場ノ西南方ニ当リ鼓笛ノ音ヲ聞ク。次テ三時敵兵約五百名突然六中隊ノ正面ニ来襲ス。第六中隊ハ直ニ陣地ニ就キ応射ス。敵ハ猛烈ニ前進シ散兵線ノ北方約百五十米ノ煉瓦壁ニ達シ急射撃ヲ為シ、突撃セントスル色アリ。此時少尉寺倉孫一敵弾ニ中《あた》リ即死シ、其他下士卒死傷若干アリ」(8)。この日、日本軍天津停車場守備隊の損害は、戦死が将校六、下士以下一八、負傷五三と驚くべきものであった。この激戦を戦った清軍は、「馬玉崑ノ親ラ統率スル武衛左軍中ノ歩砲六営ニシテ、此戦闘ニ於テ右路統領記名総兵李大川、営官守備孫祥雲及遊撃蘇豁然等相前後シテ戦没シ、辦勇ノ傷亡モ亦タ甚タ多ク、其戦場ニ委棄シタル死者五十名ヲ下ラス。又死傷者ノ総計ハ四百五十名ニシテ、僅ニ宋慶ノ引率スル後援兵ニ収容セラレタリト云フ。英、仏軍ノ守備線ニ在リテモ亦同時ニ敵ノ一部襲来シ苦戦甚タ勉ム。午前六時頃ニハ仏ノ増加兵来リ、乗降台ノ西端ニ達シ我ト協力セリ。而シテ仏ノ守備隊ハ死傷者約六十名、又英ノ守備隊ハ約二十名ヲ算セリ」[9]。このように、七月一一日の天津停車場の「戦闘ハ実ニ停車場守備以来ノ大劇戦[10]」となったのである。

(3) 聶士成軍、義和団の抵抗

列国軍は七月六日頃から大砲による水師営砲台、天津城への攻撃を始め、九日からは白河左岸で攻勢に出、一一日には天津城に迫っていった。水師営砲台は堅固な上、距離も遠く、天津城陥落の日までよく砲撃を続け、列国軍を悩ませた。

天津城攻防戦は七月九日から一四日までの六日間に行われた。この戦闘に投じられた各国兵力は次表[11]の通りである。

	陸兵	海兵	大砲（門）
日本	三八〇〇		一二
露国	六七五〇	一五〇	一六
英国	一四三〇	八〇〇	二他海軍砲一〇
米国	一二〇〇	四〇〇	
仏国	一四六〇	四〇〇	一二
独国	不詳	五〇〇	
伊国		一〇〇	
墺国		一四〇	

合計一四六四〇　　二四九〇　　四二

この内、直接天津城南門に対しての総攻撃に参加した兵力は、日本二七〇〇、アメリカ九〇〇、フランス八〇〇、イギリス六五九の合計五〇五九人であった。日本軍の兵力が最大で、天津城南門攻撃の主力となった。ともすれば日英米と歩調を異にする露・独両軍は南門攻撃には参加せず、停車場から水師営方面の攻撃作戦にあたった。天津城南門に至るには、競馬場・西機器局・黒牛城・林庄などの清軍・義和団の拠点を抜かねばならない。

七月九日。列国軍は総攻撃を始めた。「黒牛城北方ニ達シ、多数ノ団匪ニ若干ノ官兵ヲ混シタル敵ノ紀庄ヲ占領スルヲ知リ」、ここを攻撃した。「其主力ハ紀庄東方新河ノ線ニ拠リ頑強ナル抵抗ヲ為シ、且ツ刀、槍、剣ヲ携フル団匪ハ、其橋上ニ我ヲ迎撃スルコト困難ナルヲ察シ」遊撃を行い、日本軍は一時撤退した。紀庄方面にいたのは義和団で五〇〇〇人を下らない大勢力であり、「猛烈ナル射撃」で抵抗したという。以上は日本参謀本部編『戦史』(二巻、一八五頁)の記述である。義和団大衆は実に勇敢に戦ったが、これについてはのちに詳しく紹介することにする。

天津城南門の前方にあった八里台では、清朝官軍が速射砲四門をもって砲撃し、日本軍との間に砲撃戦が行われた。しかし、日本軍は六時頃より猛烈な攻撃を行ったため、清軍は多数の死者を出して敗走した。日本軍はその時は知らなかったが、この戦いで武衛前軍を率いる将軍聶士成を戦死させたのであった。のち、日本参謀本部編『戦史』は次のように語っている。

捕虜ノ言ニ拠レハ、競馬場付近ニ在リシ敵ハ聶士成統轄ノ下ナル王、周、胡等ノ率キル三四百名ニ過キサリシト云フ、故ニ其兵数ハ千五百乃至二千名ニシテ、砲四門(五十七粍克式連射砲)ヲ有ス。又其携帯銃ハ「モーゼル」五連発銃ナリキ。(12)

とあるように、聶士成の全軍はわずか一五〇〇〜二〇〇〇人程度に減少していた。しかし、まだ大砲四門は保持していた。

当時聶士成ハ八里台ニ在リテ敗兵ヲ督励シ、防戦ヲ勉メタリシカ、我砲弾ニ中リ即死シ、統領周玉和、姚良才其営官二名モ亦戦死ス。是ニ於テ其大部ハ西方ニ向ヒ、其他ハ北方或ヒハ南方ニ向ヒ散乱セリ。而シテ競馬場乃至八里台付近ニ遺棄セシ敵ノ死屍ハ百名ヲ下ラスシテ、死者ノ総数三百五十ナリキ。(13)

聶士成の武衛前軍の戦死者が三五〇人に達したというから、負傷者はその数倍に達したはずであり、この軍団は八里台の決戦でほぼ壊滅したということができよう。

日本参謀本部編『戦史』は聶士成について次のように記している。

明治二十七八年ノ牙山（の戦い）以来、屢々我兵ト戦ヒ武名ヲ轟カシ、清国ニ信頼セラレタル直隷提督聶士成是日ノ戦ニ於テ戦死セルヲ以テ、大ニ彼ノ志気ヲ挫折シ、其後競馬場方面ニ向ヒ活潑ナル運動ヲ為スコト能ハサルニ至レリ。(14)

日清戦争以来、聶士成の名は日本軍によく知られていた。しかし、義和団戦争の際には、

聶士成ハ曩ニ楊村付近ニ於テ義和団ト戦ヒシコト有ルニ因リ、彼等ノ為ニ嫌厭セラレ、遂ニ其軍装迄モ旧式ノ支那風ニ改メサルヲ得サル場合ニ迫レリ。之カ為メ是日ノ死者及虜獲シタル兵ノ服装ハ区々一定セス。胸部ニ無記ノ圏子ヲ付シタル衣服ヲ著シタル者アリキ。(15)

という有様だった。日清戦争の猛将も、この義和団戦争では自己の戦力を全く発揮できぬまま戦死を遂げたのである。日本軍は聶士成の軍を全滅させた後、聶軍が使用していた速射砲四門を鹵獲し、内三門をイギリス・フランス・アメリカの各軍に一つずつ贈呈した。

〈付記〉日本人に悼まれた聶士成の最後についてふれておきたい。

聶士成は日清戦争の際の勇敢な戦いで日本人にはよく知られていた清国の将軍であった。義和団戦争の際将軍で陣地を棄てず戦死するまで戦って死んだことから、日本では非常に高く評価されその死が悼まれた。ここに義和団戦争の戦記物語『北清戦史』（博文堂、一九〇一年一月）の記事を紹介しておきたい（上巻三二一―三七頁）。

「団匪と聶士成」

総統武衛前軍聶士成は、先に義和団が保定より北京に至る鉄道を焚焼せしに因り、兵を率ゐ、落岱に至りて弾圧せしに、団は却つて之と戦を交へ、因つて聶の軍を仇敵とし、且つ聶軍門は洋人の重賂を受けたりと誣《し》い、聶軍の士卒を見れば即ち捕へて之を殺す。甚だしきは其部下の文武官吏にして、家屋を焚かれ全家殺されたる者あり。一軍の士卒皆忿《いか》り、団と戦はんことを請ふ。聶士成之を諭止し、且つ将士をして部下の兵を誡《いまし》めしむ。士卒忿然として曰く、朝廷兵を養ふは乱を誅する所以なり。落岱の戦は朝廷の為めに乱を止《とど》めたるを、今や団独《ひと》り我軍を仇とし、士卒官吏営を出づれば即ち殺さる。而も裕総督は其為す所に任《まか》せて絶て禁阻せず。何の王法かあらん。其手を束ねて斃《たお》るゝを待たんよりは、寧ろ団を学びて焚殺せんのみ。既に銀物を得て又義民の称を得るのみならず、朝廷及び総督より賞賜せらる。亦快ならずやと。是に於て果して団に倣いて沿途掠奪す。

聶士成は畧《ほ》ぼ世界の大勢に通ずるを以て元来排外策の失計なるを知れり。曩《さき》に乱匪蝟集して黄村の鉄道を破壊し、屋舎を焼くの報に接し、其部下を率ゐて匪徒を討つこと数回、就中落岱の一役に匪を殺戮すること頗る多く、即ち団の怨恨を招くに至れり。其後朝命を奉じて団匪と共に急に天津の租界に外兵を攻撃するや、匪徒往々にして命に従はざることあるより、士成大いに怒り、濫りに外人斥攘を唱へて今日の禍乱を醸しゝは、実に団匪の罪なるを、彼等内に忠義の名を窃みて朝廷を誤り、外に盗賊の行いを為して閭里を害す。宜しく之を懲して軍人を慰め良民に謝すべしとて、咄嗟に命を下し、極力団匪を襲ふて一千余名を殺傷せり。然るに時局一変し、北京満廷殆んど義和団の党与と化し去りしより、西太后に叱斥せられけるが、直隷派出の各軍は多く聶が指麾の下に多年訓練されたるものなるを以て、その怨怒に触れて或は大事を起さんことを憂い、総統武衛全軍栄禄は書を彼れに致して曰く、「公が部下の軍装兵式は頗る西人に類するが故、常に団民の誤認する所と為り、従て釁を開くに至り易し。団民の志は素より報国にありて、其衆皆忠義の忱《まこと》あるものなれば今後之を討戮するを止めよ」と。これを得たる聶は直ちに復書して曰く、「団匪は国を害ない民を傷う者にして、大局を破るものなり。某《それがし》不肖と雖も任を提督に承く。管内に匪徒あらば之を討滅するは理の然るべき所なり。事定まるの後、仮令《たとえ》極刑大罰を受くるも避くる所にあらず」と。是れ五月上旬の事なりけり。以後聶の軍は専ら楊村を守りて乱匪の南侵を拒《ふせ》ぎ居たるが、十四日に至り、シーモア将軍の率ゐる聯合軍天津に入り、将に楊村を過ぎんとせしかば、聶は之を路に阻まんと欲し、電報を以て急を裕禄に告げたり。されども裕は聯合軍に抗するを以て不可となし、之を曖昧に付し去りしを以て、彼れ大いに発憤し直ちに蘆台に回《か》へらんと欲せしも故ありて果《はた》さず、其のまゝ楊村にありて守衛を厳にせり。こゝに於てさしもの聯合軍も驟かに進むを得ず。且つ聶が軍の多きを憚りて天津に引返すことゝなれり。然るに朝廷は此聯合軍退却の事を以て一に団匪の大功となし、巨万の賞賜を与へて以後を奨励しながら聶軍には遂に何等の賞辞だも下《くだ》らざりき。越えて二十日に至り、朝廷はいよ〳〵各国に向つて戦端を開くの議を決せしが、忽まち大沽砲台陥落の報に接して挙朝震駭し、急に聶に命じて天津租界を攻撃せしむるに到れり。かくて彼が団匪の所置を憎みて、その大殺傷を行ふやますます彼等の怨みを買い、次日聶が聯合軍と交戦する隙に乗じ、俄《にわ》かに聶の家を劫かし妻女子息及び家眷を奪ひ去りしが、其の内には聶の母齢八十三にして、折柄病いに罹《かか》り、気息奄々たりしものありたり。聶の軍は此の報を得て大いに驚き、兵を率ゐて団匪を追撃せしに、傍にありたる練軍の兵は無法にも、「聶の軍反せり」と叫びつゝ銃を放つて横合よりそを攻め立てしかば、案外にも今は内外前後に敵をうくることとなり、拒《ふせ》ぎ戦ふようも無く遂にその軍は散々に悩《なや》まされ、聶自らも亦身に十余創を蒙りぬ。聶は最早形勢のいよいよ非なるを覚り、長嘆して謂へらく、内は朝廷に諒とせられず、外《ほか》は匪徒の輩に侮られ、且つ我を讒して外人に通ぜりとなすものあり。我の死すべきは正に今日にありと。これより意を決して戦ふ毎に自ら敵前に進んで死所を求め、間もなく戦場の露と消え果てたり。此報北京に達せしも朝旨は優かならずして反つて調度宜しきを失ない、身を傷つけ、国を誤りたるものなれば、其死豪も惜しむに足らずとの沙汰を蒙りしといふ。あはれ悼ましからずや。

聶士成の兵士が義和団に仇敵視され、また清朝中央から充分給料さえ支給されないという窮境にあったことは、次の史料によって判る。

六月二十四日、……刻《いま》、聶軍門の統する所の武衛軍兵多人、皆な器械（武器）を持ち各処に搶奪し、匪首（義和団首領）の曹福田に二十余人拿獲され皆殺死せらる。……相い伝う、武衛軍は一、三ヶ月いまだ関餉（給料を受け取る）せず、故に肆ままに搶掠を行うと。其実、該兵丁（兵士）は屢しば拳匪に仇殺され、これを主帥（聶士成）に群訴するも主帥如何とす可きも無し。故に皆約束（規律）に服さざるなり。（中国近代史資料叢刊『義和団』中国史学会編、第二巻、二二頁）

聶士成の最後について『清史稿』列伝二五四は次のように語る。

……英法（イギリス・フランス）等諸国聯軍至る。士成は其軍を三分し、一は鉄路を護《まも》らせ、一は蘆台に駐し、而して自ら兵を率いて天津を守る。陳家溝・砲馬廠・八里台を連奪し、径《ただ》ちに紫竹林を攻め流血八昼夜なり。敵の来ること益ます衆く毒を燃やし砲を烟らす。我軍稍《や》や卻《しり》ぞく。士成は橋上に立ち、手ずから退卒を刃《き》り、諸将を顧みて曰く、〃此れ我が致命（最後）の所なり。此を一歩たりとも越ゆる者は男に非ず〃と。遂に陣に死に腸胃洞流（すっかり出る）す。

聶士成の生涯をふり返ると、半封建・半植民地化の一九世紀後半という時代に生きた人々に共通の苦難を見いだすことができる。清朝皇帝に対する忠誠、国家に対する忠誠、人民に対する忠誠という三つの忠誠が、それぞれ全く相い矛盾し敵対するのである。聶士成は、一八六二年清朝将軍袁甲三の陣営に投じ、ついで李鴻章の淮軍に入り、太平天国軍・捻軍等と六年間の長きにわたって戦い、これを鎮圧して出世したのである。ついで中国の植民地化をねらう外国軍と戦うことになり、中仏戦争・日清戦争・義和団戦争という三つの対外戦争で勇敢に戦った。しかしながら、清朝が媚外政策に転ずるや勇敢に戦うことが忠誠に反し、義和団の「反乱」を鎮圧すれば忠誠に反し、鉄道を守れば国家利益に反し、清朝中央・直隷総督裕禄・義和団大衆の三者から孤立し、あるいは敵対し、ついに八里台で憤死したのであった。聶士成の生涯は才能と野心のある有為な青年が、遂に部下の多くからも見はなされ死を求める戦いに自分を滅ぼさざるをえなかった、中国の矛盾を象徴している。聶士成の生涯をどのように評価したらよいか考えた論文に天津市歴史博物館の劉民山著「論聶士成」（一九八〇年「義和団運動史学術討論会」提出論文）がある。

(4) 黒牛城・紀庄における義和団の奮闘

七月九日、日本臨時派遣隊は福島安正司令官の命により攻撃に出た。

騎兵中隊ハ梁園門ヲ発シ、途上敵ノ斥候若クハ匪徒ヲ駆逐シ、四時三十分其前衛ヲ以テ黒牛城北方ニ達シ、多数ノ団匪ニ若干ノ官兵ヲ混シタル敵ノ紀庄ヲ占領セルヲ探知シ、徒歩戦ヲ以テ之ニ対進シタル後、其火力ノ漸ク衰フルニ乗シ、三小隊ヲ以テ之ヲ襲撃シタルモ、其首力ハ紀庄東方新河ノ線ニ拠リ、頑強ナル抵抗ヲ為シ、且ツ刀、槍、剣ヲ携フル団匪ハ、其橋上ニ我ヲ迎撃スル等、到底馬足ノ力ヲ借リ、之ヲ撃攘スルコト困難ナルヲ察シ、再ヒ黒牛城北方ニ退却シ、該地ヲ固守スルニ決シタリ。司令官ハ右ノ報告ニ接スルヤ、江口少佐ヲシテ第六中隊ヲ率ヰ之ヲ赴援セシム、時ニ五時十分ナリ。斯クテ競馬場方面ニ向フ諸隊ハ一進一止、以テ攻撃運動ニ就キ五時四十分ヨリ六時ニ亙リ銅楼庄及競馬場東側ノ土堤ヲ占領シ、射撃ヲ以テ敵ヲ追撃シ、次テ前進ニ移ル。此前進ニ当リ我兵ノ最モ困難ヲ感セシハ各所ニ溝渠横タハリ、且ツ競馬場内ハ沼沢地ニシテ運動自在ナラサリシニ在リ。殊ニ歩兵第十二聯隊第十二中隊ノ如キハ深サ肩ヲ没スル溝渠ヲ超エテ猛進シタリ。是ニ敵ノ大部ハ西方ニ向ヒ、又其一部ハ北方及ヒ南方ニ向ヒ退却セリ。而シテ西方ニ退却セシ者ハ、八里台ノ村落及ヒ其南方新河ノ右岸ニ速射砲四門ヲ備ヘ、第二ノ頑強ナル抵抗ヲ為シタリ。又我砲兵ハ其陣地ヨリ約五百米西方ニ前進シテ放列ヲ布キシカ、次テ更ニ前進シテ競馬場西北方土堤上ニ放列ヲ布キ専ラ八里台付近ノ敵ヲ猛射セリ（この日本軍の「猛射」を受けたのは聶士成将軍の軍であった―小林）。

六時江口少佐ノ率ヰル第六中隊ハ、黒牛城ニ達ス。時ニ敵ノ一部ハ競馬場付近ヨリ南方ニ向ヒ退却中ニシテ、紀庄方面ノ敵モ亦大ニ増加シ、其数五百ヲ下ラス。因ツテ騎兵中隊ハ其第一及ヒ第二小隊ヲ紀庄方面ニ対シテ駐メ、中隊長ハ他ノ二小隊ヲ率ヰ競馬場方面ヨリ退却中ノ敵ヲ約千米ノ距離ヨリ襲撃ス。此際紀庄付近ノ敵ヨリ猛烈ナル射撃ヲ受ケ（此時目少尉負傷ス）シニモ拘ラス襲撃効ヲ奏シ敵ヲ潰乱セシメ、之ヲ競馬場南方ニ追躡シ、此ニ歩兵第十一聯隊第七中隊ノ来著ニ会セリ。

六時ヨリ六時十分ニ亘リ歩兵第十一聯隊第八中隊ハ呉窰ニ前進シ益々八里台付近ノ敵ニ逼ル。又歩兵第十二聯隊第十二中隊ハ専ラ八里台南方橋梁付近ヲ占領セル敵ニ対シテ猛進シ、且ツ其第十中隊ハ競馬場ノ西南流水ノ三叉点付近ニ於テ紀庄ヨリ西北方ニ向ヒ退却中ノ敵ニ当レリ。敵ハ我歩兵及砲兵ノ射撃ニ耐ヘス多数ノ死傷者ヲ遺シ砲四門ヲ棄テ西方ニ散乱セリ（聶士成が戦死し、麾下の武衛前軍が崩壊したのはこの戦闘だと思われる―小林）。是ニ於テ我兵ハ八里台ヲ占領セリ。時ニ六時三十分ナリ。是ヨリ先キ歩兵第十一聯隊第八中隊、呉窰ニ達スルヤ、敵ノ砲兵海光門ノ西方土墻上ヨリ現ハレ我ニ向ツテ射撃ヲ開始ス。因テ砲兵第五中隊ハ呉窰ノ東側ニ進ミ之ニ当リ、次テ第四中隊モ亦呉窰ノ西側ニ前進シ、両中隊協力シテ敵ノ砲兵ヲ沈黙セシメタリ。……

是ヨリ先、江口少佐ノ率キル歩兵第十一聯隊第六中隊ハ黒牛城ヨリ直チニ紀庄ニ向ヒ前進運動ヲ起ス。此時敵ハ全力ヲ挙ケテ紀庄東方新河ノ線ヲ固守ス。第六中隊ハ漸次躍進ノ後新河ノ左岸ニ達シ巾僅カニ五米内外ノ新河ヲ隔テ、敵ト対戦スルニ至ル。然レトモ敵ハ頑強ナル抵抗ヲ為シ、毫モ退却ノ色ナシ（此時中隊長武久三保三郎戦死ス）。因ツテ第六中隊ハ全線著剣シテ橋梁ニ向ヒ突進スルヤ、敵ハ刀、槍、剣等ヲ揮ヒツ、橋上ニ逆襲ヲ試ミ暫時接戦ノ後無数ノ死傷者ヲ遺シ、大部ハ西南唐店子ノ方向ニ退却シ、其一部ハ更ニ紀庄ニ拠リ最後ノ抵抗ヲ試ミントス。是ニ於テ第六中隊ハ村落ヲ包囲シ、之ニ火ヲ放チ烟焔天ニ漲ル。時ニ六時四十分ナリ。

又騎兵中隊ノ第一及第二小隊ハ紀庄ヨリ退却スル敵ヲ襲撃シ、此ニ再ヒ接戦ヲ開ク（此時太田騎兵少尉負傷ス）騎兵中隊長ハ此景況ヲ望見シ、其第三及第四小隊ヲ率キ応援ノ為メ紀庄ニ前進スルヤ敵ハ唐店子方向ニ潰乱セリ。司令官ハ六時三十分、八里台ニ達シ、直チニ命令ヲ伝ヘテ諸隊ヲ八里台ニ集合セシメタリ（日本参謀本部編『戦史』巻二、一八五〜一八八頁）。

以上ながながと日本軍の『戦史』の記述を引用したのは、この記述のなかに聶士成の武衛前軍と黒牛城・紀庄付近における義和団大衆の勇敢なる戦い振りが正確に紹介されているからである。上記の記述では、紀庄方面で頑強に戦ったのは「刀、槍、剣等」を持った敵で、義和団に若干の官兵が混じったものとあるから、主力は義和団だったことがわかる。これまで、義和団が八ヵ国聯合軍の近代的軍隊とどの程度戦いえたのか、本当に白兵戦をやるように勇敢だったのか、また列国軍に少しは損害を与えることが出来たのか、必ずしも明確ではなかった。もちろん中国側の史料や学者の論文には「義和団の勇敢さ、列国軍への巨大な打撃」などという評価は多くあったが、敵として戦った相手の軍隊によって正式に承認された事実か、といえば必ずしもそうではなかった。上記の日本軍の『戦史』によって、それが証言されているのである。しかも、黒牛城から紀庄まで戦闘を続けた広島騎兵第五聯隊の二〇歳の軍曹藤村俊太郎の『手記』が戦後発表され、より詳しい状況が判明した。『(秘録北清事変) ある老兵の手記』(藤村俊太郎、人物往来社、昭和四二年) がそれである。黒牛城・紀庄で義和団と戦った時の状況のみ紹介する。この書には「智庄」とあるが「紀庄」のことかとも思う。「智庄」は黒牛城の近くの部落だという。

(義和団は) 長さ六尺くらいな手やり・青龍刀をかまえて、いかにもわが隊の近接を待ち望んでいるような態度である。元来騎兵の襲撃戦は、接近し、軍刀によって敵を殺傷するというよりも、群がる敵列中に突入し、馬蹄によってこれを蹂躙するというところに、その効果を期待されているのである。……しかるに、この時の敵は四散するどころか、かえってわれわれの接近を待っていた状況で、われわれはまるで元亀、天正の戦国時代のごとき切り合いの接戦を開始したのである。実は義和団には銃が少ない、したがって彼らは接戦によって雌雄を決せんとしていたらしく、ことに敵はその数が非常に多い。少なくとも七、八〇〇、ほとんどわれわれの一〇倍。真っ先に私に突きかかった敵は、背の高い二〇歳前後、三つ編みの弁髪を額に巻き、さらにその上に幅二寸くらいな赤い布の鉢巻を後ろで結び、しかも布の中央額の上に黒い丸を描き、中に義の字を一字書いていた。……拳銃を持っていた時は、多少遠のいていた敵も、私が拳銃を離したと見るや、彼らはいっせいに集まってくる。……どういうものか義和団は帽子をかむっていなかった。……（上等兵の）村上は、後ろ向きになった馬の臀を両手でなでるような格好で背を丸くし、敵のやり鈎に引っかけられ、見る見るうちに引きずり落された。私はさきに「義和団には銃が少ない」と述べたが、これは比較的なことで、われわれが接戦した七、八〇〇から一〇〇〇名近い大集団には五〇や一〇〇の小銃はあったと見るべきである。……後方部落の居家の屋上に登り、われわれを狙撃している者もだいぶ見受けた。村上もその敵の狙撃を受けたのである。……この団匪が意外に頑強に抗したのは、もちろんその数をたのんだのであるが、また一面「国のために死んだなら、必ず再び人間に生まれてくることができる」との信仰的観念からであったことをあとで知った。この点九州島原の乱における天草勢のごときであろう。げに狂信の力は、まことに常人には予想できない偉大さがある。……こんどはわが第三小隊吉村上等兵がやられた。……青龍刀は薄くて幅広く、ことに先のほうが重いので、とても我が軍刀の比ではなくよく切れる。それでも馬は、吉村を乗せたまま二〇メートルばかり後退してバッタリ倒れ、ついに出血多量のため斃死するにいたった。……なんといっても敵は多数、加えて狂信が加わっているのだから、なかなか崩潰どころかどんどん突きかかってくる。……かくして、（日本軍）本隊は敵前一〇〇メートルに迫った時、再び一大喊声をあげて突進した。私ら騎兵は、この喊声を聞くとともに翼に馳せ出た。ところが五〇メートル近く達した時、いっせいに散乱して、三名の騎馬者は北方に敗走、徒歩者は西方すぐ近くの小川にドブンドブンと躍り込んで、私らが小川辺に達した時は、小川の中は水が見えぬほど敵でいっぱいである（日本軍がそれを狙い射ち見る見る内に官兵の死骸で川は真赤になった。ついで義和団がいた智庄部落を日本の騎兵が攻撃し、義和団は敗走し無数の死体が残った―小林）。部落内には、まだ若干の残敵及び女子供もいた。これらも煙に追われてぼつぼつ家の小路から出てくる。出口にはわが騎兵が長刀をひっさげていて、これを刺す。そのたびごとに悲鳴は高く響く。これを聞いた中隊長は大声をあげて「女子供を殺してはならぬ」とたびたび叫ばるる（藤村軍曹も刀の試し切りに捕虜一人を切り殺したという―小林）。……われわれがこの智庄にはいったとき、二、三〇人の婦人―なかに子供が四、五人、男の若者が七、八人、無論この若者は義和団である。で若者は全部見つけ次第処分された。婦人も二、三巻きぞえを食った者もいたが、大部分は逃がしてやった。五年前の日清戦役、五年後の日露戦役にはたくさんの俘虜が内地に送られてきていた。しかしこの三三年の北清事変には、一名の俘虜も送還されなかった。これは全然俘虜がなかったわけではないが、ちょいちょい捕えた敵は、その処置に手数がかかるので、そのつど処分したのであって、右両戦役のごとく集団の俘虜がなかったからである。[16]

この七月九日の激しい戦闘によって、日本軍は死者四名（うち将校一）、負傷者三二名（うち将校三）の損害を出し、英軍等は下士以下八名の死傷者を出した。この日費消した弾薬はきわめて多く、日本軍は三二二八発（一人平均三〇発前後）、騎兵は拳銃弾一三四発を撃った。大砲大隊は榴弾四八発、榴霰弾六一八、つまり砲一門当たり平均五五発発射したという。[17] 日本軍司令官福島安正少将が参謀本部に宛てた報告に言う。「我カ騎兵中隊ハ黒牛城ニ於テ約四〇〇ノ団匪ニ遭遇シ、前進スルコト能ハサルヲ以テ、第十一聯隊第二大隊長ヲシテ第六中隊ヲ牽キ騎兵ヲ増援セシメタリ。此歩兵及ヒ騎兵ハ勇敢ナル突撃ヲ以テ、約三百ノ団匪ヲ殺傷シタル後……」と。義和団大衆の勇敢な戦い振りを日本軍司令官も認めて報告している。[18]

七月九日の戦闘によって、日・英・米・仏の列国軍は競馬場・八里台・海光寺・黒牛城・紀庄などの清軍・義和団を制圧し、残すは天津城・水師営砲台及び天津西北方面のみとなった。

(5) 天津城南門の死闘

七月一〇日から一二日まで、天津城総攻撃の作戦会議を開いた日英米仏の列国司令官会議の決定により、一三日に総攻撃を決定しその準備を整えた。列国軍は一三日午前三時三〇分租界の西南門を出発し、同四時三〇分にはまずイギリス軍の四インチ砲ないし、六インチ砲が火をふいた。

この日天津城を死守せんとする清国側の兵力配置は日本軍の記録によれば次のようであった[19]。

(一)、羅栄光（九日頃毒ヲ呑ンデ死ス）ノ率ヰタリシ淮軍及ヒ義和団ノ一部ハ紫竹林方面ニ対シ溜米廠付近ニ在リ（此戦闘ニ当リ其一部ハ南門ノ防禦ヲ援助セリ）。(二)、其他の淮軍、何永盛ノ率キル練軍及ヒ義和団ノ大部及ヒ義勇兵ハ天津城南ノ壁上平ニ壁下ノ村落一帯ノ地ニ在リ。(三)、故聶士成（九日ノ戦闘ニ於テ戦死ス）ノ率ヰタリシ兵ハ広仁堂ヨリ正西門付近ニ亙ル地ニ在リ。

これらの兵力の総数は清兵一万二〇〇〇、義和団約一万、義勇兵約二〇〇〇というのが日本軍の推算であった。これら清国側の兵は海光寺（西機器局）から天津城南門にいたる数百メートルの門にも強力な抵抗線を敷いていた。ここを突破するためには、

本道ノ両側ニ歩兵ヲ展開シ、其援護ニ依リ工兵ヲ付スル歩兵部隊ヲ本道ヨリ突進セシメ、以テ血路ヲ開クノ外他ニ良手段アラサリシナリ、然ルニ実際ノ攻撃動作ハ相一致セス。日、仏両軍ハ本道及ヒ其左右ヨリ突進シ、英、米両軍ハ日、仏両軍ニ次テ其両翼ニ展開スルニ至レリ。加之英軍ノ重砲列国軍ノ山、野砲（英ノ重砲等九門、列国ノ山砲二十六門）ヲ以テ、約三時間ノ砲撃ヲ行ヒ敵ノ威力ヲ挫キタルニモ拘ラス、稍、戦闘ノ慣用手段ヲ理解シタル清兵及ヒ団匪ハ砲撃ノ間ハ潜伏シ、砲撃中止ノ時陣地ニ再出スル等巧ニ防戦ヲ試ミタリ。故ニ我兵ノ壁前近ク

前進シ列国軍ノ砲兵其射撃ヲ伸長シ城内ヲ砲撃スルノ時機ニ至リ、再ヒ陣地ニ就キ火力ノ熾盛ヲ極ムル等其抵抗非常ニ頑強ナリシト。其攻撃実施ニ当リ、沼沢、河水ノ意外ニ我運動ニ障碍ヲ与ヘシトハ、十三日終日我兵ノ城壁前ノ地物、若クハ市街、村落ニ固著シ以テ日ノ暮ル、ヲ待ツノ已ムヲ得サリシ所以ナリ。[20]

というように敵の頑強な抵抗を排除する必要があった。『戦史』はまた言う。

当時敵ハ城門ニ接シタル家屋ニ拠リ頑強不屈ノ抵抗ヲ為シ、且ツ東方約四百米ニ在ル某製造所ヲ占領セル敵ハ、壁上ノ敵ト協力シテ猛射ヲ極ムルヲ以テ、更ニ前進シテ城門ニ到着スルコト能ハサルノミナラス、城門ノ景況偵察ノ為メ屡出シタル斥候ハ悉ク敵火ニ殺傷セラレ、一モ其目的ヲ達シタル者ナシ。[21]

猛烈なる天津城守備軍の反撃により、列国軍は完全に南門手前数百メートルの門にくぎ付けにされてしまった。

『北清戦争』は次のように言う。

海光寺内よりして南門迄は約千三百米突《メートル》あり。一条の道線《どうろ》少しく曲屈して相通ずるの外は、両傍は皆な沮洳泥濘の地たり。特に数日前の降雨にて小溝何《いず》れも満水して徒歩し難きを以て、我右翼に列して行進すべき仏兵も我兵の方に来たりて相前後して道路を通過するの止むを得ざるに至り、互ひに勇気を鼓して猛進せしも、城上の敵兵は尚ほ頑強に抵抗し、射撃倍々《ます》盛んにして服部少佐及び副官中村中尉（喜三）は砲弾に中《あた》り、吉沢大尉（第十一聯隊第十二中隊長正治）は砲丸に中りて即死し、熊谷直亮、石井某の二通訳官も亦負傷し、其他即死するもの負傷するもの相共に路上に倒れて突進弥々《いよ》難く、然かも退けば弥々敵をして進撃の機会を得しむるにより倍々勇を鼓して躍進したるも、一躍進毎に我軍の損害は弥々増加せり。是れ午前六時頃より八時までの状勢なりき。[22]

『風俗画報』の特集「支那戦争図会」（第二号）は次のように言う。

（日本軍等列国軍）此勇敢なる軍隊は弾丸に砕けて将棋倒しの如くに僵れたり。而も屍を踏越へ踏越へ進む様如何にも勇猛なりし。此くの如くにして、聯合軍は今や城壁を隔つる約四百米《メートル》突の処に突進し来れり。実に屍の山を築きつつ躍進せるなり。敵は愈々城壁上より乱射して、我全軍を鏖殺せむとするのみならず、予め路上に諸種の障害物を設けて、我突入を防ぎたれば、我死傷は刻々に加はり、一大苦戦の逆境に陥りたるこそ、是非なき次第なりけり。(23)

戦闘の最も激烈を極めたるは、午前八時より同十時頃なりとす。(24)

それ以後は次第に戦闘は弱くなったが、また午後四時から六時まで猛烈に大砲や小銃を射ち合った。列国軍は進退窮した。従軍記者堺利彦は次のように報道した。「(列国兵士は)午前二時半をもつて出発し、五時より戦闘を始め、苦戦半日にして多く進むことを得ず。午後に及びただその地位を死守するのやむをえざるに至れるなり(25)」。南門まで二、三〇〇メートルのところに進みながら、「かくて聯合軍は敵の城壁の下に敵弾を浴びながら夜営することとなれり。終日の苦戦に疲れはてたる身体をもつて泥土の上に寝ころび、わづかに作りたる掩堡をたよりに眠るもあれど眠りえざるも多く、悲しげなる月光に照されて少しく昼間の暑さを忘れ、顧みれば戦友の傷つける者、死せる者、算を乱して前後にあり(26)」と。

列国軍も予想しなかった清国守備隊の激烈な抵抗であった。この日(一三日)の夜、福島安正司令官は、英米仏各国指揮官と会合し、日本軍が明日一四日未明に南門を爆破し、天津城に突入するから各国軍も続いて突入し各城壁を占領するよう提案し同意を得た。一四日の午前三時三〇分、日本の工兵七人は二五キロの綿火薬を帯して前進し、南門の扉に取り付けてこれを爆破し、なだれをうって城内に突入した。午前八時頃に天津城はほぼ陥落し、日本軍は天津海関道衙門を占領し、更に水師営砲台までロシア・ドイツ両軍をだしぬいて九時二〇分に占領してしまった。

(6) 重大なる列国軍の損害

この一三、一四日の天津城攻撃戦に参加した列国軍は、日本軍二七〇〇、米軍九〇〇、仏軍八〇〇、英軍六五九で合計五〇五九人であった。露独両軍は南門攻撃には参加せず、白河から水師営砲台方面の攻撃を独自にやっておりその総数は三〇〇〇であった。日本軍の戦死は将校七、下士以下通訳官まで一〇〇、負傷将校一二、下士以下二七三であった。それ以外に馬四八頭が死傷した。日本参謀本部編『戦史』はこの損害について次のように評している。「約十八時間激烈ナル戦闘ヲ励行セシ結果、比較的過大ノ死傷者ヲ出シタルハ痛嘆ノ至リニ堪ヘス。抑、此過大ナル鮮血ヲ流シテ此戦勝ヲ購フニ非サレハ、当時我武名ヲ発揚シ列国ヲシテ我兵ノ威力ヲ信任セシムルコト能ハサルノミナラス……(27)」と。

日本軍の編成は、

列国参戦者数(A)，死傷者数(B)表 (28)

	(A)	(B)	$\left(\frac{B}{A}\right)$
日本軍	2700	392	$\frac{1}{7}$
米　軍	900	127	$\frac{1}{7}$
仏　軍	800	117	$\frac{1}{7}$
英　軍	659	96	$\frac{1}{7}$
露・独軍	3000	127	

歩兵第十一聯隊（大佐粟屋幹）
　第一大隊（少佐服部尚）
　第二大隊（少佐江口昌条）
歩兵第十二聯隊第三大隊のうち
　二個中隊（停車場守備、杉浦少佐）
　二個中隊（騎兵とともに八里台方面）
砲兵一個大隊（砲十二門）
工兵一個中隊、騎兵一個中隊

以上であった。

(7) 天津城内外で抗戦した人々

日本軍など列国軍八〇〇〇人を迎え撃った人々はどのような人々であったか。また一三、一四日の決戦の両日に清国側守備隊にどのようなことが起こったのか、これまで必ずしも明確ではなかった。このような問題について日本軍は参謀本部編『戦史』で次のような重大なる記録を残している。巻二、二四四頁に「敵ノ兵力及ヒ戦闘後一般ノ敵状」という節がある。以下に全文紹介する。

天津総督衙門発兌ノ京報、其他捕虜ノ言ニ拠ルニ、天津付近ニ在リシ官兵ハ、第九章ニ述ヘタル如ク聶士成ノ率キル武衛前軍二十五営、馬玉崑ノ率キル十五営、幷ヒニ淮軍、練軍ニシテ、合計一万八千人ヲ下ラス。此兵力ノ内、馬玉崑ノ率キル兵ハ天津城東北水師営ヨリ河東及ヒ淀河付近ニ在リテ専ラ露軍及ヒ停車場ニ在ル我守備兵ニ当リ、其他ノ約一万二千人ハ天津城及ヒ其東西一帯ノ地ヲ守備シタルコト……。

此外、義和団約一万人（一部ハ馬玉崑ノ兵ト共ニ、他ノ一部ハ淮軍ト共ニ紫竹林方面ニ対シ、溜米廠付近ニ在リシヲ以テ、天津城ニ残リシハ約一万人ナラン）、直隷総督ノ召募セル安衛軍、蘆勇、保衛軍、民団及ヒ雁排槍隊等約二千人アリ。而シテ十四日、天津城占領後壁上ノ死者中無数ノ義和団、或ハ蘆勇、安衛等ノ標記アル衣服ヲ著セシ者アリシヨリ察スレハ、此等ノ諸兵モ亦戦闘ニ加参シタルナリ。義和団ハ紅黄衣若クハ紅黄帯ヲ著ケ、其匪首ヲ曹福田、張徳成ト曰フ。

官兵ハ克式砲及ヒ「モーゼル」連発銃ヲ携帯シ無煙火薬ヲ使用セリ。故ニ其射撃ノ方向及ヒ位置ヲ認識スルコト最モ困難ナリキ。又義和団其他ハ、刀、槍、剣若クハ台銃、前装鉄砲等ヲ携ヘ、兵器ノ威力ハ劣等ナルモ、其志気激昂シ頗ル強猛ナル抵抗ヲ為シタリ。

十三日午前六時頃天津城西門ヨリ西方ニ退却セシ敵ノ大縦隊ハ、天津道台、府尹及ヒ知県并ヒニ之ニ従フ官兵及ヒ義和団ノ一団ニシテ、楊柳青ニ向ヒ退却セリ。又馬玉崑ハ天津ノ保ツヘカラサルヲ察シ、同日午後五時、参将郭殿邦ノ九営ヲ穆荘ニ派遣シ退却軍ヲ収容セシメ、裕禄、宋慶ハ楊村ニ、馬玉崑、何永盛ハ北倉ニ、自余ノ歩砲兵ハ十四日未明ヨリ北倉ニ退却ヲ始メタリ。又我軍ノ天津城ニ突入セシ時期迄防禦セシ者ハ淮軍、練軍及ヒ義和団ニシテ、其大半ハ西方及ヒ北方ニ敗走シ、或ハ兵器ヲ棄テテ庶人ニ変シタリ。而シテ天津城内外ニ於ケル敵ノ死屍ハ少クモ四百名ニ達シ、統領卞長勝モ亦戦死ス。

天津付近一帯、殊ニ天津城ニ於ケル官兵及ヒ義和団ノ陥落ニ至ル迄頑強ナル抵抗ヲ為シ、列国軍ニ大ナル損害ヲ与ヘ、且之ヲ苦シメタルハ、実ニ予想外ニシテ、敵ナカラ感嘆ニ余リアリ。蓋シ此ノ如キ抵抗ハ明治二十七八年ノ日清戦役ニ於テモ未タ見サリシ所ナリトス。（傍線―小林）

この日本軍参謀本部が編纂した『戦史』、つまり大日本帝国軍隊の「正史」の記録は極めて重要である。この記録によって判った重要な点は次のごとくである。①天津道台・知府・知県とその軍は攻撃の開始した七月一三日の早朝に天津を棄てて敵前逃亡した。②七月一三日の午後五時頃から、馬玉崑・裕禄・宋慶・何永盛など最高司令官・将軍が続々と敵前逃亡を行い、指揮官らの逃亡は一四日未明まで続いた。③一四日の列国軍の総攻撃まで戦ったのは淮軍・練軍・義和団であった。義和団は、刀・槍・剣や旧式銃で最も戦闘的に戦った。④城壁上などに四〇〇余の戦死者の死骸があり、これほどの抵抗は日清戦争にもなかった等々。『読売新聞』の従軍記者として、陥落直後に天津城内に入った永田新之允は次のように報道している。

（清国）兵員の損害亦少なからざる模様にて、現に壁上に屍体を横たへたるもの三十を下らざりき（他は未だ我等の至らざる内に運び去りしと言ふ）。而して其死体に就いて之を見るに其兵服に『蘆勇』二字縫込みありて、其年令も概ね二十歳前後なるより見れば、聶士成が徴募法に依り訓練を施したる兵卒なるを知るべし。……同業者と共に街路を行くに、諸所の壁や柱に「義和団大捷、勢頗振、義和団払敵、在近衆人安心焉」抔《など》と張札を為したるがあり。……聞く所に依れば、過日来、我に抵抗したるものは、独り官兵のみにあらずして、義和団一万人以上之に加勢して、茲に在りしと。(29)

聶士成軍の残党と義和団の奮戦振りを特筆している。またこの永田記者は、清軍敗北の原因は、かれらが決戦を挑む余力を充分もちながら、はやばやと敵前逃亡したことにあるといい、次のように論評している。「彼等は十三日の午後より漸次逃亡を始め、夜に於て特に甚しかりしと。嗚呼銃器弾薬の残存数に依るも、尚充分一戦するに足るに係はらず、此怯懦的の行為に出づ。支那人の通性未だ全く脱れざるなり(30)」と。

以上の記録によると、七月一三日の午前中、つまり列国軍の総攻撃の開始から一四日の未明にかけて、清朝守備軍の司令官・指揮官・官僚らは主力軍を率いてほとんど撤退してしまい、ごく一部の官軍と直隷総督の徴募に応じた義勇兵、及び聶士成の死後に蘆勇に編入されたもの、それに義和団だったことがわかる。一三日から一四日早朝にかけて、抵抗を続けたのは上記の約三〇〇〇の兵だけであった。落城後城内には約四〇〇の死体がころがっていたというから、恐らく運びだされた死体を含め二、三〇〇〇人の死傷者があったと想像される。

(8) 清国人の戦闘振りに関する日本人等の評価

すでに見たように、一九〇〇年の天津戦争における清軍・義和団の戦い振りはきわめて勇敢であり、日本参謀本部も日清戦争の時に比較して格段の進歩があったことを認めている。日本軍に従軍した新聞記者の報道はどうであったか。そのいくつかを紹介する。

《極めて激烈なる戦闘》去る十六《ママ》日（一四日）の攻撃は、其の激烈なりし点よりせば、近来の戦史に於て極めて稀なるべし。我将校中、日清戦役に従事したる者も尠《すくな》からざるも、彼等は皆一様に二十七八年役には絶えて其類例を見ずといえり。（『東京日日新聞』明治三三年七月二四日付）

《停車場前の苦戦》七月十一日午前三時といふ頃に、我停車場なる哨兵線の面前に当り、俄然として一百余名の敵兵現はれぬ。スハこそ団匪御参ンなれ、前日の御馳走に飽き足らずば、これを喰らへとばかり、直に銃を取つて弾丸を雨とばかり注ぐ、而かも意外に強猛なる敵兵は、漸次其兵力を加ふるに似て、更らに有勢の乱射を為すこと、宛として霰のたばしるが如く、殆んど決死の勢力もて一歩と雖も退くまじき有様は、侮り難き不敵の振舞、流石勇敢の日本兵もあしらいかねたるばかりなり……。吾人は頃日来の戦闘に於て清兵の侮る可からざるを確知したり。彼の日清戦役当時の清兵を以て、今日の清兵を忖度するあらば、是抑も誤るものなり。彼が爾後数年の鍛錬は優に有用の材となれり。（『日本新聞』七月二一日付。七月一一日午後二時、停車場激戦の後、天津にて、君山生）

《諸将談片》……過ぐる十三、四日に於ける天津城下の戦の如きも、実に十九世紀中の戦闘史上比類なき激戦なり……。（『日本新聞』、明治三三年八月一日付）

これらの新聞記事は、当時日本で報道された〝義和団、清兵なかなか強し〟という多くの記事のなかで代表的なものである。『日本新聞』は、七月二一日の論説「兵としての支那人」に於いて次のように言う。「支那兵の弱きは世の通論にして、昔日の儒者亦た之を言へり。……而して二十七年の役（日清戦争）は飽くまで其の弱きを証明し又た剰す無し。邦人は兼ねて其弱きを想ひしかど、斯くまで甚しとは想はず。」しかし今回はいささか違っていた。「団匪は固より強兵と謂ふべからざるも、従来人の想ひしが如く弱きものには非ず。或は兵として倔強なるなきやを疑はしむ。相当の士官を以て相当に訓練する、則ち欧洲の兵に劣らざるの強兵と為らんか。強兵にして在りある、支那四億の民は世界の大国民と為り、前に他の為めに侵略せられしに反比して更に他を侵略し……」というように侵略国になる可能性もあるという意見を紹介している。

清兵・義和団の予想外の奮戦の原因について、『報知新聞』の記者田川大吉郎は鋭い見方を提出している。第五師団のある高級将校が、「清兵は日清戦争当時より進歩しているがしかし、南門を破られると逃走してしまうようでは駄目だ。城内に踏みとどまって白兵戦をすべきだった」と語ったのを紹介した後で次のように続けている。

然るにも拘らず、尚をイクバクか頑張りの名を博したるは、察する所義和団の力なるべし。義和団匪の敵弾を畏れざる宗教的念力の為のみにもあらず。ソレもあるべけれど、ソレよりも清軍に取り最も珍しき事実は、此一戦、義和団との連合に依り、初めて国民と、国民の一部と官軍なるものとの間に気脈声息通じ、例へば此前二十七八年役の、ただ其官軍なる者と日本軍との戦ふのみにして、一般国民は之を余所に見たるが如き奇怪の状態より脱し、一部とはいへ、其国民が官軍と共に勝敗の結果を分担するに至りたる事情の、之を奮興せしめ、激励せしめたる力少なしと為すべからざるが如し。則ち此度の戦争に、彼清軍が幾何《いくばく》か武威に励みしは、義和団の加担、軈《やが》て是国民と官軍との連絡通じたるの証拠と観るを得べき為なりしに似たり。是れ余の臆測に非ず。戦争過ぐる所の地に之を証すべきの痕跡少からず。且つ清軍の事情に通ずる内外先進の士も皆之を言へり。(『報知新聞』明治三三年七月二九日付)

義和団が先頭に立つから官兵も後に続くのだという。七月五日の停車場の戦いを見た浜田佳澄は次のように報じており、田川の見解を裏づけている。

支那兵の動作勇敢なるは近頃珍しき次第なるが、聞く所によれば敵は生死を物ともせずと伝へらる、義和団を先頭に押立て、支那兵之に次ぎて行動する由にて、当日も義和団の突進の為めに斯の如き動作を為すを得たりしものなりとも想像される。日暮れて砲声絶へず、夜に至り漸くにして引揚げたり。（『国民新聞』明治三三年七月一五日付。「四日、停車場付近の戦い」）

白河左岸に在る敵兵は、天津城壁上に四五営あるの外、悉く義和団の巣窟となり、其の壁上には抬槍を備へありと報ぜらる。聞く所によれば、真に進んで列国軍を攻撃せんとする決心を為すものは義和団のみにして、官兵の如きは□附合して戦争するに過ぎざるの有様なりと。（同上。浜田佳澄「天津付近の敵状」）

田川の鋭い推測は、次の『日本新聞』の記事によっても裏付けられる。この新聞は、英軍のシーモア提督率いる列国兵二〇〇〇余が、北京進入に失敗して天津に引き返してきた原因について、「清兵の弱きをのみ見る勿れ」と言い、「現に今回の聯合列国陸戦隊が、天津より北京に進むに当り、路程僅に三十余里に過ぎざるに、二千余の精鋭を以て烏合の土匪に妨げられ、中途にして退却せざるべからざるに至れるは、全く地形及び民情の為めに妨害せられたるものといふ可きなり」（七月二日付）と。烏合の土匪に二〇〇〇余の近代軍隊が敗北したのは地形と「民情」のためだと。「民情」とは国民的自覚と国民的抵抗のことであり、それに励まされて清軍も「烏合の衆」も勇敢に戦ったのである。ドイツの将校クローン大尉はシーモア隊の将校として北京に進軍したが途中負傷し、日本に治療に送られてきたが、次のようにその経験談を語った。

聯合軍の各司令官は一般に清国軍隊の価値を低く見過ぎておつた。清国兵は決して無規律の兵にあらずして有力な戦闘者である。武器は最近の施条銃及び大砲を所有し、殊に其砲手の巧みに砲を操るとは欧洲の兵にも譲らぬ。……余の目撃したる所では、馬上の将校が真先に逃出すが為めに、兵士も従て止り戦ふ者がなく、跡を逐ふて逃げるという有様である。故に、清軍の破るるは、将校其人を得ざる為で、兵の弱きが為ではない。さらば四万や五万の兵を以て聯合軍が北京に達しやうと言ふのは大きなる間違で、少くとも十五万の兵は要す。(『東京日日新聞』七月一一日付。「クローン大尉の戦況談」)

総税務司サー・ロバート・ハートの見解も日本の新聞に紹介された。彼は次のように主張した。

義和団は実に愛国の熱情に駆られて起りたる者にして、其精神は誠に正しき者と言はざるべからず。……義和団の欧米の義勇兵に異なる点は、其睡眠術に似たる魔法を用いるに在り。彼等は其魔術に因て自由に陰顕し、意の如く弓槍刀剣を避け、思ふ方向に弾丸を飛ばしめ得ると信ぜり。而して支那人は超自然的迷信に耽り易きが故、義和団の勢力は非常に強き根底を有す。……能く訓練せられたる二千万人以上の義和団武装して起つに至らば、外国人は最早支那に住む事能はざるべく、外国人が支那より奪ひたるものは尽く取り返さるべく、支那人の骨髄に徹したる怨恨は利息を加へて復讐せらるべく、支那の国旗と銃砲は今外国人の思ひもよらぬ処まで運ばれ大乱を起すに至るべし。五十年を経ざる中に百千万人の義和団は、整然たる隊伍を組み銃剣を帯びて、政府の命令に従つて動くに至るべきは決して疑ふべからず。而して若し支那政府存続せば、政府は必ず義和団を奨励すべし。此奨励は正当なる事なり。支那の国民的大運動を扶助し発達せしむるは、寧ろ嘉すべきの事なり。(『中国新聞』明治三四年一月一六日付)

このロバート・ハートの見解は、田川大吉郎の認識と同質のものであるが、田川よりもはるかに先まで見透かしており、「五十年を経ざる中に、百千万人の義和団」が銃剣を帯びて政府の命で行動するであろう、という箇所などは、ちょうど五〇年後の一九四九年秋の中華人民共和国の誕生を予言したおもむきさえある。

さて、義和団大衆と清朝官兵を截然と全く別のものと考えるのは必ずしも正しくはない。当事、天津にあっては、義和団化した一般兵士、清兵化した義和団、あるいは義和団の戦いや信仰に共鳴した義和団シンパ的な兵士・大衆・義勇兵（蘆勇・安勇・保衛軍・民団・火消隊）等々が多数存在していた。こうした純粋な清朝官軍ではない兵士・大衆が義和団を中核にして戦いの先頭に立ったのである。以上日本側の史料を基にして、天津で勇敢に戦った人々の構成を明らかにした。しかし、外部から、しかも敵側から見た清軍・義和団の動向は一面を把えただけであり、その内部の細かな問題・状況を完全に把握することはできない。それで次章では、中国側の史料にもとづいて、天津戦争を描いてみたいと思う。

注

（1）「支那戦争図会」（『風俗画報』第一編、四三～四八頁）。
（2）同上書、第二編、一一頁。
（3）『戦史』巻二、一三六頁。
（4）同上書、巻二、一三六頁。
（5）「支那戦争図会」（『風俗画報』第二編）一二頁。
（6）『戦史』巻二、一四二頁。
（7）『戦史』巻二、一四三頁。
七月九日は清朝官軍（宋慶）が義和団を虐殺し始めた日であり、敵陣中「喧騒甚シ」とはその騒ぎであったと推測される。
（8）『戦史』巻二、一四四頁。
（9）『戦史』巻二、一四七～一四八頁。
（10）『戦史』巻二、一四六頁。
（11）『戦史』巻二、付表第一〇号、「北清派遣列国軍兵力表」。（七月一三日現在）。

(12)(13)『戦史』巻二、一九五頁。
(14)『戦史』巻二、一九六頁。
(15)『戦史』巻二、一九七頁。
(16)『ある老兵の手記』(藤村俊太郎著)八四〜一一〇頁。この藤村軍曹の手記は大変興味深い記述に満ちている。
(北清事変のため出征した)当時お膝元の広島でさえ、支那派兵問題についてははなはだ関心うすく、一般市民はほとんど何もしらなかった。

(天津から北京に向う途中民家の豚を一頭殺した)この豚肉なるものを口にするのが初めてという者が大部分であって、なかには一口口に入れてすぐ吐きだす者さえいた。

(天津で)当時居留地の南方白河右岸(南側)から西南方にかけての部落住民は、ほとんど団匪に制圧、共鳴させられていて、わが多数のときは「大人、大人」と鶏卵など持参して歓待しまた少数と見るやたちまち匪賊化して残虐行為に出る、つまりこれがゲリラ戦ということであろう。

(親友の戦死を目撃すると)大沽で初め敵屍を見たとき胸に湧いた憐憫の情は消えて、たちまち敵が憎くて憎くてかなわない気持となった。

かの捕虜はわが聯隊第三中隊の某中尉が秘かに他に連れて行き、軍刀に仕込んだ日本刀の切れ味の試験台となったのである。しかし、その切れ味がよかったか悪かったか、また中尉の腕前がいかにあったかは知らぬ。

などと、重要な記述に満ちている。
(17)『戦史』巻二、一九八〜一九九頁。
(18)『福嶋少将報告綴』(防衛庁戦史室所蔵)。この報告には、七月六日の戦闘について、
「日没、義和団匪、仏ノ防禦線ヲ突撃シ来リ、我海兵小隊三井物産会社ノ屋上ヨリ射撃シテ逐ヒ払ヒシモ、夜ニ入リ又々三百余名来リ襲ヒ再ヒ撃退セリ。停車場方面ニモ屢々突撃シ来ルヲ以テ、万一ノ場合ニ応スル援助トシテ更ラニ一中隊ヲ我舟橋付近ニ出シ置キタリ……」とある。

(19)『戦史』巻二、二一三頁。
(20)『戦史』巻二、二二三～二二四頁。
(21)『戦史』巻二、二三四頁。
(22)『北清戦史』(上)(博文堂、一九〇一年)一五二頁。
(23)(24)『支那戦争図会』(『風俗画報』特集第二号)一八～一九頁。
(25)(26)「天津通信」(堺利彦『全集』第一巻)五七～五八頁。
(27)『戦史』巻二、二四六頁。
(28)『戦史』巻二、二四九～二五〇頁。
(29)『読売新聞』(明治三三年七月二四日付)。
(30)『読売新聞』(七月二四日付。この記事は七月一四日、天津城落城の日に書かれた)。

三、天津戦争における義和団・清軍・民衆の関係

天津戦争における清軍・義勇軍・義和団の全く予想外の「奮戦」とその原因については前章で詳細に論じた。かれらが奮戦できた原因については、清軍が義和団に代表される国民大衆の戦いに励まされ、両者が愛国の熱情に燃えたところに主なる力の源泉があったと主張した。この解釈は基本的には正しい。しかし、より詳細に義和団・清軍・民衆の関係に立ち入って調べて見ると、そこには複雑な関係、予想外の関係の構造、政治の力学が働いていたのである。本節はこの関係・構造・力学の解明を目的とする。

(1)　清国各軍の内幕

日本参謀本部編『戦史』によれば、天津一帯の戦闘に参与した軍は、Ⓐ直隷提督聶士成の率いる武衛前軍二五営（内馬隊四営、砲隊五営を含む）兵数約八五〇〇人、砲三〇門。Ⓑ浙江提督馬玉崑の武衛左軍一五営（内砲隊二営、馬隊一〇〇名を含む）兵数約五六〇〇人、砲一二門。Ⓒ総兵何永盛の練軍四営（歩隊）兵数約一六〇〇人。この軍は従来から天津に在った兵である。Ⓓ天津鎮総兵羅栄光の淮軍一〇営（内馬隊、砲隊各一営を含む）兵数約三〇〇〇人。Ⓓは大沽で大損害を出し、天津に逃げ帰った時、上記の約三〇〇〇人に減少していた。以上のⒶⒷⒸⒹの四軍は直隷省全軍のなかでどのような位置を占めていたか。

当時清軍の編制（『戦史』巻一、「直隷省清国軍編成表」により作成。）

1. 旗営——軍隊としての面目を保つもの
   - 神機営　一八六〇年英仏軍の北京占領後改革
   - 虎神営　日清戦争の敗北後近代化
2. 防衛
   - 直隷練軍
   - 淮軍
   - 一八九九年、総督裕禄が近代的に改革。要地、砲台に分駐。直隷提督の指揮下におく。総領李安堂、羅栄光、呂本元、董履高、何永盛が分統す。
3. 遊撃（野戦軍）
   日清戦争敗北後栄禄（軍機大臣）が近代化
   武衛軍（栄禄）
   - 中（栄禄）
   - 左（←四川総督宋慶の毅字軍）
   - 右（←侍郎袁世凱の陸軍）
   - 前（←直隷提督聶士成の武毅軍）
   - 後（←甘粛提督董福祥の甘軍）

北洋武衛軍

軍機大学士栄禄

- 武衛中軍（大学士栄禄）
  - 提督張俊、副都統蔭昌

歩兵	10,270
騎兵	1,828
砲兵	690
工兵	152
計	12,940

- 武衛前軍（直隷提督聶士成）
  - 提督馮義和、副将周鼎臣、参将金聖禄、
  - 参将楊暮時、副将姚良、参将邢長春

歩兵	11,464
騎兵	1,570
砲兵	1,250
工兵	786
計	15,070

天津へ←　兵 8,500　砲 30 門

- 武衛後軍（尚書銜甘粛提督董福祥）
  - 副将戴培源、副将馬恩遙、総兵陶天印、
  - 総兵盧貽綸、総兵董俊儀

歩兵	4,545
騎兵	998
砲兵	1,243
計	6,786

- 武衛左軍（尚書銜四川提督宋慶）
  - 提督銜宋得勝、浙江提督馬玉崑

天津へ←　兵 5,600　砲 12 門

歩兵	7,677
騎兵	510
砲兵	1,616
計	9,803

- 武衛右軍（武衛右軍侍郎袁世凱）
  - 総兵姜桂題、総兵龔元官

歩兵	7,770
騎兵	809
砲	1,651
工	521
計	10,751

天津の戦争に参加した清軍司令官は□でかこった人々であるが、武衛前軍聶士成の軍が最大の勢力をもっていたことがわかる。聶士成は日清戦争で近代的な装備と編成をもつ軍隊の強力さを充分経験した。かれは近代的・合理的な頭脳の持ち主だったようで、「降神付体、刀槍不入」を信ずる義和団を全く理解できなかった。旗営の虎神営などには義和団が大量に入っていた[1]（あるいは虎神営の兵が義和団に大量に入ったのでもあろう）が、聶士成の武衛前軍には義和団は全く入っていなかったという。官軍でも義和団の影響を強く受けたものと、武衛前軍のように最後まで義和団と仇敵の関係にあったものもいたのである。とりわけ六月六日、聶士成は、落垡で鉄道破壊をしている数千人の義和団を攻撃し、約四八〇人を殺し、五つの村落を破壊したが、それ以後、彼が戦死するまで義和団は聶軍兵士を仇敵のように憎み、しばしば殺した。聶は鉄道破壊の義和団に言う。「汝ら義和団すでに〝洋教と難を為す〟と言う。何を以て鉄路、車站（駅）、電線等を焼くの挙動有るや。此れ等のものは国家の造りし所に係わる。洋人の物に非ず。その中、一、二の洋人有るといえども、等しく国家の聘請に係わる。……汝らの為す所は実に国家に大害あり[2]」と。初め西太后・裕禄らは義和団を国家を害する匪徒と見なしており、義和団の弾圧を命じていた。聶はただこの命令を守ったにすぎないのだろうか。日本軍隊と激戦の経験のある聶は、義和団の「刀槍」など何の戦力にもならない、鉄道を広く敷設し電線をはりめぐらせて国力を近代化する以外に外国に勝てない、という考えをもっていたと思う。聶士成は鉄道を守り外国軍を撃退する、それを妨害する義和団は鎮圧する、そういう主張だった。ところが西太后ら北京中央の方針が一変し、義和団を赤子・臣民と認知し、これを外国軍の侵略阻止に利用することとなった。聶士成は「某《それがし》、身は提督となるも、匪有れども剿する能わず、敵あれども阻する能わず、又いずくんぞ此の軍をもって為すあらんや[3]」と嘆いた。落垡で義和団を多数殺した聶士成は、西太后・裕禄に厳重な叱責を受け、また義和団は聶士成を外国の手先と見做してその兵士を攻撃した。聶軍は義和団に手も足も出せなくなり、しかも聶士成軍は、近代的な軍服を脱がされ、旧来からの清朝式軍服に変えさせられたのである。

聶士成と羅栄光に西太后から抗戦命令が出た六月一四日の直後、天津では武衛前軍の兵士が義和団に殺され始めた。六月一六日に一〇余人、二一日に二〇余人と。(4)聶士成自身も義和団に襲われた。

聶軍門、騎馬にて行きて河東興隆街に至る。たまたま拳匪百余人隊を結んで来たるあり。ひとたび軍門を見るや刀を揮って即ち追い大呼して曰く〃吾等まさに你《おまえ》を尋ねてあり。今ついに偶然に見る。你を殺さざるべからず〃と。軍門大いに恐れ、馬を下り路を繞りて逃る。蓋し聶軍門かつて武衛軍を率いて拳匪を攻打するに因る。故に拳匪ひとたび該軍を見るや、即ち殺戮を痛加して以て忿《うらみ》を泄さんと欲す。該軍等服さざると雖も、然れども（聶軍門の）上官（義和団を）縦信（信じる）する故に、私《ひそか》に相い闘かえず只だ引避《さける》するを得るのみ。即ち軍門もまた只だ隠忍して其の侮辱を受けるを得るのみ。如何とすべき無し。乃ち拳匪を崇信する者、其の逃避するの事を聞き即ち曰く〃義和拳の神力の無敵を見るに足る。武衛軍すら（義和団の）影を望んで逃れ、敢て相い抗せず。必ず該軍、義和拳を攻打する時、曽つて大創《大きなそんがい》を受けしならん。故に今日の怕《おそれ》あるのみ〃と。(5)

こうして武衛前軍の兵士は、義和団を恐れ憎み、また聶士成への忠誠心を失っていった。とりわけ、義和団を虐殺した聶士成を北京中央の義和拳信奉集団が冷遇し、かつ二、三ヵ月間も兵士に給料を支払わなかったことから、兵士の規律は乱れ掠奪が起こった。(6)日清戦争後つくられた、清国でもっとも近代的な軍隊である武衛前軍は、進退窮まった。この仇敵となった聶士成の武衛前軍と義和団が互いに殺し合い、憎しみ合いながら、天津で八ヵ国軍と戦わねばならず、勇敢さを競い合わねばならなくなった。聶士成の軍隊は「士卒解体し、呼応霊《すばやか》ならず」(7)、多くの兵は逃亡した。聶士成とともに八里台一帯で列国軍に徹底抗戦をしたのは恐らく全軍の一、二割、つまり一〇〇〇か二〇〇〇ではなかったかと思う。当時見聞するところを日記に書いていた柳渓子は「軍門は秉性《うまれつき》剛果、素より孝を以て称せらる。

訓練に方《さいかく》あり、戦功は卓著たり。赫赫たる一時の傑なり。洋兵の難敵に死せず、実に我兵の戦わざるに死す、悲しいかな」(8)と嘆いている。聶士成は北京中央と義和団に狭撃され、多くの部下に逃げられ、武衛前軍中核のみを率いて決死の抗戦に立たざるをえなかった。

このように見てくると、聶士成の軍は本来の持てる力のごく一部しか発揮できなかったということになるであろうか。答は然り、しかして否である。清朝の軍隊においては直隷提督という高位にある将軍が前線に踏みとどまって戦死するというようなことはほとんどありえなかった。軍が大敗を喫し、高官がその責任を取って自殺するということはいくらでもあったが、前線で頑張り通し戦死するといったことは日清戦争でも義和団戦争でも聶士成以外に一人もなかったのである。もし仮に聶士成が義和団によってこのような窮地に追いつめられなかったならば、彼は裕禄・宋慶の命令に従い、馬玉崑のように一三日に全軍を率いて天津から撤退したに相違ない。聶士成は外国軍の侵略に徹底抗戦を叫ぶ義和団に追いつめられ、そしてそのことによって義和団を見返す決死の奮戦を覚悟したのである。

(2) 直隷総督裕禄の「政治」

裕禄は初め義和団を匪徒と見なし、聶士成らに命じて弾圧を行っていた。西太后や瑞郡王などが対外強硬路線に転換し、義和団を忠臣・赤子と呼んで利用し始めると、裕禄も手のひらを返すように義和団を招撫し始めた。(9)義和団の戦死者に賞恤金を出すことにし(六月一八日)、張徳成を招いて会見(六月二八日)、天津城内で義和団が設壇して団旗を樹てることを許可(六月一三日)、馬匹と武器を支給することを許し(六月一五日)、黄蓮聖母を役署に迎えた(日時不明)のであった。しかし、裕禄は心から義和団を信用したのでもなければ、義和団の実力を恃んだのでもなかった。裕禄は西太后らの政策の転換に従わざるをえなかったのと、義和団の天を衝く威勢に驚き怖れ、これを招撫しなければもはや天津一帯の秩序を全く保つことができないと考えたためである。六月一七日の大沽砲台の陥落により、清国で列国との戦争が始まったとき、裕禄はこの義和拳信仰という「狂信」の徒が前面に出て列国軍に挑戦することを願ったに相違ない。義和団にどのような大いなる犠牲が出ようと、裕禄にとってそれは全く問題外のことであった。少しでも官軍の犠牲を軽くして列国軍の進攻をくい止めるものなら、何でも利用したかったであろう。もはや義和団は民衆全体を抗戦の嵐にまきこみ、死をも恐れぬ愛国の「狂信」につかれていた。この巨大なエネルギーに官軍をもって対抗したとしても、裕禄にとって何の利点もなかった。義和団とその熱狂的な戦意を前面に押し立て、天津停車場・租界に向けて突撃し、官軍を後に続かせ、しかも銃口を背後から義和団大衆につきつけるという構図こそ、裕禄にとってこれ以上理想的な形態はなかった。前章でみたような、義和団が前に出て背後から官軍が続き、日本軍など列国軍に突撃してくるそのすさまじき戦いの裏に、裕禄など清朝高官の恐るべき政治的マヌーバーが隠されていたのである。裕禄は義和団の横行・跋扈を、六月一七日の大沽砲台陥落から以後もはやおしとどめる方策がなかった。裕禄の義和団認知の過程は、かれの心のなかでは実に苦渋に満ちたものであったに相違ない。なぜなら、義和団は裕禄が代表する封建的秩序をことごとく踏みにじっていたからである。義和団は五月から鉄道を破壊し、駅を焼き、電柱を倒し、電線を切断し、聶士成・楊副同・任裕昇の官軍と白兵戦を展開した。ついで六日に入ると天津市内に乗りこんで、いたるところで聶士成の武衛前軍の兵士を殺傷した。六月一六月には、天津市内にある海関道署（役所）、天津府分署・県署を聶士成が隠れていると疑い破壊し、軍械署（兵器管理署）を破って洋式銃と弾薬を奪い、監獄を襲って囚人を解放した。この前日の六月一五日には裕禄に迫って馬と武器を支給され、「団中、はじめて鎗砲あり」となった。義和団は気に入らない文武員弁の家々を襲い人を殺傷し放火した。六月一七日には、天津の波止場にある招商局の糧米数百余担を奪い、京城電報局を焼いた。天津城内外を群をなして横行し、既成の権威・秩序・道徳を無視ないし破壊して闊歩する義和団とそれに同調する人民を、満洲貴族出身の裕禄が心よく思う筈はない。裕禄は義和団の反権力・反秩序の巨大なエネルギーを清軍国家の権力体制の中に取り込み、列国軍との武力衝突に投げ込んで列国軍の侵略を阻止せしめると同時に、義和団を弱体化させる、という軽業を演じなければならなくなった。その為に、義和団の指導者張徳成・曹福田・黄蓮聖母・王徳成・韓以礼などを総督署に招いて会談したり、北京中央に推挙したり、若干の武器を支給したりして招撫したのであった。裕禄の、上記のような「政治」の本質をよく示しているのは、かれの隠れたる列国との裏取引工作である。

天津租界に住んでいたと思われる清国人某氏の『愚難日記』の七月四日付の記事[10]に次のようにある。「いく人かの外国会社の主人に聴いて知ったことであるが、外国領事は直隷総督裕禄の書簡をもらったという。それには〝もし貴国が天津城を攻撃しないなら、官兵もまた租界を攻めない。両者とも辺界を守って相い侵さないように〟云々と。洋人はその詐りなるを恐れ敢て深く信じなかった、と」。また七月一〇日付の日記に[11]「各国領事は書簡を総督裕禄に送って言った。〝中国の砲弾がもし再び租界に向かって発射されるようなことが有れば、われわれも必ず天津城を砲撃するつもりだ〟と。総督も返事を書いたが決裂した」とある。実際七月一三日の天津城総攻撃まで城内にはほとんど防衛体制がなかった。佚名「天津一月記」の七月一一日付の記事に、[12]「城外に軍七、八〇営を駐し、日ごとに洋人と交戦するも、独り城内に一兵もなし」とある。これは天津の「衆紳民」(多くの紳士と民衆)が「城上から砲撃しなければ、洋人も必ず城内を砲撃しないだろう」と願ったからであると。阮国楨撰「津乱実紀」に、天津城内の紳商(紳士・商人)一〇〇余人が「総督裕禄に、洋人と囲牆内(天津城内と租界内)は双方とも砲撃しないと約束をとりつけて下さるよう願った」が断られた、とある。表むき断ったとしても、裕禄は実際天津城内の防衛を全くといってよいほどしなかったのである。これを書いた阮国楨は当時天津県知県であり、官軍は大軍を城外において天津城のみは防備なく孤立させられているのを心配し、東門は心配ないが南門は城外が平坦なのでここに大砲を設置されると城内がたやすく砲撃されてしまうので、南門に大砲を置いて下さるよう総督に請うた。しかし総督はこれを拒否して「勝負は敵の大軍を見れば明らかである、お前のごときが城を守って何の益があろう」と答えたという。[13]

このような一連の裕禄の動き、態度を見ると、(1)裕禄は終始、列国軍との妥協の可能性を追い求めていた。そのため(2)天津城内に大軍を集め、大砲をそなえつけることをせず、列国軍に徹底抗戦をしない信号を送っていた。(3)裕禄は天津で決戦をする決意をもたなかった、という以上三点が確認できるのである。

(3)　義和団の熱狂と義勇兵・一般兵士の義和団化

天津に一番早く乗りこんできた義和団は、曹福田率いる数千人の大部隊だった。劉孟揚「天津拳匪変乱紀事」[14]（巻上）によると、曹福田は静海県の義和団首領で、以前は〝飲む、打つ、買う〟等なんでもやった。その後邪術を練習して人々を籠絡した。人々は曹を首領とし、六月一八日のちょっと前に天津に来て天津城西門外の呂祖堂に設壇した。曹は生ぐさい肉魚を食べ婦人を近づけた。一日に衣服を何回も取り替えその挙動は神秘的だった。平服は青い絹の上衣とズボンで遊蕩公子のような格好であった。天津・静海・塩山・慶雲等のところの義和団は皆曹の指導下にあった。曹が天津に来た時、総督裕禄は彼に生殺与奪の権と軍隊を用いる権を与えたので、他の義和団の首領よりはるかに凶悪となった。

六月二〇日、某処の義和団首領が数千人を率いて天津にきた。現在天津に集まっている義和団は多いが、本来天津県内にいた数百人を除いて、皆青・静・滄・塩・南慶の各州県及び他処の各郷邑より来たもので約二万人にのぼっている。

六月二五日、某処の義和団数百人が天津に来た。文安覇州の首領王徳成が数百人を連れて天津に来た。

六月二六日、某処の義和団数百人が天津に来た。

六月二八日、独流鎮の張徳成が四、五〇〇〇人を率いて天津に来た。かれは北門内の小宜門内にある某姓の院を住居とし、部下のものを各所に分駐させた。気炎すこぶる盛んで〃天下第一団〃と称した。この日、張は総督の役所に行き裕禄と会見した。態度は堂々としておじける様子は全くなかった。

七月六日、某処の首領劉十九は多くの義和団を率いて北京から天津に来た。

以上のように六月一四日の大沽砲台の陥落、清朝中央の開戦決意を契機にして、六月中旬から七月六日ころまで三万人ほどの義和団が天津に集結した。かれらは天津城内外の各地に設壇し、「降神付体、刀槍不入」の信仰に取りつかれ、男子は李太白・孫悟空・猪八戒・楊香武・祁寯藻・楊二郎・封砲王・関聖・張桓侯・順平侯・趙子龍など英雄・義人・諸神と一体化する幻想にとりつかれた。男子といっても一〇代の少年が圧倒的に多数を占めていた。少女や婦人も紅燈照とか藍燈照とかいう神術集団をつくり、黄蓮聖母などが指導者にたてまつられ、樊梨花・劉金定など小説の主人公を崇拝した。かれらは不死と愛国の熱狂の徒となり、キリスト教徒や外国のスパイと思われる人々をいたるところで殺しあるいた。義和団と紅燈照の頭脳は、天上の神界にまで幻想のなかで舞い上がった。もはや官兵も怖くはなかった。

このような熱気のなかで、多くの兵士が義和神拳の信仰の徒となり、また義和団の勇敢な突撃を見てその同調者となった。天津県知県阮国楨は、六月一二日に「拳匪」数十人が役署の前を通ったので憤懣に耐えず、各営兵に弾圧してくれるように願ったが、彼らはきかなかった。それで練軍分隊に拳匪の勢力を減殺してくれるよう請うた。総督の裕禄は頷いたが兵隊は出てこなかった。(15) 六月一四日、「清兵は拳匪に付和し洋人と戦端を開き……」云々と阮国楨は書いている。[16] 以上のように官兵、義和団のなかに主体的な愛国の熱情が、狂気というほどにまで高まると、勇敢な臨時兵士志願者が生まれてきた。

では直隷総督裕禄、長蘆塩運使楊宗濂などが召募した義勇兵とはどのようなものであったか。日本参謀本部編『戦史』は、天津城に立て籠って戦った官軍、義和団等について次のように書いている。

直隷総督ノ召募セル安衛軍、蘆勇、保衛軍、民団及雁排槍隊等約二千人アリ。而シテ十四日天津城占領後壁上ノ死者中無数ノ義和団或ハ蘆勇、安衛等ノ標記アル衣服ヲ著セシ者アリシヨリ察スレハ、此等ノ諸兵モ亦戦闘ニ加参シタルナリ。……我軍ノ天津城ニ突入セシ時期迄防禦セシ者ハ、淮軍、練軍及ヒ義和団ニシテ……天津付近一帯殊ニ天津城ニ於ケル官兵及ヒ義和団ノ陥落ニ至ル迄頑強ナル抵抗ヲ為シ、列国軍ニ大ナル損害ヲ与ヘ、且ツ之ヲ苦シメタルハ実ニ予想外ニシテ、敵ナカラ感嘆ニ余リアリ。[17]

このなかに出てくる安衛・蘆勇・保衛・民団・雁排槍隊など約二〇〇〇は、「直隷総督ノ五月下旬ヨリ六月下旬ニ亙リ、天津付近ニ於テ召募セシ丁勇」[18]である。『戦史』によると、安衛軍は古式の銃を携え専ら地方鎮撫に任じたもの、保衛軍は郷間保護のため設けたもので一定の服装もなく、また其の武器も古式にして様々だった。蘆勇は塩運使の楊宗濂が召募したもので上衣に蘆勇と記してあった。民団は保衛軍に似たもの、雁排槍隊とは余慶浦付近の鴨・雁の狩猟をしている者から召募し、南門付近で列国軍を狙撃したものである。これらは五月から六月にかけて徴募したとあるが、清国側の資料を見ると、七月二日塩運使は蘆勇二〇〇〇を組織したとか、七月四日裕禄は衆雁戸（雁排槍隊に同じ）を徴募し、天津城南門下に配置したとかあり、恐らく大部分は七月初旬に組織されたものたちであろう。

こうしたにわか仕立ての民間募集兵が、天津城内で多くの戦死者を出して戦ったのである。聶士成の死後、敗残の武衛前軍の兵士は、蘆勇に入って戦ったという。このように、民間人や敗残兵が天津城内で勇敢に戦ったのは、義和団を先頭とする狂気にまで高まった愛国の至情が、官兵と一般大衆の士気を強く鼓舞したところにあったと考えられる。

(4) 決戦前夜の清軍の裏切り、敵前逃亡——裕禄、宋慶の義和団大虐殺と逃亡——

官軍・義和団・義勇兵（募集兵）の三勢力は内に対抗、緊張をはらみつつも、七月九日までは互いに利用・依存・競争・激励しつつ戦った。しかし遂にこの三者の矛盾と緊張が破れる日が到来した。列国軍の天津城総攻撃が始まらんとした時、官軍が決定的な裏切り、敵前逃亡をはかったのである。

『愚難日記』（佚名）の七月九日の条に言う。

中国水師営（の砲台）は、租界に大砲を放った。極めて激しいものであったが、外国人は反撃しなかった。夕方、官軍が後ろに義和団が前に立ち合同で租界を攻めた。外国兵は銃を撃って防いだ。戦いは夜明けになってやんだ。調べると義和団は二〇〇〇人も撃殺されたのに官兵はわずかの負傷者が出ただけであった。後に調べて分かったことであるが、官兵は、義和団が出鱈目なことを言って衆《ひとびと》を惑わし、最初は銃と大砲を避けることが出来るなどと言いながら、あにはからんや銃に当たってすぐ死んでしまう。騒ぎを起こしてから官兵の死傷が少なくないので、後になると義和団は勢いが良くないのを見て、皆村々に逃げかくれ出て戦おうとしなかったのだ。それで義和団を憎んだ。官兵は村々に行って団匪を捜して捕え、敵の最前線に立たせた。もし立たないと殺した。団匪は如何とするもなくやむなく刀をもって前進し、外国兵の射撃にあうと地上にひざまずいて天佑神助を願った。前列にあるものは已に死し、後ろにあるものは怖れて逃げようと欲した。官兵は見て大いに怒り、後退する者は銃で射ち殺した。故にこの晩団匪の死んだものがこのように多かったのである。決して皆洋兵に射殺されたのではなかったのだ。(19)

義和団に対する非難の言葉は信ずることはできないが、この記述を見ると官軍による義和団大衆の虐殺は、七月九日の夜に始まったことがわかる。それを裏付ける日本側資料も多い。『報知新聞』に「七月十日、……昨夜停車場付近、守備隊長の報告に依れば、昨夜半に敵軍中喧騒の声あり。今朝斥候を出し捜射を行ひしも応ぜずと言ふ」[20]とあり、また日本参謀本部編『戦史』は、七月九日の天津停車場の戦闘について、「九日夜、敵線中ニ人馬車輛ヲ運動スル景況アリテ喧騒甚シカリシモ、十日早朝ニ至リ異状ヲ見ス。甚タ静粛ナリキ」[21]と書いている。「喧騒甚シ」というのが、官軍の義和団虐殺の騒ぎのことであろう。佐原篤介「拳乱紀聞」の七月一一日の条に、「天津の北河中に漢人の屍体の浮んだのが数千体あった。なお潮にのって流れ下るものもあり、その臭気鼻をさし驚嘆すべき状況であった。また各所の道路上の屍体は均しく餓犬が争って食べた」とある。この数千体の死体というのは、九日の夜から一〇日の未明にかけて官軍に殺された義和団の死体だと考えて間違いなかろう。七月一〇日は平穏だったが翌一一日は、義和団を虐殺した武衛左軍の馬玉崑の官軍が天津停車場の日本軍に総攻撃を加え、「実ニ停車場守備以来ノ大劇戦」となり、日本守備隊は中尉二名、少尉三名、特務曹長一名を含む二四名が戦死し、五三名の負傷者を出した。日本参謀本部編『戦史』は、「此敵ハ馬玉崑ノ親ラ統率スル武衛左軍中ノ歩砲六営ニシテ、此戦闘ニ於テ右路統領記名総兵李大川、営官守備孫雲祥及ヒ遊撃蘇谿然等相前後シテ戦没シ、弁勇ノ傷亡モ亦タ甚タ多ク、其戦場ニ委棄シタル死者五十名ヲ下ラス、又死傷者ノ総数ハ四百五十名ニシテ僅ニ宋慶ノ引率スル後援兵ニ収容セラレタリト言フ」[22]と語っている。武衛左軍の連隊長格の総兵（日本の少将格）李大川は勇敢な人物で日本軍を果敢に攻撃し、全軍奮い立ち日本軍に過去最高の損害を与えた。

さて、七月九日夜に始まった官軍の義和団攻撃は、一四日の天津城陥落の日まで続いた。『天津一月記』の七月一三日の条に言う。

団匪は鎮署（軍司令部署）を掠奪し、また総督署を掠奪した。（総督の）裕禄はこれを避けて（北洋大臣代理の）宋慶の軍営に入った。総督署には各軍の軍糧が貯蔵されていたが、兵の給料・軍糧が総て奪われてしまった。宋慶は聞いて大いに怒り、義和団は掠奪後必ずすぐ逃げ去ることを知っていたので、兵士を派遣して各路で捕えさせた。一日の間に二〇〇余名を捕えただちに処刑した。(23)

同じ、七月一三日の条に言う。

宋慶の軍は義和団にあえばすぐ殺した。年《とし》一六歳以下は旅費を支給して帰郷させた。半日の間に天津城内外の団旗を樹て壇を設けたところは尽く撤去した。……宋慶の軍が義和団を殺すことを聞くとはじめて怖れおののき、路のかたわらでひそかに泣く者あり、人に向かって（義和団の宣伝に）間違って従ったと自白する者あり、避難の船にあうと乗せて連れ帰ってくれと泣く者あり、（義和団の印の）紅巾、紅帯をこっそりと川に投げすてて行く者あり、……ただ城内の各義和団はまだ官軍に従って出陣すると自ら称していたが、しかしいくばくもなかった。天津城の各義和団は、先に逃げ出した者は宋慶の軍隊に追われて殺された。逃亡しなかった者も天津城が陥落してから半分は外国人に殺され、半分は宋慶軍に殺された。(24)

『天津一月記』の作者（佚名）は、また次のような興味あることを記している。

七月一一日、外国兵が直ちに南門に迫り、練軍は支えられなくなった。幸いに馬玉崑の軍が来、宋慶が自ら軍を督戦したので、外国兵は退いた。城外には七、八〇営が駐屯して毎日外国軍と交戦していたが、ただ城内には一兵もおらず豪も防備がなかった。城には初めは標兵がいたが衆紳士が撤去を願った。かれらは、城の上から砲撃しなければ、外国人も必ず城内を砲撃すまい、と言った。(25)

また七月一一日には、両広総督李鴻章が直隷総督に転任になったというニュースが伝わり、天津では李がすでに北京で各国と和議に入ったという噂も流れて人々は喜び合った、(26)という。

さて以上のような記録によって、宋慶・馬玉崑らの義和団虐殺をどのように解釈することができるだろうか。私はいくらかの推測をまじえて以下のようにその原因を考えてみた。義和団の「扶清滅洋」の気持は、すべての民衆を立ち上らせ、排外の熱狂の坩堝《るつぼ》になげ込んだ。その義和団のなかには、愛国心を狂気にまで高めた部分と、このドサクサにまぎれて掠奪・殺人を楽しむ人々とが混じっていたに違いない。かれらは西太后など北京朝廷のお墨付きをもらって怖いもの知らずとなり、官軍兵士を殺したり、兵士の軍糧・給料さえ掠奪するにまで自由奔放になった。人民の祝祭・解放には、権力者の威信・秩序を解体する力がつきものであり、北洋大臣代理宋慶、直隷総督裕禄、将軍馬玉崑や知府・知県は、はじめからこの義和団大衆を軽蔑し、憎悪していたに相違ない。かれらは六月初旬までは義和団を殺していたのだから当然であるが。さらにまた宋慶・裕禄らには、天津城を死守する覚悟が初めからなかったとしか思えない。日清戦争で日本軍に敗れた、当時の武営左軍統領宋慶は、八ヵ国軍の侵入に際し、北京で西太后に会ったとき、「戦端を決して軽々しく開かないよう熱心に申し上げた。先の中東之役（日清戦争）は、僅かに日本一国と戦争を開いただけでしたが、それでも支えることができませんでした。ですから、どうして八ヵ国と戦争をすることなど出来ましょうか」(27)と言ったという。また宋慶が天津に来たのは、七月一一日のことであり、かれは翌々日には大量に義和団を殺して全軍を率いて逃亡しているのである。宋慶・裕禄は時間を稼ぎ、天津で和議がおこるのを待っていたのではないか。七月初旬には、裕禄は天津租界の外国領事に和議の打診をしている。一一日には李鴻章の直隷総督への転任と北京での和議の噂が広まる。宋慶・裕禄は、北京の西太后がいつ戦争から和議に一八〇度転換するか、心配していたであろう。そうなれば、天津で徹底抗戦をしたら、逆に自分の立場が悪くなる恐れがあった。宋慶・裕禄・馬玉崑らは、七月九日から一〇日未明にかけての義和団虐殺を契機に天津撤退の意志を固め、互いに確認しあったに相違ない。戦わずに撤退したといわれてはかなわないので、七月一一日の天津停車場の日本軍に対する武衛左軍馬玉崑の総攻撃を行わせた。日本軍は将校五名を含む六四人の戦死者を出した。この馬玉崑軍の一一日の奮戦の理由は、(1)全軍撤退の前に奮戦した証拠を残しておき、北京にいいわけが立つようにしておくこと。(2)列国軍に打撃を与え、全軍の撤退の時間を稼ぎ、すぐ列国軍が追尾しえないようにしておくこと。(3)それに友人の聶士成を死に追いやった義和団を前面におし出し出来るだけ多く殺してやりたい、という馬玉崑の個人的な心情が作用していたこと（宋・馬・聶はともに日清戦争で戦った仲であった）、以上の理由があったものと思う。

九日から一四日にいたる宋慶を中心とした権力者たちの義和団虐殺は、義和団の活動を日頃憎んでいた気持が爆発したことに主要な原因があろう。それ以外に、官軍主力が撤退した後で、天津城で義和団が勇敢に戦ったのでは宋慶・裕禄の顔はまるつぶれである。それで一三日から一四日にかけて手当たり次第に義和団を殺戮したのであろう。しかしながら、少数とはなりながら義和団の最も勇敢な部分、義勇軍（臨時募集兵）とそれを指揮する長蘆塩運使の楊宗濂、侯補道の譚文煥らは天津城に残り最後まで勇敢に戦ったのである。

注

（1）「武衛軍中惟聶軍門所部三十営、尚無団匪在内、至虎神営、人言藉藉咸謂其尽係団匪」（佐原篤介「拳乱紀聞」、中国近代史資料叢刊『義和団』巻一、一一六頁）。
（2）抄本「総論団匪滋事庸臣誤国西兵入京事」（天津歴史博物館所蔵、劉民山「論聶士成」より転用）。
（3）『拳禍記』（上）、一〇三頁。
（4）『義和団』巻二、一五頁、劉孟揚「天津拳匪変乱紀事」（上）。
（5）『義和団』巻二、一一頁、劉孟揚「天津拳匪変乱紀事」（上）。

(6)『義和団』巻二、二二頁、劉孟揚「天津拳匪変乱紀事」(上)に「相伝、武衛軍因両三箇月未関餉、故肆行搶掠、其実係該軍丁、屢被拳匪仇殺、群訴之於主帥、主帥無可如何、故皆不服約束耳。晩安静無槍砲声。河東火仍未滅、夜亦安静。二点余鐘、有武衛軍兵数十人、闖上北牆子、意欲開放槍砲、惑乱人心、以便趁勢搶掠、幸被巡夜民団査知、当即合力追散」。

(7)(柳渓子「津西毖記」『義和団』巻二、八四頁)。

(8)同上書。

(9)裕禄が「拳匪」を赤子として招撫することに変わったのは六月一一日のことである。それ以前は逮捕・投獄・斬首していたが、この日、天津の総督の役所の前を七、八〇人の義和団が通ったが裕禄はそれを黙認した(『義和団』巻一、一二八、一二九頁)。

(10)佚名「愚難日記」(『義和団』巻二、一六八頁)。

(11)同上書(『義和団』巻二、一七二頁)。

(12)佚名「天津一月記」(『義和団』巻二、一五五頁)。

(13)阮国楨「津乱実紀」(『義和団』巻二、一七八、一七九頁)。

(14)『義和団』巻二、一七～三二頁。

(15)(阮国楨「清乱実紀」『義和団』巻二、一七八頁)。

(16)同上書。

(17)『戦史』巻二、二四四～二四五頁。

(18)同上書、巻一、一〇四頁。

(19)『義和団』巻二、一七一頁。

(20)『報知新聞』(明治三三年七月一八日)。

(21)『戦史』巻二、一四三頁。

(22)同上書、巻二、一四七頁。

(23)『義和団』巻二、一五六頁。

（24） 同上書、巻二、一五八頁。
（25）（26） 同上書、巻二、一五五頁。
（27） 佐原篤介「拳事雑記」（『義和団』巻一、二五三頁）。

四、列国軍、天津から北京へ

(1)日本、臨時派遣隊解散し、第五師団前面へ

天津城陥落まで戦闘を行ってきた、福島安正少将麾下の日本臨時派遣隊は、第五師団の天津到着により解散し、山口素臣中将が最高司令官となった。山口中将は視察に来た寺内正毅参謀本部次長とともに七月一九日に入津した。二一日、天津師団司令部において派遣隊解散命令が下された。第五師団は七月末までにほぼ全員が天津に到着し、日本は列国軍中最大の兵力となった。総理大臣山県有朋の命を受けて天津に来た寺内参謀次長は、各国司令官と会談を続け、七月三〇日天津を出発し、八月四日東京に到着し、次のような見通しを山県に報告した。

目下、天津・北京間ニ駐屯スル敵ノ兵力ハ約五万ニシテ、其内訓練ヲ経タル者ハ半ニ満タサルコトヲ判知シ、一面ニハ聯合軍各部ニ就テ、本月十日頃迄天津付近ニ集合シ得ヘキ其兵力約四万七千ニ達スルヲ知悉シ、之ヨリ兵站守備（北京・大沽間）トシテ約一万、季候風土ヨリ生スル減員約十分一ヲ控除スルモ、尚ホ三万以上ノ兵ヲ以テ北進シ得ヘキヲ計リ、聯合軍ノ勝算確実ナルコトヲ判断セリ。何トナレハ、我兵一ヲ以テ清兵二ニ対シ得タル従来ノ経験ニ因リ、三万以上ノ兵ヲ以テ前進スレハ、連合軍ノ一ヲ以テ清兵ノ一・五ニ当リ、其比妥当ナルノミナラス、清軍ノ戦法トシテ首力ヲ一地ニ集結シテ決戦スルコト無ク、必ス数段ニ区分シ防禦スヘキヲ以テ、一戦

場ニ相会スル彼我ノ兵力ハ、多クハ相反シ、我ハ算数上ニ於テモ亦優勢ヲ以テ圧迫シ得ルノ予想アルヲ以テナリ。(1)
寺内は、これまでの清軍との戦闘経験を総括して、列国軍兵士は清軍の半分の兵力で充分これと戦えると計算し、日本は第五師団のみでよく、これ以上の兵力を派遣しなくても北京にまで進撃できる、と山県首相に報告した。第五師団は、この寺内次長の判断と作戦計画にそって、列国軍の主導権を掌握し北京に向かった。天津から北京に向かった列国兵の数は次表の如くである。

	北京進撃各国兵数	砲門数	天津守備各国兵数
日本軍	歩兵九〇〇〇、騎兵三〇〇、工兵四五〇	三六	歩兵一六〇〇、山砲六門
英軍	歩兵二〇〇〇、騎兵四〇〇	一三	歩兵一四〇〇（一三〇〇）
米軍	歩兵一九〇〇		歩兵一二〇〇（六〇〇）
仏軍	歩兵八〇〇	一二	歩兵七〇〇（四〇〇）
露軍	歩兵四〇〇〇、騎兵二五〇、工兵三〇〇	二二	歩兵一六〇〇
独、墺、伊軍	約三〇〇		？
計	一万九七〇〇	八三	約六五〇〇

（　）内の数字は、ロシア軍中将リネウィッチが作成した数字。

（日本参謀本部編『戦史』巻三、一四七—一四八頁）

日本軍は独自に多くの斥候を出し、清軍の配置・動静をさぐりつつ、各国指揮官に北京へのすみやかな転進を迫った。八月三日、ロシア軍司令部において各国指揮官全員が出席して会議を開き、北倉の清軍を直ちに攻撃すること、兵数は上表のごとく各国が派遣することが決定した。

北倉の清軍兵力は二万から二万五〇〇〇ほどと推定され、列国軍の兵数一万九七〇〇名で充分であるとされた。寺内正毅次長の推測によれば、日本兵一で清兵二に対抗できるとされたので、日本兵だけでも約一万弱であったから、これだけでも清軍に対抗できると日本軍は確信していた。

(2) 北倉の戦闘

北倉についての簡単な説明をしておこう。「北倉ハ白河ノ左岸ニ在リ。大街道ノ右岸ヨリ左岸ニ移ル地点ナリ。南北約千米、東西約四百米ニシテ、戸数約二千ヲ数フル部落ナリ。其東南端ニ米倉アリ。昔時毎年南方ヨリ輸送セル官米ヲ貯フル所(2)」であった。七月一四日に天津を逃亡した直隷総督裕禄は、諸軍をこの北倉に集め、陣地を構築して列国軍を防ごうと準備した。八月初め、北倉に集結した兵力は、武衛前軍一三営、武衛左軍一五営(内二営は砲兵)、練軍(何永盛が指揮)及び安衛軍等五営、淮軍一〇営(故羅栄光麾下の兵五営、統領呂本元の率いる兵二営、馬隊三営)で、合計四三営、総兵数一万五一〇〇名、砲二〇門であった。この外に、新募の老湘軍三五〇〇が保定府を経てこの戦闘に参加したといわれる。以上全軍の総指揮には、馬玉崑があたった。

義和団の動向はどうだったか。「天津ヨリ退却セシ義和団ノ大首領張老師ハ清暦七月二日独流鎮ノ西方王家ロニ於テ民団ノ為メ撃殺セラレ」、「又同首領曹老師ハ曩ニ天津敗軍ノ際ニ戦死シ、目下義和団ハ全ク首領ヲ失ヘリ。唯張老師ノ副頭タリシ王老師ノ生存スルノミニシテ、目下義和団ノ志気振ハサルモノ、如シ(3)」というのが日本軍の得ていた情報だった。中国側の史料によっても(4)、張徳成は天津から独流鎮方面に逃走して民間人に殺され、曹福田は天津城内で殺されたとも、保定に逃げていってこの地で再起を謀ったが、既に義和団弾圧の命を清朝中央より受けていた布政使に殺されたともいわれる。このように張徳成・曹福田という二大首領は戦線から離脱してしまったが、しかし義和団がすべて列国軍との戦闘から離れたのではなかった。北倉の戦いの清側兵力について、『戦史』は、「右の外、団匪少クモ三、四千人此戦闘ニ参与シタルモ、殆ント戦闘力ナキヲ以テ、之ヲ計算セス。殊ニ其首領張徳成ハ天津ヨリ西方ニ退却中、七月二十七日独流鎮ノ西ニ於テ土民ヨリ撃殺セラレタルヲ以テ、全団ノ志気萎靡振ハス」[5]と見ていた。義和団は天津戦役に於いて外国軍・清軍から攻撃・弾圧を受け、多大の犠牲者を出し、多くの中核勢力を失ったため、もはや大規模な戦闘を準備する力はなかった。義和団大衆の役割は、清軍の前面に出て外国軍と白兵戦をやって清軍の士気を鼓舞し、また天津市街のような遮蔽物のあるところでゲリラ的に攻撃をしかけ、あるいは又、清軍や義勇軍のなかに入り軍隊を義和団化するところにあり、こうした役割に於いてはじめて予想外の成果を収めることができたのであった。しかるに、清軍とは殺し合う仲になり、また遮蔽物のない北倉付近の平原に出て、大砲を多数もつ近代的外国軍と正面から会戦をするような場合に於いては、日本参謀本部が言うように「殆ント戦闘力ナキ」存在となっ

白河左岸		
露　軍	三七五〇	砲一六門
仏　軍	八〇〇	砲一二門
独　軍	二〇四	
墺　軍	六〇	
伊　軍	四〇	
計	四八五四	砲二八門
白河右岸		
日本軍	八八二〇	砲三六門
英　軍	二五〇〇	砲一二門
米　軍	一九〇〇	砲　六門
計	一万三二二〇	砲五四門
総計	兵一万八〇七四	砲　八二門

（日本参謀本部編『戦史』巻三、一六八―一七一頁）

たのである。義和団のような組織は白兵戦・ゲリラ戦以外には戦闘能力を発揮することはできない。このようにして、天津から北京に至る間、列国軍の敵はほぼ清朝官軍だけとなった。北倉戦に投じられた列国軍兵数は前頁の表のごとくであった。

列国軍の一斉攻撃は、八月五日に始まった。日本軍はこの日午前二時に火薬局を攻撃した。「此攻撃ハ敵ノ予メ準備セル正門ニ向ケ施行セシヲ以テ、其射撃ヲ受ケシ時間ノ僅少ナルニモ拘ラス多数ノ死傷ヲ生セリ」(6)というかなり多数の犠牲を出した。「火薬局ニ在リシ敵ハ頑固ノ抵抗ヲ為セシモ、我兵ノ突撃ニ耐ヘスシテ韓家樹東北方ニ潰走」(7)し、四時四〇分に火薬局を占領した。火薬局には約八〇〇の清兵がいたが、約三〇名は戦死し、残りの大多数は西北方に退却した。火薬局の近くの掩堡では清兵約二〇〇名が戦死した。火薬局占領のため、日本軍は死者一四、負傷一〇一を出した。火薬局の近くの劉家擺渡の戦いもほぼ同時に行われ、「敵ハ団匪ト官兵トノ混合ニシテ、其官兵ハ淮軍歩騎兵数百人ニシテ、頑強ニ抵抗ノ後、此付近ニ死屍二十七ヲ残シ」(8)退却した。また唐家湾の戦闘では、午前五時頃、日本軍がこを占領した。「唐家湾ノ敵ハ其数約八百ニシテ、死屍六十許リヲ残シ（死体ノ衣上ニ北洋大臣ノ護衛ト記セリ）」(9)潰走した。日本分隊が先行して上記のような戦いを行い、後続軍も到着し、七時四〇分に清兵敗退のため攻撃を中止した。北倉の戦いに日本軍は中心的役割を演じたので、損害も他の列国軍に比べ圧倒的に多かった。日本軍がこの北倉の戦いに消費した榴弾一〇七発、榴散弾七九二発、銃弾九万七九八八発であった。この表を見ても、日本軍が主力となって戦ったことがわかる。日本軍が鹵獲したもの支那船七隻、天幕六九張、砲八門に及んだが、その外「火薬局付近ニ於テ俘虜約

	死者	負傷者
日本軍	五〇	二五一
英軍	一	二四
露軍		六

（日本参謀本部編『戦史』巻三、二二九頁）

四十五、唐家湾ニ於テ二三名アリシモ、抵抗若クハ逃走ノ挙動アリシニ因リ、悉ク之ヲ射殺セリ」(10)と、五〇人近い捕虜は残らず射殺したのであった。また「各所に散乱せる敵の死屍を見るに、皆官兵にして又一人の土兵あるを認めず。其武器は細口径五連発銃にして無烟火薬を用ひ居れり。而して死屍の中には、三百発以上の実弾を嚢に入れ、之を背負ひ居る者多きを見たり」(11)という状況で、清軍は決戦部隊と補給部隊の区分と有機的編成を欠いており、機動的な戦いができなかった。八月五日の北倉戦で勝った列国軍は、翌六日早朝には楊村に迫り、ここを守備していた清軍と交戦、「一部の清兵は頑強に抵抗を試みたけれど、奈何ともする能はず、遂に全軍全く敗走した」(12)。楊村の戦闘の死傷者数は、米軍六七（七）、英軍四五（六）、露軍一九（二）であった。この（　）内の数字はその内の死者数を示す。当時、北京に向かう列国軍の様子は、「天津出発以来、列国兵ハ二日間炎熱ヲ冒シ、且ツ飲用水乏シキ地方ニ於テ行軍及ヒ戦闘ヲ為セシ為メ、皆大イニ疲労シ、遂ニ七日ハ一般ニ楊村ニ於テ休止ニ就キタリ。（中略）我軍ハ八日迄ニ収容患者三百名ニ達ス。但シ内二十名ハ七日舟ニテ天津ニ後送セリ。米軍ハ七日患者百五名ヲ舟ニテ天津ニ後送セリ」(13)というように苦しい進軍だった。

　日本軍は列国軍中最大規模の兵力を動員していたので、その糧秣の補給が最大の課題であり、糧秣を運ぶ船が必要だった。しかし、楊村では他国軍に所在の船を皆奪われてしまったので、日本軍は今度は南蔡村に一足先に一支隊を急派した。そのため、日本軍と南蔡村を守備していた清軍との間に、八月七日戦闘が起こった。清軍は「武衛左軍并ニ同前軍、練軍及ヒ淮軍ノ歩兵約三千及ヒ砲十数門ニシテ」(14)激しく抵抗したが敗北し、「直隷総督裕禄ハ是日南蔡村ニ於テ自尽シ、（中略）宋慶及ヒ呂本元ハ若干兵ト共ニ保定府方向ニ、他ノ各隊ハ任意北京及ヒ保定府方向ヘ退去シ、其河西務方向ニ退却セシモノハ馬玉崑ノ率キル武衛左軍及ヒ同前軍ノ一部ニ過キサリキ」(15)という有様で、直隷総督は自決し、馬玉崑以外の軍はほとんど戦闘を回避して撤退してしまった。

(3) 楊村の列国軍、指揮官会議の後、通州へ

八月六日、ロシア軍指揮官リネウィッチ中将の呼びかけで各国指揮官会議が開かれ、日本軍からは福島少将・原田少佐が出席した。この会議では楊村で暫時休息するか、それとも北京に向け急行するか、これが中心議題となった。ロシア軍・フランス軍の一時休息すべしとする意見が、北京に急行せよとする日本軍・イギリス軍・アメリカ軍に押し切られ、翌七日から行軍を続行することとなった。ついで、北京進軍の各国軍順序・進路区分が議論の的となったが、天津戦・北倉戦で最大の犠牲を払い、功績第一と自他共に認められ、最大の兵力を有する日本代表の主張が会議をリードし、日本主導のもとで次のことが決定された。

㈠行軍は明七日より、日露英の順序とする。

㈡通州まで前進し、改めて北京攻撃の部署を決定する。

㈢騎兵隊は露英日の各軍を合併し、日本の騎兵第五連隊長の大佐森岡正元が指揮をとる。

日本軍は他国兵の先頭に立ち、北京に向け急進撃を行った。日本軍の急進撃は、たとえば日本将校が司令となった騎兵隊では、他国騎兵が集合時間に間に合わねば、日本騎兵単独で出発するというほどのすばやさであった。予定より大幅に速い進軍を行う日本軍にとって、最大の悩みは糧秣の補給であった。しかし、これも「楊村ニ進入スルヤ、我軍ニ於テ雑穀類ヲ格納セル二個ノ倉庫ヲ占領シ、馬糧ノ如キハ之ニ依ラシメタリ。今後前進路上ニハ、河西務、馬頭及ヒ通州等ノ大聚落アルヲ以テ、我軍ハ敵ヲ急追シテ此等村落ニ進入セハ、其地方ノ糧秣ヲ占領スル望ナキニ非ラス。且ツ大沽、楊村間ノ茫漠荒寥ナルニ反シ、楊村以北ハ土地肥沃、耕耘ニ富ミ、当時恰モ粟、稗、豆、瓜、玉蜀黍、其他野菜豊熟ノ季節ナルヲ以テ、已ムヲ得サレハ一部ハ之ニ依ルノ便アリ」(16)と、いわば今日の言葉で言えば現地にお

ける軍公認の「現地調達」という名の公然たる掠奪をあてにして出発したのである。先頭を行く日本軍は行く先々で村落を占領し、民家をすべて宿舎に用い、薪材燃料になるものもほとんど独占的に消費した。そのため、後続の英軍参謀長バロー少将から苦情を持ち込まれた。日本軍の調達という名の掠奪はすさまじく、楊村において大麦倉庫二棟を占領し、さらに南蔡村にいたる間に貢米船約二〇隻を捕獲した。

八月九日に列国軍は河西務に達した。ここを守備していた清軍は、江西按察使陳沢霖の率いる一〇営、湖北提督張春発の一〇営で、この両軍は南方から来た新募集の兵士であった。及び登州鎮総兵夏辛酉の兵若干、それに少数の義和団が混じっており、総指揮は帮辦武衛軍務になりたての李秉衡が指揮をとることになっていた。しかし、清軍は河西務に強力な防衛線を敷くことが出来ないうちに、列国軍が早くも到着したため大あわてで退却してしまった。馬玉崑と陳沢霖は南苑方面に、李秉衡は通州に向け逃げた。その他の大多数も四方に逃げ散った。ここでも日本軍は「大量ノ雑穀（大麦・大豆・小豆・黍・玉蜀黍・粟等）発見せり。因テ糧餉部員ヲシテ之ヲ徴発セシメ、歩兵第四十一聯隊第五中隊ヲ之カ補助トシ、雑穀・砂糖及ヒ支那酒ヲ河西務南端ニ集メ、午後八時三十分ヨリ、各隊ニ運搬力ノ許ス限リ多量ニ分配」(17)したのである。天津で敗北してから、ここまで逃亡してきた裕禄が自殺したとき、かれに従っていた人はごくわずかであったという。

一〇日、比較的大きな衝突があった。「兵力ハ歩兵約三百ト騎兵若干ニシテ、官兵団匪混合セル」清軍側は、死者五〇を残し敗走した。一一日、日本軍は張家湾に迫り、ここを守備していた約五、六〇〇人を攻撃し、死者約四、五〇人の損害を与えた。この張家湾の戦闘を指揮した李秉衡は、一八九八年に西太后から巡視長江水師提督を拝命して、長江一帯の防備の任についていた。かれは劉坤一・張之洞らとともに義和団の弾圧、外人保護を主張していたが、かれらと意見の不一致をきたし上京し、今度は逆に西太后を拝外主義に向かわせ、自ら湖広・両江・山東・山西からき

八月一一日	敵数
七時五〇分	約一〇〇
九時一五分	二、三〇〇
九時二七分	約三〇〇
一〇時二〇分	約五〇〇～六〇〇
一時三〇分	敵猛烈な反抗
二時一五分	敵退却

た張春発・陳沢霖・万本華・夏辛酉の諸軍と若干の義和団を率いて河西務に来たのであった。しかし、各地からきた上記四軍は八月一〇日以前にすべて故郷方面に逃亡してしまっていた。李秉衡の武衛軍若干だけが張家湾で抵抗しただけであった。この時、かれの部下は五、六〇〇人にすぎなかったという。もし李と張・陳・万・夏の五将軍が団結すれば兵力は三、四万はあったというから大軍であったが、すでに全員に戦意なく、李自身も数百の兵士しか保有せず、李一人部下とともに奮戦したが大敗を喫し、西太后に徹底抗戦を命じられていたので、全軍の総指揮官として敗北の責任を取って自殺しなければならなかった。この日の戦闘について日本参謀本部編『戦史』は清兵数を上記の表の如く見積っている。総数は五、六〇〇であったと推定された。

日本軍が張家湾に入った時、市内大厦の間口に「欽命統率義和団大臣駐紮所」と書いた貼紙があったという。ここが李秉衡の屯所だったのであろう。もはや清軍は抵抗らしい戦いをする能力を全く失った。北京の郊外にある、北京穀物保給センターと称すべき通州は目前であった。しかし、ここでは全く抵抗線を敷くことはできず、八日一二日未明、日本軍は城門を爆破し通州城は簡単に陥落した。「此時師団長（山口素臣中将―小林）ハ南門城壁上ニ来リ、一般ノ形勢ヲ視察セリ。福島少将ハ我軍ノ進入ノ為メ狼狽狂奔セル土人ヲ城壁上ニ集メ、之ヲ嚮導トシテ城内ノ米倉（西倉二百三廒、中倉百十九廒、多ク皇族ニ支給スル白米ヲ貯フ）及ヒ諸官衙ヲ占領セシメタリ」[18]という早わざを行い、穀物約五万石とそれを運搬できる船隻を手中に収めた。

以上のように通州まで日本軍を先頭とする列国軍は、疾風のように進撃を続けることができたのであるが、日本軍はその理由を次のように書いている。

要スルニ敵ハ我軍ノ追撃急速ナリシ為メ、志気ヲ恢復スルノ暇ナク、復タ地ノ利ニ拠リテ防禦ヲ試ス能ハス。暑熱ニ耐ヘス飢渇ニ苦シミ、窮困ノ極遂ニ軍隊ノ多クハ分裂瓦解スルニ至レリ。我軍楊村ヨリ北進スルニ随ヒ、天津、北倉敗余ノ兵ヲ見ルコト益々少ナク、我軍ノ前進ニ微弱ノ抵抗ヲ試ミシ者ハ、多ク新募南来ノ武衛先鋒軍ニシテ、且ツ彼等ノ露営地ニハ西瓜ノ狼藉タルノミニシテ、炊事ノ跡ナカリシカ如キ、亦以テ其狼狽窮困ノ状ヲ証スルニ足レリ。(19)

列国軍も「炎熱ノ為メ喝睡ヲ欠キ、粗食セシトニ因リ患者ヲ続発シ」て大変苦しい行軍であった。とくに米軍は、「天津ヨリ北京ニ至ル間ニ兵力ノ約百分ノ二十五乃至三十三ノ減員ヲ生セリ」(20)というほどの疲労と炎熱による脱落者を出したのであった。

天津から北京に向かう列国軍は、楊村での列国軍指揮官会議で申し合わせをしたようなまとまりは無く、「各国軍ハ一道ヲ取リ、自己ノ欲スル如ク相前後シテ通州ニ前進シタルニ過キス。而シテ孰レモ炎熱ニ苦シミ、其通過シタル後方ニハ落伍兵、斃死馬及ヒ雑具ノ放棄シタルモノ甚タ多カリキ」(21)有様だった。北京に向かう道中には、この『戦史』にふれられていない多くの列国軍兵士に虐殺された死体も多かったのであるが、それについては他の場所で詳しくふれることにする。

注

（1）日本参謀本部編『戦史』巻三、六五〜六六頁。
（2）同上書、巻三、一六〇頁。
（3）同上書、巻三、一一六頁。
（4）『義和団』巻二、五五・八八・一五八頁。

（5）日本参謀本部編『戦史』巻三、一六四頁。
（6）同上書、巻三、一八八頁。
（7）同上書、巻三、一八八頁。
（8）同上書、巻三、一九三頁。
（9）同上書、巻三、一九八頁。
（10）同上書、巻三、二三五頁。
（11）「支那戦争図会」第二編、一〇頁（『風俗画報』特集号）。
（12）同上書、一〇頁。
（13）『戦史』巻三、二六五頁。
（14）同上書、巻三、二七五頁。
（15）同上書、巻三、二七五頁。
（16）同上書、巻三、二八六～二八七頁。
（17）同上書、巻三、三二〇頁。
（18）同上書、巻三、三四一頁。
（19）同上書、巻三、三五〇頁。
（20）同上書、巻三、三五二頁。
（21）同上書、巻三、三五四頁。

五、北京攻防戦

(1) 北京の義和団、清軍と清朝中央の状況

義和団が北京の郊外にまで迫ってきたのは、一九〇〇年の五月末のことであった。北京に近い涿州が万余の義和団に占領され、京外各府州県の黄村・豊台で鉄路・洋房・電柱・電線が破壊され始めた。これは五月二六、二七日頃のことであった。かれらは、ちょうど燎原の火のように北京に迫ってきた。義和団は北京市街には六月八日、九日頃に姿を現わした。それから毎日、二、三〇人、四、五〇人ずつが集団をなして続々と市内に入ったが、農村の青少年や交通労働者、無産の下層大衆がほとんど全部だった。赤色のハチマキ、帯に赤色の房のついた大刀・長矛・腰刀などを差していた。かれらはいたるところで教会を焼き、教民を殺し、洋品店を焼いた。六月一六日には延焼して商店一八〇〇余戸、大小房屋七〇〇〇余戸が焼けてしまった。一千余戸、数千戸と記す史料もあるが、ともかく空をこがす大火であった。六月中旬から下旬にかけては、数万を下らない義和団が北京の各地に設壇し、武器を振りまわして右往左往し、それに武衛軍・八旗兵数万が加わり、北京の町はごった返したようになった。この騒ぎに一般の泥棒・強盗も蜂起し、掠奪もひんぴんと起こった。

西太后を中心とする北京宮廷は、たびたび御前会議を開いて対策を協議した。「扶清滅洋」をかかげた義和団・大衆を、弾圧するべきか、それとも外国人追い出しに「撫」して利用すべきか、なかなか意見が一致しなかった。北京中央で主撫を主張したのは端郡王載漪、協辧大学士剛毅、礼部尚書啓秀、刑部尚書で順天府尹趙舒翹、庄親王載勛、左翼総兵英年、署右翼総兵載瀾らであり、かれらは義和団は愛国の忠臣であり、義和団を利用して外国と戦争するこ

とを主張した。これに対して、のち七月二八日に死刑に処せられた吏部左侍郎許景澄、太常寺卿袁昶などは断固弾圧を主張した。義和団は匪徒であり、単なる烏合の衆にすぎず、戦力にはなりえないというのであった。全軍を統括する軍機大臣の栄禄は、青年時代から西太后に忠節を誓った人物で、そのため西太后も栄禄を四〇年間も寵愛していた。栄禄は義和団を好かなかったが、西太后の意のままにという人物だった。西太后は、日清戦争の敗北後、外国に巨額の賠償金を支払い、土地は奪われ、キリスト教という外国の神を押しつけられ、北京公使館に圧力をかけられ、その屈辱感と怒りは火を吹く寸前にまで達していた。一八九八年からの光緒帝・康有為・梁啓超らの変法維新の運動と日本など外国を拠点として革命をもちこむ孫文の運動にせめられるたびに、西太后はその背後の外国の圧力を感じ憎んだ。妹の生んだ子を光緒皇帝となし、可愛がってやったのに外国の真似をし、私を裏切ったとして、西太后は光緒帝を監禁し、一九〇〇年一月には、端郡王載漪の子供を次の皇帝に決めた。これは皇帝が生存中に次の皇帝を決めてはならないという祖法に背く行為であり、光緒帝の廃立を公けにしたものであった。端郡王のこの子供は大阿哥（皇太子）と呼ばれ宮中内で勝手なことを始めた。次の皇帝の父親と決定した端郡王とその兄弟の鼻息は荒くなり、無知な保守派・頑固派特有の勇ましい主戦論・排外論をぶってまわった。端郡王は義和団の力を利用するというよりも、義和団の神術と戦闘意欲に「気触れる」というに等しかった。端郡王ばかりか西太后まで、義和団の神術（降神付体、刀槍不入）、超能力を信じたふしがある。しかし、西太后はまだ半信半疑であり、六月六日に剛毅と趙舒翹の二人を涿州・良州にまで派遣し、この義和団の砦ともいうべき地方を視察させた。かれらは義和団が大勢力をもちもはや鎮圧・解散はできないと報告した。六月一〇日、西太后は端郡王載漪に各国事務衙門を統括させ、礼部尚書啓秀、工部右侍郎溥興、内閣大学士那桐らを総理各国事務大臣となし、これら主戦派に対外関係の最高権限を与えた。かれらは頑固だけがとりえの外国を知らない守旧派であった。未来の皇帝を約束された息子をもつ端郡王載漪を中心とする守旧派は、光緒帝を中心とする改革派を百日維新にくいとめ、光緒帝を幽閉することに成功した。しかし、端郡王はあせっていた。光緒帝はまだ生きているのであり、大阿哥たる息子は宮中の女官のシリを追いまわすただの馬鹿者であったからである。端郡王は義和団運動の大波に乗って、清朝の最高権力を出来るだけ早く掌中に収めんとあせっていた。一九〇三年から西太后に仕えた徳齢女士は、駐日公使やフランス公使を勤めた裕庚の娘でキリスト教徒であり、娘のころ端郡王に会った時の印象を次のように語っている。

　わたくしは端王のようすをよくおぼえています。かれは邪悪なつらがまえで、顔じゅうがあばただらけ、目は鼠のように細うございました。わたくしが彼をよくおぼえているわけは、わたくしの家が〝二毛子（キリスト教徒）〟であるからです。わたくしの父裕庚公爵はとても端王をおそれておりました。端王と義和団とは親分子分のかんけいがあることを、父はまえから知っていました。ですから、端王がわたしの家に父を訪ねてきたとき――そのとき彼のあばたの顔をみました――わたくしの父は、かれはわれわれの洋館に、われわれが〝キリスト教徒〟であるかどうかをさぐりにきたのだ、ということを知っておりました。[1]（徳齢著『西太后秘話』邦訳）

六月二五日には、端郡王載漪と歩軍統領の庄親王載勛は六〇人ほどの義和団を宮中の寧寿宮に入れ、二毛子（キリスト教徒、外国の手先）をさがすのだ、皇帝よ宮より出よ、などと騒いだ。また大阿哥は、皇帝は鬼子（外国）の徒弟《てさき》だ、などと公然と皇帝を罵ったという。[2]西太后は、クーデターの危険と載漪・載勛ら頑固派の勝利による一挙開戦の危機を予知し、激しくこの暴挙を叱り、二〇余人の義和団頭目を処刑した。これを見ればわかるように、端郡王ら頑固派は、内外の危機を逆に利用して権力を掌握しようと策動を続けていたのである。

　さて、四〇年間大清帝国の最高権力を一手に掌握してきた西太后の態度こそ、全局を左右する鍵であった。西太后は六月初旬の、義和団の北京郊外への進出と鉄道破壊、列国軍艦四〇余隻の大沽沖集結、三〇〇〇余の外国兵の天津進出と急展開する事態に驚き、六月九日頤和園から城内の皇宮に帰った。この翌日にはシーモア将軍の率いる二〇〇〇余の外国兵が公使館救助のため列車で天津から北京に向かった。六月一三日、義和団は崇文門から内城に入り、市内で一一の教会を焼き、八〇〇余ヵ所に「降神付体」の設壇を行った。西太后は五月末から連続して義和団の弾圧、取り締りを命令したが、列国軍の大沽から天津への進出にともない、次第に「義和団鎮圧」への意志が弱まっていった。六月一五日、西太后は李鴻章・袁世凱に兵を率いて上京するよう命令。翌一六日には、近くにいた武衛左軍馬玉崑に上京を命じた。この日、再び北京は一〇〇〇戸以上が燃える大火にみまわれた。この大火災のなかで西太后は御前会議を開き一九日まで四日間、開戦か否かの激論がたたかわされた。載漪・載勛・剛毅ら二〇余人は開戦を主張し、袁昶らごく少数のものは反対したが、一九日に大沽砲台陥落の報が宮中に伝わり、ついに開戦が決定した。翌二〇日、ドイツ公使が虎神営の兵に殺され、ドイツ軍の発砲を契機に五、六〇〇〇人の義和団が東交民巷の公使館に襲いかかった。ベルギー・オーストリア・オランダ・イタリーの公使館は直ちに焼け落ちた。二一日、西太后は宣戦布告を行った。

このような実にあわただしい動きのなかで、西太后はどうして宣戦布告に踏みきったのか。西太后は義和団弾圧を終始一貫して行ってきたのに、急に義和団を「招撫」するようになったのか。その契機は何であるか、という問題をめぐってこれまで中国の多くの学者が論じてきた。金家瑞氏に代表される意見は、西太后は外国勢力と妥協し、これまで義和団に代表される国内の賊徒・匪徒を最大の敵としてきた。彼女が義和団を「招撫」して赤子とみなし、対外戦争に踏み切ったのは北京にまで義和団が進入し、公使館も義和団に包囲される迄にいたり、一〇万を越える義和団大衆に運命を掌握されたからである。もはや義和団を鎮圧する力は西太后にも、また軍機大臣栄禄麾下の軍隊にもなかった。栄禄の武衛軍は指揮は乱れ、規律は無く、北京市内で掠奪・放火など乱暴狼藉の限りを尽していた。各地に匪賊も蜂起し混乱に輪をかけた。こうして、国家権力の中枢さえも無秩序となった。西太后はやむなく迫られて主人である外国に宣戦した。しかし、この宣戦も真剣なものではなく義和団の鉾先をかわす一時のペテンにすぎなかった。これが金家瑞氏の見解である。(3)これに反対する代表的論者は張玉田氏である。かれは、主張する。義和団が北京にまで蔓延するようになったのは、義和団の勢力が官軍をはるかに上まわっていたためではない。西太后は義和団を鎮圧し続けてきた人物であるが、彼女は一方で「扶清滅洋」を叫び、彼女が内心憎悪していた外国勢力・教会に果断に攻撃を加える義和団を可愛いとも、頼みにしうる力のあるものとも考えた。彼女がもし本気に義和団討伐を決意すれば不可能なことではなかったのである。近代的兵器をほとんど持たない義和団大衆を、日清戦争後近代化した軍隊をもって攻撃したなら勝負はおのずから明らかだった。西太后は六月二五日までは、この義和団の力を利用して、日清戦争以後、傍若無人に清国の主権・領土・資源を奪い取り、犯す外国人に一撃したいと考えたのだ。彼女のこの見通しは失敗したが、西太后は外国が主要な敵であり、義和団との矛盾は副次的なものと考え、二一日の宣戦を行ったのである、と。(4)

西太后は外国の軍隊が北京に迫りつつある状況のなかで、国家存亡の危険を切迫感をもって感じていた。強力な力をもっていた李鴻章・張之洞・袁世凱は北京に駆けつける様子はない。いや外国と結んでいる気配さえ感じられた。これらの家臣の意見は外国との妥協、義和団の弾圧である。何回も北京にそう言ってきた。しかし、いま北京に外国軍と義和団が共にやってきたのである。義和団は鉄道を破壊し、教会を焼き、軍隊は日本書記官を殺してしまった。恐らく列国軍は何はともあれ北京に押しよせてくるだろう。五年前には日本一国でも北京占領をしようとしたのだ。今度は世界中から軍艦が大沽に集結し、軍隊が中国に続々と向かっているのだ。もしかすると義和団は敗れるかもしれない。しかし軍と義和団が戦う以外に道はない。しかしもし決定的に敗北したなら……。このような絶体絶命の窮地に立った西太后は、六月一六日から最後の御前会議を開いた。この会議が延々四日間も続いたことのなかに西太后をはじめとする清朝中央高官のまよいが示されている。御前会議の様子を記録したある史料によると、六月一七日の会議で西太后は「今日戦いはかれらから開いてきたのだ。国の滅亡は目前にきている。もし手をこまねいて敵のなすにまかすなら、我は死んで祖宗に会わす顔がない。滅びるとしても、一戦して滅ぶほうがましではないか」(5)と激怒していったという。この西太后の言葉ほど、六月中旬の彼女の気持をよく表わしているものはないと思う。このような時、西太后の態度を決定的にした事件がおこった。一六日の深夜、江蘇粮道羅嘉傑はその息子を軍機大臣栄禄の邸宅につかわして、密書を渡した。この密書に外国人の照会(外交に関する問い合わせ文書)が入っており、英国は大兵をもって北京に入り、西太后の政権を光緒皇帝に返させる……とあった。(6)栄禄は一七日早朝これを西太后に伝えた。西太后は激怒し、この日の御前会議で開戦の決意をかためた。この照会は実は真赤なニセ物であり、西太后を開戦にひきこむため載漪・載勛の一派がやったトリックだと想像される。この一六日から一七日の早朝にかけて、中国最大・最新鋭の大沽砲台という天津・北京の守りが列国軍により攻略されたのであるが、そのニュースはまだ西太后の耳には達していなかった。このニュースが西太后の耳に達したのは一九日である。大沽陥落のニュースは西太后の開戦決意を決定的にした。こうして、二一日の開戦詔勅が出されるのであるが、果たして戦争に勝てるだろうか、敗北した場合はどうなるか、西太后の迷いは宣戦布告の際にもやむことはなかった。西太后の腰がすわっていなかったことは次の開戦に関する上諭によってもわかる。六月二〇日、「中外峠端既に成り、将来如何に収拾すべきか逆《あらか》じめ料《はか》り難ければ、各督撫は本省の情形に応じて選将、練兵、籌餉の三件につき適当の計画を立て、彊土を保守して外人をして志を逞しくするを得ざらしめ、又京師を接済することに付いて実心計慮し、各直省督撫互いに相勸勉し、聯絡一気以て国に尽せよ」。この開戦を地方の各総督・巡撫に告示する上諭は全く迫力がない。しかも翌二一日の宣戦布告文のどこを読んでも敵国が明示されていないのである。

六月二一日の清廷の開戦上諭は次のようなものであった。

我朝二百数十年、深仁厚沢なり。凡そ遠人の中国に来たる者、列祖列宗待つに懐柔を以てせざるなし。道光・咸豊年間に至りて俯して彼等の互市を准《ゆる》し、並びに我国に在りて伝教せしことを乞いしに、朝廷其の人に善を為すを勧むるものなるを以て、勉めて請うところを允《ゆる》したり。初は亦我が範囲に就きて我が約束に遵《したが》いたりしが、詎《なん》ぞ計《はか》らん三十年来我国の仁厚にして一意拊循するを恃み、乃ち益々梟張を肆にして我国家を欺凌し、我土地を侵占し、我民人を蹂躙し、我が財物を勒索し、朝廷や〻遷就を加うれば、彼等其の兇横を負《たの》むこと日一日よりも甚だしく、至らざるところなし。小は則ち平民を欺圧し、大は則ち神聖を侮慢せり。我国の赤子、仇怨鬱結し、人々得て而して甘心せんと欲せり。此れ義勇の教堂を焚燬し教民を屠殺するの由来する所なり。朝廷仍を衅を開くを背んぜずして、前の如く保護せしは、吾人民を傷つけんことを恐れしのみ。故に再び旨を降し禁を申《かさ》ね、使館を保衛し、教民を加恤せり。又前日拳民・教民皆吾赤子との諭あるは、原《も》と民・教のために宿嫌を解釈せんとするものなり。朝廷の遠人を柔服すること至れり尽くせり。しかるに、彼等感激を知らず、反《かえ》って要挾を肆にし、昨日、公然と杜士蘭（仏国領事シェイラール）の照会ありて、我をして大沽口砲台を退出して彼の看管に帰せしめよ、否《しからざ》れば力を以て襲取せんという。危詞洞喝、意は其の披猖を肆にし、畿輔を震動するに在り。平日交隣の道、我未だかつて礼を彼に失せざるに、彼は自ら教化の国と称しながら、乃ち無礼横行、専ら兵の堅、器の利なるを恃み、自ら決裂を取る此の如し。朕、臨御より将に三十年ならんとする。百姓を待つこと子孫の如く、百姓も亦朕を戴くこと天帝の如し。況んや慈聖宇宙に中興し、恩徳の被る所、髄に浹く肌に淪し。祖宗は憑依し神祇は感格し人々の忠憤曠代無き所なるをや。朕、今涕泣して以て先廟に告げ、慷慨して以て師徒に誓わん。其の苟且に存を図り、羞を万古に貽《のこ》すは、大いに撻伐を張り雌雄を一決するに孰若れぞや。連日大小臣工を召見せしに、詢謀僉《みな》同じ。近畿及び山東等の省の義兵、同日期せずして集まる者数十万人を下らず。下は五尺の童子に至るまで、亦能く干戈を執り以て祖稷を衛らんとせり。彼は詐謀に仗《たよ》るも我は天理を恃み、彼は悍力に憑《よ》るも我は人心を恃めり。我国忠信を甲冑とし、礼儀を干櫓とし、人々死を敢てするに論なく、即ち土地の広さ二十余省、人民の多きこと四百余兆に至る。何ぞ彼の兇焔を翦り我国威を張るに難からんや。其れ同仇敵愾、陣を陥れ鋒を沖し、抑も或は義を尚び資を捐して餉項を助益する者あらば、朝廷決して破格懋賞、忠勛を奨励するを惜しまず。苟も其の自ら生成を外にして、陣に臨み退縮し甘心して逆に従い、竟に漢奸と作る者あらば、即刻厳誅し決して寛貸すること無からん。爾《なんじ》、普天の臣庶、其れ各々忠義の心を懐き、共に神人の憤を洩らせよ。朕、実に厚望あり。之を欽め。

この文のどこにも敵国名はなくすべて「彼」という代名詞でごまかしている。「彼」とは最初の「遠人の中国に来たるもの」をさしているが、実に宣戦布告ともいえない代物である。しかも、開戦を外国に告げる筈の詔書のなかに、漢奸は厳罰に処すなどという国民に対するオドシも入っており、西太后の苦悩をそのまま表わしているとしかいいようもない。

以上のように、義和団が郊外から北京市街に登場したのが六月の八日のことであるから、実にその一三日後に北京公使館に対する包囲攻撃が始まり、一四日後に開戦の詔勅がくだったのである。この一四日間という誠に短い期間に北京は一〇万にのぼる義和団の熱狂の坩堝となり、教会は炎上し、キリスト教徒は殺され、官兵数万が市内を徘徊するという修羅場と変わった。これから八月一四日に列国軍によって北京が陥落するまで、暑い実に暑い夏が北京にやってきたのである。(7)

(2)　清軍、義和団の北京防衛準備

北京への清軍集結の状況は下記のように行われた。

五月二九日　軍機大臣栄禄は武衛中軍、神機営の軍に北京城城門の警護を命じた。また載勛は兵を率いて東交民巷の公使館一帯を警備。

六月　八日　甘粛提督董福祥の軍二五営、約二万人が北京に入城。

六月一五日　西太后は李鴻章・袁世凱に軍をつれて上京することを命令（両者とも来ず）。

六月一六日　西太后は山海関にいた武衛左軍（馬玉崑）に上京を命ず。この軍は天津戦に投入された。

六月一七日　西太后は湖北提督張春発、江西臬司陳沢霖に兵を率いて上京するよう命令（かれらは上京ののち、天津からきた列国軍を迎え撃つため派遣され敗北し、南方に逃亡）。

六月二九日　四川提督宋慶は軍を率いて上京。

七月三〇日　江西臬司陳沢霖、北京に到着。

八月　一日　山西臬司升允、山西の兵を率いて北京に到着。

八月　三日　甘粛布政使岑春煊、兵を率いて北京に到着。

八月　四日　李秉衡、西太后の命に従い出陣。北京で虎勇を募集。

ところで、清朝末期には清朝官軍は戦意のないならずものの集まりに近かった。当時北京にいた人々の日記を集めた『庚子記事』をみると、武衛軍・甘軍などによる北京市民に対する暴行・掠奪が頻々と起こっている。義和団よりも官軍の方が程度は低く、規律なく右往左往するならず者のような兵が多かった。義和団には狂気のような勇気をも

つものが多くいたが、かれらは近代的武器はなく、またそれを操作する能力をもたなかった。日本参謀本部編『戦史』によると、清軍の編成・配置は次の如くであったという。

八旗、神機営、虎神営―歩兵一八、〇〇〇、騎兵二、五〇〇、砲兵一、〇〇〇

武衛後軍（董福祥軍）―約六、〇〇〇

武衛中軍（栄禄軍）―約一〇、〇〇〇

武衛左軍（馬玉崑軍）及びその他の残兵―約一二、〇〇〇

合計四〇、〇〇〇

北京城の攻防戦を考察する場合、城壁の堅固さについて言っておかねばならない。『戦史』は記す。

内城ノ壁ハ外城ニ比シ高ク且ツ大ナリ。即チ内城ノ壁ノ高サ十六米（某所ニ在リテハ二十米以上アリ）、基礎ノ幅二十米余、上部ノ幅十六米アルモ、外城ノモノニ在リテハ其高サ九米、上部ノ幅約七米ニ過キス。外面壁ハ概ネ垂直ニ近ク、内面壁ハ稍々傾斜ヲ成セリ。外壁ノ側防ヲ為ス為メ、一般ニ鋸歯形ノ経始ヲ為セリ。其凸部ハ内城ノ東西両面ニ於テハ、約百乃至百二十米ノ間隔ヲ以テ排列セラレ、北面及ヒ南面ニ在リテハ、其二倍以上ノ間隔ヲ有ス。其凸出部ノ上面面積ハ約十六米方形アリ。城門間ニ二三ノ二十四米方形ノ大凸出部ヲ交フ。城壁ノ上部ハ平坦ナル大道ヲ為シ、幅十六米ニシテ歩兵半小隊、面ノ横隊行進ヲ為スヲ得ヘク、繋駕シタル砲車ニ列ヲ疾走セシムルヲ得ヘシ。而シテ外方ニ対シ高サ約二米ノ胸壁ヲ繞ラシ、其上際ハ亦鋸歯状ヲ成シ、約三米毎ニ銃眼ヲ穿チ、内方ニ対シテハ高サ約六十糎ノ防壁ヲ繞ラセリ(8)。

というほど巨大にして堅固なものであった。この外壁の外側を二〇メートル以上の幅のある壕がとりまいていた。内城には九つの門、外城には七つの門があった。この「城門ニハ外郭及ヒ本壁上ニ各々譙楼アリ。通常四階ノ窓ヲ開キ、

銃眼或ハ砲門ノ用ニ供セリ。而シテ城壁ニ登ル為メ城門ノ内側両方ニ斜坂ヲ設ケ」(9)ており、きわめて攻めるに困難な城砦となっていた。その近代兵器に対する防御力について『戦史』は次のように言う。

北京城壁ハ其建造ノ遠ク往古（現今ノ城壁ハ明朝ノ初ニ築リ）ニ在ルニ拘ラス、其堅牢ナルハ今日ノ兵器ニ対シテモ亦効力アリ。殆ント攻襲スル能ハサルモノナリ。（中略）唯重砲ヲ以テ城壁ノ破壊ヲ試ムルヨリ他ニ攻撃ノ手段ナキカ如シ。然レトモ其城門ハ比較的爆破スルニ易ク、唯、側防火ノミヲ制スルヲ得ハ、工兵ヲ以テ此作業ヲ行フコト難カラス。是レ本戦闘ニ我軍ノ取リシ唯一ノ攻撃法タリシナリ。(10)

この北京城の防衛に当たった清軍の配置はどうか。『戦史』によると、栄禄麾下の武衛中軍主力は、「西華門内西什庫付近ニ在リテ、毫モ列国軍ノ攻撃ニ対抗セス」とあり、軍機大臣の直接指揮する武衛中軍主力は、西什庫というキリスト教会のあった場所にあり、列国軍を向かえうつ意志をもっていなかったようである。八旗兵は旧式の武器を持ち訓練も不充分であったが内城を守り、紫禁城を防衛する約二〇〇〇〇余の神機営・虎神営と共によく抵抗した。董福祥の部下は公使館を主に攻撃したが、脱走兵多く六〇〇〇名の兵力を下まわっていたようである。本来董福祥の甘粛軍は二五営約二万といわれていたが、北京城攻防戦の時には六〇〇〇余に激減していた。一〇万を下らないといわれた義和団はどうか。義和団は「東・西珠市口、東・西河沿、花児市及ヒ菜市口ノ六大区ニ分チ、其総数五十四個所アリ。各所ニ平均百人ノ義和団ヲ集メ在リ」、「其数約一万ニ達シタルモノノ如シ。但此等団匪ハ烏合ノ衆ニシテ、鉄砲ヲ有セス、訓練モ無ク、其戦闘力ハ固ヨリ論スルニ足ラサルモノ」(11)と日本軍に評価されている。鉄砲・大砲を持たない義和団は、ゲリラ戦では有効であるが、約一万五〇〇〇余の近代的兵器をもった列国軍と会戦・陣地戦をすることはきわめて困難であった。清国側は、こうした様々の弱点を持ちつつ列国軍の総攻撃を受けたのである。

列国軍は通州に集結し、指揮官会議を開き作戦を決定した。この時、北京攻撃の列国軍兵数は次のごとくであった。

列国軍北京攻撃兵力表(12)

	歩兵	騎兵	野砲(門)	山砲(門)	機関砲	工兵
日本軍	六、六〇〇	一五〇	一八	三六	―	四五〇
露軍	三、三〇〇	一八〇	一六	―	六	―
英軍	一、八五〇	四〇〇	六	―	四	―
米軍	一、六〇〇 プラス海兵一五〇	七〇	六	―	―	―
仏軍	四〇〇	―	六	一二	―	―
合計	一三、七五〇	八〇〇	五二	四八	一〇	四五〇

(日本参謀本部編『戦史』巻四、一一～一三頁)

これ以外に約三〇〇〇の兵が天津を八月一〇日に出発し北京に向かったが、この列国軍は北京攻撃に間にあわなかった。従ってこの三〇〇〇は右表には含まれない。

(3) 激戦の北京

通州において、八月一二日午後、日英米三国の指揮官は北京攻撃の打合わせのためロシア軍のリネウィッチ中将を訪ね、北京攻撃の作戦を相談した。リネウィッチ中将は一三日を休息の日にするよう主張したが、日英米の指揮官の反論により、一四日は定福庄まで前進し、あらためて以後の作戦打合わせを行うよう決めた。翌日、日本軍は真鍋少将を指揮官とする先遣隊を北京にまで派遣し、清軍の配置などを調べた。日本軍先遣隊の動きを知ったか、ロシア軍は北京城一番乗りをねらい一三日の夜に全軍出発した。それを知った日本軍以下も全員総攻撃を開始した。日本軍がロシア軍の出発を知ったのは、一四日の午前一時五〇分だった。先遣隊の真鍋少将は、この時は申し合わせで出動しないでいたが、砲声・銃声が盛んになったので列国軍約束の早朝まで待ちきれず、ついに午前二時五〇分に緊急集合を命じ、四時朝陽門をめざして出撃した。

〈日本軍の朝陽門、東直門攻撃〉

日本軍は八月一四日七時五五分、この両門に四〇〇メートルまで接近し、はじめて城門の中から射撃を受けた。工兵隊が城門爆破を試みたが、猛反撃を受けて接近できない。そこで、朝陽門から約一六〇〇メートルの場所に大砲を並べ、午前九時より一斉に榴弾を発射した。山砲隊は朝陽門から東直門の間の壁上の清軍を砲撃した。一一時三〇分からは砲五四門を総動員して朝陽門一帯を猛攻した。清軍も野砲六門を動員して日本の砲台陣地に反撃したが、約二〇分の砲撃合戦ののち沈黙した。一方、日本軍は東直門に対する攻撃を強めると同時に銃眼破壊にも努めた。こうした戦いが夕方まで続き、朝陽門譙楼は砲撃によって焼けた。東直門には清兵約四〇〇余と砲三門ほどがあったが、夕方までに砲は破壊され、小銃だけの反撃になった。日本軍は夜を待って城門を破壊することにし、しばらく戦闘はやんだ。この八月一四日の早朝より夕刻に至る間に、日本軍が消費した榴弾九一一発、榴霰弾三四二三発、合計四三三四発の多量に達した。これを見ると、この日の日本軍の攻撃は砲撃中心で両門を総攻撃したが「城壁ノ堅牢ナルト側防火ヲ制スル能ハサルトニ因リ、遂ニ昼間ハ目的ヲ達スルヲ得サリキ」(13)という苦戦をしいられた。しかし、この夜九時頃、日本の工兵隊は夜陰に乗じて朝陽門の二つの門扉を爆破し、「君が代」と共に歩兵が城門に突入した。清兵は猛烈に射撃し、日本軍に多くの死傷者が出た。この夜、日本軍は東直門・朝陽門・安定門の三つの門を破りこれを占領した。ついで、日本軍は崇文門を通り、一五日午後一時頃公使館区域に達した。

上記の三門において日本軍と戦った清兵の勢力・配置・装備について、日本参謀本部編『戦史』はおよそ、次のように記している。

東直門付近。八旗兵はこの城壁上に廠舎約二〇〇を設置し、その他は城内民家に宿営していた、約三〇〇〇の兵力であった。旧式砲四〇門を持って抵抗したが、城門が破られると壁上を左右に分かれて逃げたが、日本兵に殺されるものが多かった。ここでの日本軍の損害は死者一九、負傷七五であった(14)。

朝陽門付近。ここを守備していたのは、正白旗及び義和団であった。譙楼を守備していたものは、「最後ニ至ル迄頑固ニ抵抗シ皆射殺セラレタリ(15)」というように徹底抗戦をした。日本軍の損害は死者八（内一人は将校）、負傷三二。清兵は備砲三〇余門、野砲六門を持っていた。譙楼の南北に約五〇の死体あり。

安定門付近。日本軍は一五日午前四時頃から安定門を攻撃してこれを占領。一隊は得勝門方面に逃げる清兵を追い、一隊は八旗練兵場を西北に逃げる清兵約五〇〇を追った。安定門を守備していた清兵の総数は約五〇〇、砲一〇門で、死体約八〇を残した(16)。

以上の三門一帯に残された清兵の死体は、「(朝陽門) 譙楼ノ敵ハ最後ニ至ル迄頑固ニ抵抗シ皆射殺セラレタリ。譙楼ノ南北ニ各々約五十ノ死屍横タハリ在リ。後ニ検スレハ、朝陽門、東直門及ヒ東北角譙楼間ニ敵ノ死屍二百五十余、其南方ニ五六十横タハレリ(17)」とあり、安定門の死者を合わせると日本軍と戦って死んだ清兵（ごく一部の義和団が朝陽門には参戦していた）の数は約四〇〇名近かったと思われる。

〈他の列国軍の戦い〉

ロシア軍約三五〇〇名は、一三日の夜一一時頃に東便門に接近した。ここを守備していた董福祥麾下の軍と義和団は猛烈な反撃を行い、ロシア軍は多大の損害を出した。

　露兵ハ北京進入ニ際シ、多クノ死傷ヲ生セリ。即チ聯隊長大佐アンチュコフハ即死シ、参謀長少将ワシレウスキー、聯隊長大佐モードリ外三名ノ将校ハ負傷シ、下士以下即死二十、負傷百二名アリ。(18)

ロシア軍は東便門から崇文門を通り公使館へ達した。イギリス軍は一四日の朝にアメリカ軍と会し、広渠門を攻撃し、内部からキリスト教徒が門扉を開いたため進入に成功した。別動隊は正陽門と崇文門の中間外城の横街を通り公使館に達し、一四日の午後三時にほとんど損害なく公使館に一番早く到着することができた。こうして、六月二〇日から始まった公使館包囲は八月一四日で解け五十数日間におよぶ公使館の籠城戦は終わった。

八月一四日以後も、清軍・義和団の残党による抵抗は激しかった。北京城内の戦闘がほぼ完全に終了したのは一六日であった。一五、一六日の両日の抵抗の模様を『戦史』でひろうと以下の通りである。安定門・徳勝門で銃撃戦が行われ、徳勝門の城壁上に死屍七個残されていた（一五日）。西直門では清兵約三〇名が抵抗したが午後敗走した。「団匪」三〇名が良民にまぎれて脱出を図ったが、抵抗したので日本軍が全員射殺した。西直門の壁上には死屍九一が残されていた（一六日、この日列国軍は端郡王の邸宅を焼き払った）。東安門では一五日神機営の兵約一〇〇〇が日本軍に激しく抵抗した。翌一六日の夜中に撤退した。地安門には清兵約二〇〇がいた。死傷十数名を出して敗退した。「団匪」は屋上或は門の罅隙より狙撃した。翌朝六時約一〇〇名が来襲し、死屍十数を残して逃走した。午前十時頃清兵約二〇〇が来襲し、死屍四〇を残して退却した。午後三時、敵約一〇〇が来襲し、死屍約二〇を残して敗退した。

北京における列国軍兵死傷者表(20)

	死者	負傷者
日本軍	五八	二二二
露軍	二一	一〇七
米軍	一	三一
仏軍	四	五
英軍	〇	四
合計	八四	三六九

(4) 北京戦争の総括

天津戦争・北倉戦争で兵器工場・弾薬庫など総てを失い、その補給が絶望的になっていた清朝軍が、近代的兵器を豊富に持ち、世界各地で戦争を経験してきた八ヵ国聯合軍に敗北することは、いわば自明の理であった。しかし、にもかかわらず腐敗堕落しきっていた清軍が八月一四日から一六日までの三日間戦闘を続けえたことは予想外の善戦をしたようにも見える。一方、この北京城は巨大で堅固な二重の城壁をめぐらしているにもかかわらず、ただの三日間しか抵抗できなかったのは、その弱体振りを証明したとも言うことができる。私はこの二つの相い矛盾する評価のどちらをも正しいと思わざるをえない。まず清軍の弱さの原因について見よう。この最大の原因は、清軍の前近代的性格とその前近代性から生まれる近代的兵器の未熟練性を指摘しなければならない。『戦史』は言う。

東直門内ナル機器局ニハ、新式ノ速射砲数多アリシモ、之ヵ結合半ハ成リ。結合法ヲ記スル書籍ヲ繙キ散乱シタル儘之ヲ使用セスシテ敗退シ、其砲ハ皆我軍ノ鹵獲ニ帰セリ。仏国公使館東北方ニ於テモ仏軍ハ右ニ同シキ状態ニ在ル機器局ヲ占領セリ。城門殊ニ直門、朝陽二門ノ第一、第二門中間ノ囲郭内ニ石灰壺数多並列シ在リ。此等ハ元来死角内ニ入ル我兵ヲ妨害セン為メ、楼上ヨリ擲下スル用ニ供セシモノナルモ、未タ尽ク楼上ニ運搬セラレサルノミナラス、朝陽門ト帝城トノ門ノ街道上ニ石灰ノ山ヲ築キ、未タ之ヲ壺ニ入レスシテ其儘ニ残シタルモノ多シ。其他、朝陽、東直二門付近ニ台槍、旧式砲、槍刀ノ如キ旧式武器多ク散乱セルニ反シ、新式ノ銃砲ハ皆城内倉庫ニ格納シタル儘我軍ノ占領ニ帰シタル如キハ、其防禦準備ノ不整頓亦甚シト謂フ可シ。城門ノ守備破ルルヤ、之ヵ守禦ニ任スル八旗兵ハ飽ク迄抵抗シテ陣没スル者極メテ多ク、其死屍ハ内城東面壁ニ於テ五百ヲ下ラス、北面壁ニ於テ二百以上アリ。又南面壁ニモ若干ノ死屍アリ。其他皇城ノ周囲及ヒ街上ニ散乱セル者七八百ヲ下ラス。其数ハ二千ヲ越ユルカ如シ。其負傷者ニ至リテハ測ルヘカラスト雖モ、是ニ由リテ推測スレハ蓋シ少数ニ非ラサルヘシ。(21)

これによると清軍は近代的兵器を多くもっていたが、格納庫にあったり、また結合方法を知らず使用できなかったことがわかる。また城門を守る灰壺の用意も充分していなかったことがわかる。近代的兵器を使用する軍隊編制・軍事教育が全く行われていない。宮城内外に二〇〇〇余の戦死体を残すほどの抵抗を八旗兵は行ったのであるから、一万か二万の清兵は逃亡せずに一四日の北京城攻防戦に参加したであろう。これは北京戦争における清軍の意外な士気の高さを示している。しかし、この士気の高さを近代戦に結びつける、軍隊の近代化が行われていなかったのである。このことは、大沽砲台戦においても確認されるところであった。先に大沽砲台の戦いを記したときにも指摘したことであるが、砲台内に防護施設もないまま砲弾が山積みされている。これに列国軍の砲弾があたり自分の弾薬でふきとんだのであった。フランス軍人もこの大沽砲台戦を記して、

（清軍は）有事の際に至り、ひとたび恫嚇にあえば右往左往する。すなわち大沽砲台内にあった大砲の如きは決して防護をほどこさない。またここの武器・弾薬のあるところもみな気をつけず常に露出したままであった。はなはだしくははるか遠くの敵の砲撃の的になっていることさえ知らないでいる。また反撃の際には的はずれの砲弾が多いが抵抗能力を疑わないでいる。こうして遂に拠点としていた砲台から追い出されたのであった。(22)

といっている。

このような驚くべき不首尾がどうして起こったのか。基本的には西太后と開戦を主張した端郡王・載勛・剛毅など頑固派に近代戦争に対する知識も、列国兵に対する調査研究もなく、あるのは封建的特権者のおごりだけだったということにある。こういう権力者のもとには優秀な将校は育たない。清朝の将校は一般兵士を軽蔑し、またその無暴さ

を恐れているので殺傷力の高い近代兵器を一般兵卒に使用させない。それを倉庫に大切にしまっておくだけである。こうして決定的瞬間に使用できなかった。

次に北京義和団について若干の評価を行っておきたい。北京義和団には天津で活躍したような英雄、たとえば曹福田・張徳成・黄蓮聖母・劉十九・王徳成のような有名な指導者が生まれなかった。このことは義和団の独立性が天津にくらべて北京では決定的に弱かったことを示している。天津の義和団は義和団に敵対的だった聶士成の兵士などを各所で襲撃して殺している。曹福田・張徳成・黄蓮聖母などは最高権力者の直隷総督裕禄と対等であることを主張し、清朝高官や清軍高級将校の手下にはならなかった。かれらは清軍とは異なる独自の戦いを演じた。清軍とある場合には戦いをも辞さないという態度をもち、率先して最前線に出て屍の山を築いて戦った。このことが一般兵士を鼓舞し、大衆を勇気づけ、天津での一ヵ月間の戦いを可能にしたのである。しかるに北京の義和団は、西太后・載漪・載勛・剛毅などという封建的頑固派に懐柔され、「奉旨義和団」、つまり清朝の命をいただく義和団などという権力の走狗にされてしまった。義和団は官に登録してはじめて正式の義和団と認められ、団練大臣載勛・剛毅の紐つきとなった。義和団の一部は虎神営都統慶恒を殺すというような反官的行動をとったり、北京から逃げ出す高官を捕え、追い返すなどという高姿勢を示したが、全体的には清朝権力の道具にされていった。それればかりか、義和団を清朝国家の忠実な下僕にしようとした頑固派の陰謀に乗せられて、無辜の民を、朝廷への反逆を企てた白蓮教徒であるとして、大量処刑する片棒をかつがされたのであった。というのは、七月一七日、永定門付近の市街に住む人々一〇〇余人が白蓮教徒として逮捕される事件がおこった。かれらは白蓮教の特徴である紙人・紙馬をつくり、皇帝・皇后・提督・丞相等の位階をもっていたので、歩軍統領の衙門（役署）に連行された。(23) 七月八日には、また白蓮教徒三〇余人を逮捕し、提督衙門に送って訊問した。(24) 七月二五日、菜市口で捕えていた白蓮教徒の男女七〇余人を処刑した。この内には皇帝

・皇后・東西宮・軍師・提督の位階をもつものがいた。護送者を守ったり刑場を警備していたのは皆義和団で、およそ数千人に達していた。処刑されたのは永定門内外に住む愚鈍な人々であったと、これを目撃した『庚子記事』の著者仲芳氏は書いている。当時白蓮教徒が邪術を盛んにもちいているという噂が流された。この三日後の七月二八日には、同じ処刑場の菜市口で主戦派の載漪・載勛・剛毅らに真向から反対してきた、非戦派の吏部左侍郎許景澄、太常寺卿袁昶らが義和団に警護されて刑場に送られ処刑された。[25]七月三一日、またも菜市口で白蓮教の男女老幼三〇余人が処刑された。[26]仲芳氏は次のようにいう。大半のものは皆郷間の愚民で処刑されるときは子を呼び父をたずね、子を求め妻をさがし嚎痛の声がおこり、その悲惨さは言うに忍びなかった。かれらは恐らくは冤罪であろう、誠に義和団の大罪である、[27]と。八月五日、菜市口で白蓮教の余党一〇数人が殺された。[28]この白蓮教徒弾圧事件について、楊典誥『庚子大事記』も詳しい記録を残しているが、仲芳氏の記録とは日付が異なっている。[29]楊典誥によると、七月一五日に白蓮教の男女老幼七八人を処刑、一九日に白蓮教徒三〇余人を処刑。七月二四日は又々、三〇余人の処刑予定があったが、これは江蘇司が調査し冤罪であると判定し、義和団の誣告を責めた。楊典誥の記事によると、処刑された白蓮教容疑者の場合は、提督衙門では訊問せず、次の刑部でも実情を全く調査しなかったという。白蓮教徒の逮捕・処刑の日付はどちらが正しいか今のところ問わないとしても、歩軍統領衙門・提督署・刑部等の国家の最高権力機関が白蓮教謀逆事件という一大冤罪事件をでっちあげ、国家の手先となった一部義和団を使って大量処刑したことは明らかである。この恐怖の処刑事件の目的は、このどさくさにまぎれて開戦に反対する政府内反対派の許景澄・袁昶（かれらは義和団の無力・無能を口をきわめて主張していた）を処刑すること、義和団がかりにも邪教白蓮教のように清朝体制に反逆などしないようにし、義和団を国家の統制下に押さえこむこと、北京の一般民衆に清朝に背けばこのような血の報復を受けることを知らせ、清朝の恐怖政治で一般民衆を震いあがらせること、以上の三つの目的があったものと思う。義和団はまんまと載漪らの陰謀にはめられたのであった。

以上の白蓮教冤罪事件での義和団（全義和団ではないだろう）の役割をみれば、北京義和団が天津義和団のような主体性・独立性・戦闘性を保持できなかった原因が了解される。端郡王載漪や載勛・剛毅らは主戦論を展開したが、実は清朝権力を掌握し、清朝権力の安泰に汲々として、清軍・義和団・一般民衆をうって一丸となす愛国戦線を結成することはできず、北京防衛体制を確立するよりも、足元から生まれる清朝に対する謀反の方を恐れた。これが、義和団など多くの愛国心をもつ民衆を北京に集めていたわりには、比較的簡単に列国軍に敗北した原因であった。

(5) 西太后・光緒帝の北京逃亡と高官の大量自決

八月一四日、北京城は陥落し、公使館は解放されたが、翌一五日にも清軍・義和団の散発的抵抗は続いた。西太后は一五日の未明に徳勝門から万寿山を経て逃亡し、居庸関に正午頃到着し、更に大同に向かった。馬玉崑の武衛軍、端郡王の神機営・虎神営・八旗・練軍など約二〇〇〇余の兵が護衛していった。西太后以下はほとんど徒歩で逃げた。随行者は端郡王・慶親王・那親王・粛親王・倫貝子剛毅・趙舒翹・王文韶・溥興・鹿傅霖などで妃嬪・宮女はほとんど扈従しなかった。西太后は北京城脱出の際に、栄禄・徐桐・崇綺の三人を北京に留めて留守辧理大臣としたが、栄禄と崇綺は保定に逃げ、董福祥・宋慶らと再起を謀ったが如何ともすることはできなかった。崇綺は自殺し、徐桐は行方不明となった。西太后は途中の懐来県から慶親王を北京に帰して講和をはからせ、八月三〇日に大同、九月一〇日に太原に入り、さらに西安に向かった。清朝帝室の落ち行く有様について、日本参謀本部編『戦史』は次のように書いている。

沿道人家殆ント敗兵ノ搶掠ヲ蒙リ、店舗悉ク閉鎖シ物ヲ買フニ処ナシ。是レ敗兵等ハ帝室ニ随行スルヲ名トシ、其駕ノ未タ到ラサルニ先タチ、搶掠ヲ擅ニシ、各家殆ント空乏ト為レハナリ。之ニ加フルニ駐蹕ノ時随行ノ兵モ強奪乱暴甚シク、武衛中軍前路ノ統領タル孫万林ノ如キハ、其掠奪ヲ肆ママニセシノ故ヲ以テ、西太后ニ擯斥セラレシカ、尚ホ強テ其一行ノ後ニ従ヘリ。情況斯ノ如キヲ以テ、帝駕ノ通過セシ跡ハ荒寥トシテ、殆ント煙火ヲ絶テリ(30)。

北京城陥落の七月一四日から一六日の間に、

　文武官ノ自殺ヲ遂ケシ者、家族ヲ挙ケテ自滅セシ者極メテ多ク、貴族、官吏、紳商ハ殆ント皆逃亡シ到ル処空屋ト為レリ。吉林将軍延茂ハ安定門敗戦ニ由リ憂憤シ、城ヲ下リ自殺シ、十六日其一家皆火ヲ放チ自尽セリ。国子監祭酒熙元、翰林院侍読宝豊、同崇寿等数十名ハ一族ヲ挙ケテ自殺セリ。其他文武官ノ自殺セシ者枚挙ニ遑アラス(31)。

と、敵国であった『戦史』すら書いているほど悲惨であった。名前の判明する高官の死者（戦死、自殺、砲撃による死者等）を列挙する(32)。

体仁閣大学士管理吏部事務の徐桐　　前礼部左侍郎の景善
国子監祭酒の熙元、王懿栄　　工科給事中の恩順
掌江西道監察御史の韓培森　　江西道監察御史の宗室徳藩
湖広道監察御史の宋承庠　　翰林院侍読の崇寿、宗室宝豊
庶吉士の宗室寿富　　吏部主事の鍾傑　　戸部員外郎の宗室恩罕、殷育恩、戚善最
戸部主事の陶見曽、李慕、鉄山、英魁、崇寿、宗室謹善堂、主事才保
兵部郎中の魁麟　　兵部員外郎の蔭徳賀、趙宝書、重振

兵部主事の王鉄珊　刑部郎中の汪以庄
刑部主事の郭紹征、王者馨、毛煥枢
工部主事の恒昌、白慶、周増和、宗室海明　理藩院主事の英順
内務府員外郎の誠年、端鑫、明昭　宗人府経歴の宗室納欽
光禄寺署正の王恩第　庫使の錫麟
内閣中書の堃厚、清廉、玉彬、陳廷勲　国子監助教の柏山
南城正指揮の項同寿　東城兵馬司吏目の官玉森

これと同時に熙元・王懿栄の家族も全員死んだ。日を連ねて、将校六四〇人が戦死し、その他文武大小の官紳・耆民らの全家族が自ら火を放って焼け死んだり、毒薬を仰いで難に殉じ、あるいは又、井戸に身を投げて死んだ。その数は一七九八人に及んだ。死んだ家族の多いものは、たとえば三品銜兼襲騎都尉候選員外郎の陳鑾の一家で、男女三一人が共に難に殉じた。八月一六日、前吉林将軍延茂は安定門を守っていたが、一五日に城から退き、この日家中全員の男女一二人が家に火をかけて焼け死んだ[33]。

北京城攻防戦中の列国軍兵死傷者表

	戦死	負傷
日本軍	五八	二二三
露軍	二一	一〇七
米軍	一	三一
仏軍	四	五
英軍		四
合計	八四	三六九

（日本参謀本部編『戦史』巻四、八四頁）

北京陥落のなかで人々は逃げまどい、群盗は蜂起して掠奪・放火・殺戮し、潰兵も各地で盗賊となった。八ヵ国聯合軍は八月一六日から一八日まで、北京市内を荒らしまわった。外国兵は文明人の面影はなく、野盗の群となり、死体の折り重なる貴人の邸宅ばかりか一般庶民の家を襲った。これが陥落のなかの北京の様子であった。

注

(1) 徳齢『西太后秘話』原名は『Old Buddah』(みほとけ様)。東方書店、邦訳二三一頁。
(2)『清史紀事本末』巻六七、二頁。
(3) 金家瑞「論義和団運動時期慈禧的対外〝宣戦〟」(一九八〇年山東省済南で挙行された義和団運動史学術討論会参加論文)。
(4) 張玉田「庚子那拉氏対外宣戦原因的探討」(『遼寧大学学報』一九八二年第四期。のち義和団運動史研究会編『義和団運動史論文選』中華書局、一九八四年に収録)。
(5) 惲毓鼎「崇陵伝信録」(『義和団』巻一、四九頁)。
(6) 惲毓鼎「崇陵伝信録」(『義和団』巻一、四九頁)。
(7) 一九〇〇年の北京の夏についての詳しい様子は中国社会科学院近代史研究所編『庚子記事』(中華書局、一九七八年)に収録されている「庚子記事」「庚子大事記」「庚子日記」「高枏日記」「庸擾録」を参照。
(8) 日本参謀本部編『戦史』巻四、一五・一六頁。
(9) 同上書、巻四、一八頁。
(10) 同上書、巻四、二〇頁。
(11) 同上書、巻四、二五頁。
(12) 同上書、巻四、一一・一二頁。
(13) 同上書、巻四、四五頁。
(14) 同上書、巻四、四九・五〇頁。
(15) 同上書、巻四、五二頁。
(16) 同上書、巻四、六五頁。
(17) 同上書、巻四、五二頁。
(18) 同上書、巻四、六〇・六一頁。

(19) 同上書、巻四、六五〜七五頁。
(20) 同上書、巻四、八四頁。
(21) 同上書、巻四、九九・一〇〇頁。
(22) 「庚子中外戦紀」(『義和団』巻三、二八八頁)。
(23) 仲芳氏「庚子記事」(『庚子記事』中国社会科学院近代史研究所、近代史資料編輯室編、中華書局、一九七八年、二三頁)。
(24) 同上。『庚子記事』二四頁。
(25) 同上書、二七頁。
(26) 同上書、二七頁。
(27) 同上書、二七頁。
(28) 同上書、二九頁。
(29) 楊典誥「庚子大事記」(『庚子記事』八九・九〇頁)。
(30) 『戦史』巻四、九六・九七頁。
(31) 同上書、巻四、一〇〇頁。
(32) 『庚子記事』九五頁。
(33) 同上。

六、北京陥落後の列国軍と中国民衆の抵抗

(1) 日英米露軍と義和団大衆との戦い

北京が列国軍に占領された後、清軍の一部は西太后に扈従して西安に、一部は保定や南方に逃亡した。しかし多く

の兵は給料の支払いも停止になり、指揮命令系統も無くなったため武器を棄て潰兵となった。かれらは掠奪・暴行を行う野獣の群と化したが、あるものは人民の大海に帰り、義和団大衆と共に抵抗をしたものもいたに違いない。少なくとも清朝の正式の軍隊として組織的に列国軍と戦うものはもはや無かった。しかし義和団と大衆のなかには、八月一四日以後も列国軍と戦うものが各地に残っていた。そこで、八月一四日に北京が陥落した後も続々と北京に援軍として入り、数万に達した列国軍は、北京を基地として四方八方に「義和団討伐」軍を派して、掠奪・殺人を行った。「列国聯合軍ハ、公使館救援ノ如キ炳然タル利害共通ノ大目的ニ対シテスラ、動モスレハ其行動一致ヲ欠ケリ。況ンヤ北京占領後ニ於ケル行動ニ関シテハ、各々所見ヲ異ニシ、一致ヲ見ルコト極メテ困難錯雑ナリキ」[1]という有様で、各国が自己の利害打算により、また各国軍が金銀財宝の掠奪を求めて公然と掠奪遠征を始めた。義和団は各地で激しく抵抗した。『戦史』に、列国軍の遠征と義和団の抵抗についての多くの記録があるので、これにより詳しく紹介する。[2]

天津周辺

八月一七日から一九日の間、日英米の騎兵五〇〇、歩兵六〇〇からなる列国軍は、郭家村付近に出動し、約六〇〇の義和団を攻撃して約七〇名を殺した。また八里台西方で約四〇〇の義和団と戦い約四〇名を殺した。この時、鄧家店南方の千家台には約二〇〇〇の義和団がいたがこれとは衝突することはなかった。以上の戦闘を通じ、列国軍に一四名の負傷者がでた。八月二二日、日本の葛沽守備隊は小站の義和団を急襲し一四、五名を捕えた。九月八日から一三日の間、天津の英軍少将エドワードの呼びかけで、英軍約一六〇〇、伊軍三五〇、露軍二〇〇、米軍二〇〇、日本軍二五〇と砲兵一中隊とが参加して独流鎮の義和団を攻撃した。しかし独流鎮には義和団は全く姿なく空振りで天津に引き返した。

北京及びその周辺

八月二八日、日本軍の斥候は西苑西紅門で官兵及び義和団よりなる約一〇〇名の一団と衝突した。九月五日、露軍歩兵一中隊は南苑西方で義和団に包囲され負傷者五名を出した。露軍は大軍を報復として出動させ義和団二〇〇余を殺した。九月一六日から一七日の間、北京の西方の八大寺一帯に義和団二、三〇〇〇人集合との報に接し、英米独日の聯合軍が出動した。各地で小集団の義和団を見つけ攻撃した。一七日、八大寺で義和団の小集団を発見して一〇名ほど殺した。二三日、日本軍は義和団数十人に攻撃された。日本軍はかれらがいた部落を焼き一五、六人を殺した。また九月一一日、独英の聯合軍一七〇〇は、蘆溝橋を渡り良郷県城内にいた約一〇〇〇人の義和団を攻撃した。義和団は「旧式銃ヲ交ヘ頑固ニ抵抗セシモ、遂ニ其大部ハ南方ニ逃走セリ。敵ノ死傷ハ約五百、独軍兵卒一名即死シ、将校二名、兵卒一名ハ負傷セリ、……四時市街ヲ燃焼シ(3)」独軍は乱暴した。

北京・天津間の鉄道沿線

九月一三日、黄村駅近くの鉄道を修理していた日本軍工兵隊は、とつぜん左右の家屋内に隠れていた義和団三、四〇人に襲われ一名が殺された。義和団は五人が死んだ。黄村には「敵ノ歩、騎兵約二百名」がいた。この日の戦闘について『戦史』は、

敵ハ其数約二百名ナルモ、土民ノ言ニ拠レハ、義和団五百名以上アリシモノノ如シ。但シ銃ヲ携ヘタル者ハ約三分ノ一ニシテ、他ハ皆槍若クハ刀ヲ携ヘ居レリト言フ。敵ノ死者約五十名アリ。我兵即死一名、消費弾二百六十一発、鹵獲銃約三百、槍并刀約二百、義和団旗九本及ヒ火薬約一貫目アリ(4)

と記している。九月一五日、日本軍は姚家府において敵の騎兵を「狙撃シテ其一名ヲ殺シタリ。其死屍ヲ検スルニ紅帽黄帯ノ義和団ニシテ小銃ヲ携帯セリ(5)」。

九月一六日、日本軍は黄村西方で「敵兵約四百ニ遭遇シ」、五、六人を殺した。九月二一日、大営において日本鉄道隊工兵は、とつぜん義和団二〇人ばかりに襲撃され、武田中尉と歩兵二名が殺された。九月二一日、日本軍は姚家府付近で義和団約五〇〇と衝突した。九月二六日、日独英の聯合軍は姚家府付近で義和団に襲われた報復のため出動した。そしてこの一帯の諸部落を焼きはらった。ついで日本軍は義和団が多数いるといわれた礼賢鎮に向かい、「途中三名ノ旧式銃ヲ携フル匪徒ヲ銃殺シ、沿道ニ在ル多数人ノ集合セシ形跡アル家屋、寺院等ヲ殆ント焼夷セリ[6]」。九月二七日、「第三中隊ヲ姚家府ヲ経テ沿道部落ヲ焼夷シ黄村ニ帰ラシメ……（本隊ハ兪法ニ）団匪ノ存在セシ形跡ヲ認メ[7]」兪法に火を放ってこれを焼き払った。独軍は九月二五日、ヘップネル少将の指揮のもとに黄村で義和団約四〇〇と遭遇し約一〇〇人を殺した[8]。

一〇月初旬、「数日前楊村近傍ノ村落ニ於テ耶蘇教民ハ同所在住ノ拳匪ヨリ殺戮セラレタリ。因テ（列国軍ハ）該村ニ懲罰隊ヲ派遣シ暴民ヲ捕ヘ、軍法ニ照シ銃殺セリ[9]」、しかし「拳匪ノ暴行止マス。斥候又ハ兵站地ニ於ケル哨兵ハ、時々襲撃ヲ受ケ[10]」た。列国軍総司令部は、一〇月二六日、次のような軍の命令を出した。

　村落ノ吏員又ハ名望家ヲシテ拳匪ノ居所ヲ告示セシメ、或ハ之ヲ列国軍ニ引渡サシムルヲ可トス……逆徒ニ対シテハ最モ厳重ナル手段ヲ取リ、迅速ニ判決ヲ下シ、犯罪ノ現地ニ於テ直ニ刑ヲ執行スルトキハ以テ住民ニ戒心ヲ与フルコトヲ得ヘシ[11]。

一一月二六日、アメリカ軍は延慶州付近の「村落四ヶ所ヲ夜襲シ、団匪ノ巨魁二十五人ヲ生擒シ之ヲ射殺シ、十二月四日北京ニ帰還セリ[12]」。一二月二八日、独軍は「昌平州付近ニ集団セル団匪ノ寺院ヲ焼燬シ、市民幷官吏ヲ捕ヘ、三人ノ拳匪ノ首魁ヲ処刑[13]」した。翌一九〇一年一月一日、独軍は延慶州で旧式の鉄砲をもつ約五〇〇の「団匪」を攻撃した。「団匪」は一四〇名の死屍を残して逃散した[14]。

(2) 独仏伊等列国軍の掠奪遠征と義和団の抵抗

ワルデルゼー元帥が北京に到着したのは、北京陥落の約二ヵ月後の一〇月一七日のことであった。冬が間近に迫っており、しかも公使館救助という共同の出兵目的を失い列国軍は共同行動をとれなくなっていたので、ワルデルゼー元帥を最高司令官とする列国軍は、特別な行動計画を何も示せなかった。初めて、一九〇一年二月一五日に、ワルデルゼー元帥はとつぜん大作戦準備の軍命令を発した。それは西太后・光緒帝のいる西安に遠征を行うというものであった。これについて、日本参謀本部編『戦史』はいう。

此遠征ニ関スル各国ノ音響ヲ観ルニ、日、米、露ハ之ニ参加スルヲ喜ハス。英殊ニ仏ハ若干ノ軍隊ヲ之ニ参加セシメントシタルカ如シ。実ニ新来ノ独、仏軍ハ、未タ正式ノ清兵ト戦闘ヲ為セシコト無キヲ遺憾トシ、遂ニ山西境上ニ向テ其ノ一部ヲ実施スルニ至レリ(15)。

後れて北京にやってきて腕を振るうやり場のない、独仏軍本隊の私的制裁遠征だと述べている。独仏両軍は、西安遠征とか団匪討伐戦とか称し、掠奪と無意味な暴行殺戮を行った。

一九〇〇年一一月一二日から一二月四日まで、独伊墺三国聯合軍は北京・南口・宣化府・張家口と北京北西方面に短期遠征を行った。兵数は約一〇〇〇で独軍の参謀大佐の伯爵ヨルクフォン・ワルテンベルヒが指揮官だったが、この大佐は懐来県で炭火で中毒死した。この軍隊の行動について中国側の資料は次のように言う(16)。列国軍は一一月一八日に張家口に入り、肆に淫掠を行い地方を擾害し、都統から莫大な賄賂を取って一二月二三日に引き返した。その賄賂とは銀数万両・羊一〇〇〇頭・牛一〇〇頭・馬一〇〇〇頭・駱駝一〇〇頭・狐裘一〇〇余匹・羊裘一〇〇〇余匹であり、その他民間の財物の掠奪は数知れずという有様だった。

一九〇〇年一〇月から一二月にかけて、ワルデルゼー元帥の命令により、英独仏伊の聯合軍は保定の清軍・義和団討伐という名目で出兵し、ほとんど何の抵抗もなく保定を占領した。保定の独仏軍は将校二四〇、下士以下六八〇〇という大部隊であった。この保定における独仏両軍隊の行動は次のごとくであった。保定で「独軍ハ奪取シタル布政使ノ手簡ニ依リ、清国政府ノ金庫此地ニ在ルコトヲ知リ捜索シテ、二十四万三千四百六十八両ノ馬蹄銀ヲ鹵獲シ、後チ元帥ハ之ヲ二三ノ軍隊ニ領与シタリ(17)」。保定で独仏軍により「十一月六日、布政使廷雍ハ処刑セラレタリ。又市ニ十万両ノ罰金ヲ課セリ。是レ同市ノ拳匪騒乱ニ酬ヒンカ為ナリト云フ(18)」。独軍は保定占領後に若干の部隊を冬期間、西北方の紫荊関・倒馬関・龍泉関等各方面に派遣した。「此等ノ諸隊ハ団匪剿討ヲ名トシ、地方ヲ劫掠シ或ハ強テ清兵ヲ挑ミ戦ヲ交ヘタリ(19)」。保定にいた独軍は一〇月二五日から年末に到る間に実に一五回の掠奪行を行った。まさに『戦史』がいう掠奪遠征そのものだった。独仏軍約五〇〇〇は一九〇〇年一〇月末に保定を出発して獲鹿県に向かった。中国側史料によると、仏軍は「昼は貨財を剽掠し、夜は婦女を奸淫す。また監獄を開いて罪囚を放ち倉庫を破って資材・穀物を浪費し、官紳を奴隷の如く駆使す。いささかとも意の如くならずば武器刀剣をこもごも加えた。人を殺さなかったとは雖も、ほしいままに暴戻を行い、獲鹿の人民は其の苦しみに耐えられなかった(20)」という。ここでは清兵と旧式銃をもつ「団匪」が抵抗した。

一九〇一年二月の独仏軍の山西省境の「討伐行」についても書いておきたい(21)。二月一六日、保定の独軍の一部は倒馬関の清兵を攻撃するため出発し長城に達した。二月二〇日、南昌県で清軍二〇〇〇と戦い、約三〇〇を殺傷した。独軍は死一、重軽傷八。二月二一日、独軍の一隊は安子嶺に達し清兵約四〇〇と戦う。清兵の死者五〇、独軍死一、軽傷二。三月一日、独軍の一隊は龍泉関付近で清兵に攻撃され兵二名戦死。三月八日、龍泉関で両軍衝突した。清兵約二〇〇〇、死傷約二五〇、独軍は負傷二だった。保定では独仏軍五〇〇〇が遠征に出ていて列国軍はほとんどいなかったので、「四月二十二日、約五百ノ団匪襲来シ、市街戦ヲ為シタリト云フ」[22]。

以上の史料に明らかなように、後れて巨大な兵を送ってきた独仏軍は、各地で掠奪遠征をくり返したが、山西にいた清軍と各地の義和団の激しい抵抗を受けたことがわかる。北京陥落以後の義和団は拳や刀槍のみではなく、旧式銃を主として使用する戦いを行った。近代兵器をもつ外国軍と「神拳」で戦うことから、「銃器」で戦う方面に急速に変わっていったことがわかる。さて、ワルデルゼー元帥が一九〇一年二月一五日に発した、西太后の西安に向けての遠征計画は英日米の非協力、ないし反対によって立ち消えた。しかしこの大遠征宣言は西太后らを恐怖させた。そして又、独仏軍が各方面に出動し討伐遠征という名の掠奪行を促す契機となった。一九〇〇年九月から一九〇一年四月にいたる列国軍の「討伐行」は、独四六回、伊一〇回、露八回、日七回、英七回、墺五回、仏四回、米一回[23]にのぼったという。

(3) 対立と混迷の度を増す列国

北京が陥落し、市内における列国兵分捕り合戦も一応終わり、各国がそれぞれの分割支配区域の管理をほぼ終了した九月二日、第六回の北京列国指揮官会議がロシア公使館において開かれた。この会議へは、日本から福島安正少将・原田少佐、露英仏独米から軍指揮官と参謀長が、墺伊から海軍陸戦隊長がそれぞれ出席した。この会議では南方方面の清軍の行動や義和団による電線切断などが話題となり、英軍指揮官は各兵站地の守備兵の増加の必要を主張した。李鴻章・袁世凱・張之洞の動きも話題となった。しかし、公使館救助という唯一の共通の目的が達成された今、もはや共同の戦略目的を立てることはできなかった。ロシア軍は満洲に大兵力を投入し、日英などは神経をとがらしていた。清朝を仲よく分割支配することなど夢であった。各国軍は目先の対立と利益に汲々としていた。当時八万ほどに増大していた列国兵の食糧問題・越冬問題も難題だった。列国兵の軍規の乱れは列国指揮官会議でも言及され、各指揮官の争いの原因になった。仏軍指揮官は発言した。「兵站線路ニ於テ、何レノ軍タルヲ問ハス、土人ヲ殺害シ家屋ニ放火シ無謀ニ射撃スル等暴行ヲ極ムル者往々アリトノ報ニ接ス。又清国人ノ放火スル者少ナカラスト聞ク。此等ノ件ハ各軍ニ於テ一々取締アランコトヲ希望ス。否レハ兵站線路ハ遠カラス無人ノ荒野ニ帰セン」[24]と。列国兵のあまりの無謀により、人民が皆逃亡し無人の地になることを心配しているのである。九月一一日の会議に於いて英軍指揮官は発言する。「今日市内（北京）人民ノ営業ヲ妨クル主ナルモノハ露兵ノ乱暴ナリ。先ツ之ヲ制止スルコト必要ナリ」[25]と露軍を非難した。当時、「北京ハ陥落後、城内ノ紛乱実ニ名状ス可ラス。列国ノ軍隊ハ余勇鬱勃殺気天ヲ衝キ家ヲ焼キ銃ヲ放チ人ヲ殺シ物ヲ掠メ危険太タシ」[26]有様だった。当時の列国軍には、全中国を分割しそれぞれ植民地を獲得経営する力はなかった。それほど列国軍は規律乱れ、群狼の寄り会い所帯に堕していたのである。また先に見たように義和団の抵抗は依然として激しく続いていた。

この義和団戦争のとき、中国が列国に分割されなかったのは、列国軍の利害の対立、列国の対立牽制に原因があるのであって、義和団や清軍の抵抗・奮戦に原因があったのではない、と主張する人々がいる。[27]これは間違いである。これまで見てきたような義和団大衆の抵抗、列国兵の堕落と野蛮、列国の利害の対立、そうした複合として清国分割が出来なかったのである。

さて、日本は一九〇一年の夏までに軍隊を本国に引き上げ、他の国の軍隊もそれに続いた。しかし、ロシアは満洲一帯を占領せんとして引き続いて軍を駐留させた。義和団戦争はすでに次の日露戦争を準備しつつあった。

注

(1) 日本参謀本部編『戦史』、巻四、一一五頁。
(2) 同上書、巻四、一一四～一三二頁。
(3) 同上書、巻四、二四二・二四三頁。
(4) 同上書、巻四、一三七頁。
(5) 同上書、巻四、一三八頁。
(6) 同上書、巻四、一四四頁。
(7) 同上書、巻四、一四四・一四五頁。
(8) 同上書、巻四、一四七頁。
(9)(10) 同上書、巻五、三一頁。
(11) 同上書、巻五、三三頁。
(12) 同上書、巻五、一七八頁。
(13) 同上書、巻五、一七九頁。
(14) 同上書、巻五、一八〇頁。
(15) 同上書、巻五、四五頁。
(16) 喬志強編『義和団在山西地区資料』五〇頁（山西人民出版社、一九八〇年）。
(17)『戦史』巻五、一二四頁。
(18) 同上書、巻五、一四二頁。
(19) 同上書、巻五、一四二頁。
(20) 喬志強編『義和団在山西地区資料』四九頁。
(21)『戦史』巻六、九～四四頁。
(22) 同上書、巻六、四四頁。

(23) 同上書、巻五、一六二・一六三頁。
(24) 同上書、巻四、二〇四頁。
(25) 同上書、巻四、二〇六頁。
(26) 同上書、巻四、二二四頁。
(27) 王致中「封建蒙昧主義与義和団運動」(『歴史研究』一九八〇年第一期、義和団運動史研究会編『義和団運動史論文選』に収録)。

第三節　日本軍の厦門占領計画とその挫折

一、事件の経過

八ヵ国聯合軍が北京に迫り、北京陥落が目前に迫った八月一〇日、日本は閣議において軍隊を厦門に出しこの地を日本軍の支配下におく計画を決定した。この義和団戦争の最中、清朝の敗北が決定的となり、北京占領が目前に迫ったとき、日本は戦場から遠く離れた厦門に出兵し、どさくさにまぎれて福建省に足場を築こうとしたのである。この出兵事件については、中塚明「義和団鎮圧戦争と日本帝国主義」(1)、故谷美子「厦門事件の一考察」(2)、佐藤三郎「明治三三年の厦門事件に関する一考察」(3)の三本の論文がある。中塚氏が基本的視点と評価を提出し、故谷氏がそれを本格的に実証し、佐藤氏がそれを一段と史料的に豊かにしたと評価できる。まずこの三人の研究によって明らかにされた史実を紹介する。

日清戦争で台湾を奪った日本は、この台湾の対岸にあり、台湾の中国人と深い関係にあった福建省を次の日本の橋頭堡にねらっていた。第二代台湾総督桂太郎は、一八九六年七月「台湾をもって日本帝国南進等の起点たらしむべし」と主張している。一八九八年、列強による中国再分割競争が激化したとき、日本政府は清国に「福建省不割譲声明」を出させて、この地域が他国に割譲されないよう手をうった。この後台湾総督を中心とした福建省への侵入の策動が進み、第四代総督児玉源太郎は、台湾総督府民政長官後藤新平とともに「台湾統治即対岸厦門地方の経営」という認識にもとづいて、福建省への侵入の機会をうかがい、一九〇〇年一月八日には、台湾銀行厦門支店の開設などにこぎつけた。この年の夏、義和団戦争が起こり、列強八ヵ国の軍隊が北清に集まり、清朝の敗北、清国の分割競争が始まるかに見えたとき、これを日本は福建省の要地厦門占領の絶好の機会ととらえた。この出兵計画を立案したのは、台湾総督児玉源太郎・海相山本権兵衛・陸相桂太郎であり、これを首相山県有朋・外相青木周蔵が積極的に支持し、八月一〇日の閣議による出兵が決定された。北京に八ヵ国列国軍が突入した八月一四日、山本海相から在厦門和泉艦長宛の「厦門港両岸ノ砲台ヲ占領スル準備ヲセヨ」との秘密の訓令が発せられた。翌日、桂陸相からも同じ内容の訓令が台湾総督児玉のところに発せられた。首相の山県は八月二〇日、南方経営の基本戦略「北清事変善後策」を発表し、義和団戦争終結後、日本の善後策に関する基本方針を提出した。(4) 八月二二日、厦門出兵に対する天皇の裁可が降り、翌二三日に桂陸相から児玉総督にゴーサインが打電された。ただちに、広瀬海軍中佐が台湾の後藤新平とともに厦門に向かった。

さて、この厦門出兵計画が発動される前から、台湾総督児玉は調査研究を行い、着々と侵入の準備をしていた。七月下旬に台湾総督府陸軍参謀長中村覚少将は、参謀将校をつれて秘密裏に厦門・福州を偵察した。一方東本願寺が福州・厦門・漳州・泉州に布教所を開設するのに乗じて、これを日本軍策動の拠点にする準備を進めていた。特に厦門布教所にいた国士をきどる高松誓に目をつけた児玉総督は、かれを台北によんで事情を聴取したりしたが、その会談のなかで布教所に自ら放火して出兵の口実にする計画が進んだものと思われる。

厦門の東本願寺布教所が放火されるという事件は、八月二四日の午前一時半に起こった。台湾から厦門に向かった広瀬中佐と後藤新平が厦門に到着したのは八月二七日であり、この二人は直ちに上野領事と協議し正午には、厦門砲台引き渡し要求の決答書を渡し、回答期限は三一日午前三時、回答なければ午前五時に戦闘を開始すると通告した。これに驚いた華中・華南方面の各総督張之洞・李鴻章・許応騤と鉄路総公司督辦盛宣懐は、日本政府に抗議するとともに、イギリス・アメリカ・ドイツに依頼して日本の派兵に反対するよう要請した。これによってイギリスの代理公使から外務大臣宛に反対の意を明示した問い合わせが行われた。天皇の最も信頼していた伊藤博文はこの話を聞いて驚き、八月二八日出兵中止を山県首相に伝えた。翌二九日、山県・青木・桂・大山の四者会談が行われ撤兵が決定された。清国南方の諸官僚や列国の抗議・非難に驚いた政府は、九月一日室田義文弁理公使を厦門に送り調査を行わせることにした。厦門に向けて軍艦で輸送された日本兵の大部分は上陸することも出来ず、厦門を占領し、福建省を日本の勢力下に置かんとするこの計画は、あっけなく短期間に失敗に帰したのである。

二、東本願寺布教所放火は日本軍の謀略

日本軍が出兵の理由とした東本願寺布教所放火事件の真相について、前記した中塚・故谷・佐藤の三人の研究は、いずれも児玉台湾総督を中心とする日本の謀略だとしている。その理由として次のような多くの有力な情況証拠が明らかにされた。

(イ)八月二二日発の高千穂艦長の報告では、義和団の騒ぎは「厦門ニハ何等ノ影響ナシ、今後モ差シタルコトナカルベシ」とその平穏さを報告しているのに、翌々日に暴徒が夜東本願寺を襲撃して発砲し、放火を行ったというのはつじつまが合わない。暴徒の発砲放火の証言は室田弁理公使が事件落着後調査に行って得た証言で、でっちあげの公算が強い。

(ロ)本願寺の僧がこの布教所から事前に持物を搬び出している。

(ハ)放火事件後、厦門領事の誰れ一人現場に行って調査していない。

(ニ)福州領事豊島はこの厦門出兵を事前に知らされておらなかった為、青木外相に抗議の意を込めた問い合わせをし、その中で英米仏露等の領事が日本の謀略と考えて抗議していることを報告している。

以上は中塚論文の「放火＝日本謀略」説の根拠である。以上の根拠は『日本外交文書』などの根本史料によったものであり、きわめて信憑性の高いものである。この中塚説をより深く実証したのが故谷論文である。故谷美子氏は、前掲論文において次の事実を発掘した。

(イ)後藤新平伯関係文書目録の第四八号文書に「厦門事件児玉将軍南方経営乾坤一擲の秘謀」という記録があり、当時日本の最高権力者たちは、児玉が中心となってこの厦門出兵の謀略をやったことを知っていた。

(ロ)平塚篤編『伊藤博文秘録』(一三二頁)に「児玉伯一流の雄図を断行しようとした。夫々海軍との策応も出来て充分組織的に之を断行するつもりだった」とあり、(イ)に述べたような常識(児玉謀略説)が一般的であったことがわかる。

(ハ)黒龍会編『東亜先覚志士記伝』(下巻、二九〇頁)に、厦門本願寺の布教師高松誓は、「児玉将軍と相画策せし裏面の一大活躍は寔に目を聳たしめるものがあった」とあり、児玉—高松ラインで放火・出兵の具体的裏面工作が行われたものと推察される。

(ニ)『続対支回顧録』(下巻、四七九頁)の福州領事井原真澄伝に、「本事件は固より時の台湾総督児玉源太郎大将を中心に企図されたことで」とあり、児玉謀略中心説は動かし難い。

(ホ)盛宣懐から張之洞に打たれた電報に「厦日教堂(厦門の日本の布教所)欠房租、廿九(西暦八月二三日)搬空、自放火」(『張文譲公電稿』巻三九)とあり、清国の高官は日本人が自分で放火して出兵の口実にしていたと初めから考えていた。

以上は故谷美子氏が明らかにした「放火は日本人の謀略」説の補強材料である。

これまでの中塚・故谷・佐藤三氏の研究は、『日本外交文書』や伝記・回憶録などの史料によっておこなわれており、のち防衛庁戦史室図書館で公開されるに至った旧陸軍・海軍関係資料は引用されていない。この資料を新たに検討し、厦門事件が日本人による謀略であったことを実証する材料を補強したい。

閣議で厦門出兵が決定された八月一〇日の翌日、海軍々令部長伊藤祐亨は海軍大臣山本権兵衛に対し、厦門に派遣する軍艦高千穂に下士卒一〇〇名を増員して厦門上陸に備えた。(5) 一四日、海軍大臣山本権兵衛は厦門港に停泊していた和泉艦長に対し「厦門港両岸ノ砲台ヲ占領スル計画ヲ為シ置」くことを命ずるとともに、「又厦門地方ニ於テ不穏ノ状況アルカ又ハ他ニ乗スヘキノ機アラハ、同地駐在帝国領事ト協議シ、居留帝国臣民保護ノ口実ヲ以テ若干ノ兵員ヲ上陸セシムルコトヲ努メ、躊躇機会ヲ逸セサルコトニ注意スヘシ」と内訓した。(6) チャンスがあれば逃さず帝国臣民保護の口実で兵を上陸させよ、躊躇して機会を逸するなと命じたのである。八月二三日に陸軍大臣桂太郎が児玉台湾総督に宛てた訓令に「今後或ル機会ニ際スレハ我帝国ハ厦門ヲ占領スルノ必要ヲ認メ……」(7)と書いている。「ある機会」という言葉は実に曖昧であり、これは「ある機会」を作る役を担当している児玉台湾総督に対するゴー・サインではなかったかと想像される。この訓令は二三日午前一一時半に打電されており、厦門の東本願寺が放火にあったのは翌日の二四日午前零時半であった。実によいタイミングである。

陸軍大臣が児玉に「ある機会」云々という上記の訓令を発した同じ二三日の午後三時、海軍大臣は在厦門の高千穂艦長に「或ル機会ニ際シ厦門港ヲ占領スル事ニ関シ其官ヨリ請求アラハ(8)」台湾から厦門に軍を送る手はずになっていると打電した。こう見てくると、二三日は「ある機会」をつくり出兵計画を実行することを、陸海両大臣が天皇の裁可を受け現地に命令した日と考えるのが妥当である。二三日のゴーサインにより、翌日東本願寺布教所に放火するよう高松誓に命令が下ったのであろう。まさに打てば響くように、二四日午前零時三〇分放火が行われ、それから数時間後の同日朝八時一〇分前に、厦門港に停泊していた軍艦和泉より陸戦隊一小隊が領事館に派遣されているのである。放火か失火か全く調査も行われていない段階で、「暴徒ノ為メニ焼払ハレタリ」とし、陸戦隊を直ちに上陸させている。総て予定の筋書きに従って、占領計画が実施されていると考えざるを得ない。

ところで、厦門東本願寺布教所が焼けた直後に、日本の三原小隊長が現場の調査を行っている。これはこれまで紹介されたことがない重要史料であり、全文紹介する。(9)

三原小隊長報告

明治三十三年八月廿四日夜半、在厦門市東本願寺布教堂ヨリ出火シ、之レ団匪ノ放火ニ出ツル者トシ、小官命ヲ受ケ陸戦隊員下士壱名、卒四名ヲ率ヰ、本邦領事館付警擦《ママ》官弐名ノ嚮導ヲ得テ、市街禎《ママ》察ノ任務ヲ以テ、軍艦高千穂ノ瀛艇ニ乗シ、午前三時三拾五分本艦ヲ発シ、三井洋行付近ノ桟橋ニ上陸シ、弐名ヲ汽艇ニ残シ、残余ノ拾四名ハ二列側面縦隊ヲ形成シ直ニ市街ヘ進入ス。洽ク市街ノ影況ヲ観スルニ毫モ異状ヲ認メス。一、二民家ノ既ニ起テ職業ニ従事スルアルノミ。他ハ凡テ門戸ヲ鎖シ静雨寝ニ就ク。平常ニ異ナル事ナシ。是ニ於テ更ニ進テ布教堂ニ達ス。該堂既ニ全ク焼失シ僅カニ周囲ノ土墻ヲ余スノミ。四隣ノ隣家ノ貨物ヲ出シテ難ヲ避ケアル者一軒、門前拾数名清国兵勇、消防夫ノ警戒シアルアリ。彼等能ク語ル、其ノ言フ処ニ依レハ彼等ハ暴徒ノ来リ放火セシヲ信セサル者ノ如シ。前ニ道台及海防長来レリト雖モ小官ノ至ル時既ニ去リ有《ママ》ラサリシ。一般市街ノ状況其他異状アルヲ認メス。是ニ於テ直ニ皈《ママ》路ニ就キ四時五十分陸岸ヲ発シ帰艦ス。

右報告候也

明治三十三年八月廿四日

東本願寺布教所に放火されたという時間は八月二四日午前零時半（上野領事の八月二四日の報告）であり、三原小隊長らが調査を終えて帰艦のため厦門の岸壁を離れたのが午前四時五〇分であるから、放火事件の三、四時間後に三原らは現場に到着したであろうと想像される。この三原が見た厦門市街は全く静かで別に異状もなく、布教所周辺の住民も暴徒の放火とは全く信じていないようだった。

日本軍の厦門占領計画が八月末には失敗し、この事件の収拾に苦心していた一〇月段階に、上野領事や特派公使室田義文の青木外相宛の報告書に、高松誓（布教所僧侶）、布教所に宿泊中の片貝治四郎、厦門領事館付警部日吉又男の証言が記載されている(10)。放火の模様について高松は「本日零時半頃轟然四辺ニ喊声銃声相響キタルニ付蹶起寝台ヲ出タルニ室内及ヒ楼上全面ノ焔火ニ包マレ、直チニ仏殿ニ出デタルニ、同様焔火四面ヲ掩ヒタルヲ以テ、僅ニ仏像ノミ漸ク供奉シ得タル迄ニシテ、僅ニ身ヲ以テ逃レタル様子ニ有之……。」とのみ述べ、喊声銃声を轟かして襲撃してきた暴徒について何一つ証言をしていない。片貝は、「私ハ九時三十分頃寝ニ就キタル、然ルニ喊声銃声ニ依リ目ヲ醒シ見タルニ家屋ノ梁一面ノ火トナリ居ルニ驚キ……目ヲ醒シ飛ヒ出シ仏像ヲ引キ破ル頃、布教所正門ヨリ左手ニアル共同便所ノ方向ニ銃声及喊声ヲ聞キタリ……」、「兎モ角狼狽ノ際且火ノ燃ル響ニテ何発ト云フ事ハ御答へ致シ難ク、又喊声トモ同様ニテ兎モ角多人数ノ声ラシク聞カレタリ、兎モ角走馬路街迄出ルニ付辷リ或ハ顚倒スル等ニテ、大ニ狼狽シ居タルモ、共同便所ヨリ小道ノ方ニ多数ノ人声アリシ事ヲ記憶ス」などと実に曖昧な証言をしているだけである。これは八月二四日当日の警察聴書として、上野領事が一〇月一三日に外務大臣に宛てた報告書であるが、中塚明がいうように一〇月段階で上野領事や特派公使室田が指示してつくりあげたものに相違ない。いったい鉄砲を撃って喊声をあげて襲撃してきた暴徒は放火だけが目的だったのだろうか。もしそうなら、日本人が中に二人いる布教所を焼くため足音を忍ばせ声を出さずに来て放火するのが当然である。銃声と喊声をあげたならば付近の住民に聞かれ、人々は外に飛び出してきて逃げるに困るだろう。この証言には信憑性が全くない。布教所の雇人であった振須という男の証言もあるが、同じく銃声をきき、四、五人くらいの人数が放火をしているのを目撃したと語っている。清国人の雇人などという男のニセ証言はいくらでもでっちあげられるから問題外である。さて、証言のなかで決定的な意味をもつのは、一二月一〇日付で特派弁理公使室田義文から加藤外相に提出された「清国出張復命書」に添付された、厦門日本領事館付警部日吉又男の証言である。この証言も八月二四日付ということにされている。二四日午前一時二〇分に布教所の片貝が暴徒の放火を通報してきた。それで波止場に碇泊していた軍艦和泉の当直に聞いたところ、「今ヨリ一時間前ニ東本願寺ノアル方ニ火ノ手揚リ、尚銃声十発余アリシ」と答えた。それで公使館に引き返し、上野領事に報告したところ、領事が書面を渡したのでそれをもって二時二〇分に碇泊中の高千穂艦に行きとどけた。同艦長の命令で、「三時三〇分、水兵一分隊、将校一名ト共ニ同艦ヲ発シ厦門港仔口街波止場ヨリ上陸シ、小官等嚮導シテ木屐街二十四崎頂街走馬路街ヲ経テ、同四時山仔頂街ナル東本願寺布教所ニ至リ見レハ、同布教所ハ既ニ灰燼トナリ、余ス所ハ門内両側ニアル雇人部屋而已ヲ残シ居タリ。尚ホ火災ニ罹リシハ右布教所壱棟ノミニシテ、隣佑密接スト雖モ少シノ類焼ヲナサス。門前ニ於テ練勇左哨六隊及ヒ練勇左哨七隊ト書セシモノトノ提灯ニ火ヲ点シ、兵丁拾余人アリ。依テ此等ニ其状況ヲ問フニ、悪漢等ノ放火ナル事ヲ聞クモ、我等ノ来リシトキハ既ニ何者ヲモ認メザリシト云フ。尚ホ付近ノ者ノ模様ヲ見ルニ孰レモ大ニ驚キタル模様ニテ、我カ一行ニ対シテモ亦大ニ恐怖ノ色アリテ、付近ノ者ニ付キ模様ヲ問ハントスルモ皆ナ避ケテ接セス。付近皆ナ固ク戸ヲ塞シテ出テ来ラス。依テ止ムナク一応状況報告ノ為メ帰館セリ」と。これをみると、先に紹介した「三原小隊長報告」の中に出てくる領事館の警官というのが、この日吉又男であることがわかる。両者の証言は著しく異なっている。日吉証言では銃声一〇発余は波止場の軍艦和泉の警備員にまで聞え、火も見えたというのに、三原報告では「市街ノ景況ヲ観スルニ毫モ異状ヲ認メス。一、二民家ノ既ニ起キテ職業ニ従事スルアルノミ。他ハ凡テ門戸ヲ鎖シ静雨寝ニ就ク、平常ト異ナルナシ」と全く何事もなかったのである。しかも現場付近では「四隣ノ隣家ノ貨物ヲ出シテ難ヲ避ケアル者一軒」だけで、たいした騒ぎはない。類焼を恐れた一軒だけが荷物を出して避難したのであろう。十数名の清国兵勇・消防夫の言によれば、「彼等ハ暴徒ノ来リ放火セルヲ信セサル者」の如くであり、「一般市街ノ状況其他異状アルヲ認メス」というのが結論なのである。「三原小隊長報告」は、現在防衛庁研修所戦史室図書館の海軍関係史料のなかに挿入されており、間違いなく八月二四日に書かれた報告書である。日吉証言では付近の住民は恐怖におののいていたというが、三原小隊長は何の異状も発見できないといっている。日吉証言を添付した室田公使の出張復命書は、すでに日本軍の陰謀が失敗し、日本人放火説が諸外国領事や中国人の間で定説となっている際、日本が面子を失わず、また清国側をも徹底的に追いつめずに、事件を曖昧のまま幕引きをしようと企図したものであった。日本側は、「布教所暴徒放火説」を放棄することはせず、そうかといって、暴徒放火を証明して清国を追いつめてもいけない、というのが当時の日本に課せられていた課題であった。まさにそのような意図によって、高松誓・片貝治四郎・日吉又男の証言が一〇月段階に作成され、日付だけを八月二四日としたものであろう。ただ「三原小隊長報告」だけが事件当夜の情況を正しく伝えているものと推測される。一二月一〇日付の加藤外相宛の室田義文の「清国出張復命書」は、事の真相を公式に認めていると思うので以下に冒頭部分を引用する。(11)

清国出張復命書

厦門事件ノ顛末ヲ視察スルニ、其始メ該地本願寺布教所ニ烟焰ノ上ルヲ見ルヤ、我領事館員ハ当時物情恟々ノ際トテ実地ノ偵察ヲナスニ遑アラズ直ニ碇泊軍艦ヨリ水兵ノ上陸ヲ求メタリ。其詳細ハ別紙第四号厦門領事館付警部申立書ニ明カナリ。

厦門ノ住民ハ彼ノ布教所ノ焼失ニ伴ヒタル此水兵上陸ノ挙動ヲ見テ、早クモ事端発シテ戦端玆ニ開カレタルモノト臆断シ、老若男女ノ狼狽ハ殆ント言語ニ絶シ、家具ヲ荷ヒ店舗ヲ閉チ相踵イテ内地ニ遁走シ、為メニ商業モ全ク杜絶シ、人心騒然タル状態ニ陥リシカ、間モナク事情判明シテ、我水兵ハ同地ヨリ撤回セラレ人心漸ク安堵シ事局初メテ平穏ニ帰セリ。而シテ此本願寺布教所放火ノ事実ニ就テハ、最初其実地ヲ調査セシハ厦門駐在英国領事ニシテ、次イテ厦門道台モ亦其取調ニ着手セシ結果、決シテ支那内地ニ於テ屢々見ルカ如キ暴党匪徒ノ所為ニ非ラサリシヲ確認シ、乃チ災害地ニ数名ノ支那兵ヲ派シテ警戒セシメタリ。然ルニ此時我水兵ハ忽然上陸シタレハ、地方官ヲ初メ一般市民ハ其上陸ヲ解スル能ハス、遂ニ非常ノ驚駭ヲ来セシモ亦止ムヲ得サルニ出ツ……」。

(強調点は引用者が付した)

以上のように、室田義文は日本の放火と謀略はどうにも隠しようがなく、とても清国官憲や外国領事を騙し抜くことが出来ない、と言外に言っているのである。しかし彼は九月厦門に到着するや直ちに提督・道台など清国高官に面会して次のように強硬に申し入れた。

該犯人ヲ今日直チニ逮捕スルニ難事ナルヘキモ、必ス之ヲ逮捕スルヲ要ス。若シ例ノ乞食者流ヲ逮ヘテ処罰スルカ如キ慣用手段ハ断シテ其間ニ許スヘカラス。我領事ニ於テモ可及的偵察ヲ尽サシメ、若シ其嫌疑者ヲ発見セハ、之レヲ地方官ニ密告シ、地方官ヲシテ其逮捕ニ便ナラシム可ク、又提督ニ説キテ、若シ道台ニシテ犯人逮捕上足ラサルトキハ之ヲ助ケンコトモ約シタリ（小官カ斯ク提督及道台ニ説キシ所以ノモノハ、即チ台湾逃亡暴民ノ首領ニシテ、現ニ厦門付近ニ潜伏シ常ニ台湾ノ統治上ニ妨害ヲ試ミツ、アル者十余輩アリ。故ニ時機ニ依リテハ彼等ヲ放火嫌疑者トシテ逮捕入牢セシメ、以テ台湾ニ対スル匪挙ノ弊根ヲ絶ツノ目的ニ外ナラス）此時厦門ノ状態ハ殆ント旧ニ復シ、従テ外国領事及軍艦等ノ本邦人ニ対スル注意ハ漸ク怠ルニ至レリ。

有能な室田義文は、東本願寺布教所の放火は日本人の放火であり、日本軍の上陸は謀略であることを百も承知で、提督・道台に「放火犯人」の調査・処罰を厳しく要求する。しかも、犯人逮捕ができなければ日本が見つけてやってもよいとも言う。室田は、放火犯人など存在しないのだから清国官憲に逮捕できないことを知っていて、厦門にいる台湾の反日分子一〇余人をこのどさくさにまぎれて日本が逮捕し、東本願寺布教所放火犯に仕立てて処刑しようというもくろみであることを明言しているのである。実に狡猾といわざるを得ない。

以上が、厦門東本願寺布教所放火事件の真相であった。

三、事件始末

布教所焼失の翌日、すでに「三原小隊長報告」で、厦門に何の不穏の状況もないことを知っていた武井高千穂艦長は、上野領事とともに青木外相にあてて「厦門東本願寺焼失以降人心不穏ニ付更ニ陸戦隊一小隊増派ノ旨」を報告し、

「東本願寺ノ焼払ハレタル以来、人心動揺シ形勢益々不穏ノ兆アリ。厦門ニ在ル帝国居留人民ノ生命財産ニ危険ヲ及ホス恐レアリ」などと全く事実に相違することを述べて陸戦隊を上陸させた。これ以後山本権兵衛海相などの命令が次次と出て、日本艦船が厦門に向かった。しかし既に記したように英独米の領事などから厳重な抗議を受け、またこれら各国の軍艦が厦門に向かってきたので日本は強い圧力を受けた。伊藤博文は真相を知り天皇に訴え、首相を説いて厦門占領計画の中止に動いた。そのため、山県や陸・海軍大臣らは厦門に上陸した兵の撤兵を決めた。主謀者の一人台湾民政長官の後藤新平は、計画の実施を陸軍大臣・外務大臣に迫った。日本軍の厦門占領計画を全く知らされていなかった福州領事豊島捨松は「是程ノ大事件ニ付キ拙官ニ於テハ未タ何等ノ御訓令ニ接セサルハ頗ル不思議ニ不堪」(13)（八月三一日付）と青木外相に怨みごとを書き、また「目下当時内外人ハ専ラ本願寺ノ焼失ヲ以テ故意ノ手段ニ出テタルモノニシテ、暴徒蜂起ノ事実ナシト風説」（八月二八日発）という日本武官等との四者連名の電報を送ってきたのであった。以上のように日本軍の厦門占領計画は、(1)放火計画が極めてずさんで、清国官憲・外国領事に「日本の謀略」とすぐ見破られた。(2)清国南方の高官と上海・厦門・福州などの各国領事の日本への抗議がきわめて早く日本政府に向けられ、軍を大規模に厦門に上陸させるいとまがなかった。(3)日本の駐華各領事も上野厦門領事以外は計画を知らず、福州領事のように反対の意を伝えてきたものも出て、一致した行動が取れなかった。(4)これが最も重要な原因であるが、八ヵ国聯合軍の北京占領の直後で、列国の足並みを乱し、日本が孤立する恐れがあったこと、また日本が厦門を占領すればロシアの満州全域の支配を、更に各国の中国分割競争をも容認せざるをえなくなること、こうした大状況についての判断によって、日本は厦門占領計画を放棄せざるを得なかったものと思われる。

この事件を計画した台湾総督児玉源太郎は、陸軍大臣に宛てて次のような不満の電報をうった。

九月一日前、台北発

陸軍大臣桂太郎宛　　　　台湾総督児玉源太郎

（八月）三〇日、英国領事ハ日本兵上陸ノ為メ人心恐慌ヲ来シタル故、英国ハ陸戦隊ヲ上陸セシメタリトノ布告ヲ厦門ノ諸所ニ貼リ出セリ。此布告ニ対シ我副領事ノ意見未タ定マラス。外務大臣ノ命ニテ東亜書院ノ兵ハ皆引揚ケタリ。米国領事ハ陸戦隊ヲ上陸セシムヘキ旨ヲ道台ニ洩セリ。米仏露ノ軍艦今明日ノ内ニ入港スル由。今ヤ厦門ニ於ケル帝国ノ威信地ニ堕チタルニ外交ノ局ニ該ルノ人ナシ。

児玉は適確な外交的処置をする人物がなかったから、この計画が失敗したのだと青木外相に失敗の責任を転嫁した。児玉は政府に対する抗議と計画失敗の責任を取ろうとしたが、天皇に慰留された。このようにして、児玉と陸海軍両大臣を中心としてしくまれた厦門占領という粗雑な謀略事件は実にあっけなく失敗に帰したのである。

注

（1）日本史研究会『日本史研究』七五号。
（2）『歴史教育』一九五八年三月号、六巻三号。
（3）『山形大学紀要』（人文科学）一九六二年、第五巻二号。
（4）山県は「北清事変善後策」の一節で次のように言う。「事アルニ臨ミテハ東亜ノ咽喉ヲ扼シテ以テ敵ノ侵攻ヲ制スルヲ得ヘシ」、「我カ南門ノ経営ヲ全クシ商工業ヲ発達スルハ福建、浙江ノ要地ヲ占ムルニ非サレハ不可ナリ」（『日本外交文書』第三三巻別冊一、北清事変、下冊、二三七〇号文書）。
（5）『清国事変海軍戦史資料』巻二六（防衛庁研修所蔵）、海軍機密第二二三号。
（6）同上書、巻二六。
（7）同上書、巻二六、二四六号文書。
（8）同上書、巻二六、二四六号の二文書。

（9）同上書、巻二七。
（10）『日本外交文書』第三三巻別冊一、「北清事変」上巻、九七七・九八七号文書。
（11）同上書、上巻、九八七号文書。
（12）同上書、上巻、八九六号文書。
（13）同上書、上巻、九三一号文書。

第四節　列国軍の殺戮と掠奪

一、列国軍の蛮行
二、軍隊の「公」的掠奪

義和団戦争における列国兵の掠奪・殺戮・強姦・放火は、当時から喧伝されるところであった。本節はその実態を明らかにすることを目的とする。日本軍はこの戦争において、「規律整然、秋毫も犯すなき」立派な態度だったといわれてきた。しかし、日本軍の掠奪については『万朝報』の幸徳秋水らの「分捕り」事件の告発が一九〇二年に行われ、有名な「馬蹄銀事件」となって世を騒がした。それ以後、義和団戦争の際の日本軍の掠奪等について、ほとんど実態の究明はなされなかった。戦後、中塚明氏は「義和団鎮圧戦争と日本帝国主義」(1)において、福島安正が山県有朋宛の書簡で、「軍紀厳粛秋毫モ不犯ノ好評ハ更ニ神州ノ威信ニ幾層ノ重キヲ加ヘ」(2)と報告しているが、一九〇〇年八月二三日付の出羽常備艦隊司令官より山本海相宛の報告で「(北京の)各国兵略奪盛ナリ。人民逃亡スルモノ過半、我兵遺憾ナカラ略奪ヲセシカ、師団長ノ厳重ナル命令ニ依リ漸ク好結果ヲ現ハシツツアリ」(3)とあり、事実は違うとし、日本帝国主義軍隊の犯罪を告発した。また、黒羽清隆は「日本人の〝団匪〟観」(4)なる論文で、この戦争に出征した藤村騎兵軍曹の捕虜試し切りの手記(5)を紹介した。日本では戦後日本帝国主義の犯罪の告発などと声高く呼ばれたが、義和団戦争については、意外に史料調査など行われなかった。中国では『義和団』（中国近代史資料叢刊）、『八国聯軍在北京』（斉魯書社）を始め中外の多数の帝国主義列国軍の蛮行を告発する資料が発表されている。また世博「八国聯軍暴行簡輯」(6) など列国軍の蛮行を紹介した論文がある。

一、列国軍の蛮行

日本の臨時派遣隊司令官として最初に大沽に上陸した福島安正は、参謀総長大山巌・参謀次長寺内正毅宛に自筆の私信を送り、公式文書には書かない様々なことを報告している。防衛庁研修所図書館蔵『福嶋安正報告綴』（明治三三年自六月一八至七月二二日）がそれである。列国兵の蛮行に関するものを、この中からいくつか紹介する。

（六月三〇日）露兵至ル処虐殺ヲ逞フシ、昨夜ハ白河南岸砲台ノ下ニアリシ支那船ヲ奪ヒ、暴殺セシ多数ノ死体ト共ニ之ヲ焼タリ。……聞ク処ニ依レハ至ル所、我帝国軍隊ノ到着ヲ待ツト。

（同日）目下露兵ノ盛ンニ支那人虐殺ノ時ニ当リ、我人夫ノ服装頗ル区々。支那人ト誤殺セラレシヲ恐ル。……

（六月二六日）露兵ノ乱暴狼藉ノ予テモ聞キ居リシニ、思ヒシヨリ劇《はげ》シク、車行ノ二日目ヨリ停車スレハ少間ヲ得テ沿道村落ニ駸《ママ》入シ、軍用外ノモノモ之ヲ取テ破壊スルカ小ナルモノハ持テ来ル……支那人ヲ虐殺スル有様モ明ラカナリ。汽車行ノ英兵モ余リ規律厳ナラス。村落ヲ荒スコト少ナカラサリシ。我日本兵ノ規律ニ至テハ、整然タルコト古武士ノ喰ハストモ高楊子トノ慨アリテ感腹《ママ》ノ外ナカリシ。

（七月六日）天津付近ノ人民ハ魯国兵ノ殺戮ヲ恐レ、皆遠方ニ遁逃セシニ依リ、苦力ヲ傭兵スルコト頗ル困難ナリ。

（七月一七日）天津落城後、官兵走リ義和団散シ頗ル平穏ニシテ……落城後、各国ノ兵婦女ヲ姦シ、財物ヲ掠メ、暴行至ラサルナシ。特ニ印度兵及ヒ威海衛ノ支那聯隊（英国に傭われていた―小林）ヲ以テ甚シトス。我兵軍紀厳粛寸毫モ犯ス処ナク最モ土人ノ保護ニ勉ム。

日本人が軍紀厳粛寸毫も犯さなかったかは、後に真相が明らかになるが、それにしてもロシア兵士の殺戮振りは福島さえ驚くほどのものだった。六月二七日付の東郷常備艦隊司令長官の報告は「陸上ニ在ツテ最モ人口ニ嘖々タルハ、飲料水ノ欠乏ト魯兵ノ到ル処奪略殺害ヲ逞フスルノ二事ナリ」、「露、砲台ニ於テ人夫（支那人）弐百余名ヲ殺シ死屍ヲ搭載シ火ヲ点火シ火葬シテ取片付ケタル……」(7)という。七月一一日発の青木外相宛の在天津加藤公使の報告に「白河沿岸ノ町村ハ或ハ焼カレ或ハ毀タレ、清国人ノ死屍ニシテ水上ニ浮ヒ居ルモノ亦多シ。本官ノ聞ク所ニ依レハ、放火並ニ虐殺ハ露国兵ノ犯ス所ナリト言フ。其行為ノ残忍殺伐ナル、殆ント名状スヘカラサルモノアリ」とある。八月二一日発の通州守備隊本部福井海軍中佐より出羽常備艦隊司令官に宛てた報告に「八月一八日通州一般ノ景況ヲ観察スルニ市街ハ一般ニ荒掠ヲ極メ、露仏兵ノ虐殺放火ニ依リ、我守備隊ニ生命ノ保護ヲ乞ヒ来ルモノ続々断ヘス。已ニ両日間ニ三百余名ヲ収容ス」(9)とあり、また同日「（通州）当地ハ始メ人民安堵シテ逃遁セサルナリシニ、外国兵（米国ヲ除ク）ノ乱暴狼藉極点ニ達シタルカ為メ尽ク逃遁セリ。之カ為人夫ハ一人タリトモ集来セス。露仏ノ奪略ト虐殺ハ日一日ヨリ甚シ。当時守備隊ハ諭告ヲ発シ保護ヲ与フルニ依リ、中以下ノ人民ニテ日本ノ守備区内ヨリ帰来セシモノ多少アリ」(10)と、通州における露仏両軍のすさまじい虐殺を通報した。この年の秋、義和団戦争の戦跡を衆議院議員田口卯吉・陸軍大佐宇佐川一正らと観てあるいた坪谷善四郎は、北倉、楊村間における白河の惨状を「各村の人家は尽く焼き払はれ、然らざれば破壊せられ塗り囲みたる四壁のみ残存して屋蓋の存するものは一戸も無く、住民は男女老幼を問はず一人も見へず」(11)と記している。ついで坪谷は通州に入り、列国軍の蛮行に驚く。

外国軍の入り来たるに及びて、俄かに財物を掠奪し火を放ち婦女を辱め、後ちに之を殺し乱暴を極めたれば、市民俄かに全く家財を棄てて遁れ去り、殊に憫むべきは良家の夫人又は子女にて、既に羞辱を受け、又は将に受けんとするを愧ぢ、庭中の水壺、水瓶中に身を投じ、自殺したる者夥多しく、其数は日本守備隊の調査したる丈にても五百七十三人あると云ふ。(12)

特に露国兵について、

在北清の各国軍隊は乱暴を働くものの多き中に、露国軍は最も甚だし。彼等は婦女を姦したる後之を殺し、家財を掠めたる後之を焼き、其後の過ぐる所殆ど生草無しと云ふも可なり。其状は実地を見ざる者は全く想像し能はざるものあり。(13)俄国の兵と云へば清民震慓す故無きにあらざるなり。(14)

と、その驚くべき暴虐行為を記し非難した。通州は清兵・義和団とも一兵もなく、何の抵抗もなかったから、人々はまさか列国兵がこのような虐殺・掠奪をするとは思わず、貧しい大衆は通州市内に残っていた。ところが上に見たような想像を絶する不幸にみまわれたのであった、坪谷は続ける。

各国兵中最も規律無く、人道の上より恕すべからざる蛮行を演ずる者は露国兵にして、其の兵卒は年齢体格ともに一定せず。一見して無頼漢の集団なるが如し。露兵に次で乱暴を働く者は仏国兵にして、両国兵は何れも支那人を見て人間の待遇を為さず。財物を掠奪し婦女を強姦し、老幼を虐殺し家屋に放火して憚らず。英の印度兵また財物を掠奪するもの多きも、露仏の如く将校の黙許し、若くは自ら之に加はって共に蛮行を働くが如きこと無し。(15)

坪谷によれば、独墺の兵隊はまあ良い。日本兵と米兵は最も良い、と。日本兵は規律がよいが一日わずか五、六銭の給料で金は無いが、米兵は一週間に俸給約五ドルもの大金をもらっているので大様である、と坪谷はつけ加えている。日本参謀本部編『戦史』は通州における列国兵の蛮行について語る。

通州ニ於テハ、列国兵ノ乱暴甚シク狼藉ヲ極メタリ。当時調査セシ所ニ拠レハ、八月十七、八日ヨリ月末ニ至ル迄殺戮セラレ、或ハ自尽シタルモノ百八十八名余アリ。土民ハ皆四散シ、全市殆ント空房ト為リ之ニ加フルニ、八月十八日午後五時頃市街ノ北部ニ在ル火薬庫爆裂シ（原因不明、我兵ニ損害ナシ）付近ノ人家ヲ崩壊シタルヲ以テ、局面一変繁栄ノ街衢ハ忽チ寂寞ノ壊屋ニ化シタリ。[16]

さて、ロシアの将軍も掠奪した。ロシアの大蔵大臣だったウィッテ伯爵は、その回想記のなかで次のように書いている。

我々は遂に支那を屈伏させた。西太后と若い支那皇帝は北京から逃げだし、我々は日本軍と共に北京を占領した。この占領は軍隊のやった掠奪行為で当時有名になったものである。北京の宮殿などは一物もあまさず掠奪されたのであった。北京の占領後、支那人にたいしては何等の刑罰をも加えなかったが、その代りに個人の財産や宮殿の財宝はひどく掠奪された。その際ロシア軍隊の指揮官も他国同様にこの掠奪に参加したという風説が立ったことは遺憾である。しかもそれは風説に止まらなかった。私はその後、北京の財務官ポコチロフから非公式の情報を受取ってその風説が事実であることを知り、非常に残念に思った。[17]

北京で掠奪が行なわれた後のことである。北京占領の功によってゲオルギー勲章を授けられたリネヴィ《（ママ）》ッチ将軍は、もとの沿海州軍団長の地位に復帰することになった。その際、彼は北京で掠奪した高価ないろいろの財宝を行李に入れて十個も持って帰ったとのことである。また多くの部下も、将軍のこの行為を真似て民間や宮殿で掠めた財物を沢山もって帰った。このことがもし私にあらかじめ判っていたら、税関でその行李を全部開けさせて、彼れに侮辱を与えることが出来たのだが、残念な事に私はこの行李持ち帰りの件を、事前に知らなかったのである。[18]

リネヴィッチ将軍とは、ロシア派遣軍の最高指令官であり、ロシア軍を代表して列国指揮官会議に出席した人物であった。ロシアの将軍ばかりでなく、日本の山口素臣第五師団長閣下も後に見るように掠奪者であり、またフランスのフレー将軍もそうであった。フレー将軍は帰国の際、財宝の入った箱四〇個をもちかえったという。[19]

ロシア軍将兵の暴虐のみを強調するのは片手落ちである。戦争は虐殺・暴行・放火・掠奪・強姦の友であり、しかも植民地獲得の侵略戦争においては、とりわけ親密な兄弟であるから、八ヵ国の将兵全員が蛮行をしたのであった。

アメリカ軍大佐のA・S・ダゲットは目撃談を語る。

清朝軍隊は七月一四日の早朝に天津城を撤退した。もしかすると彼らが多くの場所で放火したのか、城内の広大な部分が焼きはらわれた。その日の早朝、フット少佐は第九師団の一聯隊を、ワーレ少佐は若干の海軍陸戦隊を率いて、命令により米軍担当区域の接収管理を行い、最大の努力をはらって掠奪を阻止し秩序を恢復した。火勢は蔓延し、いたるところ混乱を極めた。そこで（イギリスの傭兵となっていた）清国人と列国軍隊はこの機に乗じて天津城内を掠奪した。清国人傭兵は最もこの道に長じ、印度兵もこの方面のやり手だった。フランス兵・ロシア兵と日本兵も不器用な態度でかれらに随いて掠奪にいった。アメリカ兵もこの罪悪から脱れることはできなかった。しかし私が集め得た確実なる材料によれば、アメリカ兵はむやみやたらと掠奪したのではないと信じる。アメリカ軍は掠奪厳禁を命令したので、掠奪は最小限度にとどまった。日本軍もそれに倣ったので日本兵の掠奪行為もほとんど完全に停止した。[20]

この記録では天津城内で日本兵も掠奪を少しではあるがやったとされ、先に紹介した福島安正の「秋毫も犯すなし」とは異なっている。イギリス人のサベージ・レンダーは、天津城内の掠奪の模様を次のように証言する。

天津城は陥落した。つづいて掠奪が起こった。なんという驚くべき光景であろう。城門が開かれるや否やすぐ列国兵は城内の街々に現われた。ここで清国人の所有のちょっと値打ちのある持ちやすい物は持主が変わった。アメリカ兵・ロシア兵・イギリス兵・日本兵・フランス兵は、いたるところ走りまわり、一軒一軒侵入し、もし門が開いていなければすぐ足で蹴破った。天津の外国居留民は城内をよく知っていたので、真に不公平にもイギリス兵・アメリカ兵よりもより掠奪が容易だった。イギリス兵・アメリカ兵はただいたるところ走り廻った。しかし、かれらは戦場で武芸を見せられなかったので、すぐ時を逸せず造幣局・塩道衙門・総督衙門あるいは手近の絹店・宝石店にとび込んだ。そこには沢山の値打ちのあるものが積んであるのを知っていたので、ほしい物はなんでも持って行くことができた。かれらがほしいものとは紋銀（銀塊）、元宝（清代の貨幣）、金条（金の延棒）であったのだ。(21)

私は思うのだが、もし掠奪が一種の犯罪行為だとするならば、各国兵士は皆全く例外なく体面を失ったのだ。ロシア軍・イギリス軍・アメリカ軍・日本軍・フランス軍は皆同じく掠奪をやった。かれらの全部が一流の掠奪者だった。(22)

日本人の掠奪の特徴について、サベージ・レンダーは次のような観察をしている。日本兵は茶碗・絵巻物・毛筆画・古陶器などを発見するとその美に見とれていた。〃なんとすばらしい〃と一人の兵士がいい美術鑑賞家の目でじっと見ると、他の兵も〃ああ、真にすばらしい一流のものだ〃と賛嘆の声を発した。日本兵は掠奪のなかで、芸術と芸術的なものを観賞できる唯一の兵であった。かれらは物品を投げたり砕いたりしない。イギリス人が考える掠奪とは思えなかった。このような美術観賞眼のある日本兵も、実際に品物を持って行こうとすると象牙・玉器・外国製の時計・楽器・オルゴールなどであった。天津城内の塩道衙門の建物が火事になる前に、日本人はここから数百万メキシコ銀にあたる紋銀をもっていった。アメリカ軍は四日間で数百万元の紋銀を掘りだし、ラバ隊で毎日天津租界にあるアメリカ軍本部に運んだ。(23)天津城内の虐殺についてあるイギリス人は語る。

われわれの軍隊は逃げる人々に家に帰るよう勧告した。かれらには清国人を殺傷する気がなかったから。しかし、清国人が勧告をきいて家に帰った時、これらの哀れむべき人々はすぐ日本人とフランス人の撃剣のもとに落ちた。フランス人と日本人はこの勧告を知らなかったので、人々はすぐ焼かれ殺され始めた。公平に言って、われわれの若干のインド兵も同じように譴責を受けねばならない。……一定の時間が過ぎると人々はどこへ逃げるか知らないが皆逃げ始めた。いたるところで掠奪が行われていた。天津城の陥落は敵の予想外のことだったと見えて、大量の純銀が多くの家と商店のなかに放置されていた。高価な絹布、刺繡のある衣類、骨董品が大量に掠奪されたが、兵士は人それぞれ異なったものを持っていった。ある水兵は壊れた古時計を、その友人は一箱の銀をというように。このような状況は疑いもなく二、三日は続いたようだ。しかし、掠奪の品物はしだいに少なくなった。(24)

ロシア軍の恐るべき虐殺と掠奪は、当時日本の新聞や雑誌、公式記録には無尽量といってよいほど掲載され、野蛮で恐るべきロシア人像が日本人のなかに形成されていった。しかし、日本人が自画自賛した「軍紀厳粛、秋毫も犯すなき日本人」像も、かなり実態から離れていたのである。たしかに欧米人の多くが日本兵の行動を厳正だったと書いているが、しかしそれも他国兵の驚異的残虐・残酷に比較してのことである。

ではロシア兵・フランス兵・ドイツ兵・イギリスの傭兵（威海衛の清国人・インド人）の残酷さについてその原因を考えてみたい。イギリス軍のなかの清国人傭兵・インド兵は民族的誇り、人間的矜持を持つことができない。特に威海衛の清国人は、貧しさと差別から逃れるため民族の魂を売った人々である。かれらの暴虐の原因はそこにあった。

つぎに露・仏・独・伊・墺・英などヨーロッパの軍人は、アジア人に対する民族的蔑視観がある。この民族的蔑視観は、アジア人は恐るべきタタール・モンゴルと同じ野蛮な人種であるという黄禍論と結びついていた。一九〇〇年六月二〇日、ドイツ公使ケットレル男爵が北京で殺されたことを聞いたドイツ皇帝ヴィルヘルム二世は激怒し、その軍隊派遣の勅諭で次のように言った。

最も静粛なる平和を破りたる砲声起りぬ。然れども是れ朕にとりては不慮の珍事にあらざるなり。名状し難き侮辱と驚く可き野蛮とは、朕が信任する代表者を襲うて彼を吾等より奪ひ去りぬ。列国公使は生死の間に浮沈す。而して列国は兵を派遣して彼等を護る。朕今此事を語る間にも、彼等兵士は自国の為に戦ひつゝあるべし。独逸の国旗は汚されたり。独逸帝国は辱かしめられたり。今や刑罰と復讐とを加へざる可らず。……今汝等を派遣す。悪徳と暴戻とに向かつて復讐せよ。朕は独逸国旗が列国と相列んで清国々旗の上に翻り、北京城壁の上に樹てられて平和を看る迄は眠らざる可し……。(25)

この皇帝の勅諭とも思えぬ常軌を逸した「復讐」命令は、かれが黄禍論者であり、また東洋人蔑視観をもつ人物だったことを証している。一九〇〇年八月二七日付の『日本』新聞は、〈支那兵の虐殺鏖殺をも暗示したる〃独逸皇帝＝傍若無人の暴言〃〉という見出しで、このドイツ皇帝の勅諭を非難した。この新聞記事によると、ドイツ政府や政府方の新聞には、勅諭のうち「若し敵と接近することあらば記憶せよ、一人も容赦する勿れ、一人も捕虜となす勿れ、将来数十年間支那人をして独逸人を横目に睨むことすら為し得ざらしむる迄、卿等の武器を用いよ」という部分を削除しており、実はこのような虐殺命令としか思えぬ部分があった、という。ドイツの『ロカル・アンツァイゲル』という新聞にはこの部分の勅諭があるとも伝えている。七月下旬、この皇帝の命を受けてドイツからきたドイツ軍主力が北京陥落以後に中国に着いたにもかかわらず、北京から各地に掠奪・虐殺遠征を行ったのもうなずかれるのである。

ロシア人の暴虐振りも、ながい間タタールの支配下にあったスラブ民族の復讐と恐怖の心あってのことのように思われる。ロシア軍のなかでも、コサック兵の乱暴振りが日本では喧伝されたが、その原因はツァーリズムとよばれる専制主義下の軍隊の非人間性は言うまでもないが、それに加うるにロシア一般兵士の無教育・抑圧、ロシア兵とコサック兵の差別構造などが考えられる。オスマントルコ帝国のベドウィン族、イギリス帝国のグルカ兵などと同じく、コサック騎兵は殺しの専門集団・猟犬集団として育成されたものであり、蛮風と無慈悲さこそ唯一の存在理由とされていたのである。さて、ロシア人、コサック族を問わず、ロシア兵一般について、田岡嶺雲は

露兵などは、此炎天下のなかを濁水を飲んで平気に行軍致居候に、日本兵は途中に動き得ぬものも多く、みじめな様に候。……元来戦なるものが、已に野蛮なものに候。兵は野蛮なるだけ強き道理に候。[26]
列国兵中、日本兵は、かかる舞台は初めての事とて、何となく臆して、疑深き、打沈みたる様子と見受け申候。島国的根性は免れ難きものに候。露兵は流石に大国の気象を帯びて淡泊に快濶に候。個人としては我は寧ろ露人の気風を愛し申候。[27]

と述べている。日本兵は暑さでバタバタと行軍中に倒れるのに、ロシア兵は炎天下、濁水を飲んで平気で歩く。田岡は兵は野蛮なほど強い、なぜなら戦争は野蛮なものだからと説明するが、それはともかくとして、兵が野蛮なほど掠奪・放火・殺人・強姦をやることは間違いあるまい。兵が野蛮なのは、その政治と社会の野蛮さに原因があり、また軍隊内で野蛮にあつかわれているからである。ロシア兵が泥水を飲んで平気で行軍して行くのは、泥水以外は期待できないからであり、それがあたりまえだとする軍隊のなかで生きざるをえないからである。ロシア兵は書画骨董・美術品などには何の関心をも示さず、掠奪はしなかったが全てたたき壊していった。[28]これらの品物はかれのこれまでの生活にも、また未来においても何の価値もない、というロシア兵の判断がそうさせたのである。こうした光景につい

ての、以下のイギリス人のロシア人観察は興味深い。彼は大要次のように言う。ロシア兵の大多数はシベリアから来たもので、他国兵に比べてやや粗野で野蛮である。外貌はモンゴル人のような特徴をもつ。かれらはヨーロッパやアメリカで考えられているような悪い人間ではないことに驚かされる。宝石と指環・腕環を身につけ奪うが、ゼンマイ時計には大変な反感をもち、ゼンマイをむしり取らない限り承知しない。ロシア兵は香水店を見つけると大喜びで全身にふりかけた。かれらはしゃべらず厳粛な態度をし、礼儀正しくユーモアに富んでいた。しかし花瓶や時計を壊すのに気狂いのような願望をもっており、もっとも乱暴な人々だった。金・銀・毛皮以外に関心はなく、みな壊した。しかし、オルゴールだけは大切にした。ゼンマイをまき、静かに坐り、曲に耳をかたむけ、手足で拍子をとった。清国人の金持の家には多くの西洋のオルゴールがあった。たんすは倒れ家具は散乱し、珍奇な陶器の壊れた破片が散乱し、七宝焼や小皿が壊され投げすてられ、庭には清国人の死体がごろごろところがっている。そのような情景のなかで、コサック兵の巨大な手はオルゴールのゼンマイをまき、トロイメライの優しいしらべが流れている(29)。以上のように描写されたロシア兵は野蛮・無教養・粗野であり、且つ沈黙を愛し、礼儀正しく、ユーモアに富むというまさに〝混沌〟そのものだ。とくにコサック兵はロシア皇帝の番犬になることによって存在理由と民族的矜持をはじめて与えられるという、専制主義の鬼子であって、その本性において野蛮・残虐であったのではない、ということが田岡嶺雲やこのサベージ・ランダーという一イギリス人の観察から分かるのである。サベージ・ランダーは更に次のように続ける。ドイツ軍の装備がよいのに対し、

ロシア人は全く反対に何にも持っていない。もちろん歩兵銃と弾丸は除いて。しかしまた何にも欠乏していなかったともいえよう。炎熱のもとで、かれらは薄いジーン製の小さな帽子をかむって戦い行軍した。寒夜に白い水兵服を着て寝た。まるまる五日間、定量の半分のビスケットと汚れた川水で生命をつないだ。しかし、病気に

もならずこれを憎みもしなかった。（シーモア派遣軍の）大部分の過程をただ一人の将校が率いた。他の将校は皆負傷したのだった。かれらは世界のなかでアジア人に対処するに最も成功した軍隊のようだ。なぜなら、かれらは戦争中全く遅疑逡巡することなく、冒険的戦術とジンギス汗的機動性を応用し、あるいは又クロムウェルの〝根こそぎ刈る〟政策をもちい、あるいは又毫も同情をしない処置によって乱を平定したからである。(30)

以上のようなロシア軍に代表される殺戮・放火・掠奪・強姦は、アジアに派遣された帝国主義諸国のならずもの的兵士に大なり小なり共通したものだった。ヨーロッパやロシアにおける差別・抑圧・対立・憎悪・貧困が侵略軍によってアジアに輸出される。列強は戦争のなかでそれを解消しようとする。こうして、まれに見る汚ない戦争がアジア各地で行われることとなる。義和団戦争はそうしたもののなかで典型的なものであり、そうした意味で国際見本市だった。

注

（1）日本史研究会編『日本史研究』（七五号、一九六四年）所収。
（2）山県有朋宛書簡（国立国会図書館、憲政資料室蔵、山県家文書マイクロフィルム）。
（3）『日本外交文書』第三三巻別冊一、「北清事変」（上）第七一一号文書。
（4）歴史学会『史潮』新一一号、所収。
（5）藤村俊太郎『ある老兵の手記――秘録北清事変――』（人物往来社、一九六七年）。
（6）『歴史教学』一九八〇年第一一期。
（7）海軍省『明治三十三年清国事変海軍戦史資料』巻六（防衛研修所図書館蔵）。
（8）同上書、巻一〇。

(9) 同上書、巻一〇。
(10) 同上書、巻一〇。
(11) 坪谷善四郎『北清観戦記』(一九〇一年五月刊)、二五・二六頁。
(12) 同上書、三九頁。
(13) 同上書、四〇～五四頁。
(14) 同上書、五四頁。
(15) 同上書、一二六～一二八頁。
(16) 日本参謀本部編『戦史』、巻四、一七二頁。この記録の通州で自尽したもの一八八人という数字は、坪谷善四郎『北清観戦記』の五七三人という数字と異なる。どちらが正確かは不明である。
(17) ウィッテ伯回想記『日露戦争と露西亜革命』(邦訳、明治百年史叢書、上)、第一三章、二〇四頁。
(18) 同上書、二一二～二一三頁。
(19) 『義和団運動史料叢編』第一輯、四七頁。
(20) A. S. Dagget, "America in the China Relief."『八国聯軍在天津』九四頁の中国語訳による。
(21) Savage Landor, "China and the Allies."『八国聯軍在天津』二〇一頁の中国語訳による。
(22) 同上書、二〇一頁。
(23) 同上書、二〇五・二〇六・二一〇頁。
(24) 馬克里希「天津租界被囲記」(『八国聯軍在天津』三九七頁の中国語訳による)。
(25) 『北清戦史』(博文館、明治三四年一月)一八八～一九〇頁。
(26) 『田岡嶺雲全集』巻五、一〇五頁。(九州日報主筆白河鯉洋宛の手紙)。
(27) 同上書。
(28) 前掲『八国聯軍在天津』、二一二頁。
(29) 同上書、二一二・二一三頁。

(30)　同上書、二四二頁。

二、軍隊の「公」的掠奪

義和団戦争に出兵した列国軍は、初めから兵士・馬の糧秣を現地調達という掠奪に頼る計画で軍隊を派遣した。従って、兵士が私的・公的掠奪を行うのは当然である。しかも、列国軍は清朝に宣戦布告を行わず、一方清国は、清朝皇帝の名で西太后が開戦の詔勅を降したにすぎない。列国は団匪を討伐して清朝を助け、北京で包囲されている公使館の人々と教民を救助するために出兵するというのを出兵の口実としていた。そうであれば、敵国でもないのに、莫大な銀塊や穀物が各国軍隊の司令官の命令で掠奪されているのは理屈に合わないことである。しかし、当時列国は「鹵獲品」を獲得することを当然とし、いやそれを目的の一つにしていたのである。「軍紀厳粛、秋毫も犯すなし」と自ら信じ自慢に思っていた日本軍の高級将官たちは、公的徴発を当然と考え、これを軍の組織的掠奪などとは夢にも考えなかった。一九〇〇年頃の列国軍とはそうした野蛮なものであった。天津城の軍の組織的掠奪について、日本参謀本部編『戦史』は述べる。

天津城内ニハ無数ノ兵器、弾薬及ヒ約百万両ノ馬蹄銀等アリシモ、天津城分割ノ後他国ノ占領区域ニ属スルヲ以テ、我軍ハ敢テ歯牙ニモ懸ケサリキ。我占領区域ハ城内最モ殷富ノ地タリシト雖モ、前記ノ如キ物品ヲ保管スル官衙ハ極メテ少ナカリシナリ。水師営及ヒ天津海関道衙門ニ於テ武器弾薬及ヒ諸品ノ多量ヲ押収セシモ、武器ノ多クハ旧式ニシテ、新式兵器ハ「モーゼル」連発銃三百十三挺、「マンリッヘル」連発銃四百九十一挺、又大砲ノ使用ニ堪フルモノハ九糎克式砲四門、五十七粍速射砲二門及ヒ機関砲二門ニシテ、他ハ使用ニ堪ヘサル旧式滑腔砲或ハ新式砲ナルモ、要部ノ破壊セルモノノミ。此外歩兵第十一聯隊ノ押収セシ銀塊七万千九百四十六両六二〇、歩兵第十二聯隊第三大隊ノ押収セシ銀塊十六万六百六十九両二七〇、多量ノ弾薬及ヒ家具類アリタリ。而シテ是等ノ処分ニ関シテハ、七月十六日之ニ関スル命令ヲ下シ、悉ク処分法ヲ仮定シ、之ヲ第五師団ニ交付シタリ。其命令ノ要旨左ノ如シ。但銀塊ハ監督部ヲ経テ本邦ニ還送セリ(1)。

この『戦史』がいうように、日本軍は天津城に一番乗りをしたが、城内の銀の多くを管轄国に譲ったというのは本当のように思える。当時日本軍はまだ第五師団の本隊ではなく三千数百の臨時派遣隊にすぎなかった。しかも、列強軍との初めての合同戦争であって、兄貴分の列国に気に入られようと努めていた。七月九日、八里台で聶士成将軍を戦死させ、武衛左軍をほぼ全滅させた時、新式大砲四門を鹵獲したが、内三門を英米露三国の指揮官に送って気げんをとった。天津城内でも、そうした福島安正司令官の気づかいで、多くの銀塊を譲ったのだと思われる。天津陥落直後福島司令官は分捕品の処分に関する区分を示したが、それは、次のごときものであった(2)。

㈠皇室に献上すべき物品
㈡紀念の為め各博物館及び学校等へ下付する物品
㈢軍人軍属の一家の紀念として保存すべき物品。但し本人の獲たる物品にて或る範囲内に限る
㈣焼払うべき物品
㈤軍隊に収むべき物品

福島司令官の企図がたとえどのようなものであろうと、殺人・放火・掠奪・強姦が行われている戦場という修羅場において、上記のような戦利品処置命令は、公私にわたる掠奪を公認する役割を果たさざるをえない。

日本軍は天津で白河の船を押さえ、物資の輸送力を一段と強化した。天津城の陥落、水師営砲台の占領、天津停車

場の長期にわたる攻防戦などで列国軍第一の手柄をたて、列国軍から一目も二目も置かれる存在となった日本軍は、第五師団約二万の到着もあり意気揚った。日本軍はすぐ北京に向け進軍すること、日本軍が先頭に立つことを指揮官会議で強く主張した。大沽砲台戦以来、列国兵のあまりの無軌道振りに驚いた日本軍将校は、次に列国兵を内心軽蔑するようになり、更には傲慢になった。北京進撃の行軍順序をめぐって、日本の福島少将とロシアのリネウィッチ中将は会議で激しくやり合った。

リネウィッチ「第一日ハ日本軍先頭、第二日ハ露軍、第三日ハ英軍、第四日ハ米軍、第五日ハ日本軍トシ、交番先頭ニ在テ行進スル」。

福島「一国ヨリ成ル軍隊ニ在リテハ、行軍序列ノ先頭単位ヲ日々交換シ得ルモ、言語ヲ異ニシ編制及ヒ飲食ヲ同フセサル四箇国ヨリ成ル軍隊ニ於テハ、宿営及ヒ翌日ノ出発、又大行李其他輜重ヲ宿営地ニ招致スル等ノ点ニ於テ、非常ノ煩雑ヲ来スヘシ」。

リネウィッチ「聯合国ノ先頭ニ在テ行進スルコトハ一国ノ特権タルコト無キヲ要ス」。

福島「特権、不特権ノ問題ニ非ラス。元来聯合行進ノ到著点ハ通州ナリ。前述ノ如ク同地ニ集合シタル後、北京攻撃ノ方法ヲ定ムル筈ナレハ、日本軍ノ先頭ニ在テ行進シタリトテ敢テ先キ駆ケ等ノ動作アルコトナシ。余ハ行進序列ヲ日々交換スルノ弊害多キヲ思フ。且ツ我先頭ハ既ニ十粁前方ノ地ニ在リ。通州迄ノ先頭ハ勿論、日本軍ニテ為スヲ至当トス」。

リネウィッチ「然ラハ露軍ハ必ス第二ニ在テ進マン。之ニ不同意ナラハ、日本軍ノ先頭説モ亦不同意ナリ」(3)。

このような日露の先頭争いののち、日本軍の先頭が承認された。さてこうして始まった北京進軍は、先頭の日本軍が先に村落に入り、食料・家屋・燃料など皆独占してしまうので、後続の列国軍から不平不満が続出した。八月九日、英軍参謀長バロー少将は、福島少将に対して、「村落ハ全ク日本軍ヲ以テ充満シ、我印度兵ハ少許ノ薪材燃料ヲモ得ルコト能ハス。偶々之ヲ発見スレハ日本兵ノ為ニ呵叱セラレ、動モスレハ争闘ヲ惹起セントス。願クハ有無相通シテ無益ノ争ヲ避ケ、且ツ我軍ノ困難ヲモ顧慮セラレタシ(4)」と抗議した。A・S・ダゲットは書いた。

わが兵（アメリカ兵）は、ずっとこれらの野菜を手に入れることができなかった。なぜならわれわれの前方にいる一万二〇〇〇の日本軍とロシア軍が、早くも有用なもの総てを奪い尽くしており、また多くの財物が不必要な破壊にあっていたからである。ある時は総ての村が、または一部の村が焼き払われていた。またある時は燃料が少なかったので、食事を作る為に家具・門板・窓さらに一切の木製品が焼かれていた。当然、そういう事は必要な時には良いが、しかし当然絶対に必要な時に限られるべきである。日本軍の前衛は常に清人の後衛と接触した。しかし、行進の速度は決して妨げられることはなかった。途中、常に非戦闘員の清国人の死体を発見した。これらの埋葬されない死体は残されて野犬・鴉・鷹のえじきとなった(5)。

藤村騎兵軍曹の手記には、天津、北京間の行軍をしている時、自分も同僚も捕虜の試し斬りをしたことを証言(6)しているので、途上に転がっている死体は、すべてロシア軍の虐殺だとは言えない。日本将兵も虐殺から免れることができなかった。

さて、列国軍の先頭に立つということは、最大の戦利品を獲得できるということを意味していた。この戦争では、大沽以来銀でも米でも船でも総ての物は先に手に入れた軍隊のものとなったので、通州に入った日本軍は莫大な米と運搬船を手に入れることができた。通州は北京の入口にあり、大運河はここまで通じていたので古来南方から運ばれてくる米の集積地・貯蔵地であった。

我軍ハ能ク盛暑ヲ冒シ飢渇ニ耐ヘ、日々聯合軍ノ先頭ニ在テ敵ヲ追撃シ、彼ニ休止ノ暇ヲ与ヘサリシ為メ、河西務、張家湾、通州城ノ如キ要衝ノ地モ容易ニ攻略スルヲ得テ、聯合軍ノ進路ヲ開キ且ツ通州ノ米倉ヲ占領シテ五万余石ノ白米ヲ得、又楊村以北ニ在リシ船舶ハ悉ク我軍ノ手ニ落チ、其後ノ作戦及ヒ宿営ニ関シ実ニ大ナル便利ヲ得タリ。(7)

と日本軍みずから記している。これではロシア軍のリネウィッチ中将が先頭に立つことを主張したのも無理はない。列国軍はほとんど食糧の準備も完全に整えて来たのではなく、公的掠奪(戦利品・鹵獲品)を前提としていたから、どの国の軍も先頭に立ちたかった。日本軍が食べても尽きる心配がなかった五万石の米とその運搬船はさぞかし列国から羨しがられたことであろう。通州で得た物は米ばかりではない。

通州ニ於テ占領セシ米倉ニハ銀塊十二万九千四百二十五両アリシヲ以テ、之ヲ北京ニ於テ占領セシモノト合シ後送セリ。又同地ニ於テ鹵獲セシ兵器モ北京ノモノト共ニ天津野戦兵器廠ニ送付シ、米倉ニ在ル米ハ当時主トシテ北京ニ送リ軍隊ノ給養ニ使用セリ。(8)

と、巨額の銀塊と武器も手に入れた。

北京における日本軍の公的分捕りは、天津や通州のそれよりはるかに大規模だった。ここで軍隊が押さえた主要なものは、兵器・米穀・銀貨である。

八月二十日、西直門守備隊ノ発見占領セシモノハ、虎神営軍械所(瑞郡王府ノ前ニ在リ)ニ於テ、克式速射野砲十四門、同山砲三十六門(分解箱入ノ儘新器)、砲弾二百四十発、克式七糎半山砲八門、旧式野砲八十門、其他地雷、駄鞍、「モーゼル」連発銃約千挺、新式小口径「モーゼル」銃百五十挺及ヒ弾薬若干アリ。順天府付近ニ於テ八月二十日迄ニ発見セシモノハ、克式九糎砲四門、同口径滑腔砲五門、小銃百五十挺、「モーゼル」銃二百挺及ヒ弾薬若干ナリ。(9)

で、これら兵器は、九月二日から二一日にかけて通州に運んだが、運搬にたずさわった人員は約二〇〇〇人、馬約一九〇〇頭、車輛九五〇輛に及んだという。米穀については、

北京ニ於テ鹵獲セシ米ハ、総テ玄米ニシテ、東直、朝陽両門ニ在ル米倉及ヒ朝陽門東方儲済倉ニ在ルモノ是ナリ。其数三十二万石アリ（此外、清河占領ノ際同地ニ於テ若干ノ玄米ヲ鹵獲セリ）。朝陽門外ノ米倉ノ内三戸ハ英軍ニ譲与シ、十月下旬、次テ其余ヲ露軍ニ譲与セリ。此玄米ハ紫禁城内清国人ニ給与シ、鉄道修理ニ使用セシ人夫、其他苦力ノ債銭ニ代ヘ与ヘ、貧民救助ノ為メ分与シ、各部隊副食物買入ノ資ニ供シ、又若干ハ北京市ノ人民ノ飢餓ヲ救フノ目的ヲ以テ安価ニ売却セリ(10)。

と、莫大な米を他国に先がけて押さえた。その量はあまりにも多かったので、日本軍用以外のものはロシア・イギリス両軍に譲ったという。それでもまだ余ったのは北京の人々に売って金に換えた。次いで銀であるが、以前北京に住んで北京城内外の地理・状況に明るかった福島安正少将は、公使館の包囲から解放された柴五郎中佐などから情報を得て、八月一四日夜、まだ北京城が陥落しない前に、歩兵第一一聯隊の一部を率いて清朝の金庫番である戸部を襲い、列国軍に先がけて大量の銀塊を分捕った。その額は二九一万四八五六両にのぼった。これを福島は八月一七・一八の両日に日本公使館に総て運び入れた。この巨額の銀塊が日本軍に総て分捕られたことは、列国指揮官に大きな波紋をよんだ。ロシアのリネウィッチ中将は、八月一七日日本軍の一人占めに怒り分け前を要求した。

リネウィッチ参謀長「戸部ハ露国軍ノ舎営地内ニ在レハ、貴軍ニテ無断ニ物品ヲ持去ルハ其意ヲ得ス」。

福島少将「戸部ハ十五日朝、我軍カ威力ヲ以テ占領シタルモノナリ。又舎営区域ノ決定シタルハ、同日午後三時三十分ノ事ナレハ、戸部占領ニ就テハ既得ノ権利アリ。故ニ同部ニ在ル物品ヲ左右スルニ何等ノ支障アルナシ」。

参謀長「然ラハ御願致度事アリ。戸部ニ貯蔵シ在ル馬蹄銀ノ半額ヲ露軍ニ分与セラレタシ」。

福島「戸部馬蹄銀ハ日本軍カ血ヲ流シテ得タル戦利品ナレハ遺憾ナカラ御望ニ応スルヲ得スト」(11)。

こうした銀の分捕り合戦ののち、ロシア軍の将校が直接戸部にやってきて銀引渡しを要求したが、この時日本軍は銀塊の大部分を日本公使館に運び込んだ後だった。日本軍は城内戸部と順天府の銀合計二九一万四八五六両を次のように処分した。

> 九月一四日、桂陸軍大臣、鹵獲銀塊ノ処分ヲ山口師団長ニ命シ二一万四二八六両ヲ北清ノ経営ニ充テ、他ハ本邦ニ送付セシメタリ（大部ハ天津正金銀行支店ニ送付シ、預証ヲ経理局ニ送付スヘキ達シアリシモ、同銀行支店ハ大蔵省ノ命令ニ依リ受領セス。因テ中央金庫門司派出所ニ引渡スコトニ定メラレタリ）。北京ノ鹵獲銀塊ハ師団副官監視ノ許ニ之ヲ箱詰ト為シ、鹵獲兵器後送ニ引続キ九月二十二日ヨリ護衛兵ヲ付シ、監督部員監視ノ許ニ兵站弾薬及ヒ糧食縦列ヲシテ之ヲ通州ニ運搬セシメ、爾後兵站監ノ管理ニ帰シ、水路輸送ヲ以テ内地ニ還送シ、百九十二万八千五百七十一両ヲ中央金庫門司派出所ニ引渡シ、自余ハ陸軍省ニ送付セリ(12)。

北京の米も銀もいち早く日本軍の占領するところとなったのは、福島少将ら日本軍の首脳が実にぬけ目のない連中だったことによる。軍紀厳正にして秋毫も犯すなきと讃美された日本兵は、列国軍中最高の「分捕り」軍隊の兵士であった、ということになる。組織的分捕りに狂奔した日本軍の兵士のなかに、北京占領後個人的な分捕り・掠奪が急速に広がっていったのは当然であった。軍隊の掠奪は正しく、軍人の掠奪は不正であるといった論理こそ日本軍のものであった。これは自己矛盾そのものであり、たちまちこの論理は破綻し、上は将軍から下は一兵卒にいたるまで「分捕り」の亡者となった。詳しくは「馬蹄銀事件」の章でふれるが、次の松下芳男氏の一般的指摘だけを紹介しておこう。

> 北清事変後の各国将兵の分捕、すなわち略奪はずいぶんヒドイものであって、それはほとんど公然だった。中

にもイギリスの軍隊などでは、分捕品の売買までやっていたというから、泥棒市みたいなものである。……欧米各国の将兵は金銀貨、あるいは金銀塊を主としたのに反し、日本の将兵は書画こっとうを主にしたことである。参謀本部や陸軍省から、事変中あるいは事変後に中国に行った者も、多かれ少なかれ何か分捕って来たといっても決して過言ではなかったようだ。(13)

注

(1) 日本参謀本部編『戦史』巻二、二五一、二五二頁。
(2) 『読売新聞』一九〇〇年七月三〇日付、「北清戦乱通信」(第三一四)。
(3) 『戦史』巻三、二七七〜二八二頁。
(4) 同上書、巻三、三〇一・三〇二頁。
(5) 『八国聯軍在北京』一一六・一一七頁。
(6) 藤村俊太郎『ある老兵の手記』
(7) 『戦史』巻三、三五一頁。
(8) 同上書、巻四、一七四頁。
(9) 同上書、巻四、一五九頁。
(10) 同上書、巻四、一六〇・一六一頁。
(11) 同上書、巻四、一六一・一六二頁。
(12) 同上書、巻四、一六二頁。
(13) 松下芳男『陸海軍騒動史』(くろしお出版、一九五九年)。

第四章　義和団戦争と明治の言論人

第一節　馬蹄銀事件と明治の言論人
──『万朝報』連載記事「北清分捕《ぶんどり》の怪聞」の紹介──

明治末期大活躍した新聞『万朝報』が一九〇一年（明治三四）一二月一日から翌一九〇二年（明治三五）一月一九日まで五〇回にわたって連載した「北清分捕の怪聞」なる記事は、政府と軍部の中枢を直撃した大事件となった。今日われわれが「馬蹄銀事件」と呼ぶ一大醜聞事件は、この『万朝報』社が独力で発掘し公表し一大勇気をもって戦い取った「事件」であり、もしこの新聞社の告発がなかったなら、恐らく以後の日本人は知ることはなかったろうと推測される。

この五〇回の連載記事を担当した同社の担当メンバーは誰か、公表してないのではっきりとは判らないが、幸徳秋水がキャップとなり、堺利彦・内村鑑三らも関与していたものと想像される。この新聞からは特派員として堺利彦・小林天龍の二人が清国に入っているから、小林天龍もメンバーだったと思う。幸徳秋水は「北清分捕」を暴露し、政府と軍部を苛烈に攻撃する署名・無署名の記事を約一〇篇この『万朝報』や他の新聞に書いており、彼が最高責任者であったことは間違いない。堺利彦は義和団戦争（北清事変）の時、清国に渡ったが北京までは行かなかった。天津城落城まで現地で日本軍や他の軍隊の様子を見ており、このグループに入っていたに違いない。また内村鑑三も日清戦争の際には戦争を讃美し日本軍を擁護していたが、この当時は反戦論者に転向しており、この記事掲載に関係していたものと思う。しかし、この五〇回に及ぶ記事のニュース・ソースは彼ら『万朝報』の記者が自分で集めたものとは思えない。この五〇回の連載記事が、実に詳細な内容にたち入っており、しかも実名をあげて、時・場所・状況を必ず記していることから考え、大部分は実際に参戦した一般兵士の「内部告発」、または帰国した日本軍将校の掠奪品の持ち込み・陳列・売却・成金振り・豪遊等に怒り心頭に発した国民の告発によるとしか思えない。『万朝報』は連載記事の中に投書を多く挿入しているが、実は全部が告発の投書によっているのではないかと思う。『万朝報』は、もしこの記事が誤りなら、訂正を申し出てほしい、そうすればいつでも記事を取り消し謝罪すると公言して「分捕り事件」を報道した。そして実際に柴五郎中佐の場合は、全面取消を行い、逆に「柴は清廉潔白なる」日本軍人の鑑《かがみ》と太鼓判をおしたのであった。この記事を書いた新聞記者たちの自信は、恐らく無数といってよいほどの兵士と国民の告発投書のなかから、その内容が一致・共通しているから間違いない、ということから来ているのではないかと思う。各地から社に舞い込む投書の記述内容が、いくつかの投書において一致するということは、絶対に「事実」だったということになる。こうした自信が、今日のわれわれからみても想像を越える激しさと鋭さをもって、明治国家最高の権力機関・権力者を攻撃・暴露しえた所以であるだろう。大逆事件以降、日本の新聞が沈黙し、というより国民が沈黙し、逆に新聞が政府の太鼓持ちとなり侵略戦争を美化し、軍部をもちあげ、権力者と軍部の不正を黙認したのにくらべ、「北清分捕の怪聞」を書いた明治の一部の新聞記者をほめたたえねばならないと信じる。

では『万朝報』のこの反権力主義・戦闘精神はどこからきたのか。大きな流れとしては「自由民権運動」の戦いを引き継ぐ意志からきていると思う。社主の黒岩涙香（周六）は、日露戦争に際し日本の参戦支持に変わるまでは、政府や権力者に対する暴露主義的批判者として有名であった。明治三一年一月には、「名士妾しらべ」で当時の権力者ほとんどすべての妾を新聞紙上で暴露し、かれらの心胆を寒からしめた。この連載の直後、中江兆民の愛弟子幸徳秋水が記者として入り、以後堺利彦・内村鑑三・田岡嶺雲らが入社したのであった。ちなみに、中江兆民は「北清分捕の怪聞」が連載されている最中に病死した。かれの「一年有半」の戦いとともに、弟子幸徳秋水も、師以上の戦闘者となっていった。「北清分捕の怪聞」や署名入りの軍部・政府の攻撃記事によって、幸徳秋水は約一〇年ののち山県有朋、桂太郎らにより死刑となった。いや少なくともかれが死刑となる重大な要因となった。社主黒岩涙香のこの新聞は日清戦争後のわずか二年間で四万八千部から八万二千部と急増し、義和団戦争頃は日本でも有数の新聞の一つとなった。不平不満に満ちていた都市民衆ばかりでなく、地方都市居住者にも人気は高く、日清戦争後の資本主義の発展、労働運動の高揚、社会的諸矛盾の激化が『万朝報』の拡大をささえていた。

「北清分捕の怪聞」は、明治国家の自負であった規律厳正、秋毫も犯すなき軍隊という建前を泥まみれにした。日本軍隊は分捕り・泥棒・掠奪・横領・着服・強姦・強請・盗掘・墓破り・女郎買い等々の世界に転落した。しかし、残念ながら遂に政府・軍隊、他の多くの新聞・雑誌等のもみ消しにあって、結果的には真鍋斌ただ一人の監督不行届による処分で終結されてしまったのであった。この真鍋も日露戦争では復帰した。政治的には『万朝報』は勝利できなかったが、多くの人々が日本軍人の潔白といった幻想を失ったことは間違いない。この衝撃の深さは、次の満川亀太郎の回想録の一節によく示されている。「それは北清事変直後に起った馬蹄銀事件であった。軍人は皆神様のような高潔な人々であると思いこんでいた、その軍人の中に、馬蹄銀をゴマ化して私腹を肥やした者が出て来たのである。しかも嫌疑者中、第五師団長陸軍中将までが含まれているのを知ったとき、私は夢ではないかと思った。（略）軍人の中から泥棒が出た。何と悲しむべき現実暴露ではなかったか。私ははじめて社会が分ったような気がした」（『三国干渉以後』平凡社、昭和一〇年）。

「北清分捕の怪聞」は、告発した日本の一般兵士と国民と『万朝報』社の記者が合作してつくった「義和団戦争における日本軍隊」についての詳細なる資料である。最近、八ヵ国聯合軍の天津・北京等における虐殺・掠奪に関する外国人の証言などが中国で翻訳され発表されている。たとえば『八国聯軍在天津』（斉魯書社、一九八〇年）などが代表的なものである。また近代史資料叢刊『義和団』（神州国光社、一九五一年）にも多くの史料が集められている。しかしながら日本人の掠奪についての資料はきわめて知られておらず、また日本の中国史研究者も日本軍隊の行動について調査研究が不足していた。ここに紹介した「北清分捕の怪聞」は、日本軍人の掠奪をあますところなく暴露している。紙上で暴露・告発された軍人の大多数が『万朝報』に抗議もせず、訂正要求もしなかったことを見れば、「事実だった」ことは明白であり、史料的価値もきわめて高いものといわざるをえない。また、黒岩涙香と明治期の日本最初の社会主義者となった幸徳・堺らのような日本人が当時いたことは、分捕軍人の不名誉をばん回することは出来ないにしろ、われわれ日本人のなぐさめである。このような一部の日本人とかれらの闘争を誇りとし、日本軍隊の不名誉・罪悪の一部始終を改めて内外に広く知らせたい、というのが本節の目的である。

いわゆる馬蹄銀事件については、『万朝報』の連載記事以外に、他の新聞・雑誌にも多くの記事があり、それらをすべて紹介し論評を加えたいのであるが、今回はこの『万朝報』の「北清分捕の怪聞」だけを要約紹介するにとどめる。ここに引用、要約するに当たって、「旧仮名」「旧漢字」を現在の用法に改め、また「争《いか》でか」などほとんど今日では誰も読めない漢字は「いかでか」というように変えた。引用する際、句読点をほどこし、また原文は全漢字にルビが付してあるが、特に難解のものに限ってルビを残した。記事に「　」を付けた部分が原文そのままで、他は私の要約である。要約であるが出来るだけ原文の言葉・漢字を使用しており、原文のもつ迫力・語調・臨場感を損なわないように注意した。全体の五分の二ほどの分量に縮小したが、重要な事実・描写部分はほとんど漏らさなかったと思っている。私の研究、解説よりも「分捕の怪聞」そのものの方が圧倒的に「面白い」ので、論文ではなく資料紹介として発表する。

義和団事件（私は義和団戦争とよぶべきだと思っているが）には、日本からは福島安正少将を指揮官とする臨時派遣隊約三三〇〇がまず派遣され、ついで広島の第五師団、師団長以下一万数千が出兵し、天津陥落以後北京占領まで八ヵ国聯合軍の先頭にたった。日本軍隊の行動については、黒羽清隆「明治の軍隊――義和団鎮圧戦争」（『軍隊の語る日本の近代（下）』そしえて出版、一九八二年）を参照されたい。日本軍の全行動については本書第三章に詳細に論述した。

『万朝報』連載記事
「北清分捕《ぶんどり》の怪聞」
一九〇一年

第一回（明治三四年一二月一日）

「明治二十七八年戦役（日清戦争―小林）の結果、軍人の国家を視る猶《なお》自己の私有物の如く、国家の安危存亡一に繋《かか》って彼等の手裏に在りと誤解し、其専恣暴横至《いた》らざるなきの挙動は国民中常識ある者の深く憤慨して止まざる所なり。故に二十七八年の役に於ては、挙国一致四千万の同胞が声を斉しうして彼らの後援を為したるに反対し、昨明治三十三年の北清事変に関する我国の出師に対しては、同胞後援の声、二十七八年の時の如く大ならざりしなり。然り、世界列強の軍隊と連合して所謂我軍人の実力を示すべき晴の舞台に於て、同胞後援の声は実に甚だ大ならざりしなり。是れ果して何のためか。同胞の大なる後援の声に由りて、赫々の功名を博し得たる軍人は忽ちにして其功名に酔えり、又忽ちにして其勲章と年金とに眩惑せり。斯の如くにして彼等は彼等の最も卑とし、最も陋とすべき命を愛《おし》み銭を愛《おし》むの念を生ぜり。（中略）而して命を愛み銭を愛み子孫の計を為すという、軍人に取りて最卑最陋の弊風は日一日其勢を長じ来り、名を軍備拡張に仮りて同胞膏血の頭を刎ね夥《いちじる》しき私財を蓄えたる軍人僂指するに遑《いとま》あらず。同胞が彼等の心事を看破して、其専恣暴横を憤慨する故なしとせんや。清廉潔白なるべき軍人の腐敗既に斯の如し。一朝有事の日いかでか其腐敗を実現せずして止むべけんや。去年の北清事変に於て、表面紀律厳粛秋毫も犯すことなしとの美名を伝えられたる者は、実に我日本の軍隊なりしなり。従軍せる我が日本の新聞記者、亦其表面の事実のみに看て頻《しきり》に自国の軍隊を賞賛したり。然れども悲しむべし、事実は全く之に反せり。丸亀の第一一師団より派遣せられたる一部隊、広島の第五師団より派遣せられたる大部隊の、前後相帰朝するに及んで、醜悪極れる分捕問題は陸続として発見せられたり。曰く将官誰の荷物は太沽にて点検の上差押えられたり、曰く佐官某の荷物も亦然り（後略）」。本紙は首相桂太郎の事件陰蔽に反対し、調査記事を掲載することにした。

第二回　三四年一二月二日

陸軍中将乃木希典は三四年春に開かれた師団長会議の席上、部下の不法分捕を公表して厳罰に処す旨明言し、他の師団でもこのような不法軍人あれば厳重処分を行い軍紀の厳正を保持するよう提言し、他の師団長の同意を得た。のち乃木は部下の「歩兵少佐功五級杉浦幸治、三等軍吏米倉恭一郎等の本官を免じ、勲位一切を褫奪して只の素人と為したり」。杉浦少佐は、「明治二十七八年の役（日清戦争—小林）に戦功あり、之が為め功五級金鵄勲章を受けた」人物であった。杉浦は天津城陥落の際に、「清国官金の所在地を探りたる結果、二千両入の馬蹄銀六八箱、総計一三万六千両を発見した」。杉浦は部下の軍吏米倉とともに、この馬蹄銀を大倉組の広島支店長式村茂に売りさばいてもらった。式村はこれを先ず芝罘に、ついで上海に運んで売却して代金を日本に持ち帰り、五万円を丸亀支店に預け入れ、八万五〇〇〇円を帰国した杉浦に渡した。この事実が憲兵に探知され乃木第一一師団長に伝わり四月の処分となった。

（乃木はこの直後、責任を取って辞職し野に下った—小林）。

第三回　三四年一二月三日

第五師団の「不法分捕の系統は師団長より旅団長、旅団長より聯隊長、聯隊長より大隊長と、当然金鵄の章を受く可き人々に存するを以て、当局者は殊の外に喫驚し、遂に当初師団長会議に於ける約束に背きて曖昧の間に之を煙滅せんとするに至れり。此間の消息を聞きたる乃木希典はいかでか大いに憤激せざらん。彼等と共に軍人の腐敗を一掃することは到底為し能わざるの事なりと信じて、自ら請うて休職となりたり。其意気また多とすべきに非ずや。

翻って凱旋後の第五師団を看よ。師団長山口素臣、旅団長真鍋斌の室は、我国にて見るを得べからざる珍宝珠玉にて辺り眩きまでに装飾されつつあり。其以下帰来の将校富の度、出征以前に陪蓰して贅沢の生活を為しつつあり。吾人はこれより進んで其の然る所以の原因を説く可し。

明治三三年八月一五日、我軍先進隊の北京に入るや、将校以下下士卒に至るまで殆んど掠奪を為さざるは無く、一六、一七の両日最も甚だしきものありき。安南より来れる仏国兵を笑う勿れ。西伯利亜より来れる魯国兵を嘲る勿れ。印度兵を卑む勿れ。日英組人夫を憤る勿れ。此掠奪を為したる者は、軍紀厳粛秋毫犯さずと自称したる山口素臣が軍隊なりと知れ。世人も尚記憶する如く、（八月）一六、一七の両日は清国官兵皇城に拠りて発砲を継続し居り、聯合軍また余威に乗じて北京城内を騒がしたる結果、多数の人民既に難を近村の塋地に避けたる後なるを以て、思う存分に掠奪し得たりしなり。之に加うるに北京籠城者中北京の事情を熟知せる者先導となりて、王府大官邸を荒せしが故に、其間に於ける掠奪品は之を通貨に換算する時は夥《いちじる》しき金額に達せしなる可し（後略）」。

第四回　三四年一二月四日

第五師団長の山口素臣中将は日本軍の掠奪の烈しさを耳にし、八月一八日に命令を出して分捕品一切を中隊本部に集めさせ、また個人の分捕を厳禁したが、それ以後も依然として掠奪は続いた。そのため、北京の民政局に入った柴五郎中佐（義和団戦争中北京の公使館に籠城していた日本公使館付武官―小林）は怒り、第五師団との争いも生じた。山口師団長の命令が出されると、各部隊では分捕品を急いで売却し金に換えた。衣類はかさばるので処分に困り、売れ残った物は一九日から二〇日にかけて日本軍管理下の北京城内の各所に棄てられた。道路の側溝などに山積みされて棄てられている衣類が見られた。

第五回　三四年一二月五日

日本公使館に籠城していた杉幾太郎・岡正一の二人は不正を行った人物である。杉は明治二十七八年戦役に従軍新聞記者として朝鮮に渡り、友人から頼まれた通信を無理に遅らせるといったずるい人間である。かれは北清事変の際も北京に渡り北京陥落直後「我軍隊の為め清国政府戸部の倉庫発見の嚮導を為し、其報酬として少なからぬ馬蹄銀を受取った」人物である。岡は剛毅の邸内に入って物品を盗み、千両入りの馬蹄銀数箱を自分の北京の宿舎に運び込み、陳列して人に見せていた。

「掠奪又掠奪。此間に於ける大頭の将校等が為したる挙動は如何。一旦分捕厳禁を発したる山口師団長、之に随う真鍋、塚本両旅団長及び粟谷、竹中両聯隊長以下、流石《さすが》に表面を粧い居れど、其底を割れば掠奪の上前を刎ねたるなり」。かれらは部下が分捕したと見るや「軍人の体面を汚したり」と称して取り上げ、「悉く大頭株の間に分配した」。

（岡正一はのち「その事実なし」と『朝報社』に訂正を求め、自分は戸部に軍を連れて行ったが一銭も掠奪しなかった、と弁明し、その旨『万朝報』紙に掲載された―小林）

第六回　三四年一二月六日

山口師団長が禁令を出した直後は掠奪は一時減少した。しかし、九月になると一部の支那人を利用して掠奪物品をすぐ金に換える風潮が盛んとなった。日本軍が北京に入ってまだ五〇日にならぬのに、「我兵士中、少なくも百円乃至五十円の貯金を持たざるものなき」有様となった。ある兵士の如きは掠奪品を売って「大倉組振出八百五十円の手形を所持し居れり」と、大金持になった者も出た。「十月下旬に至りては、一兵士にして三百円の貯金を有する者敢て珍しとするに足らず」状態とさえなった。

（当時、日本兵士の手当は極めて低く、一日四銭五厘であった。荒畑寒村『平民社時代』によると明治三六年頃の職工の平均日給は男工三一銭、女工二〇銭であったという―小林）

第七回　三四年一二月七日

軍の監督部・監理部は「相場師的事業」をやった。というのは、彼らは最初に、日本紙幣一円は北洋銀貨など外国貨幣一円二〇銭に換算するという「相場」をつくる。そして、支那人より買い入れる商品について、北洋銀貨一円の物品は日本紙幣一円の価格に相当するものとして帳簿をつくる。その差額を私腹に入れるのである。監督部長陸軍一等監督坂田厳三、監理部長歩兵少佐小原文平及びその副官らが「大倉組及其他二、三の奸商」とぐるになってしたことである。監督部の不正と出鱈目により日本軍が実際に占領した戸部の銀の内三分の一が紛失してしまったということである。

〈社論〉陸軍の大汚辱　三四年一二月八日

「我が陸軍は侮辱されたり。彼等自身の手にて侮辱されたり。是れ豈咄咄怪事にあらざるや。（中略）廿八年第一軍司令官山県（有朋）義州にあり。遙かに第一師団長山地の旅順口に於ける虐殺の報を聞き〝仁義を始終せんとする此の戦役に汚点を印するは是也。山地、何ぞ心なき振舞するぞ〟と言い、痛恨涕《なみだ》を揮えりという。虐殺と分捕と孰《いず》れが軍隊の汚辱ぞ。孰れが国の不名誉ぞ。山地を怒れる山県、今《いま》山口（第五師団長）を怒らざるは何ぞ。怒って其の処分を促さざるは何ぞ。嗚呼、彼れもまた元帥の栄位に居て、其の長州人たる山口を曲庇するか」。もし、山県首相らが分捕将軍らを処分しないならば、「明治の歴史に一大汚痕を点ずるに等しき也。国民は竟に政府を責めざるを得ず」。

第八回　三四年一二月八日

「砲兵大佐永田亀《ひさし》が統轄せる野戦砲兵第五聯隊は世人も尚《なお》記憶する如く、北京攻撃の際其聯隊全部五四門の砲を以て、朝陽・東直両門を蜂窠の如くにしたる有名の部隊なり」。永田は分捕の目的のため第一大隊を通州に引き揚げさせた。第一大隊の池田少佐は通州の大富豪の邸宅に住んだ。「其邸宅、其財宝の壮麗豊富なる北京の王大人位の人なる可し。池田少佐はここに来たりて何を為せし乎。其部下をして富豪の邸内より大理石、唐木、玉、馬蹄銀、衣服等苟くも金目の物と見れば片っ端より之を持出させて用意の車に積み込ませたり。（中略）斯くて財宝全部の積込み終るや、兵士中の病者傷者、軍隊必要の物品等北京に輸送すべき最急のものあるにも拘らず、是等は一切後廻しと為し、右の掠奪品を車四十輛に積み即日悠々として北京に引揚げ、掠奪品中貴重の品は、之を聯隊長永田亀に献上し、其他は悉く売却して金に代え、第一大隊の将校兵士挙げて其腹を肥したり。（中略）後我兵站部は四十輛の車に掠奪品を積みて軍隊必要の事を後にしたるを聞き、永田聯隊長に厳談する所ありたれど、永田は只顔を赧《あか》らむるのみにて判然たる答を為す能わざりしという。何処を推せば清廉潔白秋毫犯さずなどという言句が出ずるにや」。

〈一般記事〉一二月八日〈分捕将校の処分〉

「第五師団将士の北清に於ける分捕事件に対し、長州藩閥の軍人政治家輩は、師団長山口素臣が同閥なるよりか其の処分に躊躇し寧ろ之を揉み消さんとする心あれど、参謀本部及び陸軍省の若手連は賞罰を明らかにして軍隊の名誉を保つため断じて処分すべしと唱え、此の説漸く勢力を加えつつありという」。

第九回　三四年一二月九日

北京城内の南兵馬司に刑部侍郎景澧の大邸宅があり、この邸内に日本軍は第一野戦病院を置いた。院長の三等軍医正柴岡又太郎は、この景澧宅の宝石・高級置時計・絹布・玉・筆・墨などをごまかして私腹に入れた。その後、邸内の井戸や石炭のなかから大量の馬蹄銀を発見し、半分を順天府に引き渡し、残りは着服してしまった。

第一〇回　三四年一二月一〇日

第五師団長山口素臣は、この柴岡軍医正の不正を知り、本年一月三〇日、とつぜん第一・第二両野戦病院の場所の交替を命令した。しばらくして景澧の邸宅に移った第二野戦病院長細野見勇のところに、第五師団参謀長になったばかりの永田亀が視察に訪れ、第一野戦病院のものが景澧邸で金銀・骨董を不正着服したかどうか調べた。その結果、第一野戦病院の柴岡軍医正以下、古市軍医・郷軍医・高岡軍吏の四人は、陸軍大臣名で軽い処分を受けたが真実の多くはもみ消された。

第一一回　三四年一二月一一日

「天下の人、眼前区々の小問題の為め齷齪《あくさく》たる今日に於て、我社が軍人輩の腐敗を廓清せんと企図しつゝ連日の紙上に続載せる記事が、如何に第五師団の山口素臣以下を狼狽せしめたるかは、日に幾回となく編集局に舞い込み来れる投書に由りて知ることを得可し」。

〈投書〉分捕問題記者足下　白衣縮生

「北清分捕怪聞最初より通読罷在候処、実に国家前途の為め痛憤に堪えざる次第にて、今日に於て一大決断を以て彼れ山口輩以下部隊長等の悉くを誅罰し尽さずんば、東方君子国も其前程実に思い遣らる可く、ましてや心ある者は其子弟をして陸軍出身たるを厭忌するに至らしめ、義務兵役者の如きに至っても尚一層の嫌忌を起さしむるに至る可しと深く痛心の至りに堪えず候」。広島方面の知人よりの手紙によれば、「山口以下の吃驚狼狽一方ならず」珍貴財宝を売り隠すのに狂奔しているとのこと。彼らは「此度の問題を世上に流布せしめ、材料を供給したのは杉浦少佐或は神保少尉、古市軍医、郷軍医、高岡軍吏等の廃官者の犬糞的仇返しか、或は論功行賞の結果己れの予想通り行かぬ奴共の、別けて予備後備役に在るもの等の所為ならぬやなどと百方手を配り、彼等醜輩仲間にても互いに睨み合を為し居ること実に女児にもあるまじき陋態なり」。山口らは「一日も早く秘密漏洩者を発見して」復讐しようと憲兵などを使って嗅ぎまわっている。「山口をして一日師団長の地位に在らしめば、一日だけ日本の陸軍を腐敗せしめ、人の子を誤らしむるものと存候」。

第一二回　三四年一二月一二日

「砲兵大佐永田亀が野戦砲兵第五聯隊長として北京城安定門外の地壇に舎営し居たる時、一個の鐘を発見して掠奪したり。鐘は径一尺二三寸、高さ一尺五六寸あり。之を敲《たた》けば一種言う可からざるの響を発す」。この鐘は黄金四分、銅六分の珍宝であった。この鐘を皇室に献上したいと、永田亀は言った。それを聞いた山口師団長らは、第五師団の名儀で皇室に献上しようと言い、永田から取り上げようとしたので喧嘩となった。そうこうしている内に帰還することとなり、その鐘は今、広島の第五師団本部に置かれている。

日本軍は通州でも珍宝の鐘一つ発見し、調べたところ金四分、銅六分の成分で、北京の鐘と同じ貴重なものであることが判明した。この所有権をめぐって、大隊と中隊（発見者）の争いとなった。そのうちこの鐘は行方不明になってしまった。

さて、今年の八月に帰国した山口師団長のところに、約一〇万円の値打のある鐘が届いた。それは通州で見つけた例の鐘と寸分違わないもので、誰かが山口師団長のところに進呈してきたのである。さて、この鐘を師団長はどうされたか、お聞きしたいものである。

第一三回　三四年一二月一三日

天津の守備隊として天津に留められた歩兵少佐杉浦幸治らは、天津と通州間を上下する白河運送を利用して、通州から金銀財貨を運んできては、こっそりと水師営の側《そば》の侯家後で陸揚げをして売り払った。天津駐留の日本軍将校らは、金を出し合って通州から金目《かねめ》のものを仕入れては売り、さらにまた通州で金目の物品を掠奪するため資金を出し合った。

また、日本将校は、分捕り銀貨を日本貨幣、つまり日本軍用銀貨に交換して分捕の証拠を消してしまった。「天津に在留せる総ての部隊の将校は、分捕銀貨其他を以て軍用銀貨に摺換《すりか》え、軍用銀貨は将校内で着服」していた。

第一四回　三四年一二月一四日

第二野戦病院を置いた朝陽門外東岳廟において、院長の細野見勇は「廟内に在る貴人の棺槨を発《あば》き、棺中に在る高貴品を掠奪した」。細野は篠原・木村の両軍医とともに看護卒に命じて貴人の墓一つを暴《あば》き、黄金の腕輪、世に珍しき宝玉その他おびただしい数々の貴重品を盗掘したのであった。下士卒もそれを見ならって幾十もの棺槨を暴いた。

第一五回　三四年一二月一五日

山口素臣は、この滔天の罪悪をなした第二野戦病院を北京城内の什錦花園の太僕寺卿傅良の邸内に移すことを命じ、自ら東岳廟を検分しにいった。細野も「棺槨発掘の一事は一大悪行」であるという自覚があったので、発掘した棺を元通りに見せようと百方相談して糊塗に狂奔した。山口は書画や家具がことのほか無事なのを見て安心して帰ってしまった。

第一六回　三四年一二月一六日

去年の冬、清国から帰還した兵士が多大の金品を持ち帰ったので憲兵の目についた。よろしくない情報が北京に伝わると山口素臣は、「本年一月中旬大急ぎに各部隊長を司令部に召集し参謀長永田亀とともに」、軍紀の頽廃を強く批判したが、「今更何《いまさら》というても仕方無ければ送金額に付《つき》、言訳の立つ様工夫為し置けとの意を洩したり」。

本年二月中旬、『朝鮮日報』の特派員国友光顕が山口師団長を訪問したとき、山口は次のように言ったという。世間では自分が己から手を下して掠奪したように言う者がいるが間違っている。第一一聯隊の中隊長から、この四五百目《メ》の馬蹄形の金塊をもらっただけである。これ以外に本国の山県大将（山県有朋）より、五、六万円の書画骨董類を購入してくれるよう頼まれ買いととのえただけである、と。記者としては、五、六万円の高額の書画骨董をどうして山口が買ったかはここでは問うまい。

いま陸軍内には山口素臣処分について二つの派が対立しており、その内長州閥は「監督不行届」のもとに山口を辞職させようと考えている、ということである。

第一一七回　三四年一二月一七日

細野見勇は、絹布及びその他珍宝の大半を日本に秘密のうちに送ったが、金の腕輪・金塊・銀塊など大半は北京で売って銭《ぜに》に換えた。そのため、「貧乏士官が一時に金の出来たる為、身分不相応の物品を所持せんと欲し、相会する毎に帰朝の上何を買う可し、蚊《カ》を調う可しなど語り合わぬは無く、中には北京駐屯中日用品と称し掠奪の馬蹄銀を以て数多くの銀瓶・茶托等を作らしめ、或は夏服の鈕を作らしめたるもの幾人なりと言うを知らず。又金の腕輪にては、指輪・時計の鎖等を作らしめ、平然として帰朝したり。故に人若し其証拠を知らんとならば、石見国浜田に赴きて去年出征せる彼等の私宅に就て見よ。彼等の家には不相応なる銀瓶、銀の茶托の陸続と現れ来りて訪問者の前に陳列さるべし。而して細野見勇が左も重そうに胸間に懸け居る純金の鎖は、実に彼が東岳廟にて発《あば》きたる棺中の死屍に付着しありし金の腕輪の化身なり。穢しきの限ならずや」。

第一一八回　三四年一二月一八日

砲兵大佐の永田亀は、明治二十七八年の役に野砲第五聯隊の第三大隊長として戦功ありとされ金鵄勲章を授けられた。この永田はかねてから広島の御用商人原信一と仲がよく、親類の一人を熊本からよびよせて原の店に入れ多くの利益をむさぼった。この原商店は北清事変の際にも渡清し、野砲第五聯隊の酒保をことごとく引き受けた。これ以外にも、永田は熊本の親類より父子二人を清国につれて行き掠奪の手先にして互いに金品を儲けたのであった。

〈投書〉一二月一六日　於東京一士官

北京で福島安正・青木宣純・柴五郎の三人が、たまたま山口師団長の名で故郷の留守宅に送ろうとした荷物を調べたところ、中から金銀珠玉がころがり出たことがあった。三人は山口を問いつめた。山口は誰かが自分の名前をかたってやったことだと弁解し部下を叱りつけてごまかしたということである。

第一九回　三四年一二月一九日

砲兵大佐永田亀につき従った親類の父子は、天津で手に入れたものを運んで兵士に売りさばいて大儲けをした。また通州では五〇銭で手に入れたビールを知らぬ顔で同じ通州にいた日本兵に一円で売ったという。

第二〇回　三四年一二月二〇日

北京では、山口師団長以下各部隊長の「巡視」がひんぱんに行われた。目的は兵隊の給与や衛生の問題を調べるためではなく、「目星しい物品のあるや否や」を検査することであった。兵士の荷物を検査し、珍貴なものがあれば取り上げた。例えば、山口は第二野戦病院となった景澧の邸宅に行き、院長の細野見勇と会った。かれは、景澧が居間にしていた部屋に坐り天井を見上げると、かつて見たこともない「洋燈」があった。山口は欲しくなり、それを持ち帰った。このあこぎな行為に怒った邸内に働く支那人が、「忘八大人」と最大の侮蔑の言葉で嘲った。

〈投書〉一二月一八日　在京一士官

侍従武官長岡沢精は、天皇の命令で軍隊慰問のため清国に渡り山口師団長と会見した。それ以後、山口はにわかに「掠奪心」を増大させた。岡沢は山口と相談して六百行李《こうり》の荷物をつくり「宮内省御用」として日本に送った。そのため憲兵もこの荷物に手をふれることができなかった。六百個の行李は帰国した岡沢の手元までは届いたが、その後この品物がどこに行ったか不明となった。

第二一回　三四年一二月二一日

「上は師団長山口素臣より下は兵卒の輩に至るまで心を掠奪のみに傾けたる結果、真成の日本人が最も尊重する書籍類に至っては、曽つて一人の手を出したるものなかりき。戦乱当時及び其以後に於て北清に遊びたるの人は如何に多くの書籍が道塗に遺棄せられ焼燬せられ居たるを知らん。而して遺棄せられ焼燬せられ居たるは其の一部分のみ。大抵は尻拭紙《しりふきがみ》となり、各営中燃料の代りとなりたるなり。(中略)彼《か》の景澧が邸に蔵しありし幾万巻の書の如きは遂に一冊をも留めざりしと言う」。しかし例外もあり、一兵士は「八旗書院」の書物を大切に保管したため、のち清国の大官より大変感謝されたといわれている。これなどは「糞土中の珠玉」とも言うべきことであった。

第二二回　三四年一二月二二日

去年の冬、天津の守備隊に帰還命令が出ると、将兵は銀・珠玉などを売り払って銭《ぜに》に換えた。また大沽運輸通信部司令官瀬名大佐以下は、兵卒が本国に送る荷物を検査し、珍貴なものがあると没収し、実は自分で着服した。

〈投書〉深川区在住　MN生

私が知っている最も激しい掠奪行為をはたらいたのは「山口屯在歩兵第四二聯隊である」。とりわけこの聯隊の成川・国弘の両大尉の掠奪はひどく、かれらは「分捕隊長」とよばれた。また現在陸軍大学校にいる「大尉東正彦の如きは、部下の分捕金を引浚って倉卒帰国、平然として知らぬ顔の半兵衛を極め居り申候」。また帰国後、最も多く分捕り品を隊長に献じた者だけが金鵄勲章を授けられた。

第二三回　三四年一二月二三日

北京順天府に居た商人片山卯三郎は、日本軍の分捕米の払下げを受けていた。かれは日本軍が引き揚げたのちも北京に留《とど》まり、北京と天津の二ヵ所に店を開いた。そこで売っている品物は真鍋斌・粟屋幹・小原芳次郎ら高級将校が部隊から「公然買受けた」ものが多かった。ところが、今年八月憲兵が天津の商店にきて、これらの品物は掠奪品の恐れありとして封印し、片山を連行して日本に強制送還してしまった。片山は真鍋・粟屋・小原に依頼して身元保証を得てやっとのことで封印を解《と》いてもらった。

〈投書〉広島住人

「拝啓、御連載の分捕記事は特に広島地方民人の驚き甚しく、軍人の腐腸を慨し申候。去一七日彼の停職軍医古市馬三郎懇親を求むる為とて病院職員、開業医師等五、六〇名を当地春和園に招待せし処、臨席せしものは世の中を知らざる老医僅かに二人ありしのみ。主客共に言葉なかりし趣にて誠に痛快の事に御座候間、御一報申上候草々」。

第二四回　三四年一二月二四日

柴岡又太郎は景澧邸内の井戸から銀を発見し、その一部「一三万両《テール》だけを警務衙門に引き渡した」。この金を「警務衙門の機密費」として手元に置いたのが、東海散士の名で文名をはせた軍人柴四郎の弟五郎（日本公使館付武官として北京籠城戦を指揮、砲兵中佐――小林）である。ところで、今年の初め英文の手紙を持った一人の男が、香港上海銀行の北京支店に来て日本に金《かね》を送った。その額は六万円とも八万円ともいわれ、例の金を柴が着服したものらしい。かれは帰国するやすぐ麻布に土地を買い、その上に家を新築した。「令名を博せる良将校にして尚《なお》此事あり」。日本軍人の腐敗は極まれり。

（この柴五郎中佐に関する記事は、柴の抗議と釈明により間違いであることが判明した。『万朝報』紙は、一二月二六日付「分捕問題の怪聞」の記事のなかで全面的に取消した。それによると、柴の名儀で香港上海銀行にした預金は、山口師団長・福島少将と相談した上で臨時に柴の名前を借りてした公金である。柴はこの預金には全く手を付けず、帰国の際後任者に全額引きついで帰国した。麻布に買った土地と新築した家屋は、長い海外勤務中の俸給を全額銀行に貯金しておいた総額六千円を当ててつくったものである。『万朝報』の記者がその通帳などを確認し、柴中佐の疑惑はないことが証明されたと。この訂正記事によると、柴五郎の妻は谷干城の娘であり、柴の俸給は妻の実家で管理していたこと、土地の斡旋は頭山満が行ったこと等々のことも判明した。『万朝報』は柴五郎の潔白を証明し、ついで「北京駐在中、清廉潔白真に日本帝国軍人たるの名誉と威信とを全とうしたるは、福島安正、柴五郎、青木宣純、由比光衛の四人のみなり」と書いた。―小林）

〈投書〉牛込に於て　退役将校

「前略此度北清事件の師団長山口素臣以下の罪悪を拝読致し実に狂せん許りに驚愕致し候（後略）」。

第二五回　三四年一二月二五日（この回は投書のみ）

〈投書〉一二月二一日　在姫路　大和魂ある一武官

侍従武官長の岡沢精は、旅団長として姫路にあるとき、骨董品に実に汚ない人物であった。この度、北清より振天府に献納すると称して内地に運びし六百行李の荷物も、行方不明だということであるが、恐らくかれがその仲間と山分けしたのであろう。「読者若し此不正品の行衛《ゆくえ》を詳細に探訪せば、山県、桂、寺内輩《ばら》が何故斯る偏頗の持論を有するやを知るを得ん乎」。

第二六回　三四年一二月二六日

「師団司令部は監督部、管理部等に命じ、其宿舎に在る紫檀、黒檀の大卓子、鏡等悉く之を荷物として広島に送った」。ところが分捕事件が表面化すると、それらを宇品あたりの倉庫に隠してしまった。

第二七回　三四年一二月二七日

第五師団の監督部・整理部の将校らは金を着服し、また連日酒を飲んで騒いだ。かれらのあるものは御用商人と結託して米を横流しした。北京の南米倉では上等米五千石がいつの間にか消えてしまった。米を積み出すどさくさにまぎれて横流しをしたのである。またかれらは支那商人から物品・食糧を買う時、実際より倍か三倍の額面のニセ領収書を作らせ差額を横領した。

第二八回　三四年一二月二八日

「東岳廟で棺槨を発掘した輩が、参謀本部、陸軍省でしきりに弁疏を試みている」とのことである。それで「彼らの罪悪を確めるため」更に続ける。

長沢三等軍医正は今年の二月、軍医部必要の書類・参考品という名目で夥しい荷物を日本に運び込んだ。実はこうして掠奪品を戦地の軍医達の依頼で運んでやったのである。

細野見勇は景澧の邸内にあった、日本ではお目にかかれないほど豪華な大時計を盗み出して、石見国浜田にある自宅に持ち帰った。

第二九回　三四年一二月二九日

細野は前回記した大時計を日本に持ち込む際、それを入れた箱に赤十字のマークを付け、衛生材料であると記してごまかしたのである。

さて、真鍋少将と兄弟の如く親しい山根少将は先日小田原の小伊勢屋で或る人物と会い、分捕事件もみ消しの相談をしていた。

第三〇回　三四年一二月三〇日

「今日より徐々に大頭株に及ぼす可し」。真鍋は粟屋幹と謀り、掠奪品を入れる木箱を沢山つくらせたが、それでは足りず、あろうことか弾薬箱から弾薬を取り出し、この箱に金銀など貴重品をつめたのである。また少佐江口昌条は、この真鍋や粟屋から分捕品のおすそわけをしてもらった。

第三一回　三四年一二月三一日

真鍋は厖大な量の金塊・銀塊を広島の御用商人保田八十吉に預けた。それから真鍋は急に金持となり、広島の料屋で連日酒と女にうつつをぬかした。真鍋は懐中が暖かくなり、「これより一種の戦争が開かれたり。戦場は広島の春和園或いは溝口其他の酒楼なり。（中略）昨日は梅花に戯れて今日は桜花に溺る。其連日酒色の間に健闘するの状は殆んど形容するの状を知らず」。この真鍋におもねって同じく遊んだ連中に、真鍋は金鵄勲章を申請した。かれは

「天地の容れざる大不忠大不義の臣に非ずや」。

第三二回　明治三五年一月一日

「読者諸君、吾人の当然慶賀すべき新年の劈頭に於ても尚忌むべき憎むべき醜軍人共の非行打撃を継続するの巳むを得ざる責任を有する者なり（後略）」。

〈投書〉昨一二月三〇日　本郷一士官

「山口醜団長は子爵にて其掠奪の功は金鵄勲章下賜相成候共、小生国民の意向にては下賜の儀は禁止勲章と為し、子爵は昇叙して剝爵にせられ、後来軍人の見せしめの為め掠奪者褒賞の方法を定められんことを希望に堪えず候」。

〈投書〉

清国で鉄道敷設をやっていた中野鉄道隊は、多くの分捕をやり珍品をもち帰り、あるものは自慢して自宅の庭などに陳列していた。

第三三回　三五年一月二日

第五師団参謀の大佐石橋健三は、野戦病院に入院し、この病院長の細野見勇と共謀して掠奪品の一部を着服した。参謀長となった永田亀は他の下級将校と謀り、通州で掠奪をやって馬蹄銀約五千両を内地に秘かに送ろうとした。しかし大沽で発覚しそうになったが、顔をきかしてごまかした。また第一聯隊第一大隊長の林仲之助少佐は、帰朝後にわかに富豪となった。かれは広島の酒楼を飲み歩き、ついに一三、四歳の半玉三人を強姦した。あやうく刑事被告人になるところであったが、一人につき三百円ずつ支払ってもみ消した。

(右の記事中、大佐石橋健三に関する部分のみ『万朝報』はのち取消した—小林)

第三四回　三五年一月三日

山口師団長は東京神田の土木請負業者森清右衛門と結託していた。森は山口に依頼して二度渡清し、軍から分捕米を払い下げてもらい、数万円にのぼる暴利を収めた。森はその上、山口師団長以下が掠奪した金塊・銀塊・馬蹄銀・貴金属・宝玉類・絹紬類・緞子など値にして数十万円にのぼる品物を、自分のものと偽って日本に輸送した。森はそれを売却し、一部は外国人にも売って大金を手中にし、山口らと山分けにした。

第三五回　三五年一月四日

福島安正の副官菅野大尉はなかなかの悪党で、分捕銀で隊の費用を賄っていたが一部を着服し、その額は数十万円にも達した。掠奪の結果、日本軍の将校は下品となり、特に衛生部のものは毎日博打で遊ぶようになった。ある下士官は荘親王府の仏壇にあった純金製の仏像を盗んだ。

〈投書〉前兵卒慚愧生

私が三三年に北京に遊んだ時、友人の支那人が次のような自作の詩を私に見せた。「此詩の事を思い出せば、渾身冷汗湧くが如くにして何とも申し難き感に打たれ候」。

自称君子国、士品挪蛮風、明火師団下（強盗俗謂之明火）、汚行医院中、名聳忘八漢、財殖没三公（没理、没徳、没情、俗謂之没三）、漫説膺懲事、靦然意気雄。

第三六回　三五年一月五日

天津や山海関の守備を命じられた部隊は、友軍が北京で掠奪し金持になっていることを知り羨ましくて仕方がなかった。そこで、部隊長に頼んで、二、三日北京に出張させてもらい、「掠奪品の強請」をやり、いくらか分けてもらった。足りないと寺などに入って泥棒までやった。それを聞いて他の兵も、我も我もと北京に出かけた。

〈投書〉周防　一在郷兵

「小生儀は北清従軍の一兵卒にて、一個年の星霜を暗黒世界裡に相暮し候ものに有之。常に我武士道の頽敗と社会制裁力の衰微に心細く感じ居り申候。幸に貴紙の烱眼あり大いに人意を強う致し申候」。

第三七回　三五年一月六日

歩兵第二一聯隊の聯隊長竹中安太郎大佐は掠奪した時計を部下に修理させ、それが遅れたといって部下を処罰した。同聯隊の第二大隊長西山敏少佐は、弾薬箱の中に銀塊をつめて大行李をつくって日本に送った。彼は金の延棒を継録の邸内より掠奪し副官と山分けした。また彼は、「大隊長の権威を以て衛兵に命じて連夜其醜業婦を営内に引来らしめ、獣慾を恣にしたり」。

〈投書〉備後の住人

柴五郎中佐は清廉潔白の人也。

第三八回　三五年一月七日

砲兵臨時弾薬大隊は通州の寺院で純金の香炉を盗んだ。それは三万円ほどの価値あるもので、この大隊はそれを支那商人と相談して日本に持ち込みやすく且つ分配しやすい古書画数十枚と交換してもらった。

〈投書〉三四年一二月二五日　広島質問生

第五師団長山口は疑惑に答えよ。「君速《すみや》かに書を同紙（『万朝報』）に寄せて以て君の公明正大にして叨《みだ》りに聖恩を辱うするものにあらざる所以を明らかにせよ。（中略）君若し生の要求を容るゝの勇なくんば、天下君を称して糞土と為すあらんも、君遂に以て答うるの辞なけん。敢て天下の同胞に代って問う」。

第三九回　三五年一月八日

山口の歩兵第四二聯隊の大佐渡辺章は、北京で純金製の鶴の置物四個、純金の棒若干、緞子数百反を掠奪した。鶴の置物は二尺ほどもある大きなものだったので、一人占めするのが怖くなり、一つは第二一旅団長の塚本勝嘉に献上した。その他は山口市の自宅に送った。近所の人々は山のように集まってそれらを見物した。その後渡辺は家を新築し、その中の一室に掠奪してきた品々を陳列したが普通の人々には見せなかった。

〈投書〉一月六日　山口在郷軍人総代

戦時中、下士卒以下のものは分捕品を日本に持ち帰ることが出来なかった。それで、一般兵士は皆分捕品を隊長に差し出した。隊長はそれを私腹に入れた。「渡辺章の如きは全く泥棒の遣り方なり。之を処分せざるは如何なる理由なりや。清廉なる我々如き軍人に於て同一の評を受くるは憤慨に堪えず。之を不問に置く陸軍は暗黒世界と云う可し。感慨の余《あまり》落涙するを覚えず」。

第四〇回　三五年一月九日

広島の溝口阿柳なる旅館は、佐官以上のものが女遊びをするところで、真鍋斌も常連だった。「溝口方の客室の床の置物及び懸物等皆支那の貴重品なり。（略）抑《そもそ》も此溝口阿柳なる旅館は掠奪の隊長連、即ち佐官以上の人が毎夜の如くに遊興を為す一大魔窟にして、例の醜団長真鍋斌閣下が醜業婦を相手に其老腕を揮う所も亦た此屋なり」。

第四一回　三五年一月一〇日

「読者よ刮目して本日の記事を読め。不正の分捕は啻《ただ》に醜陋極まる軍人共《ども》のみならず、在北京の我公使館に於て全権公使西徳二郎を始とし、時の一等通訳官鄭永邦等が不幸なる戦死者の遺物を着服したる、言換《いいかえ》れば窃取したるの一大罪悪あるなり、即ち左の如し」。北京公使館に籠城したもののなかに外交官補児島正一郎がいた。彼は「代議士児島惟謙の子にして、事変前新たに赴任したる前途多望の外交官なり。正一郎の戦死するや其遺骸は荼毘に付せられ一片の白骨となり」帰国した。しかるに、正一郎の遺物は一片も到着しなかった。「父の惟謙は如何なる故かと怪しみいたるに、金時計は西徳二郎の胸に輝き、外套は通訳官鄭永邦の身に纏われ、最も愛しいたる猟銃は一兵卒の肩に掛り居れる事を発見せり」。父惟謙は怒り詰問の書を西に送ったところ、「顔色土の如くに変じ」次のように弁明した。「北京に在る間我時計の破損したるを以て一時故正一郎君の遺物を拝借し居たり誠に以て相済み申さず」と。堂々たる帝国の「公使たり枢密顧問官たる者にして市井の草賊と択ぶなきの挙に出ずるに至っては吾人復《また》言う所を知らざるなり」。猟銃を持っていた一兵卒は、鄭永邦よりもらったもので正一郎氏のものとは知らなかったと弁解した。「鄭永邦が故正一郎の外套を窃取して之を纏うさえ既に陋劣の極みなるに、更に其遺愛を窃取して之を他人に与うるというに至っては、曽《かつ》て売国奴の汚名を博し得たる鄭永寧の子としてならばイザ知らず、苟《いやしく》も公使館の高等官としては実に言語同断と言わざる可らず（後略）」。

第四二回　三五年一月一一日

「不正分捕を敢てしたる醜将校の中に於て最も巧妙に最も秘密に今に至る尚《なお》世人を瞞着し居るものあり。在広島工兵の大隊長たる馬場正雄ならびに其部下二三の将校」がそれである。かれらは通州に入ったときある豪商（質屋）に宿泊し、同家の絹紬・金銀時計・宝玉類を掠奪した。北京でも諸所を捜索して銀塊・宝玉類を集め種々の方法で広島に送った。成金となった馬場は「花柳の巷《ちまた》に豪遊し、或いは妾をも貯《たくわ》えて独り肉体の慾を充《みた》しつつあり」。隊長がこれであるから部下の大尉・少尉も銀塊・緞子を盗んだ。また馬場は上原工兵監が東京から巡視に来たとき取り入って大佐に昇進した。

〈投書〉在東京　一武官

世人のなかに聯合国中日本だけが分捕将校を処分すれば世界に恥をさらすことになると言うものがある。「何たる囈語《げいご》ぞや。由来真理の外に真理なし、道理によりて人を罪する何の不可あらん。(中略)明治政府にして山口以下の醜類に勲位剝奪以上の処分を為す能わざれば、第二の〇〇は遠からず現れ来る可し」。

第四三回　三五年一月一二日

第五師団の腐敗世上に現わるるや、帝国党員小谷亀次郎・杉浦春三郎ら一〇余名は、次のような書を広島の山口素臣に送った。『万朝報』等が閣下の不正を暴きたてているが、真実を話していただきたい。以下の三点を要望します。「㈠面会の栄を賜いて予輩の疑団を解れんこと。㈡讒者《ざんしゃ》の誣妄捏造に出ずる者ならば、予輩閣下の為に其寃を雪《そそ》がん。㈢浮説に対し何を以て弁明せざるや」。以上の質問書を帝国党員が送ってからすでに二〇日以上も経過するのに何の返事もない。一将校が昨日我社員に、これだけ事件が明白なのに処分をしないのは当局者まで腐敗しているかいくじがない証拠である、陸軍部内の閥族の故だ、陸軍を改革しなければならぬ、と語った。

第四四回　三五年一月一三日

北京城内の景澧の邸内を荒らした第一野戦病院長の柴岡又太郎は従犯で、実は「其大々的張本人は負傷入院せし歩兵第四二聯隊長大佐渡辺章（今は少将に昇任し旅団長として久留米に在り）」のようである。渡辺は入院して景澧が邸の「広大にして装飾品の美麗なる、殊に金銀珠玉の燦爛たる有様に垂涎し」甘き汁を吸おうと考えていたとき、丁度真鍋と粟屋の二人が見舞に来た。渡辺はこの両人に相談して金銀財宝を窃取する相談をした。かれは家主の景澧を呼びよせて、金塊五〇個をくれないとロシア軍の宿舎に換えるぞとおどした。景澧は驚愕して金塊三二個（一個は我七百八十円に相当す）を持参し、「渡辺の前に差出し、頓首九拝して露国軍隊と宿舎の交替なきよう哀願した」。

〈投書〉一月一〇日　児島惟謙

先日の記事について訂正を申し入れる。㈠西徳二郎が息子の時計を一時拝借していたのは事実だが、当時借用の旨伝えてきており、また帰国直後に返却している。㈡鄭永邦が息子の外套を着用しているや否や正確には知らない。㈢猟銃の件についても鄭氏より充分なる説明を得ていないので真実はいまだ不明。私が怒って西公使に詰問の手紙を出したことはない。

第四五回　三五年一月一四日

渡辺・真鍋・粟屋の三人は、金塊五〇個を取得できなかったことを残念に思ったが、三二個の金塊を山分けした。しかしその有様を戸の隙間から従卒と看護卒らがのぞき見していたのである。かれらは、従卒・看護卒の口留《くちどめ》をしておかねば「大堤の蟻穴より崩れる恐れあり」と心配し、かねて掠奪しておいた銀塊を出し、通訳に五個、従卒と看護卒に二個ずつ与えた。しかしこの話は病院中に知れ渡り、皆で掠奪した結果「景澧の家の宝石、珠玉、書画、絹布等を入れてある倉庫」一つが空となった。

第四六回　三五年一月一五日

「掠奪又掠奪、腐敗に腐敗を重ねたる軍隊が更に他面に於て如何なる罪悪を働けるかを看よ」

其一、福島少将の臨時派遣隊に従った一等軍吏進藤秀実は、天津に於いて三三年七月某商人より五〇〇円を収賄した。

其二、天津兵站監督部長大須賀は、御用商人に便宜をはかってやり収賄した。

其三、大須賀は天津で妾宅をかまえた。その淫楽の費用は前記の御用商人が引き受けていた。大須賀は勤務時間中もしばしば妾宅に現われて「鼻毛を伸し居たり」。

其四、（略）

其五、天津兵站監督部では明治三三年八月から一二月の間、商人の贈賄を一件五〇円以上と決め、それ以下では何らのききめがなかったという。今でも商人はブツブツ文句を言っている。

〈投書〉一月七日夜　浪々子

「山口素臣彼れ何者ぞ、人面獣心の一汚夫、予『朝報』を読む毎《ごと》に断腸の思いあらしむ。（中略）斯《かか》る獣心者をして名誉ある位置を貪らせつゝある当局者は盲目か、聾か、同類か、将《は》た又此怪聞を知らざるか。明治の威武宣揚と共に武士道の腐敗其の極に達せりと言う可し」。

第四七回　三五年一月一六日

前日の記事に続く

其六、軍人と御用商人は請求書の書き換えをやって不正に公金を着服した。

其七、天津の軍の糧餉部は御用商人と結託して馬糧を私《わたくし》した。

其八、砲兵隊計手石田某は天津の外国商館より物品を掠奪した。三井物産より来ていた通訳と謀ってやったものである。

其九、第五師団の気骨ある一下士卒が将校の瀆職を『芸備日報』に暴露しようとしたが、新聞社はとり上げなかった。

其十、三四年の春、北京の上海香港銀行支店より長崎の同支店に莫大な為換《かわせ》を組んだものがいた。これは第五師団の大頭株に北京から金を送ってきたものである。

〈投書〉在盛岡　二十年前の軍人団友太郎

私は真鍋斌を熟知する者である。かれが今日の地位を得たるは何らの勲功・学識があったためでもなく、「唯《ただ》其出身長州藩閥であるが上に、たしか木戸侯、滋野男（爵）其他明治政府の勢力家に縁故あるが為」である。「彼は其性狡獪で臆病者で大慾非道なる人物にて北清事変の戦功などは覚束《おぼつか》なきことに候」。

第四八回　三五年一月一七日

第五師団の砲兵が帰国した時、五百個ばかりの箱を宇品に運んできた。その品を師団に運送する監督をした砲兵特務曹長高原精一は、その内の五個をもち帰りその中から緞子類・金銀珠玉をとり出した。一部は近所にくばったり、娘にやったりしたが、金銀珠玉などは飾って見せて自慢していた。ところが分捕問題が出ると狼狽し妻に命じて故郷伊勢の国にもち帰らして隠した。ある人がこの事実を第五師団の幹部に密告したが逆にしかられた。他の五百個近い箱も不正品たるに相違ない。

〈投書〉一　昨三四年七月下旬、天津の日本ホテルにて例の菅野大尉と砲兵中尉貝塚重太郎の二人は、北京で醜業を営んでいる男と会い、さんざんただで飲食した上、その男がつれていた娼婦をだいた。その上、これまでその男のために使ったといって金一万円ばかりを請求した。その話を隣室の三人の新聞記者が聞いてのぞいたところ菅野大尉らであった。――隣室にいた新聞記者より。

〈投書〉二　本月二日の「北清分捕の怪聞」にやり玉にあがっている林仲之介は金品を掠奪したこともないまじめな人物で、縁故で昇進したことも広島の雛姑三名を強姦して三百円ずつ取られたこともない。――広島、林の親友藤井周道㊞。

第四九回　三五年一月一八日

「山口素臣以下の醜類を処分すべく意気込み居たる児玉陸相は軟化し去れり。彼れまた醜類と其心事を同じうする者か」。

磯部安積なる男は長門国阿武《あぶ》郡椿郷《つばきごう》西分村の出身で山口素臣とは久しい以前から深い関係を有した。北清事変が起こると渡清し山口の通訳となった。かれらは二人して金塊・銀塊・珍宝珠玉を掠奪することその数を知らずという有様だった。磯部はそれらの処分にあたる筈であった。ところが山口と切っても切れぬ関係になっていた有馬組の森清右衛門が渡清すると磯部は排除されてしまい、森が金銀珠玉の処分をやった。山口・真鍋・粟屋・永田亀らが相談し森に処分を依頼したのである。磯部はかんかんになって怒り、真鍋・粟屋にわめきちらした。真鍋・粟屋は磯部を日本に帰すと掠奪行為が世間に知れるかもしれないと心配し北京で殺す計画をたてた。磯部はそれを聞くとあわてて日本に逃げ帰ったのである。

第五〇回　三五年一月一九日

磯部は日本に帰ると憤懣やるかたなく、山口・真鍋・粟屋などの不義不正をいいふらした。それを聞いた某政治家達は磯部から渡清以来の顚末を細大もらさず聞き取った。その政治家の一人が真鍋に書きとった文書をつきつけて詰問した。「真鍋は面色土の如くに変じ、碌々口も利《き》けざりし」。真鍋はことここまで明らかになったのでは引退すると誓い、文書にもそれを書いたという。「然るに自ら引退を誓える真鍋の、今も尚平然として第九旅団長たるのみか、師団長山口素臣始め無数の醜類は何らの処分をも受けざるなり。陛下の待従武官長として虚名赫々たる岡沢精も同じく制裁を加えらるる所なきなり。堂々たる日本帝国の軍隊は彼等によって侮辱され腐敗されたるにも拘らず、彼等は高級の軍人として依然命を其部下に下し、部下は唯々諾々として之《これ》を奉ず。而して又一方を顧みれば其官職を賭してまでも、彼等醜類を我陸軍部内より一掃せんと逸《はや》りたる少壮武官は、ただ徒《いたず》らに声を大にしたるのみにて、現在の地位を失い俸給に離るゝを恐るゝの疑いあり。今や日本全国の軍隊は滔々として腐敗堕落におもむかんとす。吾人之《これ》を其甚しからざるに済わんとして、北清分捕の怪聞を掲載すること五十回に及べり。当局者速《すみや》かに果断決行する所なくんば、恐るべき現象は近き将来に生ぜんとす。吾人は暫く筆を擱きて当局者が措置如何を刮目して見るべし」。

以上が連載「北清分捕の怪聞」全五〇回の要旨である。執筆陣と推測される幸徳秋水・堺利彦・内村鑑三それに社主黒岩涙香ら明治言論人の烈々たる気迫とかれら言論人の講釈者的な語りの面白さがよく理解されたことと思う。幸徳・堺らの国家権力者・軍隊・財閥に対する鋭い批判は、日本の政治・経済・社会が急激なるまがり角にきており、社会主義運動も生まれ始めていたという時代の推移と深く関係していた。明治三三（一九〇〇）年には、片山潜・幸徳秋水・堺利彦・西川光二郎らが社会主義協会を結成。同年には治安警察法が公布されている。明治三四年には安部磯雄・片山潜・幸徳秋水・木下尚江らが社会民主党を結成し直ちに禁止され、世をあげて対露開戦に向かいつつあったとき、幸徳らは「北清分捕の怪聞」で一矢報いんとしたのであった。

最後に本連載に登場する軍部の重要人物についての略伝を付記しておきたい。

山口素臣（一八四六〜一九〇四）

長州藩士、長州藩奇兵隊教導役、戊辰戦争を経て明治六年少佐、佐賀の乱、西南戦争に出征、大阪鎮台、熊本鎮台、東京鎮台を経て明治一九年近衛師団参謀長、アメリカ、ドイツ巡視、明治二三年少将、旅団長、日清戦争に出征、明治二九年第五師団長、北清事変に出征、明治三五年休職、明治三七年軍事参議官、大将、子爵。

真鍋斌（一八五一〜一九一八）

長州出身、明治一三年少佐、二四年大佐、第一軍事課長、二五年第四師団参謀長、三〇年少将、旅団長、ついで師団長、三五年六月休職、日露戦争で軍復帰、三八年中将、四〇年男爵、四四年貴族院議員、陸軍省参政官。

福島安正（一八五二〜一九一九）

松本藩士、大学南校中退、西郷従道につきアメリカへ、西南戦争に出征（征討総督府付）、朝鮮、清国を旅行、調査、以後ユーラシア大陸のほとんどすべてを陸軍武官として探険・調査、明治二五年～二六年のシベリア単騎横断（軍事偵察が目的）で有名、三三年少将、清国臨時派遣隊司令官（北清事変）、大本営参謀、満州軍参謀、四〇年男爵となり、以後参謀次長、関東都督を歴任、大正三年大将。

柴五郎（一八五九～一九四五）

会津藩士の子、東海散士柴四郎の弟、陸士卒業、イギリス公使館付、明治二七年少佐となり日清戦争出征、明治三三年清国公使館付武官、北清事変で北京籠城、三五年砲兵大佐、四〇年少将、大正三年第一二師団長、七年東京衛戍総督、八年大将、台湾軍司令官となり以後、軍事参議官を歴任。

岡沢精（一八四四～一九〇八）

長州藩士、戊辰戦争に参加、明治四年少佐、一〇年中佐、別動第一旅団参謀長、西南戦争に出征、以後近衛参謀長、旅団長を経て、明治二四年陸軍次官兼軍務局長、二八年中将、男爵、二九年から四一年まで侍従武官長、三七年大将、四〇年子爵。

渡辺章（一八五一～？）

台湾出兵、西南の役、日清戦争に出征、金鵄勲章、勲四等旭日小綬章、明治三〇年大佐、勲三等瑞宝章、北清事変の際北倉で負傷、この時第五師団四二聯隊長。

粟屋幹（一八五一～？）

従五位三等功四級第五師団第一一聯隊長、第四二聯隊長。長州人。

西徳二郎（一八四七～一九一二）

薩摩藩士、薩英戦争に参加、大学南校、明治三年大久保利通の命でペテルスブルグ大学入学、卒業後もロシアにとどまる。フランス公使館、ロシア公使館を往来、明治二〇年ロシア公使、福島安正のシベリア横断を指導、明治二九年外務大臣、三三年北京駐在公使、三四年以後は枢密院顧問官、男爵。

以上この「北清分捕事件」（馬蹄銀事件）記事に登場する若干の人々の経歴を見てきた。分捕の主魁であった山口素臣・真鍋斌ともに一時休職（前者は自主休職、後者は監督不行届による処分）をしただけである。山口は一九〇四年に死んだが、真鍋は日露戦争には復活し、最後は中将、男爵にまで登りつめている。馬蹄銀事件で日本軍隊は俗に言う「尻をまくる」こととなり、以後軍は「名誉」よりもむきだしの「軍力」そのものになっていったのである。軍の権力がジャーナリストの自由な報道を規制し言論を封殺してゆき、ついには朝鮮・中国への侵略、第二次大戦へと誤った道をつき進んで行くのであるが、そうした軍国主義と勇敢に戦った明治言論人を讃えたいと思う。

第二節　「北清分捕」（馬蹄銀事件）始末

一、諸新聞の「分捕事件」に対する報道
――中国新聞（本社、広島）等を中心に――

日本軍の掠奪・横領・盗掘・横流しなどを五〇回の連載記事にして暴露し続けた『万朝報』に対して、他新聞の多くは無視したり、あるいは息を殺して事態の進展を見つめていた。師団長・旅団長の将官クラスから佐官クラスまでが、名ざしで非難・暴露されながら一言の弁明もせず沈黙を守り、名誉毀損で告訴する者など一人として現われないのを見て、遅ればせながら一部の新聞は騒ぎ始めた。抗議・弁明・訂正を自ら求めたのは、柴五郎・石橋健三・岡正一だけであった。この三人の弁明は連載期間中に紙面に掲載され、その内柴五郎だけは訂正記事と柴の潔白証明が行われた。他の場合は友人の投書といった形で弁明が行われたにすぎない。連載が進むにつれ、山口・真鍋・粟谷ら最高責任者はどうして一言の弁明も抗議もしないのか、「北清分捕」は真実ではないのか、一般の国民はそう思い始めた。山口素臣らは、連載が終わった直後の明治三五年一月二三日に、第五師団副官小原文平をスポークスマンとして、

何らやましいところはないので特に弁明する必要を認めないと発表しただけだった。国民は、山口らが公式の反論をする自信がないことを知った。ただ真鍋斌は第五師団のお膝元である広島の『中国新聞』の記者と会見し、何でも分捕りと言うのは面白くないとして、次のような弁明をした。

四十二聯隊の或る中隊長は団匪の征討に従事した時、其巨魁を貫《さ》し殺したが、夫れが鋭利なる日本刀を帯びて居つたんじやから、其中隊長は紀念の為め其刀を持つて帰つたことがある。亦此の椅子（旅団長官舎応接間にありたる三個の椅子、何れも黒檀の枠にして一杯の玉にて台を張り、其中に名山の画ける薄墨の山水の如き透し模様を有せる）でも、北京の司令部にあつたものを余り珍品だから持ち帰つて、かく官舎に置いてあるが、是等は決して不正ではない。(1)

真鍋は自分に対して指摘されている分捕嫌疑についてはは一言もふれず、分捕ではない「持込み」は一般的には多くあるのだと言う。語るに落ちたといわねばならない。『万朝報』の真鍋攻撃は真実だったと思わざるをえない。

広島の『中国新聞』は、俺が国さの師団の権威と地元の名誉を守ろうとしたようだが、一月二四日に三四倶楽部の代議士竹内正志外二名が、帝国議会で分捕問題に関する質問を政府に出すというニュースが伝わると、事件無視の態度を変えた。つまり、一定程度の「分捕り」を認め、若干の犯罪人を出すことを覚悟した上で、全体として第五師団の無罪を主張するという態度に出てきたのである。『中国新聞』は、「分捕問題の内容」という見出しをつけ、陸海山人なる者の投書を掲載した。

第五師団の出征軍人が戦時公報に規定せらるゝ戦利品の外に多少私物として分捕し還りたるは事実ならん。然れどもソを追窮すれば、博物館や遊戯館に陳列せらるゝ分捕品をも不正物として取扱はざるべからず。斯くしては一個人の床の間に飾られたる紀念品までも掠奪を以て罰するの煩を来たし、殆んど手の付けられやうもなきに至らん。戦時に於ては、斯る些細の事実を調査するの暇なく、要は苟くも私利を許らざるの程度に於て、之を看過するは戦時の常例なるが如し。(2)

陸海山人は、こういなおりの弁護をし、続けて山口師団長が銀塊を横領したという風説に及んで次のように言う。第五師団が北京を占領したとき分捕った銀塊が約五〇〇万円ほどあった。山口師団長は、この内「二十万円は他日凱旋の砌、紀念碑其他を建設する為に第五師団に分与せられたい」と、陸軍大臣桂太郎に請求し許可を得た。こうしたことは日清戦争の時にも第一師団等に前例があった。それを山口師団長が保管していただけである。分捕品のなかに黄金の鐘が一つあるなどと取りざたされているが、やましいところはない。「北京城内の天壇に備付けありたるものにて、十一個のものを英国の士官とかが二個分捕し、爾余の九個は(日本軍が)紀念として持ち還らうじやないか」ということになって、「現に今や広島旧大本営に紀念として備付け」てあるのだ。この陸海山人の弁論の目的はきわめて明瞭である。つまり、掠奪は基本的には軍が行った公のものであるから掠奪ではない、土産を持ち帰ったと解釈できるのだ、と主張することによって個人の「分捕」も土産にしてしまおうとしているのである。

しかし、二月九日、第五師団長山口素臣、旅団長真鍋斌をはじめ小原少佐・高橋二等軍吏・塚本少将・粟屋大佐などが、裁判所と検察に家宅捜索されるという重大局面に達した。このような重大事件に至る迄の状況を日をおって見ておきたい。

中国新聞の記事の要旨

明治三五年

一月二三日

第五師団副官小原文平は、帝国党員に対し、「何んらやましいところはないのだから、問題にするのも馬鹿げている」と弁疏。

一月二五日
河野太三郎（御用商人）、磯部安積（山口師団長の知人、北清事変に通訳として従軍）、大友頼幸（ジャーデン・マデソンの番頭）の三人が逮捕された。河野は一月一八日に陸軍大臣児玉源太郎に面会し、「山口師団長以下将校が馬蹄銀数百万両を自分の仲介で磯部の手を経てジャーデン・マデソンの大友に売った」、「自分は磯部と同県人で、かれに頼まれた」と証言した。更に一月二二日に河野は再び桂陸相に告発した。その席に山内憲兵司令官・林憲兵大佐が同席し、分捕問題誣告者であるとして、上記三人を逮捕した。

一月二八日
竹内代議士は、分捕問題について政府に質問予定。しかし、直前に以下の三点の質問取りやめ。

㈠政府は何故に速に之を精査して厳重なる処分を為さざるか。

㈡政府は若し事実なきものと確認せば、何故に其事実を証明して帝国の威信を保ち、軍隊の名誉を全うするの処置を為さざるか。

㈢一月一八日の夜分捕問題で陸軍大臣に密告したる者ありと聞く、果して事実なりや。

二月七日
北清事変で日本軍が分捕ったものは総計五七一万円（戦利銀四五一万円、戦利米一一五万円、同粟三万五〇〇〇円、同塩九四五円、同大豆六〇円）であり、この内二七三万九〇〇〇余円は三三年度に、一七七万円は三四年度の歳入に繰入れた。その残額が一二〇万円のはずなのに、貴族院内の報告では一八六万円とされたという。「甚だ明瞭を欠けり」。

この日、広島の大商人保田・長沼両家の家宅捜索が行われた。

二月九日
陸軍少将山口素臣・真鍋旅団長・小原少佐・高橋二等軍吏・塚本少将・粟屋大佐の各家が家宅捜索を受ける。
山口市の粟屋四二聯隊長の家より馬蹄銀八二個ばかり、保田八十吉宅より銀二一個発見。
二月一一日
粟屋宅より「数十点の嫌疑品を押収」したという。
二月一六日
前に紹介した「真鍋斌氏の談話」行われる。
二月二八日
粟屋大佐宅より押収したもの。五〇〇両馬蹄銀一個、一〇〇両馬蹄銀一個、五〇両馬蹄銀二個、一〇両馬蹄銀八個、一両馬蹄銀六八個、銀塊大小二七個、文徴明の絵一巻、明時代の銅製香炉一個、玉類一〇個、その他香炉・手箱等。粟屋大佐は三一個の行李を自宅に運びこみ、萩に七〇〇〇円の地所を買い、そこに一万円の別荘を新築中であり、純金の指輪と黄金の箸をもっているという。
第五師団の某将校のところに、馬蹄銀を支那人に売った請取代金二万六千余円を広島に送った郵便為替があった。
二月二〇日
「粟屋大佐、林少佐、内藤軍吏が犯罪に対して如何なる罪名を付せらるゝやは已に想察するに余りある事」なる記事。
二月二二日
「不正費消の総額」なる見出しで「其罪跡殆んど疑うの余地なきが如く万人に認めらるゝ粟屋以下三将校が、不正分捕によって消費をなしたる総額は未た精算の遑なけれども概ね二万余円を下らざる可しと言う」なる記事。

三月二〇日

「英国議会の分捕問題」を紹介し、清国皇帝の玉璽がイギリスで競売に出ていたと報道。

地元広島の『中国新聞』の報道をみると、粟屋以下の罪跡は公然と認められていたことがわかる。しかし、山口師団長が二〇万両の銀をもっていたことについては、これは北京の分捕銀の一部で、桂陸軍大臣の許可を得て山口が保管していたのだと弁護した。

この馬蹄銀事件が国家によってもみ消され、山口素臣らに何らやましいことはないとされた明治三五年五月より二年後に公刊された日本参謀本部編『明治三十三年清国事変戦史』巻四、一六二頁に次のように言う。

右ノ外、順天府ニテ占領セシ銀塊アリ（八月十六日監督部長ヲシテ駄馬十五六駄分ヲ蒙古外館ニ運搬シ確実ニ保管セシム。途中護衛兵一少隊ヲ付セリ）。此等ヲ総計スレハ、其額二百九十一万四千八百五十六両ニ達ス（爾後漸次発見セシモノ有ルモ之ニ含有セス）。九月十四日、桂陸軍大臣鹵獲銀塊ノ処分ヲ山口師団長ニ命シ、一部（二十一万四千二百八十六両）ヲ北清ノ経費ニ充テ、他ハ本邦ニ送付セシメタリ（大部ハ天津正金銀行支店ニ送付シ、預証ヲ経理局ニ送付スヘキ達アリシモ、同銀行支店ハ大蔵省ノ命令ニ依リ之ヲ受領セス。因テ中央金庫門司派出所ニ引渡スコトニ定メラレタリ）。北京ノ鹵獲銀塊ハ……内地ニ還送シ、百九十二万八千五百七十一両ヲ中央金庫門司派出所ニ引渡シ、爾余ハ陸軍省ニ送付セリ。

これによると山口師団長が持っていた約二〇万円は、陸軍大臣の命令で第五師団の経費に当てるためのものであり、山口の着服したものではなかったということだ。しかし、この『戦史』は馬蹄銀事件がもみ消された二年後に公刊されたものであり、しかもこの戦史編纂の最高責任者は福島安正少将であって、かれは一九〇〇年に出兵した日本軍の最高幹部の一人であったから、日本軍の分捕を認めることは耐えがたかったに相違ない。従って必ずしもこの『戦史』の記述が正確とも言えない。二〇万両に関する限りは、真相不明である。

桂首相・児玉陸相らは、日本軍の掠奪があったことは早くから知っていた。この前年の明治三四年一二月以前に、首相桂太郎は『万朝報』の記者に対し、「予亦之（掠奪のこと—小林）を耳にせざるに非ず。然れども事若し天下に暴白する時は、大いに国家の体面を損す。願くは忍んで之を秘密にせられよ」(3)と口どめをしようとした。また明治三五年一月、『東京朝日新聞』の記者二人は、桂首相と児玉陸相を訪ね分捕問題を質したところ、「丸亀の某大隊長、広島の某少尉並びに之と事を共にしたる某々軍吏等は、分捕の証跡ありしを以て、既に其処分を了したり。爾余の多数軍人中には決して否法の行為ありしを認めず」(4)と述べた。『東京朝日新聞』はあまり日本軍の分捕を告発することに賛成ではなく、戦場における掠奪は欧州諸国では一種の権利であったことが過去にある、そこでは以前分捕品を将校三、兵士二分の比率で分けた。今日ではおいおい廃止されてきたが、しかし罰する法規は無く、また日本にも無い。軍人中自利のためにやったものは、断じて許すべきではないが、すでにこの事件では免官の上、位階勲章を剝奪し十分軍紀は正されている(5)、ともみ消しの側にまわった。同紙はまた「分捕にあらず監守盗なり」という記事で言う。「其の分捕せる者は、皆な至当合法の分捕なりしを称揚するも、必ずしも過当の褒辞にあらざるを信ず。然り我軍人の分捕は実に合法の範囲に於て行はれたり。決して他の聯合軍の如く残忍酷虐非道の行ひを敢てして、戦敗国の人民を苦しめざりしなり」。しかし「此の合法の範囲に於て分捕せられ、公然国家の戦利品たるべき」ものが、管理者たる将官・上長官の手によって盗み取られたことが問題である。「合法に戦利せられたる金銀財宝は十にして、真成に国家に収納せられたる者は一若しくは二に過ぎず。他の八分は皆な管理者の中飽する所となりたるの事跡あることを。是れ実は分捕にあらずして国家の公物、官金の窃取なり」(6)と主張した。日本軍隊の掠奪は否定し、長官連の着服・横領を承認する記事になっている。もはや全く不正行為がなかったとはどの新聞も言うことはできなかった。

さて、このような全国的非難の高揚のなかで、二月八日・九日の広島・山口・尾道における大規模な家宅捜索が行われたのであった。つづいて、二月一三日には粟屋大佐・林少佐・内藤軍吏の三将校が取調べを受けたのである。この強制捜索は検事・判事・憲兵・警察が厳重警戒のなかで行ったものであり、またのちの軍法会議で無罪となったのであるから、どのような不正の事実が明らかになったかは不明である。

そもそも山口・真鍋は長州閥の一員であり、首相の山県、陸相の児玉らと一心同体の如き親しい関係であったから、分捕事件で有罪者にされることは所詮ありえぬことであった。しかも『万朝報』の連載が始まってから、七十数日後の家宅捜索であるから、証拠湮滅の時間は充分あった。この捜索は政府が世論をしずめ、政府自体の面子を保つためのポーズであったように思われる。これ以後、軍法会議をいつ開催するか、といったニュースが時々新聞に出たが、やがて三月、四月となり、いつの間にか忘れさられていったのである。こうして、馬蹄銀事件が忘れられた頃、やっとこの年の五月予審免除となり、わずかに陸軍内部の審議で真鍋斌少将だけが監督不行届の理由で休職処分にされただけで終わったのである。『万朝報』の暴露の戦いは表面敗北に終わったかに見えたが、実は軍事行政の最高権力を掌握する長州閥に大きな打撃を与えたのである。

注

（1）『中国新聞』（明治三五年二月一六日）。
（2）『中国新聞』（明治三五年二月二二日）。
（3）『万朝報』（明治三四年一二月一日）。

（4）『東京朝日新聞』（明治三五年一月一七日）。
（5）『東京朝日新聞』（明治三五年一月二八日）。これは陸軍当局者の談話であり、西洋にもかつてあったことを強調して、事件の衝撃を弱めようとしたものである。
（6）『東京朝日新聞』（明治三五年一月三〇日）。

付　史料

「分捕実見談」（大阪毎日新聞、従軍者）

この新聞記事は、一出征兵士として、義和団戦争を現地で戦った兵士の経験談であり、日本軍を含む八ヵ国聯合軍将兵の掠奪に関する重要な証言である。ここに要旨を紹介しておく。

「分捕実見談㈠」（明治三五年一月二九日）

実戦の際には分捕は罪悪ではない。道理上から言えば、戦争が既に大罪悪である。今世の文明で戦争を大罪悪と認めない以上は、分捕も亦已むを得ぬものとせねばなるまい。「吾輩も分捕の事実は随分見た方だ。自分でもやった方だ」。帰国後、日本の新聞がロシアの残虐を書きたて日本兵を褒めていたが、私は「日本も露仏も五十歩百歩ではないか、彼れを責めて此れを揚ぐるには当らぬ」といった。「戦場の分捕は暗夜に強盗をやるようなものとは全く事情が違う。落ちた物を拾う、棄てた物を取上ぐる位に過ぎない。機微の間、本然の盗心が発動するの結果に外ならぬ。司令官が聖人で、兵卒が君子でない以上は免れ得ない現象である」。日清戦争は日本軍隊と清国軍隊の戦争であったが、北清戦争は支那人と外国人の戦争で、「戦闘者と平和人民との区別が付かなかったので、随て無理な事も余計に行われた。今でも世人の中には、北清戦争は義和団という一団の暴徒と聯合軍との戦争の如くに誤解しているものもあるが、実際清国軍は義和団と清国官兵とが一致せるもので、……即ち支那人総ての一致を以て一切の外国人を殲滅する目的」をもっていたのだ。この戦争は「敵国人民総てに向っての報復心が強かった」。「廿七八年にやった日本の戦争（日清戦争をさす—小林）は殆んど理想の文明戦争をやった姿であるけれども、強姦分捕の事実は随分あった」。こんどの戦争では、「我帝国軍隊は、聯合軍のお陰で確かに若干の堕落をしたかも知れない。ソレも大沽、天津ではない。戦争の継続と共に次第々々に堕落して最後の北京で其事実を認められるに至ったのである。勿論廿七八年戦役にも、日本軍に全く不正がなかったのではなく、不正の性質が異なっていたのだ」。日清戦争のときは貧乏なところでやったので、軍隊内部での軍費のごまかし合いが中心で、住民の掠奪は比較的少なかった。しかし、北清戦争は富豪の集中点で行われ、しかも「政府は軍費をヒドク節約した」。それで分捕に集中したのであって、前の戦争のときよりも堕落したとばかりはいえぬ。今度の戦争では北京へ、公使館へと急進撃をやった。輜重が続かない。そのため無闇に〝徴発〟をやった。「徴発は実際に於て分捕である」。「数万の兵士が喰物を捜す。酒、煙草、燐寸、砂糖を捜す。繃帯の材料を捜す。種々の必要品を捜しまわる間に……盗心の強いものや運の善い奴は金時計も一寸ポケットに入れたであろう。指環や銀塊も掛軸も見付け次第に持ち得る限り取ったであろう」。戦地で法官部に罰せられた将校や兵卒はいくらもあったが、とても取締りきれるものではなかった。また、「一切の徴発を禁ずることは無論出来なかったのである」。

「分捕実見談㈡」（明治三五年一月三一日）

天津では「天津落城後各国商館の門前には外国兵がたかって銀塊だの腕環だの、分捕品の糶売《せりうり》をば毎日公然とやって居ったが、日本兵には決してない」。大部分の日本兵は外国兵から不思議がられるほど潔癖だった。しかし、「北京進軍中の有様はメチャメチャであった。数万の聯合軍、毛色の変った八個国の軍隊が、四十里余る遠距離をば百度以上の炎天を冒し、戦闘を続けながら我先にと急進撃をやったのであるから、……随分乱暴な徴発も行われた」。しかし、日本軍は礼儀正しく、特に他の外国軍がひどいことをしたのである。

「分捕実見談㈢」（明治三五年二月一日）

「北京はまた烈しかった。各国軍とも皆競って徴発、即ち分捕をやった。日本軍も無論やった。各国公使館に籠城した連中も同じくやった。露西亜軍などでは徴発隊というものがあって、士官が付いて馬車を駈りつつ盛んに分捕廻った。日本公使館の籠城者達も徴発隊というものが出来て分捕を行った。尤も外国軍の分捕規則は精しく知らないが、日本の側では外義《ママ》は皆正しい、単に必要品の徴発で、徴発に出るものは銀塊や洋銀や支払うべき現金を携えて居る。代金を払って領収書まで持ち帰るものもある。しかし、実際正当の手続を踏むことの出来なかったのも多かった様だ。仏蘭西、独逸などで宣教師や公使館の貴婦人達までが、分捕をやったとの非難が高まったが、これ等の名誉ある人達も随分やったに相違ないと吾輩は想う。けれどもソレは一切不正の分捕であったとは信じられぬ。救援軍は輜重続かず急進撃を以て北京に打入った。籠城者は七十余日間、公使館内に包囲攻撃を受け糧食に尽きて居った。ソコで連合軍指揮官及び各国公使等の相談で、北京城内に五日間を限り徴発を黙許することになった。即ち八月十五日から十九日までは、各国軍、各国籠城者とも欠乏の必要品を城内各戸について盛んに徴発を行って、全く無政府無取締の有様であったが、コレは当時の実情に於て洵に已むを得ない処置である。戦勝国の軍隊が占領地にあって、戦争必需品の強制徴発をやることは、公法上から視ても決して不都合ではない」。……

「分捕実見談㈣」（明治三五年二月一〇日）

北京の公使館には、公使館員・在留民・護衛兵・宣教師・教民など二千人が籠城しており、死の瀬戸際においつめられていた。外国軍が北京に入って救助すると、かれらを縛るものがなくなった。こうして、「各国兵各国人に分捕を許すこととなった。こういう次第で、北京の内城・外城のすべての商店民家は、勿ち数万の赤鬼黒鬼共に暴《あら》し廻られた」。

「分捕実見談㈤」（明治三五年二月一三日）

「第五師団の将校、下士、予備兵中には、日清戦争の従軍者が多く、片言の支那語の通ずるものが少なくないのと、文字の同じ所から言葉は通ぜずとも支那人の意志を了解するに便利な機会が多かったために、日本兵は異人種、異文字の列国兵に較ぶれば、支那人に対して非常に親切であった」。日本軍のなかでも上官連がごまかしたかどうか知らぬが、日本兵は他国兵に比較すれば大変立派だった。

以上が「一従軍者」の「分捕実見談」の概要であるが、この記事は日本軍の分捕の有力な証言となっている。八月一五日から一九日までは、事実上各国指揮官が公認した掠奪期間であったことや、軍隊公認の徴発が必然的に兵個々の分捕・掠奪につながること、掠奪は天津陥落後から急速に始まり、北京に向かう途中で激化し、北京で最高潮に達したことなどがわかるのである。この記事を書いた「実見者」は、日本軍の分捕をやむをえないもの、不可抗力であったと弁護する目的であったが、あまりに赤裸々に軍隊の実情を暴露しすぎて『大阪毎日』も困ったようであるが、当時の貴重な証言となった。

二、山県・桂・児玉らの事件もみ消し

義和団戦争に出兵した日本軍が莫大な量の銀塊・米穀を組織的に分捕したことは既に書いた。この軍隊が帰国したのち、各将兵が全く私的に銀や珍品を密かに持ち帰ったことが世上に喧伝されるにいたった。この話は次第に大きくなり、いわゆる馬蹄銀事件と呼称される政治問題に発展した。ここではこのもみ消し工作を詳しく紹介したい。

明治三五年一月二四日、衆議院議員で三四倶楽部に所属する竹内正志と憲政本党に所属する大石正巳らは、衆議院に「帝国軍人の分捕問題質問書」を提出した。その質問書の内容は次の通り。

㈠分捕は軍人の大罪にして、軍紀を壊廃し、国威を毀損するや極めて大なり。明治三十三、四年にわたる北清事変に際し、帝国派遣の軍人中、往々分捕を擅にせし者ありしは、独り内外新聞紙上に明記せるのみならず、世論囂々、殆ど蔽う可からざる事実なるが如し。政府は何故に速に之を精査して厳重なる処分を為さざるか。

㈡政府は若し事実なきものと確認せば、何故に其事実を証明して帝国の威信を保ち、軍隊の名誉を全うするの処置を為さざるか。

㈢一月十八日夜、容易ならざる分捕事件に付き、陸軍大臣官舎に於ては大臣に密告したる者ありと聞く、果して事実なりや。事実なりとせば密告の事実に付き、政府は如何なる処分を為さんとするか。

以上の三点を質問書に書いて提出し、翌二五日両代議士は衆議院の質問台に立つ筈であった。しかるに、児玉源太郎陸軍大臣は林田書記官長を通じ、「該問題は政府に於ても十分に調査をとげつゝあれば、不日其結果を公にする考へ

なれば、何卒本日質問演説を見合せてくれよ」(1)と交渉し、この分捕問題のみ質問からはぶかせてもらったという。ところが、この二五日、東京地裁検事は、日本軍人の銀分捕事件など存在しなかったとし、次の三人を分捕問題誣告者として拘引した。

赤坂表町三丁目三三番地　山口県人　河野太三郎

赤坂新坂町七三番地　山口県人　磯部安積

横浜ジャーデン・マデソン（英一番）手代　茨城県人　大友頼幸

この三人の内、河野は一月一八日の夜ひそかに児玉陸軍大臣の家を訪ね、第五師団長山口素臣中将以下の分捕事件を密告した人物であった。一月一八日の夜、河野が陸軍大臣に会った時、大臣は隣室に山内憲兵司令官を呼んでこっそり河野の話を立ち聴きさせていた。山内憲兵隊長は河野の話が終わると直ちに河野を糺問した。そして、根も葉も無いことを密告したとして、河野らを二五日拘引したのである。明らかに児玉陸軍大臣はこの事件をもみ消そうとしたのである。しかし、この分捕事件は前年の一二月一日から一月一九日にいたる間、『万朝報』が五〇回にわたって分捕のさまを実名入りで連載し、さらに他紙もこぞって報道し始めたため遂にもみ消すことができなかった。

二月八日、東京地裁の依嘱により、検事・判事・憲兵・警察関係者らが山口第五師団長・真鍋第九旅団長・小原第五師団高級副官・粟屋第一一聯隊長・林第一聯隊第一大隊長・高橋一等軍吏の各私宅、広島の豪商保田八十吉・旅館主長沼鷲蔵などの関係場所を強制捜索した。その結果は新聞の報道によると次のようだった。(2)

長沼鷲蔵（旅館）　帳簿五、六冊

保田八十吉（商業）　馬蹄銀二十箇、金銀塊、帳簿

粟屋幹（第十一聯隊長）　馬蹄銀八十箇、銀塊二十箇、帳簿

山口素臣（第五師団長）	書類押収
真鍋斌（第九旅団長）	未詳
小原文平（第五師団高級副官）	密書一通
橋本吉兵衛（貴族院議員）	未詳
林仲之助（第十一聯隊第十一大隊長）	馬蹄銀及び書類
高橋徹（一等軍吏）	書類
竹中安太郎（二十一聯隊長）	未詳
永田亀（第五師団参謀長）	未詳
原田平助（三等軍医）	未詳
吉村谷助（質屋）	未詳
保田芳太郎（保田八十吉の本家）	預品多数
岡某（二等獣医）	未詳

以上は新聞記者が独自の取材によって報道したもので、検察や憲兵から公式に発表されたものではない。真相は不明であるが、かなり多くの銀塊・馬蹄銀が発見されたものと思う。といっても、『万朝報』に「北清分捕の怪聞」が連載されて二ヵ月以上もたってからの家宅捜索であるから、この二月八日までに証拠隠滅が行われたことであろう。新聞には、「粟屋聯隊長宅で小箱一箇」、「（保田八十吉宅で）午前中に於て一籠の馬蹄銀（或は七十個近くとも言い、或は四、五十個とも報道された）を発見」、「保田方より押収せし馬蹄銀の出処は、昨年九月前後に最初十個を七百円にて、其後同じく十個を七百円にて都合千四百円を投じて第十一聯隊より買入れ、外に岩井両替店よりも一箇の馬蹄銀を百五十

円にて買入れたるが、此分は普通の馬蹄銀に比し大きく、形も少しく異り居れり。斯は確かなる事実なり。而して其当時の十一聯隊長は粟屋大佐にして、副官林少佐なりしと」[3]などと報道していた。

この大捜索より約一年前の明治三四年の春、四国の丸亀にあった第一一師団の師団長だった乃木希典は、義和団戦争の時臨時派遣隊に送った、信頼していた部下の杉浦幸治少佐が銀を分捕って密かに持ち帰ったことを聞き、自ら調査してその事実なることを知り厳重に処罰し軍隊を追い出した。そのことを春の師団長会議の席上公表し、このような者が他の師団におれば厳重に処分するよう希望したという。乃木はその後かかる部下が出たことを知り、「リューマチスに付き起居自由ならず」という辞表を出して、三四年五月二二日依願休職した。[4]しかし、それ以後「分捕問題」は公然化されることなく、闇に葬られるかに見えた。ところが、日本軍を中心とする八ヵ国聯合軍に北京が攻略されてから実に一年四ヵ月目に、前節に紹介したように、一九〇一年一二月一日、突如として『万朝報』紙に「北清分捕の怪聞」の暴露記事が掲載され世間をあっといわせることとなったのである。こうして、翌一九〇二年一月一八日の河野太三郎の児玉陸軍大臣への密告、河野の憲兵による逮捕、竹内代議士の爆弾演説（不発）、二月八日山口素臣・真鍋両師団長（この時真鍋は師団長）以下の関係者に対する強制捜索という経過をたどることとなった。ところが、この後事態はいっこう進展せず、捜索は事実上打ち切られてしまった。明らかに事件もみ消しが国家の最高権力者によって行われたのである。

国会図書館憲政資料室の「寺内正毅文書」第三二冊（四三八の七、五四〜五五頁）に、「児玉源太郎奏聞書案、明治三十三年、墨書一枚」というのがある。明治三三年というのは、この目録をつくった国会図書館職員の考証であるが、これは間違いで明治三五年（一九〇二）が正しい。恐らく二月中旬頃書かれたものと思う。当時児玉は陸軍大臣であり、この草案を送られた寺内正毅は「分捕事件」を起こした日本軍を当時参謀次長として指揮した直接の責任者であった。

日本の「軍事行政の最高の地位は、形式上の陸軍大臣が誰であろうと、山県有朋から桂太郎、そして日露戦争当時の寺内正毅へと継承された(5)」と評されるように、日本軍隊に関することは、桂・寺内の両人の了承を事前に取っておく必要があった。とりわけ義和団戦争が起こった時の陸軍大臣が桂太郎で、参謀次長が寺内正毅（大山巌が参謀総長、児玉は台湾総督であった）、そして馬蹄銀事件が発覚して政治問題となった一九〇二年の総理大臣が桂太郎、陸軍大臣が児玉源太郎である。分捕りの槍玉にあがっているのが、同じ長州閥を受けつぐ山口素臣・真鍋斌の両師団長で、とりわけ真鍋斌は寺内の後をつぐ長州軍閥のホープと自他共に目されていた人物だった。以上のような人脈を知った上で、児玉が寺内に見せた「児玉源太郎奏聞書案」を見よう。

臣源太郎謹ンデ奏ス。近日説ヲ為ス者アリ曰ク、北清事変ノ為メニ派遣セラレタル我カ陸軍ノ将校ニシテ、不正ノ掠奪ヲ恣ママニシ、若クハ軍隊ノ押収シタル財物ヲ私シテ、以テ自カラ利シタル者太タ少ナカラス而シ陸軍ノ当局者ハ之ヲ寛仮（看過か―小林）シ、其寇ヲ糾ス事ヲ為サスト衆口関伝、終ニ帝国議会ノ議場ニ於テ当局者ニ其処分ヲ質問スル者アルニ至レリ。抑モ我カ軍隊ノ克ク忠ニ克ク勇ニ紀律ヲ恪守シテ敢テ犯ササルコトハ列国ノ斉シク賞嘆スル所ニシテ臣モ自カラ深ク之ヲ信スト雖トモ、然レトモ北清ノ地タル、由来剽略ノ歴史ニ富メル者、現ニ我カ陸軍ノ将校ニシテ時々当利欲ノ為メニ眩セラレ臣ヲシテ涙ヲ揮テ之カ処分ヲ奏請スルノ止ム能ハサルニ至ラシメタル者之ナキニ非ス。臣ハ便《ママ》ニ更ラニ十分ノ調査ヲ行フタルモ、更ラニ□□（巷間か―小林）上喧伝セラルルカ如キ事跡アルヲ認メサリシナリ。然ルニ頃者偶マ歩兵第四十二聯□（隊であろう―小林）粟屋幹ノ宅ニ於テ疑フベキ銀塊発見ノ事アリ。臣乏シキヲ陸軍大臣ニ承ク、唯此一□（奉か―小林）アリ。監督ノ行届カサル洵ニ陛下ニ伏シテ陳読諭□スル処ヲ知ラサルナリ。且ツ臣カ斯カル事ニ□□ノ断シテ之アラサルヲ確信シタルハ縦令ヒ我カ軍隊ヲ□信スルノ玉□シケルト雖トモ、然レトモ聖明ニ対シ深ク耻ツル所ナキ能ハス。玆ニ謹ンテ表ヲ上リ退テ斧鉞ノ罰ヲ俟ツ。

これはまだ天皇への奏聞書の「案」であり、文章の不正確なところや文句の不明なところ、読めないところもあるが、しかし次のことだけははっきりしている。つまり義和団戦争に出征した当時第一一聯隊長の粟屋幹の自宅から不法に着服された銀塊が発見されたこと、この不法分捕軍人が出たことは陸軍大臣の責任であること、陛下にはこの陸軍大臣の私に厳重なる処分を下されるようお願いすること、以上である。児玉陸軍大臣が天皇に分捕軍人のいたことを報告しようとしたのであるが、しかし粟屋一人だけを生贄にして山口・真鍋両師団長を救い、天皇に対して陸軍大臣の責任を果たさんとしたのであるか、それとも粟屋一人だけしか銀塊を所持していなかったのか不明である。私は前者ではないかと推測する。児玉陸軍大臣は、河野の密告を誣告罪として処断し、竹内代議士の爆弾演説を不発に終わらせ、分捕事件をもみ消そうとしたが、世上喧伝され大事件に発展したのを見て、大規模な家宅捜索をおこない、粟屋聯隊長のみを生贄にして事件の不拡大を謀ったのではないかと思う。粟屋一人でも分捕り将校がいたということを認めれば、認めた陸軍大臣の自分も天皇に対して責任をとらねばならない。こうして、この奏聞案がつくられ、寺内正毅に案文がまわされたのであろう。しかし、この奏聞文が実際に天皇に提出されたか不明である。恐らく出されなかったと思う。というのは、のち五月の軍法会議で全員無罪、ただ真鍋少将だけが監督不行届のかどで刑事訴追は行わないが休職にさせられたからである。陸軍大臣が粟屋を分捕り将校と奏聞していれば、粟屋は厳重なる処分を受けざるをえなかった筈である。では、陸軍大臣児玉に圧力を加えた人がいたと思われるが、それができるのは、桂首相と元老山県有朋以外にない。桂がどのような判断をしたか不明であるが恐らく事件もみ消しに極力努めたであろう。山県有朋は「二月初旬の家宅捜索などやる必要はなかった、こんなことはもう辞めなければならない」、と最高首脳としての判断を明確に示した。次がその証拠である。国会図書館憲政資料室蔵の「寺内正毅関係文書」のなかに「寺内中将閣下親展」という山県有朋の書簡がある。これには受け取った寺内のものと思われる、「35、20/3三宅八郎陳情書簡」と封筒の表にメモした文字が見える。この封筒の中には、山県有朋の「御一読」という書簡と三宅八郎という人物の山県宛の陳情書が入っている。つまり、山県が寺内正毅に自分のところにきたこの陳情書を読めといっているのである。この三宅の陳情書は長いがほぼ全文を紹介する。

頃日第五師団軍人中曩ニ北清事件ニ付分捕ヲ縦ニ為シタリトノ嫌疑ヲ以テ、執法官吏等玆ニ現役大官ノ家宅ヲ捜索シ、要スル処ノ物品ヲ押収セリト。此事果シテ事実トセハ是レ何等ノ失躰ソ、是レ何等ノ浅慮ソ。……今夫レ瑣々タル潔白ヲ衒ハント欲シテ反テ嘲ヲ外方ニ招キ、而シテ得ル処ノモノハ独リ我兵気ヲシテ銷沈セシムルニアルノミ。維新ノ大業、二十七八年戦役（日清戦争―小林）、北京聯合軍（義和団戦争―小林）苟モ国輝ヲ発揚シ、国憲ヲ擁護シタルモノハ皆兵力ニ依ラスンハ非ス。彼ノ大官等ノ躯ヲ忘レ国ニ奉スルノ赤誠尽瘁ニ竢タスンハアルヘカラス。其效績ニ至リテハ区々行政吏カ口舌ノ間ニ折衝スルカ如キ非サルヘシ。且ツヤ司法者ハ抑モ何等ノ吏ソ、一執法官吏ニ非スヤ。其職務上已ムヲ得サルモノアリト雖モ、自ラ取ルヘキ道ナキニアラス。一朝ノ嫌疑ヲ以テ国家ニ効績アル大官ノ邸宅ヲ捜索シ、侮辱ヲ与フルヲ敢テ為ス。解スルモノハ言ハン、訴訟法上亦已ムヲ得スト。然リ已ムヲ得ス、然レトモ軍人ヲ糾弾スルハ憲兵部アリ。若シ分捕ノコトアリトスルモ固ヨリ軍事犯ニ属ス。何ソ正当ニ軍法ニ依リ之カ弾劾ヲ為サヽル。顧フニ軍人ヲシテ少シク法律ニ通セシメハ斯ハカリノ嫌疑ヲ避クルノ手段ヲ取ル、別ニ思慮ヲ労センヤ。其手段ヲ取ラスシテ此ニ出タルモノハ分捕ノ意思ナキ之ヲ知ルニ余リアリ。一時ノ好奇心ヲ以テ骨董品ヲ持帰ルカ如キハ国法ヲ囂々スルノ場合ニ非サルヘシ。閣下以テ如何トナス。人ヲ駆テ血雨ノ下ニ奮闘セシムルモノハ寛貸スヘキハ之ヲ寛貸スルノ雅量勿ルヘカラス。是レ英雄ヲ収攬スル所以、国憲ヲ擁護スル所以ナリ。或ル経世家ハ曰ク、気運乱世ニ向フ必スヤ一、二世紀ノ間戦乱継続スヘシト。之ヲ往跡ニ徴スルニ歴史ハ之ヲ証セリ。今ヤ東洋ノ気運治世ニ向フ乎、乱世ニ向フ乎、閣下自ラ知ラン。一将ハ得難ク万卒惜ムニ足ラス。国家百年ノ前途ヲ達観スルモノハ一将ヲ重セサルヘカラス。余敢テ為ニスル処アリテ大官等ノ為ニ弁疏ヲ試ムルモノニアラス。実ニ国家カ瑣々タル事柄ヲ取テ之ヲ摘発シテ、自ラ硜々トシテ小善ヲ中外ニ誇揚スルハ適マ以テ我国ノ識量ナキヲ示シ、其状恰モ小児カ得々トシテ或ル善事ヲ父母ニ誇ルカ如ク、其無邪気ヤ愛スヘシト雖、堂々タル国家ノ措置トシテ中外ニ潔白ヲ衒フカ如キハ還テ其外方ノ嘲笑ヲ買フ所以ナルヲ思ヒ、国民トシテ大骵ノ上ヨリ此ノ浅慮短識ノ措置ヲ傍観スルニ忍ヒサルナリ。余今職繁ニ居リ眼文字ナシ。自ラ意見ヲ将テ之ヲ紙筆ニ訴フルニ拙シ。閣下幸ニ卑見ノ存スル処ヲ採リ人ヲ以テ言ヲ廃スル勿ク一考ニ供セラレンコトヲ。閣下既ニ老ユ、然レトモ此多難ノ際ニ当リ盤根錯節ヲ斫テ国家ヲ泰山ノ安ニ置キ、我帝室ヲシテ万世ニ尊栄ナラシムルモノハ、余ヤ之ヲ伊藤侯爵ノ文筆ニ求メス、又之ヲ大隈伯爵ノ口弁ニ求メス、実ニ朴訥ナル閣下ノ誠忠ニ求メント欲ス。敢テ尊厳ヲ侵犯シ恐懼措ク処ヲ知ラス、再拝。

明治三十五年二月十三日、武蔵国北足立郡六辻村字白幡二十三番地　三宅八郎

この三宅の言わんとすることは明白である。分捕問題などで軍の有為な高官を処罰して、得々としてそれを内外に宣伝するような幼稚なことをすべきでない、外国に嘲笑を招き、この戦乱の世紀に有能な軍人を失うだけである、かかる愚劣な子供じみた正義を振りまわすのをやめよ、と言っているのである。山県有朋はこの三宅の陳情書を自分の意見の代わりとして寺内正毅に示したのである。このようにして、児玉源太郎の小児のごとき無邪気な「奏聞書」も草稿のまま天皇に提出されることなく終わったのであろう。

馬蹄銀事件は、幸徳秋水らの努力と不正を怒る国民の力により政治問題に発展したが、三宅陳情書に代表されるよ

うな「命を的に戦う軍人には若干の目こぼしが必要なのだ」という清濁合わせ呑む大人の度量を主張する政府上層の圧力・もみ消しに破れて不発に終わった。不正軍人の多さに国民は驚嘆したが、政府・国民ともども小児の善事、小児の潔白を失い、名実ともに大日本帝国臣民、大日本帝国軍隊となり、列国の一員となっていったのである。

真鍋斌は山県有朋・桂太郎・寺内正毅の後をついで日本の軍事行政の最高権力者の道を嘱望されていた人物であった。一九〇〇年の休職にいたるまでの真鍋の経歴をみると、桂太郎が陸軍省総務局長のとき少佐で総務局第三課長心得、中佐となり第三課長、大佐となり軍務局第一軍事課長、日清戦争の時第四師団参謀長となり、戦後第一軍事課長、大本営軍事内局員、陸軍省人事課長、少将となり歩兵第九旅団長、この時義和団戦争に出征したのである。この間一貫して桂太郎の右腕として、大陸での戦争を前提とする軍政改革の中心的指導者の道を歩んできた。(6) いわば陸軍を支配する長州閥のエリートの地位にあり、桂・寺内の後をついで陸軍大臣コースを歩んでいたのがこれまでの真鍋であった。この真鍋は休職とはいえ前途を断たれたのであり、しかも分捕問題という軍にとっては未曽有の恥辱のなかに沈まされたのであった。その張本人こそ幸徳秋水であり、のち秋水が真鍋の兄貴分であった桂太郎が首相の時、この桂とその親方山県有朋に殺されたのは、馬蹄銀事件にたいする報復という意味ももっていたのであろう。

注

(1)『時事新聞』一月二六日付。
(2)『日本新聞』二月一〇日付。
(3)『時事』二月九日〜一一日迄。
(4) 大浜徹也『乃木希典』(雄山閣、昭和四二年)。
(5) 大江志乃夫『日露戦争の軍事史的研究』(岩波書店、一九七六年)一二頁。
(6) 同上書、一二〜一五頁。

第三節　田岡嶺雲の従軍報道

一、義和団戦争従軍記者、嶺雲
二、戦禍を直視
三、日本臨時派遣隊司令官福島安正少将を非難
四、嶺雲の中国民衆観・義和団観
五、嶺雲の戦争批判のその後

一、義和団戦争の従軍記者、嶺雲

田岡嶺雲が『九州日報』の特派員として、義和団運動鎮圧のため出兵する日本軍につき清国に渡るに至った理由について、『九州日報』主筆白河鯉洋は次のように紙上で語っている。「今歳六月、嶺雲病を得て上海より帰り来りて吾家に寓するや、時恰も北清頻りに警を伝へ来る。吾れ私かに思へらく、団匪の変の如きは日を期して平定しうべし。唯憂ふべきは乱後清国の処置なり。君盍ぞ去りて北京外交の縦横を視ざると。嶺雲亦以て然りとし、意を決して即ち起つ(1)」。ここに明らかなように、鯉洋と嶺雲の関心は、義和団・清軍の戦闘や抵抗の様子、包囲されていた北京公使

館一帯の状況を調べ報道することではなかった。乱後の八ヵ国による清国に対する処置いかん、それが問題であった。嶺雲自ら清国への渡航中において、

若し夫れ単に我居留民保護の為ならば、一千の兵また足りぬべし。よし団匪剿絶の任務ありとするも、烏合の衆云ふに足らざるべく、我軍一度足を挙げれば、一蹴即ち散し去らんのみ。……清政府の愚を以てするも、豈に列国を引受けて一合戦せんとするの勇あらんや。否な彼等と雖も其必ず破るゝを知らん。……玆に於て乎、狡猾なる英は、日本の三国干渉以来、露に啣む所あるを奇貨とし、又吾国民の虚栄心強く義侠がるの心強く、従て煽動し易きの弱点を利用して、自らは逸に居りて我をして労に服せしめ、而して一旦事終る日に於ては我は却て列国と其利益を均享する能はずして、骨折損の草臥れ儲けたるに終るあらんを恐るゝ也。逸《はや》り易きは我国民の弊也。……事の重大なるは今の義和団事件にあらずして、之に尋で起る清国処分問題に於ける列国との均勢の上にある也。我政府は此点に於て亦正に自ら廟算あるべし、吾人亦其飽くまでも其廟算を一貫するの決心の政府にあらんことを望む也（『戦袍余塵』渡航途上、其一）。

今日の事（義和団戦争―小林）は、これ（日清戦争―小林）と同じからず。其重き所は国際的問題にあり。……列国軍と拳匪若くは清兵との勝敗の如きは抑も末のみ。(2)

と書いている。嶺雲や鯉洋には初めは、義和団民衆に代表される清国人の運動、精神に対して、また当時清国がおかれている窮境に対する関心はきわめて乏しかったことがわかる。清国処分がどのように行われ、それが日本が置かれている国際的環境にどうはねかえるか、それこそが問題であり、団匪などは烏合の衆であり、日本軍が「一度足を挙げれば、一蹴即ち散し去らんのみ」、そうした存在にすぎないと考えていた。嶺雲はのち、天津城陥落までの義和団・清軍の奮戦を目撃し、清国に来るまでは「予等の予想は聯合軍は破竹の勢を以て一気に北京に押寄せて城下の盟

をなすに至るものと信じていたのであった」(3)と告白している。

嶺雲は明治三〇年に『万朝報』に入社し、幸徳秋水らと知り合い、三二年に上海に日本語教習として渡清した後にも秋水としばしば書簡を往復していた。秋水の影響もあったであろう、彼は欧米列国の国益第一主義に日本が振りまわされること、日本が欧米列国の尻うまに乗り、中国や朝鮮に威丈高になりゆくことに嫌悪の念をもっていたのであるが、しかし一方日本が列国に伍して一流の世界強国になることをも望んでいたのであった。嶺雲の心は明治人に共通の愛国心と自由民権の伝統をひく反国家・反権力主義のはざまに揺れていた。

嶺雲は司令官福島安正少将が率いる日本臨時派遣隊約三〇〇〇の兵士とともに、土佐丸に乗船した。彼の反骨精神はたちまち爆発する。六月二五日付の白河鯉洋宛の私信で、「二十七八年戦役（日清戦争―小林）の当時、下士兵卒の輩は、手柄抜群の者すら、功七級に過ぎざりしに、絲竹声裡に光菊の膝を枕の総理大臣は、公爵大勲位の殊賞を辱《かたじけな》うしたりき。今次の出兵にも、亦さる事は必《ひっ》す可きにて候」(4)と反権威の鋭い批判精神を吐露している。彼が乗船した土佐丸は御用船とされたため、船長から事務員に至るまで多少の増給が行われたのに、水火夫には一切この沙汰がなかったことを知り、「不平等千万の事に候。予が一種の社会的意見を有するは、世に此の如き不平等あるが為めに候」(5)、と怒った。七月一日、大沽砲台に泊った日、また鯉洋宛に、

さて〳〵軍機の秘密なるものは、瑣末なるものに候。且此度は支那に宣戦したるにも非ず、列国とは合同の仕事なり。我等はかく瑣末なるものゝ上にまで秘密々々といふの、何の理由たるを解するに苦しみ申候。同じく本国の利益を思ふ本国人に、明日の出発を一時間早く知らしむると、遅く知らしむるとに於て、其秘密なるものに何等の逕庭あるべく哉。拘泥も此迄至れば、愚の極に候。(6)

と書き、新聞記者に報道統制を厳しくする軍を批判している。

戦争の悲惨を日清戦争で知った嶺雲の目は、土佐丸船上の兵士の上にそそがれる。「想いやる兵三千、千里の天涯に出征して戈を枕の夢穏ならず……、哀れなるは兵士の身よ、命を鋒刃の間に落して、骨を異郷の土に枯らすも、其そゝげる血は、徒らに将官の胸を飾るの勲章となるのみ」(7)、そして実際大沽に上陸したのち、八貫目の背嚢をせおい、行軍に苦難を極める兵士の姿を見て「子を生まば須らく男を生む莫るべきの嘆ありき」(8)と、戦場の兵士に同情の心を深くそそいだ。嶺雲が実際に見た日本軍の姿は、鬼神のごとき勇壮さに満ち溢れたものではなかった。「独り馬のみではない。兵士も列国の兵士の間へ出ては、緞帳役者が初めて桧舞台を踏んだ様に、場うての気味が無いでも無かった」(9)、と貧弱な日本兵の姿を直視し、「露兵などは、此炎天のなかを濁水を飲んで平気に行軍致居候に、日本兵は途中に動き得ぬもの多く、みじめな様に候。……元来戦なるものが、已に野蛮のものに候。兵は野蛮なるだけ強き道理に候」(10)、「列国兵中、日本兵は、かゝる舞台は初めての事とて、何となく臆して、疑深き、打沈みたる様子と見受け申候。島国根性は免れ難きものに候。露兵は流石に大国の気象を帯びて淡泊に、快濶に候。個人としては寧ろ露人の気風を愛し申候」(11)と書いた。当時、嶺雲はただ日本を讃美する国粋主義者と遥かに異なった地点にいたことは明らかである。勇壮なロシア兵に対する貧弱なる日本兵、列国兵の前で疲労困憊してバタバタと倒れてゆく日本兵を見て、嶺雲はいまだ欧米列強に遥かに及ばない日本を見ていた。

二、戦禍を直視

初めて戦争を実地に見た嶺雲は、次のようにそれを描写した。大沽より天津に向かう「途上の民家ある所は、必ず火をかけられたり」、天津では、我は塘沽よりの火車中に於て、沿道の民家が悉く火を放たれ、無辜の民が恨みを呑んで路傍に撃殺されあるを見て、無惨の極みと思へり。……無告の良民が其財産を烏有にし、鋒刃にかかりて死し、然らざるも其妻孥は離散し、田圃は踏みにじらるゝの哀さを想へば、誰か為之に憮然たるを禁じえんや。況んや軍事の防備上に用なきも、其惨酷なる、血に餓へたる虎狼の心を飽かしめんがために此種の惨事を行ひ、以て快とせるの跡を見るをや。我軍規の厳を以てするも、二十七八年役（日清戦争―小林）当時に於て猶いまはしき強姦掠奪は、至る処に密かに行はれたりといふにあらずや。況んや規律なく暴戻なる他国兵をや。此をしも殺伐なる戦時に於て不可避の事なりとせば、我は益々以て戦の非なるを決せざる能はず。

（日本軍の日清戦争における旅順の虐殺、今回のロシア軍の虐殺なども―小林）我は戦時に於てはあり得べき事、恕す可き事なりとして、之と共に我は寧ろ此に至るべき戦なるものを根本的に非認せんと欲するなり。(12)

大沽に上陸して予想外の戦争の悲惨を目撃した嶺雲は、日清戦争の際日本軍が行った旅順虐殺を想起し、ロシア軍などが行っている虐殺とだきあわせて、戦争とはまさにそうしたものであることをはっきり認識したのであった。欧米列強の清国処分にだけ関心のあった嶺雲も、清国上陸以後には視点が急速に変化した。彼は非運に斃れて行く無辜の中国民衆の姿を凝視し始める。

（天津郊外の村落において）我眼に先に映じたるは、其村落のとりつきの家の戸前に、人の黒く焦げてうつ伏せに僵《たお》れたる也。……此者の其死すべき刻下までも、此家の門前に露店して商ひ居れるものなるべし。あわれ彼、其日に終るべき命とも知らで口を糊《もち》ら其日の活計《たつき》に追はれたりけん、養ふべき親やありたる、妻子やありたる。此の如きは彼一人にはあらじ、沿道に僵れたりしもの、又火炎中に焼死ぬるもの、いづれか哀れの数にもれん。文明の戦は無辜を犯さずといふも、戦といふもの已に相犯す也、已に戦あれば其殺伐の気の溢るゝ所、勢《いきおい》無辜を

害ふに至らざるを得ず。(13)

　此村落は挙げて焚かれたり。多くは焚落ちて堆《うずたか》き灰燼のうちより烟猶上る。敗壁残墟の燃のこれるが黒く焦げて、昔のさまの名残をとどめたるのみ。中に一寺の宏敞なるが、半や(ママ)かけて、猶火炎のうちにあり、やけ落つる物音凄じく、烟を捲き焔を噴き、紅の火影、暮早き後の森の蒼きを焦す。民は死ぬる乎、逃れたる乎、隻影もなければ、かゝる巨刹を、やくに任せたるは無残なり。(14)

嶺雲の目は、船中で見識った従軍兵士の死にも深くそそがれる。

　戦ある毎に、嘗て船中に於て、或は途上に於て相識れる将校士官の、或は僵れ或は傷く者ある也。之をきけば黯然として涙下らんとす、其面容猶眼に在りて、忽ち幽明相隔たるの人となる、仏家の所謂無常の感、陣中に於て殊に其深きを覚ゆ。我は蓮生坊が仏門に入れる動機を初めて此に悟り得る也。(15)

戦争のなかで不運・非命に殺されてゆく無辜の民衆、死傷する将兵の運命に深い想いをいたした嶺雲は、日本軍隊のタブーであった日清戦争当時の旅順の虐殺・強姦を敢て公然ともちだし、戦争の残酷さを告発した。天津の激戦で負傷者をみて、嶺雲は「負傷者は凡て七八十人もありと覚ゆ、多くは仰臥したるままに身動だもえせず、恨める如き、憂ふる如き悩の色を面に刻みて、微かなる呻吟《うめき》も聞ゆ。嗚呼誰か人相殺す戦を罪悪にあらずとはいふ、死する者、傷く者、皆此罪悪の罰としてさゝげられたる犠牲よ、憐むべき彼等よ」(16)と戦争犠牲者を悼んだ。

三、日本臨時派遣隊司令官福島安正少将を非難

これまで見てきたように、戦争そのものを批判するにいたった嶺雲は、直接日本軍司令部にまで攻撃の鉾先を向け

るに至った。

新聞記者として派遣されてきた嶺雲にとって、軍隊による報道統制・記事の検閲は我慢がならなかった。『九州日報』主筆白河鯉洋宛の私信で、「司令部より報道してくる公の情報の外は、一事実を増減するも、検閲を通らぬ今の如きにては……」[17]と書き、又「新聞原稿に対する当局の検閲は、厳といふよりも寧ろ酷であつた。当局者の語る所以外には通信を許さなかつた。許す事があれば用語の文字にまで干渉した。予は苟くも文字を以て立つ一人として、武弁の徒に吾が文章に容喙せらるゝを屑としなかつた」[18]とその怒りを表わしている。『戦袍余塵』と『数奇伝』のなかの軍の検閲批判の文章を読むと、当時軍は「新聞屋」と嶺雲らを呼び蔑視しており、彼が書いた記事なども「今朝検閲に出せし処、全文青鉛筆にて抹殺せられ」たのであった。嶺雲はかかる検閲に対して次のような本格的な批判の論陣をはる。現在でも忘れてはならない論点を多く含んでいる。

予は言ふを敢てし申候、軍機保護法なる者は狭量なる、小胆なる、臆病なる、猜疑なる島国的根性の産物に過ぎず候。若し然らざるも此狭量、小胆、臆病、猜疑の島国的根性の為めに容易に濫用せらるべき弊害ある者に候。命令と盲従とのみの間に養はれて、頑野に、執拗に、我慢に、剛愎に、細節に拘泥し、事理に通ぜざる軍人の手に死用せられて此法はただただ益々繁瑣厭ふべき者となり申候。大沽及天津に於ては、此軍機保護法の名に藉りて厳密なる原稿検閲は行はれ申候。而して其濫用は甚しく候。我等は某国の兵は乱暴なり、某国の兵は弱しといふ等の如き記実的、批評的の記事さへ苟くも所謂列国の感情を害ふ恐れあるものは一切抹殺せられ候。此が所謂軍事の機密なるものと何等の交渉あり候哉。更に不埒なるは、其通信が事実に誤れる所ありとて全文を抹殺してつき還したることに候、苟くも事軍機に関係せらる以上は、事実の正否は其責我等自らにあり、検閲官が容喙すべき限りにあらず候。[19]（一九〇〇年七月四日、天津において。鯉洋あて私信。のち『戦袍余塵』に収めて公表さる）。

田岡嶺雲の軍部検閲に対する批判は、これから四年後の一九〇四年から始まる日露戦争に対してもより厳しく行われた。『数奇伝』のなかの「滑稽な秘密の厳守」の全文は次の通りである。

幸徳等の非戦論は多数の開戦論の怒《ど》罵《ごり》の裡《うち》に葬られて了《しま》つた、輿論の勢力は終に軟弱なる政府をして宣戦を布告するの已むなきに至らしめた。

或は当時開戦論の声を高くせしめたのは、政府が此に因つて露国を威嚇せんとする手段に出でたのであつたかも知れない。併し一度決した積水の勢は汎濫せねば止まぬ、政府は其の自ら使嗾した輿論に駆られて、已むなく日露開戦の幕を開けた。宣戦の詔勅が電話によつて新聞社に達したのは二月十日の夜半であつた。

其日以後の新聞社は亦一個の戦場であつた。号外号外、予等は号外の競争に奮闘力戦せねばなら無かつた、無事の時も夜半まで、一旦事があると徹夜が連日に及ぶことは珍しく無かつた。此間軍事に関する秘密は一切掲載を厳禁せられた、其の所謂秘密なる者の範囲は極度にまで拡充せられて、寧ろ滑稽な様な事もあつた。外国人の眼に触れて外国の新聞に麗々と掲げられた事実をさへ、当局者は所謂秘密を頑守した。其秘密は寧ろ国民を愚にせんとする秘密であつた。公報以外に於ける記事は闕字の〇〇を以て塡める外は無かつた、恐らく当時ほど新聞社が二号や四号の〇〇を使用した事は無からうとおもふ、吾等は寧ろ露国側の公報の率直公明なるに感じた。

当時国民の心は一斉に皆旅順に注がれていた。旅順陥落！此が国民の殆ど最大の又最後の期待であつた。国民は挙げて旅順陥落の号外に待ちくたびれていた。大阪の新聞では、予め旅順陥落の号外を各地の売捌所《うりさばきじょ》へ配布して置いて、電報一発で直ぐに配達する手配をさへしていたのもあつた。併し旅順の動静ほど当局から秘密を封ぜられたものは無かつた。国民は旅順包囲軍が如何に惨憺たる状況に在るを知らず、唯日清戦役当時の如く容易に陥落に向って進行しつゝあるものと信じていた。秘密の厳守が軍事的必要の範囲を越えて、国民操縦の一種の政略的手段に用いらるゝ事は有害である、彼の媾和後の日比谷事件の勃発は、吾人をして言はしむれば秘密厳守の結果である、国民は唯政府が発する戦勝々々の公報以外に何事をも知らなかつた、文字通りに連戦連勝とのみ信じていた、従つて日清戦役当時の如く巨額の償金と割地とを夢みていた、然るに媾和の条件は予期に反していた、不平の起つたのは当然である、政府は自ら蒔いた種を自ら刈つたのである。日本の政府は独り軍事のみでは無い、一切にあまり秘密を重んずるに過ぎる、蓋し此は民をして由らしむべし知らしむ可からずの東洋的専制政治の遺風に本づくものとおもふ。秘密と間牒。之を用ゐるに長じた日本は戦争に勝つた。併し日本国民は此が又我が国民性の其短処を最も著しく暴露したものたることを知らねばならぬ。[20]

一九〇〇年七月初め、『万朝報』の小林天龍らと連れだって、大沽から天津に向かった嶺雲がまず直面したのは炎天下の暑さと水の欠乏であった。日本軍の最大の敵は、この二つであったことは多くの人々が書いている。たとえば、嶺雲より十数日遅れて第五師団とともにやってきた『万朝報』の堺利彦は、

七月四日、大沽に上陸、五日朝砲台を出発、一里にして塘沽駅、火車、九時軍糧城着、……水の欠乏、全軍の困憊、兵士らは実に疲れたり、倒れる者饒々たり。

休憩を許されたる兵士らは、この青草の上にうち倒れてほとんどたつことをえざる者あり。[21]

と報道した。嶺雲や小林天龍らも同じく暑さと渇きに疲労困憊の極やっとのことで天津に着いたのであった。しかし、天津では記者に対する報道統制は実に厳しく、しかも危険という理由で宿舎から出ることは許されず、戦況を自由に取材することができなかった。こうして嶺雲の怒りは爆発し、臨時派遣隊司令官福島少将に上《たてまつ》る書が書かれることとなった。

「上福島司令官書」なる文章は、明治三三年八月二日付の『九州日報』に発表された。しかし、この記事は七月四日に天津で書いたが、軍の検閲を通さず帰国後に発表したものと思われる。(22) かなり長文なので要約して紹介する。

「福島少将閣下。夙に高名を聞く、閣下を識る者皆いふ、明達にしてよく士を遇すと……」と始まり、非凡の材と讃えられる少将に進言する妄を敢てするものではないが、「唯昨、鄙人軍に従うて天津に入るの途、心惕然として感ずる所あり、衷心惻々言ふなくしてやむ可らず。乃ち一書を作つて閣下の鈞鑒を仰ぐ、冒失の罪敢て辞する所にあらず」と述べ、以下のように軍司令部の処置を質した。大沽砲台内では半熟の米を兵士に食わし、水の用意もなかった。「支那の地に清水の得難きは何人も知る所、而るに漫然兵を出せるのみにして、蒸溜其他何の設備もなく、遙に水を芝罘又は本国に仰ぐの迂をなさざる可らざるは、陸軍省の疎漏たるはいふまでもなし。然れども之を咎むるも今如何ともす可きなし、但吾人は出来得べき限りの方法を尽して、兵に食はしむるに半熟の食を以てする如き不都合のあるなからんことを閣下に望まざるを得ず、否らざれば漫《みだ》りに軍隊の衛生をいふも、竟に何の益する所なかる可ければ也。」

次に嶺雲は、大沽から天津に向かう日本兵がばたばたと倒れた原因は、半熟の飯を与えられたためそれが腐敗し、空腹が原因だったとして、軍当局の責任を問題にした。「閣下はよく西国の事に通ずと称せらる、今時特に閣下の我軍を司令する者、亦閣下が西国の事に通ずるが故に、列国との折合を慮つて、我政府の閣下を用いたる也。閣下毎《つね》に我等を警めて、其記事の国際間の感情を害するが如きものなるなかるべきを以てせり。列国の感情、是れ敵を破るよりも、城を陥るよりも、最も閣下の頭を悩ましむる所、閣下何ぞ、兵に餒《あざ》れたる糧を食はしめ、飢ゑて路傍に倒るゝの、所謂列国軍に対して、不面目至極なるを一思せざる。天津に入れば、我等の室と相隣して隔離室あり、且きく、下痢に悩むもの殆ど全隊の半《なかば》と、我は是に於て、大沽に於ける半熟の食を想起して、不覚慄然とせり。嗚呼鄙人が今陳ぜし所の如き、瑣事といへば瑣事なり、然れども其関するの大なるを一省せざる可らず。曩きに我等の砲台に在るや、参謀諸官我等を警めて病の予防に努むるべきを説き、更に語を加へて曰《いわ》く、諸君病あらば、唯恐らくは之がために延いて軍隊に累を及ぼすが如きことあらんことを憂うるのみと。当時在りし者、皆諸官の眼中唯軍隊ありて其他なきを知れり。閣下等、軍を思ふこと已に此の如く篤しとせば蒭言と雖ども、豈に閣下の聴を累《わずら》はすに足らざらんや。敢言尊厳を冒す。万死々々。七月四日(23)」。

この文章を書いて、軍当局を批判した嶺雲は、「原稿の検閲厳にして、司令部自らより出でたる情報に非ざるよりは、縦令《たとい》其局にありて戦へる人の口より出たるものといへども、忽ち抹殺せられて、我等は公報と一様なる乾燥なる通信をなすの外報ずるに由なき(24)」がため、翌日の五日天津より白河を下り帰国の途についたのであった。そのため、この七月五日から一四日の天津城陥落にいたる八ヵ国聯合軍と清軍・義和団との大激戦を全く見ることなく帰国したのであった。この約一〇日間の戦闘は本格的な砲撃戦・白兵戦であって、もし嶺雲が天津で参観したならば、中国民衆に対する彼の認識に大きな転換をもたらしたことであろう。義和団戦争のいわば天王山ともいうべき天津戦役を前にして、彼が帰国の途についたことは、われわれ後世の『戦袍余塵』の愛読者にとってきわめて残念なことといわねばならない。

四、嶺雲の中国民衆観・義和団観

これまで紹介してきた義和団戦争従軍報道記事『戦袍余塵』と晩年に書いた自省録ともいうべき『数奇伝』中の従軍の想い出によって、嶺雲の中国民衆観・義和団観を検討しておこう。

田岡嶺雲には、中国の民衆の自覚とかれらによる反帝闘争が今こそ始まったというような認識はない。時として中国民衆に対する蔑視の言葉さえ二ヵ所ほど目についた。一つは『九州日報』へ送った記事のなかで、イギリス兵の傭兵となっている清人兵（威海衛兵）が、嶺雲のところにきての雑談を紹介しながら次のように記したところである。

（威海衛兵は）頻に日本よろしい〳〵といひ、己等の天幕を指して、お休みなさいと勧む。最少《もすこ》し給銀さへよければ、日本に傭はれたしとは、流石に支那根性なり。(24)

もう一つは、白河鯉洋への私信（といってのち『戦袍余塵』に収録されたが）のなかで、

支那の歴史には、古より風を望むで降ると申事の候、此の風を望むと申事、よく支那人気質を説明したるものにて候。強者の前に怯に、弱者の前に驕るが支那人の特質に候。(25)

と書いたところである。しかも後者の私信は、七月四日付であり「上福島司令官書」と同じ日に天津で書かれたものであった。この二つの文章によって、嶺雲が徹頭徹尾、清人蔑視を行う国粋主義者であったかというと、必ずしもそうではない。彼は明治二四年に水産伝習所を卒業すると、帝国大学の漢学科の選科に入学し、中国文学を学んだ人である。のち荘子・蘇東坡・屈原・高青邱・王漁洋などを日本に紹介し、また義和団戦争の前年の一八九九年には、上海の学校に日本語の教習として赴任したこともあった。この一八九九年の上海行は、嶺雲の世界観というか日本観というか、彼の思想の中心に大きな影響を与えた。そのことは、『数奇伝』に収められている「滬上の一年」(26)という文章に生々と述べられている。その最初の「大陸の飛躍が理想であった」という小見出しの文に、「少時から政治運動の渦中に生長した吾等には、豪放な志士的行動が寧ろ理想であつた、且つ学者として立つには吾等の頭脳はあまりに粗大で非組織的であつた。大陸に飛躍する！漢学を専門とした吾等には支那大陸が唯一の好舞台と信じていた。」とあり、志士豪傑として支那大陸で活躍する目的で「機会さへあれば、支那に行かうとの志は抱いて忘れなかつた」と

いう。上海に行って「思想の上に或変動を生じた」のであるが、このことについて次のように詳しく省察を加えている。

従来予は一種の偏狭なる国粋主義に感染していた。明治二十年頃の欧米主義に対する反動の思想が一時を風靡した其頃の空気の中に予等の思想は育て上げられた者である。夫れに自分の専門とした学問が漢学といふ様な古典的な動もすれば頑陋に陥り易い者であつたことが、何時となく予を自国の長所のみを認めて、自国を世界唯一の国柄と妄想する一種の偏見に導いてゐた。然るに上海は支那の一開港上といふ名の下に、実際は方幾里かに縮図せられた小世界《コスモス》である、世界の民を集めて成つた一の小共和国である、黄白黒あらゆる種類の人種を一区に集めて、碧い眼黒い眼、明るい髪《かみ》闇い髪、寛袍の人窄袴の人、辮を垂れた支那人、紅巾に頭を裹《つつ》んだ印度人、スカートを地に曳く反身《そりみ》の白人の女、赤い蹴出しの足にもつるゝ日本は島原産の女、宛然たる人類の共進会である、風俗の博覧会である。天津の桃、苹果、広東の茘枝、龍眼肉、南洋のバナナ、パインアップル、あらゆる南北の珍菓は食うに任せる。マニラの葉巻、ボルドーの葡萄酒、燕巣の羹に、日本流の鯛の刺身、あらゆる東西の珍羞に朶頤し得る。上海は実に此くの如き地である。予は上海によつて独り支那を観得たのみならず、朧げながらにも世界を観得た。予は渓谷の間を出でて始めて豁然たる大景に接した気がした。自己の従来の思想が竟に井蛙の陋見たるに過ぎなかつたことを予は此の実物教授によつて教へられた、予は世界の大を教へられ、世界の広きを教へられた、人は国民として以外、世界の人類のために、天下の人道のために竭くさざる可からざる者たることを教へられた。(27)

これは一九一一年から一二年にかけて書かれた『数奇伝』の一節であるが、日清戦争で増幅された国粋主義の虜となっていた嶺雲が一八九九年の上海行きと以後一年間の滞在によって、その世界観・人生観が決定的に変化せざるをえなかったことを実に生々と見事に語った文章である。かれはこの上海滞在中に、戊戌の政変で敗れて上海租界に逃げ込んできた人々とも会ったようであり、

拳匪の乱に乗じて、漢口に事を挙げんとして成らず、捕へられて頸血を市に濺《そそ》いだ唐才常は、顔の丸い、併し眉の濃い眼の険しい、何処かに叛相を具へた人であつた。其他相交つた人々は多く康有為の一味であつた。併し其交は単に読書人としての交で、相結んで風雲の変を期待する志士としての交では無かつた。(28)

と語っている。

嶺雲は世界の広さを知り、自己の国粋主義が井蛙の陋見たることを知り、人は国民として以外人類のため天下のためにつくすべきものたることを知ったのであるが、しかしまだ嶺雲は中国民衆が新中国をつくりつつある歴史の大きな流れを見抜くことはできなかった。当時彼のなかでは、中国人民はまだ支那人であり、義和団反帝闘争は拳匪の乱にとどまっていた。彼が帝国大学漢学科で学んだ中国の詩文に対する尊崇の気持は、「(情感国民として日本人は優れているが)而れども大陸的偲偉宏壮の風光を知らず、故に支那人的の崇重と雄大とは有する能はず」(29)という文に表われているが、現実の支那人は古典中の「支那詩人、文人」とはなかなか一致しなかった。しかし私は嶺雲の「支那人観」が、日清戦争以来の「撃てや懲せや清国を」といった単なる排外主義からくる蔑視観とはかなりのずれを起こしつつあったと思うのである。一九〇〇年の義和団戦争従戦記事のなかに、二ヵ所「支那人根性」、「支那人気質」といった蔑視の言葉が出てきているが、これは大日本帝国の排外ショービニズムから嶺雲がまだ自由でなく、そのため中国の人民が歴史を変革する主人公に徐々になりつつある歴史の動向を見抜くことを不可能にさせつつあったことを明示しているとはいえ、義和団戦争従軍で中国の民衆を深く理解して行くことを妨げるものではなかった。以下この点をより深く追究して見よう。

嶺雲は上海で病いをえて帰国の途中、福岡の『九州日報』で主筆となっていた帝大漢学科以来の友人白河鯉洋を訪ねた。この時「山東に起った拳匪の乱が漸く重大」となり、ドイツ公使は殺され、日本書記官も殺され、北京公使館は包囲され、鉄道電線は破壊され、戦争が起こったので、鯉洋が特派員として従軍記者になることを嶺雲に依頼したのであった。この仕事を引き受けた嶺雲は、「吾人は戦争に於て人間の力の絶対を観得るのである。戦争はあらゆる物の中に最も壮烈なるものである、最も雄大なる者である、最も大なる悲劇であり、最も傑《すぐ》れた哀史である。日清戦争を観得なかつた予は、此度の事件を戦争なるものを実験するに又と得べからざる機会と想つた」[30]のであった。この時には、中国民衆が義和団という組織を何故につくったのか、またここに始まった戦争がいかに中国民衆に多大な犠牲と惨禍をあたえるのか、そうした観点が全く欠如していたのである。しかし、いったん戦争の実態、中国民衆の惨憺たる有様を見たとき嶺雲は先に紹介したところであるが次のように述べざるを得なかった。

我は塘沽よりの火車中に於て、沿道の民家が悉く火を放たれ、無辜の民が恨みを呑んで路傍に撃殺せられてあるを見て、無惨の極と思へり。鉄道の開通を安全に防備する上に於て、匪徒をして隠匿する所を失はしめんがためには、此策も亦已む可らざるものたるべしといへども、無告の良民が其財産を烏有にし、鋒刃にかかりて死し、然らざるも其妻孥は離散し、田圃は蹈にじられるの哀れを想へば、誰か為之《これがため》に憮然たるを禁じ得んや。況んや軍事の防備上に用なきも、其惨酷なる、血に餓へたる虎狼の心を飽かしめんがために此種の惨事を行ひ、以て快とせるの跡を見るをや。我軍規の厳を以てするも、二十七八年役当時に於て猶いまはしき強姦掠奪は、至る処に密かに行はれたりといふにあらずや。況んや規律なく暴戻なる他国兵をや。此をしも殺伐なる戦時に於て不可避の事なりとせば、我は益々以て戦の非なるを決せざる能はず。[31]

嶺雲は中国民衆の悲劇を見たとき、最も勇猛果敢の反軍・反戦の報道を行ったのであった。たしかに義和団民衆の正義と勇敢さを評価してはいないが、中国の民衆も人間であること、また人間のレベルにおいて日本・欧米露の軍隊は野蛮で暴戻であることを発見し、徹底的に告発したのであった。嶺雲ほどはげしく八ヵ国聯合軍を非難し、この戦争を否定し、日本人にして日本軍を批判した人物を私は知らない。

中国に行く前までは、義和団民衆が八ヵ国聯合軍に少しでも抵抗できるなどとは、嶺雲も全く予想することはできなかった。「予等の予想は聯合軍は破竹の勢を以て一気に北京に押寄せて城下の盟をなすに至るものと信じていたのであった[32]」。しかし、天津の清兵・義和団はなかなか勇敢で、天津城は容易に落ちそうも無く、軍の検閲官とは喧嘩をやり、また長年月の滞在を支えるに足る旅費もなく、嶺雲は先に述べたように七月五日帰国についたのであった。かれはまだ天津戦役における清兵・義和団の勇猛な戦い振りを目にすることはできず、従ってこの点を明確に指摘した文章・報道を残すことはできなかったのであるが、次の文章は渡清後の彼の義和団に対する好意を示していると思われる。

鯉洋足下

我等の一行は大沽に在りし時より、自ら号して新聞団匪と申候。これは一行の一団しきりに苦情と小言を持こみて、さらでも忙しき司令部を苦しめしより何人かの思いつきたるのに候。此地に来るも依然団匪を以て自ら居り候。一種の共和制にして、日々一円づつを醵金してボーイの給料、酒代其他全体にかかる諸雑費を支払ひ申候。……団匪団匪、好名称に候、いづれ謀反気は免れぬ吾人は此好名称を愛し申候。七月四日於天津[33]

嶺雲が明確に義和団運動を支持していないといって非難することはできない。他の誰にも当時義和団讃美を期待することなどできはしなかったのである。太平天国・義和団の敗北にもかかわらず、その途の延長線上に中国革命が成功していったなどとは、今日だから言えることであり、私は日本人全体が義和団の迷信と無知をあげつらっていた時、嶺雲が何一つ蔑視の言葉をはかなかったことを評価すべきだと思う。いやそれ以上に、中国大陸に上陸して戦争を直接見た嶺雲が自分を「新聞団匪」と名づけ、これは「好名称」だと書いていることのなかに、彼の中国民衆の戦いへの直感的好意を感じるのである。明らかに中国に正義を、八ヵ国聯合軍に暴虐を、団匪に好感を、嶺雲は大陸において発見したのである。

五、嶺雲の戦争批判のその後

義和団戦争の惨禍を見て、「我は非戦論者たらざらんと欲するも能はざる也」と書いた嶺雲の戦争批判はどの程度のものであったのか。義和団戦争が一九〇一年の北京議定書で一応けりがついた直後から、東アジアで日露の対決が急速に進んだ。親友の幸徳秋水・堺利彦・内村鑑三の三人が戦争反対を主張したのに対し、嶺雲は開戦を主張した。その理由は、「十九世紀は余りに白人種が跋扈した時代であった、白人種のみ重く黄人種に軽き時代であった、其不平等は均整せられねばならぬ。……日本が東洋の先覚者として其国力を西人種に示す事は、一方には世界の文明のため、一方には大平和の招徠のために必要である。予は斯くの如く信じて露国との開戦を已む可からずと考へた[34]」ためであった。

家永三郎氏は、『数奇なる思想家の生涯――田岡嶺雲の人と思想――』なる著書で、嶺雲の開戦の論理を論評して次のように述べている。「東洋恢復」の精神が人道主義的反戦感情を圧殺したのであろう。彼のナショナリズムは彼をしてよく欧米帝国主義のアジア侵略の事実を正視せしめたが、日本の大陸進出がアジア諸民族の解放のためにではなく、欧米帝国主義に便乗して朝鮮や中国を侵略するものであることを看破するのを妨げた。それは、自由民権派の「東洋恢復」思想がひとしく陥ってきたおとしあなであり、彼もまたそのおとしあなに陥ることなしにはすまなかったのである、と。[35] 彼は晩年の自省録である『数奇伝』においてこの時の自己の開戦論を振り返り、一種事を好み乱を喜ぶ煽動的客気と、大帝国の夢想的虚栄心とが含まれていたことを認め、自己の短見を今に於て恥ずる、と述べた。自分には名を負うた主義がなかった、というのが最後の自己評価であった。かれの戦争観は上に見たように紆余曲折を経、また論理というよりも直感・情感にたより、矛盾を含んだものであったのであるが、義和団戦争で現実に無辜の民がいわれなき暴虐のなかで殺戮され、財を焼かれ路頭にさまよう姿を目撃したことは、かれののちの戦争・軍隊・国家を見る目の底に焼きついて離れなかったに相違ない。

嶺雲の『戦袍余塵』は、戦争の悲惨さを描写した第一級の記録文学であり、今日でもその価値を失っていない。

注

(1)『九州日報』、明治三三年八月九日。
(2)『田岡嶺雲全集』第五巻一二頁。(以下『全集』と略記)。
(3)『全集』第五巻六二〇頁、『数奇伝』(一四)。
(4)『全集』第五巻、一〇〇頁。
(5)『全集』第五巻、一〇〇頁。
(6)『全集』第五巻、一〇三頁。
(7)『全集』第五巻、三二頁。

(8)『全集』第五巻、五五頁。
(9)『全集』第五巻、六一五頁。
(10)『全集』第五巻、一〇五頁。
(11)『全集』第五巻、一一六頁。
(12)『全集』第五巻、六九〜七〇頁。
(13)、(14)『全集』第五巻、七〇頁。
(15)『全集』第五巻、七二頁。
(16)『全集』第五巻、八六頁。
(17)『全集』第五巻、一〇九頁。
(18)『全集』第五巻、六二〇頁。
(19)『全集』第五巻、一〇九〜一一〇頁。
(20)『全集』第五巻、六六五〜六六七頁。
(21)『堺利彦全集』巻一、四〇頁。
(22) 田岡嶺雲の全集を編纂した西田勝は、第一巻の解題において、「上福島司令官書」は、七月四日天津で書かれたが、軍の検閲に出さず、秘かに帰国の際持ち帰り、八月二日の『九州日報』に掲載したものと推定している。
(23)『全集』第五巻、七九〜八三頁。
(24)『全集』第五巻、五二頁。
(25)『全集』第五巻、一一四頁。
(26)『全集』第五巻、六〇五〜六一一頁。
(27)『全集』第五巻、六〇七〜六〇八頁。
(28)『全集』第五巻、六〇九頁。

(29)『全集』第五巻、七〇二頁。
(30)『全集』第五巻、六一一頁。
(31)『全集』第五巻、六九頁。
(32)『全集』第五巻、六二〇頁。
(33)『全集』第一巻、一一一頁。
(34)『全集』第五巻、六五九〜六六〇頁。
(35)家永三郎『数奇なる思想家の運命』、(岩波新書、昭和三〇年)七六〜七七頁。

第四節　堺利彦、田川大吉郎等の従軍報道

一、堺利彦の戦争報道

『万朝報』の従軍記者堺利彦の戦地報道が紙面に載り始めたのは、明治三三年七月一八日から七月二八日にかけてであった。『万朝報』の紹介記事に「朝報子いはく、わが社の先発員堺枯川は北清事件起りてより久しく芝罘（チーフ）に滞在しありしが第二特派員小林天龍と交代してさらに天津に進行したり、今後における天津以北の情報は陸続として読者に報道することをうべきなり」とあることから見て、小林天龍よりも早く堺が中国に渡っていたが、大沽から天津へは小林の方が先に入っていたことがわかる。小林天龍は、『九州日報』の田岡嶺雲と日本臨時派遣隊に従って天津に入ったが、共に七月五日に白河を下って戦場から去った。小林と嶺雲はこの白河を下る途中に、これから天津

に向かう堺と会っている。

堺は七月四日に水雷艇に乗って大沽に到着し、翌五日に四国丸亀の歩兵一個中隊、広島の工砲騎兵各一個中隊とともに天津に向かった。かれが最初に見たのは、「川側に横たはれるシナ人の死骸に、やせ犬の二、三四集まつてその肉を食らへると、塘沽市街の無残にも焼き払はれた」(1)すさまじい光景であった。日本兵は天津に向かう途中水不足に苦しみ、また焼けつくような日光に照らされ「兵士らは実に疲れたり、倒るゝ者饒饒たる」(2)ありさまだった。堺利彦は当時はまた素朴な愛国者であり、小ブルジョア的日本主義者であったから、かれの戦争報道は日本軍の活躍を喜び、日本軍の手柄に拍手を送るものだった。「(天津城攻略の)この時軍曹星沢茉といふ者、城内の中心たる十字街道に高くそびえたる鼓楼の上に駆けのぼりいち早くも日の丸の旗を押し立てたるは心ききたる働きといふべし。……わが日本兵が特に勇猛の働きをなしたるは、各国の等しく認めたるところなり」(3)、「望遠鏡を目にあてがつて見るに、南門の上に大きな日の丸があざやかに見えている。それから今一つ煙の中の高い鼓楼に旗が見える。よくよく見ればそれも日の丸。愉快、愉快と覚えず叫んだ」(4)、「(天津城陥落のとき)戦勝の軍兵が敵城に進入してほとんど秋毫も犯すところなく直ちに善政を人民にしかんとするは真に文明の聯合軍なりといふべし」(5)。

当時の堺はまだ小ブルジョア的愛国者であったから、田岡嶺雲のようなするどい軍隊批判の視点も、また聯合軍の掠奪・虐殺を攻撃する文章も残してはいない。嶺雲が非難した軍の報道統制の故に、堺は掠奪・虐殺を記事にすることができなかったとも考えられるが、報道全体を読んだ感じでは、まだ甘い日本民族主義者であったように思われる。真実を見きわめて正確に報道するというジャーナリストの姿勢もまた確立されてはいない。たとえば、義和団戦争の天王山ともいうべき天津城陥落の朝も、天津城南門まで行きながら福島司令官などが引きあげるのに出合うと、自分もそこから帰っている。城内に入って、奮戦した義和団・清兵の強さの原因、聯合軍の蛮行の様子などを凝視する執念がなかった。田岡嶺雲のような冷徹な国際政治を見る目、軍の報道統制を怒るジャーナリストとしての姿勢、戦争を否定する理想主義などを、まだこの堺利彦には見ることができない。しかし、堺は次の一点では田岡嶺雲よりナイーブな目で戦争を見ており優れていたと言うことができる。つまり、嶺雲は人間の命のはかなさ一般を発見しそれを詠嘆するだけなのに対し、堺は中国民衆のもつ力を正当に、素直に評価し認識する素朴な心をもっていたということである。軍の統制に怒り、旅費が底をついたとはいえ、これから始まる天津戦争を目前にして帰ってしまった田岡嶺雲と小林天龍には、戦争を深く見て、この戦争を起こした中国民衆の力を追究しようという執念がない。しかし堺はまだ若く、精神の素朴さの故に、次に紹介するように勇敢なる「団匪」と清兵を発見して素直に驚くのだった。

二、「団匪、頑強の抵抗をなせり」

堺利彦が天津に到着した七月五日頃は、天津停車場の戦いが激しく行われていた。義和団と清兵が連日ここを攻撃したので、ロシア軍は日本兵に停車場守備を引き継がした。七月六日の戦いは特に激しく、数百数千にのぼる義和団・清兵が押し寄せてきた。これを堺は次のように報じた。

すべてこの夜の戦いは敵兵けなげにもよく戦ひ、わが援兵の加はるに及びひとたび退きたりといへどもなほ遠く去らず、その肉迫せし時には一〇〇歩以内に来たれり、その退きし時にもなお四、五百メートルの所によりて頑強の抵抗をなせり。その左翼を張らんとするの状思ふべし。(6)

七月九日には、天津城攻防戦のまさに前哨戦とも言うべき戦いが競馬場・黒牛城・西機器局において行われた。義和団と清軍の総兵聶士成の軍はよく奮戦し、聶は戦死した。堺はこれを「敵の勇猛」という見出しで報じた。

豚尾《ちゃん》と一概に言ふことなかれ、敵は必ずしも弱兵にあらざるなり、団匪も官兵もすこぶるよく戦ひ、逃げながら撃たるるよりはむしろ進んで殺さるるもの多しと言ふ。団匪が迷信の力をもつて士気を作興せるを思ふべし。わが兵の引き揚げの時天津城より盛んに砲弾を放ちしがごときも、また敵の決して一敗にひるまざるを知るに足るべきなり。(7)

七月一一日、天津停車場をめぐる大激戦があり、日本軍の死傷者は七九名、英軍は二〇余名、仏軍は六〇余名に及んだ。この戦闘を堺利彦は「けなげなる敵兵」という見出しで、

されど予は敵兵に対して一片の同情なきを得ず。聯合軍を相手として天津城にたてこもり、出でては聯合軍を悩ますこと幾回、夥多の損傷を受けてひるまず、必ずその左翼を張らんとするところけなげなる敵の振舞ひと言はざるを得ず。(8)

と報道した。堺は日本兵の苦戦のさまをも隠さない。天津城攻撃のとき服部少佐が戦死したが、これを、

服部少佐の大隊が後方の砲兵に援護せられて前進するや、敵は猛烈なる砲撃をもつてこれに応戦し、ついにわが服部少佐を倒すに至れり。少佐は砲撃にその頭部を撃たれ、頭部の半ばを砕き去られて即死したりといふ。この時、副官中村中尉もまた少佐のかたはらにありて、敵弾にあたり、少佐と共に即死したり。(9)

と報じ、また「大苦戦」と題して、

敵は壁上に施設せる二重の銃眼および低く地底に施設せる他の銃眼より猛烈なる鉄砲射撃をなし、また道路上の障壁よりも巧妙なる狙撃をなせり。聯合軍は躍進ごとに多数の死傷を出しながら、城内をさる約四、五百メートルの所まで進みしが、もはやこの上には一歩も進むことあたはざるに至れり。……ここにおいて、司令官は、各隊その地位を死守すべしとの命を伝へ、ただ日の暮るるを待つの外なきに至れり。炎天にさらされ、弾雨を浴

び、進まず、退かず、泥水を飲み、糒《ほしいい》をかじり、しこうしてその地位を死守したる各隊の苦思ふべし。彼らは午前二時半をもつて出発し、五時より戦闘を始め、苦戦半日にして多く進むことを得ず、午後に及びただその地位を死守するのやむをえざるに至れるなり。(10)

と書いた。日本軍を中心とした日英米三国軍五七〇〇名の兵士は、一七日夜から一八日の払暁にかけて一八時間近く泥のなかに身を沈め、やっとのことで天津城南門を爆破したのである。堺利彦の感性は若々しかったから、観察にウソが入りにくかった。日本を賛美せんとする観念を自然な感情が裏切ってゆく。堺の既成観念である明治の国家主義・愛国心は、「あざやかな日の丸の旗」「日本兵の勇猛の働き」「日本の先登の功」を誇り喜ぶが、しかし彼の繊細にしてやさしい眼は、両国の兵士の悲惨な運命にそそがれ、また日清戦争以来国民意識にまで達した「支那人＝劣等人種」という蔑視感を崩していく。そうして勇敢なる清兵、「団匪」の抵抗を正直に書くことができた。堺利彦には、日本軍隊の非人間性や列強の帝国主義的本質を暴露する批判的精神は、まだ生長してはいなかったが、戦争の悲惨・罪悪を直視する生来のナイーブの心があった。

三、戦争の悲惨

堺が激戦の跡を実際に見たのは、七月一四日の天津城陥落の朝であった。まず最初に南門の上にひるがえる日の丸である。

望遠鏡を目にあてがつて見るに、南門の上に大きな日の丸があざやかに見えてゐる。それから今一つ煙の中の高い鼓楼に旗が見える。よくよく見ればそれも日の丸。愉快、愉快を覚えず叫んだ。(11)

南門に向かう途中、「ヤア奇麗だと連れの一人が言ふので、ふと立ちどまつて足元を見れば、そこらの土壁一面に紅い昼顔が咲いている。げに奇麗な花である」(12)。更に彼は進んでゆく。

そこからまた少し行つて南門前の大道に出たがここにははや死骸が横たはつてゐる。しかもわが兵の死骸である。ツイその横には馬も一頭倒れてゐた。馬の腹はまるまるにふくれて足は空にむいて突つ張つてゐた。また少し行くとまた死骸がある。わが兵のものもあれば清兵のもある。道ばたにもあれば家の中にもある。予はいちいち死骸を見るの勇気は無かつた。多くの人馬の死骸のなかを通りぬけて、城門近くの村落まで進んだ時、予はさらに多くの死骸を見て驚いた。両側のこわれた家の中に、子供のあおむけになつて倒れてゐるのもあれば、老婆の血まぶれになつてころがつてゐるのもある。それに何千何万といふはへが群がつてゐる。頭を撃ちぬかれて死んでゐる犬もあれば、死骸の足をかじつてゐる犬もある(13)。

いよいよ城門まで来たところが、人馬雑踏、喧々擾々としてゐる。進んでその間にはいつて見れば、数十人のシナ婦人が今城門から送り出されるところである。これは城内がまだ多少危険であるから、一時婦女小児を城外に避難させるのだそうだが、彼らはそんな子細も分らず、ただおろおろしてゐる。子供の手をひいたのもあれば、乳飲み子を肩に抱いたものもある。卑しからぬ骨柄の美人もあれば、あさましいみなりの醜い顔つきもある。どれもこれもただ打ち混じて押しあひへしあひ、兵士にしかられてワッと泣き出す子供があるやら、たちまち地にひざまずいて哀れみを請ふ老婆があるやら、その老婆の髪の毛の汚なげにはげているのが目につく時、その子供のくび筋に太い太い腫物の出てきてゐるのも目につく。また兵士がしかりつける、馬が物に驚いてドタバタ列を乱す。女どもはまたおろおろとして例の纏足をよろめかしてヤツトのことで門の外に出て行く。予は立ち止まつてしばらくこの景色を見ていたが兵士軍馬の死骸を見た時よりは、この時多く戦争の災ひを心に感じた(14)。

堺利彦が心から願い喜んだ、日本軍の天津城一番乗り、文明国軍の勝利の「現実」は以上のような哀れな悲しい情景そのものだった。もう堺には日の丸を見て素朴に歓喜する心は失せてしまった。彼はここで初めて戦争を正視したのであった。この従軍記事『天津通信』は、上の文章につづいて、次のような沈んだ調子で終わっている。

それから城壁の上にあがつて見れば、ここにはちやうど福島少将らが休息しておつた。多くの将校兵士が昨夜今朝の手柄話をやつている。予はそれらの話をききながら、ズッと城内を見わたしたところが、ただ所々に煙の立ち登るその間に、また多少の市街戦があると見えて、小銃の音がパチパチ、パチパチと聞えていた。やがて南門の日の丸は米国の旗と立てかへられて福島少将らも引き揚げる様子であるから、予もまたそろそろと居留地に引き揚げた。(15)

私は先に従軍記者たる堺が天津城南門まで行って城内の戦闘や聯合軍の行動を正視しなかったことを批判して、ジャーナリストとしての精神の欠如を云々した。しかしながら、堺が南門から「そろそろと引き揚げた」理由が、ここまで『天津通信』を読んできて理解できるのである。かれが信じ、喜んできた日本軍の勇敢さ、戦争での強さといったものが、いかにむなしい哀れなものにすぎないのか、戦争という非日常的世界を人間の日常的世界から見ればいかに悲しい災いにすぎないか、そうした「さめた」眼を堺利彦はもう持ってしまったのであろう。日本軍はこの南門での十数時間の戦闘で四〇〇名近い死傷者を出した。全く予想外の損害であった。堺はまだ戦争を否定するにはいたっていないが、確実にこれまでの戦争観は崩れ始めたのである。かれはそろそろと天津城を引き揚げ、そろそろと帰国の途についたに相違ない。堺の目はもう日本軍の勝利に興奮しそれをただ讃美するにはさめすぎてしまった。しかし堺という人は、田岡嶺雲や内村鑑三のようなファナチックな人ではなかったので、その感情の転換はゆっくりであり、また鋭いものではなかった。つまり、すぐ戦争否定論者になったり、日本軍批判者に変わったりしたのではなかった。

天津に戦争の悲劇をみて、戦争に大きな疑問をもったのであるが、また中国人民の独立運動への理解にはまだほど遠い地点にいた。そのことは、帰国直後に堺が書いた日記を見ればわかる。明治三三年八月一一日の日記に言う。「従軍は愚なることなり、それも相当の待遇を受けば知らず、新聞記者としては愚なることなり、……新聞社のために言へば失敗なり、ただし予一身のために言へばともかくも面白き経験を得たり」と。八月二三日には、「従軍記者待遇問題。北清派遣の軍隊が新聞記者に対して礼を欠きたることにつき我は一昨夜紅葉館の同志記者会において演説したり、明日また会合して相談するはずなり、こんなことも少しは面白し」と書いている。両方とも「面白し」であり、従軍記者として戦地で経験したことがかれの精神に決定的な影響を与えたものでなかったように思われる。それとも堺という人は実は深刻なことを第三者風に、ちょっと茶化して書く人だったのであろうか。この場合は前者のように私には思われる。

堺利彦が、小ブルジョア的意識から社会主義に移行したのは、従軍記者として清国へ渡った翌年の一九〇一年から三年にかけてのことのように思われる。堺利彦の日記を見ると、一八九九年には、幸徳秋水への批判的言辞が多く書かれているが、この年の一二月九日には「近来ますます幸徳と親しむ」、その翌年の一月には「昨夜幸徳秋水と語る。秋水功名に急にして余裕少なし」と書き、この義和団戦争の年までは接近したり離れたりの関係が続く。ところが、一九〇一年には「朝報社にては幸徳秋水のみ友人といふべけん」（一月二四日）、「（片山、木下、河上（清）、幸徳が社会民主党を組織した）。余も入党するはずであつたが今日、内務大臣から結社を禁止された」（五月二〇日）、「黒岩は数日前、朝報紙上に理想団といふ団体のことを発表した。至極面白い、大いにやつてみたいものだ。これが続けば朝報社にも永くいたくなる」（七月八日）などと日記に書いて、幸徳に接近し社会運動に興味を示し、一九〇二年にはじめて理想団で演説をやった。幸徳と堺がロシアとの開戦に反対して『万朝報』をやめ、平民社をつくるのは一九〇三年のことであるから、堺の社会主義への道は、この義和団戦争に従軍した時から、一、二年の間であったことがわかる。堺が中国でみた戦争の惨禍は、『日露開戦』反対に生死をかける上で大きな影響をもったものと思われる。

注

（1）『堺利彦全集』第一巻、四〇〜四一頁。（以下『全集』とする）。
（2）『全集』第一巻、四一頁。
（3）『全集』第一巻、五九頁。
（4）『全集』第一巻、六〇頁。
（5）『全集』第一巻、六〇頁。
（6）『全集』第一巻、四五頁。
（7）『全集』第一巻、四七〜四八頁。
（8）『全集』第一巻、五一頁。
（9）『全集』第一巻、五五頁。
（10）『全集』第一巻、五六頁。
（11）〜（15）『全集』第一巻、六〇〜六二頁。

四、田川大吉郎等の戦争報道

堺利彦と同じように、「敵」の予想外の強さを報道した新聞記者は多くいた。例えば、『報知新聞』（明治三三年七月一九日）の「瀛東」という署名記事は言う。「敵は侮り難し」という見出しで「日清戦争の時に反し、今回は敵概ね漫りに遁逃せず。死を見る事帰するが如し。故に遁ぐるものと雖も、漫然之を追へば却て屋裏牆下より突然逆襲さるゝ事あり」と。また「彼我の間隔」なる小見出しで、「日清戦争当時には、彼我間隔は平壌を除くの他は、大抵四五百米《メートル》突を隔つ。今回の戦闘、彼銃を棄て身を挺し長鎗を揮うて格闘を迫る。強頑斯の如きは曽てあらず」と書いた。『日本新聞』従軍記者桜田文吾は、「停車場前の苦戦」なる見出しで、

七月十一日午前三時の頃に、我停車場なる哨兵線の面前に当り、俄然として一百余名の敵兵現はれぬ。スハこそ団匪御参ンなれ、前日の御馳走は飽き足らずば、これを喰らへとばかり、直に銃を取つて弾丸を雨とばかり注ぐ。而かも意外強猛なる敵兵は、漸次其兵力を加うるに似て、更らに有勢の乱射を為すこと、宛として霰のたばしるが如く、殆んど決死の勢力もて一歩と雖も退くまじき有様は、侮り難き不敵の振舞、流石勇敢の日本兵もあしらひかねたるばかりなり。……吾人は頃日来の戦闘に於て清兵の侮る可らざるを確知し得たり。彼の日清戦役当時の清兵を以て、今日の清兵を忖度するあらば、是抑も誤るものなり。彼が爾後数年の鍛錬は優に有用の材となれり。（明治三三年七月二一日付）

と、日清戦争当時に比べて格段の進歩を示した清軍の頑強さを強調している。北京救援のシーモア隊に参加したドイツのクローン大尉は、負傷して日本に送られ治療を受けた際、日本の記者に次のように語ったという。

聯合軍の各司令官は、一般に清国軍隊の価値を低く見過ぎておつた。清国兵は決して無規律の兵にあらずして有力な戦闘者である。武器は最近の施条銃及び大砲を所有し、殊に其砲手の巧みに砲を操るのは欧洲兵にも譲らぬ。……余の目撃したる所では、馬上の将校が真先に逃出すが為めに、兵士も従つて止り戦う者がなく、跡を逐うて逃げると言ふ有様である。故に、清軍の破るゝは将校其人を得ざる為で兵の弱きが為ではない。されば四万や五万の兵を以て連合軍が北京に達しやうと言ふのは大なる間違ひで少なくとも十五万の兵は要す。（『東京日々

新聞』明治三三年七月一一日付）

以上見てきたように、「敵」の奮戦・勇敢さについて、それがどのようにして生まれてくるのか、日清戦争の時の清兵と何故に違うのか、この問題を提出して考察した人はほとんどいなかった。堺利彦も予想外の「敵」の奮戦に驚いて、「豚尾《チャン》」と馬鹿にはできないというが、それ以上かれらの強さの原因を追究しない。堺は「団匪が迷信の力をもって士気を作興せるを思うべし」と述べるだけである。迷信で士気を高めたので強いのだとその原因にまで迫っているが、それ以上ではない。堺を含め多くの従軍記者の報道一般を遙かに越え、清兵・義和団大衆の奮戦の原因に鋭く迫ったのは『報知新聞』従軍記者田川大吉郎であった。田川は次のように報じた。天津城が陥落した時、第五師団のある高級将校は、田川ら新聞記者に戦況を論評した。清兵は日清戦争の時よりいくらか進歩しているが、まだ質的に大きな進歩をとげていない。日清戦争の延長線上にある。天津城の南門が日本軍に打ち破られた時、かれらはすぐ逃亡して天津城内にふみとどまって決戦を行わなかった。一ヵ所破られればすぐあきらめて逃走するようでは以前と変わらない、と。しかし、田川は、なお日清戦争当時よりはるかに進歩した士気の高さの原因を追究して次のように報じた。

然るにも拘らず、尚をイクバクか頑張りの名を博したるは、察する所義和団の力なるべし。義和団匪の敵弾を畏れざる宗教的念力の為のみにもあらず。ソレもあるけれど、ソレよりも清軍に取り最も珍しき事実は、此一戦、義和団との連合に依り、始めて国民と、国民の一部と官軍なるものとの間に気脈声息通じ、例へば此前二十七八年役（日清戦争―小林）の、ただ其官軍なる者と日本軍との戦ふのみにして、一般国民は之を余所《よそ》に見たるが如き、奇怪の状態より脱し、一部とはいへ、其国民が官軍と共に勝負の結果を分担するに至りたる事情の、之を奮興せしめ、激励せしめたる力少しと為すべからざるが如し。則ち此度の戦争に、彼清軍が幾何か武威を励《はげ》みしは、義和団の加担、軈《やが》て是国民と官軍との連絡通じたるの証拠と観るを得べき為なりしに似たり。是れ余の臆測に非ず。戦争過ぐる所の地に之を証すべきの痕跡少からず。且つ清軍の事情に通ずる内外先進の士も皆之を言へり。（明治三三年七月二九日、「落城余記」）

この田川の報道記事ほど天津城での義和団・清軍の奮戦の秘密を明確にしたものはなかった。田川は、清朝官軍がこの戦いにおいて、国民（義和団大衆に代表される人民）に励まされて戦い、国民の共同利害を代表したから勇気が湧き、日清戦争よりははるかに勇敢になったのだと考える。国民に励まされ、期待され、突き上げられたから、国民戦争的性格を持ったのだという見解である。こうして田川の報道において、はじめて義和団の持つ力の性格と役割が正当に評価されたのであった。田川は次に天津戦役後の見通しを立てるが、これも実に鋭い分析となっている。大会戦は今後起きないであろう。清軍は天津の東西機器局と西沽の武庫が破壊され、大砲・銃・弾丸の補給の道を失った。だから、もはや天津戦以後に清朝は大規模な抵抗は不可能である。この田川の予測通り、天津戦役こそ義和団戦争の天王山であり、以後かかる大戦役は二度となかった。残念ながら、田川大吉郎のように、天津戦役の国民的性格、義和団の人民的役割について正当に評価しえたものは多くはなかった。日本人の大多数は、後には、この義和団大衆の戦いを無知蒙昧の大衆の盲目的な反文明・反近代の野蛮な排外運動ときめつけ嘲笑するにいたった。戦後日本の高校世界史教科書の義和団運動についての記述は、堺利彦や田川大吉郎の認識よりはるかに低い水準にいる[1]。

田川大吉郎は堺利彦と明治三二年には知人の関係だった。堺利彦の日記に「田川大吉郎、シナに遊ばんとす。明日偕楽園にて送別会あるはず、我も出席せんとす」（明治三三年五月一八日付）とあり、当日かれが出席したところ、日本倶楽部の連中一〇人ばかりがいたという（五月二〇日付[2]）。田川はかなり優秀な記者であったようで、堺利彦の一八九九年三月二八日の日記に名前が出てくるのが最初である。「油断なき男なり、どこかに我と合するところあるなり」

とあり、田川は当時「報知新聞」の記者だった。「われは報知新聞に行かんかとも思ふ」と堺はつづけているので、かなりの仲だったようだ。以後もしばしば二人があったことが日記に書いてある。同年一〇月一一日に「報知新聞を見るに田川成功の跡歴々見るべし」、一九〇〇年一月二一日「田川大吉郎報知社を退かんとす、とかく敵を作る人なり」、三月三日「田川、とにかく人と和せず、清濁併呑の度量なきによるか」と。そして先に見たように田川は中国に渡り、ここで義和団戦争が起こり、急遽『報知』の特別特派員となって記事を送ったのである。

戦争の悲惨をリアルに描写した人に永田新之允がいる。かれは『読売新聞』が派遣した記者でいくつかの署名記事を送った。「北清戦乱通信」をいくつか紹介したい。

「白河を下る」（明治三三年七月一一日）

此十数日来の交戦にて清人の死体流れて河辺に漂着するもの数ふるに遑あらず、四肢腐爛し或は首なきあり、手なきあり、脚なきあり、頭蓋骨の現はれたるあり、悪臭鼻を撲ち一見嘔吐を催す許りなるが、天津、大沽間二十五里の間処として漂着せざるなく誠に惨絶穢絶の光景なると狗彘の群れと成して之を襲ひ舌舐りつゝ這々相呼んで之を喰ふ物凄さと言はん方なし。（七月三日記）。

「戦争後の天津城外」（七月二四日）

一言にて戦捷といふ固より喜ばしきに相違なしと雖も、冀くは其の裏面を見よ多くの子なきもの、夫なきもの、親なきもの、兄弟なきものを造り出せるにあらずや……ことに城門（天津南門）近くの路傍に老婆の葱を入れたる籠を携へたるまゝ斃れ、更に八歳許《ばかり》りなる童児胸部を射られて敷居の上に殪れ居たるに至りては一《ひと》しを憐れを催したりき、余は此時坐《そぞ》ろに非戦主義の人となりぬ（七月一四日記）。

「陥落後の天津城内」（七月二四日）

今日迄我兵敗れずなどと太平楽を極め込みたる住民共は今更の如く周章狼狽し、家財を片付け城外へ運搬せる猶ほ蟻螻の宿替への如く、其中には可憐なる婦女の例の纏足のこととて蹌踉蹣跚として従者に伴はれ、或は我児を抱きたる家妻の下婢などと打交りたるが、足の運ばざること既に焦慮に堪へざるに、剰《あまつさ》え背なる児の物に驚きて泣き出すを、何やらん慊《おか》しつゝ色青ざめて走り行く、其光景誠に親の子を呼び、子の親を呼ぶ、落城の有様を現在に見る。余の坐《おもむ》ろに活きたる亡国詩を読むの思ひせられ、之をして若し地を換へて我日本に在らしめなば如何許りか志士の腸《はらわた》を断たしめたらんなどと思出しつ、嗚呼悲しみの極みなりけり（七月一四日記）

天津における戦争の悲惨をこれほどリアルに描き、戦争の犠牲となった人々をこれほど深く弔った記事は管見の限り他にはない。

一般に明治の新聞記者は、自立した言論人としての自覚が高かったし、新聞経営者も優秀な思想家・文章家・言論人を招いて堂々の論陣をはらんとするものが多かった。それ以後のようにサラリーマン記者・生涯雇傭記者は少なかった。田岡・堺・田川のような記者が多かったところに、上記のような厭戦的な、反戦的な記事が書かれ発表された原因の一つがある。

注

（1）「はるかなる歴史教育＝歴史研究の地平――高校『世界史教科書』批判――」（将至会編、一九七四年）に詳しい教科書の実態が書いてある。

（2）『堺利彦全集』第一巻、三五四頁。

第五節　幸徳秋水の日本政府、軍隊批判

一、幸徳秋水の日本政府、軍隊批判

幸徳秋水は、一九〇〇年の義和団戦争の時、『万朝報』の論説主幹としてアジア経営、国際・国内政治について鋭い論説を発表していた。かれは、生涯、中国・朝鮮の地を踏んだことはないが、多くのアジア論を発表している。ここでは義和団戦争が幸徳の反戦思想・社会主義思想に与えた影響を検討し、彼のアジア観にいかなる変化が生じたかを見たいと思う。

明治三三年（一九〇〇）六月一六日、つまり福島安正少将を司令官とする臨時派遣隊を清国に派遣することを閣議決定した日の翌日、幸徳は『万朝報』に「列国協同」[1]と題して次のような論説を書いている。

精鋭の兵を以て烏合の草賊を伐つ、義和団剿滅の事、必ずしも難事に非ざる也、列強の威武を以て敗残の弱国に莅む、清廷の頑愚を懲すは、必ずしも難事に非ざる也。

この論説文のなかで幸徳は、義和団大衆を「烏合の草賊」といい、清国は「敗残の弱国」で、「清廷の頑愚」を「懲

す」ことはたやすいと書いている。幸徳は当時、義和団運動などは草賊のごときもので、これを鎮圧することなど列強にとってきわめて容易なことであり、清廷の抵抗も「頑愚」以外の何物でもないと考えていたことが分かる。彼の友人の田岡嶺雲も、清国に上陸する前には、一週間で天津を抜いて北京に到達できると考えていた。このように、当時の日本人の一般的予想では、特に日清戦争における清軍の弱さを基準とした予想では、清国の抵抗など問題外だというのが常識であった。幸徳もそうした日本人一般の予想を一歩も出てはいない。つづいて幸徳は論ずる。

（問題は）我国権を扶持し我国利を増進して、以て東洋平和の担保者たる天職を全くするの難きに在り。

日本の東洋における役割と責務は、「東洋平和」を実現することである。では、幸徳は義和団戦争に日本軍を派遣することに反対したのだろうか。また、全世界の強国に一切の侵略をしないよう呼びかけたのだろうか。そのどちらでもなかった。そうではなく、彼は「此際一毫の機宜を誤まるあらんには、我国は遂に人後に落ちて、全く東洋時局の門外漢たらしめらるゝに至るべし、是れ我当路の深く鑑むべき所也」といい、日本は時機を誤らず出兵して、東洋時局の門外漢にならぬようにしなければならない、と主張したのである。東洋の平和を守るために欧米列強の仲間に入り、東洋時局の中心的役割を果たせる地位と国威を確立して、日本の目的とすべき東洋平和を守れ、そして日本の天職を全うせよ、という議論であった。かれがいう「東洋の平和」という目標もまだ多分に観念的であり、この観念の中には多分に国権論が、つまり日本を正義の守護者とし、朝鮮・中国を劣者とする優越感がつまっていた。六月二二日付の「対清運動」(2)なる論説はいう。

……清国の譎詐と暴横は実に古来無比と称せられたり、而も今回、戦ひ未だ開けざるに我公使館書記生を屠殺し、更に列国聯合の入兵を逆撃せるを見れば、其乱暴狼藉無法大胆なるは遙に咸豊の当時に過るあるを覚う、況んや昨日の飛電は、各国公使の遭害を伝ふ、事若し真ならば、其罪悪は実に天地に貫盈する者にあらずや。

今日の最も急なるは速かに此毒悪の手を制縛するに在り、此狼藉の動作を強圧するに在り、換言すれば列国自身の武力を以て、清国の平和を恢復するに在り、吾人は関係列国が、人道の為め文明の為め、且つ各自の権利と利益の為めに、平和恢復の運動に於て協同一致敢て或は杆格支吾するなく、其運動の一毫遺算なきを望むや切なり。

（平和回復の時は、中国分割競争が始まる時であるから）列国と協同一致の運動を為すに際して、兼て自国の地歩を確保するに於て、決して一歩を後るゝを許さず、是れ当局の極めて戒心せざる可からざる所也。

この論説には中国の民衆が外国人や外国製品を攻撃する原因について究明しようという意識はなく、また中国民衆の心情を理解しようという態度もない。彼の最大の関心は、日本が中国における利権獲得に遅れをとるなということであり、この文章ではこれだけが前面に出てしまっている。幸徳の思想のなかの国威発揚意識が無防備に突出し、東洋の平和論が単なる修飾語に終わっている。次に、この論説が発表された直後の、六月二六日に発表された「日本の覚悟方針」(3)を見よう。

……夫れ今日清国の形成や、宛として我幕末当時の形勢也、思へ生麦の変あり東禅寺の事ある日に於て、誰か当時の攘夷党が他日開国進取の元勲たるを想はんや、公式軋轢其極端に達する日に於て、誰か慶喜公と海舟翁の出でゝ一髪の危機を緩くするを想はんや、若し夫れ幕府兇暴にして兵を外国に借り、朝廷真に攘夷親征の挙に出づるが如きこと有りしならんには、其結果や果して如何なりしとするぞ、今にして之を思ふ、慄然として肌に粟するものあり、而して我国運命の今日に存するのみならず、更に無前の進歩隆盛を見る、洵に天祐神助の在るなきかを疑はしむるにあらずや、今の清国や、所謂満洲派は遂に起るなき乎、清国政府が内、人民に対し外、列国に対して、今後如何の態度行動に出づべき乎、換言すれば清国竟に拯うべき乎、拯う可からざる乎、是れ鬼神に非ざるよりは刻下に於て明言し難き所にあらずや……。

幸徳は清国の現状を尊王攘夷の日本幕末の情況に比定する。当時は日本は列強から植民地にされるかどうかの瀬戸際にあった。もし朝廷が攘夷親征など実行に移していたら、日本の独立はどうなったか知れない。「今にして之を思ふ、慄然として肌に粟するものあり」である。しかし、日本は今日のような独立国となり、前途には無前の進歩隆盛があるだろう。これは天祐神助があったと考えるより考えようがなかろう、というのである。幸徳は明治維新以後の日本の道を成功とみ、これまでなかった進歩隆盛を感じている。その意味で、幸徳は、日本の独立と繁栄を心から喜ぶ、まぎれもない明治の日本人であったことが分かる。清国はさてどの道を歩むのか、日本の徳川慶喜・勝海舟のような賢明な人物が生まれるか否か、まだわからない、と彼は結論づける。以上が大意であるが、数日前の論説よりも、義和団運動や清朝の動向に対して深い考察を加え、日本の歴史に比較して考察している点などより進んだ論説になっている。

清兵・義和団の全く予想外の善戦が日本の新聞紙上に掲載され始めたのは、七月五日頃からであった。幸徳は、天津停車場をめぐる激戦や天津城攻防戦の烈しさと日本軍を中心とする連合軍に多大の犠牲者が出たことなどを、特派員小林天龍・堺利彦や他紙の記者の記事によって読んだに相違ない。明らかに大沽・天津・烟台から送られてきた新聞紙上のニュースを読んで、幸徳が書いた論説は以下の五本である。

「外交的準備」（七月二四日、無署名）(4)
「清国の前途」（七月二四日、無署名）(5)
「日本の態度方針」（七月二九日、無署名）(6)

「日露の関係（朝鮮問題）」（八月三日、無署名(7)）
「非戦争主義」（八月七日、署名(8)）

「外交的準備」は、先に見たいくつかの論説よりも明快である。「……既に列国利害の衝突するものあり、而して各々大兵を擁して相争はんとす、我日本が此間に処して正義を主張し国権を維持し、更に他国の野心を防遏して、寸毫も枉ぐる莫きを欲せば、或は戦争破裂を賭するの決心なかる可からず、而して此決心を為す実に巧妙なる外交的準備を要す、而して此外交的準備や早く今日に於て決する所なかる可からず也」と。幸徳は日本政府に、(1)正義を主張し、(2)日本の国権を清国で維持し、(3)他国の野心を押えこみ、(4)そのために戦争を辞せず、との決意をきめ、(5)しかもその戦争を避けるため万全の外交的手をうて、と主張し要求したのであった。これはまさに明治の政府高官たちと共通の政治的リアリズムに通ずるものであった。この論説の四日後に発表された「清国の前途」は、これまで中国人民の運動にほとんど分析の筆を進めなかった論説と全く異なっている。全く質的に新しい論説ということが出来る。日清戦争以後、中国に何一つ未来を拓く力と運動を発見できなかった幸徳は、大沽・天津において八ヵ国聯合軍を一ヵ月にわたって苦しめた中国人の力を知った。この論説は七月二四日の『万朝報』に掲載されたものであるから、前日か前々日に書かれたものであろう。とするなら、幸徳は『万朝報』に載った堺利彦の「天津通信」のニュースをいくつか読んだに相違ない。堺利彦の送った通信は、七月一八日が最初で、つづいて「戦死者の葬式」（七月二〇日）、「領事館所見」（七月二〇日）、「十二日天津において」（七月二一日）、「天津城陥落の詳報」（七月二四日）、「戦後の光景」（七月二五日）で終わっている。最後の二つの報道文がいつ『朝報社』に届いたかは不明であるが、もし最後の「戦後の光景」までが二二日か二三日に届いたならば、幸徳秋水は堺の全報道を読んで「清国の前途」という論説を書いたことになる。もし最後の二つを読まないとしても、堺の報道文に紹介されていた予想外の清軍・義和団の健闘を知って書いたことは間違いない。

「清国の前途」（明治三三年七月二四日、無署名）の全文を紹介する。

ゴルドン将軍の髪賊（太平天国をさす―小林）討平に与るや、歎じて曰く、清兵にして能く訓練を経ば精鋭世界に冠たらんと、日清の役清兵連戦敗衄するや、人は甚だゴルドンの言を疑へり、而して頃来清兵の列国聯合軍に抗せるを見るに決して軽侮す可からざる者あり、若し之が訓練に更に数歳の日子を仮して与ふるに新式鋭利の武器を以てせば、優に列強に冠たるゴルドンの言の如くなる者あらん、故に吾人は戦闘者としての清国の前途甚だ好望なるを信ず。

清人の外交に於ける、実に先天の長所たり、彼其れ春秋戦国以来、樽俎の間に折衝し、敵国に使して君命を辱しめざる等の事は、実に丈夫児の最大名誉、最大快心の事として、縦横の術、辞令の技、其巧妙を極むるに至れり、故に清代に在ても索額図のネルチンスク条約に於ける、曽紀沢の伊犁条約に於ける、其外交的手腕は実に驚嘆すべき者ありき、但だ頻年彼等が屢ば列国と事を搆へて屢ば窮地に陥るものは、是れ彼等が無学の弊に坐するのみ、彼等にして一たび倨傲尊大の迷夢より醒めて、西欧の情勢に通達し、今の所謂公法に習熟するに於ては、其手腕蓋し世界に比なからんとす、故に吾人は外交家としての清国の前途甚だ好望なることを信ず。

清人が経済市場に立つや、其商機に敏なる、其約束に信ある、其勤勉倦むを知らざる、其貯蓄の心に富める、我邦人の遠く及ばざる所なるは、既に自他万人の認むる所也、今後清国の内政改革の功を奏して、苛斂誅求の憂ひなく、運輸交通の機関亦た発達するに於ては、吾人は商工業者としての清国の勢力は、実に宇内の刮目に値ひするものあるを信ず。

人は清国の老衰殆んど起ち難きを言ふ、愛親覚羅氏の社稷は夫れ或は然らん、然れども清国其者に至っては、決して老衰せるに非ざる也、彼の奮はざるは教育なきが為め也、彼の起らざるは訓練なきが為め也、彼は精神的に於ても、物質的に於ても、知識に於ても、富財に於ても、錆びたる利刀を有す、猶ほ磨するを得べし、琢かざる珠玉を有す、猶ほ彫するを得べし、然り彼は戦闘者としても外交家としても商業者としても前途の光輝燦然たるに非ずや。

吾人は今回の事局が如何に列国に依て終結せらるべきやを知らず、然れども現状維持か、列国瓜分か、諸豪傑の分裂割拠か、多分此三者を出でざるべし、而も吾人は此前途好望ある種族を把て、益《ます》す之を無智にし、益《ます》す之を圧虐し、悲惨の境遇に陥らしめて、其極衰亡に至らしむるに忍びず、否な彼等の天資は、印度人に異なり、埃及人に異なり、波蘭人に異なり、大なる圧虐は一日更に大なる反動を生ずるは、現に今日に見て明らか也、瓜分の如きは決して列国の利とする所に非ざる也、若し夫れ真に東洋永遠の文明平和の福を享けんと欲せば宜しく列国協同して彼等の天賦を扶導し発揮するに力めて、以て自ら治めしむるの正義なるに若かざる也、少くとも我日本は実に之を以て心とせざる可からず。

以上が「清国の前途」の全文である。これほど「清国人」の資質を評価し、未来に展望を与えた文章は他のどの日本人の文章にもなく、また以前の幸徳の文章にも見られなかったものである。明らかに、義和団戦争における清国人の天津での勇敢な戦いの影響である。これは疑うことはできない。実際に戦争を見た堺利彦は、「清国弱し」「清人弱し」という常識が破れたことを知った。堺は健げなる敵兵を讃え、その勇敢さを日本に報道したのであった。堺以外の新聞記者の報道でも、そうしたことを読んだ幸徳秋水は、古代にまで溯って考察し、外交人として、戦闘者として、商工業人として輝かしい未来を清国人はもっているのだと考える。この清国人に対して列国は「圧虐」「瓜分」を行ってはならず、「東洋永遠の文明平和」のため、共に手をたずさえなければならないと主張した。

日本の取るべき態度をより一層明確に提示したのが、この五日後に掲載された「日本の態度方針」（七月二九日）である。この論説に言う。日本の基本的態度は、第一に「我日本は率先して清国の利益を擁護せざる可からず、夫れ清国の利益は東洋の利益なり、清国の平和は東洋の平和也」。第二に「列国権力平衡の維持是れ也、権力平衡の維持は東洋平和の為めに欠く可からざるの条件也」。第三に「以上の目的を達せんが為めに、一面清国政府に向っては師父として顧問として之を扶導し、教誨し、一面彼れと列国との間に於ける調停者として、円満の結局に尽力し、而して更に列国共同の福利の為めに、和局条件指定者たり主義者たるの地位責任を有するの覚悟なかる可からず」。第四に「我日本が果して此高地位と此大責任を有して成功あらんと欲せば正義を執て恐れず、自ら信じて疑はず、不幸にして或一国若くは数国との感情を害し平和を破るに至ると雖も、独《な》ほ且つ省みざるの大勇気大決心あることを要す」。以上が幸徳の日本の取るべき態度についての結論であった。幸徳は当時、日本には東洋の永遠平和のために全力を尽す責務があり、またそれをする使命があると考えていた。日本は武力をもってしてもそれを遂行しなければならない、これが幸徳の見解である。この論説のなかで、日本は清国政府に向かって「師父」、「顧問」として「扶導し、教誨し……」といっている。義和団大衆の勇敢なる戦いの報道によって、中国民衆の力を評価し、未来の発展を予測した幸徳秋水は、清朝中枢＝政府には全く何らの期待もしていなかったことが分かる。しかし、一旦国際間の権力政治論になると、幸徳はアジア諸民族に対する明治政府高官の日本優越感を克服することはできず、威丈高な言辞をはいている。幸徳のなかに居る豪傑君が顔を出すのである。例えば、八月三日の「日露の関係（朝鮮問題）」では次のように言う。

我日本の当局及び国民は、仮令石橋雨に朽ちるも決して露国をして朝鮮に蟠拠せしむることを許さざる可し、露国にして強ひて之を主張し実行せんと欲せば、即ち東洋新興の強国と宜しく一大決戦を試みるの覚悟なかる可からざる也。

吾人は信ず、露国にして直ちに朝鮮を撤退し放棄して之を日本の手に委するに非ずんば、決して完全なる解決を見ること能はず……。

この論説を書いた二、三年後には日露開戦に断固として反対した幸徳も、一九〇〇年にはこのような対露強硬論者だったのである。朝鮮の民衆のために戦うのではない、日本の国益のために朝鮮を露国に渡してはならない、と主張しているのである。このような日本のアジア経営論にもとづいて、日本軍は早く北京に進撃し清朝政府を擁護し、清国と結んでロシアの満洲経営を阻止すべきである、このように幸徳の議論は展開されて行くのである。

以上幸徳が無署名で『万朝報』に発表した五本の論説を紹介した。田岡嶺雲でも幸徳でも、当時の政府を厳しく論難する論客は、日本政府の優柔不断を強硬論で批判することがあり、これは壮士風、あるいは豪傑君風の明治政治論議の伝統を受けついでいるのである。国際政治を国益とマキァベリックな策略論だけで論じる作風を一九〇〇年段階の幸徳はまだ克服しえていないが、義和団と清兵の予想外の抵抗によって、中国民衆の潜在的能力とその未来における開花を予想したことは、彼の「清国観」における大きな前進であった。

以上紹介してきた論説が皆、無署名であったことを問題にしたいと思う。私は、このアジア経略論を書いた幸徳自身、あまり自分が真面目に日本や世界を考えて論じていないということを知っていたのではないかと思う。だから無署名にしたのではないか。堺利彦の日記を読むと自分がこのような赤新聞（朝報社の記者自身が『万朝報』をこのように考えていた）で終わるのは残念だと考え、より誇りをもって仕事のできるところはないかと悶々としている。当時は幸徳も無名の新聞記者にすぎず、明治三二年に数《かぞ》えで堺三〇歳、幸徳二九歳に達していた。かれらはあせっていた。まだ中国の民衆や朝鮮の民衆の苦難を自分の苦悩として引き受け、それを自分の政治思想にまで高めることができていなかった。だから、少しはうさんくさいと思いながら、壮士風の対外強硬論を振りまわし、ひとかどの政論家のようなつもりで大言壮語を時としてはいたのである。自分のうさんくささが自分でも分かるから、すべて「無署名」にしたのではないか。私がこのように思うのは、かれの対外強硬論が空疎の感じがして幸徳の真情が感じられないことと、もう一つは堺利彦の次の文章によるのである。堺は、義和団戦争がおこるこの一九〇〇年の前年、明治三二年九月の日記に「朝報社はとうてい久恋の地にあらず、ただ名を署したる文を自由に紙上に載することをうるが、我々にとつて利益あるのみ、我らはこれによりて多少の名を博するの外朝報社にあるの利益なし(8)」と書いている。つまり、自分の署名で自由に文章がかけるところが朝報社の魅力なのであった。対露強硬、そのために朝鮮・清国の二つに日本の権益を、日本の支配力を及ぼすことを主張した上記論説は無署名で、それから一ヵ月もたたない八月七日付の「非戦争主義」は署名入りである。わたしはこの差に注目したいと思う。この「非戦争主義」という論説は、明らかに帰国した堺利彦らに戦地での悲惨な情況を聴いて書いたものである。

幸徳は言う。自分は「近き将来に於て世界の戦争を禁じ、万国の軍備を廃止若くは制限すること能はざるを知れり」。しかし、人間の理想は平和にある。戦争を禁じ、軍備を廃するよう叫ばねばならない。今は「戦争の時代」となり、「軍備と戦争の惨害や滔々として東亜の乾坤を浸し来る」。戦争における多数兵士の苦境を今こそ説かねばならない。そして次のように続ける。

嗚呼彼等平和論者非戦争主義者は、何ぞ多数兵士の苦境を説かざるや、三伏の炎暑に曝され一杯の水にだも饜くこと能はず、喘々として弾丸雨飛の下に奔る、宛たる餓鬼道、焦熱地獄、刀山剣樹に駆逐せられて、忽ち望郷の幽鬼となる、而して世人が其姓名を記憶すること幾日ぞや、吁彼等杲て何の罪業ぞ。平和論者は何ぞ軍人遺族の悲惨を説かざるや。

この日本兵士の苦しみと犠牲についての描写は、大沽から天津までの炎熱地獄と天津における激戦にもとづいている。恐らく帰国した堺や小林天龍らから実際に聴いたのであろう。ついで幸徳は「敵国」とされた中国民衆の不幸に言及する。

　平和論者は何ぞ戦地人民の不幸を説かざるや、愛々たる彼等人民は突如として飛来せる悪魔の為めに、其家は焚かるゝ也、其妻児は姦せらるゝ也、而して其身は草艾を刈るが如くに殺さるゝ也、当年薩長氏に脅かされたる江戸時代の人民は知らん、奥羽の故老は知らん、人間の生命財産は玆に至つて殆んど一蜉蝣に値せざることを、洵に言ふに忍びざる者有る也。

名もなき一般兵士の悲惨さ、遺族の悲しみ、国家社会の損害を指摘して、平和主義を主張してゆく幸徳の視点は、国家・国権を批判して個人の生活、一般庶民の運命を中心に考えて行く方向に変わる。「世人皆な戦争に酔ひ戦争に狂し、国権の二字に随喜し名誉の二字に眩惑せる」時に、「独り平和を説《と》き非戦争を唱うる」ならば、「非愛国、非忠君、大逆無道」と弾劾されようが、「其所信を枉《ま》げ主義を棄てて徒らに流俗に媚ぶるが如きは、吾人は其甚だイクジなきを嗤《わら》はずんばあらず」と、その主張を述べた。幸徳の立場は、世の平和論者、非戦争主義者が今なぜ徹底的に戦わないのか、イクジがないではないか、という一見第三者風である。しかし、全文を読めば、世のいわゆる平和論者・非戦争主義を批判して、自分は「非愛国、非忠君、大逆無道」と世に指弾されても徹底的に戦うという決意を表明したことは明らかである。しかも、これを署名入りでやったことにかれの決意を読みとれる。一九〇〇年の七月・八月、つまり義和団戦争の最中に、幸徳の思想は大きく変わりつつあった。まだ国権論・日本国家主義の意識が強く残っていたが、それと矛盾し、それを否定する思想と情熱が湧き起こってきた。

幸徳はこの年の後半から社会主義へ傾斜を強め、翌年の一九〇一年四月には『廿世紀の怪物帝国主義』を、ついで一九〇三年七月に『社会主義神髄』を発表し、同年一一月に『平民新聞』を発刊し、日露開戦、日露戦争に公然と反対してゆくのである。幸徳秋水と『万朝報』時代から親交を結んでいた土佐の同郷人田岡嶺雲は、一九〇三年『平民新聞』創刊の際、上京して久しぶりに幸徳に会った。この時の印象を次のように書いている。「上京して幸徳等に有楽町の編輯局で会した時、彼等が従来の豪傑的態度からピュリタン的な厳粛な生活に変じた殉道的克己に感ずると共に、稍々其のあまりに矯揉に過ぎざるべきやを慮つた(9)」。

義和団戦争は、幸徳秋水が社会主義に急速に傾斜して行く段階できわめて重要な役割を果たしたことが明確になった、といってよかろう。つまりこの義和団戦争によって戦争の惨禍と「支那人」の勇敢さを知り、非戦主義への決意を高めたのであった。

注

(1) 『幸徳秋水全集』(幸徳秋水全集委員会編、昭和四五年)第二巻、三五一〜三五三頁。(以下『全集』と略記)。
(2) 『全集』第二巻、三五五頁。
(3) 『全集』第二巻、三五六〜三五七頁。
(4) 『全集』第三巻、三七二〜三七四頁。
(5) 『全集』第二巻、三七四〜三七六頁。
(6) 『全集』第二巻、三七九〜三八二頁。
(7) 『全集』第二巻、三八二〜三八六頁。
(8) 『堺利彦全集』第一巻、三九一頁。
(9) 『田岡嶺雲全集』第五巻、六六二頁。

二、幸徳秋水の「アジア人観」をめぐる論争について

幸徳秋水のアジア人観・アジアの独立運動観について、初めて批判的論評を加えたのは石母田正氏である。石母田氏がこの論文を書く以前に、竹内善作「明治末期における中日革命運動」(1)、岡崎精郎「中国革命運動における日華交渉」(2)、「幸徳秋水における東方問題」(3)などの研究が発表されており、それらは、幸徳秋水が日本の大陸政策と欧米帝国主義のアジア侵略にいかに勇敢に戦ったか、いかに徹底的に批判したかを明らかにしたのであった。石母田氏はそうした研究論文を高く評価し、「これらは貴重な歴史的事実であり、明治の日本人がこのような思想家＝政治家を生んだことは、われわれの誇りとすべきことである。このような国際主義の精神に徹底した革命家の思想と行動の意義について、われわれはもっともっと国民のなかに宣伝し、普及する義務がある。それは現在とくに必要であると思う」(4)としながらも、「しかし、秋水は、これらのアジア諸民族の社会的解放の前提が帝国主義列強からの解放にあること、したがって、民族の解放と独立が当面の決定的な第一義的な課題であることを正しく認識していなかったと思われる」(5)（傍点原文のまま）としたのである。幸徳秋水は、共産的無政府主義、社会主義革命への期待の性急さの故に当時のアジア諸民族の独立＝民族解放とブルジョア民族革命への熱い希望を正当に評価できなかった、というのが石母田氏の主張であった。たとえば、幸徳秋水は、朝鮮が独立を達成するためには「朝鮮をして永遠の屈辱より超脱せしむる只一途あることを自覚するならん、『国家観念の否認』即ち是れ也」(6)といって、朝鮮人に自分たちの国家をつくる方向を指し示すのではなく、逆に「国家」を観念的にまず否認せよと勧めるのであった。石母田氏は、日本の社会主義者・無政府主義者がこのようなアジア諸民族の独立運動を正当に評価しえないのは、日本人一般が抑圧民族であり、

被抑圧民族の気持を十分理解できなかったことにも原因の一つがある、と考える。たとえば大杉栄は、中国の外国製品ボイコット運動に社会主義の理解の低さを見てこれを嘲笑した。幸徳・山川均・大杉・堺利彦らは「社会主義研究会」で、社会主義思想のおくれていた中国人に理論を教えてやった。こうした点に明治の社会主義者たちの大きな誤り、弱点があった、と石母田氏は論を展開した。かれの結論は、

支配民族の労働者階級の国際的精神とは、まず第一に被圧迫民族の人々の立場に自分をおいてかんがえることができるというところから出発せねばならぬ。民族解放および民族＝祖国というものが、独立をうばわれた人々には何を意味するかを正しく評価し、共感することからはじまらねばならない。

石母田氏のこの論文は、第二次世界大戦によりファシズム諸国が敗北し、戦後アジア・アフリカ・ラテン＝アメリカに民族独立の嵐が澎湃として起こった時代に、そうした世界史の動向に限りない共感を表明し、更にアメリカの占領から日本の独立を勝ち取らんとするきわめて時代的な動向、歴史的要請から書かれた論文である。石母田氏の『歴史と民族の発見』、『続歴史と民族の発見』に収められている論稿は、まさに昭和二〇年代の日本の革新的青年たちのバイブルとなった。

この石母田氏の論点をひきついで、季刊雑誌『三千里』で、飛鳥井雅道・西重信・伊藤成彦・石坂浩一の諸氏により論争が行われた。

A 飛鳥井雅道「明治社会主義者と朝鮮、中国」（第一三号、一九七三年二月）
B 伊藤成彦「大逆事件と『日韓併合』——一つの仮説」（第一七号、一九七九年二月）
C 西重信「幸徳秋水の朝鮮観——飛鳥井論文について——」（第一七号、一九七九年二月）
D 飛鳥井雅道「再論・幸徳秋水と朝鮮」（第二〇号、一九七九年、一一月）

E　石坂浩一「日本の社会主義者の朝鮮観」（第三四号、一九八三年五月）

飛鳥井氏のA論文は、石母田氏が社会主義者の日中連帯の歴史をあまりにも自己批判しすぎたため、以後幸徳らと中国の革命家の連帯の歴史の発掘作業が行われなくなったとし、幸徳の文章などが多く中国語訳された事実を紹介した。しかし、かれの主張は石母田氏の幸徳批判を受け入れ、「秋水は論理的にアジアの問題を日本帝国主義との関連でとらえることに成功していなかった。朝鮮との関連で彼の思想を検討すれば、むざんなほどに彼の足もとの弱さが露呈してこざるをえないのである」と論じた。その証明として、日清戦争に賛成し生涯この戦争が朝鮮占領を目的としたものであったことを理解していなかったふしがある、朝鮮問題に目が向いていない、などと論じた上で次の決定的資料を提出する。これは一九〇五年入獄した際獄中から同志堺利彦にあてた手紙であった。

予が出獄後に於ける欲望は甚だ多し、丸の内に大会堂を建築し、同志の演説集会の場に充て、且つ其一部を編輯局として、一大日刊新聞を発行せんこと其一也、先づ米国に遊び、転じて欧洲に入り、中原に於ける同志の運動に参して淹流数年なる其二也、一切世事を断絶して科学、哲学、宗教の書を携へ、山中に遁れて新唯物論の著述に従事せんこと其三也、北海道或は朝鮮に田園を買ひ、数百人の農夫と理想的生活を為して、静かに天真を養ふ其四也。此等四者其一を行ふも数千乃至数万金を要す。赤貧なる予には遂に空想に過ぎざるべし。嗚呼我等は何時迄か数寄屋橋畔の一破屋、下水の水の臭気紛々たる処に喩喁せざる可からざる乎、諸君の感果して如何。

飛鳥井氏はこの第四の夢をとりあげ、幸徳が朝鮮の民衆に対していかに無理解であったか、日本の朝鮮侵略に対していかに無自覚であったか、と論難したのであった。このA論文に対して伊藤・西両氏が批判を加えた。西氏の批判が最も本格的であるので、紹介しておく。第一点は、幸徳には「敬愛なる朝鮮」（一九〇四年六月一九日『週刊平民新聞』論説）、「韓国の土地を掠奪するの企画」（一九〇四年七月一〇日、『平民新聞』記事）、「朝鮮併合論を評す」（一九〇四年七月一七日、『平民新聞』論説）などすぐれた朝鮮論があるのに、これらを無視し獄中書簡の断片だけをとりあげて幸徳の朝鮮観を弾劾するのは公平ではない。第二点は、一九〇〇年頃の幸徳はきわめて侵略的なことを主張していた。特に義和団当時、中国・朝鮮への日本権益の扶植の主張は対露強硬論と結びついてきわだっていた。この点をどう理解するか。A論文は中国には友好的、朝鮮には侵略的な幸徳秋水という誤った印象を与えている。これに対して飛鳥井氏はD論文を書き、第一点に反論を加えた。飛鳥井氏は、西氏が自己の主張の論拠に使った「敬愛なる朝鮮」という論説は、実は木下尚江の文章であって、西氏の論拠にはならない、というもので、西氏にとっては致命的な反論となった。第二点は、A論文は一九〇〇年段階の幸徳の中国観を論じた文章ではないから、西氏の批判はないものねだりをしているに過ぎない、という反論を加えた。更に飛鳥井氏は、例の朝鮮に土地を買って平安にくらしたいという幸徳の獄中書簡は、決して検閲を考慮し筆をまげたものではないことを主張した。飛鳥井氏のこのD論文の反論で論争はほぼ終結し、以後は飛鳥井氏に賛同する石坂浩一氏が、そうした観点で日本社会主義者の朝鮮観を整理した。それがE論文である。

以上ながながと幸徳秋水の対朝鮮・中国をめぐる認識についての論争・論点を紹介してきたのは、私がとりあげた幸徳秋水の義和団戦争をめぐる主張を、かれの社会主義の全内容のなかに位置づけようとしたためであり、更に幸徳の義和団当時、つまり一九〇〇年の論説・主張・発言をもって、上記の論争に若干の新しい主張を行いたいためである。

これまでの研究と論争によって、幸徳秋水に代表される日本の明治社会主義者たちには、朝鮮・中国など被抑圧民族に対する理解が充分ではなく、かれらが当面する民族独立の課題を評価できなかったこと、抑圧民族の傲慢な心を克服しきれなかったこと等の歴史的事実が明確になった。これらの点は、まさに歴史的事実の問題として日本人は共通の知識としなければならない。そしてまた、石母田・飛鳥井・西・伊藤・石坂氏などは幸徳秋水・堺利彦・大杉栄など日本の代表的社会主義者の朝鮮・中国観を論じ、その弱点・欠陥・誤りなどを暴露して、日本帝国主義敗北後の日本人のアジア人に対する責任を果たしてきた。かれらは幸徳秋水を最も誇るべき日本の言論人・思想家・社会主義者と考える故に、かれを問題にし、彼を克服しようとしてきた。まずこの主体的側面を高く評価しなければならない。そうした諸点を認めた上で、新しく問題をたてねばならないと思う。

幸徳は、朝鮮人や中国人に対してある時は優越感をもち、ある時は罪悪感をもち、アジア諸民族の独立運動を理論的遅れと嘲笑し、さらに日本帝国主義の侵略と野蛮を徹底的に批判する、そういう全き矛盾そのものであった。一九〇〇年当時、幸徳がこのような矛盾に満ちた人であることを知ったとき、これまで鉄の無政府主義者・怪物社会主義者といった秋水像が融け落ち、明治の日本人、一人の人間としての幸徳秋水が私には浮かび上ったのであった。少なくとも一九八五年に少し系統だって『幸徳秋水全集』を読んだ私には、かれが現在の私達と同じ弱さを持ち、それに戦いをいどんでいた同じ人間と感じたのである。一九〇五年、幸徳は獄中で「北海道或は朝鮮に田園を買ひ、数百人の農夫と理想的生活を為して、静かに天真を養ふ」という、確かに当時の北海道や朝鮮の農民の生活状況に無知である夢をみたのであるが、私はそこに人間の普遍的な弱点、われわれの中にも今もって牢固として存在している限界を感じるのである。幸徳は数百人の小作人を使い大地主となって贅沢三昧をやったり、あるいは悠悠自適の生活をしようとしたのでないことは、夢の一、二、三を見ても明らかである。恐らく気の弱くなっていた幸徳は、ロバート・オーエンが考えたような農民共同体、働くものの平等な平和な共同生活体のようなものを主催したいなあ、と一瞬思ったのではないだろうか。しかしそんなことが朝鮮の農村でできないことは明らかなことであり、確かに彼の無知を示してはいるけれども、しかし、この手紙をもって鬼の首でも取ったように騒ぐ気にはなれないのである。そのような愚かしい動物が人間であり、人類の滅亡までかかる無知は人間の本質に属し続けるだろうと思うからである。完全無疵の社会主義者としての「個人」を想定すれば、そうした人はついに一人としていなかったことを歴史が証明してきた。レーニン・スターリン・毛沢東・金日成・ポルポト、そして欧米の社会民主主義者達、いや社会主義者でなくても、いわゆる資本主義国の指導者でも、もはや偉大な指導者の時代は去ったのである。幸徳秋水という人物をまるまる一人の人間として再構成する必要がある。かれはまず明治の日本人として欧米やロシアの侵略、植民地化の危機から日本を救い独立を保持しようとした民族主義者であった。しかしそれにとどまらず、中江兆民の教えをつぐ自由民権論者になりつつあった。一九〇〇年頃からは、更に社会主義者に脱皮しつつあった。一九〇五年頃からは無政府主義へ傾斜していった。最後には、いわゆる大逆事件で死する時には、自ら殉教者になることを決意したように見えるのである。幸徳秋水を測るに、理想の社会主義者像といったものを外在的に設定した上で、それからいかに離れていたかを明らかにするような問題の仕方、思考の手続きを変えなければならない。明治という時代の産物以外の何ものでもなかった人が、どのようにして社会主義に近づいていったのか、どのように自己の弱点を克服していったのか、そのように問題を立てねばならない。なぜなら、今日、これまでの多くの社会主義が老朽化し、抑圧の体制になる事例を我々は見ている。幸徳が主張した「国家」の否認、国家観の解体が、現実味をおび現代的課題となりつつあるのが今日の情況である。今日、今世紀の前半に起こったアジア、アフリカ、ラテン・アメリカの独立運動を、ただその成功の故に拍手するだけでは、現代の世界史の情況を思想の上で引きうけることはできないからである。であるならば、幸徳を単に抑圧民族の独立に対して認識が充分でなかったなどと批判しても、今日誰も驚くこともないし、学ぶことも無いように思われる。

日清戦争の時に日本の勝利を喜んだ幸徳は、一九〇〇年には義和団戦争に出兵した日本兵の掠奪・不正を見た。馬蹄銀事件を告発したのが幸徳秋水である。かれの当時の文章のなかには、日本軍が北京進撃の先頭をきり八ヵ国聯合軍の主導権を取れ、ロシアに朝鮮を絶対に渡すな、中国における日本の権益を拡大せよ、といった論説が一方に多くあることはすでに具体的に紹介した。一方で彼は日本の政治家・軍人を徹底的に非難し始めていた。一九〇一年に『廿世紀の怪物、帝国主義』を書き、非戦というその立場を明らかにしつつあったが、日露戦争に反対して『万朝報』を去った時、そう決然としたものではなかったという。彼の女房役であった堺利彦の方が断固としていたという。幸徳はトライしエラーする。そのくり返しの方向をたどって、かれの人生に即して、追ってみることが大切である。いわゆる豪傑君、壮士風時代の幸徳は、新婚初夜に吉原にくり出したり、気に入らなくなれば女房を比較的簡単に離縁しようとする人間であった。

幸徳秋水とその平民社の同志たちの反戦運動・社会主義運動を神話化することも、またかれらの理論的弱点とアジア被抑圧民族にたいする連帯的意識の低さを告発することも、ただそこにとどまるだけでは幸徳論は不毛である。民族的差別意識・階級的優劣意識などは、感情・生理のなかに根をはるものであって、正しい理論と称せられるものを受け入れたからといって解決されるようななまやさしいものではない。

幸徳秋水は一九〇五年に投獄され、下痢が重くなりガリガリに痩せ衰え、あの「北海道か朝鮮に土地を買ひ数百人の農民と……」という手紙を書いたのち出獄した。しかし、平民社の経営は火の車であり、官憲の弾圧も厳重を極め、しかも病気が癒らず入院せざるをえなかった。幸徳は七月三〇日に出獄し、一〇月一〇日には平民社を解散し、アメリカに行くのである。サンフランシスコには平民社の支部が残っており、かれを暖かく迎える日本人も多く、アメリカの革命家とも親交をもった。このアメリカ滞在中の興味深いエピソードを一つ紹介しておきたい。『万朝報』時代の同僚記者岡繁樹は、一九〇二年にアメリカに渡り『平民社』の支社をサンフランシスコにつくっていた。(7) 幸徳はこの岡の家に宿泊した。岡の妻トシは後年幸徳の想い出を次のように語った。

幸徳さんならよく覚えていますよ。背の低い人でね。いつも木刀を持って街を歩いていました。子供たちに〝ジャップ〟とからかわれて石を投げられたりすると、それを振り上げて追い払うのです。

一九〇五年（明治三八）、サンフランシスコのオカ家の一室に住んだ幸徳は、昼間は一般米人の家で掃除や芝刈をして働いた。夜はオカ家でトシの夫シゲキをはじめ社会主義運動に加わる若い日本人十数人と熱心に語りあった。

アメリカの白人の子供たちに〝ジャップ〟とからかわれ、それを木刀を振り上げて幸徳秋水は追いはらっていた、という岡トシの証言を読んだ時、このような経験を通じてしか、人間は差別の感情を克服しえないのだと感じた。帰国後、中国人革命家などに社会主義を講ずるにいたったのは、アメリカにおける白人からの差別の経験などが大きな影響を彼にあたえた結果ではないかと想像した。

幸徳秋水の社会主義の理論的弱さ、アジア諸民族の独立運動に対する認識の低さ等をどのように考えるかという問題について、私は次の荒畑寒村の言葉を受け継いで行きたいと思うので少し引用してこの章を終わりにしたい。

見来れば平民社の社会主義運動は、思想的には素朴幼稚、矛盾不徹底をまぬがれず、実践上では重大な遺漏錯誤におちいり、未だに啓蒙的な段階を多く脱していないのが実情である。けれども、社会主義運動の揺籃であった平民社の実態を考えれば、それらの欠陥弱点はむしろ当然といわなければならぬ。平民社以前の社会主義運動は、少数の先駆的知識人による書斎的な研究講演に過ぎなかったので、それが日露戦争という曠古の国家的事件に刺戟されて、まったく無準備に街頭に進出した大衆的な政治運動を創始したのである。運動の中心たる機関紙が当初、ただ二人の社会主義者によって創刊された事実を想起するがよい。そして労働者階級の大衆的基盤を欠いた孤立無援の極限状態で、国家の戦争政策に敢然として抗争し、赤手空拳で強大な国家権力に闘争を挑んだ熱情を想見するがよい。

平民社がその維持費を募集するや、予定額の二千円は当時としては大金であったにせよ、一年有余の間についに満額に達したことはなかった。社員は初め給与二割を減じ、後には妻を喪い幼女（今はもういい婆さんの近藤真柄女史）を親戚に托した界までも加えて、家族をかかえた幸徳を除くほか、ことごとく無給となって平民社に「籠城」生活を送った。しかも新聞の発売禁止、裁判、罰金、入獄の受難は踵を接しておこり、財政は文字通り火の車であったが、その間に苦しさに耐えかねて脱落した者は一人もなかった。平民社同人のモラルを支えたものは何か。今日の眼から見たら、いかに素朴幼稚で矛盾不徹底の譏りをまぬがれまいが、社会主義の理想に対する傾倒、「紳士閥」の利益のために「平民階級」を犠牲とする戦争を否定する信念、正義人道の理念に対する不惜身命の情熱、非理専横な国家権力と闘争する決意にほかならない。たしかに平民社の社会主義理念は観念的で、雑色的で、矛盾と錯誤に満ちていただろう。けれども、それが草創期における現実の姿であり、そしてこの現実の基礎の上に日本の社会主義は発展したのである。(8)

荒畑寒村は幸徳らの思想・理論をその生きた時代のなかで把えようとする。その思想の発展をその時代との主体的闘いのなかで見ようとする。観念的に幸徳の言葉・文章を讃美しあるいは断罪することに賛成することはできない。

注

（1）　中国研究所『中国研究』第五号。

（2）『中国研究所所報』第五報。
（3）『歴史学研究』（歴史学研究会）第一四五号。
（4）「幸徳秋水と中国」（『続歴史と民族の発見』一九五七年、東京大学出版会）三二〇頁。
（5）石母田正「幸徳秋水と中国」（同上書、三二四頁。）
（6）『幸徳秋水全集』第九巻二五〇頁。
（7）『毎日新聞』（一九八四年四月二日付の夕刊）に連載されていた「遙かなニッポン」に紹介された記事。
（8）荒畑寒村『平民社時代』（一九七三年）三二一〜三二二頁。

三、資料　幸徳秋水の馬蹄銀事件批判（「万朝報」論説）

正邪の問題

敵国の軍器を収得し、公金を収容し、又は食物軍需を徴発することは、公法の許す所なるも、個人の財物を掠奪するが如きは、其の堅く禁止する所、また実に人道に叛き正義に戻るの処置とす。

試みに思へ、敵国の幸なき臣民の不幸に乗じ、其の一郷一閭人影なく、空屋狼藉を極めて財物人の取るに任かす場合と雖も、乗じて以て其の珍宝器物を収むるが如きは、良心の許さゞる所ならずや、人の不幸を思はゞ、其の財物には一指だも触るゝに忍びざるべき筈ならずや、忍んで之を取り、甚だしきは則ち財物を管守するものを脅迫し殺傷して之を掠奪し、更に甚だしきは則ち其墳墓をまで発掘して財宝珍器を掠奪するに至つては、是れ直に人道の賊也、正義の賊也、其れ盗賊の徒、多くは生活に窮して然るのみ、軍人にして掠奪する、窮余已むを得ずして然るに非ずとせば、其の心術や盗賊よりも甚だしと謂はざる可からず、即ち之を暴虐邪悪の極と做すも過当には非ず。

若し其れ清国政府の庫中に蔵する公金を収容し、唯だ其の一小部分を国家の戦利品とし、他を挙げて之を潜匿し密収して以て自家の私利私慾を恣にせんとするに至つては、幾んど言語同断也、玆に至つては吾人唯だ悪魔を看るのみ、人間を看ざる也。

夫れ他の不幸に乗じて僅かに一器一物を収むるも、吾人は人道に叛く残忍の措置として之を容す能はず、況んや多くの公金を掠奪を為したるをや、況んや多くの公金を潜奪して私利私慾を逞うするをや。

之が処分の利害を論ずる勿れ、是れ直ちに正邪の問題也、之を処分せざれば邪を助け虐を成す也、正義を滅し人道を賊する也。


（明治三五年一月二九日、無署名）

軍人に名誉ありや

若し此の暴虐者、人道の賊、正義の敵、人心なき悪魔を寛容する軍人あらば、之を上長として奉戴し、其の指揮を奉じ命令に遵ふ軍隊のあらば是れ名誉なき軍人也、名誉なき軍隊也、イナ軍隊なきに斉しき也。

吾人は日本に陸軍あるやを疑ふ、陸軍々人の名誉ありや否やを疑ふ、多くの馬蹄銀を潜奪し、不幸なる臣民の財物を掠奪したる山口、真鍋等と伍し、之を交り之に接し、之を師団長旅団長として其の指揮命令を奉ずる軍人軍隊は、果して軍人軍隊たるの名誉を有すべきや。

軍人軍隊は自ら清めざる可からず、其の汚辱を洗滌せざる可からず。


（明治三五年一月二九日、無署名）

司法権の独立

首相陸相は、不正分捕の事実を掩蔽し、其の証跡を湮滅せんと努つゝあるが如し、彼の二三者が誣告罪を以て拘留され審問されつゝあるは、豈其結果ならずや。

茲に於て吾人は深く司法権の独立の完全ならんことを希望す、世人動もすれば法官ストライキによつて東京地方裁判所の判検事を更迭したる以来、司法府の独立を疑はんとす、吾人は思ふ、此の誣告罪審問の経過と結果とは、確かに此の疑問を解決するに足るべきことを、抑も吾人が司法権の独立を切望する所以は他なし、正を揚げ邪を抑へ、理を乗り義を正して以て彼の暴虐者、人道の賊、正義の敵、悪魔の実相を明鏡面に現出してまた逃避すること能はざらしめんを欲すれば也。

（明治三五年一月二九日、無署名）

陸相の残忍刻薄

人を溝壑に擠して下すに石を以てす、天下の残忍刻薄之に過ぐるものはあらず。

密告者の密告を児玉陸相に致すや、陸相は理、歓んで之を迎へ、密告者をして其の見聞する所を悉さしめ、依て以て関係軍人を糺明して忠良純潔なる我が軍隊の面目威信を保つの憑拠と為さゞるべからず、然るに陸相は敢て此に出でず、却つて故らに憲兵を招きて密告の事実を与り聴かしめ、而して聴き了るや、忽ち憲兵をして密告者が密告の事実を憲兵に告発したるものとし、誣告の罪を以て之を告訴せしめ、捕縛せしめたり、是れ陸相が分捕事件を陰暗の裡に掩没せんとするの余に出でたるべしと雖も、其の密告者に対する処置の残忍刻薄に至りては、宛かも人を溝壑に擠して下すに石を以てするものと類せずや。

嗚呼、陸相にして既に這般残忍刻薄の心あり、其の人道を凌辱したる分捕事件を晦蒙に附し去らんとするに忍ぶは、寧ろ当然と言ふべきのみ。


（明治三五年一月三〇日、無署名）

政府の一大罪責

必ず「責任者」を処分すべきを以て一日の猶予を乞ふと、是れ分捕事件に関し弾劾的質問を為さんとせる三四倶楽部及び進歩党に対して政府の哀求せる語也。

而して事実に於て政府の処分せる所は、意外にも密告者を誣告者として告訴し捕縛せしめたること是れのみ、誣告罪の審案如何に依りて或は真に処分を加ふべき「責任者」を出すやも測られずと言ふも、陸軍当局者が既に密告者を目するに誣告者を以てしたるに見れば、当局者は密告の事実を以て全く不実の事と為せる也、語を換へて言へば、処分を加ふべき「責任者」なしと為せる也。

果して然らば、政府が「責任者」を処分すべきを以て一日の猶予を乞ふと云へるは、甘言を以て一時、三四倶楽部及び進歩党を釣れる也、好辞を以て議院を欺ける也、斯くの如きは、議員及び議院を侮蔑せるの甚だしきものにして、政府は分捕事件に関する罪責以外、更に一大罪責を加へたるものと言はざるべからず。


（明治三五年一月三〇日、無署名）

曰く雞卵問題、曰く大学問題、曰く鉄道助成問題、議員の多くが囂々たる所は、実に是等のみ。今や、国家の為めに、社会の為めに、人道の為めに、看過すべからざる重要の問題は累々として眼前に横はる。而して議員の多くが囂々として云為する所は、彼れの如き偏狭なる地方的の小問題のみ。

憲政挙らず、議院徒らに閥族固陋の徒の侮蔑する所と為るもの、豈夫れ偶然ならんや。

（明治三五年一月三〇日、無署名）

試金石

俚諺に曰く「国に盗賊家に鼠」と、蓋し其必然の現象にして両つながら迹を絶ち難きの謂也、故に家に鼠あるも必しも其家族を目して直ちに鼠なりといふ可からざるが如く、国に盗賊あるも、唯だ之れ有りといふを以て、其国民全体を盗賊として罪する能はざるや論なし、然れども若し其鼠児の白昼公然室内を横行し、器具を破壊し、飲食を竊去り、糞尿を放散し、狼藉跋扈を極め、汚穢不潔を極めて、而も茫々然として之を防禦し駆逐すること能はざるものありとせば、其家族や白痴に非ずんば即ち瘋癲ならん、不名誉に非ずといふを得んや、国に盗賊ある亦或は実に已むことなかるべしと雖も、而も其国民たる者、独り之を防禦し懲戒し処罰すること能はざるのみならず、彼等盗賊を庇保し掩護し歓迎し崇拝し謳欧するに至つて、其れ果して之を何とか言はんや。

今の戦争に分捕あるは、猶ほ「国に盗賊家に鼠」なるものに非ずや、吾人は敢て我陸軍に分捕軍人あるを以て、直に我陸軍全体を罪する程に苛酷なるものに非ず、我国民に分捕軍人あるを以て、直に我国民全体を罪する程に苛酷なるものに非ず、然れども知らざる可からず、其之れ有りしが為めに我陸軍の面上には、明らかに三斗の泥土を塗られ居るものなることを、我国民の頭上には未曽有の醜辱を被らされ居るものなることを、而して猛然として能く之を払拭し之を洗雪するは、実に第一は我陸軍の責務にして、第二に我国民全体の責務なることを、然り是れ極めて重大にして且つ極めて急要なる責務なることを、若し我陸軍にして、速に薫蕕を別ち玉石を弁じて、以て自家面上の泥土を払拭すること能はずんば、是れ猶ほ鼠児の狼藉に茫然たるの家族のみ、若し我国民にして此醜辱を洗雪すること能はずんば、是れ猶ほ盗賊を歓迎し謳欧するの国民のみ、義なきの懦夫のみ、恥なきの小人のみ、白痴のみ瘋癲のみ。

夫れ然り分捕問題の処分は、実に我陸軍、我国民の試金石也、恥を知れる乎、義を知れる乎、白痴瘋癲ならざる乎の試金石也、而して今や吾人は我陸軍当局、及び陸軍全体の此問題に対する態度に於て、甚だ憂慮に堪へざる者あり、唯だ此際に於て吾人の信頼する所のものは、我四千万国民の多数のみ、多数真個の武士道のみ、仮令陸軍能く此醜辱に甘んずるも、多数国民は決して之に甘んぜざるべし、然り最後の判官は国民の在る有り、国民義憤の在る有る可し。

（明治三五年一月三一日、無署名）

分捕問題と議会

日本帝国の陸軍将校中に盗を為せるものあり、而して其罪跡を挙げて之を陸軍大臣に密告せるものあり、而して陸軍大臣は其密告者を買収せんとせり、而して事の世上に暴露せんとするや、当局は彼等を縛して其証左を湮滅せんことを図れり。

以上の事実、大事実、是れ吾人の連日我朝野に向つて絶叫警告せる所に非ずや、苟くも目あるもの之を睹ざるの理なし、耳あるもの之を聞かざるの理なし、之を睹之を聞きて能く打棄て置かるべきの事柄なる乎、而も我国民の代表者として、国民全体の安危休戚を其双肩に担へる国会議員の多数は聾乎将た唖乎、僅かに三四倶楽部の一人が儀式的質問を為せるの外は、彼れ政友会や進歩党や帝国党や、我軍政今日の危機に際して我国民の名誉の為めに、一個半個の口を騰け気を吐く無きは何ぞや。

曩日進歩党の外交内政に対する質問を発するや、分捕問題を以て亦其一に加へんとするの議あり、而して彼等は幾回か躊躇し逡巡して決せざりき、後ち彼等が僅に之を以て質問書中に掲ぐるに至るや、吾人は窃かに賀して謂らく、彼等亦一片の良心尚ほ存するものある乎と、而して政府者の彼等に乞ふ所あるに及んで、彼等が僅かに存するの良心は直ちに麻痺し尽せりき、爾後亦一語の分捕に及ぶなく、恬然靦然として知らざる者の如し、嗚呼是れ果して何事ぞや。

進歩党の大石正巳君は、濠洲に於ける日本人排斥を聴きて慷慨して曰く、是れ我が国古今未曽有の大恥辱也、而かも曽て之れが為めに決眥する者あるを聞かず、堂々三百の頭顱一人の愛国者なき乎と、壮なる哉言や、而も吾人は怪しむ、大石君は濠洲に於ける労働者の競争を以て、古今未曽有の大恥辱となして、而して帝国陸軍の将校の窃盗を以て、古今未曽有の大恥辱となさゞる乎、古人は文臣銭を愛し武人命を惜むを以て亡国の兆となせり、今や我軍人は独り命を惜むのみならず、更に銭を愛するに至れり、独り銭を愛するに止まらず、更に之を盗むことをすら敢てするに至つては、豈に是れ未曽有の大恥辱たるのみならんや、亦た実に未曽有の大危険にあらずや、濠洲労働問題に於て、眦を決するの愛国者を催促するの大石君は、此大危険大恥辱に就て、独り愛国者を要せずとなす乎。

彼等議員政党は云ふ、予等も亦其黙止す可らざるを知る、而も党員多数の意見一致せざるを如何と、嗚呼是れ果して公然言はるべきの事なる乎、斯る重大未曽有の問題に対して、彼等は何が故に一致すること能はざる乎、何が故に久しく口を噤まんことを希ふ乎、他なし彼等が一身の都合のみ、一党派の都合のみ、彼等は一身の都合の為めには、一党派の都合の為めには、我帝国国民の為めに如何なる大恥辱、如何なる大危険と雖も、能く甘んじて之を忍ばんとすれば也、嗚呼是れ我四千万の安危と休戚を托するの議員政党なることを想ふ、吾人は省みて寒心に堪へざる也。

然り今日の議員政党の眼中、既に国家民人なし、彼等をして若し軍人の地位に在らしめば、亦今日の軍人よりも更に甚しきの分捕を為すの徒ならんのみ、吾人は亦一毫の彼等に信頼する所あらざるべき也、嗚呼我四千万国民の愛国心は、如何に彼等を処せんとする乎、如何に此大問題を処せんとする乎。

（明治三五年二月三日、無署名）

新聞屋

近時新聞記者を目して「新聞屋」と呼ぶ者多し、無礼の極也、而して新聞記者彼等自身中、亦此称呼に甘んじて唯々たる者あり、陋劣の甚しき也。

屋《おく》の字、日本に於て之を屋《や》と訓し、職業の名の下に附する者は必ず商賈に限れり、餅屋は餅を食ふの人に非ずして餅を売るの家也、酒屋は酒を飲むの人に非ずして酒を売るの家也、彼新聞記者を目して新聞屋と呼ぶ者は、猶ほ記者の新聞を売るを以て餅屋の餅を売り酒屋の酒を売るが如しとなせる也、是れ明らかに侮蔑の意を寓する者也。

吾人は商賈の業を侮蔑する者に非ず、然れども彼等の之を為すや、其目的一に金銭を得るに在り、金銭以外何物も有ることなき也、彼の金銭の前には主張なく操守なく公義なく仁愛なき者、商賈としては即ち可也、新聞記者としては即ち不可也、故に商賈に向つて商賈也と云ふ、侮蔑に非ざる也、新聞記者に向つて、商賈也と云ふ、是れ新聞記者を以て金銭以外何物もなしとする者也、新聞記者の主張操守を罔するもの也、新聞記者の公義仁愛を罔する者也、換言すれば新聞記者の新聞記者たる本領其物を邈視する者也、無礼に非ずと云ふを得んや。

分捕に対する所感

松村大兄足下

予は近日の所謂分捕問題なる者を討究せんとして、端なく一個の謎語に接着せり。謎語とは何ぞや。曰く軍人の職たる討伐に在る乎、防護に在る乎。軍人とは国家が放つ所の盗賊なる乎。若くば国家が畜ふ所の狗児なる乎。盗賊と云ふ、甚だ名誉に非ず、狗児と云ふ、亦甚だ名誉に非ず。人は軍人に冠するに必ず「名誉なる」の四字を以てす。而も予を以て見る、軍人は必ず此不名誉なる二者、其一に居らざる可らざるに似たり、奇ならずとせんや。古への王者の師は、秋毫も犯すなし、故に湯南征すれば北人恨む、武王一たび怒れば以て天下の民を安んず。湯武の師、名は征伐と云ふと雖も、実は不逞の徒を駆除して以て万民を防護するに在り、盗賊に備ふるの狗児なりき。湯武は名誉也、而も湯武に養はれて狗児の役に服する、希ふ可からざるの事たる明らか也。

然れども是れ猶ほ可也。狗児は名誉に非ざるも、而も罪悪に非ず、盗賊に至つては遂に恕す可からざるの罪悪なるを如何せんや。而して有史以来三千年、何の世、何の時か国家が盗を為さゞるの時ある乎、国家が盗賊を為さんが為めに、軍人を養成し使用せざるの時ある乎。然り吾人は軍人が其防護の職たるの甚だ稀にして、常に討伐の職たるを見たり、換言すれば軍人が狗児たることの甚だ稀にして、常に盗賊たるを見るに非ずや。

史を繙く者は、「何年何月誰某新羅を征し、図書珍宝を獲し還る」等の句甚だ多きを見ん、是れ当時の社会が明かに、国家の名に於てするの盗賊を賞賛せしを知るに足らん、而して後世歴史家亦嘖々として之を貴尚し艶称するを知るに足らん、軍隊として既に盗賊を為すの職に在り、個人としては之を為す勿れと云ふ、是れ甚だ無理なる注文に非ざる乎。

足下、予を以て漫に極端苛酷の言を為すとする勿れ。足下は知らん、戦術は是れ譎詐の術なることを、戦闘に長ずる者は是れ譎詐に長ずる者なることを、而して個人の之に従事する、或は忠義の為めと云ひ、或は功名の為めと云ふ、而も国家として之を為すは其目的、必ず他の財宝に在り、他の天産に在り、他の土地人民を奪ふに在り。

足下、古のスパルタ人が其子を教育するや、彼に食を与へずして、必ず竊んで而して後ち食はしめしと云ふにあらずや、其意即ち詐術に巧にして戦闘に長ぜしめんとするに在りき。今人よりして之を見る、笑ふ可く憎む可し、然れども今の戦術を習ふ者、彼の食を竊むを習ふと、何の異なる所有る乎。盗賊を教へて盗賊たること勿れと云ふ、矛盾之より甚だしきもの有らん哉。予は日本の軍隊中、数個の盗賊を出せることを怪まず、否、欧洲列国の軍隊が尽く盗賊の団衆たるを怪まず。

然れども足下、予は軍人の盗を恕せよと云ふ者に非ず、其之を教へたると、之を許したるとに論なく、盗賊は常に罪悪ならずんばあらず、故に予は必ず彼等数個の盗を為せるの軍人を、極めて厳格に処分せんことを要す。但だ予は数個の軍人を処分すると同時に、更に軍隊の盗を為せるを処分せんと要す、国家の盗を為せるをも処分せんと要す。而も世人は数個の軍人を責むるのみにして、軍隊が国家の名に於てするの盗は、放任して省みざるは何ぞ。否な之を賞賛謳歌するは何ぞ。

足下、戦利品なる者あり、是れ万国戦時法規の許す所の者、或は敵の戦闘力を奪ふに足る者、或は敵の戦場に委棄せる者、或は戦時禁制品の運輸の如き、宜しく之を没収すべし。然れども予は今回北清団匪の乱を討平するに当つて、我日本の陸軍に所謂戦利品なる者あるを怪しまずんばあらず。夫れ北清の出師や、清国と戦ふに非ざる也、清国を助けて其叛徒なる団匪を討平せる者也、故に団匪所有の武器糧食を奪ふて之を戦利と称する猶ほ恕す可し、清国を助けて団匪を討平すると称し、而して一面其助くべき清国、即ち敵に非ざる清国の倉庫を開き、其財宝を奪ふに至つては、明らかに是れ盗賊の所業に非ずや。而も我陸軍は之を為せり、之を為して戦利品と号し、大蔵省に報告せり、而して大蔵省は此贓品を国庫に収めて、之を帝国議会に報告せり。而して我日本四千万国民の代表者たる議会は、此盗賊の贓品を国庫の収入として承認せるに非ずや。

足下、国民は囂々として、数個の分捕軍人を責めて、而して一人の国家が公然其敵に非ざる清国、其友邦なる清国の倉庫より盗賊を為せるを責むるなきは何ぞや、一人の所謂戦利品と名くる贓品を、深く清国政府に返却すべしと論ずるなきは何ぞや。個人の盗賊は之を処分すべし、国家の盗賊は之を謳歌すべしてふ論理果して何処に在るや。而も此論理に非ざる論理は、日本国民に依て承認せらる、個人としては狗児たれよと云ふ、軍隊としては盗賊たれと云ふ、而して曰く、此れ名誉也と、嗚呼是れ一大謎語に非ずや。

足下、予は平和主義者也、予は総ての軍備の廃止されんことを欲す、而も已むなくんば責めて軍人が盗賊たらずして、盗に備ふるの狗児たるに止まらんことを欲す。而して能く狗児たるに止まんとせば、宜しく所謂彼戦利品、国庫の収入となれる贓品を以て之を清国に返還すべし。若し然らずんば、分捕軍人を責むるの日本も、亦分捕国家たるの罪を免れざる可し。恥辱罪悪之より大なるものあらんや。足下以て如何となす。

以上は『幸徳秋水全集』巻四に収録されている。

第六節　内村鑑三の思想と義和団戦争

一、キリスト教の悪を指摘する日本の一部言論人
二、内村鑑三の中国観
三、義和団戦争が内村鑑三に与えた影響

一、キリスト教の悪を指摘する日本の一部言論人

日本の代表的キリスト教徒内村鑑三にとって、中国人民の反帝愛国の運動＝義和団運動、戦争はいかなる思想的意味をもったのか、この問題を検討したい。

田岡嶺雲・堺利彦・幸徳秋水とともに、日清戦争以後から日露戦争の間にかけて『万朝報』で、健筆をふるった内村鑑三に対して、義和団運動、戦争がいかなる影響を与えたか、この問題は管見の限りこれまで検討されたことはなかった。

内村は日本軍とともに清国に渡った嶺雲と堺から義和団戦争の実態を詳しく知ったであろうし、また中国の大衆が同じキリスト教の西欧人神父・宣教師をはじめ中国人教民を攻撃し、殺害掠奪する義和団運動に多大な関心をもっ

たことと想像される。義和団運動が天津・北京に及び、日本の新聞に詳しいルポルタージュや論説がのるようになったのは、一九〇〇年の夏以降のことであった。もちろん報道の多くは、「義和団跳躍」「義和団暴動」「団匪鉄道を破壊す」「団匪暴状」「団匪天津に侵入――白昼抜剣で横行――」「清朝政府、義和団を使嗾」「清政府自ら敵対の事実歴然」「義和団暴挙の真因」「天津日本領事館焼払わる」「列国日本に縋りて出兵を要求」「天津危険」「独逸公使殺害さる」「北京の籠城に救護の道なく、惨たり！外人絶望の極、自ら婦人小児の命を断たんとす」「清帝遂に挑戦的小諭を発す」「義和団暴逆、皇帝を狙う」「西公使の密師、北京の急を告ぐ」などという見出しが紙面に躍る、義和団非難のものが大部分であった。しかし、より詳しい実態があきらかになるに従い、雑誌や戦記物にはキリスト教勢力（外国・外国人神父・中国人教民）がいかに中国の民衆を脅かし、欺むき、搾取しているか、そうした報道も次第に多くなっていったのである。

たとえば、明治三三年七月に発行された田平義三郎『東洋風雲録』には、

（義和団が）近頃の如き勢力を振ひ始めたる所以は、畢竟仏国の加特力《カトリック》教宣教師等が其の教義の普及を急ぎ教徒を庇陰すること厚く、不逞無頼の輩と雖も、苟くも来りて其手中に投ずれば、恰かも窮鳥を懐にしたる猟夫の意気込を以て之を救護し、教外良民の迷惑などは毫も顧みず、教徒と教外良民との訴訟などには理が非でも教徒をして勝たしめざれば止まざるの有様なるを以て土民の加特力《カトリック》教に対する怨恨は深く骨髄に徹し、惹て新教も亦極力排斥する所となり、更に一般外国人も彼等の敵と目指さるゝに至りたる……。(1)

真相が紹介されている。明治三四年一月に発刊された『北清戦史』という実況戦記物には、義和国の原因について、

義和団の爆発に就いては其原因蓋し一端に非ず、魯のトルストイ伯の如きは以為らく、是れ支那人の起したる

に非ず、欧州人が多年の圧迫、支那人をして遂に起らざるを得ざらしめたる者にして、其罪は西太后に非ず、瑞郡王剛毅にも非ず、欧州人に在り。欧人が受けた損害は是れ自ら招ける所のみと、是れ至論なり。(2)

と書かれている。明治の有名な講談師美当一芳の講演『北清事件』は次のように指摘する。

彼等が外国人を殺すとか、耶蘇教を排斥するとか言って、乱暴を致しますのは、固より頑固愚昧にして、世界の大勢を知らないからでありますけれど、又一つは、外国人が余り専横にして、支那人を恰《まる》で人間以外の取扱いをするから、夫れを憤ったので、現に膠州湾付近に居る、耶蘇教宣教師などは随分酷い事をして居ます。(3)

『風俗画報』の臨時増刊号「支那戦争図絵」第一編（明治三三年八月）も、同じくカトリック教会の中国民衆に対する無理無体の圧迫が義和団蜂起の原因だと明確に指摘した。

しかしながら、当時の日本人の国民意識においては、誰が国際政治の動向において正義を代表しているか、そうしたことは主要な関心にはなりにくかった。日本の地位が国際政治の中で高まること、日本人がはなばなしく活躍すること、それこそが問題であり、西欧列強が中国において利権獲得競争にしのぎを削っていること、キリスト教会がかなり悪どいことをしているらしいこと、そうしたことは一部の政界・官界・知識層に属す人々には常識であったが、しかしそうした認識が、では中国民衆の側に立って戦うべきだ、ということには帰結しなかった。正邪の問題は、必ずしも国民意識の動向を左右しないのであり、特に一九世紀から二〇世紀初頭というむきだしの世界分割競争・帝国主義の時代には、日本国民の民族意識を左右することはできなかった。こうした状況のなかで、一部の知識人と社会主義者だけが、義和団戦争の意義を深く認識し、日本軍国主義への批判をより鋭くし、また自己の宗教・思想をより深めたのであった。

二、内村鑑三の中国観

これまで多くの人々によって指摘されているように、内村は日清戦争を正義の戦争と規定し、日本軍の出兵を全面的に支持した。かれの日清戦争讃美はきわめて激烈なものであり、日本の戦いは義戦である、要は支那を覚醒するにありと声高に叫んだ。しかし、勝利後の日本の対朝鮮政策を見た内村は、一九〇〇年夏には、「人は蒔きしものを刈り取らざるべからず、日清戦争は東洋に滅亡の種を蒔けり、而して戦、局を終て玆に五年其実は熟して清朝の滅亡とならんとし、支那の分割として終らんとす、嗚呼是れ誰の愆《とが》ぞや」(4)と書き、東洋に正義を樹てる筈であった日本の戦争が東洋を滅亡させる役割を果たしたことを明確に認識していた。「東洋復活を名として始めた日清戦争なるものは、今から見れば実は東洋死滅の為めの戦争であった」(5)とし、翌一九〇一年には、

神よ我は爾が富貴を以て我が国民を恵み給わんことを願わず、彼等(日本人をさす―小林)は既に有り余るの富を有す、見よ、彼等は隣邦の支那人より其辜《つみ》なき傭兵を屠りし価値として二億両の金を奪えり……。(6)

と日本が清国より得た賠償金を「隣邦の支那人より其辜なき傭兵を屠りし価値」と評し、この金を奪ったと非難したのであった。以上見たように、一九〇〇年段階の内村鑑三は、日清戦争を義戦とした数年前とは全く異なった日本評価を成し遂げていた。

丁度この時、義和団運動が起こり、八ヵ国聯合軍の中国出兵、それにつづく天津・北京を舞台とする戦争が起こった。この事件は内村の中国認識に大きな進展をもたらした。まずこの点を詳しくみる前に、内村の東洋観、「支那」文化についての基本的視座を確定しておこうと思う。

内村にとって、東洋・支那とは次のようなものであった。明治三三年六月に発表された「支那主義」(7)という文章

によく表われている。

支那主義

陸軍は独逸式で、海軍は英式、美術は伊太利式で、衣服は仏蘭西式、外物は凡て欧羅巴式で、道徳丈けは支那式とは実に驚く外ない、欧州人の身体に支那人の霊魂を注ぎ込んだ者、是が即ち今日の日本人である。

二十世紀の競争場裡に於ては、支那的なるは総て敗北の徴候である、支那的政治、支那的教育、支那的道徳、是れ皆な国家を滅亡に導くものである。

心にもない誇大の言を放ち、言語が綺麗でさえあれば心までが清い事と思い、政府に対して反抗を唱える者がなければ、夫れで国家が泰平であると想像し、何んでも無事に一生涯を送らんとする卑屈根性、是が即ち支那人の根性である、進歩よりも平和を愛し、真理よりも安穏を愛し、若し外患の我に迫るなくば、何時迄も安臥せんとする、是れ亦支那人の根性である、余輩は無謀なる共和主義、粗暴なる社会主義を懼れる者であるが、然し是等とても支那主義を懼れる程には懼れない、共和主義の為めに斃れた国の例はないが支那主義の為めに亡びた国の例は沢山ある、国家的生命を減殺するに最も効力のあるものは支那主義である、支那主義は支那人の愛喫する阿片の如きものであって、其結果は昏睡的平和を来たすと同時に、亦国家的生命を弱め終には国民をして死に至らしむる者である。

文字は支那文字を用い、道徳は支那道徳に依る事なれば、其霊魂が支那霊魂である事は言うまでもない、然し若し日本人の霊魂の入替が日本国の存在上必要であるとならば、日本人は支那文字と支那道徳とを全然排斥せねばならぬ。

この「支那主義」という文章を読むと、内村鑑三にとって、支那とは「誇大の言」、「卑屈根性」、「安穏、安臥」、「阿片」、「昏睡的平和」など否定的価値そのものであったことがわかる。これが日本主義ではなく、支那主義とされたこと、また支那主義が国家を弱め国民精神を衰弱せしめるものとして非難されているところを見ると、いかに内村が明治国家の愛国主義者であったかを、逆に証明しているのである。内村は明治三三年六月「我を作る二元素」[8]という文章を発表した。二元素を図表化してみると次のようになる。

我 ←―支那思想＝（東洋的、保守的、退嬰的、偸安的、恐怖的元素）
　 ←―西洋文学＝（西洋的、アリアン的、進取的、遠望的、革新的、超自然的元素）

支那思想とは、全否定すべき価値なのであり、西洋思想こそが、特に文学とキリスト教の教訓によってこそ、自分は絶望的社会のなかで光明・歓喜・愛国心・自由を求めて戦い生きることができる、という確信を内村はますます強固にしたのであった。東洋の伝統のなかに、支那文化の歴史のなかに、未来を託すべきなにものをも認めなかった内村鑑三は、帝国主義諸国の侵略・植民に反対して華北全域に澎湃として起こった義和団運動のなかに何を見たであろうか。特にこの運動が外国人神父、中国キリスト教徒に対する徹底的な排斥とこれに対抗する列強の出兵という形態で進行した以上、キリスト者としての内村にとってきわめて深刻な問題だったに相違ない。しかしながら、義和団運動と日本軍など八ヵ国聯合軍の出兵・行動を直接論じた文章はない。明らかに義和団戦争によって触発されたと思われる若干の文章があるので、それに基づいて、義和団運動・義和団戦争が内村鑑三に与えた影響を検討したい。

三、義和団戦争が内村鑑三に与えた影響

明治三三年六月二五日発行の『東京独立雑誌』七一号に、「東洋の大地震」という内村の文章が載っている。六月

一七日に大沽砲台が陥落し、日本の服部中佐は戦死した。日本臨時派遣隊が大沽に上陸し天津に入ったのは、六月末であったから、「東洋の大地震」という文章は、義和団戦争がまさに始まったばかりの時に書かれたものである。

「東洋の大地震」

来たぞ、来たぞ、東洋の大地震が来たぞ、是は早晩何時か一度は必ず来なくってはならぬものであるが、然し斯う早く来ようとは思わなかった、是は一は天が南阿辺の自由の民の叫号の声を聴かれて、斯くも時機を早められたのかもしれない。

若し天山以東太平洋に至る迄の地を一体と見做すならば、支那は五臓を蔵する胸部腹部であって、朝鮮や暹羅《シャム》、安南は其手足たるに過ぎない、日本の如きも東洋の脳髄であるかも知れないが、然し消化機と血液循環機とを具えない頭は役に立たない、支那は亡びても日本の独立は未来永劫変ることなけんなど云う人は、未だ生理学の初歩をも知らない人と言わねばならない。

然るに十九世紀の末期に方《あたっ》て日本に伊藤博文侯、陸奥宗光伯など言える博学多才の人があった、彼等は馬関条約なるものを結ぶに方て日本の利益ばかりを顧みて支那の利益を少しも考えなかった、彼等は即ち当時の専門医の如き者であって、脳病を癒す為めには肺や胃腸の健全を少しも思わない者である、彼等は東洋の主脳たる日本に一時の全癒を来した、然し之が為にその胃腸たる支那は枯衰して其死滅は今や旦夕に逼って来た、東洋復活を名として始めた日清戦争なるものは、今から見れば実は東洋死滅の為めの戦争であった。

支那を啖《くろう》て日本を肥そうとした日本の愛国者が目を醒すべき時は来った、軍艦は出来上った、陸軍は四十万に達した、サア是から如何して此大軍艦と大軍隊を使用して東洋と日本との独立を維持するだろう乎、此所日本の経綸家の手腕の見所である。

大兵を出さん乎、列国の感情を害するの恐れあり、出さゞらん乎、何の為に兵備を増せしぞ、民の膏血を絞って軍備を拡張せしは軍人を悦ばす為めの方策にはあらざりしならん、軍備は遊戯としては余りに高価なり、日本の如き貧乏国は如斯き遊戯の為めの出費に耐ゆるものにあらず。

進取的態度を執らん乎、列国と衝突の虞《おそ》れあり、保守的態度を取らん乎、国内の攻撃を如何せん、進まんとして進み得ず、退かんとして退き得ず、進退維れ谷る《きわま》とは昨今夜毎に藩閥の老務に悪夢を促す好題目ならん。

国家主義と称して外国のものは何んでも取れる丈け取て来て内国を富まさんとする大誤謬主義が、此悲むべき境遇を東洋の天地に来たせしなり、支那を救て以て日本を救わんなどと言う主義は、我が国人の笑斥する所となりし故に、支那は亡びて日本までも危機に迫るに至りしや、国家主義の害毒なるものは実に如斯、余輩が之を蛇蝎視するも亦宜ならずや。

人は蒔きしものを刈り取らざるべからず、日清戦争は東洋に滅亡の種を蒔けり、而して戦、局を終て玆に五年、其実は熟して清朝の滅亡とならんとし、支那の分割として終らんとす、嗚呼是れ誰の愆《とが》ぞや。

然れども支那と共に多分東洋と共に、滅亡に帰するものは支那道徳なり、此道徳、此主義に依て成りし日本の藩閥政府の如きは支那と共に滅亡すべきものなり、亡ぶべきものゝ亡ぶる亦慶事ならずや、余輩は日本にも支那にも東洋にも列強、鋒を連ねて来るも亡すべからざるものあるを信ず、清朝亡びて後に、藩閥政府斃れて後に、総ての偽善、総ての虚偽虚礼、総ての人為的権威の東洋の天地より消え失せて後に、真正の日本国は東海の浜に立つに至り、真正の朝鮮と真正の支那とは相和して白山崑崙の麓に起り、其時は東洋人は偽善者の支配を受けずして、真人の配下に服するに至らん。

来れ東洋の危機、余輩に之に耐ゆる確信あり。

以上が、「東洋の大地震」という文章の全文である。「東洋の大地震」とは、義和団に代表される中国民衆の全国的蜂起をさしているのか、それとも義和団の蜂起によって起こった戦争、八ヵ国聯合軍の中国への出兵をさしているか、どうも明確ではない。東洋の大地震を南アフリカのイギリスの侵略に反撃する自由の民（＝ブーア人）の雄叫に比定しているのであるから、中国の民衆の自由と独立を求める運動を指していると推測することもできる。しかし、この文全体を読んでも、生々とした中国民衆の反帝愛国運動への共感を発見することはできない。内村鑑三が主張していることは、支那を啖《くろう》て日本だけ肥えふとろうとしてもそれは不可能であること、支那が亡びると日本にまで危機は及んでくること、日清戦争をやって日本は勝ったが、しかしそのため支那を滅ぼす結果になったこと等である。まだ現実に中国におこっている民衆運動が中国を救出する運動になってゆくだろう、というような見通し、確信は内村にはなかった。しかし、義和団運動に代表される中国民衆の歴史への参加、八ヵ国聯合軍の侵略、支那の滅亡、そうした来るべき東洋全体のカタストロフィ Catastrophe の後に、真のアジアが復活するのだ、という確信が、内村鑑三の中に明確に強力に生まれてきたのであった。「真正の日本国は東海の浜に立つに至り、真正の朝鮮と真正の支那とは相和して白山崑崙の麓に起る」だろうという内村の確信は、いまだきわめて抽象的であり、予言的であるが、しかし義和団大衆の蜂起という歴史的事件が内村に与えた新たな展望であろうことは疑いをいれないことのように思う。この「東洋の大地震」という文章は、内村の文章のなかでもきわめて精神の高揚を示しており、また中国・日本・朝鮮の未来に、そのきたるべき運命に「真正なる姿での復活」を確信している点においてきわめて注目すべきものである。第二次世界大戦による日本軍国主義の滅亡と中国を含むアジア諸民族の独立と覚醒を予言しているとさえ言うことができる。では、東洋はどのような構造をもっているのか。内村は、天山から太平洋にいたる地域は消化機と血液循環機をそなえた一つの有機的世界であり、日本が頭脳、支那は五臓を蔵する胸部腹部、朝鮮と暹羅《シャム》・安南は手足に比定できると述べている。内村は東洋が一つの運命を共にする有機的世界になっていることを主張し、それ故に連帯し「支那を救て以て日本を救う」道を歩むべきだと主張した。たしかに日本が頭脳で、支那は胃腸、朝鮮やインドシナ半島は手足に過ぎない、などという東アジア世界論は、明治国家主義の思想が内村鑑三のなかに強力に生きていたことを示している。今日の視点では、内村のアジア観が日本優越主義のそれであり、明治国権意識の影響を完全に克服していなかった、などと批判することもできよう。しかし、「武力でアジア諸地域を切り従え、植民地をつくることを当然と考えていた時代に、アジアを共同の運命体とみて、支那を救て以て日本を救わん」と主張した内村鑑三の識見を高く評価すべきだと思う。内村のナショナリズムは、ただ日本一国の民族意識にとどまるものではなく、「余輩は日本にも支那にも東洋にも列強、鋒を連ねて来るも亡すべからざるものあるを信ず」、という文章に明らかなように、アジア全体に向かう国際的な広さをもっていたのである。

義和団戦争が内村の宗教・思想にあたえた影響を次に検討する。彼は一八九一年におこった「第一高等中学校不敬事件」とよばれている、教育勅語にたいする礼拝拒否によって、累を札幌教会に及ぼさぬためここを脱会した。しかし、札幌独立協会の発展を支援し、一九〇〇年一〇月頃にはこの協会に再入会した。一九〇一年、通信『無教会』（一九〇一年三月一四日に創刊し、一九〇二年八月五日廃刊）を創刊し、また一方この間に『聖書之研究』に自分の無教会に対する態度・思想を詳しく書いている。無教会主義とは何であるかについて書いた代表的文章は、「我が理想の基督教[10]」という短い文章である。

「我が理想の基督教」は次のように言う。「外国宣教師に頼らざる福音的基督教、これ吾人の理想であった、此理想を実現せんため吾人は或る宣教師的教会より脱し、今日に至るまで外国伝道会社と直接間接の関係ある基督教会には何《いず》れの教会へも曽て身を寄せたことはない」、どうしてかと言うと、「基督教の為めを思うて吾人はドコまでも独立説を主張せねばならぬ、基督教は宇宙的宗教であるから独立的でなくてはならないのである」。内村の関心は独立した、自立したキリスト者の国をいかにして創るか、いかにして守るか、それを危うくする一切の力を排除することにあった。

日本国は独立国である、独立国である以上は其財政に於ては勿論其兵備に於て、其教育に於て、其総ての事柄に於て独立でなくてはならない、然るに国民の精神たるべき其基督教丈けが外国人に依頼しなければならぬとならば日本国は其最も深淵なる意味に於て独立国ではないのである、肉躰は独立でも精神に於て依頼する人は奴隷である、制度文物に於ては独立でも宗教に於て依頼する国は亡国である。

依頼的の基督教は実は基督教ではない。

遠く国民の未来を思い、深く国家の安危を察するものは身を西山に餓死するに至るも宗教伝布の為めに決して外国人の補助を仰ぐべきではないと思う。

とし、ついに死すとも宗教伝布の為に外国人に頼るなというところまで到達した。

内村鑑三にこのような外国依頼を警戒させたものは明らかに中国における外国とその宣教師・神父の活動だった。外国人が宗教によって中国人を教民とし、この教民を使って外国の利権を増やし、中国を植民地とする。これに中国の一般民衆が怒り、義和団蜂起があり、更に八ヵ国聯合軍の出兵、清朝の全面降服と続いた。内村鑑三はこうした義和団戦争の推移を凝視していたに相違ない。それは次の文に明白である。

殊に今の宣教師なるものは英、米、仏、独、露等諸強国から送らるゝ者である、爾うして物質的に強大なる国民は宣教師を造り且つ之を送り出すに最も不適当なる国民である、吾等が斯く言うは強大国が其宣教師を利用して他国を掠奪すると言うのではない、宣教師は間諜《スパイ》ではない、彼等の多くは最も高尚なる目的を以て人類の救済に従事して居る者である、然しながら国民なる者が今日の如く一個人体として成立して居る間は、彼等宣教師をも福音の宣伝者としてのみ見る事は出来ない、彼等も彼等の属する国家の保護の下に外国に伝道する者であるから彼等の行動が国際問題と成ることが往々ある、是れ彼等の為め亦彼等の宣伝する基督教の為に最も悲しむべきことであって、是がために彼等の目的は妨げられ、彼等が益せんと計りし非基督教国が彼等の故を以て非常の危害を被りしことは度々ある、吾等は近世紀に於ける基督教の宣教史なる者を読んで未だ一回も宣教師が新国家を興せし事なきを見て実に痛歎に堪えない者である。

今の伝道会社なるものより伝道を受くるは何れの国民に取ても非常に危険なることであって、此事を能く知て外国伝道会社の補助を拒まない人達の心を吾等は推測することが出来ない、それ計りではない、強大国の伝道は精神の伝道に止らないで、其国風、習慣、国民的偏癖の伝道にまで及ぶ……。

丁度今の独逸皇帝が支那に於ける独逸宣教師を保護せんがために艦隊を送り、膠州湾を占領せしめしと同然で羅馬も異邦の領土を得しかは知れないが、然し其宣教師は異邦の民の霊魂を救うことは出来なかったに相違ない。

政治的干渉と軍隊的保護とは伝道の大妨害である、懦弱と凌辱と空乏と迫害と患難のほかに何も誇るものなく、キリストと彼の十字架の外に何も頼るべきものなかりし使徒保羅は理想的の宣教師であった、軍隊と軍艦と公使と領事との保護の下に働く英、米、独、仏の今日の宣教師なるものが亡国の民たりしタルソの保羅の事業を為し得ないのは何よりも明白なることである。

この文章の最後に、内村は結論として、「外国人に頼らざる福音的基督教、是れ今日に至るも吾等の理想とする所である」旨宣言した。長々と引用した「我が理想の基督教」の抜粋から読み取れるのは、義和団戦争の原因と推移から、内村の無教会論がいかに多くのことを学んだかということである。外国に頼り、伝道会社の宣教師に依存するキリスト教はキリスト教ではない、それは亡国の途につらなるのであり、西山に餓死するとも外国人の補助を仰ぐべきではない、という地点にまで深まった。義和団戦争が内村鑑三に与えた影響は、信仰を外国・外国宣教師・教会組織等から徹底的に独立させなければならない、という確信を高めたところにある。こうして、世界政治の動向を鋭く感じ、日本をはじめとする諸国政府が極度に堕落していることに怒りを感じた内村鑑三は、一九〇〇年から一九〇一年七月の理想団結成にいたる間、幸徳秋水ら社会主義者ともきわめて親しい関係を結んだ。かれは、幸徳秋水の『廿世紀の怪物帝国主義』の出版を祝い『万朝報』に紹介の文をのせ（四月一六日）、この書の序文を書いた。

ところで最後につけ加えておきたいが、内村鑑三の一九〇〇〜〇二年にいたる文章を読んでも、中国民衆への同情、中国民衆の運動に対する評価等の文章・文字が全くないことである。内村は当時、中国の無学の大衆が新しい自分の道を切り拓いて行くことに希望も可能性も見ることが出来なかった、と言わざるをえない。かれには人種差別、日本以外のアジア民族に対する劣等視は無かった。しかしながら、キリスト教を絶対視するために、東洋の儒教・仏教・道徳・諸精神を絶対否定せんとした。かれの文章のいたるところに、否定さるべき東洋の文化・宗教・道徳・思想の権化としての支那文化・支那精神に対する呪詛の言葉を見ることができる。内村鑑三は、貴族・高官・薩長藩閥政治・軍隊に代表される日本を憎み排斥したが、しかし、自由・自立に向かう日本を限りなく愛し、愛している日本をキリスト教絶対信仰の上に築こうとして、すべての東洋の旧来の精神・宗教・道徳を否定しようとした。そして否定さるべき旧来のものはすべて「支那」的なるものと考えたため、(11) 中国文化・中国人のなかの再生運動を見る視点をもたなかった。しかし、内村は東洋は徹底的に堕落し滅びることによって再生するという終末論的キリスト教信者であったから、かかる信仰の故に、観念的にはいつの日か「真正なる朝鮮」と「真正なる中国」の再生を信じていた、ということも出来る。この内村の予言は、のち日本の徹底的堕落と戦うなかで、中国と朝鮮に実現した。

注

(1) 田平義三郎『東洋風雲録』(一九〇〇年)三四頁。
(2) 『東洋戦争実記第十九編、北清戦史』、(博文堂、明治三四年一月)二三〜二四頁。
(3) 『北清事件』(美当一芳講演、第弐編、明治三六年)五〜六頁。
(4) 『内村鑑三全集』第八巻「東洋の大地震」二四四頁。
(5) 『全集』第八巻、「東洋の大地震」二四三頁。
(6) 『全集』第九巻「国の為めに祈る他」一九八頁。
(7) 『全集』第八巻、二三八〜二四〇頁。
(8) 『全集』第八巻、「我を作る二元素」二四七頁。
(9) 『全集』第八巻、二四二〜二四五頁。
(10) 『全集』第九巻、一七四〜一八一頁。
(11) 義和団運動が敗北し、日本軍など八ヵ国聯合軍が天津・北京を占領し、清朝が降服したことが明白になった一九〇一年に内村鑑三は次のように書いている。

支那文学の研究が不平病昂進の大源因であることも疑うことは出来ません、支那文学に希臘《ぎりしや》文学や、希伯来《へぶらい》文学に於て見るような喜ばしい人生観を見る事は出来ません、支那人は其始めて歴史面に現われし時より早や既に老いぼれたる人種でありしように思われます。……支那人は成人《おとな》にあらざれば老人でありまして、彼等は青年時代を有せざる国民であると称《い》うても宜しいと思います。(「日本人の不平病」M34年4月5日『無教会』2号、全集、巻九、一一二頁)

日本人の理想的人物は政治家である、是は彼等が支那人から学んだ理想であって、甚だ賤むべきものであると云わねば

ならない。(「坊主の必要」M34年5月25、26、28日『万朝報』、全集、第九巻、一八七頁)

　ここには、前年夏、義和団蜂起によってはじまった東洋の動乱を見て、「来た、来た、大地震が来た」と叫んだ、あのアジア変革の展望はすでに消えている。残念なことである。

結　語

わたくしは本書において、五百頁余の紙数を費して以下の諸点を明らかにした。

まず第一は義和団運動の構造とその運動法則、展開過程のベクトルの特質である。義和団運動ほどこれまで毀誉褒貶を受けた民衆運動はアジアの近代にはなかった。この運動を近代的な尺度で外面的に誉めたり貶したりするのではなく、その構造と運動を内面から理解することが必要であるという立場から、民衆の反乱史、精神史、社会史、民俗史を辿ることによって、内面的契機と条件を追究し、同時に帝国主義の中国侵略の特殊な姿態と条件を追究し、この両者が切り結ぶ、あるいは関係する仕方とそこに新たに誕生する反帝愛国運動の運動法則を解明したと考えている。改めてここで運動法則をくり返して叙述する必要はないであろう。ただ以下の点については明確にしておきたい。どのような愛国的な運動であろうと、それは共同体運動として展開されるということ。しかも、一九世紀後半の半封建、半植民地下の中国では、人民の共同体運動としてしかそれは展開できない。更に言えば、この人民の民族共同体運動は、白蓮教や秘密結社の共同体運動と村落の民俗共同体運動との革命的融合としてしか誕生、展開できず、こうした共同体は無数の村落＝壇・団のうずまき運動として、増殖し、国家に充満するという姿態と運動をとらざるをえなかったということである。共同体のうずまき運動は、華北の多くの村落を基礎に起こったのであって、ここでは人間は、共同幻想と共同体の部品、材料となるのであり、それ以前の階級闘争、農民反乱のような上下・垂直運動の方向性を失った。民族の精神と民俗の神々の代理人として、人間は活躍し、愛国運動をになえるというのが義和団運動だったのである。この問題はこれ以上贅言を要しないと思う。

義和団運動は、伝統的な多くの大農民反乱とどのような関係があるのか、それらとは何の関係もない特殊な運動だったかについて考えておきたい。中国は三千年にわたる専制主義と文明の国であり、開墾、灌漑、豊作、収奪、土地荒廃というサイクルを延々とくり返してきた。華北の太古の自然植生はこの間ほとんど消滅したのであるが、これと同じく人間の生活環境、村落構造などもいわば全き人工化を遂げ、自然、耕地、村落はその原初的姿態を大きく変貌させた。村落は入会地、共有地、共同地を失い、人々は個々ばらばらに分解され、自然村落共同体は形骸化したのであった。中国の農民反乱は、発展すればするほど、巨大化すればするほどほとんど例外なく、指導者は天子、貴族、将軍をめざす政治的反乱にたちまち転化していったが、それは地方自治、郷村復興、村落再建などをかかげることがほとんど現実性をもたないほど、専制君主制と官僚制によって、華北農村＝郷村、村落が単一化され、枯渇化されており、農民が郷里で牧歌的な夢をみる余地すらなかったことを示している。秦の始皇帝以後、すべては、首都で宮廷で天子によって決せられる以外に道はなくなっていた。これが巨大な大農民反乱がいく度も広大な土地に広がり、新しい王朝の樹立をめざしていった理由である。しかし、農民の反抗のエネルギーは、巨大農民反乱として爆発してゆくのであるが、いつも共同体の再建をめざす運動として出発しているのである。それは宗教的共同体王国をめざすもの、拳棒刀の結社を中核として新王朝をめざすもの等々と様々な形態があったが、根本は失われた共同体の再生、再建が動力であった。三千年にわたる中国文明史のなかで専制主義、大農民反乱、共同体再建運動は、いわば表裏の関係、親類関係にあったのである。共同体再生の運動には、すぐ政治権力化するものと宗教的共同体王国の道を色濃くするものと、この両者を同時に遂行するものと様々あった。村落的規模での共同体的自然環境が文明の早期の開花と専制国家の形成によって、徹底的に食いつぶされ、人工化されていたので、人民の共同体再建の運動は広域的運動、土俗的信仰、観念的姿態、千年王国的理念等々の性格を核にせざるをえなかったのである。義和団は、五斗米道、大乗教、マニ教、白蓮教、太平天国と連なり流れる中国民衆運動の一環に属するものであるが、他のものが一国内の階級矛盾の解決をめざしたのに対し、義和団はその共同体運動の初発において、民族矛盾の解決をめざす、民族共同体の役割を直ちに引き受けるものとして生長したところに他との相違がある。中国共産党の革命根拠地や遊撃戦、プロレタリア文化大革命といった運動も、中国民衆の長い共同体再建運動の歴史の射程に生れたものである。ここでは共産主義がしばしば理想の共同体王国をめざす宗教・信仰の役割をも演じた。

義和団運動を中国史全体のなかでどのように位置づけ理解するか、この問題は今後研究しなければならないが、今のところ以上のような解釈をしている。

第二に、本書は義和団干渉戦争を行った明治国家の軍国主義的体質、つまり日清戦争以後の軍備増強、軍人の好戦的性格、謀略的体質等を明らかにした。山県有朋、桂太郎、寺内正毅、児玉源太郎、山口素臣、真鍋斌、福島安正、西徳二郎、柴五郎及び中国大陸で謀略活動を行っていた人々、そして臨時派遣隊、第五師団、第一一師団の一部兵士等々が、この義和団戦争で何をしたか。八ヵ国聯合軍のなかでいかなる戦争指揮、いかなる行動をとったか。この戦争における日本の究極の目的は何であったかを詳細に検討、紹介した。本書はそうした仕事としてはもっとも詳しく且つ正確なものであると自負している。

第三に、義和団干渉戦争に出兵した八ヵ国聯合軍の虐殺、掠奪、強姦、泥棒等の行為の、その恐るべき実態を詳細に明らかにした。日本の当時の新聞人、言論人の勇敢な暴露の戦いについても読者は感銘を受けたものと思う。明治の一部言論人は、政府高官、軍部領袖であろうとその悪、不正に対しては徹底的に攻撃し、筆をまげることはなかった。『万朝報』に掲載された「北清分捕の怪聞」は、そうした明治新聞人の勇敢な戦い振りをあますところなく示している。

第四に、明治期日本を代表する社会主義者となった堺利彦、幸徳秋水、宗教家でかつ思想家、言論人として名をはせた内村鑑三、著名な文学者、思想家、言論人であった田岡嶺雲等々が、この義和団戦争で何を学び何を言ったかを検討した。これらの人々は、日清戦争後、国民の間に急速に広まった「支那人弱し」、「偉大な大日本帝国万歳」といった軍国主義的風潮に抵抗して、戦争の悪と軍人の腐敗堕落を鋭く攻撃し、この戦争から大きな影響を受けた。また、この戦争に従軍した堺利彦、田川大吉郎、田岡嶺雲は、詳しいルポルタージュを残しており、その概要を本書で紹介することができた。かれらの思想、戦闘的精神も紹介することができたことは大きな喜びである。まだ義和団に関する日本人の記録は多く埋もれていることと思う。それらをすべて発掘紹介することが必要であるが、今後に残された仕事である。

本書全体を通じて明らかになったことは、義和団大衆が無知な迷信の徒ではなく、一九〇〇年前後の半封建、半植民地的状況を打破せんとする国民的愛国者であり、聯合軍との戦闘においてもきわめて勇敢であったことである。義和団戦争で中国人は、日清戦争の時の清朝官軍とは比較にならぬ奮戦を行い、それに励まされて又、官軍も勇敢に戦った。これを見た軍人、新聞記者らが明瞭にそれを証言していた。のちの日本人が嘲笑の的にした義和団=迷信論は、当時の日本人の目撃談とは大きく異なることが実証されたと考えている。堺利彦、幸徳秋水、内村鑑三らは、この義和団、官軍の奮戦を伝える日本人の報道によって、日清戦争勝利後に日本人に広まった「清人、清軍弱し」という国民的意識に疑問を提示する論評をしていることも、本書で明らかになった。義和団を迷妄、迷信、無知、無能と日本人はイメージして来たが、これは日中一五年戦争の際の「チャンコロ」意識の空前絶後の拡大のなかで、のちに輪をかけて強化拡大された虚像ではないかと今は想像している。

本書が残した課題、分野は、東北（旧満洲）方面におけるロシア軍の行動と中国民衆の戦い、それに英米露仏独伊墺方面の史料調査とその分析である。わたくしの能力不足で、これら列国軍関係者が残した記録、論評を充分調査研究することができなかった。日本の情報将校福島安正は、四〇年近い在軍期間中二八年間を海外に暮らし、数ヵ国語をマスターして諜報活動に従事したが、そうした大日本帝国軍人を批判するには、福島安正以上の努力と能力と気迫が必要である。そうした優秀な研究者が日本にも生まれ、徹底的な研究をされるよう心から期待したい。

わたくしはこの四年間日本で調査し、読んだ義和団関係の史料、文書、著書、論文は、できるだけ本書で詳しく引用紹介したが、それは日本にはなかなか来られない中国人研究者に特に材料を提供しようと思ったからである。内外の研究者に本書が利用されればと願っている。

増補篇

第一章　中国の白蓮教、反逆の秘密宗教結社――「義和団」精神史の前提として――

元末の紅巾の乱から清末の義和団運動に至る数百年、邪教として弾圧されながらも大小無数の反乱、騒擾をくり返した白蓮教は、東洋的専制権力からの解放を夢みる無産大衆の希望と救済の信仰であり、千年王国を目指す運動であった。

一、中国の宗教的秘密結社

中国の秘密結社といえば、青帮、紅帮、紅槍会、天地会、哥老会などを思い出す人もいると思う。かつて中国大陸では、専制権力の野蛮な支配、北方系諸民族の絶え間ない侵入、頻繁におこる洪水、旱魃、飢饉、そして一九世紀以来の帝国主義列強の侵略、そうした脅威からわが身、家族、郷里を防衛するため、民衆は様々な自衛組織をつくり、救いを約束する神々を求めた。中国には古来、大小種々の秘密結社や民間宗教結社が生まれたが、一般にどれも貧しく虐げられた人々によってつくられたものであり、生活に深く根ざしていた存在であった。秘密結社の中でも政治色の有るもの無いもの、宗教色の有るもの無いもの、専制権力の転覆を企てるものから、単なる無頼の徒の集まりにすぎないもの、淫祠邪教に終るものまで様々であり、種類も性格も千差万別であった。

数ある秘密結社の中で中国史上有名なものは、というより歴史的に重大な役割を演じたのは、貴賤・上下・貧富の差別と不平等の解消を願い、現体制を悪として否定し、希望の天国を求める宗教的な秘密結社であった。例えば後漢時代の太平道、五斗米道《ごとべいどう》、北魏時代の大乗教、南宋の鍾相《しょうしょう》・楊么《ようま》の集団、元末の紅巾の徒、明代の唐賽児《とうさいじ》の結社、徐鴻儒の徒党、清代の王倫の清水教、その他白蓮教、天理教、太平天国、義和拳などの諸集団は、すべて宗教的秘密結社から始まって、大反乱に発展した事例である。これらの中でも、元末から清末にいたる約六百年間にわたって、中国民衆反乱の山脈を形成してきたのが宗教的秘密結社で、終始「邪教」として権力から恐れられてきた白蓮教であった。反乱の回数、動員力、規模、世界観の全体性、禁欲性、教派の持続性、予言の切迫性などにおいて、中国史上白蓮教ほど大きな比重を持つものはなかった。最近まで山東省の農民には「白蓮教は三十年で小反乱、六十年で大反乱」という俚諺があったという（『宋景詩歴史調査記』人民出版社）。

二、白蓮教の世界観

白蓮教の源流については、未だ不明なところも多いが、およそ以下のように考えられる。一つは、隋・唐以前から中国に盛行していた弥勒仏下生信仰。もう一つは、世界を明と暗の対立・抗争と考えると同時に、時間を明の勝利にいたる過去・現在・未来という段階的歴史論で把握するマニ教（明経）。それに宋代の茅子元《ぼうしげん》に始まり、不殺・不盗・不淫・不妄・不酒の五戒を説き、阿弥陀仏のおわす浄土への往生を願う白蓮宗、この三つの宗教思想が混り合い結び合って、いわゆる現状変革の革命の世界観をもつ民衆宗教〝白蓮教〟が生まれたのであるという。

この白蓮教が最初の大反乱を起こしたのが、元末の紅巾の乱であった。この反乱以降、白蓮教がどのような革命の信仰、予言、宣伝を行ったかを、史料に基づいて簡単に紹介しておきたい。「天下は大いに乱れ、弥勒仏がこの世に現れるだろう」「韓山童こそは宋の徽宗《きそう》の八世の子孫であるから、中国の主となるべきだ」(元末紅巾の乱)、「山東省蒲台県の妖婦唐賽児が乱を起こした。若い時から仏を好み経を誦え、自ら仏母と称し、よく前後成敗の事を知るといった」(明中期の唐賽児の乱)、「王好賢は父から邪教を受けつぎ、自ら弥勒仏と名のり、……天啓二年八月中に、いたるところで一斉に蜂起する計画だった」(明末の王好賢、徐鴻儒の乱)。

こうした形態の白蓮教系宗教反乱、一揆、騒擾は明代だけで大小八〇数回(相田洋氏の計算)に及び、この白蓮教と深い関係にあった。その他の宗教結社事件も、この明代に二百回ほど起こっている。明代後期まで白蓮教は教義の体系化、神学化にみるべき変化や発展はなかったが、明代後期に宝巻(経典)もつくられ、次のような世界解釈、信仰の教義を完成させた――天地がまだ生まれない時に、すでに無生老母(あるいは真空老祖)という最高神がおられ、この神が宇宙万物と多くの児女《にんげん》をお生みになった。しかし、これらの児女は紅塵世界(穢れた世俗世界)に堕ち迷いに囚われていて悟ることができず、本来あるべき救いの天国である「真空家郷」に帰ることができない。彼らは末劫の世界に堕ちているのである。しかし、弥勒仏の降誕の時が到ると、人々はみな救われ「真空家郷」に帰り、「無生老母」に会い、長生不老が約束されるのであると。清代になるとこの白蓮教の世界観は「真空家郷、無生老母」という八つの文字に要約され、これを「八字真言」とよび、白蓮教徒に共通の御題目となって広まっていった。

明末から清初にかけての頃、この白蓮教は、現状変革の宗教として極めて実践的な現状把握と変革のテーゼを確立するにいたる。現在は末世で悪がはびこっているが、間近に終末の日が迫っている。この終末の日には古今未曾有の災難が襲いかかり、多くの人は水火刀兵(洪水、火事、兵乱)の中で死ぬが、白蓮教の信徒だけは死ぬことはない。今や既に我々信徒の中に弥勒仏、無生老母、真命天子が降臨しているのである。間近に迫った某月某日こそが、その終末の日、我々信徒の救いの日であり、神の変革の試みに全信徒は参加しなければならないのだ、と。

以上のように明確な革命に向かうテーゼを提出するに至った清代の白蓮教の思想を史料に即して紹介しておきたい。「八月の後、四十五日間の大劫（大災難）があろう。我に従うものは免れるべし」、「無生神母いう。今年、四十五日間の屠殺の劫数あり、と」（王倫の清水教の反乱）、「今、天下はすでに乱れ、上帝は某月某日に大いに天災を降そうとしている。人びとは必ずやことごとく死ぬであろう。しかし、ただ我が教徒だけは災いから免れることができる。必ず互いに誘いあい家をあげて来たれ。わしが師に説教、読経をお願いし、救われるようにしてやろう」（嘉慶白蓮教反乱の徐添徳の言）、「近いうちに大災難がふりかかるであろう。天地は真暗になり、日と月は光を失う。人びとは戦争と水火の災難を被るか、あるいは奇病にかかり、妻や娘は淫掠され、世界は必ず一大変するであろう。ただ、わが教に入るものだけが免れることができる」（嘉慶白蓮教反乱の王三槐の言）。白蓮教反乱は、以上見てきたように中国の典型的な千年王国主義の色彩をもつ宗教結社であり、この時代を特色づける宗教的革命運動に発展していった。

三、白蓮教の組織と儀式

白蓮教は、明代から邪教として徹底的に禁止・弾圧され続け、この教えを説く者は死刑、一般教徒は中央アジア、雲南、黒龍江省など僻遠の地に流刑に処せられる規定であった。それゆえ、全く地下活動しかできなかったために、教典も各種多量に刊行されるということはなく、老教門に秘伝として伝承されるだけであり、またその内容も一般の人びとには読んでも分からない謎めいた文句が連ねられているだけであった。キリスト教や仏教のような権威のある経典、厳密な教義の体系は完成しなかった。それで白蓮教内部における正統と異端といった内部対立も生まれることはなく、例えば白陽教、紅陽教、天理教、八卦教、聞香教、収元教、混元教といった白蓮教系の諸教派が各地に広まり、中でも八卦教はさらに離卦、坎卦、乾卦、兌卦、艮卦、震卦、坤卦、巽卦へというように、多種多様な分化を遂げていったのである。そしてあるものは興起し、あるものは衰退し、革命的な教主が生まれた時には反乱を起こし、堕落した教主の時には教徒をだまして金を取り、あるいは単なる淫祠邪教に堕ちたり、その運命は様々であった。その中で反乱の宗教結社としての伝統を長く受けついだものとしては、明末直隷灤州の石仏口の王森が創唱した聞香教（あるいは大乗教）の系統、清初に収元教を始めた山東省單県の劉佐臣の系統、清朝中期に混元教を始めた河南省鹿邑県の王姓一族などが有名であるが、その他にも各地に白蓮教系諸派の名門が多く存在した。

教徒の獲得は、師弟関係を中心に行われた。教徒はある教門の教義にひかれて入教するというよりは、尊敬できる能力や信仰をもつ人の徒弟になり、また自分も独自に徒弟を集めて師になるのであって、白蓮教系の秘密結社においては、教主の個人的魅力、政治思想、宗教思想が非常に大きな役割と意味をもっていた。白蓮教の信徒になる人びとは、もちろん社会の下層にいる貧しい階層であったが、ただ貧しいというだけでなく、故郷を失った人、家族のない人、様々な精神的差別を受けていた人びとであり、経済的にも精神的にももはや現状は絶望的であると感じる人びとこそが、この変革を目指す秘密宗教結社の中核となったのである。

白蓮教徒は、香を焼き神に叩頭し、経文を念じ呪文を唱え、多くは夜集まって夜中に集団の儀式や読経を行い、夜明けに解散するのが特徴であると、官側の文書はみな書いている。教徒は教主に打丹銀という厄払いの儀式のための費用と弥勒仏・無生老母の主宰する王国が実現したとき数倍、数十倍になって返ってくる根基銭という元金を納めるのが普通であった。この信者が納める寄金を目当てにする宗教結社も多かったであろうが、白蓮教の信仰と結社への忠誠をひたすら目指した人々もまた多かったのである。ある白蓮教事件に連座して、甘粛省に流刑になっていた劉松という教主がいた。かれの弟子の劉之協・宋之清らは、千キロ以上もの僻遠の流刑地に師を訪ねて、全国的反乱を計画し、師の下に数回にわたって信者から集めた銀二千両を届け、反乱の費用に備えていた。これが嘉慶白蓮教反乱の始まりであるが、この例以外にも、数千キロの遠方に流刑に処せられていた教主を訪ねた信者の記録もあり、白蓮教という邪教結社の中には、純粋な師弟愛や信義、それに約束の絶対的な重さを示す事例を見出すことができるのである。

白蓮教の組織・儀式を語る際に、民間の武術鍛練の伝統、武装結社との密接な関係を忘れることはできない。

中国には古来様々な武術鍛練の伝統があり、それは気功《チーゴン》などとよばれる健康法、病気の治療法と結びついていたのであるが、明清時代には宗教（白蓮教）と武術と健康哲学とが結びつき、「刀槍不入」（よく武術鍛練をやれば、刀や槍も身体に入らない）という、反乱の宗教結社にふさわしい武術哲学が一般化したのである。紅拳、梅花拳、陰陽拳、義合拳、六躺《りくとう》拳、太子拳、八卦拳、義和拳などの「拳棒（拳法と棒術）」を中心とする武装組織の中には、白蓮教と深い関係をもつもの、あるいは白蓮教の武術部門になるものも生まれ、中国の民衆の中にあった拳術者への憧れは、超人信仰を白蓮教の中に取り込む役割を果たしたのである。『水滸伝』に出てくる武術の達人たちの世界は、架空の話ではなく、中国民衆の日常の生活の現実を表わすものであった。こうして白蓮教は、ますますその根を深く、広く民衆の中におろしていった。白蓮教と極めて深い関係をもっていた義和拳や八卦拳の諸派が、一九〇〇年の義和団運動の中核的な組織や勢力となって、反帝愛国闘争を戦うということさえ起こったのである。

四、虐げられた人々の希望

白蓮教は、貧しいけれどもそれにめげず明るく楽しい日常生活を実現しようといった、正性の信仰運動ではない。ただ貧しい哀れな経済生活者というだけではなく、精神的な差別と抑圧によって心に大きな傷を受けている人びとの、自分のこの生をも含めて全現実を否定し、破壊しきった果てに、何らかの光を見ようとする負性の観念的な運動、それが白蓮教の観念のベクトルである。

白蓮教の指導者の大多数は、民間医者、放浪和尚、道士、呪術者、胥吏・衙役（役署の下働き）、行商人、拳棒教師、大道芸人などの出身者であり、聖と賤、善悪、正と負、希望と諦念といった、相対立する世界にまたがって生きる両義性をおびた存在であった。

この点をより明確にするために、白蓮教の運動が他の民衆運動と明確に異なっている点、つまり女性の活躍の多さの意味にふれておかねばならない。明代の唐賽児は寡婦となってから妖術を使い、仏母を称し、白蓮教反乱を起こした。王倫の清水教反乱の時には、武術の達人で大道芸人出身の寡婦で烏三娘《うさんじょう》という者が無生神母を称し、女神として王倫とともに戦って殺された。嘉慶白蓮教の反乱の際にも、夫の斉林を処刑された寡婦斉王氏や陳得俸の寡婦某氏が「夫に替わって仇をうつ」をスローガンにし、総教師とか無生老母を名のって教軍を率いて奮戦し殺されている。

これ以外にも、白蓮教系邪教の運動には、聖なる女神、ヒロインとして女性が非常に重要な役割を演じている例が多い。また白蓮教は、白色という一般には死、喪、不吉を象徴する色を聖なる色とみなし、白装束で蜂起して戦っている例が多いが、これらのことは、寡婦、犠牲、復讐、殉教、エロス等のいわば負の表象こそが、白蓮教の観念の本質だったことを示している。終末の日に無生老母という女性神、その女性神の化身となった若い寡婦、その寡婦が復讐戦に殉じて死ぬという、死のエロスの世界さえ開かれてくる。

こうして、白蓮教反乱の鎮圧にたずさわった官僚や軍人たちが、例外なく認めざるを得なかった「死を見ること帰するが如し」という、白蓮教徒の死を恐れない勇敢さが生まれた。そして遂に、「斬決昇天」（首を斬られて昇天する）、「死をもって過劫（劫運を無事に通過する）となし、来世には必ず幸せあり」と説き、教徒として戦って死ぬことにより来世で救われるのだとする、観念の極北にまで行き着いたのであった。

貧しい悲しい民衆は、かかる白蓮教の精神世界を生きることによって、嘉慶白蓮教反乱の如く巨大な専制権力に真っ向から立ち向かい、日本の数倍もの土地を舞台にして十年間も戦い続ける反乱をも又可能にしたのであった。白蓮教の歴史は、悲しい負の情念の先に、絶望と殉教の中に希望の微かな光と夢を託さんとした「邪教」信仰の歴史、「秘密宗教結社」の歴史であるが、精神的、身分的、民族的な差別と抑圧からの解放闘争は、大なり小なりかかる白蓮教的世界を内包するものであること、またそうした精神の位相なしに戦いは不可能であったこと、そうした人間の精神に関する秘められた真理をも鋭く開示してくれたものと言わざるを得ない。

第二章　義和団——拳術集団の蜂起

世界を震憾させた義和団の運動は、中国民衆の偉大な反帝愛国の戦いなのか、それとも単なる無知蒙昧の徒の盲目的な排外事件なのか?

一、世界中を驚倒させた義和団

華北大平原の無数の村々から人々は群れをなして現われ、青龍刀をかざし紅い房のついた槍をしごき、千変万化する拳法のかまえをして、狂気のごとく鉄道・教会・外国商店を攻撃し、北京・天津の城内にまで進入し始めた。この奇妙な姿態をした大群衆の出現が全世界に伝えられたのは、一九〇〇年の五月、六月の頃であった。彼らは、北京では外国公使館区域を包囲し、天津では外国租界に迫った。このニュースは、たちまち全世界に伝わった。日本の新聞には「義和団暴動」「団匪暴状」「団匪天津に侵入」「白昼抜剣で横行」「天津日本領事館焼払わる」「独逸公使殺害さる」「義和団暴逆、皇帝を狙う」等々の煽情的な見出しが連日のように踊った。黄禍論者として有名なドイツ皇帝ヴィルヘルム二世は、自国公使を北京で殺されて激怒し、軍隊派遣の勅諭で「名状し難き侮辱と驚く可き野蛮」とに対して、「今汝等を派遣す。悪徳と暴戻とに向って復讐せよ」と常軌を逸した命令を発した。

義和団は、こうした特異な姿態と死を恐れぬ吶喊《とっかん》精神によって外国人を驚かせたのであるが、実際に天津郊外で彼らと戦った日本の一兵士は、「義和団は長さ六尺くらいの手やり、青龍刀をかまえて、いかにも我が隊の近接を待ち望んでいるような態度である。……この時の敵は四散するどころか、かえってわれわれ（日本軍騎兵隊）の接近を待っていた状況で、われわれはまるで元亀、天正の戦国時代のごとき切り合いの接戦を開始したのである。……真っ先に突きかかった敵は、背の高い二〇歳前後、三つ編みの弁髪を額に巻き、さらにその上に幅二寸くらいの赤い布の鉢巻を後ろで結び、しかも布の中央、額の上に黒い丸を描き、中に義の字を一字書いていた。青龍刀は薄くて幅広く、ことに先のほうが重いので、とても我が軍刀の比ではなくよく切れる。……なんといっても敵は多数、加えて狂信が加わっているのだから、なかなか崩潰どころかどんどん突きかかってくる」と述べ、さらに義和団は「九州島原の乱における天草勢のごときであろう。げに狂信の力は、まことに常人には予想できない偉大さがある」と驚嘆している。いったい義和団という結社、組織はどのようにして生まれたのであろうか。

二、大刀会・梅花拳・神拳・義和団

義和団という組織・結社は、華北の広大な平原に無数に散在する村々を単位に形成され、各村々の半ば独立した無数の義和団員の、自由なというより気ままな連合体であった。各義和団は、一般に老師・大師兄・二師兄などと呼ばれる頭目・権威者を頂いており、団員は「降神付体、刀槍不入」、つまり神々を招いて身体に付せば、刀も槍も身体に入らないという信仰をもち、不死身になるために神拳《しんけん》・義和拳《ぎわけん》の鍛錬に熱中し、「扶清滅洋」（清を扶《た》すけて洋鬼《がいこく》を滅ぼす）なるスローガンの下に結集していった。

こうした一般的性格をもつ組織・結社はどのようにして誕生したのだろうか。これまでの中国・日本・アメリカなどの歴史研究者による定説は次のようなものである。

一九世紀末期に清朝は滅亡の瀬戸際にあり、これに加えて、国家・民族の細胞である村々に、外国人神父とその神キリストが、玉皇廟・関帝廟・娘娘廟などの土地の神社を押しのけ破壊して、急速に侵入してきた。中国にやって来たキリスト教、とりわけドイツ聖言会は、列強の中国分割に際会し、帝国主義勢力の力を借りて、きわめて乱暴な布教を行なっていた。義和団運動が始まった山東省におけるカトリック教（天主教）は、北境（済南に総堂）、南境（兗州《えん》に総堂）、東境（烟台に総堂）の三教区に分かれ、その下に一一五九ヵ所の教会や会所があった。欧米列強は競って中国奥地に入りこみ、フランスは茌平《しへい》県の大張庄に、ドイツは曹州府に大教会を建てたが、禹城県の韓庄、恩県の龐《ほう》庄、平陽県の白雲峪、武城県の十二里庄などの各教会は、同時に連発銃・大砲を持った武装組織でもあった。

ヤソ教（基督教）も山東に総堂二八ヵ所を持ち、七つの教区を置いていた。日清戦争の敗北による領土の喪失、賠償金の支払い、分割競争の激化、キリスト教民の増大に加えるに、教会や信者による老百姓の信仰・習慣・習俗の全面的な否定が、まず教会と中国人信者に対して、大刀会《だいとうかい》・梅花拳《ばいかけん》・神拳などの武装結社による反撃の運動をよび起こした。

義和団の源流として重要なものは、山東単県の大刀会の闘争、河北省威《い》県の梅花拳の闘争、山東省の平原・高唐・茌《し》平県などにおける神拳の闘争である。単県の農民劉士端《りゅうしたん》は、白蓮教徒《びゃくれんきょうと》から武術を習い、大刀会なる結社を創設した。彼は一八九六年に衆徒を集めて大集会を開き、呪文を唱え、御札を焼いて呑み、レンガや刀で渾身の力を込めて鍛錬すれば、棒・刀・鉄砲も恐れることはないと宣伝した。大刀会の人々は曹県・城武県・単県・碭山《とうざん》県などの山東省と安徽《あんき》省の交界地帯にある多くの教会を襲撃して歩いた。曹県知事が劉士端ら指導者を殺したので、この一帯の大刀会は急速に勢力を失ったが、以後大刀会の闘いは各地に伝播・拡大していった。

この大刀会よりも早く、河北省の威《い》県で趙三多《ちょうさんた》、閻書勤《えんしょきん》らが梅花拳を広め、キリスト教会と闘争を続けていた。趙三多は一八九八年に初めて義和拳と改称し、「扶清滅洋」のスローガンを提出した。山東の茌《し》平・高唐・平原一帯で反キリスト教を闘っていた朱紅灯《しゅこうとう》や本明《ほんめい》和尚らは、「天下義和拳興清滅洋」の旗を樹て、「画符念呪、降神付体、刀槍不入」（御札を書き呪文を唱え、神を招いて身体に付せば、刀も槍も傷つけることはできない）という信仰と神通力を獲得した。朱紅灯の神拳の徒に憑依した神は楊戩《ようせん》・孫臏《そんぴん》・馬武《ばぶ》・張飛《ちょうひ》・孫悟空《そんごくう》などであった。

以上に紹介した、典型的な反キリスト教の三つの闘争が相交じりあって、義和団の基本的性格がつくり出されたのである。こうして、山東省でつくられ軌道に乗った義和団運動は、山東巡撫の袁世凱《えんせいがい》の徹底的な弾圧によってしだいに衰退していったが、しかしそれは河北省に広まり、一九〇〇年春には天津・北京へと大波のように押し寄せていったのである。

三、義和団の奇妙な結社構造

キリスト教という外国の神、しかも近代的兵器で守護されている神の城＝教会を迎え撃つために、華北の各村々では「降神付体、刀槍不入」を約束する人々を、老師・拳師・大師兄等々として招いた。村々の聖域であった廟の庭に神壇（諸神の降臨する壇）が設けられると、まず少年・少女たちが集まってきた。よそからやってきた見知らぬ人は、寺廟の神壇で降神付体の呪術を演じ、刀や槍を振るって神術・神拳を教えた。彼らは服装・言動が尋常ではない。紅い頭巾や帯を着け、紅い房のついた槍・大刀を振りまわす。神に祈る言葉も神秘的で文字通り「異言異服」である。

キリスト教や外国人の恐ろしさを語るが、それに打ち勝つ術を教えるという。偉い官僚などを公然と非難して恐れる様子もない。村や町の少年・少女・青年たちが、降神の儀式と武術に熱狂し、ついに神が身体に憑依して超能力者となる。

このように義和団という組織は、夜の闇の中で血の盟約をし鉄の規律に従って首領の命令のまま非法行為を行うといった、通常の秘密結社とは組織構造が違うのである。白昼、鳴りもの入りの騒ぎの中で、降神と諸神付体の武術鍛錬が行われ、教会やキリスト教信者への攻撃が始まるのであるが、この義和団組織には、強固な鉄の規律・盟約・加入儀式・軍隊的指揮命令系統といったものは存在しない。入団した者は、老若・祖孫・父子の区別なく、みな、師兄と互いに呼び合った。もちろん義和団には、朱紅灯・本明和尚・曹福田《そうふくでん》・張徳成《ちょうとくせい》・黄蓮《こうれん》聖母・王徳成《おうとくせい》・劉十九《りゅうじゅうく》などの著名な指導者はいた。しかし、かれらは義和団大衆のいわば筆頭者とでもいうべき位置にいるだけで、軍事的絶対者ではなく、またカリマス的な唯一者でもなかったのである。

義和団大衆は、各人がそれぞれ自分の身体に憑依した神と直結しており、各人が自立した固有の神通力をもっていたので、強固の組織も政治的・軍事的権力者も生み出さなかった。義和団は自然村を単位とし、華北下層大衆を主体とする反異教のコンミューン運動であり、日常生活を呪縛する儒教道徳を無力にする運動であったから、女性、とりわけ家父長的倫理のもとに呻吟していた未婚の乙女や寡婦、さらに賎民などもこれに大胆に参加して活動した。女性の組織・結社には紅灯照《ホンドンチャオ》・藍灯照《ランドンチャオ》・青灯照《チンドンチャオ》などとよばれるものがあったといわれている。

義和団は、華北の無数の村々に設立されてゆくキリスト教の教会や布教所に対抗して、各村々を革命的なコンミューンに蘇生させていく農民の運動であると同時に、村々から析出された半プロ・無産者による中華世界救済の運動でもあった。だから、中国の著名な歴史家翦伯賛《せんぱくさん》は次のように述べている。「義和団の中核分子は農民であるが、しかしこの運動に参加したのは農民ばかりではない。中国封建社会が瓦解してゆく過程で破産していったすべての圧迫されていた貧窮人民、例えば鍛冶屋・船人夫・傭工などの雇用労働者・手工業者・行商人、下層知識分子である塾教師、さらにまた大量の無職游民、たとえば土棍《ごろつき》・無頼漢・散兵（失業兵士）・游勇・塩の密売人・馬賊・乞食・賭徒《ばくちうち》・侠客・前科者・囚人・娼婦などがいた。これ以外にも世俗の世界の住人ではない和尚・道士・ラマ僧も参加していった」のである、と。

村落からはじき出されていった農民以外の多くのルンペンプロレタリアート・半プロ層に属する義和拳民は、村の外から村中の神聖なる場所に入り込み、義和団の信仰を広め、拳術を教え、神壇を設け、降神付体の儀式を主催した。そして、彼らの多くは村を去り次の村や町へと移動して、義和団の支団を組織してゆくのである。義和団は無数の村々を反キリスト教のコンミューンに変革しつつ、華北全域にこのコンミューンを増殖させる運動であったが、それは農民と非農民という二つの異なった社会的勢力の予期せぬ合体として初めて成功したのであった。

四、信仰・呪術・鍛錬・エクスタシー

反キリスト教闘争に起ち上った華北民衆に中国伝統世界の諸神・英雄・義人・好漢が乗り移り、不死身となった彼らが死を恐れず戦いを拡大するにいたったのは、山東茌《し》平県・平原県・高唐県一帯で活躍した朱紅灯の神拳以後のことである。

多神崇拝と降神付体の風習は、すでに乾隆時代の白蓮教系の諸派や結社にみられ、また武術集団の中でも神秘主義的色彩をもつ義和拳と神拳には、拳棒を学び神が身体に乗り移れば「刀槍も入らず」、「病を治し、瘡を治す」という

超能力信仰が特に色濃く存在していた。こうした伝統が、一八九八年から一九〇〇年にかけての義和団運動の中で満面開花し、反キリスト教運動の核心的信仰となったのである。

しかし、白蓮教系の諸教派や武術集団と義和団とは、その運動と信仰に大きな相違があった。白蓮教は無生老母・弥勒仏・阿弥陀仏などの降臨を信じたが、義和団は釈迦・玉皇大帝・明主・聖君・真龍など諸々の神々を信じているので、両者が同じというわけではない。白蓮教の「真主降臨・反清復明・劫変」の考えが義和団に大きな影響を与えたことは確かであるが、歴史はまったく同じことは繰り返されないものであり、義和団は清朝中期の白蓮教・神拳・義和拳の伝統的世界の中から生まれながら、独自の方向と運動を切り拓いたのである。

さて降神のための壇が設けられるのは、村や町の玉皇廟・麻姑堂・大王廟・天斉廟・龍王廟・財神廟・関帝廟・弥勒寺院・龍宮城等々の民間神を祀る場所であった。降臨して人々の身体に宿り、人々に神通力を与える神々は、数十にものぼっているが、代表的なものは、玉皇大帝・洪鈞老師・梨山老母・天光老師・日光老師・張飛・関羽《かんう》・三蔵法師・孫悟空・猪八戒・沙悟浄・楊香武《ようこうぶ》・封砲王《ほうほうおう》・李太白《りたいはく》・関平《かんぺい》・南極老寿星・菩薩・趙雲《ちょううん》・真武《しんぶ》・黄天覇《こうてんは》・岳飛《がくひ》・楊戩《ようせん》・宋江《そうこう》・武松《ぶしょう》・托塔天王・諸葛亮《しょかつりょう》・黄三太《こうさんた》・達磨老師・九天玄女・周倉《しゅうそう》等々である。

これらの神々は、古代の英雄、伝説上の人物、民間信仰の神、歴史上の義人、仏教の諸仏、民間説話上の人と神などであって、主に『三国志』『水滸伝』『封神演義』『七侠五義』『緑牡丹』など諸々の書物の中に出てくる神仏、英雄、義人であった。これらは物語の中で大衆説話化されたもの、民衆演劇化されたものを通じて、庶民大衆によく知られていたのであった。人々が拳棒術の鍛錬に夢中になると、上記の神々の中で日頃もっとも崇拝していた神か、あるいは憧れの伝説上の人物が降臨して付体した。老師や大師兄が人びとに、どの神を信ぜよと命ずるのではなく、華北大衆が一人一人の意志によって最も求める神を選択したのである。だから義和団大衆に権威をもつのは、老師や大師兄よりは、自分に憑依した神なのである。この神の力を借りて、救いと希望の忘我の境に入る。

では、神はどのような人に降臨するのか。一心不乱に洋鬼を憎み、彼らに打ち勝つ神術を願い、そのために神の付体を願って拳術・棒術に熱中する人にだけ、「降神付体、刀槍不入」の世界への飛翔が約束される。貧しくて食事もままならない十代の少年少女が、この苦しみと悲しみを純粋に救世と救国に転化し、その証を「降神付体、刀槍不入」への幻想に託した時、初めて熱狂的な義和団愛国運動が始まった。禁欲し、鍛錬をやりぬき、上法（法術が身につく）すれば、死の恐怖を越えて救いと勝利の確信を我がものとすることができるのである。

こうした不死身と超能力への信仰は、伝統的邪教徒や戦士集団形成を約束する白蓮教反乱の世界にすでにみられたことであったが、日清戦争の敗北、台湾の喪失、日本への天文学的な賠償金の支払い、列強の中国再分割競争、黄河の大氾濫などがキリスト教会の急速な侵入と一緒になって中国民衆に襲いかかった時、それが改めて発掘され、全華北農村に満面開花したのであった。人の死が鴻毛《こうもう》より軽かった一八九八年～一九〇〇年の時期に、絶対奇蹟への想いが人々をとらえたのである。

義和団の目的・信仰・神術などは、張り紙・ビラ・呪文・歌・手紙・碑文・旗などによって各地に伝えられた。これらの方法は、昔からの中国の民衆運動の宣伝形式を踏襲したものであった。内容を若干例紹介してみると、「世道大いに乱る。壇に入り善に従い、心を斉《ひと》しくして洋を滅ぼし、劫運を挽救する」、「山東では人は餓死し、四川では狼烟おこり、洋人は直隷を騒がす。（人々は）いたるところ安んずるを得ず。飯あれども人は食べられず、衣あれども人は着られず」、「庚子の年（一九〇〇年）、（すべてが）顛倒し、旗民と百姓安んずるを得ず」、「世道久しからずして必ず変ず、真主降生し、中土の気巡り春にかえる」、「先に義合（和）拳を課し、后に紅灯照を練し、洋人を追い、鉄道を断たん」、「洋教を滅ぼし、洋人を殺す」、「扶清滅洋、天将天兵」、「助清滅洋、替天行道」などの類のものが多かった。

こうしたもの以外に、さまざまな神・英雄・偉人・義人の名を書いて、それらの降臨と救助を請い願う呪文の類も沢山あった。義和団の呪文やビラには意味不明なものや荒唐無稽なものもあり、封建思想や迷信に満ちたものも多かったが、中国が滅亡の淵にあって人民に災難がふりかかる今こそ決起して悪の根源である洋教・洋人を滅ぼさん、神々の加護と不死身の力は我らにあり、という素朴な救国の決意と確信に満ちていた。

天津や北京一帯で特に広まった紅灯照という女性の集団は、黄蓮聖母などの女巫から神通力を与えられ、天空に舞い上がって外国の首都や軍艦を攻撃し、あるいは又、外国軍の大砲を無力にする能力があると大衆に信じられた。少女たちが多く紅灯照の組織に入った。

天津の紅灯照の有名な女性には黄蓮聖母の他に三仙姑・白大姐があり、北京では翠雲娘・龍天聖母・金刀聖母などの女性が活躍したともいわれる。

義和団のスローガン・ビラ・碑文・呪文・旗幟などについては、陳振江・程蕭共著『義和団文献輯注与研究』（天津人民出版社）が詳細に紹介し、注釈をつけているので参照されたい。

五、義和団と清朝国家

義和団は「扶清滅洋」のスローガンを掲げてはいたが、実際は貧しい下層大衆が独自に組織し、官の許可を得ずに教会・教民・鉄道などを襲撃して破壊し、さらに「滅洋」のためには官にも公然と反抗したので、大刀会の劉士端、神拳の朱紅灯をはじめとする多くの指導者が官権力に殺された。

権力者の多くは義和団を「匪徒」とみなして弾圧したが、一九〇〇年の春から夏にかけて全華北に義和団の運動が広まり、天津・北京にまで彼らが大挙して押しよせると、西太后《せいたいごう》はこれを一時利用すれば外国の勢力の侵入に打撃を与え得るかもしれぬと思い、官の命令をきく義和団をつくろうと画策した。特に首都北京では、官の認可を得た義和団をつくり公使館の包囲に利用した。また天津では義和団の盛んな活動の様子を見て、これを利用し外国の侵略に反撃せんと思い、開戦を決意した。しかし、八ヵ国連合軍の攻撃により大沽の砲台と天津城が陥落すると、たちまち戦意を喪失した。天津城の落城前後に、清朝軍は天津義和団の大虐殺を行って戦線から逃亡した。義和団は勇敢に戦ったが清朝に裏切られ、八ヵ国連合軍から北京まで攻撃され、以後、生き残ったものは逃亡し、運動は退潮に向かった。

六、中国秘密結社史における義和団

義和団という組織・結社は、元末以来の白蓮教系邪教の伝統をひいてはいるが、反権力・反国家の秘密結社とも、あるいは又、二〇世紀中国の青幇《チンパン》・紅幇《ホンパン》などの会党とよばれる結社とも大きく異なっている。中国の大多数の秘密結社は国家や社会と対峙する本質をもっているが、義和団は外国の神と商品・器物・勢力に対抗する本質をもつ。つまり、義和団は祖国の土地・国体・精神・文化を守るためにつくられた愛国の組織・結社であって、権力の目を盗んで、闇の世界や地下の世界で権力打倒の血盟をする秘密結社ではない。むしろ、清朝という満州族の征服王朝をさえ「扶」「助」（たすける）せんとする、民俗文化を核とする民族＝民俗共同体の形成運動であったということができる。国家（清朝・官僚・官軍）との関係は、「滅洋」であればそれらを抱きかかえ、もしそれに反対すれば皇帝にさえ反抗するというものであった。

こうした共同体の運動であった義和団運動は、下層大衆のコンミューン運動として展開されたがゆえに、少年・少女・ルンペン・貧農・寡婦・武術者・芸人など、伝統的価値観では「負（マイナス）」の価値を与えられた人々が主体となり、彼らが白昼公然と村や町の神社などの聖域で権威を回復する熱狂的な運動として展開されたのである。

第三章　義和団運動、義和団戦争に関する四つの問題

一、新中国における義和団評価の思想

新中国においては、歴代の農民戦争、太平天国、義和団運動などは、長期にわたって階級闘争や反封建・反帝国主義の聖戦とされ、また社会主義革命を正当化する歴史的根拠とされてきた。とりわけ義和団運動は偉大な反帝愛国運動と評価され、八ヵ国連合軍の殺戮や略奪に対する糾弾と対になって、中国史学界の重要なテーマとされた。文化大革命の時代には、一時期、義和団運動は天まで持ち上げられ、紅衛兵運動はあたかも義和団運動の再来の如くでさえあった。

しかし、その後対外開放政策によって風向きが変わり、一九八〇年の「義和団運動学術討論会」、九〇年の「義和団運動と中国農村社会、国際学術討論会」においては、義和団運動の落伍的側面、迷盲・迷信・呪術の側面、歴史的限界などが指摘されるようになった。しかし、基調音はやはり反帝愛国が主旋律であった。義和団運動は、今日に至るまで、近代の民衆による反帝愛国運動の唯一の偉大なシンボルとなっている。

私は、この八〇年、九〇年の二度の学会に参加して、義和団の性格や柴五郎のことなどを発表した。また著書・論

文などを書いて、日本軍が八ヵ国連合軍の主力軍として清軍や義和団の鎮圧に大活躍したこと、また、北京占領の後、第五師団の将兵が略奪行為を行ったことなどを紹介した。しかし、「日本人」として中国人に語りたいことを充分には云えなかった。いろいろなことを忖度して自由に意見を述べることはできなかったのである。それは第一に、日中戦争に至るまで、長期にわたって侵略戦争を行ってきた日本人としての「後ろめたさ」によるものである。しかし、唯それればかりではない。というのは、第二に、中国には古来、歴史論・歴史評価が始皇帝の「焚書坑儒」や歴代王朝の「焚書」に見られるように、政治イデオロギーや倫理道徳の要の位置に置かれてきた長い政治文化の伝統があり、そのため日本人として中国の近現代史を論ずる時、大いに緊張を迫られ、時の中国の政治動向やイデオロギー攻勢を強く意識せざるを得ないためでもあった。このように私の自由な発想や主張を規制する第二の点について、いま少し敷衍しておきたい。

日本にも学問や思想が、時の政治と鋭い緊張関係を帯びた時期があった。江戸時代の末、多くの蘭学者や知識人が幕府に殺され、また明治時代にも大逆事件で多くの社会主義者が殺された。言論を統制する讒謗律というものも施行された。さらに昭和時代の天皇制ファシズムの時代には、多くの社会主義者や自由主義者が国賊、売国奴、逆賊として殺されたり、投獄されたりした。しかし日本の歴史には、国家転覆を謀る白蓮教系邪教の反乱や真命天子・弥勒仏降誕を信仰する会道門のような大規模で且つ持続的な活動や反乱はなかった。また太平天国、義和団運動、紅衛兵運動、文化大革命のような、青年を中心にする熱狂的な政治運動の歴史もない(1)。しかしこれらの運動は、中国では今日においても政治・民族イデオロギーによって神格化された「政治」として生々しく生きている。そのため、中国人に対して義和団を論じる時、侵略国日本の研究者として、二重の緊張を迫られるのである。今回は、こうした顧慮をせず、いままで充分に触れ得なかった側面についても自由闊達に語りたいと思う。

二、中国（正確には「大清帝国」）において、キリスト教はどうしてあれほどの猛威を振るい得たのか

キリスト教は、周知の如く、ポルトガル、スペイン、オランダ、イギリス、フランス、アメリカ等を先頭とする西洋諸国の植民活動と一心同体となって全世界に進出した。この時、西洋キリスト教には三つの動機があった。

（一）キリスト教と西洋文明を世界に広め、貧しく悩める世界の異教徒を、精神的にも物質的にも救済するという宗教的使命感。

（二）宗教革命に始まるカトリック対プロテスタントの抗争に勝利し、自己の属する教会の勢力を世界的規模で強化しようとする、各宗派の抗争・競争力。

（三）自己の属する国家、或いは自己の属する教会の後ろ盾となっている国家の植民活動、帝国主義的進出への積極的寄与。

ナショナリズムと一心同体となったキリスト教は、非西欧世界に対する強力な蔑視観を持ち、帝国主義的拡張主義を積極的に支持する傾向がある。さて、この三つのキリスト教進出の動機、衝動、目的の内、どこに中心が置かれるのか、どこまでの段階に止まるのか、また進出先の国家や民族の中でいかなる役割を演じるのか。それは、欧米諸国＝植民地主義勢力の進出目的と侵略する力、それにキリスト教が進出した国家・民族の内部条件（経済状況、社会対立、文化程度、民族結集力）の二つの条件によって規定される。従って、キリスト教が果たす役割は、世界の諸民族、諸地域で大きく異なるのである。

では、次のように具体的に問題を出してみよう。どうして義和団運動を引き起こすほどに、キリスト教は中国で侵

略的な勢力として猛威を振るうことができたのか、どうして日本においては、キリスト教はヨーロッパ近代文化伝達の役割を果たし得たのか、この両国の相違をどう解釈するのかと[2]。

日本では明治時代、都市の第一級の知識人が多くキリスト教に入信し、或いはキリスト教から多くの影響を受け、国民から多大なる尊敬を受けた。日本ではキリスト教は近代化に貢献したのである。この両国における差異は、基本的には大清帝国と明治国家の内的条件、もっと正確に言えば、両国の近代化＝国民国家形成力の差異によって生み出されたものと考える。キリスト教会と欧米諸国は、悪人の神父・牧師だけを選抜して清朝中国に送り、明治日本には善人だけを選んで派遣したわけではあるまい。

中国は、アヘン戦争以来、列強の侵略を受けて半植民地状態に陥り、また清朝末期の体制的矛盾が激化し、民衆蜂起、宗教反乱、少数民族反乱が相次ぎ、国家は累卵の危きにあった。しかし、国家は近代的改革を全くすることができず、清朝は四分五裂の状態に陥り、官僚は腐敗して私利私欲に耽り、人民の生活は塗炭の苦しみの中にあった。将にこのような時、救済使命の権化であり、且つ国民国家をバックにした強烈なナショナリストの神父や牧師が、植民地主義と一心同体となって中国に上陸したのである。彼らは、中国民衆の貧困、災難、不幸、無知、諸悪をいたるところで目撃した。この時、彼らは、西洋文明の絶対的優位性と中国の政治と文化の全面的否定、その裏返しであるキリスト教会の全面的介入の正当性を確信したのである。いや、中国の政治と文化を根本から改革し、中国人に西洋文明の受け入れを教え諭すことは、キリスト者の使命であると確信した、と言うべきであろう。

例えば、ヤング・アレン[3]は、一八九五年に『険語対』（七編）を表わし、その中で、「中国の状況を目撃して新策を書き上げ、中国が罹っている病気を詳しく研究した」と述べ、中国人の積弊を「驕傲、愚蠢、恇怯、欺詐、暴虐、貪私、因循、遊惰」の八つとし、国の災いもここから生まれるとした。彼は、その為の対策として五点挙げたが、その五番目に、西法に倣って拷問を禁止し、社会の風紀を改良し、一夫一婦制を行い、纏足を禁止し、奴婢の蓄えや売買を禁止しなければならないとしている。中国の積弊を正すこと、そこにこそ中国におけるキリスト教の使命があると考えた。キリスト教は、「真の道を崇め、邪を退け、病院を設け、貧民を救い、学校を建てて人民に教え、書籍を発行して学問を広めている。中国にとって有益なことはキリスト教によって行われている」(「キリスト教は中国に有益なり」、一八九五年)と述べた(4)。

アレンのように、神の恩寵を知らず西洋の優れた文明を知らない中国人を、如何なる手段を弄してでも「救済し、教育する」ことこそが天命であると信じて疑わない神父・牧師がたくさん登場したのである。ここで、神の下僕と帝国主義者としての二つの立場が一致したのである。一九世紀後半の清朝中国においては、先に指摘したキリスト教の三つの契機は完全に一体となって、その威力を発揮したのである。今日では、中国の政治、社会、経済、文化に対する不当な干渉と介入に見えることが、彼らにとっては神の使命を果たすことだったのである。

著名な宣教師テモシー・リチャード(5)の、中国に対する視点や関係の仕方にも、アレンと同じものを感じる。彼は一八七〇年代に初めて中国に来たが、そこで目にしたものは、貧困、飢餓、餓死、盗賊の横行など想像を絶する悲劇的な社会状況と政府・官僚の無為無策、無責任な体制であった。これは後に、彼が清朝の改革をめざして政治に介入し、変法派の官僚に接触してゆく決定的な契機となった(6)。

彼らのキリスト者としての善意は、清朝の政治に対する干渉を神の僕としての使命とするところにまで高まった。アヘン戦争、第二次アヘン戦争を経て、教会は清朝政府に対抗する強力な政治勢力となった。かくして、清朝体制下の不法分子、脱税目的の地主・農民、匪徒などが教会の門に入ることとなった。一八七六年、竹添進一郎は、北京を発ち、途中の河南省で民衆のアヘン吸引や罌粟栽培の凄さに驚きつつ四川省に入った。当時、四川はキリスト教排撃の仇教運動が盛んであったが、これについて「基督教の四川に入るや民皆これを喜ばず、奸人無頼の徒、多く教会の名に隠れその勢いを頼んで横暴を極め、民ますますこれを憎む。然るに教会の牧師はこれを放任し、また、地方民はこれを官に訴えても公平に取り扱われない。ここにおいて民衆の忿懣止めることができなく、ついに爆発し、同治十二年（一八七三年）に至り、遂寧県の民衆は群起して教徒を殺し、今ここに江北（重慶の嘉陵江対岸にある旧江北県）事件が起こったのである」と述べている(7)。

一方、幕末から明治期にかけての日本においては、キリスト教は侵略的役割を発揮できなかった。日本の政治に付け入る隙が全くなかったからである。明治初年（一八七〇年から七二年まで）、長崎近郊でキリシタンを「邪宗門」として迫害する事件が起こった。明治政府は江戸幕府のキリシタン禁令の政策を引継ぎ、キリスト教徒を徹底的に弾圧したが、イギリス公使ハリー・パークス等の抗議を受け、キリスト教禁令は外国の政治介入を招くと考え、信仰の自由を与えた。

以後、キリスト教は横浜、札幌、熊本、岡山、静岡、東京など大都会を中心に急速に広まった。教会を組織し伝導する主体は日本人であり、中国のように神父や牧師が政治的活動と渾然一体となって布教するといったことは起きなかった。多くの都会の知識人が教会に入り、あるいは聖書を読みながら、欧米の近代文化を学んだのである。新渡戸稲造、新島襄、内村鑑三のような、敬虔なクリスチャンであると同時に特異なナショナリスト（「特異な」と形容するのは明治政府としばしば異なるスタンスにおいて、という意味）が多く生まれた。以後、日本のキリスト教は都会の学者、教師、知識人を中心にして広まり、信者の数も数十万を大きく越えることはなかった。今日、日本ではキリスト教勢力の政治的影響力は全くないが、キリスト教系の大学は極めて多い。

こうした歴史と状況から、日本においては、キリスト教は欧米の近代文化やキリスト教の博愛と平等の精神を伝達する役割を果たした、といえよう。国民国家としての形成が早く、急速に台頭したナショナリズムが、キリスト教と同伴でやってきた帝国主義、植民地主義の侵入を阻止したのである。これに反して、征服王朝であり専制帝国である「清朝中国」は、政治的近代化に敵対した。そのため中国は国民国家としての結集力が弱く、国内は満人と漢人の対立、貧富の対立、官民の対立が、幾重にも入り組み、折り重なって、国論は分裂し、敵対し合った。大衆ナショナリズムは、義和団のように屈折した呪術的・排外的な姿態で発現する以外になかった。その間隙を衝いて、キリスト教が侵略の役割をも果たすことになったのである。キリスト教が中国で侵略的役割を果たしたのは、第一に清朝中国の国内矛盾に原因がある。

三、清軍、義和団の戦闘能力は、どの程度のものであったか

八ヵ国聯合軍の侵入に対して、義和団と清朝軍はどのように戦ったのか。この問題をあえて提起するのは、八ヵ国聯合軍という近代的軍隊に対して、清朝軍と義和団のどちらが勇敢に且つ効果的に戦ったのか、またこの両者は軍事力や戦略戦術面においてどのような欠点や弱点をもっていたのか、こうした問題が必ずしも明確ではないからである。中国の研究者は愛国主義の立場から、義和団の勇敢な戦闘精神を称賛することに主眼を置き、清軍をも一定程度評価し、敗北を西太后や頑固派の驕り、無知無能、日和見主義に求めがちである。しかしこの問題を、天津戦役、北京戦役、公使館攻防戦を主力となって戦った日本軍と日本人はどのように見ていたのか。日本参謀本部主編『明治三十三年清国事変戦史』(8)によって検討してみる。

（一）清軍、義和団の全般的軍事能力について

「禁旅八旗ハ……単ニ門地ニ因リ禄ヲ食ム一種ノ遊民タルニ過スシテ、其ノ内只神機営及虎神営ノ二軍ノミ、僅ニ軍隊タルノ面目ヲ存ス」(9)。「全軍ヲ統一シ攻防作戦計画、出師準備、軍隊ノ編成等ヲ企画シテ、皇帝ヲ輔弼スル高等官衙ノ設ナシ」(10)。「清国将兵ノ悪弊沿習已ニ久シク、殆ド其ノ極ニ達シ、……無学無筆ノ者多ク……戦術書ハ七書荒唐無稽ナル三国志ニ過ズ……彼等ハ阿片ヲ喫スルヲ以テ、畢生ノ快楽ト為シ、全然国家的観念ヲ有セズ」(11)。「此ノ如キ将校ニ訓練セラレタル兵卒ハ、全ク風紀軍紀ナキ無頼漢ノ集合ニシテ……故ニ防御ニ在リテハ火器ノ威力ヲ逞フスルニ足ルモ、攻撃ニ価値ナキ兵ナリトス」(12)。「軍隊ノ教育ハ……数営連合、若クハ諸兵連合ノ教育ヲ為ササルヲ以テ、……武衛軍ト雖、攻撃軍、否ナ防勢軍ノ性能ヲモ充タスコト能ハサルナリ」(13)。「清軍ニハ輜重縦列、及兵站ノ編成等ナク、唯ダ一地ニ集積シタル糧秣・弾薬、若シクハ其地方ニ於テ徴収シタル糧秣ヲ用フルカ故ニ、戦勝モ追撃ニ移ルコト能ハス、是日清戦役、及本事変ニ於テ一地ノ攻略後、我軍ハ夥多ノ糧食・兵器・弾薬ヲ鹵獲スルコト常ナリシ所以ナリ」(14)。「此外北京ニハ禁旅八旗十万ナル世襲ノ兵アルモ、……其携フル兵器ハ弓・槍・刀及口装鉄砲等ニシテ、其訓練法モ全ク清国古代ノ法ニ由ル、……此兵モ北京ノ防禦及公使館ノ攻撃ニ加ハリ、攻防戦ニ力ヲ致シタリ」(15)。

要するに、日本軍の見るところ、清軍は日本の参謀本部のような全軍を指揮し統括する機関なく、将兵の能力も極めて低く、総てが前近代的であった。将兵には突撃する精神なく、また補給（輜重）体制がないので、組織的に前進或いは後退することができない。従って、戦闘・会戦に敗れると兵は散りぢりとなって逃げ、餓死するか匪賊になる以外に道はない、というのである。義和団については、近代軍隊の水準から見れば、烏合の衆であり、武器も古くて

見るべきほどのものはないと評している。

「其所謂団徒ナル者ハ地方ノ無頼漢、若クハ無智ノ郷民等随声附和シテ烏合ノ勢ヲ成セルモノニ過キス」、「其ノ携フル所ノ武器ハ、刀・槍・剣、若クハ古式ノ滑腔銃ニ過キスシテ観ルニ足ルモノ無シ」(16)。

（二）　天津戦役での清軍、義和団について

「（大沽西北砲台での戦闘）此戦闘ニ於テ清兵ハ能ク発射セシモ、其倉庫若クハ弾薬ノ掩蔽部ノ欠乏セシコトハ、致死ノ運命ヲ与へ、所々ニ於ケル自己ノ弾薬ノ破裂ハ、遂ニ抵抗シ得サルニ至ラシメタリ、敵ノ死屍七、八百ハ砲台内ニ横タワレリト云ウ」(17)（第二巻、頁九九）。近代的な砲台を持っていたが、その使用、運用ができず、自爆・自滅したと評している。

「（天津駅の攻防戦で、清軍は日本軍に中尉二名、少尉三名を含む一八名を戦死させるという大打撃を与えた）此敵ハ馬玉崑ノ親ラ統率スル武衛左軍中ノ歩砲六営ニシテ、此戦闘ニ於テ右路頭領記名総兵李大川、営官守備孫祥雲及遊撃蘇豁然等相前後シテ戦没シ……」(18)。近代的な武器を持っていた馬軍は、能く砲撃し、戦意も極めて高く、日本軍に大きな打撃を与えることができた。しかし、砲撃戦をやれば、総合的な戦略・戦術体制のない馬軍は、軍団ごとに戦わざるを得ず、馬軍の高級将校の多くが戦死するという大損害を受けたのである。

「（七月九日の聶士成軍と天津義和団の奮戦について）其首力ハ紀庄東方新河ノ線ニ拠リ頑強ナル抵抗ヲ為シ、且ツ刀・槍・剣ヲ携フル団匪ハ、其橋上ニ我ヲ迎撃スル……（日本軍ハ）之ヲ撃攘スルコト困難ナルヲ察シ、再ヒ黒牛城北方ニ退却シ」た。日本軍は退却の後、態勢を建て直し、「新河ヲ隔テテ敵ト対戦スルニ至ル、然レトモ敵ハ頑強ナル抵

抗ヲ為シ毫モ退却ノ色ナシ、此時中隊長武久三保三郎戦死ス、因テ第六中隊ハ全線着剣シテ橋梁ニ向ヒ突撃スルヤ、敵ハ刀・槍・剣等ヲ揮ヒツツ橋上ニ逆襲ヲ試ミ、暫時接戦ノ後無数ノ死傷者ヲ遺シ、大部分ハ西南唐店子ノ方面ニ退却シ、其一部ハ更ニ紀庄ニ拠リ、最後ノ抵抗ヲ試ントス」[19]。天津義和団は無数の死傷者を出して敗退したとはいえ、彼等が最も勇敢に戦った戦闘として、日本の公式な戦史に記録されることとなった。

「(七月九日の天津八里台の戦闘)当時、聶士成ハ八里台ニ在リテ敗兵ヲ督励シ、防戦ヲ勉メタリシカ、我砲弾ニ中リ即死シ、統領周玉和・姚良才其営官二名モ亦戦死ス、……競馬場及八里台付近ニ遺棄セシ敵ノ死屍ハ百名ニ下ラスシテ、死者ノ総数三五〇名ナリキ。又、紀庄付近ニ在リシ敵ハ若干ノ官兵ヲ混シタル団匪五〇〇名ヲ下ラヌ兵力ニシテ、彼等ノ携帯兵器多クハ清国在来ノ刀・槍・剣、若クハ前装銃ニシテ、皆取ルニ足ラサルモノナリシモ、能ク頑強ノ抵抗ヲ為シ、我兵ヲ苦シメタル勇気ハ称スルニ余リ有リ、彼等ハ我兵ノ射撃ノ為約二五〇名ヲ失ヒ、騎兵襲撃ノ為約一〇〇名ヲ失ヒ、自余ハ西南方ニ潰散シタルヲ以テ、再ヒ余力ヲ養フノ暇アラサリシカ如シ」、「明治三七、八年ノ役、牙山以来屢シハ我兵ト戦ヒ、武名ヲ轟カシ、清国ニ信頼セラレタル直隷提督聶士成、是日ノ戦ニ於テ戦死セシヲ以テ、大ニ彼ノ士気ヲ挫折シ、其後競馬場方面ニ向ヒ、活発ナル運動ヲ為スコト能ハスニ至レリ」[20]。『日本戦史』がこのような高い評価を与えたのは、聶士成ただ一人であった。

では、義和団の活動はどうであったか。天津城一帯の守備に就いていた義和団は約一万人と推定されている。彼らについて、「直隷総督ノ召募セル安衛軍、蘆勇、保衛軍、民団、及雁排槍隊等約二千アリ、而シテ、七月一四日、天津城占領後、壁上ノ死者中、無数ノ義和団、或ハ蘆勇、安衛等ノ標記アル衣服ヲ著セシ者アリシヨリ察スレハ、是等ノ諸兵モ亦戦闘ニ参加シタルナリ、義和団ハ紅黄衣、若クハ紅黄帯ヲ著ケ、其匪首ヲ曹福田、張徳成トイフ」[21]。この天津城の攻防戦において、義和団の一部は装備などの後れにも拘わらず、その精神において近代国民軍に近かったといえよう。国民軍とは、国のために死ぬ精神を持ち敢闘する軍隊である。『日本戦史』は、「義和団其他ハ刀、槍、剣、若クハ台銃、前装鉄砲等ヲ携ヘ兵器ノ威力ハ劣等ナルモ、其志気激昂シ頗ル強猛ナル抵抗ヲナセリ[22]」と、高く評している。同書は、最後に天津戦役を総括して、「天津付近一帯殊ニ天津城ニ於ケル、官兵及義和団ノ陥落ニ至ル迄頑強ナル抵抗ヲ為シ、列国軍ニ大ナル損害ヲ与ヘ、且之ヲ苦シメタルハ、実ニ予想外ニシテ、敵ナガラ感嘆ニ余アリ、蓋シ此ノ如キ抵抗ハ、明治二十七八年ノ日清戦役ニ於テモ未タ見サリシ所ナリトス[23]」と、高く評価している。

（三）　北京戦役での清軍、義和団について

列国軍が北京に向かう途中の激戦は、北倉戦であった。清軍は武衛前軍・左軍の合計二八営と練軍・淮軍の合計一五営、総数一万五千、砲二〇門であった。この他、「団匪少ナクモ、三、四千人此戦闘ニ参与シタルモ、殆ド戦闘力ナキヲ以テ之ヲ計算セス、殊ニ其首領張徳成ハ天津ヨリ西方ニ退却中、七月二七日独流鎮ノ西ニ於テ土民ヨリ撃殺セラレタルヲ以テ、全団ノ志気振ハズ[24]」と『日本戦史』はいう。もはやこの段階では、義和団の戦闘能力はほとんどゼロと見なされている。北京に白河右岸から進撃する日・英・米の軍は一万三二二〇人、砲五四門あり、白河左岸から進撃する露・仏・独の軍は四八五四人、砲二八門であった。清軍は砲数で全く劣勢であった。清軍は砲撃中心の会戦を実施する能力を全く持っていなかった。また、当時、清軍兵士の戦闘能力は、連合国兵士の半分と見なされていたから、兵力でも実質的には半分以下に過ぎなかった。北倉戦での日本軍の損害は戦死五〇名、内将校一名であり、他の連合国には人的損害は殆んど無かった。以後、楊村、南蔡村の戦いと続くが、清軍の総司令官裕禄が責任をとって自決するや、ここに清軍の組織的抵抗は終了し、列国軍による北京総攻撃となる。

八月一四日、連合軍は砲一一三門、兵一万四千を以って北京を攻撃した。内、日本軍は七二〇〇、野砲一八門、山砲三六門であった。本来、北京には約四万の清軍・義和団が結集していると思われたが、実際には外城の防衛軍は居らず、紫禁城の守備兵は約二千の神機営・虎神営の兵だけであった。北京の義和団の総数と軍事力については、「其数約一万に達シタルモノノ如シ、但此等団匪ハ烏合ノ衆ニシテ鉄砲ヲ有セス、訓練モ無ク、其戦闘力ハ固ヨリ論スルニ足ラサルモノトス」(25)と、義和団の兵力は全く問題外と見なされていた。

北京城には、堅牢な東直門・朝陽門には、両門ともに清兵四〇〇、砲三門ほどの守備隊がいたが、これを日本軍の砲兵が砲撃し、夜間工兵が城門を爆破して城内に突入した。両門一帯に清軍の兵の死体三〇〇ほどを見た。清兵の多くは八旗兵であったが、それに幾らかの義和団が混じっていた。突入した日本兵は、日本軍の戦死者は八名、負傷者は三三名であった(26)。清軍は北京城攻防戦でどうして簡単に敗北したのか。『日本戦史』は、次のように指摘している。「東直門内ナル機器局ニハ、新式の速射砲数多アリシモ、……結合法ヲ記スル書籍ヲ散乱シタル促、之ヲ使用セスシテ敗退シ」、「(東直・朝陽ノ二門付近ニ)台槍、旧式砲、槍刀ノ如キ旧式武器多ク散乱セルニ反シ、新式ノ鉄砲ハ皆城内ニ格納シタル促、我軍ノ所領ニ帰シタルコトキハ、其防禦準備ノ不整頓亦甚シト謂フヘシ」、「城門ノ守備破ルルヤ、之カ守禦ニ任スル八旗兵ハ、飽ク迄抵抗シテ陣没スル者極メテ多ク、(其ノ死体ノ総数ハ)二〇〇〇ヲ越ユルカ如シ」(27)と評している。兵士の士気も高く、また近代的な高性能の兵器を多数購入しながら、清軍はその使用方法を知らず、新品のまま日本軍に捕獲されたのである。これが、北京城が簡単に陥落した原因であった。

以上、『日本戦史』に拠って、天津戦役から北京戦役に至る、清軍と義和団の軍事能力を見てきた。それによると、将官クラスから一般兵士、義和団員に至るまで、その戦闘能力は日清戦争に比較すれば格段の進歩を遂げていた。しかし、近代軍隊に必要な指揮・命令体制が出来ておらず、一時的に大砲や速射砲に頼っても歩兵の突撃精神が無かったこと、また天津義和団は極めて勇敢ではあったが、八ヵ国連合軍のような近代的火砲を沢山持っている軍隊に到底勝てる力は無かったこと、特に城内や入り組んだ地形の場所においては義和団のゲリラ的戦法はしばしば効果を発揮したが、平地の会戦や組織的・持続的な戦闘を戦い抜く能力は全く無かったこと、等々のことが判明した。しかし、日清戦争当時に比較すれば、義和団は戦闘精神は大いに高まっており、義和団運動は中国における素朴な民衆を主体とする原初的ナショナリズムを示すものであったといえよう。

（四）日本人は、何故に明治の軍人柴五郎（北京公使館付武官）、福島安正（日本軍臨時派遣隊司令官）等の敢闘精神、武人魂に郷愁を覚えるのか

中国人から見れば、この二人の日本人は日本の侵略軍の頭目と言うことになろう。しかし、日本人から見れば必ずしもそうではない。むしろ極めて勇敢、有能、厳正、且つ廉潔の武人と言うことになるであろう。今の日本人の多くは、この明治から大正にかけて活躍した二人の軍人の名前さえ知らない。少なくとも、私の勤務している大学の学生一万五千人の大部分はそうである。しかし、完全に忘れ去られたわけではない。

柴五郎に就いては、一九九〇年の義和団学術討論会で簡単に紹介したが、ウッドハウス・瑛子著『北京燃ゆ……義和団事件とモリソン』[28]にも、北京公使館の攻防戦の際における柴五郎の活躍が詳しく紹介されている。この書には、公使館が五五日間もの包囲にも拘らず陥落せず、大虐殺を免れた最大の功績を柴五郎（公使館付武官、砲兵中佐。仏・英・中の三ヵ国語に堪能であった）に与えたモリソン等、多くの欧米人の証言が紹介されている。

また、当時公使館内にいて防衛戦を戦ったイギリス人ウイール[29]の著書『北京籠城』は、「彼ら（日本公使館内の日本兵）は、その指揮官として異常な人物、公使館付陸軍武官Ｓ――中佐を持つのである。彼は多くの日本人がそうであ

るように、無恰好で硬ばった脚つきはしているが、しかし非常に真摯であり、何をなし得るか、またなし得べからざるかを、すでに充分に理解している。長時間捜し廻ったあげく、私は初めて統制の実証を発見した。この小柄の人物は実に静かに働きつつ、すべての事物を秩序立てて行った。……彼がなすべきあらゆることを、事実においてなしつつある。すでに私はこの小男に大なる敬意を表している。やがて私は彼の奴隷になるかも知れぬとさえ感ずるのである」(30)と、柴五郎に最大限の賛辞を贈っているのである。仮に、事実上、北京列国公使館の防衛戦の総指揮官となった柴五郎と日本兵の奮戦が無く、列国公使館が陥落し、約三〇〇〇名の中国人キリスト教徒と外国人が皆殺しに会っていたならば、あの野蛮な八ヵ国聯合軍によってどれほどの報復が清国に対して為されたかは想像に絶するものがある。柴五郎は中国人キリスト教徒三〇〇〇人を公使館にかくまう上にも多大なる尽力をなした。

また、柴五郎と福島安正は、紫禁城内に侵入して清朝の財宝を略奪しようとするロシア軍の野望を砕いた。最近、日本で柴五郎に関する伝記が、村上兵衛著『守城の人』(31)として発刊された。この書は、柴に関する最も詳しい伝記である。

さて、一〇年前には柴五郎を紹介したので、今回は福島安正を主に取り上げて、日本の明治軍人の特異な性格を分析したい。一九〇〇年夏、北京で公使館包囲が始まると、少将であった福島は陸軍大臣桂太郎に呼ばれ、臨時派遣隊の司令官に任命された。そして「子は列国に保険料を支払ハんが為に赴くなり。宜しく往て戦死すべし。子が小枝隊を率いて敗滅するとも将来日本に対して偉大の功たるを失ハさるべし」と命じられた。福島は三五〇〇の臨時派遣軍をもって天津城南門を打ち破り、また聶士成軍をも壊滅させた。北京に向かう途中、第五師団が到着するとその参謀総長になり、北京陥落の後には、日本代表として列国司令官会議に出席した。

まず、彼の略歴を紹介する。一八五二年、信州松本藩の下級武士の子に生まれ、一三歳で江戸に派遣されて兵学を学び、明治維新後、東京に上り大学南校で英語を学んだ。一八七三年、司法省の英語翻訳官となり、翌年陸軍の参謀局に勤務した。七六年、西郷従道のアメリカ視察に随行、七七年西南戦争に従軍し山県有朋の部下となり、二五歳で陸軍中尉に任ぜられ、参謀本部長山県有朋中将の渉外専従の部下となった。一八七九年七月〜一二月にかけて第一回の清国の華北偵察旅行、八二年九月から一二月まで第二回目の華北偵察旅行を行った。同年朝鮮にも偵察旅行を行った。次いで八二年から八三年にかけての一年八ヵ月間は北京公使館付武官となり、この間『清国兵制類編』（全六五巻）、『隣邦兵備略』（第三版）を完成している。

八六年三月から九月の間にビルマに潜入、ついでインドのガンジス川を遡り、インダス川に出てカイバル峠を越えてカラチに到った。更にインド半島の南部を偵察するためにデカン高原を東西に二往復した。約半年に渡るイギリスのインド支配の調査旅行であった。それまで福島は英語、フランス語、中国語をマスターしていたが、更にドイツ語を学び、一八八七年にドイツ駐在武官としてベルリンに赴任した。以後ヨーロッパ滞在の五年間にバルカン半島を含む全ヨーロッパを視察した。

次いで、ロシア語をマスターして、一八九二年二月、帰国に際して単騎でロシアを偵察して、ロシアの状況とロシアの東アジア進出の実態を偵察することにした。彼はベルリン、ワルシャワ、ペテルスブルグ、モスクワ、カザン等を経、継いでウラル山脈を越えて蒙古、シベリア、満州を偵察して、終点のウラジオストックに一八九三年の六月に到着した。走破距離一万四〇〇〇キロ、所要日数四八八日であった。これは情報将校として、帝政ロシアのアジア進出を偵察することを目的とする旅であったが、日本など問題にもしていなかったロシア貴族出身の将校たちは、行く先々で大いに福島を歓待したと言う。しかし、単騎遠征中は命を落しそうな危険や様々な辛酸をなめ、やっとのことでユーラシア大陸の西から東までの単騎走破に成功したので、勇敢且つ沈着の日本帝国軍人の鏡として、その名声は内外に喧伝された。

福島安正に関する資料には、『福島将軍遺績』[32]、『中央アジアよりアラビアへ（福島将軍遺績続）』[33]、『福島将軍大陸征旅詩集』[34]等があり、最近では豊田穣著『福島安正』[35]なる伝記が出版されている。

なお、ベルリン時代の福島安正大尉はベルリンの日本公使館の武官であったが、その任務の一つは、森鷗外などドイツに滞在中の日本人留学生の風紀関係の取り締まりであったという[36]（植木哲『新説　森鷗外の恋人エリス』一〇一〜一〇五頁、新潮選書、二〇〇〇年四月）。

明治の軍人、とりわけ情報将校は、日本国家にとって最大の脅威と考えた大清帝国とロシア帝国を徹底的に調査研究することを使命と考えていた。柴五郎も同じである。柴は一八八八年、北京における『兵要地誌』作成の任務が終了して帰国する時、同年の一月下旬から四月中旬にかけて、中国人の従者一人を伴って馬や馬車に乗り継いで、天津—奉天—鳳凰城—九連城へ、それから鴨緑江を渡って朝鮮半島に入り、義州—平壌—開城—仁川—漢城—釜山へと、実に約二八〇〇キロの偵察旅行を行っている。厳寒の満州と朝鮮を中国人の従者一人を伴って旅することは、将に死を賭した冒険だと言っても過言でなかろう。こうした多くの軍人の苦闘の頂点に、福島の「ユーラシア大陸単騎遠征」もまた実行されたのである。一九〇〇年の夏、柴は北京公使館の中におり、福島は公使館包囲を解くため日本軍先遣隊の司令官に任ぜられ、両者は北京で再会することとなる。

福島は清国から帰国したばかりであったが、語学力において、軍事知識において、世界知識において、列国軍の司令官達に絶対にひけを取らない人物として、陸軍大臣桂太郎から派遣を命ぜられたのである。ここに日本人は初めて白色人種だけの列強欧米諸国に引けを取らぬ活躍が出来るか、ロシア帝国の脅威に対抗するための「保険」をイギリス、アメリカが日本に「掛ける」ことが出来るか、まさにそうした課題が福島と柴には課せられたのである。従って、福島と柴は日本軍の秩序を厳正にし、戦争中とその後の占領下の北京でむやみな殺戮をしないように努力をした。また、北京占領後の列国司令官会議で、福島はロシア軍の紫禁城や景山宮への侵入や略奪を阻止するよう最大の努力を行って、それには成功した。

しかし、日本軍の公式な「略奪」（日本の戦史では「分捕り」という）は、連合国の中で最大であった。天津で馬蹄銀一二〇万両、北京で馬蹄銀二九一万四八〇〇両、玄米三二万石、という巨額な銀と玄米を「分捕った」のである。北京での銀塊は、桂太郎の命令により、二一万四〇〇〇両を北清の経費に当て、残りは総て日本に搬送した。玄米は紫禁城内の清国人や日本軍管轄区域の貧民救済、鉄道修理の人夫の糧食などに消費した。ではどうして、このような大量の銀塊、玄米を日本軍が入手できたのか。それは福島など日本の情報将校が、北京時代に北京の地理や官衙・倉庫などの重要施設の所在地を手に取るように熟知していたからであり、また日本軍が天津、北京攻撃の主役であり、「分捕り」に多くの将兵をいち早く動員できたからであると考える。福島など日本軍の将校は、「分捕り」競争においても、欧米白色人種以上の能力を発揮することは、略奪行為であるどころか、日本帝国軍人の誉れと考えたに相違ない。日本人の優秀さを、どの点においても白人に示すことが必要であり、そうしてこそロシアを牽制し、「日本買い」の市場を作り出せるのである。こうした所まで分析することなく、ただ「日本侵略軍は、中国において殺戮と略奪の限りを尽くした」と道徳的に非難してこと足れりとすることに反対である。こうした歴史的評価は、アジア、アフリカ等に民族解放、民族独立闘争が一般化し、第三世界の解放と人道主義が正義となった二〇世紀後半の評価なのである。一九〇〇年の義和団戦争は、弱肉強食の帝国主義全盛期の戦争であった。福島や柴は、明治国家に忠誠を誓い、欧米列強と競争する使命を国家から与えられて、この戦争に武人の誇りと名誉を懸けたのである。こうした特異なナショナリストの権化のような武人がどうして明治国家に多数生まれてきたのか、その起源を歴史的に解明することが大切であって、ただどちらも野蛮な侵略者に過ぎない等と道徳的に非難するのは、歴史学的ではない。「歴史の後知恵」に拠って、自己の正義を主張し証拠だてることは偽瞞である。歴史は正邪を判定するイデオロギーではなく、その所以、起源、時代の特徴、因果関係等々を時間の中で解き明かし、理解可能なものにする学問である。理解し得て、初めて正しく反省することができるのである。

また、次のような福島の行為も、あえて書いておきたいと思う。北京陥落後、しばらく紫禁城内に数百の義和団残党が隠れていた。ロシア代表は列国代表者会議で、日本軍が紫禁城の四門のうち三門を占領していることに反対し、各国に一門ずつ分け、城内の残匪掃討のために城内に進攻すべきである、と主張した。紫禁城内の金銀財宝の略奪が目的だった。福島は、会議の席上で激しく反対し、残る一門を占領しているアメリカと共に、如何なる国の兵も城内に入ることを禁止していると主張した。村上兵衛は前掲『守城の人』の中で、「もし、四門の占領にロシアやイギリスが割り込んでいたなら、今日、北京の紫禁城と台北の故宮博物館にある世界的に重要な財宝が、盛大な掠奪にあって四散していたであろうことは、ほとんど確実である[37]」と言っている。ウッドハウス・暎子は、前掲『北京燃ゆ』の中で、「皇城は北京陥落の際も、損害をこうむらずに済んだ。降伏したからである。清廷が脱出した後、城内にいた約二千の清兵は白旗を掲げたが、これは降伏を説得した川島浪速の手柄とされている。彼は無血開城の功績を感謝されて粛親王と義兄弟の約束をかわし、親王の第一四王女（後の川島芳子）を養女として託された、との話は有名である[38]」と書いている。これは、福島が清軍に顔の利く川島に説得を依頼したものと想像される。福島と川島は、同じ信州松本藩の出身で、青年時代からの知り合いだったからである。後、川島芳子は、この二人の故郷の松本高等女学校で学ぶことになる。

福島は信州の六万石の小さな松本藩の下級武士の子、柴五郎は官軍に背いた「逆賊」会津藩の悲劇の武士の子、二人ともバックは何も無く、軍隊でも情報将校であって、師団を指揮し命令する権限は無い。第五師団（長州閥の師団）が北京に到着してから後の、いわゆる「馬蹄銀事件」に彼らは責任を負う立場にはない。問題は、福島や柴のような明治国家の為に無我の献身をする軍人が、どうしてかくも多く誕生したかという点にある。いったい彼らをかくも明治国家の為に献身させた動機は何であったのか、死を賭して対外情報活動を展開するエートスは何処から生まれてきたのか。

この問題には、一応次のように答えておきたい。明治維新の唯一のスローガンは「尊王攘夷」であり、自由・平等・友愛・民主などの近代的価値の実現ではなかった。天皇を頂く統一日本の体制を築き、外国の侵入を打ち払う、これが目的であった。明治維新は、対外的危機感が最大限にまで膨張した西南雄藩の下級武士、郷士、豪農層の「民族的危機意識」をテコにして行われたものであり、従って明治国家は、その初発から「強兵富国」を本質にする軍事的国家として出発したのである。もちろん、近代国家として展開するためには、封建体制を徹底的に廃絶しなければならず、武士階級はその特権を失った。忠誠と名誉だけを拠りどころとする武士階級は、自己の名誉と尊厳を保証する忠誠の対象である「藩主＝藩体制」を失った。池上英子著『名誉と順応―サムライ精神の歴史社会学―』(39)の主張を下敷きにして云えば、中世に暴力を独占して支配階級となったサムライ階級は、その暴力を主君に対する忠誠心の中に、腹切りに拠って守り抜く名誉心の中に、昇華或いは飼いならしてきた。江戸時代三〇〇年間はほとんど戦いはなく、武士の暴力独占は腰に差す二本の刀に「象徴」されていたに過ぎなかった。

しかし、明治維新によって封建領主体制は崩壊し、天皇を唯一の国家統合の権威とする近代国民国家が誕生した。支配階級としての特権と忠誠心の拠りどころを失った元サムライ階級は、忠誠心を天皇に一極集中し、また政界、官界、軍界のエリート層をほぼ独占した。元サムライ階級（士族）の失われた名誉心と忠誠心は、明治国家の中で、ある側面では旧に倍して拡大或いは純粋化されたのである。つまり、柴五郎のような「逆賊」会津藩の武士の子も、福島安正のような信州小藩の下級武士の子も、明治国家の軍人エリートとして、その才能を充分に発揮し、世界に雄飛することが可能となったのである。そして、近代国家の軍事力の中に、「封建道徳として様式化され、閉じ込められてきたサムライの暴力」が解き放されたのである。しかし、まだ柴や福島の段階では、「サムライの言葉や行為から現われてくる名誉の最も印象深い主題は、最悪の状況のなかでも深い個人意識を保持しようとする彼らの奮闘ぶりに具現されていた。サムライ文化の人を惹きつけてやまぬ特質は、そのバイタリテイをこの名誉の心情の内的深みから引き出していたことにある」[40]といった、サムライの名誉個人主義は生きていた。しかし、明治国家の軍隊は原則として国民軍であり、明治初年の将校は大部分が士族であり、そして明治時代を通じて高級将校の大部分が士族であったにしても、急速に各階層の出身者が軍の上層に食い込んでいった。また、それに比例して、サムライの名誉の精神文化はなし崩し的に消滅し、昭和に入ると、「武士道」なる仮面を着けた剥き出しの暴力が全面的に解き放たれていくのである。太平洋戦争末期になると、暴力は特別攻撃隊や南方諸島の守備隊に見られたように、自爆、玉砕、自決といった「自己破壊」を唯一の目的にするところにまで行き着き、徹底的に形式化し、歴史的品格を喪失した。だからこそ、サムライの名誉心、品位、個人主義がまだ生きていた明治の武人である柴五郎や福島安正などに、日本人は真正な武人の姿を発見して郷愁を感じるのである。

(五) 中国近代の大衆ナショナリズムは、何故に夷狄と内部の敵に対する熱狂的排外主義の形態で現れるのか

義和団運動が、中国民衆の原初的ナショナリズムの発現であったことは多くの研究者が認めることである。しかし、

根本問題は残る。つまり、義和団運動が外国の器物や外国人（洋鬼子）に対する全面的且つ徹底的な排外運動として展開し、しかも直接的には同じ中国人であるキリスト教信者を「二毛子」として攻撃するという形態で展開したのは何故か、という問題は依然として残っている。中国のナショナリズムには、国民党の政治や共産主義運動を含めて、内部に敵、つまり、外国の手先、帝国主義の回し者、売国奴、漢奸、ニセ毛唐を発見・設定して、それ等に対する「報復運動、駆除運動」をバネとして展開してゆくという特徴がある。こうしたナショナリズムの特質を理解するためには、中国民衆の政治文化や民衆の政治的・社会的な深層心理の分析、それにこの深層心理を形成してきた歴史過程の分析が必要である。以下に私の仮説を提示してみたい。

中国では長い間、総ての権利と権威が皇帝に集中し、総てが皇帝の権力から発する専制主義体制が続いた。この専制主義の元で、民衆は古来、現存の天子の対極に「真命天子出現」、「弥勒仏降誕」というメシア的革命思想を生み出した。つまり、民衆は政治世界に舞い上がるためには、我等の「真命天子」を創出する他なかった。なぜなら、始皇帝の帝政開始以後、民衆は圧倒的な専制によって、政治から独立した「社会」を形成することが不可能であった。そこで民衆は五斗米道とか太平道といった宗教的教団を作るか、血族の結集を図るか、或いは宋代以後近現代に至るまで「会道門」、「邪教」、「秘密結社」を大規模にまた濃密に組織して、彼ら特有の「反社会」的社会、または「半社会」的社会を形成する以外になかった。そして清中期以後、嘉慶白蓮教の反乱、太平天国、義和団運動などを起こして政治世界に舞い上がる実力を持つに至った。しかしここでも、新王朝樹立か、それとも現王朝の打倒かという二者択一の構造に変化はなかった。

彼らが作った専制主義下の「社会」においては、個人の権利、自立・自尊といった近代的個人主義、近代的権利・義務意識を形成することは困難であった。貧しき大衆の革命・起義・反乱の起爆剤になるのは、専制体制の下で蓄積された恐怖、怨恨、羨望、復讐といった大衆の被害者意識＝劣等意識からの自己救済、自己解放の願望であった。そこに、民衆の政治世界への越境の契機とエネルギーの源泉があった。大衆の被害者意識や劣等意識、つまり大災害の到来、刀槍兵火の災いの到来などによる終末感は、聖なる帝王の世界への旅立ち、新しい世界での栄達によって癒され救われる。これが中国民衆の皇権主義といわれるものの実態である。こうした民衆意識の回路が民衆運動の構造であり、エネルギーであり、それがマグマとなって「真命天子幻想」、「弥勒仏降臨幻想」という噴火口から、天に向かって吹き上がっていくのである。エネルギーが放出され、マグマが無くなれば運動は終わる。嘉慶白蓮教の反乱、太平天国の樹立、義和団運動などは、終わってみれば遺された社会的、思想的、宗教的な成果や後世への社会的、文化的な影響力、持続力はほとんどない。文化大革命も、同じ中国人の一割か二割の人に「黒五類、現行反革命分子、資産階級右派分子」等々の無数のレッテルを貼って、彼らに対し暴力を縦にした。暴君の下における民衆は暴君以上の暴君になる、と言った古人の名言が思い出される。

中国にはいま一つ、民衆の政治文化を形成している構造がある。「真命天子幻想」を縦軸とすると、「華夷思想」（中華世界――対――夷狄世界）なる横軸の政治文化である。過去千年間の中国王朝史をみると、西戎・北狄が建てた遼朝、金朝、元朝、清朝の四つの征服王朝が、中華民族の上に君臨した歴史がある。とりわけ最後の清朝の約三〇〇年間が中華思想に与えた影響は、これまでの中華と夷狄という華夷思想を逆転する決定的なものとなった。中華が夷狄になり、夷狄が中華・天朝に逆転したのである。この千年近くをみただけでも、小は西夏・遼、大は金・元・清と征服王朝が次々と中華世界に君臨している。ここから夷狄こそが中華ではないか、中華は夷狄によって発展したのではないか、夷狄の中にも中華があるのではないか、夷狄も漢民族以上の能力を持っているのではないか、こうした思想的混乱と混迷の中で朱子学の正統思想は揺らぎ、中華民族の優位性を否定するような、伝統的中華思想の危機の時代がやってきたのである。アヘン戦争以後、夷狄から逆転した「中華＝清朝」よりも、より一層強力な欧米帝国主義という「夷狄＝洋鬼」が戦いの度に中華を破り上位に立ったのである。これは華夷思想に大打撃を与え、中国人に大きなトラウマとなった。

そこでアヘン戦争以後、革命派は「滅満興漢、駆除韃虜、恢復中華」、こうしたスローガンを提起して中華民族の主体意識をとりもどし、国民国家の凝集力たらしめようとしたが、何百年間も続いた征服王朝がもたらした華夷思想の混乱、衰退、破壊は凄まじく、中華民族のトラウマは克服できなかった。このトラウマ、この傷ついた中華意識の故に、中国の近代・現代の民衆政治運動は、民族的困難に直面した時、内部に「夷狄」を設定し、或いは真の夷狄の「回し者」を発見し、それに対する攻撃をバネ、テコとして中華民族の再建を図ろうとするのである。義和団の場合は、「二毛子」＝中国人教民がそれである。中華民国時代は「共匪」であり、毛沢東時代の中国では「漢奸」である。専制主義によって何時も正確な情報を与えられないという長い歴史をもつ中国では、民衆の精神世界は「呪術の園」という側面もまた濃厚に持っていた。義和団運動に中華の英雄諸神が復活再生し、それらが憑依した民衆が大活躍したりする。そのため民衆は真の敵を知らず、わが内なる敵＝中国教民を悪魔に見立てて、そこに突撃する。内部の敵を攻撃して栄光の中華世界を回復し、民俗諸神を再生して前記した如き精神のトラウマから脱出しようとする。

義和団以外でも、民衆のナショナリズムの運動が分裂し抗争を始める時、互いに相手を二毛子、AB団、漢奸、反革命分子、地方民族主義者、分裂主義者、○○匪とかに規定し、徹底的な攻撃を加える。こうした現代にまで残存する政治文化は、二重、三重に捩じれ逆転を繰り返してきた「華夷思想」の特異な歴史的推移と、アヘン戦争以降の半植民地の歴史と、それらから形成された大きな精神のトラウマからきているのである。

義和団は、光緒皇帝が国を売り洋鬼の手先になったとし、現皇帝を否定した。では何処に真命天子がいるのか。光緒帝は偽天子となり、中国には皇帝が居なくなった。孫文は一八九四年ハワイで興中会を、一九〇五年日本の東京で中国同盟会を、一九一四年東京で中華革命党を結成し、外国（洋鬼）を頼み、外国を足場にして革命を推し進めた。彼が興中会を創建した頃、「駆除韃虜、恢復中華」などのスローガンを掲げて清朝・満州族勢力を打倒しようとした。しかし北方の義和団は、一八九八年頃から「扶清滅洋」を掲げて天子なき清朝を抱きかかえ、洋鬼を攻撃して熱狂的排外主義の道を歩んだのである。ここには、中華思想の明らかな分裂、捩じれ、転倒がある。両運動とも中国ナショナリズムの発現であったが、その位相を全く異にしている。アヘン戦争以後、中国人の愛国心は、「義和団情緒」とともに歩むことになった。

一九世紀後半から、「天子・天朝・中華・帝国」という伝統的政治文化を支える四本柱とその整合性に大きな異変が起こり、中華思想に回復不可能なほどの亀裂が生まれた。民国時代の混乱と闘争は、伝統的な帝国体制とその政治文化に代わるべきものを求める悪戦苦闘の表われであった。この混乱に付け込んで日本や列強の侵略勢力が植民地化を推し進めたので中国の苦闘は倍化したが、中国のナショナリズムは共産党の革命方式で進められ、アヘン戦争以来の半植民地状態に終止符が打たれることとなった。

以上、義和団運動とキリスト教との関係の問題、義和団・清軍の戦闘能力に関する問題、また、八ヵ国連合国中の日本軍人の特殊性の問題、更に義和団運動に典型的に表われた中国近現代の政治文化の特質及び構造的変化についての問題、これら四つの問題を提出し、それに対する私の解答を提出した。

註

（1）　中国の義和団討論会に提出した論文には、このように断定して書いたが、日本には日中戦争から太平洋戦争に至る間に天皇制ファシズムが荒れ狂っていた時代があったことを記さねばならなかったと思う。しかし、これは民衆の下からのファシズム運動ではない。

（2）これにキリスト教が韓国・朝鮮で果たした役割を加えて、三国の比較史的研究をすれば興味深いと思うが、今後の課題に残す。

（3）Young John Allen 漢名は林楽知、一八六〇年にアメリカのメソデスト派の宣教師として中国に来た。

（4）「キリスト教は中国に有益なり」（『中東戦記本末』初編、八巻、一八九五年）。

（5）Timothy Richard、イギリスのバプティスト派の宣教師、漢名は李提摩太。

（6）深沢秀男『中国の近代化とキリスト教』新教出版社、二〇〇〇年、一八六～二三四頁を参照。

（7）『栈雲峽雨日記』（伊原澤周『日本と中国における西洋文化摂取論』汲古書院、一九九九年、一一二頁より転載）。

（8）日本参謀本部主編、編纂委員長福嶋安正『明治三十三年清国事変戦史』博文館発売、明治三七年。

（9）同右、第一巻、九五頁。

（10）同右、第一巻、九五頁。

（11）同右、第一巻、一〇〇頁。

（12）同右、第一巻、一〇〇、一〇一頁。

（13）同右。

（14）同右、第一巻、一〇二頁。

（15）同右。

（16）同右、第一巻、一一一～一一六頁。

（17）同右、第二巻、九九頁。

（18）同右、第二巻、一四七頁。

（19）同右、第二巻、一八七、一八八頁。

(20) 同右、第二巻、一九五、一九六頁。
(21) 同右、第二巻、二四四頁。
(22) 同右。
(23) 同右、第二巻、二四五頁。
(24) 同右、第三巻、一六四頁。
(25) 同右、第四巻、二四、二五頁。
(26) 同右、第四巻、五二頁。
(27) 同右、第九九、一〇〇頁。
(28) ウッドハウス・瑛子『北京燃ゆ—義和団事件とモリソン』東洋経済新報社、一九八九年。
(29) ウイールの本名は、バートラム・レノックス・シンプソン。彼の著書は『北京籠城』(清見陸郎訳、生活社、昭和一八年。原書は一九〇六年出版)。
(30) 同右。一七二、一七三頁。
(31) 村上兵衛『守城の人』光人社、一九九四年。
(32) 大田阿山編『福嶋将軍遺績』東亜会、昭和一六年。
(33) 大田阿山編『中央アジアよりアラビアへ』(福嶋将軍遺績続)、東亜協会、昭和一八年。
(34) 大田阿山編『福嶋将軍大陸征旅詩集』東亜協会、昭和一四年。
(35) 豊田穣『福嶋安正』講談社、一九九三年。
(36) 植木哲『新説　鷗外の恋人エリス』(新潮社、二〇〇〇年、一〇一〜一〇五頁)、島貫重節『福嶋安正と単騎シベリア横断』(原書房、昭和五四年、下巻一三七頁以下)に、ベルリン駐在武官時代の福島に関する記述がある。
(37) 村上、前掲書、五五八、五五九頁。
(38) ウッドハウス、前掲書、二三六、二三七頁。

(39) 池上英子『名誉と順応―サムライ精神の歴史社会学―』ＮＴＴ出版、二〇〇〇年。
(40) 同右、三六二頁。

附記

この論文は、二〇〇〇年一〇月に山東省斉南で挙行された「義和団運動百周年記念国際学術討論会」で報告したものを、論点は変えずに改めて書きなおしたものである。この論文の骨子を全体会議で報告した際、会場にいた中国の義和団研究者から、日本軍の侵略を美化していると批判を受けた。会場から一斉に同調の拍手が起こった。討論会全体を通じて、最大の盛り上がりの瞬間であった。私は、拍手した方々は私の著書『義和団戦争と明治国家』（汲古書院、一九八六年）を読んだことがあるのかと疑問を呈し、またこの著書は日本共産党の機関紙『赤旗』の記事で、日本軍の侵略行為を詳しく明らかにしたものと評価されたこともある云々などと答えた。もっと本質的なことを言うべきであったが、つい遠慮してしまった。

中国人学者が不快感をもったのは、私は報告の中で、福島安正、柴五郎の「サムライ」精神を詳しく紹介し、部分的善行、例えば彼らが、他の聯合軍兵士が紫禁城に侵入して暴行掠奪をしようと言うのを未然に防いだこと等を紹介したためだった。また清軍や義和団には近代戦争を遂行する能力も軍事力もなかったと言い、また近代中国人のトラウマ（精神的外傷）の問題、つまり征服王朝である清朝体制下における漢民族の愛国と「駆除韃虜、回復中華」を叫んだ孫文の辛亥革命における愛国、それに人民中国における「万国の労働者、団結せよ」と叫ぶ共産主義者の愛国の、この三つの「愛国」は論理的には互いに「転倒」しているという問題を提起したのであった。レーニンは、日露戦争でのロシアの敗北を「敗北を内乱に転化せよ」と言い、帝政ロシアの日本への敗北を評価して、敗北した帝政ロシアを転覆することは、プロレタリアートの真の愛国であると主張した。十把一絡げにして、外国と戦えば愛国だといった論調は単純すぎるのではないか、と言うのが私の真意であった。

こうした私の発表内容が中国人参加者の愛国心を大いに傷つけたものと想像される。

私は、一国主義的な民族主義的な歴史学を克服するためには、互いに相手国の内面的契機、主体的条件にも切り込み、互いに論争し真の理解に至る、という弁証法的な関係を構築すべきだと考える。例えば、アヘン戦争でイギリスを非難するばかりでなく、アヘンを吸引した中国人の主体的、国内的条件をも解明する必要があるというように問題を提出する。魯迅が「絶望の虚妄なるは希望にあい同じい」と言ったそうだが、自らその絶望の深さを覗き込むことも必要だと思うのである。

日本人がそのようなことを言うのは失礼であり、侵略国の歴史家にその資格はない等と言う人が、中国にも日本にもいるならば、私はこう反論したいと思う。私は日本という国や、日本人という人々の利害を代表して発言しているのではない、私は日本はもちろん、特定の国家や民族に雇われてその利益を弁護し擁護するために歴史と歴史学を学んでいるのではない、強いて言えばただ自分だけを代表し、ただ自分だけの責任で話しているに過ぎないのだ、と。佐々木潤之介氏は生前、歴史家はそれぞれが独りで屋台を車に積んで商売をしているようなものだ、と私に言ったことがある。けだし至言である。歴史家の仕事を国と民族の名前で判断するのは愚かなことである。しかし、残念ながら国益の代弁者になっている学者は日本にも多い。

しかし、近現代史における国際関係は、日本の小泉首相の靖国神社参拝問題に見られるように、まだ傷口から血が流れている問題である。侵略国だった国の国籍を持つ人間が、被害者になった国の人々の面前で、その国の国内条件や主体の問題を提起するのは極めて難しい。しかし、特に国際的な学術討論会においては、また学術的な場においては意識的にそうした方法、態度を取るべきだと考える。自分の心も大いに傷つくのであるが、にもかかわらず両者の真の友好に至る弁証法的な関係は、先ず互いに面と向かって本心を述べあうことから始まるからである。と言っても、私はかって職場が同じだった友人の在日二世の学者が、講演の中で吉田松陰は朝鮮侵略の第一歩を印した者だと言って非難した時には、大いに不快の念を感じたことを思い出す。私の国民国家への感情は、しばしば理性を超える。しかし、彼の発言は心に重く刺さり、吉田松陰を考える時には、必ず朝鮮人の近代を連想するようになったのである。さて、私の済南での報告文は「義和団百周年記念論文集」に収録されなかった。義和団研究会の中国人学者たちは絶対に収録せよと主張したが、出版社の検閲と拒否により、ついに収録できなかったという噂を後に聞いた。（二〇〇七年九月二三日記）

第四章　義和団研究から中国全体史の研究へ

一、本章の目的

義和団を日本人として研究する目的は何であろうか。義和団の専門家とみなされる時、私はいささかの満足と同時に強い反発、異和感を感じる。義和団研究についての若干の研究成果が認められたことは喜びであるが、しかし、一方で私が調べ分析し学ぶことは、一九〇〇年前後数年間の義和団運動などにはとても限定されないのだという想いがあるからである。私が知ろうとしているのは人間の全歴史であり、中国の全歴史であり、又それを通じて日本史の発見であるべき筈だ、という声が絶えず聞こえてくるのである。しかし、人間は生きている地域と時代から研究課題を与えられるのであり、また個人の趣味、関心、能力、偶然に規定されて、研究課題の中のごくわずかな部分にまず橋頭堡を築かねばならないのである。医学は人体の健康のために存在するが、その為に人体を形成している細胞の研究をしなければならないように、歴史の研究もまた歴史の細胞――その一つが義和団であるのだが――の研究から始めなければならない。従って、義和団の研究は、華北農村社会の研究に、中国民衆運動史の研究に、中国国家史の研究に、ひいては人間の全歴史の研究へと、次々と自らを開いてゆく「鍵」にならなければならないのであり、そのためには又、義和団の研究の中に全体が込められていなければならない。だから、義和団専門家は、その専門性のなかで自己を解放し、自己を義和団専門家の高みにおいて揚棄するものでなければならないと思う。それは、義和団専門家に限らず、孫文研究家、あるいは明清史研究家と称される人々においても同じである。細胞の研究は生物の研究、生命の研究の鍵であり、また唯一の道であるのと同じく、歴史家は個別歴史事象の研究者、専門家にとどまり得ないものだからである。私がこのような自明のことを大上段に振りかぶって、年がいもなく書生のように論ずるのは、自分が取りくむ白蓮教とか義和団の中に自分の関心と研究を閉じ込め、いわゆるこの分野の専門家の地位に安住しようとする怠惰な精神が巣くっていることを発見するからである。義和団専門家といわれるよりも、中国の友人たちが私に付けた綽名である「婦女専家」という方が、私は好きである。私が中国の学者や農民に、纏足、白蓮教の女指導者、旧社会における寡婦や女芸人の地位、義和団の女性、紅灯照などについて多く質問するので、中国の友人たちが面白がって「婦女専家」と綽名をつけたのである。義和団専門家では時間も射程も短いが、「婦女専家」であれば、その片われである「男人専家」でもなければならず、人間の歴史全体を研究対象にしなければならないからである。

さて、私が異和感を持つ義和団専門家の名を返上するためにはどうしたらよいのだろうか。研究にはどんな分野においても第一歩というか、兵隊用語ですまないが陣地とか橋頭堡とかいう地点獲保、拠点構築の努力が必要である。義和団専門家を揚棄するためには、まず義和団の陣地を深く広く徹底的に掘らなければならないと思う。この陣地を深く広く掘ってゆけば、何層もの地層にとどき、また水脈にもつきあたるであろう。地層と水脈につきあたれば、地層と水脈を研究して、今度は左右に地下道を掘らねばならなくなる。こうして、義和団の研究から地下道を通って辛亥革命や太平天国、白蓮教反乱の研究に通じ、そこに第二、第三の陣地を構築しなければならなくなる。

本稿の目的は、義和団研究を止揚するために義和団研究を更におし進めるという、あたかも形容矛盾、名辞矛盾のような試み（目的）を具体的にどう進めたらよいのか、その陣地をいかに深く広く掘り、第二、第三の橋頭堡の構築に、そして遂には中国全体史の構築に向かうかを考えるところにある。そして、地層、水脈、地下道といった比喩が具体的に何であるかを発見するところにある。

二、義和団研究の反省

義和団運動ばかりでなく、「太平天国革命」に象徴される中国農民運動、中国民衆運動の歴史研究全体が、本家の中国においても、日本においても急速に魅力を失いつつある。民衆運動の研究、革命運動の研究、民族解放闘争の研究は、現代の解放闘争、階級闘争、民衆運動が高揚する時、しかも歴史研究が変革の課題を担おうとしている時に熱気を帯びるものである。人間は自己が直面する課題の解決のために、歴史的経験を総括しようとするものであって、太平天国の反乱や義和団運動に熱気が無いということは、今日の中国や日本に階級闘争、民族解放闘争が高揚していないということでもある。それは又、逆に言えば、これまでの太平天国や義和団の研究水準が現代のわれわれの階級闘争や被圧迫民族の解放闘争を励まし、変革の理論とその豊かな事実を明示し得なかったということでもあろう。しかし、一九世紀中期の中国の太平天国の反乱や一九〇〇年の中国の義和団運動などが、一九八〇年代の日本の階級闘争や民衆運動を励ますなどということが可能であろうか、という想いが最近特に強くなった。とりわけ、一九七〇年代、八〇年代という時期に、第二次世界大戦後の世界史の枠組、構図、価値観が根底的に変わったのであるから、なおさら、このような疑念が強くなるのである。世界を、帝国主義と社会主義、植民地主義と民族解放運動、ソ連陣営とアメリカ陣営、革命と抑圧といった二元的に把握できた時代は、一九六〇年代末までに終わった。プロレタリア文化大革命の失敗、社会主義勢力の後退・分裂・抗争、ポルポト政権の虐殺、ソ連邦、東欧の解体などは世界の共通認識、人々の常識を一変させた。資本主義の成長、とりわけ日本やニーズ諸国の高度成長、アメリカの後退などにみられるように、資本主義陣営にも想像もし得なかった変化があった。一九六〇年代末までのアジア・アフリカ諸民族の独立運動、民族解放運動の一応の成功も、七〇年代以降には展望を失い、新興独立国は軒並み政治的混乱、部族間の抗争、軍事クーデター、対外債務の増大、社会主義政策の失敗などによって世界史の先頭から脱落した。

以上のように、一九六〇年代と八〇年代の間には世界史的構造のコペルニクス的転回とでもいうべき大変化があったのである。一九八八年に中国を訪問したとき、多くの歴史家から「歴史学の危機」という言葉を聞いた。学生は歴史学科に来ることを望まず、成績の悪い学生が歴史科にまず入り、そして転部、転科をめざすのが一般的だという。これは歴史学の危機というよりも、社会主義権力とそのイデオロギーの危機であって、もはや階級闘争史観が青年たちを把える魅力を失いつつあるということである。階級闘争史観を国家権力者が言葉の真の意味において実践することは不可能であり、このことを人民はプロレタリア文化大革命で経験したのである。国家・党が社会主義を自己否定して、「不平等社会」の実現に舵をとったのだ。唯物史観に対する信念が動揺することは当然ですらあった。

日本においても大学闘争の敗北以後、学生運動、社会主義運動、労働運動は展望と情熱を喪失した。八〇年代に国鉄労働者の運動と戦後日本の労働運動の総本山であった「総評」は解体してしまった。今は、展望なき高度消費社会に浮かび漂っているというのが日本人民の姿であろう。このような時、一九〇〇年の中国華北農民による義和団反帝愛国運動が、中国と日本の人民をどうして励ますことができるだろうか。私はこのような寂寞たる気持を、この一〇年間振り払うことができずにいる。

義和団運動の研究がこのような根本的反省を迫られるに至った最大の原因は、私を含む研究主体の側からいえば、日本にも影響力が大きかった中国の義和団研究が政治イデオロギーの宣伝材料、観念的な毀誉褒貶の対象とされ、陣地を深く広く掘るのではなくて、義和団が虚構の空中楼閣に仕立てられていった、その研究の歴史にあると思う。毛沢東時代には、義和団運動には反封建の性質があったのではないか、義和団の反帝愛国は有効性があったのではないか、あるいは義和団運動の中でいかに人民は目覚めていったのか、義和団運動の反帝愛国主義にいかに今日の人民は学ぶべきか、等々のように議論がたてられ、義和団運動の研究が直接に社会主義権力の学術、教育政策との係りで評価されたのである。そして結局、義和団運動は、太平天国革命・辛亥革命と並ぶ近代中国人民の偉大な「三大民衆運動」と称讃されるに至ったのである。かくして、文革時には義和団的排外主義が頂点に達すると、義和団運動は天まで持ち上げられて、義和団批判は許されなくなった。このような関心で積み重なって行く研究業績は、いったんそのイデオロギー的基盤が喪失すると単なる瓦礫になるのであって、中国で出た多くの義和団論文集のなかで「源流論」、「資料蒐集とその分析」、「実地調査」を除いた主要部分は、今日ほとんど魅力を喪失してしまったかにみえる。現在、改革開放路線の下で富を独占するに至った国家・党官僚と富裕層にとっては、義和団は無知な農民の落後的な盲目的排外主義の運動とみなされつつある。数億の貧しい農民と「農民工」が「新しい義和団運動」を起こして、都市に暴れ込み文明の利器や資本を破壊しては、大変困る人々が大量に生まれたのである。義和団は現実の恐怖になりつつある。中国における義和団史観の変遷はこのくらいにして、私は先ず、これまでの義和団研究を越える第一歩としてキリスト教批判の検討から始めよう。

三、キリスト教＝帝国主義の尖兵論の問題点

一九四九年の中国革命の成功以来、中国の歴史家たちはキリスト教を帝国主義の中国侵略の尖兵と規定し、中国民族解放闘争の敵としてその悪を暴露し非難し続けてきた。中国近代を帝国主義の完全な被害者として描き、外国人に対する総ての反撃を民族愛に基づく正義の行動として絶讃するという、〈帝国主義—反帝愛国〉二元論が圧倒的な権威を持ち、すべての価値判断・価値基準となっていた。中国、アメリカ、日本などの研究者は、義和団前夜の神父、教会、教民が犯した様々な悪——中国人民の民族的利益を犯し、民間の共同体的秩序を破壊する行為——を明らかにした。とりわけ山東省に入ってきた聖言会のヨーハン・バプテスト・フォン・アンツアー（中国名は安治泰）主教を中心をする勢力はきわめて政治的であり、侵略的であったことが明らかになった。キリスト教が帝国主義の侵略と深い関係があったことは誰も否定することはできない。ただ、侵略対愛国といった二元論的な、二分法的な構図でキリスト教を非難しただけだったので、歴史の弁証法的な展開過程をあまりに単純化してしまう結果を生んだ。こうした単純なキリスト教悪玉論では、中国民衆のかなり多くの者が教民になったのはなぜか、また当時入教した教民の子孫のかなりの部分がキリスト教信仰を守り通し、プロレタリア文化大革命期の嵐のような弾圧にも耐えて、一貫して信徒の道を守り通したのはなぜか、かなりの数の神父や牧師が貧困の極地とでもいうべき華北農村地帯に入り勇敢にも布教をし続けたのはなぜか、そうした疑問に充分に答えることはできないであろう。義和団運動の発生の地の一つであった冠県梨園屯（今の河北省威県梨園屯）では、義和団以前に入教した信者が昔から一貫して今日でも信仰を守り通していることを、一九八六年冬にこの地を訪ねて知ることができた。

西洋キリスト教、とりわけジェスイット派の神父たちの新大陸への布教が、スペイン人の驚くべき虐殺と共にあったことは一部の神父のローマ教皇への告発によって既に知られている（ラス・カサス『インディアスの破壊についての簡潔な報告』岩波文庫）。一六世紀に日本に来たキリスト教神父たちも、十字架を旗印にして侵略しようという腹黒い連中だったことは、作家の飯沢匡氏が『異史、明治天皇伝』で書いているところである。飯沢氏は映画『ミッション』にも同書で言及し、政治と純粋な魂との矛盾、非和解的拮抗について語っている。私もこの『ミッション』や映画『炎のランナー』を見て、キリスト教の持つ魂の純粋性こそが侵略勢力や国家権力に利用され易く、また侵略イデオロギーとして有効であることを感じることができた。キリスト教の純粋な魂は、一面において帝国主義と非和解的拮抗性を持つが故に、逆説的に言えば、正にそれ故に、帝国主義の強力な尖兵になり得るのである。一六世紀の南米インディオや一九世紀後半の山東奥地の貧窮農民がもっていた無垢の純粋さ、それに彼らの絶望的な貧窮と無権利状態ほどキリスト教の温床になり易いものはなかったのである。つまり、すべての牧師や神父が初めから政治的意図をもって中国に上陸するのではない。一八五六年、アメリカ全権使節ハリスの通訳として同行したオランダ人ヒュースケン（一八三二―一八六一）は、同年四月七日の日記に、バンコクで布教する司祭について次のように書いている。「外国伝道協会のフランス人司祭たちは、カトリック教をひろめるためにあらんかぎりの努力を払い、完全な自己犠牲の生活を送っている。一度ある偉い司祭の家を訪ねたが、まあ何という家であったことか。美しいフランスの、魅惑的な田園の夜明けを見て育った文明人が住む家であるというのに、荒削りのテーブル、二、三脚の椅子、ひびだらけの仕切板で囲まれた古いベンチ、そして数本の柱が棕櫚葺きの屋根を支えている。それが牧師館であった。司祭がはいって来た。彼はそこに見知らぬ客がいるとは予期していなかったが、私を認めると右手をさしだしながら、左手で法衣の破れ穴を隠そうとつとめるのであった。穴などお隠しなさることはない。あなたこそ貧しい東インドの人々を救い主と神のみもとに帰らせるために、快適な生活を棄てて顧みない、ゆたかな心の持主なのだ。あなたの法衣の穴をお隠しなさるな。その穴は、神の目の前では土侯たちの額を飾る宝冠よりも眩しく輝くでしょうから。彼は、教会のために働くのがほんとうに幸せだと語った。しかし、故郷の想い出は、この脱俗の人にとっても貴重であるにちがいない。太陽の沈む国を近頃発ってきたばかりの私が彼の国語を話したとき、その響きは彼を喜ばせたようであった。代理司教としてシャムに駐在するメロスの司教に別れを告げるとき、私はこう言った。『ところで、このままずっとこの未開地で暮らすおつもりはないでしょう。フランスにお帰りになるのでしょうね』。彼は答えた。『一年前に私はフランスに帰りました。みんなは引き止めようとしましたが、私は戻って来ました』。そして微笑しながらつけ加えた。『人は戦場で死なねばならないのです』」（『ヒュースケン日本日記』岩波文庫）。さらに又、同年六月一二日の日記に、広東にいたフランス人司祭について次のように記している。「ある日私は、白服に先の尖った靴をはき、例の弁髪を垂らして庭を歩いている二人の中国人を見た。彼らはフランス語を話していたが、まるでその国で生れたように巧みであった。すっかり驚いて、友人にそのわけを尋ねると、それは私の思い違いで、二人はカトリックの司祭であり、外国伝道団の団員で、広東市から中国本土に入るについて、土民の信用を得るために中国の衣裳を着ているのだということであった。彼らは何らの敵意らしいものにも遭わずに町を歩くことができるのである」（同上）。ヒュースケンは日本について全く偏見なき記述をしており、バンコクや広東にいたフランス人司祭を、彼らがヨーロッパ人だからという理由で、先に紹介したように情熱的人物に描いたとは思われない。ヒュースケンが見た司祭たちの伝道にかける真剣な姿は、真実なものと受け取るべきであろう。映画『炎のランナー』の主人公のように、イギリスの最も真面目で優秀な青年が、神父として中国の奥地四川に入ることを目指すのである。もちろん、ドイツ聖言会のアンツァー（安治泰）らが、清朝の内政に深く干渉できる政治権力を獲得し、ドイツの山東半島への侵略と呼応し合っていた例が示している〈教会＝帝国主義〉の一面を否定する気持は全くない。問題は神父、司祭らがなぜかかる権力を中国で獲得することができたのか、そこにあるのだ。

私は佐々木衛氏を代表とする海外学術調査団に参加して、一九八六年―一九九〇年の間に三回、華北の内陸都市や農村を調査し、義和団とキリスト教の関係についても聞いてまわった。この時の調査記録は、『近代中国の農村社会における民衆運動に関する総合的研究』（昭和六三年三月、科学研究費補助金、海外学術調査の報告書、佐々木衛代表、本書を「A」と略記する）、『近代中国の社会と民衆文化』（同上、平成三年三月、本書を「B」と略記する）として整理された。この資料集によって、キリスト教、義和団について注目すべき事例を紹介しておきたい。

(1) 教会に入ったのは、地主や税金逃れをたくらむ悪人が多く、教会の権力、権威を楯にして、自分たちの利益をはかった。教会はこうした人々を利用し、中国を侵略する尖兵の役割を果たしたのだ、という定説について。

われわれの調査によって、こうした定説を補強する証言を多く聴いた。山東省平原県一帯の教区の教民は皆大戸で、範宝玉は一二〇〇畝（一〇〇畝は約六・六七ヘクタール）の土地と銭庄を持ち、董吉公・董三角の家は郷紳で八〇〇畝があり、李金榜は一五〇畝（七〇、八〇畝、あるいは四〇〇畝という証言がある）の土地があった（A 八、一六、一七頁）。河北省威県の趙庄には一〇〇〇畝の大地主が入教していた（A 五八頁）。山東省済寧では、「張太々（女性）という人は農業をやり、地主であった。五、〇〇〇畝の土地をもっていた。四つの村がほとんど彼女の所有地であった。……（彼女は）入教すれば、官府も重税を課さず、民衆も反対せず、じゃまする人がいなくなると思って入教した。……官府が穀物を押収したりすると、教会は圧力を加えてそれを返還させたり、法律を破っても、釈放させたりした」（A 一四五頁）。こうした証言は、カトリック教徒やプロテスタント信者からも得たので事実だろう。問題は、すべての教会が意識的にこうした輩を教会に抱き込んで中国の法を破り、地方官憲と紛争を起こそうと企んでいたかどうかということである。ドイツ聖言会のアンツァー（安治泰）などはそうした人物であったことは証明されているのであるが、私が中国の現地農村を最初に見た印象は、教会の種々の悪に驚くというよりは、よくもまあ、こんな辺鄙な場所に西洋から神父がきたものだ、よくまあそうした税金逃れの目的でキリスト教徒になる悪い地主が多くいたものだ、というのが率直な感想であった。単に税金逃れ、官憲からの圧迫を逃れるために教会に入る輩にも、言い分があるのであろう。上は王侯貴族から下は地方の役人にいたるまで、自分たちより遙かに悪いことをしている。この程度のことなど、という思いがなければこうした輩が教会に入ることはなかったであろう。また教会も受け入れはしなかったであろう。つまり、教会は中国内部の矛盾（権力の腐敗、驚くべき貧困、無法状態、貧富の対立）によって逆規定されていく、という側面もあったのである。M・バスティドは、フランスに本拠を持つイエズス会司牧下の直隷省正定府代牧区（義和団蜂起時に、中国人キリスト信者三万二千余）の仏文教会史料を詳しく分析し、この代牧区では中国を植民地化するような教会活動は全く存在しなかったと主張している（愛知大学現代中国学会編『中国21』Vol 13「義和団運動時期における直隷省のカトリック教徒」二〇〇二年四月）。

(2)　教会は金品を入教者にばらまいて、多くの中国民衆を抱き込み勢力を拡大してきたのだ、という定説について。一確かに教会が入教者に金品を与えていたことは多かったようである。河北省威県趙庄では、「入教した家族は、一家族当り八元の銀元をもらった」（A　五九頁）、「入教すると三〇斤の食料がもらえた」（A　七一頁）、天津市静海県管舗頭村のカトリックに「（望海楼で）入教した者には補助として、一人当り毎月二斗の紅高粱が与えられた」（B　四一一頁、これは義和団戦争より後のこと）。以上のような証言により、教会に入ると金銭や物品を与えられる例も多かったことがわかる。しかし、このことによって、教会が中国人信徒を獲得するために金品で誘ったのだ、と断定するにはいささか疑問を感じた。日本にいる時にはそのような説をあまり抵抗なく受け入れていたのであるが、実際に中国華北の貧しい農村を見、また貧困の経験を直接聞いた後では、教会の腹黒い企みというだけでは済まないと思うようになった。農民のあまりの貧困と悲惨に、教会は金品でもあげなければ気が済まない、見るに見かねるといったこともあったのではないか。済寧市天主教愛国委員会主任の趙成棟氏は、「清朝が腐敗し、悪徳官吏が賠償金のために重税を課し、黄河が氾濫したので、人民は暮らすことができなくなった。子供を身売りしたりした。教会は大量の土地をもっており、入教すれば土地を買えると思ったり、カトリック教会に依存して生活しようと思ったからである。教民は教会の小作をするのではなくて、教会に傭われて耕作する。半年は糠や野草を食べ、半年は穀物を食べるというような生活だった」と述べ、教民の子供は、「銭のためにキリスト教徒となり、洋人が尻をたたいても、われらは叫ばず、洋人が怒っても、われらはただ飢えを満たすだけ」と唄っていた（A　一五四頁）と述べた。当時の華北民衆の想像を絶する貧困、飢餓、不幸が、腹を満たしてくれるもの、力のあるもの、それがキリスト教会であろうがなかろうが、そこに救いを求めさせたのだ。半年は野草を食べて生きる民族を見た時、教会が入教者に若干の金品を渡すのはむしろ人情である、とも言えないであろうか。金品で中国民衆の心を買ったのだ、というのはいささか逆うらみではないであろうか。現地を見てこのような感想をもったことも率直に書いておきたい。問題は先に紹介したような、教会のほどこし物に飛びつき生きようとする貧しい人々がなに故にかくも大量に生まれ、存在していたのかという当時の中国の現実であり、また私利私欲のために教会の権力を利用しようとする一部の地主、不法分子、ごろつきがなに故にかくも大量に生まれたのかという、当時の中国の政治、経済、社会の矛盾にあるのである。

私は別に、総ての教会が中国で人民を救うために努力したなどと弁護しようというのではない。中国の現実、矛盾、分裂、無法状況が教会を逆規定する側面をも見るべきであって、教会と教民の悪をだけ一方的に叫び続ける義和団運動の原因論は、教会批判としても帝国主義批判としても、底の浅い外面的なものにならざるを得ないと言いたいのである。次に(2)の問題を教民の側から見てみる。

(3) 教会に入ったのは貧しい民衆が多かったが、それは教会のほどこし物や現実的利益のためであったという定説について。

義和団運動の源流、原点の一つは山東省冠県梨園屯（現在、河北省威県に属す）における「玉皇廟対教会」をめぐる趙三多、閻書勤らの梅花拳、義和拳の闘争にあった。この教会=玉皇廟のあった跡地の畑の前に、わたくしたち調査団が立ったのは、一九八六年一二月末の真冬のことであった。この地で二、三日義和団当時のことを聞き、そして実際に梨園屯という灰色の貧しい村落を訪ねるまで、実は、一九世紀末から現在までキリスト教徒がこの村で信仰を守り続けていたなどとは全く想像していなかった。この畑を見終わって、「この村にキリスト教徒がいるのか」と現地の人に何ということもなく聞いた時、「約三〇戸ほどいる」という答が返ってきた。大昔の話だと信じきっていたので、まさに虚を衝かれる思いだった。それで聴き取りの際、この村人に「教会に入教した者はどのくらいだったのか」と聞いた。〔答〕義和団以前は七～八戸だった」、「その人たちはどうして入教したのか。〔答〕入教の動機は、かれらは貧しい人たちで、食うために入教したのだ」、「かれらはどんなふうに活動していたのか。〔答〕朝早くと晩に経文（聖書）を読んでいた」、「教民は玉皇廟の廟会に参加するか。〔答〕参加しない」、「義和団運動が盛んになったために、教会から退いた人はいなかったか。〔答〕退教した人はいない。義和団が終わってからは、教民の数は多くなった」、……「村の生活で村民と教民はどのような関係だったか。〔答〕教民はいろいろな村民の生活に参加しない。例えば夏の夕涼みの時に村人は集まって世間話をするが、そういうところにも加わらない。一緒になることはまれで、村人の生活とは別になる傾向がある。現在でも梨園屯にはキリスト教徒が、約三〇戸ほどいる」（A　八〇、八三頁、この証言をした村民二人は非教民である）。ただ貧民が食うために教会に入っただけなら、義和団運動にどうして耐えられるだろうか。しかも、社会主義中国でのキリスト教弾圧にも耐えてきた者が三〇戸もいたのである。

また、臨清でキリスト教徒から次のような証言を得た。「入教する動機はどのようなものか。〔答〕親から聞いたことだが、カトリックは救済活動をやったことはない（救済のための金品に目がくらんで入教したのではない、と言いたいのであろう――小林）。教民はキリスト教を信じたら魂が天国へ行くとひたすら信じたこと、そして、その信仰心は非常に強くて、流配されても変えることがなかった」、「小蘆教会は雍正禁教以前からの教会だが、一九世紀に再建された時、教民はそれ以前からずっと信仰を保っていたのか。〔答〕以前の教民が他処に引っ越ししたとは聞いたことがない」（A　一〇五頁、カトリック教徒の証言）。臨清曹庄の一人のカトリック教徒は次のように述べた。「大刀会に参加した人は誰か。〔答〕（摩盤張庄の教会を襲ってドイツ人神父を殺したのは曹元学で、彼の下でこの村から参加したのは）曹作聖と曹作明の兄弟だった。……この村では、教民と非教民との親和関係は近く、互いによく知り合った仲だった。大刀会に参加した曹作聖と教民との関係は平素から良かった。大刀会に参加した者は、当時、頭がのぼせて神父や洋人を殺したのだろう。事件の後は、両者の関係はまた良くなった」、「五〇年前、村のカトリックの学校で学んで、それから入教したのは何人か。〔答〕四、五人であった。……この村は一九〇〇年頃、入教した人が三〇人くらい。その後、カトリックの学校で学んだ後に入教した人が三〇人くらいだ」（B　九七頁）。この証言者は一九八八年の第二回目の調査の時の曹賛広（六八歳）であるが、一九八七年一月の第一回目の時、「あなたの子供の頃、この村の信者は何人いたか。〔答〕四〇余の家が信者となっていた。私の世代で入信した家は二〇数戸ある」、「義和団運動のころから続いている信者の家は何戸あるか。〔答〕一〇戸位の家がある。曹姓の家がほとんどだ」（A 一八二頁）と言っていた。同じく曹庄のカトリック教徒の郭行聖は、「カトリックに入教したのはいつか。〔答〕私の家は祖父の代からのカトリック信者だ。清代の末に入信した」、「あなたの入信のきっかけは何か。〔答〕キリスト教の歴史は大変長いものがある。聖書は人に善行を勧めて、生きるべき道を示している。キリスト教の教理を守って生きれば、天に昇ることができる」、「当時の入信者は何戸くらいか。〔答〕大刀会が盛んだった頃、二〇戸が入信していた」（A 一八四頁）と述べた。

済寧のカトリック教徒について。済寧市天主教愛国委員会主任の趙成棟氏は、「あなたの家庭ではいつから信仰しているか。〔答〕五代前からである」、「済寧で、現在まで信仰を続けている人はどのくらいいるか。〔答〕三〇〇戸ほどである。教会はプロ文革時まであった。現在、再建中である」（A 一四六頁）と述べた。済寧のカトリックの歴史は古く一八四六年、次ぎに一八七九年とドイツ人宣教師が教会を設立し、この一帯の伝道の基地とした。一八九七年後、教会を拡充し、学校や病院などを設立した。はじめは信者は少なかったが、曹州教案（一八九六年）の後増大し、一万人くらいになった。その当時から信仰を守り続けているのが三〇〇戸位あるが、皆貧しくて、悪政、重税、水害、飢饉から逃れて教会を頼って来た人々であった。

天津市静海県管舗頭のカトリックについての聞き取り調査。この村のカトリック信者の老人数人は、次のようにその歴史を語った。「われわれの村には一八八六年か、一八八七年にカトリックができたということだ。その頃、村には一〇数戸のカトリックを信じた人がいたが、かれらは天津の望海楼教会で入教したものである。……一九〇〇年の義和団と八ヶ国連合軍のときには、彼ら（指導者）はみな天津の望海楼に逃げた。逃げなかったものは殺された。義和団が敗れたあとカトリックは回復した。一九一三年には発展して人数も多くなった。……一九一五年に教会を建て、教民も三〇余家となった」（B 四〇九頁）と。以上のいくつかの証言や事実によって、義和団戦争以前からの信者のかなりの部分が一九八〇年代まで代々キリスト教を信仰し続けたこと、義和団戦争を経てキリスト教徒は減少しないどころか大幅に増大したところがあったことなどが判明した。山東奥地の貧しい村落の中で、一九世紀後半以来信仰を続け、あのプロレタリア文化大革命の試練にも耐えて、信徒たることを守り抜いた人々が各地に多くいたこと、これは特に驚いたことであった。教会に入ったのは単に「金品のため、生活のためだ」とこれまで言われてきたが、それは必ずしも真実でなかったことが分かった。

以上の検討から二つの問題がでてくる。一つは、中国の義和団研究や仇教運動研究に典型的にみられる、社会主義権力下における宗教批判の底の浅さは何故かという問題である。ソ連、東欧、中国など、ほとんどの社会主義権力は宗教を物理的に弾圧し続けたが、どこでも例外なく失敗してしまった。レーニン以来、社会主義権力は「上部構造は下部構造に規定される、つまり下部構造の反映である」とし、「宗教の問題は、経済過程の矛盾を解決すれば自ら解決される」と考え、宗教思想の独自の存在理由を承認しなかった。「宗教はアヘンなり」というマルクスの片言隻語を取り出し、それを錦の御旗にして、暴力によって宗教を弾圧してきた。こうした権力の下では、教会は侵略勢力であり、帝国主義の手先であり、中国人教民は民族の裏切り者であり、不法悪辣の徒であるということは、すでに自明の理とされ、研究はその結論を導くためにだけ行われたとさえいうことができる。聴き取り調査の時、「自分たちキリスト教徒は外国のスパイと見なされた」、「自分の妹は修道女だったのを無理やり結婚させられた」、「もし聖書がここに一冊でもあれば、北京にいる神の福音を知らない妹の子に送ってやりたい（つまり聖書一冊さえここでは手に入らない）」、「教会がやったことが総て間違っていたとは思わない。確かに侵略に加担して悪いこともしたが、纏足やアヘン吸飲などの悪習に反対したこと、男女平等を提唱したことは悪いことではなく、その他、文化、啓蒙の面での貢献もあり、その活動の全部を否定することはできない。外国人宣教師の中には立派な人物もいた」等というキリスト教徒の声も聴いた。義和団とキリスト教徒のどちらにも、又現在の中国人の多くにも、キリスト教のような一神教にみられる魂の純粋性をめぐる宗教的闘争の跡を見い出したり聞き出したりすることはできなかった。これは中国人の精神史全体に関わる大問題であり、今後に残された重大な課題である。

アヘン戦争から日中戦争に至る絶え間ない侵略と戦争の歴史が、外国勢力に対する極端な警戒心と全面否定の態度を生み出したのであろうが、キリスト教批判がきわめて外在的・教条的であり且つ暴力的であったことは、社会主義独裁権力がもつそのイデオロギーの硬直性、表面性などの限界を示したものということができる。

もう一つの問題は、中国近代の三大民衆運動のうち太平天国と義和団運動はきわめて宗教的色彩をもった民衆運動で、前者は拝上帝教という唯一神信仰、後者は民間諸神の熱狂的蘇生という、特殊な形態の下で運動が展開された。ところが不思議なことに、太平天国が崩壊するとエホバを崇拝する拝上帝教は影も形もなくなってしまい、また義和団運動の敗北とともに、あの狂気のような民間諸神の憑依現象も雲散霧消し、あたかも孤愚《っ》きから孤がおちてしまったかの如く消え去ってしまったのである。太平天国の約五〇年前に五省にまたがって約一〇年間続いた嘉慶白蓮教の反乱も雪崩れるように拡大し、教徒は五省にまたがって狂奔したり観念の世界に舞い上って死闘を演じたりしたのに、この白蓮教は神学的に高められることもなければ、敗北の後強力な教派として生き続けてもいない。最近でも、一九六六年から約一〇年続いたプロレタリア文化大革命の熱狂主義も終わってみれば「あれは一体なんであったのか」、「あの古今未曾有の災難はどうして生まれたのか」と、当の中国人が頭をかしげ不思議がっている。狂気の如く大声で叫び続けた「反米愛国」、「反帝反資反修（帝国主義、資本主義、修正主義に反対する）」のスローガンもどこへやら、終わってみれば雪崩れるように外国に憧れて国外脱出、アメリカ、カナダ、オーストラリア、ヨーロッパ、日本に留学をと大騒ぎである。とはいえ、日本人もかつて「鬼畜米英」と呪文の如く唱えながら、マッカーサーが来るやいなや「アメリカ万歳」になったことがあり、大同小異と言われそうであるが、しかし中国の雪崩れ方とは構造、形態、時間、エネルギーの質量等において大いに違うように思えるのである。日本人のは、尊皇攘夷が一挙に開国に転化したり、鬼畜米英が親米親欧に転化したりするのは、いわば大脳皮質だけの転換であり、間脳や脳髄とは無関係といったところがある。前記二つの日本人の例は、指導者・知識人・エリートが終始指導権をもって起こし、またとりやめ、転換したものであって、大衆の土俗的な民衆運動の方向転換ではない。ところが、中国の各王朝末期の大民衆反乱、大宗教反乱、例えば白蓮教の反乱、太平天国の反乱、義和団運動などは大衆の土俗的世界から舞い上がり、そして最後に雪崩れるように消失していくという特徴をもっている。プロレタリア文化大革命は、指導者（人民皇帝毛沢東）と人民の合作の例である。義和団運動もそうした中国型の大民衆運動の代表的なものであり、どうしてこのような雪崩れ型というか、星火燎原型というか、一挙に舞い上がり、雪崩れ落ち、焼き尽くして、後は一面焼け野原というような大運動が古来中国ではやむことがないのか、こうした大問題に課題は発展するのである。

こうして、義和団運動の反キリスト教、反洋鬼の問題から、中国の大民衆運動の特殊な構造、特異な波長の問題へと探求は進まざるを得なくなった。

三、「雪崩れ型」、あるいは「星火燎原型」の民衆運動と中国農村―村落構造

以上のように、私の驚きは、義和団運動の壮大さからキリスト教徒の信仰の持続性に移り、ついで敗北後の「義和神拳」信仰の雲散霧消のあまりのすさまじさに移ってしまった。大脳皮質ではなく間脳や脳髄のなかに震源地を持ち、そこから始まるが如き雪崩れ型＝星火燎原型の熱狂主義的大民衆運動は、中国農村―村落社会の構造によって生まれ

てくるのではないかという想像は、先に述べた一九八六年以来の華北農村調査の中で固まったものである。調査した限りでは、旧中国では華北の省、県、村、市場町などは民衆の生活レベルではほとんど全く「境界」なきもので、全く出入り自由、死んでも生きても自由といった無制約の、つまり茫漠たる混沌の「自由」の世界にあった。

日本や西洋の中世封建社会では、国土が無数（日本では二百数十）の領国に分かれ、それぞれが武力・警察力・裁判権・徴税権・行政権を持つ独立王国に近いものであった。各領国では、領主＝武士集団がそれぞれ生き残りをかけて競争し、長期的に社会資本を投下し続けて富国強兵政策をとり、領主、武士、農民のそれぞれの存在空間の拡充をはかり、体制が崩壊しないよう節約し、長子相続制や武士道などを守り抜こうと、極めて禁欲的な態度を生んだ。村は共同体規制を強く保持し、人間の自由な移住はかたく禁ぜられており、職業も勝手に変えることは許されなかった。しかし、人びとの出稼ぎ、諸々の講による旅行、参勤交代での人と商品の移動、芸能人の移動などは大変自由であり盛んであった。封建制度というものが、支配層である武士と被支配層である農工商とを問わず、各地で見たり聞いたりしたことを自分の藩や自分の村に持ち帰って蓄積した。そして、自分の属する地域を愛し、文化を育て、社会資本を蓄積した。これは移住や職業の選択なき不自由な社会であるが安全であり、長期的に生産し消費の計画を立て得る社会である。村と村がちょうど「蜂の巣」状に並んでおり、権力の行使においても、また民衆運動の爆発においても、自由気ままに燃えあがったり、玉石倶《とも》に焼き払ったりすることはできない、そうした政治―社会―村落構造であったということができる。

中国華北では、村落は民衆の生活と社会の自治的組織、基礎単位になっていない。例えば大興県の宋家庄という村は、「清末民国初年頃、宋家庄には全村の人々が一緒に会を開いて、村のことを決めていたことはなかった。村の長は村長といい、劉万里がその任にあった。彼は今生きていれば百三十歳ほどになる。この人を（村の長老たちが）推薦して村長にした」（B　一六一頁）、河北省威県の紅桃園の村は、「村の集会所のような皆が集まるところはない」、「村の人が全員集まる機会もない」、「村長は、土地が多くて豊かな生活をしている者六戸くらいの者が、誰かの家に集まって選ぶ。大戸＝地主は村長にならない」（A　七三、七四頁）。梨園屯では、「推挙によって、大戸が村長に選ばれた。推挙といっても会議などはない。自然に、誰かが彼にしようと言い始めるとおのずと決まっていった」（A　七七頁）、鉅野県の村では、「村人が（水の管理などで）共同することはほとんどなかった」、「問事的（村長）は、県府の任命でも、村人による選挙でもなかった。村で年齢の高い人たちが、相談して決めた」。相談する人たちとは、「ある村を例にして言えば、たとえば五つの姓で構成されているとすると、各々の姓の中で輩数と年齢の高いものが、姓の家族を代表して集まって相談した」、つまり各宗族の長老たちが数人で村役を決めるのである。勢力のある地主がいると、「この地主の賛同がなければ、何事も決められなかった」（A　一七一〜一七二頁）。鉅野県の曹庄では庄長という責任者が一人いたが、これも族長たちが決めた。しかし、任期は「一年しか勤めない者もいれば、五年、一〇年と続ける者もあった。任期は定まっていなかった」というから全くルーズなものだった。何事につけ「全戸から村人が集まって、相談することはなかった」のである（A　一七七頁）。高唐県の琉璃寺では、清末には村は四つの街に分かれており、各街に街首がおり、その上に首事一人がいた。民国になり、街首が街長に、首事が鎮長にと名称が変わった。内実には変化はなかった。この街首、首事について聴き取ったことをまとめると、①街首、首事に任期なし、報酬なし。②街首、首事は有力宗族の長老が談合で決める。一般の人々は反抗できず、たいてい受け入れる。③総会などで街首、首事を決める慣行なし。④村の重要な共同事業は族長たちの話合いで自然に決まる。村の諸費用は所有地の面積に比例して負担するのが普通である。⑤重要なことについては、街首が各街に住民を集め集会を開く。しかし、自治総会ではなく有力者や長老が決めたことをただ言い渡すだけである。⑥村人になる規約とか儀式というものはない。つま

河北省房山県（現北京市）歴代知県在任期間一覧表
『房山県志』（現代中国地方志叢書）

孫纔緒	宣統	一年六月一日～二年七月七日
文　成		二年七月七日～二年一一月二三日
孫纔緒		二年一一月二三日～三年二月八日
廖学栄		三年閏六月二八日～四年一月八日
蔵理成		四年一月八日～
	辛亥革命	
張景官	民国	一年九月一〇日～二年三月一五日
辺渡春		二年三月一五日～三年四月二〇日
丁之環		三年四月二〇日～四年五月一〇日
張象琨		四年五月一二日～六年八月二五日
王広益		六年八月二五日～一二年四月一日
沈　岩		一二年四月一日～一四年二月三日
尹銘績		一四年二月三日～一五年五月一一日
孟廷禎		一五年五月一一日～一五年一〇月四日
丁震洲		一五年一〇月四日～一五年一二月
付純璞		一五年一二月～一六年五月一一日
廖飛鵬		一六年五月一一日～一六年七月
馮慶瀾		一六年一〇月～

り、村落共同体の一員に認めるとか認めないというような、厳格な慣行・規約は存在しないということである（A　二二一頁）。その他、調査地点では必ず、村の共同財産（耕地、山林、原野）は有るか無いか、共同労働は有るか無いか、共同管理事業は有るか無いかを聞いたが、答えはいつも同じ「没有」（ない）であった。各村々には他村人の土地が大量に入りこんでおり、また村に境界はなく、村落自治の欠如、共有財産の欠如を確認した。官が正確な情報を村に伝え、村が独自に強力な意志を結集して対応するというような制度、手段、組織、責任が、官にも村にも無いのである。つまり皇帝→官僚→人民と向かう権力（抑圧と収奪の力）が粗野・粗暴な暴力として存在するだけで、村落民が下から秩序を形成し、情報や知識を結集し、正しい対策がたてられるような村落レベルでの自治・秩序形成の基盤がないのである。官僚も全く無責任で、知県（県知事）も同一県に長くとどまって民生の向上に務めるといったことはほとんど無い。上表の北京郊外の房山県の歴代知県の任期の短さを見よ（B　一四九頁）。いかに清末民国初年の動乱期といえども、一九〇四年から一九二六年の間に実に一七人の知県が入れかわり

立ちかわり交替したのである。これほどひどくはないが、明清時代の県知事というものは、だいたいこのように任期は短く、四、五年を越えて同一県で民生の向上に務めるといったことは全くといってよいほど無かった。しかも任地の人民の言葉が全く理解できない等ということは珍しいことではなかったのである。人民はどこへ行ってもかまわない。職業を変えてもかまわない。たまたま権力と金力を手中にすればたちまち家門は繁栄するが、無能力の者が続けば均分相続などによってたちまち又没落する。これらのことがすべて「自由」などという中国社会を、「封建制度」などという社会科学、歴史学の概念でよぶことは全くの誤りではないかと、最近特に思うようになった。こうした社会状態であったから、これまでの各専制国家は、均田制、官田制、里甲制、保甲制、合作社、人民公社などを上から強圧的に編成組織して人民と社会を管理・統制・支配しようとした。

さて、民衆の情報交換の場は、廟会などで行われる定期市である。この定期市が様々なウソとホントのまじった情報を二重、三重に増幅して波状のように伝えてゆく。特に根も葉もない情報なら通りすぎればそのうち忘れてしまうのであるが、黄河の大氾濫、大飢饉、外国の侵略、遊牧民族の侵略、戦乱、権力の大弾圧、大規模な強制動員などがうち続くと、人々は大量に流亡を始め、各地に人々の大量死が起こる。こうした状況の時、人々はパニックにかかりやすくなる。元末の紅巾の乱、清末の嘉慶白蓮教の反乱、太平天国の反乱、義和団運動などは、このような政治的、経済的、社会的矛盾の激化を母胎＝条件として、終末論的な救世の約束が雪崩れのように人々をとらえ、玉石倶に焼き尽す「大運動」に発展したのである。日本や西洋の中世封建制のように、都市国家、領国、その下にある村落共同体、寺院、教会領などが入り込む多元的社会は、中華帝国の支配力が喪失した時に起こるような、果てしなき「熱狂と悲惨」の情報爆発運動を生みにくい。日本封建制の場合は、「ええじゃないか運動」、「おかげまいり運動」のような人畜無害なガス抜きをたまにすれば平衡を回復することができた。しかし、中華帝国の支配下の、とりわけ華北大平原のように貧しく、またしばしば黄河の氾濫、蝗害、大旱魃、飢饉、戦乱にみまわれた地帯では、人間も又、蝗や洪水のように「雪崩れ」始めると止まるところを知らないように流動化し、奔流となって流出していった。

このような絶対的窮乏、悲惨の極限において、「妖魔」の満州族、「洋鬼」＝帝国主義の外国人、「反帝反修」＝反米反ソ（プロ文革は、その数年前の大躍進＝三面紅旗政策の失敗による、三〇〇〇万人を越える餓死者の発生と深い関係がある。毛沢東はこの時、起死回生のため、皇帝による前人未踏の極左的冒険である「文革」に踏み切ったのだろう。これも、玉石倶に焼く「星火燎原」型、中華帝国型の政治的対応であった）の民衆反乱が起こったのである。これらの奔流が一旦放たれると、もう皇帝も自分からブレーキをかけることはできない。

これまで王朝末期の大民衆反乱、大宗教反乱を階級闘争の極地として、中国人と同じように私も位置付けてきたのであるが、しかし今日、これは専制帝国である中央集権制官僚社会に固有な「社会現象」（民衆闘争・反乱をも含める）と考えるべきだと思うようになった。そこで、義和団の反キリスト教という一現象から始まった問題は、中華帝国に代表される東洋的社会の固有の社会の歴史、運動形態の究明という巨大な問題に発展せざるを得なくなった。

四、社会現象としての大動乱

王朝末期には、皇帝を中核とする一元的支配の体制が崩壊するので、次のようなパターンの動乱や戦乱が起こる。Ⓐ各地方に群雄割拠、Ⓑ流賊の横行、Ⓒ少数民族の反乱、Ⓓ農民反乱、Ⓔ宗教系反乱、Ⓕ豪族・豪商の抬頭と抗租、抗糧、罷工などの経済的な諸々の反抗等々。王朝末期には大なり小なりこうした諸形態の動乱が、あたかも一つのセットのように生起するのであるが、この中のどれが最も中心的なものになるのかは、当該段階の政治的、経済的、民族的、宗教的、文化的な諸状況によって決定される。

陳勝・呉広の反乱、赤眉の反乱、黄巾の反乱、黄巣の反乱、李自成の反乱、嘉慶白蓮教の反乱、太平天国の反乱、義和団運動など、中国史上の大反乱はこれまでしばしば指摘したような「雪崩れ」型、「玉石倶に焼く」型の大反乱であった。こうした巨大な大反乱がどうして中国には起こるのか、これが問題である。中国社会は、自然管理（黄河に代表される大河の氾濫、大旱魃の防止）、灌概農業地帯の管理、大運河の管理、遊牧民族侵入への防衛にみられるような帝国全体の物資流通網の整備や軍事力によって維持され、安定している国家＝社会である。ウィットフォーゲルが『オリエンタル・ディスポティズム』で規定したような「水力社会」というより、前記した諸原因から発生する「複合構造社会」といってよいかもしれない。こうした社会は集権的官僚体制によってよく維持され運営される。ここでは国家の資本投下は、その時々に必要な部門、方面、特別なプロジェクトに集中的に行われる。つまり資本投下が、治水および政治・軍事部門中心に極めて不均衡、一局集中的に行われ、人民の日常生活レベル、農業生産レベルでは、社会資本の投下・充実がほとんどない社会ということができる。王朝権力が老朽化し、腐敗の度を深めると、人民から巨大な収奪が行われる。人民はこうした国家の収奪や権力者の収奪に対して抵抗する「村落自治」の力、「都市民」の力、商工業ギルドの力等々を持たない。従って人民は秘密結社や宗教結社などを中核とした大反乱に向かってゆく。

これまで多くの歴史研究者が明らかにしたように、宋代以降の生産力の高まり、商工業の発展、民衆の力の高まりは確かに存在した。特に明末清初の経済の発展、農業生産力の発展は著しく、あたかも「資本主義の萌芽」にみまがうほどであった。しかし、一方、皇帝独裁体制もこれを上まわるほど発展し、長江下流デルタ地帯などに代表される肥沃な地帯の生産力の発展を食いつぶしてもまだ足りないというほど強大になったのである。このようにして、宋代以降、さらに明末清初に一段と高まった商工業や農業の発展も、専制帝国型の中国的社会構成を解体し去ることはできなかったと考えざるを得ない。こうした社会構成の下で行われる人民の反乱や運動も、この社会構成の構造に従って展開されるであろう。大反乱における「明王出世、真命天子誕生、天父天兄下凡、妖魔絶滅、扶清滅洋、洋鬼子絶滅、滅満興漢、毛主席万寿無窮」などという観念の体系は、専制皇帝の支配のイデオロギーをそのまま継承、逆転したものにすぎない。もちろん、辛亥革命以後、地方分権主義や近代化が進んだので、二〇〇〇年続いた王朝体制下の人民反乱のベクトルは決定的に方向を変えたが、それでもまだ王朝時代の観念の体系が強固に残存していたことは、「プロレタリア文化大革命」の全過程が示している。伝統的大反乱は太平天国が純粋形態を完成し、義和団運動がそうした伝統的な形態の終末劇を演じ、文化大革命が悲喜劇としてそれを総括的に再演して全過程を終了した。

中国専制帝国は全国動員型、人民管理型の国家として完成するので、村落・鎮・県レベルの地方自治、共同体的結合、地方文化、地域主義を抑圧する本質を持つ。そうした地方的結合が弱いことがまた、専制体制を生み持続させる条件にもなる。こうした国家と人民の関係は、中国的世界に人々が生き続けるために必要だったから誕生し、生き長らえてきたのである。全く必要でないものは生き続けることはできないのだから、中央集権的な専制体制の問題点は、始皇帝以来の国家、社会、人民がかかえてきた国制と社会構成が、社会と文化の根本において終焉した時にはじめて解決されるのである。

五、玉石倶に焼き尽す政治・社会とは

佐々木衛氏を代表とするわれわれの華北農村調査は、第一回目は義和団運動とその周辺を尋ねるのが目的であった。しかし次第に、このような運動を生みだす華北の農村社会の構造、農民の意識や信仰の在り方、村落構造、家の在り

方と均分相続制、宗族の構造といった中国社会の全体にまで発展していった。そこで特に印象に残ったのは、民衆を襲った想像を絶する災害、貧困、不幸の歴史であり、奥地農村の村々や鎮の驚くべき雑然とした様、無秩序ぶりであり、糞尿の処理を含めて清潔さの欠如であり、官僚の尊大さであり、巨大な浪費であり（公的宿泊所での便所や水道管の破損による水のたれ流しに代表される）、人々の人生の哀れさであり（特に王口鎮で会ったカトリック教徒の一老人の様子に象徴されていた）、現在の権力の強大さであり、現在の権力の強制動員型・大土木事業型国家の物凄さ等々であった。一九四九年の中華人民共和国建国以来、どれほど大量の人間が動員され、どれほど大量の大土木事業をしたか。それは、歴代王朝のなかでも屈指の位置を占めているのではあるまいか。巨大な官庁街の大建築物に比べて、村々のきわめて貧弱な小学校施設等々が特に目についた。いったいこれは毛沢東型社会主義の農村破壊・生産力破壊の結果なのだろうか。それとも東洋的専制主義の歴史がもたらしてきた恒常的貧困状態なのであろうか。いずれにしろ一九八〇年代の義和団発生の地である山東省農村は驚くべき貧しさであった。

どうも大変親切にしていただいたのに、悪いことばかり書いて、「恩を仇で返す」と叱られそうであるが、決して馬鹿にして書いたわけではない。中国という、この重厚長大型にして専制帝国型国家の政治・社会の構造、その特質を考える上で大いに参考になると思うからである。また、毛沢東時代の社会主義体制がいかに反人民的・反知識人的なものであったか、この問題を考える上でも大いに必要なことと思うのである。しかし、私はまだ一九八〇年代に目にした現象を社会科学の対象にし得ないでいる。

中国は、純粋封建制を通過した国とは全く違う構造をした歴史と社会の国ではあるまいか、そうした思いが農村調査以降、特に強くなった。中国の歴史に「封建制」を発見しようとしてきた戦後日本のマルクス主義歴史学は全くむなしい努力をしてきたのではあるまいかとも思うようになった。経済過程の進歩は、政治過程の進歩を必ずしも生みださないのだ。義和団運動を中国全体史に展開する鍵は、その社会と文化の特質の解明である。

かくして、義和団調査から始まった私の旅は、「玉石倶に焼き尽くす」社会研究のために、マルクスの東洋社会論、アジア的生産様式論、ウィットフォーゲルの水力社会論、木村正雄の第一次・第二次農地論、その他遊牧民族史研究者の業績、宮崎、宇都宮、谷川氏ら京都学派の業績等々をめぐって、中国社会のグランド・デザインの再検討に向かわざるを得なくなった。このような研究方向は、本質還元主義と批判されそうであるが、中華世界を二千年以上に亘って貫徹してきた政治的社会的な基本構成・基本構造を歴史から抽出し確定すべきだと思うのである。この補論はその最初の問題提起である。拙著『中華世界の国家と民衆』（上下、汲古書院、二〇〇八年）を参照されたい。

第五章　明治期日本参謀本部の対外諜報活動

――日清・義和団・日露三大戦争に向けて――

一、問題の設定

日本政府首脳の靖国神社公式参拝と日本の軍備増強は、東アジアにおける軍事的緊張を高め、アジア諸民族の対日警戒心をかきたてている。一九八五年の今、アジア諸民族が解放四十周年、抗日闘争勝利四〇周年を記念している時、日本人は侵略と植民地経営の歴史を忘れ、いや侵略を進出に塗り換え、大日本帝国陸海軍の「栄光」を夢みる勢力に押し流されつつあるようにみえる。本稿は、今後の東アジア諸民族の友好と学術交流の発展を願って、アジア侵略の急先鋒の役割を担った日本軍隊の軍事課報活動の実態を明らかにし、それを積極的に支援・遂行した明治日本人の精神のあり方を考察し、日本人と日本近代史の反省の一助にしたいと思う。

日本人の対中国情報取得の異常な欲求については、中国人も気付いて警戒警報を発していた。一九三八年、日中戦争開始の翌年、鐘鶴鳴著『日本侵華之間諜史』(1)が出版された。鐘氏は言う。日本の「特務機関」と称する組織が中国各地で秘密偵察、買収、政治陰謀、暗殺、情報蒐集を行っているが、これはスパイ謀略機関である。こうした手段で中国を調査研究し侵略を行うのは、日本国家の歴史的社会的体質に淵源がある。江戸幕府を創めた徳川家康は伊賀組、甲賀組と称する密偵を全国に配置あるいは派遣し、約三〇〇の諸侯の動静を偵察した。こうした体質は江戸時代から明治へと存続した。明治維新以後、日本人の本格的な中国調査、研究が始まったが、その最初は、西郷隆盛が部下を朝鮮と中国の満洲（現東北、以下満洲と記す）に潜入探査させたことに始まる。以後の日本人による膨大な中国研究、中国情報収集、中国問題研究は、中国を侵略し植民地にするために行われた。こうして、鐘氏は現に行われている日本人の間諜・謀略戦争の実体を暴露し、中国人への警鐘を乱打したのであった。

日本の著名な歴史家羽仁五郎は、あらゆる学問は目的を持っている、目的のない学問は学問でないと述べたが、(2)日本人による近代・現代の中国・朝鮮などに関する研究は、明治国家と軍隊の政治的、軍事的、経済的要求に従属させられ、歴史研究というよりは時事分析、現状把握、経済商業事業調査、兵要地誌研究の対象とされていった。生きた中国を調査、研究、分析するのは、軍人、「支那浪人」＝大陸浪人、公使館付武官、書記官、商人、企業家、ジャーナリストということになった。日清戦争以前は、中国に在留している日本人は恐らく一、二〇〇〇を越えなかったと想像され、中国を調査研究する中心は、軍事情報将校及びそれと社会的基盤、精神的基礎を同じくする「志士＝浪人」であった。

二、軍事情報将校の清国・朝鮮派遣

明治政府が生まれるやいなや、公式、非公式に多数の将校が清国（以後国家を問題にする場合、当時の国名である清国と記す）、朝鮮半島、ロシアに進入した。それは、一八七〇年（明治三年）、大久保利通が、東京帝国大学の前身である大学南校在学中に「入露説」を唱えた同郷の後輩西徳二郎をロシアのペテルブルグ大学に送り、ロシアの情報収集に備えたのが最初であった。[3] 西郷隆盛も独自に一八七二年（明治五年）、信頼厚い部下の陸軍将校北村重頼・別府晋介を朝鮮に、池上四郎・武市熊吉などを満洲と北支探査に、それぞれ潜入させた。池上四郎は商人に扮装して満洲に入り、ロシアの東アジアへの進出の激しさを知った。これに対する清国の兵備は、「士気腐敗、兵怯懦、常備の名ありて其実なし、加うるに紀綱振わず。在官者流、賄賂公行、商民怨嗟せざるはなし。今日の如くにして数年を経過せば、支那の土崩瓦解せんこと、復疑いを容れざるなり」と分析し、西郷に、清国がこんな状態だから「我国が韓国問題を処分するは、今日を以て最好機会と為す。此機会一たび失せば、復得べからず[4]」と進言した。池上が、この復命書を西郷に提出したのは一八七三年（明治六年）八月、帰国直後のことであり、西郷が征韓論で大久保利通らに敗れ下野したのは、同年一〇月のことであった。

一方、大久保は一八七一年（明治四年）、福島九成、成富清風、水野遵、児玉利国、吉田清貫、田中綱常、池田道輝、小牧昌業を第一回清国留学生として送り、会話と現代文を一年余にわたって勉強させた。この一群の人々は、一八七四年（明治七年）の台湾出兵とその事後処理のために、清国に入った大久保に随行して活躍した。大久保の対清政策を担う彼らは、西郷党と一線を画していた。

また長州出身の軍界の巨頭山県有朋陸軍卿の部下の陸軍少輔鳥尾小弥太は、一八七三、七四、七五年と三年連続して、純粋に清国軍事情勢偵察のため本格的な陸軍将校の清国派遣を開始した。第一回の七三年（明治六年）は美代中尉以下七名、第二回の七四年は大原大尉以下七名、その翌年の七五年は制度を変え、福原大佐を北京公使館付武官として正式に派遣し、同時に第一回派遣将校の島、向両将校に再度の渡清を命じた。「当時の派遣将校は、其の任務上相手国に気兼して総て非職とし、又将校自身も姓名を変更するものが多かった。君（馬屋原務本大尉――小林）も香港在留中に東条を馬屋原と改姓し、随員の三戸少尉試補も原田と姓を更え[5]」、軍事偵察行動に従った。山県、鳥尾が一八七三年（明治六年）、第一回の清国将校派遣を行った目的は、清国との戦争を想定して軍事偵察をしておく必要を認めたためで、派遣将校に対する訓令には、次に紹介するような甲号、乙号、丙号の三つの任務区分が定められた。(6)

甲号

政体、法令、民心ノ服否ノ事。全権ノ大臣ノ着目及ビ其品行ノ事。官員職務分界及ビ其員数ノ事。言語風俗人事ノ事。会計帑蔵ノ事。人材有無ノ事。外国トノ交際待遇ノ形況、条約ノ精粗否ノ事。商法ノ方法及ビ輸出入品ノ事。両税法等総テ田租諸税等ノ事。満漢人種権利差別ノ事。以上ノ件々満漢人種ノ条ヲ除クノ外朝鮮国ノ義モ可取調事。

乙号

海陸軍ノ兵制隊伍ノ組立ノ事。兵民兵轄ノ方法并ニ武挙ノ事。同兵隊員数ノ事。砲銃ノ製及ビ其作用弾薬ノ精粗否ノ事。全権ノ将校幾人及ビ士心ノ向背ノ事。軍艦ノ数及ビ其馬力噸数ノ事。総テ戦法戦略上ニ係リ現今専ラ従事スル学術、今尚李戚等ノ兵法ヲ用ユルヤ否ノ事。以上ノ件々朝鮮国ノ義モ可取調事。

丙号

山嶽ノ高低向背河海ノ深浅源委地理城郭ノ要衝ノ事。経緯度並ニ地学上ノ位置ノ事。各地暑寒風雨気候ノ事。動植産物土人食料芻秣其他薪炭ノ事。戸数人口ノ概計ノ事。市井ノ形況及ビ各地盛衰ノ事。鉱山ノ事。田畑ノ品位ノ事。風土病并ニ土人予防法ノ事。運河并ニ水利ノ事。馬匹其他食料或ハ負担ニ供スル獣類ノ事。以上ノ件々朝鮮国ノ儀モ可取調事。

以上、甲乙丙の各訓令がそれぞれ派遣将校に科せられる制度はこれに始まる。まさに、仮想敵国清国に対する軍事に必要な全般的調査であり、朝鮮に対しても同じ内容の調査偵察の任務が与えられていた。

ところで、北清を中心に将校が派遣された第一回、南清を中心に派遣された第二回の時期は、台湾出兵と日清談判の最中であり、すぐにも戦争かという騒ぎの時であったから、派遣将校は急いで清国の情報取得のため潜行偵察に努めた。しかし、全権公使大久保と清国との談判は破裂し開戦間近しと予想されたので、大部分の者は半年か一年で戦争準備のため帰国した。一八七五年（明治八年）当時、清国に残留していたのは、大原大尉、長瀬、相良両少尉の三人だけであった。これでは少ないということで、この年に島中尉、向少尉を再度派遣した。初代の公使館付武官福原大佐が上記将校の偵察活動の総元締となり、一八七七年（明治一〇年）の島中尉の「満洲踏査」、七八年の長瀬少尉の「甘粛踏査」、七九年の同少尉による「十八省踏査」が決行された。向少尉は漢口一帯の地理、気象調査に専従した。

一八七七年（明治一〇年）は西南戦争という明治最大の反乱が起こった年なので、対清軍事情報活動は最少限の人員で維持されたにすぎなかった。明治初年からこの明治一〇年までが、いわば対清諜報第一期といえる。この第一期について、次のことを指摘しておかねばならない。この時期、日本人は清国や朝鮮にほとんど住んでおらず、またこの方面に関する知識も全くというほど無かったにもかかわらず、一八七四年の台湾問題についての日清談判の際には、その前年の征韓論と同じく無謀な侵略戦争即時開始を主張する多くの軍人、士族がいたことである。かつて庄内藩士として、奥羽列藩同盟の立役者であった酒井玄蕃は、西郷隆盛、黒田清隆のとりなしで罪を赦され、明治政府に仕えたが、彼は明治七年一〇月から一二月にかけて、海軍将校ら八人と清国に出張した。彼が帰国した時には、まだ北京で行われていた清国との談判の行方は予測がつかなかった。酒井は、帰国するや直ちに「北清視察戦略」を提出し、清兵は「元気地に墜つ、兵固陋にして器不利なり」、「清兵と戦うには必ず彼を平野に致し、一勝の機に乗じ、尾撃奮迫し、敵退けば付け入りて、天津北京を取らん」と建策した。(7)また既に記したように、第一回、二回清国派遣将校は清国と全面戦争をするつもりでほとんどが帰国した。また当時、曾我祐準は陸軍少将で陸軍士官学校長、陸軍参謀局御用を兼務していたが、「（明治七年）一時は可なり多用で、野津大佐（道貫）、桂少佐（太郎）等と共に勉強して不完全ながら北京攻入の準備も粗々出来た。その兵数といえば驚くべき少数で、僅か二万許りであった」[8]と回想している。驚くべき好戦性といわねばならない。幕末維新期の極度の対外危機意識と戊辰戦争にいたる日本統一戦争を経て、日本軍人の好戦性は頂点に達し、その初発から朝鮮・清国の軍事力に対する蔑視を基礎として、軍事進攻論が抬頭したのであった。この軍人・士族たちの好戦性は、西南戦争という大規模な内戦で一時的に解消された。

第二段階は、対ロシア、対清の本格的諜報活動の制度が新しく確立した一八七八年（明治一一年）に始まる。山県陸軍卿兼参議とその直系の部下で、ドイツから帰国し参謀局諜報提理となった桂太郎は、この年、参謀本部を設置した。大江志乃夫氏の研究によると、この参謀本部の設置は、これまでの内戦目的の軍事体制から外戦（外敵防禦から対外進出）目的の体制へと一大転換をはかるものだった、という[9]。山県有朋参謀本部長は、参謀本部設置の目的を「日本総陸軍の定制節度を審らかにし、兵謀兵略を明らかにする」ことであり、「地図政誌を審らかにし戦略を区画する」ためと定めた[10]。参謀本部の中心機構は、管東局と管西局であるとし、管東局は対ロシアに備えたものであったが、管西局は対朝鮮、対清国の諜報を主任務とするものであった。管西局長となった桂太郎は、朝鮮から清国沿海の地図政誌を審らかにし、諜報活動を大規模に行う体制をつくった。以前、明治七年、桂は山県陸軍卿に「彼国の兵制及び実況を視察し、緩急の場合に際し、実地に応用するの目的」[11]で、欧米各国から清国にまで公使館付武官の派遣を建策して許された経歴をもつ本格的な情報重視の将校であった。桂は、諸外国に対する軍事偵察をこの新設された参謀本部で更に拡大強化した。

桂は、一八七九年（明治一二年）、この年の七月より三ヵ年の計画、総費用約八万円で、新規派遣将校による清国探査を決定した。派遣将校は「公然たる儀に無之」ため、秘密諜報活動を主任務とされた。この対清諜報制度の新規内容は、（一）派遣将校に年限を設ける（二）給与規定を定める（三）駐屯地を決め、内地偵察旅行を定期的に実施する、[12]の三点であった。七九年、尉官クラスの将校一二名が派遣され、かれらは上海、漢口、天津、北京、広州、厦門、牛荘にそれぞれ一、二名ずつ配置された。彼ら一二名は、北清組と南清組に分けられ、それぞれ一人の指揮官の統率下に置かれた。翌八〇年（明治一三年）には、広開土王碑文問題で脚光を浴びている酒匂景信少尉と玉井少尉の二名が、また八一年には柴山、丸子、松島、三浦の四将校が追加派遣された。桂は以上の諜報将校以外に、言語通訳の用に供せんがため、語学研修生一四名を七九年の末に清国に派遣している。

さて、派遣将校の任務は、先に紹介した明治六年以来行われていた、甲、乙、丙の三様訓令に基づく兵要地誌の完成にあり、将校は各訓令によりしばしば清国内の秘密踏査を実施した。山東・直隷一帯、広東・恵州・潮州一帯、福建・台湾一帯、浙江全省、盛京全省、渤海沿岸、満洲一帯などを、各将校がそれぞれ二年から三年をかけて調査し、その方面の兵要地誌に関する諜報専門家が生まれたのである。また、語学研修に派遣された一四名は約二年間各地に滞在していたが、彼らも会話が上達するや、中国服に身をやつして各地に潜入した。こうして、明治一五年までの五年間が経過したが、この間は中国大陸の沿岸部の調査が中心であり、また清国と朝鮮をめぐる紛争も起こらなかったので、清国の兵要地誌の調査も一般的なもので、交戦準備といった切迫感はなかった。日本は、中国大陸を占領分割し支配する実力はなく、また清国軍隊の力を軽蔑していたこの五年間は、朝鮮へ日本の力をいかに扶植するか、そのためロシア、イギリス、フランスの動きをこそ警戒していた時代であった。

日本軍隊の対清諜報活動が急に激化し、朝鮮の領有をめぐって一挙に日清戦争に向けてせりあがって行くのは、朝鮮の甲午軍乱を契機にしていた。これを契機に、天皇、山県有朋を中心とする対清戦争を想定した軍備拡充計画の推進、一八八四年（明治一七年）の清仏戦争が日本に与えた衝撃とそれに続く海軍の拡大増強の動きの中で、対清諜報活動は新しい時代に入った。

三、日清戦争に向けての諜報活動の激化

この時期は、一八八二年（明治一五年）から一八九四年（明治二七年）に至る間で、いわば第三期ということができる。この期間、日本軍は、清国との大陸的戦闘を現実的で切迫した課題として準備した。藤間生大氏の論文「『壬午軍乱』と日本近代軍の確立」[13]によると、朝鮮の壬午軍乱を契機に、日本軍隊は大規模な増強と近代化に踏み切った。この時、清国北洋海軍軍艦で朝鮮に来た水師提督呉慶長・馬建忠・袁世凱は、日本軍の目の前で大院君を清国に拉致していった。この事件までは、山県ら日本軍の中核は清国を軽蔑し、ロシアの進出をこそ恐れていたのである。山県・岩倉、明治天皇は、八二年の八月から一二月までの五ヵ月間で、清国を直接仮想敵国とする陸海軍の増強と兵備強化を決定した。これに対応して、清国への大規模な情報将校派遣が開始され、八二年のこの年約一〇名にのぼる将校に派遣命令が出された。

山県は更に、参謀本部設置以来、本部長伝令使（渉外専門の秘書役）に任じていた福島安正中尉を、急遽清国に派遣した。福島は、壬午軍乱の最中朝鮮におり、日本軍が仁川から京城に進撃する場合を想定した作戦計画に当っていた。福島は清国の軍艦威遠・超遠・揚威の威風堂々たる様と大院君拉致という清軍の強引さに驚き、帰国後「朝鮮京城進入方策」を提出したのち、山県本部長の命令で清国へ隠密潜入し、清国の軍事力の調査に当った。[14]福島はこれ以前、明治一二年に他の公式派遣の将校とは全く別に単身清国に入り、中国人に扮装して隠密裏に上海、芝罘、大沽、天津、北京、多倫、張家口へと、内モンゴル付近まで諜報活動をした経験をもっていた。福島はこの明治一五年にも、北京まで仮名を使い変装して秘密裏に入り、突然榎本武揚公使の前に現われて氏を驚かしたという。[15]ここで正式の公使館

付武官となった福島は、在地の日本将校を取り締る諜報活動の総元締となった。福島は自らも清朝の役人を欺いて総理衙門内に入り込み、彼ら役人を使って清国軍隊の全貌を調査し、明治一三年に自ら編纂した『隣邦兵備略』（第一版に続く第二版、第三版）を作成した。山県有朋の海外偵察の鷹の目ともいうべき福島は、一八八二年（明治一五年）から八四年まで二年間清国に駐在し、軍事情報、兵要地誌の調査に当り、清国は北洋海軍は近代化しているが、全体的にみれば内部から腐敗老朽化していて、日本軍が近代化、増強すれば恐るるに足りないという結論をもって帰国した。

さて、この明治一五年から一七年の三年間は、日本を取り巻く国際関係と国内矛盾が一挙に激化し、日本の進む方向が大きく転換した時期であった。東アジアでは、朝鮮の壬午軍乱、甲申政変、北洋海軍の示威活動、日本の朝鮮からの敗退、清仏戦争と続き、それに李鴻章の軍近代化なども進んだので、東アジアの国際的環境が緊張し、日本、朝鮮、中国がそれぞれの運命を一本の縄にない合わせる状況に追い込まれた。

国内では、明治一五年に自由党総裁板垣退助が岐阜で刺され、自由民権運動は絶頂に達したが、板垣はその数ヵ月後海外に脱走し、二年後の明治一七年には自由党は解党する。孤立した地方の下部自由党員や農民の「激化」による福島事件、群馬事件、加波山事件、秩父事件、名古屋事件など反政府の政治事件はみなこの三ヵ年に起こっている。自由民権運動の敗北の中で、伊藤、岩倉らは、天皇に巨大な財産を集中して、天皇制国家権力機関をこの間急激に創設した。こうして自由民権運動は敗北したが、これを支えてきた国民的自覚と団結の力と方向性は、甲申政変、清仏戦争とそれに対する政府・軍隊による対外危機意識の宣伝、民族意識の宣揚の前に、今度は逆に国外に向かうこととなった。自由民権から国権へ、内政から外政へと流れの方向が変わり、政治変革のエネルギーは排外的民族意識、対外膨張意識に転轍されて外に向かった。その証拠に、一八八三年（明治一六年）頃から、参謀本部派遣の諜報将校の大増員以外に、一般国民の中から渡清する人々が急激に増加するのである。

彼らは、留学生、浪人、商人とそれぞれ身分は異なるも、共通に「アジアの興起をはかりて欧米露にあたれ」、「支那を覚醒せしめよ」、「支那を改善してロシアを牽制せよ」、「支那を乗取るべし」などと叫ぶ悲憤慷慨の士であり、「年少気鋭の士、常に狭小なる日本を嘆じ膨大的日本を以て理想とする者多く、其行動も稍々もすれば常軌を脱する恐れ[16]」(大隈重信)ある連中であった。特に清仏戦争は、日本の軍人と九州の人々に大きな衝撃を与えた。一八八四年(明治一七年)、この戦争が起こるや、東郷平八郎、諸岡頼之、井上良智、馬場練兵などの高級将校は、ほとんど全部が東アジア最初の近代的海戦参観のため、軍艦に乗って現場に見学に押しかけた。彼らは清国とフランス両国の軍艦、作戦、装備を実地に調査し、これ以後清国沿岸や諸港の本格的偵察活動を開始した。この時期、福州に駐在していた小沢豁郎中尉は、各地の将校と気脈を合わせ、更に支那浪人や留学生など一〇数人を結集し、「悲憤慷慨の士を集め、談論風発、大陸改革の策を講ぜん[17]」(小沢豁郎)とした。この計画は、日本人が蜂起すれば哥老会も呼応するであろうといった、極めて杜撰なものであったらしい。清仏戦争に清国が敗北するのを見て、清朝打倒の軍を秘密結社をもまきこんで起こし、日本が清国を牛耳る謀略であったようである。参謀本部は、小沢の親友で同じく諜報活動に当っていた柴五郎中尉[18]を福州に派して暴発を抑え込み、小沢を香港に左遷した。日本の支那浪人と称する人々が集団で軍人と組み、清国で独自の活動を展開する最初の事件であった。翌八五年(明治一八年)三月、甲申政変の処理に伊藤博文が北京に交渉に行った際、小沢、柴、島ら派遣将校は、「柴五郎氏と竊に剣を磨し、日夕酒を挙げて曰く、事破れば宜しく長崎に帰り、我本軍の来るを待ち、山地将軍に随い、進んで北京を衝かんのみと。待つ事十日、島氏より報あり曰く、又和平の局を了せりと。余大息久之[19]」とあるように、交渉が決裂すればただちに清国に進撃しようと考えていた。彼ら情報将校の好戦性と清軍蔑視は、明治六年の第一回派遣将校のそれと全く変わっていない。

またこの八四年には、自由民権運動の重鎮であった末広重恭、馬場辰猪らの発案で宇都宮平一、山口嵓らが上海に東洋学館をつくり、ここに大志を大陸にかけようと夢想する血気の青年が集まった。[20] 彼らは中国の言葉、風俗、習慣を学び、いわゆる「支那通」となったが、これに日本参謀本部の諜報網がかぶせられ、彼らも又それを喜び、事実上の軍事密偵予備軍となった。彼らは中国大陸の各地を移動・潜入して、砲台・港湾・軍事施設を偵察し、膨大な情報を軍に提出した。中国語を修得した血気の士を軍事諜報組織に編成したのは、参謀次長の川上操六と清国派遣将校の荒尾精、根津一であった。一八八六年（明治一九年）、清国に派遣された荒尾は、漢口に楽善堂を創立し、「身を商賈に扮し、上海の（岸田）吟香の許より書籍薬材雑貨を送らしめ、一は以て調査研究の財源と為し、一は以て支那官憲の注意より免かれんとした」。荒尾は二〇余人の「支那浪人」を集め、漢口に中心を置き、重慶、長沙、上海、北京に楽善堂支部を設け、各地に三、四名の人間を置いて中国全土の「山河の形勢、関塞の要害、風土気候、人情風俗、農工商の現況、金融運輸交通の梗概、軍港砲台の設備」等について調査を行った。

同じく派遣将校の根津一は、支那を牛耳ってロシアに当る荒尾のアジア政略論に共鳴し、一八八九年（明治二二年）、上海に日清貿易研究所を設立した。この研究所は、日清戦争を決意した川上操六を中心とする参謀本部が、正式の情報将校だけではまかないきれない清国軍事情報の蒐集を、民間の人材と資力で補足しようとして設立したものである。川上は、荒尾と根津の外に、西村・小山両少尉に、全く軍務を離れて研究所のため活動するよう命じた。資金は日本の政治家や財界人の援助もあったが、川上の特別な熱意と努力によるものが多かった。しかし、日清貿易研究所は財政難に苦しみ、明治二四年、川上は荒尾、根津両大尉に「（研究所の学生は）到底目的無之者ハ断然之ヲ退所セシメ、真正精神確実、国家之為メ一身ヲ犠牲ニシテ辞セサル者ノミヲ撰ビ」教育すべきである、[21] と訓令した。この訓令には、予期之計画、当初之目的の為に「百折不撓、千辛万苦ヲ嘗メ」、「千難万苦ヲ凌キ」奮闘せよともあり、山県、桂、川上ラインの日清戦争に対する気迫がこもっている。この研究所は一八九〇～九三年の間だけ運営され、九三年の第一回卒業生の送別とともに解消された。

荒尾、根津に感化された青年や研究所の卒業生たちは、参謀本部の期待通り、満洲、遼東半島、伊犁、鴨緑江一帯、広州、福州その他各地に、仮名を使い服装を変え弁髪にして潜入し踏査活動を行った。もちろん正規の情報将校は明治一六年以降、清国陸海軍の軍事施設、軍港、砲台及び沿岸地理の徹底的な偵察を行っていた。[22] かくして、膨大な兵要地誌、軍事地図、軍事情報が集められた。

日清戦争が一八九四年に始まると、参謀本部は中国語のできる者を清国と日本国内から総動員した。清国にいたものはほとんど全員が帰国し、参謀本部、陸海軍付の通訳官となった。その数は三〇〇名以上にのぼった。中国語を解し諜報活動の経験をもつ情報将校は数十名に達していたと思われる。通訳官に任命された三〇〇余名は、興亜支那語学校、東洋学館、日清貿易研究所で中国語を学んだ者が大部分で、他は政府派遣留学生として清国で会話等を学んだ者である。この三〇〇余名のうち、最も多数を占めたのは玄洋社や興亜会の中心地である熊本県出身者で、実に五二名に及んだという。[23] また情報探査のため清軍支配地に潜入し、逮捕処刑された者も数名に及んだ。

これまでみてきたように、明治初年以来数百の日本の青年が中国の言葉、風俗、地理、政治、社会、軍事、経済などを調査し、多大な苦労を重ねて中国大陸を走破したが、残念ながらその労苦の果実は、日清戦争のために動員・吸収されてしまったのである。

以上のようにこのいわば第三期には、自由民権運動は挫折して天皇制国家が確立し、国民のエネルギーは国外に向かっていった。日本の青年は、アジアの興起、東洋の再興を政治的ロマンとして掲げながら、実は朝鮮や中国を牛耳り、ロシアの進出に対抗する軌道の上に乗ってゆくのである。[24]

明治時代全体を通じて日本国家が真に恐れたのは、ロシアの東アジアへの進出であった。ロシアに対する情報収集活動としては、一八七九年（明治一二年）、ロシア公使館付武官の山本清賢の中央アジア大旅行、同年帰国したロシア公使榎本武揚のシベリア横断帰国大旅行、翌一八八〇年の駐ロシア公使館書記西徳二郎の中央アジア横断旅行、翌八一年の山本清賢のイルクーツク、買売城、大庫倫、張家口、北京と経由した初めての外蒙古横断旅行などがある。山本清賢は帰国後、参謀本部管東局に属した。ロシアには清国のように多くの諜報者を送り出すことはできず、公使館関係者や一部武官の旅行が大部分であった。その中でも、福島安正中佐の単騎ユーラシア大陸横断が最大のものであった。彼は一八九二年二月ベルリンを出発し、ロシア、シベリア、満洲からウラジオストックへと実に四〇〇余日をかけて軍事偵察旅行を行い、ロシアのアジア進出の恐るべき実態を偵察した。

日清・日露両大戦以前の日本の参謀本部付将校は、単に軍の命令だけで命をかける潜行や冒険的諜報旅行をしたのではない。彼らはその個人の心情の中に神州男子とか興亜精神とかいう民族主義的な矜持を持ち、またロシアに対する異常な危機意識を持っていた。興亜を叫ぶいわゆる支那浪人も、日本国家に身命を捧げようと思う者が多く、自ら望んで参謀本部の懐に飛び込んでいった。彼ら将校、支那浪人の出身を見ると、下層大衆（下層農民、都市貧民、商人、職人）出身者はほとんどおらず、多くは士族出身者であった。この士族という独特のエリート意識を持ち、好戦的な性格を帯びていた階層がブルジョア的民族意識を持った時、この中から過激な対外進出を熱狂的に主張する人々が現われたのであった。明治時代に身命を賭して大陸に行く多くの諜報活動者を生んだ日本は、当時世界有数の対清情報活動を行っていた国家ということができる。

四、情報将校の見た清国と対清方策

一八七一年（明治四年）、西郷隆盛の命で満洲に潜入した池上四郎は、復命書の中で「冬は寒気凛烈、夏は酷暑燬くが如く、旅宿は汚穢、臭気鼻を衝き、南京虫は寒暑の別なく襲来する」もの凄さを語り、先に見たように、数年ならずして清国は土崩瓦解すること間違いないと予測した。一八七七年（明治一〇年）、同じ満洲を偵察した島弘毅中尉は、「男子阿片ヲ嗜ムハ、内地ヨリ甚シ。護兵二十人ノ中、十四人ノ阿片ヲ喫スルモノアリタリ」(25)と兵士の阿片中毒の甚だしさを特記している。公使館書記官見習いの津田静一は、七六年（明治九年）に巴蜀地方を旅行したが、「支那士大夫間の自尊長大の観念は非常にして、日本人を以て小国劣位の三等人として、其の待遇の如きも、往々噴飯に堪えざりし」(26)と、その世間知らずを嘲笑している。これに類する経験をほとんどの日本人が感じて報告したので、八二年（明治一五年）、山県有朋は「我ノ嘗テ軽侮セル直接付近ノ外患（清国――小林）」(27)と、これまで清国など全く軽蔑していたと書いたのであった。これまで、（清軍の）士気腐敗、兵怯懦、官吏の紀綱不振、賄賂横行、商民怨嗟によって、清国の滅亡間違いなしと山県らは信じていた。

ところが、八二年（明治一五年）、清軍が京城から大院君を天津に拉致したので、驚いた山県はただちに福島安正中尉以下多くの将校を偵察に派遣した。福島は多数の報告を山県に送った。その中に、八四年の清仏戦争のため出陣する北京の神機営の兵士を目撃した報告があるので紹介しておこう。出陣する六〇〇〇名の兵のうち三八〇〇名は火縄銃であるのを見て、「如何ニ事情ニ疎キニセヨ、欧州ノ強国ニ対スルニ、火縄銃ノ兵ヲ加フルハ余リニ奇ナリト云フベシ」と、驚いて山県に報告した。福島のこの報告によると北京の兵の定数は一五万人ということになっているが、

「攻守ノ用ニ堪ユベキモノ僅ニ数千ニ過ギザル」有様で、将校連中による兵数の水増しや兵士当ての給料の横領、兵器の老朽化、近代的兵器の使用能力の欠如、無頼漢の募集による員数合わせなどの悪弊があり、また全国三〇万の八旗兵は無用の長物であり、巨額の歳出を浪費するだけに過ぎない。更に清国には有事動員の制度も兵站整備の体制もなく、(28)とても近代戦をやる能力はないと判断している。

福島は一八八五年（明治一八年）、全権大使伊藤博文に随行して天津条約締結に活躍し、帰国するや軍事意見書を提出して対清国作戦のため、（一）騎兵、騎砲兵の新設（二）橋船材料の準備（三）清国の言葉と地理に精通した将校の大幅養成（明治七年から一八年までに四〇人の将校を養成したのみで、大幅に不足）（四）将官を清国に派遣し実地調査させる必要の四項目を建議した。(29)すでにこの段階で、参謀将校にとって清国は欧米列強とともに蚕食すべき対象として設定され、その具体的な戦術の策定段階に入っていたことが判る。

派遣将校荒尾精は、八六年（明治一九年）から三年間対清諜報活動に従事し、帰国後に次のような復命書を提出している。(30)清国は外面では近代化に向けて成功しているように見えるが、「内ハ実ニ困弊衰憊」、「内治ハ実ニ腐敗ノ極ニ達シ」、国家永遠の基礎を建てる見込みはない。内治腐敗の原因は、満洲族が自己の利益のみを謀り、天下を救おうとする精神がない。満洲人の猜疑心、固陋心と政治機構の緩慢礙滞は甚だしく、人民に対する収奪は極まって「人民ノ官ヲ畏ル、猛虎ヨリ甚シ」、「天下雲合霧集、我其ノ大清拾八省ハ、果シテ覚羅氏ノ有ヤ否ヤ知ラサルナリ」と清国の惨憺たる有様を報告している。荒尾はまた、太平天国の反乱で有能な人民はほとんど死に尽き、今権力を握っているのはこの反乱を鎮圧して残った連中だけで、頑固頭で清国を近代化する能力も意欲もない六〇代の老人ばかりである、李鴻章の軍を除いて他の軍隊は戦法、武器、戦意のどれも全く駄目である、将校でも百人中六、七人しか字を読めず、一般兵士は全く字を知らないし、官兵については「民人ノ之ヲ恐ル事、賊ヨリ甚シ」といった有様である。

彼の結論は、次のようなものだった。西欧列強やロシアの東洋進出は「思ウテ此ニ至レバ、人ヲシテ慄然毛孔ノ寒キヲ覚ヘシム」もので、清国は「表面ハ頗ル戒厳シ、鋭意外寇ヲ防クニ汲々タリト雖モ、其裡面ニ至テハ、国勢不振、綱紀紊乱、徳義沈倫、風俗腐敗、只夕姑息ノ政策ヲ以テ纔ニ一時ノ安ヲ偸ムニ過ギズ。譬ヘバ巳ニ蠹スル大木ノ如シ」という有様であって、この「支那」を列強に奪われたなら日本は立ち行かぬ。清国を外国に奪われる前に奪うことが大切で、「夫レ先ンズレバ人ヲ制シ、後ルレバ人ニ制セラル」のである。日清戦争前夜、日本の派遣将校や支那浪人に対して圧倒的影響を与えた荒尾精のこの見解は、日清戦争をやるために生まれてきた男といわれた川上操六の参謀本部の見解を代表していた。

また福島安正は、八五年（明治一七年）、山県に「万国公法」などというものは「具文ニシテ徒ラニ弱者カ哀ヲ訴ルノ参考ニ過キス。固ヨリ腕力ニ非レハ虎狼横行ヲ制服シ、国威之伸張ヲ企望ス可カラス」と断言し、今フランスが安南から台湾に進出してこの一角でも占領すれば、東亜の関係は一層緊迫したものになると警鐘を鳴らしていた[31]。武力で覇をとなえる以外に日本の前途はない、という日本軍部首脳の考えはますます確信の度を加え、明治一五年以降、日清、日露戦争に向けて驀進していった。

清国で諜報活動をやった将校や支那浪人が日清戦争で大きな役割を果たしたが、義和団戦争の時には、突発的事件により臨時に出兵したため諜報活動の役割は小さかった。義和団戦争を直接指揮したのは次の人々だった。首相は山県有朋、陸相は桂太郎、臨時派遣隊司令官は福島安正、北京公使は西徳二郎、公使館付武官は柴五郎、占領下天津の第一期軍政委員で後に清国駐屯日本軍参謀長になった青木宣純などであった。以上の西以外の中心人物は参謀本部を創設し指揮した者とその部下として出世した情報将校であり、西もまた大久保利通が一八七〇年（明治三年）にロシアに送った明治期最大の西欧・ロシア担当の情報専門家であった。彼らが一団となって八ヵ国聯合軍と共に戦い、また渡り合ったのである。福島は日露戦争の時には情報担当の参謀将校として、ロシア軍を側面から攻撃攪乱する指揮をとった。日露戦争のため活躍した明石元次郎、花田仲之助、石光真清、青木宣純等の情報活動の役割も又極めて大きかった。

五、情報・謀略型軍人輩出の原因

明治の軍人や民間人の中から、異常ともいうべき対外危機意識を持ち、朝鮮・中国・シベリアに決死の覚悟で潜入し、諜報活動に狂奔する多くの将校、民間人が出たのはどうしてなのか。彼らは、朝鮮・中国の歴史や文化を、人間を理解するためではなく、それを支配し屈服させるために多大の情熱をもって調査研究したが、そのようなメンタリテーはどうして誕生したのか。

日本の歴史を見ると、戦国時代以降は武士という戦闘専門集団が支配階級を形成し、彼らが将軍家を頂点に約三〇〇ほどの藩という半独立国を形成し、互いに競争して社会・経済・軍事の増強に努め、また同時に情報＝諜報活動を展開しあったという、朝鮮や中国には見られない特質がある。とりわけ戦国以降、将軍以下諸藩は隠密、忍者、草の者、諜者、密偵、甲賀者、伊賀者などと呼称される人々を用いて、戦闘・謀略をくり返してきた。日本人には、このような行為を恥じる意識はなく、むしろ彼らの活動に喝采を送る心情が流れている。忍者や隠密の出ない時代劇、歴史ドラマは戦後のテレビにも存在しないというほど、その活動は国民的支持を受けている。情報、諜報、謀略を政治や軍事の重要な構成要素と考える歴史的伝統は、幕末維新期の日本統一戦争の中で、志士たちによって更に磨きがかけられた。維新の勝利者である西郷、大久保、伊藤、木戸、山県らはまさにそうした方面の専門家であった。陸軍卿、参議、参謀本部長を歴任した日本近代軍隊創設者の山県有朋は、かかる日本の歴史的伝統と日本統一戦争の情報・謀略の経験を、近代日本軍隊の中心に戦争思想並びに軍隊制度として定着させた。参謀本部がその中核的存在であり、しかも軍隊が天皇制という絶対にして神聖な国体イデオロギーによって守護され純粋化され確立した時、軍隊は日本の民衆を戦闘的な民族として組織し得たのであった。旧武士=支配階級の民族的危機意識は天皇制という神聖国家に吸収され、そこで純化増幅されて外に溢れ出て行くこととなる。

もう一つは、日本は士農工商という封建身分制度が確立していたが、朝鮮や中国に比較して、上下の差別及び格差が経済的にも文化的にも遥かに少なかったことに注目したい。中国の官僚や朝鮮の両班は、政治的、経済的、文化的に人民から隔絶した存在であり、その専制主義による人民収奪の執行者以外の何物でもなかった。日本の武士階級は、彼らの領国、領域、領土とその内なる領民に存在と思想の核心を置かざるを得ない存在である。しかし、中国、朝鮮の官僚と両班は、皇帝や国王から与えられた特権と身分に権威の源泉をもつ存在である。中国の各王朝の支配機関と収奪機構は、ピラミッドのように、上へ上へと高く重層的に積み重ねられてゆき、遂にはその自らの重みと巨大化によって、一挙に倒壊する政治構造をもっていた。清朝では、一八世紀後半からそうした倒壊破滅の段階に入り、人民は流亡化、貧困化し、国民的な、民族的な意識を形成するどころか、無産大衆の大反乱の時代に入るのである。支配者はそれを建て直し、人民を民族に、さらに国民へと形成し、組織する力を持たなかった。

それに対して、日本の武士は「対外的危機感の民族的定着」(32)を、幕末維新期の内戦と天皇制統一国家の形成によって成し遂げたのであった。これには国内市場の形成とか産業の発展、百姓の改革闘争（中国のような政治的、宗教的大反乱とは異質）といった国内の諸条件の成熟があった。国学思想は山村にまで浸透し、また百姓や町人の子も読み書き算盤を学び練習した。これらが、武士の異常な対外危機意識を国民的課題にまで高める前提となった。日本の人民大衆は、中国の一九世紀の民衆のようには国家、官僚、知識人を憎悪し恐怖してはいなかった。日本民衆の世俗的教養、勤勉、実直さは、武士階級の異常な対外危機意識による組織化に利用されてゆくのである。このような状況下に近代日本国家を主導した尖兵としての明治政府高官や将校が、朝鮮や中国を実地に見た時、そこの指導者たちの無能、無気力、腐敗、堕落、強欲だけが視野に入り、一挙に軽蔑感を抱くこととなった。清国は共に手を携え欧米露に対抗できる国ではないとすれば、先に取られる前に取り、日本が牛耳らなければならない、ということとなる。こうした認識は幕末から日露戦争まで、日本人の主要な認識及び路線となって国民の中に貫徹し定着していった。

日本国民は、日清戦争、日露戦争によってこの武人的愛国主義の道に認知を与え、さらに武人・軍人以上にのぼせ上がった侵略戦争の道を突き進んでゆく。国策を「強兵富国」の道に特化したのであり、かくして国民の関心は、すべては競争と勝敗という軍事的関心に収斂されて行くのである。

註

（1）鐘鶴鳴の『日本侵華之間諜史』は漢口の華中図書公司から発行され、一二章、二三六頁に及ぶ本格的な日本軍のスパイ、諜略史に関するものである。日本人の中国に対する調査研究に対して、鐘氏より早く警戒を呼びかけた人に王古魯、戴季陶両氏がいると同書にある。

（2）羽仁五郎が生前くり返したこの教えは、現代の歴史学が、戦争と生態系の破壊という現代の危機に対抗し得る価値意識を持てということを教えている。

（3）島貫重節『福島安正と単騎シベリア横断』（原書房、昭和五四年）下巻。二三二～二三八頁。

（4）対支功労者伝記編纂会編『対支回顧録』下巻（東京、一九三六年）四二頁。以下同書を『回顧録』と称す。葛生能久『東亜先覚志士記伝』上巻（東京、一九三三年）三七～三八頁。以下同書を『記伝』と称す。この両書は、戦後原書房より明治百年史叢書として再刊された。『記伝』によると、池上は「帰朝するや、先ず従兄桐野利秋の宅に駆付け、門外から大声を掲げて『おーい、今帰った、朝鮮を遣っ付けるに手間ひまはかゝらぬ。二三大隊の兵で充分だ』と叫びつゝ入ったということである」上巻、三八頁。

(5)『回顧録』下巻、一三七頁。日本軍将校や大陸浪人などが特殊任務、つまりスパイ行動をとる時は、皆な弁髪、変装、仮名を常とした。

(6)『回顧録』下巻、一一五〜一一六頁。鳥尾小弥太の条。

(7)『回顧録』下巻、一六七〜一六八頁。

(8)『続回顧録』下巻、五頁。清軍の軍隊は弱体で、簡単に敗ることが出来るという考えは、既に幕末維新の佐藤信淵にみられた。朝鮮、清国を切り従えるという意見は、当時の志士と称する人々に一般的であった。

(9)大江志乃夫『日本の参謀本部』(『中公新書』七六五号、一九八五年)三一〜三八頁。

(10)陸軍省編『明治天皇御伝記史料明治軍事史』上(明治百年史叢書)三八三頁。同書三八五頁には、参謀本部職制の大要として、「(日本の地理政誌を詳にし)且つ兼ては朝鮮より清国沿海に及ぼし、共に有事の日に於て其参画の図略に備う」と規定している。

(11)『回顧録』巻下、二二三頁。桂太郎の条。

(12)『回顧録』巻下、二二七頁。志水直の条。

(13)藤間生大「『壬午軍乱』と日本近代軍の確立」(熊本商科大学『海外事情研究』第一二巻第二号、一九八五年三月)。

(14)『回顧録』下巻、二六九頁。杉山直矢、瀬戸口重雄、伊藤義勇らと連署して提出。

(15)島貫重節前掲書。上巻、八〇頁。明治日本が生んだ最大の諜報将校福島安正の略伝は『回顧録』、『記伝』にあるが、その他に『福島将軍遺績』(太田阿山編、昭和一六年)、『伯林より東京へ単騎遠征日次』(満鉄広報課編、昭和一七年五月)、『中央アジアよりアラビアへ』(太田阿山、昭和一八年)などがある。

(16)『回顧録』下巻、三四五〜三四六頁。宇都宮平一の条。

(17) 小沢豁郎については『回顧録』、『記伝』に略伝がある。また小沢を中心とした福州事件については、田中正俊「清仏戦争と日本人の中国観」(岩波『思想』No.五一二、一九六七年二月号)が詳しい。この論文は、明治一七年当時の日本軍派遣将校の動向にも詳細に言及している。福州事変について最も詳細に語っているのは、『記伝』下巻、「南部次郎政図之伝」である。これによると、小沢ら関係者は、清朝などたやすく瓦解すると考えており、本格的な計画や準備などなかったらしい。

(18) 柴五郎については、石光真人編『ある明治人の記録』(中公新書、昭和四六年)を参照。

(19) 『回顧録』下巻、三一〇頁。小沢豁郎の条に収められている小沢自身の手記。

(20) 田中正俊前掲論文参照。明治一七年上海の昆山路に設立したが、十数名の生徒しか入学せず約一年で閉鎖した(『記伝』上巻、三一八～三一九頁)。

(21) 『回顧録』下巻、六五五～六五六頁。川上操六の条。川上は明治二五年、朝鮮、清国を参謀次長としては初めて視察し、上海で総領事林権助に「オイ林、安心してよいぞ。支那と何か事が起ったら、やっつけるおらの目途がついた」(同上)と語ったという。川上の清国への開戦の最終的決断がこの時ついた。

(22) 明治一六年には四人の将校だけだったが、翌一七年には海軍武官が初めて北京に派遣された。次の一八年には甲申事変の処理に関し伊藤博文全権大使に西郷、野津、仁礼、井上(馨)以下七、八〇人が随行して天津、北京に入った。この当時、日本の領事館は三つしかなく、上海、芝罘と天津であったが、天津の日本人は全部で二〇人ほどしかいなかったので、宿舎を用意するのが大変だったという(『回顧録』下巻、四三九頁。原敬の条)。

(23) 『回顧録』下巻、四二六頁、尾本寿太郎の条。同上、三五九頁、佐々友房の条。

(24) 明治一〇年代後半以後には、将校、志士、浪人の間に「支那取り」なる言葉が流行し、頭山満は「支那を取れば朝鮮は招かずとも来る。小なる朝鮮に向うよりも大なる支那を料理するがよい」、小沢豁郎は「支那人に事を挙げさせようとしても、彼等にはそんな勇気がないのだから、日本人が先に立ってやらなければならぬ」、荒尾精は「支那に行って支那を取ります。支那を取ってよい統治を施し、それによって亜細亜を復興しようと思います」、漢口楽善堂の大方針は「世界人類のために第一着に支那を改造すること」等々と主張したという(『記伝』三一二、三一八、三二六、三四六頁)。田中正俊は前掲論文で、このような思い上った日本人と異なる人物として曾根俊虎（『回顧録』、『記伝』に列伝あり）をあげている。田中は曾根を「アジアの立たされている困難を憂え、清国の発展を予想し、これとの親密な交際を想い、仏艦の福州砲撃に際しては、事情の許す限り清軍援助に赴きかねなかった」人物として評価している。曾根が弱者としてのアジアあるいは安南、敗者としての太平天国の側に加担し続けようとしたのは、彼の経歴によるものと想像する。曾根は米沢藩士として官軍と戦い、明治四年には同藩の尊敬せる先輩雲井竜雄事件に連坐して投獄さる（起訴されず）、西郷隆盛によって海軍生徒として救わる、副島種臣について渡清す、というようにいつも敗者となった者の側にいたことが、彼の思想形成に大きな影響をあたえたものと思われる。明治一九年、彼が海軍を辞した原因について、『回顧録』、『記伝』ともに、かれが著した『法越交兵記』において、日本政府の対安南政策を非難したため投獄されたとしているが、彼の著作『清国近世乱誌』を『髪賊乱志』として、『通俗二十一史』第一二巻に収録した早稲田大学出版部は、明治四五年四月に「保安条例の施行に際し、武官、現政府の政略を誹議せりとの嫌疑を以て横須賀軍法会議に召喚せられ、鉄窓下呻吟せしこと十有余月。事晴れて出獄するに及び、同僚、切に復職を勧めたれども肯んぜず、断然意を決して退職せり。時に海軍大尉たり」とその例言に書いている。未だどちらが真実か判定できない。

(25)『回顧録』上巻、一二五頁。島弘毅の条。

(26)『回顧録』下巻、一九二頁。津田静一の条。

(27)明治一五年八月一五日、山県有朋参議院長は、「陸海軍拡張に関する財政上申」を行い、「我ノ嘗テ軽侮セル直接付近ノ外患必ス将ニ我弊ニ乗セントス。坐シテ此極ニ至ラハ我帝国復タ誰ト倶ニ其独立ヲ維持シ、誰ト倶ニ其富強ヲ語ラン。故ニ曰ク、陸海軍ノ拡張ヲ謀ルハ方今ノ急務ニシテ、政府宜シク此ニ孜々タルベキ所ナリ」と記している。（『山県有朋意見書』一一九頁、原書房、昭和四一年）。

(28)福島安正『参謀本部特別報告』の中の「兵事近況」（在清国公使館付歩兵大尉福島安正が参謀本部長山県有朋に提出した報告書の一部）。天理大学図書館蔵。この図書館には福島安正の報告書、日記等が多く所蔵されている。

(29)『福島将軍遺蹟』二五五〜二五六頁。

(30)『回顧録』下巻、四七一〜四九六頁。荒尾精の条。

(31) 註(28)に同じ。

(32) 藤間生大『近代東アジア世界の形成』(昭和五一年、春秋社)、五三頁。幕末維新以降の日本の異常な対外的危機意識を「武士階級主導の対外的危機感の民族的定着」と規定し、この定着の過程、条件を実証的、理論的に展開した藤間生大氏に、この論文は多くの教えを受けた。しかし、私のこの論文は定着の過程を実証しただけで、藤間氏が求め続けている、定着に反対し友好に向かう歴史的事実と可能性については明らかにすることはできなかった。

附記　本稿中に登場する人名は『回顧録』、『記伝』に登場する人物たちであり、註をつけなかったものが多い。上記両書の列伝を参照されたい。また旧漢字、旧仮名遣いは新たに直し、適当に句読点を付した。

補論「中華帝国における雪崩型社会と義和団運動」(二〇〇八年五月二五日)

中国史上の宋代から清末に至る社会を、増補篇の第四章で一応「雪崩型の国家・社会」と名づけてみたが、この点について改めて論じておきたい。まず次の三点を明確にしておく。

第一に、中華帝国の政治構造について。中国の歴史を長期的射程で見ると、政治的には皇帝独裁の専制帝国体制が宋代以降純粋化してゆき、清代に君主独裁の中央集権的科挙官僚制が完成した過程とみることができる。独裁専制君主が、全国人民の中から科挙という合理的且つ合法的な試験制度で、官僚全体を「民主的」に選び、国内最高のエリートである彼らを独裁君主の「奴僕」にするという政治体制は、帝国政治に於ける驚くべき特異な政治装置と言わねばならない。また国家財政としては銀本位体制に基づく財政国家として成功していったが、これもまた特異な政府の姿と言わねばならない。つまり、政治過程の中に、実質的な専制と形式的な平等という相反する原理が繰り込まれたのであり、また実質的に中世的な商品市場の上に銀市場と銀建の財政国家が聳え立つという、これもまた非対称的な経済体制が完成したのであった。

第二に、経済構造について。宋代以降の中華帝国は、商業貨幣経済が進み、世界史上珍しい「地大物博」(領土が広く、物産が豊か)の国家に発展した。清朝時代の三〇〇年間に、人口が一億人前後から四億にまで急増したが、これはこの時代に如何に商工業生産が進展し、農業生産が発展したかを示している。当時の世界で中国ほど物産が豊かで、人口が多い国は存在しなかったであろう。中国は明清時代に茶、絹、陶磁器などを世界に輸出して、世界の銀を一手に吸収した。問題は、この農業生産力の高さと物産の多さと銀幣の盛行が、産業資本家を決して生み出さなかったことにある。それは何故かというと、民間商工業資本は国家権力の強力な収奪から逃れ自立する力が弱いこと、逆に資本は国家権力と癒着しようとする傾向を持つことによる。こうして、商工業資本はより甘味のある商業高利貸資本や安定的な土地集積の側に流れたり、国家や官僚が求める資材の調達・販売を主にする傾向、利権に走る傾向に流れたりしたのである。

第三に民衆の生活、社会について。地丁銀制という税体制と商品貨幣経済の発展は、帝国の全人民を貨幣経済の中に投げ込んだ。土豪・豪族が抬頭する一方で大半の人民は、唯小銭を稼ぐためだけに汲汲とする世界に投げ込まれた。農民の中から資本の蓄積を行い中産者的生産者が生まれるのではなく、制限のない貨幣獲得競争のために骨の髄まで貪られて、貧民・無産者に転落する多くの人民が生まれたのであった。こうして中国では明清時代まで、独立自営農民・富農・マニファクチャー・産業資本家等々が政治的・社会的な「階層・階級」として育成されなかった。帝国の財富は増大し、人口は急激に増加し、銀・銭貨幣経済が全国を覆ったのに、産業資本の発展がなく、人民が際限なく貧窮分解して没落していった。いったいどうしてこのようなことが起こったのか。

全国的な貨幣経済の発達、全国的な銀納税制体制の完成は、人民を「散砂」のごとき状態に投げ込んだ。しかし、散砂となった人民は国家の手からも、農村を支配する地主からも、貨幣市場からも、また散砂となって漏れ始めたのである。それは又逆に、人民に「散砂となって流れ歩く自由」をもまた与えたということである。同時に「散沙となって死ぬ自由」もまた実現されたのであった。一九世紀に政治と経済と社会、この三つの過程が織りなす矛盾が臨界点に達し、人民の反乱・闘争・騒動が一斉に沸き起こった。政治体制、経済体制、社会体制の三者が、互いにねじれ現象、ねじり関係となり、互いに首を絞め合って壊死する状態になった。かくして、全国いたるところに土豪・土匪・会道門・帮会が簇生することとなり、中国にはあらゆる種類の反乱・闘争・騒動が一斉に起こったのである。そうした状況は拙著『清朝末期の戦乱』(新人物往来社)に詳細に紹介してある。

こうした王朝末期に共通して起こる「雪崩現象」について、より詳しく見ておきたい。中国と一般に称されている世界は、実に広大な世界であり、ヨーロッパ全体をおおってなお余りあるほどの広さである。この広大で多種多様の民族、風土、気候、文化を内部に抱える中国には、絶え間のない「戦争(内戦、外戦、騎馬民族の侵入)、内乱(農民反乱、宗教反乱、農民一揆)、反社会的分子の活動(土匪、流賊、ゴロツキ、馬賊)、自然災害(旱魃、洪水、疫病、蝗害、地震)」等々が、絶えず起こっていた。その規模は、世界史の中で特異の位置を占めており、その度に莫大な社会資本が失われたのである。それに又、中華世界は、その帝国の繁栄と人口の巨大さによって、都市が巨大に発展し、人口も集中したため、帝国内の森林原野を急速に消滅させていったという環境破壊も加わって、王朝末期には想像を超える悲惨な状況が絶え間なく起こったのである。そしてその度に、特に清朝末期には大量の餓死者、流亡者、難民が大量に発生した。こうして広大な農村地帯に恒常的に大量発生する「貧民・飢民、難民、流亡、出稼ぎ、乞食、犯罪者、ゴロツキ」等々は、中国のあらゆる地域、階層、産業に雪崩れ込み、進出した。また無産貧民の大群が、長江下流デルタ地帯のような先進的な農業・工業・商業の最先進地帯の内部からも発生した。その多くは安い労働力となって農村に溢れた。また、彼らは都市に流れ込んで「ゴロツキ・会道門・秘密結社員」になり、帝国の軍隊にも流れ込んで「兵匪」となり、国家機関に流れ込んで「胥吏・衙役・書役」(官署で働く職員。役場の仕事は、すべて彼らが行ったが、彼らには正規の給料は無く、種々の仕事の手数料、賄賂、横領、つまり中間搾取で生活した)等になり、或いは地主・土豪のもとで「奴婢・小作人」となった。こうした奴隷的な、賤民的な安価な労働力が絶え間なくあらゆる分野に恒常的に供給されたので、これ等の奴婢的労働力を使って、地主・金持ちになることを誰でも望んだので、独立自営農民や独立商工業者が大量に誕生して資本主義市場を形成してゆくといった近代への道を、切り開くことはきわめて困難であったのである。

こうした、中華帝国における政治と経済の巨大なねじれ現象は、政治過程と経済過程の中間に形成されるはずの、社会団体・中間層・諸々の共同体・協同体の形成を阻害する。西洋では中世から近世にかけて形成された都市市民共同体、大学共同体、教会共同体、農村共同体、法律家・学者・宗教家などの専門家による各種社会共同団体、芸能民共同体等々の多種多様な共同体が、濃密に且つ重層的に形成されたが、中国では皇帝専制体制と科挙官僚体制の専制と収奪により、社会の中間階級、諸職業団体、手工業・商人ギルドが国家権力から自立してその抑圧と収奪に抵抗することができなかった。辛亥革命で専制帝国体制が終った後にも、それら中間団体・各種共同体は国家・社会をまとめる主導権を取ることができず、中華民国時代には全国は分裂割拠して軍閥混戦の時代になり、むき出しの暴力が全盛を極める時代となった。次の中華人民共和国では、歴代王朝時代よりも厳しい階級闘争による強制的な人民管理・集団労働体制が敷かれ、農民は合作社・高級合作社・人民公社に囲い込まれて、強制集団労働所の囚人にされた。膨大な人口を擁する農民階層は都市から排除された。彼らは特別な「農民戸籍」なるものを与えられて、「都市戸籍」を持つ者から徹底的に収奪され、あたかも「三等国民」のような差別を国家から受ける存在になった。改革開放時代になっても、農民は中央・地方の官僚資本主義から土地を奪われ、「農民工」という安価な出稼ぎ労働者として、国家・党・都市を中心として、政治と経済を独占する「国家独占資本主義」からの収奪、搾取の対象になった。共産党は、歴代王朝時代に恒常的に発生してきた無産階級、ルンペンプロレタリアート、反社会分子を再び生まないために、集団組織労働、管理労働に人民を再編したのであったが、それは結局全国民を「収容所」に投入する結果に終わったのであった。

こうした中国の二千年にわたる歴史を見れば、国家権力と農民階級の間に大きな絶対的な矛盾が存在しており、真っ当な社会集団・中間階級が今日まで形成されなかったことが分かる。こうした国家にあっては、国家と農民の間にある基本矛盾を一定程度解消し緩和して、それが爆発することを防ぐ勢力、社会的力がない。そこで、最後には農民反乱、宗教反乱、少数民族反乱等によって、国家社会が「玉石ともに焼き尽くされる」ことになったのである。

では、中国の民衆は、何らの社会をも形成しなかったのだろうか。そうではない。彼らは、清代には白蓮教に代表される種々の宗教結社、武術結社を無数といってよいほど形成した。清代末期からは、「帮会」や「会・道・門・道・教」などと称されるそれこそ無数と言ってよいほどの結社をつくった。共産党も、そうした中国の秘密結社、秘密社会の伝統の中から成長した、マルクス・レーニンを教祖と奉る科学的秘密結社と言ってよいであろう。つまり、中国の民衆や農民は彼らの社会を秘密社会、宗教的社会、迷信的社会、武術的な暴力的社会としてしか形成することができなかったという特異な歴史を持っているのである。中国の人民が長きにわたって作った「会・道・門・教・堂」等々の結社は、相互扶助のために作られたり、信仰を深めその組織を強化するために発展したのであったが、共通しているのは、農業・商業・工業等の生産力の発展を目指したり、また労働を尊んで禁欲的な倫理を作り出すことがなかったということである。これがプロテスタンティズムと大いに異なっている点である。

もちろん人民は、「会・道・門・堂・教」型社会、「秘密結社」型団体だけを作ったわけではない。伝統的中国には、義荘・族田・宗廟などを中心にした宗族共同体、同郷会館などを中心にした商人の地縁的共同体、「行会」とよばれる商工業者の利益共同体なども沢山生まれた。しかし、それらは国家から自立して、政治的・社会的な権利と威信を持つものにまで発展出来なかった。彼らは時の国家権力や地主階級の圧倒的な力に屈し、従属して局部的に存在したに過ぎない。帝国の権力が、そうした政治から一定程度独立した社会団体の発展を許さなかったのである。今、中国の国家権力の強大さと、それが社会団体・中間階級の安定的にして自律的な成長を許さなかったと述べたが、そうした国家の強制によって中国社会の特異な構造、不可思議な性格が誕生したと考えざるを得ない。

伝統的な中国社会は、ヨーロッパや日本の封建社会のような重層的階級社会、固定的な身分社会ではなかった。このことが重要な意味を持っているのである。例えば、中国の「官僚・地主・富農・貧農・流民・ルンペン」は、決して固定的な身分・階級関係ではない。絶え間なく起きる少数民族の反乱や侵入、内乱・内戦、農民反乱、宗教反乱、大規模に起こる黄河等の大反乱、大飢饉の発生、疫病の大流行、こうした事態によって絶えず「貧富の階層、上下の関係」は逆転し、また再逆転した。社会治安はいつも不安定であったので、王侯貴顕や大金持ちは、治安維持と自分の身家を守るために私兵を雇い、暴力団や秘密結社を利用し、或はそれらを支援し、利用していた。いや、国家自身が反社会分子・ゴロツキ・非法の徒を官庁の正規・不正規職員として多数雇っていた。「徴税・警察・裁判・民政」等の仕事は、彼ら無しにできなかったのである。国家と官僚が膨大な量の反社会的分子を抱えて人民支配を行ってきたのが、伝統中国の国家権力の実態だった。宋代以降の国家権力は、国家の国軍にも多くの反社会分子、ルンペン、賊徒を取り込んでいたのである。中国の兵は賊にもなり、いや賊が「官兵」になったのである。国軍は「募兵制」であり、貧民や反社会的分子の「収容所・隔離所」でもあったのである。諺にいうように「良い鉄はクギに用いず、良い人は兵にならず」であり、民衆は「賊徒よりも官兵を恐れた」のであった。

更にまた、古来均分相続の文化が世を被っていたので、金持や地主も比較的簡単に没落した。地主・官僚といっても、彼らは「世襲身分」ではなかった。だから、戦乱や飢饉ではもちろんたちまち没落したが、それよりも「均分相続」の伝統文化が、恒常的に上層階級を没落させる作用を果たしたのであった。学問を身に付けて科挙試験に合格し、正規の官僚になったり、科挙の初級段階に合格して「郷紳」のタイトルを取ったりして、国家権力に寄生して家を起こすことが、血族と財産を維持・保障する最良の方法であった。しかし、頭が悪く身体が病弱の男子が沢山生まれると、家はたちまち均分相続で没落した。日本の「士・農・工・商・エタ・非人」というような上下関係をもってピラミッド型の固定的な社会を考えていては、中華帝国の社会の不可思議な柔構造を理解することはできない。上は官僚・大地主から下は貧民・ルンペン・ゴロツキまで、互いに他に移行する、あたかも諸階層が上下しながら同時に円環のように廻る社会構造が基本的な型なのである。その円環の中心には権力と金銭が置かれており、そこが帝国の中核分野＝「官界」なのである。帝国は、この「帝─官界」を動力源＝重力圏としながら、あたかも「おきあがりこぼし」のようにして平衡をとる。帝国はこの重力圏を中心にして絶え間なき競争をしながら浮沈を繰り返す社会構成＝社会構造＝運動体といった方が分かるかもしれない。

　中国共産党は、こうした専制体制的社会が我慢できなかった。そこで、財産によって階級に分け、その円環を取り去り、上下の階層の順序を逆にして、貧乏なほど革命的な「良い階級」だとした。そして、そして「労働者・下層貧農」を最上位に位置づけ、村の中まで管理を徹底して、伝統的な社会構造である浮沈型の社会を解体しようとした。伝統的社会の上下移行、社会構成の巡環運動を強力によって停止してしまったのである。それは歴代の中華帝国さえなしえなかった新たな絶対権力による幻想の新しい社会主義による帝国形成への挑戦であった。しかし、この試みは、人民に対する管理・動員・懲罰を極限にまで推し進める専制国家の道を純粋化する結果となり、毛沢東は歴代以上の皇帝になり、遂には大躍進・人民公社の失敗により、二千万から四千万にも達するといわれる餓死者を生み出した。毛沢東が生み出した国家は「社会専制主義帝国」の国家となった。この大失敗を反省した鄧小平は、社会主義を放棄して「開放改革」政策に切り替えたのであるが、今度は生産力は上がったが、伝統的中国の上下分裂・円環型社会がたちまち復活し、国家利権を巡る利権争いと、国民全員の「権力と財富」を巡る競争社会を生み出し、官が民を支配し収奪する伝統社会が復活し、恐るべき貧富の階層格差と地域間格差を生み出したのであった。毛沢東も鄧小平も、伝統的な中華帝国体制からなかなか脱却できなかった。古来からの帝国・社会・人民を拘束してきた帝国型の構造を変革し、中間社会団体を強力につくりだし、安定的な社会システムを作らなければならない。

今日、中国共産党は建国以来絶賛してきた農民闘争と人民闘争を全面否定し、農民・貧民が李自成の反乱、嘉慶白蓮教反乱、太平天国・義和団の反乱のような大民衆反乱を起こすことを恐れ、或いは一貫道のような結社が社会に蔓延して暴動を起こすことを恐れている。更にまた、少数民族が反乱を起こすことも警戒するのである。安定的な中間階級、社会団体、共同団体、市民社会が形成されなければ、国家も人民・農民も、矛盾が臨界点に達して爆発した時に、両者ともに一気に「雪崩る」ことになる。抑圧すればするほど矛盾は蓄積され、国家も人民もともに一気に「雪崩る」ことになるのである。中国は、世界に窓を開き、世界の力を借り、また世界に寄与するために、漸次民主的政治改革を行い、「安定的な中間層・中間諸団体・知識人社会」を形成し、「ジャーナリズムに情報公開する」任務を与え、国家と人民が「雪崩る」ことがないように、民主改革を行なわねばならなくなっている。今年のオリンピック開催、チベット人の暴動、四川大地震の発生等が、国家の情報公開、人民の諸権利の拡大、農民の活動の自由、等々の発展の契機になることを期待したい。国家権力の強圧だけで進むのではなく、「社会」を濃密に重層的且つ強力に育成し、「社会」に重大な責任と権利を与えることが必要である。これ以外に、伝統的な帝国・人民の帝国型構造を変革し、「雪崩れ型」社会を克服する道はない。これが、私のこれまでの義和団運動の研究から中華世界史全体に向けての総括である。

義和団研究文献目録（日本文関係）

（佐藤公彦、小林一美作成）

〈単行本〉

書名	編著訳者名	発行所	刊年
『北清観戦記』	坪谷善四郎	文武堂	一九〇一
『清国擾乱日記』	杉本殖	神戸三盟館	一九〇〇
『東洋風雲録』	田中義三郎	上田屋書店	一九〇〇
『北清連合戦史』	愛育社	愛育舎	一九〇一
『北京籠城・北京籠城日記』	柴五郎・服部宇之吉	平凡社	一九六五
『北清事変北京籠城日記』	北平日本大使館陸軍武官室	北平日本大使館	一九三五
『清朝社会史　第三部　農民暴動」	佐野学	東京文求堂	一九四七
『義和団事件』（小説）	小田嶽夫	新潮社	一九六九
『北清事変　第三巻』	外務省	日本国際連合協会	一九五六、五七
『明治三十三年清国事変戦史　全八冊』	参謀本部	川流堂	一九〇四
『日本外交文書　第三三巻別冊　北清事変』	日本外務省	日本国際連合協会	一九五六

『北清事変、ある老兵の手記』 藤村俊太郎 人物往来社 一九六七
『北京籠城』 ヴィール（清見陸郎訳） 生活社 一九四三
『義和団—中国とヨーロッパ』 スタイガー（藤岡喜久男訳） 桃源社 一九六七
『第五四回東洋文庫展示目録（モリソンと義和団）』 東洋文庫 東洋文庫 一九七〇
『満州に於ける拳匪の叛乱』 園田一亀 奉天図書館 一九三四
『北京籠城とその前後』 勾川十子男 北京新聞社 一九三六
『北京の嵐—義和団変乱記』 立野信之 博文館 一九四四
『義和団民話集』 牧田英二・加藤千代編訳 平凡社 一九七三
『各国の団匪賠償金処分問題』 外務省文化事業部 外務省 一九二六
『日露戦争以後—東アジアをめぐる帝国主義の国際関係』 中山治一 創元社 一九五七
『日本外交史 五 支那における列強の角逐』 鹿島平和研究所 鹿島研究所出版会 一九七〇
『日本外交史 八 第二回日英同盟とその時代』 鹿島平和研究所 鹿島研究所出版会 一九七〇
『中国革命と大日本帝国 一 義和団運動点描』 野原四郎 研文出版 一九七八
『義和団の研究』 村松祐次 巌南堂 一九七六
『陸海運騒動史』 松下芳男 くろしお出版 一九五九
『乃木希典』 大浜徹也 雄山閣 一九六七
『日露戦争の軍事史的研究』 大江志乃夫 岩波書店 一九七六

『数奇なる思想家の運命』（岩波新書）	家永三郎	岩波書店	一九五五
『日本軍事工業の史的展開』	小山弘健	御茶の水書房	一九七二
『明治外交秘話』	小松緑	原書房	一九六六
『福島安正と単騎シベリア横断』上下	島貫重節	原書房	一九七九
『福島将軍遺績』	太田阿山	東亜協力会	一九四一
『支那戦争図会』（「風俗画報」臨時増刊号）	「風俗画報」編集部	同	一九〇〇
『軍隊の語る日本の近代』	黒羽清隆	そしえて出版	一九八二

〈論文〉

論文名	**著者名**	**刊行物名・巻号（発行所）**	**刊年**
最近における中国史学会の一業績―「義和団」について	森田明	「歴史評論」四四	一九五三
拳匪事変の回顧	佐藤安之助	「支那」二五―一〇	一九三四
「北京籠城」について	清見陸郎	「中国文学学報」八九	一九四二
岡田兵曹の「北京籠城日記」	小此木壮介	「満蒙」二二―四	一九四一
義和団運動	里井彦七郎	『講座世界歴史』二二（岩波書店）	一九六九
帝国主義世界の成立と東アジア	中村義・倉橋正直	『講座日本史』（東京大学出版会）	一九七〇

義和団運動研究序説	堀川哲男	「東洋史研究」三三―三	一九四六
義和団運動について	倉橋正直	「歴史学研究」三六〇	一九七〇
義和団研究序説―初期義和団の発展過程とその性格	森山定雄	「史海」七	一九六〇
義和団事件―植民地中国の悩み	鷲尾隆	『世界史講座』四（三一書房）	一九五四
十九世紀仇教運動の一側面　上中	里井彦七郎	「東洋史研究」一三―一、二、四	一九五四
一九世紀中国の仇教運動―植民地主義への抵抗	里井彦七郎・小野信爾	『世界の歴史』一一（筑摩書房）	一九六一
清末の仇教運動	小野信爾	『中国文化叢書』六「宗教」（大修館書店）	一九六七
清国事件の真相（拳匪の乱）	有賀長雄	「外交時報」三―三〇	一九〇〇
清国変乱始末概要	（無名）	「国家学会雑誌」一四―一六二	一九〇〇
義和拳雑考	市古宙三	「東亜論叢」六	一九四八
再録		『近代中国の政治と社会』（東京大学出版会）	一九七一
義和拳の性格	市古宙三	『近代中国研究』（好学社）	一九四八
再録		『近代中国の政治と社会』（東京大学出版会）	一九七一
義和拳の性格について	山本澄子	「史観」三三	一九五〇

義和拳乱の真相について	矢野仁一	「史学雑誌」三八―九	一九二七
義和拳乱の本質	矢野仁一	『清朝末史研究』(大和書院)	一九四四
義和拳乱一九〇〇年の政治的背景	村松祐次	「一橋論叢」二六―五	一九五一
義和拳、清廷、列強―平原事件から淶水事件に至る	村松祐次	「経済学研究」一	一九五四
淶水事件と列国の出兵	村松祐次	「一橋大学創立八十周年記念論集」下	一九五五
義和団事件と清朝政府	曽村保信	「国際法外交雑誌」五一―二	一九五二
拳匪剿・撫両論考	森田明	「岩手史学研究」一三	一九五五
義和団事変における栄禄の事蹟　上中下	河村一夫	「歴史研究」四―一、二、三	一九五六
内蒙古における拳匪の擾乱と蒙地の開放―基督教会の土地支配	内藤潮邦	「立正史学」一二〇	一九五七
満州に於ける拳匪の叛乱	丹羽新一郎	「収書月報」六七	一九四一
所謂江東六十四屯の問題に就いて	和田清	史学会編『東西交渉史論』下(冨山房)	一九三九
義和拳匪乱と露西亜の満州占領について	矢野仁一	「東亜経済研究」一八―一	一九三四
満州に於ける露兵の撤去	高橋作衛	「国際法雑誌」二―一	一九〇三
東南保護約款について―日中関係史料よりみたる	永井算巳	「信州大学文理学部紀要」九	一九六〇
清国事件に関する日英外交顚末	有賀長雄	「外交時報」三―三二	一九〇〇
清国事件に於ける日本の態度	有賀長雄	「外交時報」三―三〇	一九〇〇

清国事件に関する日英外交批評　有賀長雄　「外交時報」三―三三　一九〇〇
義和拳匪乱と日露　田保橋潔　史学会編『東西交渉史論』下（冨山房）　一九三九
義和団事変と日本出兵外交―第五師団出兵に至るまでの経過　稲生典太郎　『開国百年記念明治文化史論集』（原書房）　一九五二
北清事変と日本　河村一夫　「国際政治」一九五七秋期号　一九五七
北清事変と日本　河村一夫　『日本外交史研究』明治時代（日本国際政治学会）　一九五七
北清事変と厦門出兵　大山梓　「歴史教育」一三―一二　一九六五
義和団鎮圧戦争と日本帝国主義　中塚明　「日本史研究」七五　一九六四
義和団事変と日本の輿論　菅野正　「ヒストリア」四四、四五　一九六六
義和団事変と日本の反応　山口一之　「国際政治」三七　一九六八
義和団事変と日本の反応(二)　山口一之　「国際政治」六九―二　一九七〇
義和団事変後の対中国政策―北京議定書の若干の問題について　菅野正　「ヒストリア」五五　一九七〇
漢城政変―北清事変にいたる日本「帝国」外交の一側面　前島省三　「立命館法学」二九、三〇　一九五九
清国事件と列強　有賀長雄　「外交時報」三―三一　一九〇〇

清国事件と国際公法	有賀長雄	「外交時報」三―三二	一九〇〇
北清事件の国際法上の性質を論ず	山田芳彦	「法学新報」一一八	一九〇一
清国事件に関する列国外交	有賀長雄	「外交時報」三―三四	一九〇〇
北京各国使臣会議	有賀長雄	「外交時報」三―三四	一九〇〇
北京列国使臣会議の功過	有賀長雄	「外交時報」四―四二	一九〇一
北京事変終結議定書	(無名)	「国家学会雑誌」一五―一七五	一九〇一
北支事変と九箇国条約	古城胤秀	「満蒙」一八―九	一九三七
外国の庚子賠款返還問題	(無名)	「北京満鉄月報」一―三、五	一九二四
英国庚子賠償金問題	(無名)	「北京満鉄月報」二―二	一九二五
義和団事変と連合軍総指揮官選任問題	稲生典太郎	「国史学」五五	一九五一
前駐清独逸公使ブラント氏の北清事変に関する意見	中村進午	「外交時報」三―三一	一九〇〇
清国事変に関する独逸外相ビューロー伯の回章	中村進午	「外交時報」三―三二	一九〇〇
清国善後策に於ける露独英意見の衝突	有賀長雄	「外交時報」三―三三	一九〇〇
帝国主義列強の中国争奪戦とロシアの対満進出	石田興平	「彦根論叢」九七	一九六三
明治三十三年露国の金州城占領始末及び大正十一年支那の旅大回収運動	岩間徳也	「満蒙」一八―五	一九三七
南部山東省司教アンツェル氏の義和団論	宮本平九郎	「外交時報」三―三一	一九〇〇
義和団事件の意義について	江口朴郎	「歴史学研究」一五〇	一九五一

江口朴郎氏「義和団事件について」　市古宙三　「歴史学研究」一五三　一九五一
中国近代化過程における民族文化　波多野善大　「日本史研究」一四　一九五一
辛亥革命前における義和団論　堀川哲男　「人文科学」一六（岐阜大学教育学部研究報告）　一九六八
義和団運動の評価に関して　野原四郎　「専修史学」一　一九六八
攘夷主義克服の途　上中　里井彦七郎　「歴史評論」二四二、二四五　一九七二
再録　『近代中国における民衆運動とその思想』（東京大学出版会）
義和団運動―日本人の評価に関して　野原四郎　『講座現代中国』二「中国革命」（大修館書店）　一九六九
義和団運動と中国の知識人　堀川哲男　「人文科学」一五（岐阜大学教育学部研究報告）　一九六七
《人民》の自己認識とその組織―義和団民話の世界　竹内実　「東洋文化研究所紀要」二九　一九六三
革命伝説故事―ある民話の断面図　加藤千代　「人文学報」九一（東京都立大学）
庚子事変をめぐる文学　内田道夫　「文化」二三―三　一九五三
「義和団有功于中国説」の筆者をめぐって　久保田文次　「史艸」一一　一九七〇
義和団期における勤王と革命　小野川秀美　『清末政治思想研究』（みすず書房）　一九六九
「義和団民衆の世界」―近代史部会里井報告によせて　小林一美　「歴史学研究」三六四　一九七〇

義和団事変の際の近衛篤麿公等の対清韓政策―佐々友房の動きを中心として　河村一夫　「朝鮮学報」五七　一九七〇

義和団運動とその思想―とくに第一・第二期の思想について　里井彦七郎　「歴史学研究」別冊特集　一九七〇

帝国主義への道―義和団事件と日本　鈴木良　『近代日本の争点』（毎日新聞社）　一九六七

義和団事変と清廷―事変勃発時における清廷消極派の事蹟を中心として　阿部光蔵　『英修道博士記念論文集　外交史及び国際政治の諸問題』（慶応通信）　一九六二

義和団事変　小林通雄　『世界史大系』一四（誠文堂新光社）　一九五八

北京議定書の締結過程―小村公使の賠償交渉を中心に　菅野正　「ヒストリア」四九　一九六七

義和団事件前後の政治・思想状況　野村浩一　「日本政治学会年報」　一九六一

義和団の形成　堀川哲男　「人文科学」一八（岐阜大学研究報告）　一九七〇

義和団事変　村松祐次　『アジア歴史事典』二（平凡社）　一九五九

義和団の起源　上中下　佐々木正哉　「近代中国」一～三　一九七七、七八

義和団の源流―乾隆年間の義和拳と白蓮教　和田博徳　「史学」四七―三　一九七六

義和団運動へのアプローチ　石田米子　「アジア経済」一五―八　一九七五

義和団運動の評価をめぐって　野原四郎　「専修史学」四　一九七二
義和団運動の性格―民衆の言動より見た　堀川哲男　「岐阜史学」五七　一九七〇
白蓮教反乱から義和団へ　上下　小林一美　『歴史学の再建に向けて』（濃美社）　一九七五
義和団の民衆思想　小林一美　『講座中国近現代史』二「義和団運動」（東京大学出版会）　一九七八
義和団運動の発展過程　堀川哲男　『講座中国近現代史』二「義和団運動」（東京大学出版会）　一九七八
中国前近代史像のための方法論的覚書　小林一美　『中国民衆反乱の世界』（汲古書院）　一九七四
義和団評価と革命運動　久保田文次　「史艸」一七　一九七六
佐原篤介と「拳匪紀事」　山根幸夫　『論集近代中国と日本』（山川出版社）　一九七六
高密県阻路運動―義和団前史　小沢礼子　「史海」二〇　一九七三
北清事変と日英同盟について　佐藤保太郎　「歴史教育」一―三　一九二七
北京籠城日記　小川量平　「暮しの手帖」八三号　一九六六
満州に於ける拳匪の叛乱　園田一亀　「満蒙」一五―四～七　一九三四
辛丑条約の成立―庚子賠款を中心に　菅野正　「東洋史研究」三一―三　一九七二
互相保護約章と厦門事件　永井算巳　「信州大学文理学部紀要」一〇　一九六一
明治三十三年の厦門事件に関する考察―近代日中交　佐藤三郎　「山形大学紀要」五―二　一九六三

　渉史上の一齣として
厦門事件について　山本四郎　『赤松俊秀教授退官記念国史論集』（退官記念事業会）　一九七二
厦門事件の真相について　河村一夫　「日本歴史」三〇九　一九七四
厦門事件と恵州事件　上下　向山寛夫　「中央経済」二三―三、四　一九七四
日本の対満韓政策、日英接近　鹿島守之助　「国際法外交雑誌」三三―三　一九三四
団匪賠償金の由来と其後の変遷に就て　田村幸策　「支那」二六―二　一九三五
極東をめぐる国際関係　野原四郎　『講座日本歴史』近代一（岩波書店）　一九六二
義和団賛論　青柳猛　「女学雑誌」五一三　一九〇一
中国における義和団運動研究　孫祚民　「史潮」新一一　一九八二
宣教師、中国人教民と義和団　ジョセフ・W・エシェリック　「史潮」新一一　一九八二
初期義和団運動の諸相　佐藤公彦　「史潮」新一一　一九八二
義和団事件当時のヨーロッパ社会主義　斎藤哲　「史潮」新一一　一九八二
日本人の「団匪」観　黒羽清隆　「史潮」新一一　一九八二
義和団（拳）源流―八卦教と義和拳　佐藤公彦　「史学雑誌」九一―一　一九八二
華北村落社会と朱紅灯義和団運動　佐々木衛　「社会分析」一五（山口大学紀要）　一九八五

義和団と「以民制夷」の系譜　三石善吉　『中国近現代史の諸問題』（国書刊行会）　一九八四
山東義和団運動の社会的性格　佐々木衛　「民族学研究」九　一九八五
明治社会主義者と朝鮮、中国　飛鳥井雅道　「季刊三千里」一三　一九七三
大逆事件と「日韓併合」―一つの仮説　伊藤成彦　「季刊三千里」一七　一九七九
幸徳秋水の朝鮮観―飛鳥井論文について　西島信　「季刊三千里」一七　一九七九
再論、幸徳秋水と朝鮮　飛鳥井雅道　「季刊三千里」二〇　一九七九
日本の社会主義者の朝鮮観　石坂浩一　「季刊三千里」三四　一九八三
軍部の形成　井上清　「人文学報」二八（京都大学人文研）　一九六九
大刀会匪の解剖　吉村四郎　「偕行社記事」六九六号　一九三二
義和団乱の社会経済的背景　村松祐次　「一橋論叢」二八―四　一九五二

〈史料〉

日本外務省外交史料館所収義和団関係外交史料
日本防衛庁防衛研修所戦史部戦史室所蔵史料（陸軍省大日記、参謀本部雑）

後記

本書が出版されるまでには恩師や多くの先学、先輩、同学の御指導、御鞭撻を受けており、こうした方々の長年の友情がなかったなら本書は完成できなかったであろう。東京教育大学では、故木村正雄、中嶋敏両先生を初め野沢豊、千葉焈、安野省三、鶴見尚弘、中村義、久保田文次、小島淑男、多田狷介、鈴木智夫、姫田光義、安藤正士等の諸先生や先輩・同輩に、青年中国史家会議では奥崎裕司、嶋本信子、相田洋、馬場毅、土屋紀義等の友人に、また研究会等を通じて故里井彦七郎、田中正俊、山根幸夫、小島晋治、浜島敦俊、倉橋正直、佐藤公彦等の諸先生に、佼成学園では石本寛治、村松豊功、有徳忠城等の友人に、名古屋では谷川道雄、森正夫両先生や名大大学院生に、また名城大学では一四年間同室であったインド史の森本達雄先生に、その他多くの友人、知人、後輩に実に多くのことを教えられた。まがりなりにも中国史研究、東アジア史研究を続けられたのは、上記の方々の影響を受けてのことである。ここに記して感謝申し上げたい。また、一九八〇年秋に義和団運動八〇周年記念学術討論会に出席してからは、董果良、路遙、任明、孫祚民、陳振江、徐緒典、陸景琪、程歗、喬志強等の諸先生と知り合い、手紙や書物の交換を通じて多くのことを教えられた。心から御礼を申し上げたい。

本書が日中相互理解、友好の促進のために、また義和団運動、義和団戦争の研究の前進のためにいささかなりとも貢献できればと願っている。

本書出版にあたり、汲古書院の坂本健彦社長には大変御世話になった。心から感謝したい。

一九八六年五月五日

著者紹介
小林一美（こばやし　かずみ）
長野県諏訪郡に生れる。落合村立落合小学校・同中学校、諏訪清陵高校卒業。東京教育大学文学部史学科東洋史学卒業、同大学院修了。以後、佼成学園高校教諭、名城大学理工学部助教授、神奈川大学外国語学部教授を経て、現在神奈川大学名誉教授。

主要著書等

『近代中国農村社会研究』共著、1967年、汲古書院
『東アジア近代史の研究』共著、1967年、御茶の水書房
『中国民衆反乱の世界』共編著、正編1974年、続編1983年、汲古書院
『義和団戦争と明治国家』正編1986年・増補編2008年、汲古書院
『清朝末期の戦乱』1994年、新人物往来社
『東アジア世界史探究』共編著、1986年、汲古書院
『大唐帝国の女性たち』高世瑜著、共訳、1999年、岩波書店
『ユートピアへの想像力と運動』、共編著、2001年、御茶の水書房
『わが心の家郷、わが心の旅』2006年、汲古書院

増補義和団戦争と明治国家

一九八六年九月　初　版発行
二〇〇八年八月　増補版発行

著者　小林一美
発行者　石坂叡志
整版印刷　富士リプロ㈱

発行所　汲古書院
〒102-0072 東京都千代田区飯田橋二―五―四
電話　〇三（三二六五）九七六四
FAX　〇三（三二二二）一八四五

ISBN978-4-7629-2843-7　C3022

索 引

人 名 索 引

さ　行

た　行

な　行

は 行

ま 行

や 行

ら 行

わ 行

事 項 索 引

さ 行

た 行

な 行

は 行

ま 行

や 行

ら 行